Beck · Bendix · Huchatz

Lehrbuch Abgabenrecht
für Zölle und Verbrauchsteuern

Online-Version inklusive!

Stellen Sie dieses Buch jetzt in Ihre „digitale Bibliothek" in der NWB Datenbank und nutzen Sie Ihre Vorteile:

- Ob am Arbeitsplatz, zu Hause oder unterwegs: Die Online-Version dieses Buches können Sie jederzeit und überall da nutzen, wo Sie Zugang zu einem mit dem Internet verbundenen PC haben.
- Die praktischen Recherchefunktionen der NWB Datenbank erleichtern Ihnen die gezielte Suche nach bestimmten Inhalten und Fragestellungen.
- Die Anlage Ihrer persönlichen „digitalen Bibliothek" und deren Nutzung in der NWB Datenbank online ist kostenlos. Sie müssen dazu nicht Abonnent der Datenbank sein.

Ihr Freischaltcode: DKECQHKXVFWHKVMUHY

Beck/B./H.,Lehrbuch Abgabenordnung f.Zölle u.Verbrauchsst.

So einfach geht's:

① Rufen Sie im Internet die Seite **www.nwb.de/go/online-buch** auf.

② Geben Sie Ihren Freischaltcode ein und folgen Sie dem Anmeldedialog.

③ Fertig!

Die NWB Datenbank – alle digitalen Inhalte aus unserem Verlagsprogramm in einem System.

www.nwb.de

Lehrbuch Abgabenrecht für Zölle und Verbrauchsteuern

Von

Dipl.-Finanzwirt (FH)/Dipl.-Wirtschaftsjurist (FH) Michael Beck
Bundesfinanzdirektion Mitte, Potsdam

Ass. jur./Dipl.-Finanzwirtin (FH) Kirsten Bendix
Bildungs- und Wissenschaftszentrum der Bundesfinanzverwaltung, Münster

Prof. Dr. Wolfgang Huchatz
Fachbereich Finanzen der Fachhochschule des Bundes für öffentliche Verwaltung, Münster

nwb AUSBILDUNG

Bearbeitervermerk

Abschnitt 1	A.	Huchatz
	B.-F.	Beck
	G.	Bendix
	H.-J.	Beck
Abschnitt 2	A.	Huchatz
	B., C.	Beck
Abschnitt 3		Bendix

ISBN 978-3-482-**60931**-2 (online)
ISBN 978-3-482-**63791**-9 (print)

Satz: Griebsch & Rochol Druck GmbH & Co. KG Hamm
Druck: Stückle Druck und Verlag, Ettenheim

VORWORT

Das Steuersystem der Bundesrepublik ist davon geprägt, dass der Bund einerseits und die Bundesländer andererseits eigene – strikt getrennte – Steuerverwaltungen unterhalten. Diese Trennung findet sich auch im Bereich der Aus- und Fortbildung der Verwaltungen wieder. Während die Finanzbeamten und die Praktiker der Landesfinanzverwaltungen auf eine reichhaltige Ausbildungsliteratur und auf entsprechende Monographien zurückgreifen können, gibt es im Bereich der Zollverwaltung noch einen erheblichen Nachholbedarf. Diesem wollen die Autoren auf dem Gebiet des Abgabenverwaltungsrechts einschließlich des Vollstreckungsrechts und des Steuerstrafrechts begegnen. Sie legen eine zusammenhängende Darstellung aller Rechtsgebiete vor, die in der Abgabenordnung selbst normiert sind. Dabei richtet sich die Veröffentlichung nicht nur an die angehenden Zollbeamtinnen und -beamten, sondern sie ist so konzipiert, dass auch der Praktiker in Verwaltung und Unternehmen sich einen fundierten Überblick und vertiefende Kenntnisse auf diesen Rechtsgebieten verschaffen kann.

Herr Professor Dr. Huchatz ist als Dozent am Fachbereich Finanzen der Fachhochschule des Bundes in Münster mit der Ausbildung der Zollbeamtinnen und -beamten und mit der Fortbildung von Praktikern vertraut. Frau Bendix ist aufgrund ihrer Tätigkeit als Dozentin beim Bildungs- und Wissenschaftszentrum in Münster ebenfalls eine ausbildungserfahrene Autorin, die auch in regem Kontakt zur Praxis steht. Herr Beck war bzw. ist in der Zentralen Facheinheit Allgemeines Steuerrecht der Bundesfinanzdirektion Mitte in Potsdam mit allen hier dargestellten Bereichen vertraut.

Gerade das Abgabenrecht der Zollverwaltung als durchaus eigenständige und komplexe Materie verlangt einen sorgfältigen und systematisch orientierten Arbeitsstil, für den mit diesem Buch eine sichere Grundlage gelegt werden soll. Dem sollen auch die weiterführenden Hinweise in den Fußnoten dienen. Sie stören den Lesefluss nicht, sind aber eine unverzichtbare Quelle für weitere vertiefende Recherche in Literatur, Rechtsprechung und Verwaltungsauffassung.

Das vorliegende Buch berücksichtigt den Gesetzgebungsstand der Abgabenordnung vom 1. 1. 2012. Dabei wird bereits im Steuerstrafrecht auf die Verschärfung der Selbstanzeigevorschrift durch das Gesetz zur Verbesserung der Bekämpfung der Geldwäsche und der Steuerhinterziehung v. 28. 4. 2011 und im Vollstreckungsrecht auf die erst zum 1. 1. 2013 in Kraft tretende Reform eingegangen. Die Darstellung bezieht dabei auch die jüngsten Ergebnisse der Steuergesetzgebung im Bereich der Kernkraftnutzung und der Luftverkehrsbesteuerung ein.

Die Autoren hoffen auf eine freundliche Aufnahme des Werkes und sind dankbar für Hinweise und Kritik aus der Leserschaft.

Münster/Potsdam im März 2012 | Die Autoren

Kein Produkt ist so gut, dass es nicht noch verbessert werden könnte. Ihre Meinung ist uns wichtig! Was gefällt Ihnen gut? Was können wir in Ihren Augen noch verbessern? Bitte verwenden Sie für Ihr Feedback einfach unser Online-Formular auf:

www.nwb.de/go/feedback_lb

Als kleines Danke schön verlosen wir unter allen Teilnehmern einmal pro Quartal ein Buchgeschenk.

INHALTSÜBERSICHT

INHALTSVERZEICHNIS

LITERATURVERZEICHNIS

Aristoteles, Die Nikomachische Ethik, Aus dem Griechischen von Olof Gigon, 7. Auflage, 2006, Deutscher Taschenbuch Verlag, München.

Beck, Michael, Die Aussetzung der Vollziehung im Zoll- und Verbrauchssteuerrecht, in: Zeitschrift für Zölle und Verbrauchsteuern, 2006, S. 148-154.

Beermann, Albert, Einspruch und Klage als Rechtsbehelfe des Zollkodex, in: Zeitschrift für Zölle und Verbrauchsteuern, 2008, S. 230-235.

Bender, Peter/Möller, Thomas, Zoll- und Verbrauchsteuerstrafrecht,

Retemeyer, Alexander, Loseblattsammlung, 23. Lieferung, Stand November 2010, Walhalla u. Preatoria Verlag, Regensburg.

Bundesministerium der Finanzen, Risikoanalyse: Arbeitshilfe in „globalisierten Zeiten, in: ZOLL aktuell, Heft Nr. 5/2006, S. 6-8.

Franzen, Klaus/Gast-Dehaan, Brigitte/Joecks, Wolfgang, Steuerstrafrecht mit Zoll- und Verbrauchsteuerrecht, 7. Auflage, 2009, C. H. Beck Verlag, München.

Gehre, Horst/Koslowski, Günter, Kommentar zum Steuerberatergesetz, 6. Auflage, 2009, C. H. Beck Verlag, München.

Goldmann/Gutschalk, Eine Einführung in die neue Luftverkehrsteuer, ZfZ 2010, S. 283 ff.

Großmann, Markus, Anwendung von § 68 FGO bei nachträglicher buchmäßiger Erfassung und bei Erstattung von Einfuhrabgaben?, in: Zeitschrift für Zölle und Verbrauchsteuern, 2008, S. 169-172.

Henke, Reginhard/Huchatz, Wolfgang, Das neue Abgabenverwaltungsrecht für Einfuhr- und Ausfuhrabgaben, ZfZ 1996, 226, 262

Isensee, Josef/Kirchhof, Paul, Handbuch des Staatsrechts, Band V, 2. Auflage, 2000, C. F. Müller Verlag, Heidelberg.

Jarass, Hans-Dieter/Pieroth, Bodo, Grundgesetz Kommentar, 9. Auflage, 2007, C. H. Beck Verlag, München.

Jatzke, Harald, Die Kernbrennstoffsteuer – ein Exot im deutschen verbrauchsteuerrecht, ZfZ 2010, S. 278 ff.

Klein, Franz, Kommentar zur Abgabenordnung, 10. Auflage, 2009, C. H. Beck Verlag, München.

Palandt , Kommentar zum Bürgerlichen Gesetzbuch, 69. Auflage, 2010, C. H. Beck Verlag, München.

Richter, Daniela/Beck, Michael, Auswirkung der Wiedereinsetzung einer Antragsfrist bei abgelaufener Festsetzungsfrist, in: Deutsches Steuerrecht, 2007, S. 1512-1515.

Rolletschke, Stefan, Steuerstrafrecht, 3. Auflage, 2009, Carl Heymanns Verlag, Köln.

Rüthers, Bernd/Stadler, Astrid, Allgemeiner Teil des BGB, 15. Auflage, 2007, C. H. Beck Verlag, München.

Schmidt-Bleibtreu/Hofmann/Hopfauf, Kommentar zum Grundgesetz, 12. Auflage 2010

Tipke, Klaus/Kruse, Heinrich Wilhelm, Kommentar zur Abgabenordnung/Finanzgerichtsordnung, Loseblattsammlung, 125. Lieferung, Dr. Otto Schmidt Verlag, Köln.

Tipke, Klaus/Lang, Joachim, Steuerrecht, 20. Auflage, 2010, Dr. Otto Schmidt Verlag, Köln.

Witte, Peter, Kommentar zum Zollkodex, 5. Auflage, 2009,
C. H. Beck Verlag, München.

Witte, Peter/Wolffgang, Hans-Michael (Hrsg.), Lehrbuch des Europäischen Zollrechts, 7. Auflage, 2012, NWB Verlag, Herne/Berlin.

Wolffgang, Hans-Michael (Hrsg.)/Kock, Kai Uwe/Stüwe, Richard/Zimmermann, Heiko, Öffentliches Recht und Europarecht, 5. Auflage 2010, NWB Verlag, Herne/Berlin

ABKÜRZUNGSVERZEICHNIS

A

a. A.	andere Auffassung
a. a. O.	am angegebenen Ort
a. F.	alte Fassung
Abs.	Absatz
AdV	Aussetzung/Aufhebung der Vollziehung
AG	Aktiengesellschaft
Anm.	Anmerkung
AnfG	Anfechtungsgesetz
AO	Abgabenordnung 1977
AO-DV Zoll	Dienstvorschrift zur Anwendung der Abgabenordnung im Bereich der Zollverwaltung
Art.	Artikel

B

BayObLG	Bayerisches Oberstes Landesgericht
BB	Betriebs-Berater (Zeitschrift)
BFD	Bundesfinanzdirektion
BFH	Bundesfinanzhof
BFHE	Entscheidungen des Bundesfinanzhofs (Zeitschrift)
BFH/NV	Sammlung amtlich nicht veröffentlichter Entscheidungen des Bundesfinanzhofs (Zeitschrift)
BGB	Bürgerliches Gesetzbuch
BGBl.	Bundesgesetzblatt
BGH	Bundesgerichtshof
BGHZ	Entscheidungssammlung des Bundesgerichtshofes in Zivilsachen
BierStG	Biersteuergesetz
BierStV	Verordnung zur Durchführung des Biersteuergesetzes
BImSchG	Bundes-Immissionsschutzgesetz
BMF	Bundesministerium der Finanzen
BMI	Bundesministerium des Inneren
BranntwMonG	Gesetz über das Branntweinmonopol
BRD	Bundesrepublik Deutschland
BrStV	Verordnung zur Durchführung des Branntweinmonopolgesetzes
BStBl	Bundessteuerblatt
BT-Drucksache	Bundestags-Drucksache
BtM	Betäubungsmittel
BtMG	Betäubungsmittelgesetz
Buchst.	Buchstabe
BVerfG	Bundesverfassungsgericht

BVerfGG	Gesetz über das Bundesverfassungsgericht
BVerfGE	Entscheidungen des Bundesverfassungsgerichts (Zeitschrift)
BVZ	Bundesstelle Vollstreckung Zoll
BZRG	Bundeszentralregistergesetz

D

d. h.	das heißt
DÖV	Die Öffentliche Verwaltung (Zeitschrift)
DStR	Deutsches Steuerrecht (Zeitschrift)
DV	Dienstvorschrift

E

EDV	Elektronische Datenverarbeitung
EFG	Entscheidungen der Finanzgerichte (Zeitschrift)
EFTA	Mitgliedstaaten der Europäischen Freihandelsassoziation
EG	Europäische Gemeinschaft
eG	eingetragene Genossenschaft
EGAO	Einführungsgesetz zur Abgabenordnung
EGV	Vertrag zur Gründung der Europäischen Gemeinschaft
EnergieStG	Energiesteuergesetz
EnergieStV	Verordnung zur Durchführung des Energiesteuergesetzes
EStG	Einkommensteuergesetz
EStR	Einkommensteuerrichtlinien
EU	Europäische Union
EU-BeitrG	EU-Beitreibungsgesetz
EuInsVO	Verordnung über Insolvenzverfahren
EUSt	Einfuhrumsatzsteuer
e.V.	eingetragener Verein
E-VSF	Elektronische Vorschriftensammlung Bundesfinanzverwaltung
EWG	Europäische Wirtschaftsgemeinschaft

F

f.	folgende
ff.	fort folgende
FG	Finanzgericht
FGO	Finanzgerichtsordnung
FN	Fußnote
FVG	Gesetz über die Finanzverwaltung

G

GbR	Gesellschaft bürgerlichen Rechts
GenG	Gesetz betreffend die Erwerbs- und Wirtschaftsgenossenschaften

GG	Grundgesetz
GmbH	Gesellschaft mit beschränkter Haftung
GmbHG	Gesetz betreffend die Gesellschaften mit beschränkter Haftung
grds.	grundsätzlich
GVG	Gerichtsverfassungsgesetz
GwG	Geldwäschegesetz

H

HFR	Höchstrichterliche Finanzrechtsprechung (Zeitschrift)
HGB	Handelsgesetzbuch
h. M.	herrschende Meinung
HZA	Hauptzollamt
HZÄ	Hauptzollämter

I

i. d. F.	in der Fassung
i. d. R.	in der Regel
i. d. S.	in diesem Sinne
IFG	Informationsfreiheitsgesetz (Bund)
InsO	Insolvenzordnung
i. S. d.	im Sinne des/der/die
i.V. m.	in Verbindung mit

J

JGG	Jugendgerichtsgesetz

K

KaffeeStG	Kaffeesteuergesetz
KaffeeStV	Verordnung zur Durchführung des Kaffeesteuergesetzes
KBV	Kleinbetragsverordnung
KernbrStG	Kernbrennstoffsteuergesetz
KEV	Kontrolleinheit Verkehrswege
KG	Kommanditgesellschaft
KGaA	Kommanditgesellschaft auf Aktien

L

LG	Landgericht
LStR	Lohnsteuerrichtlinien
LuftVStG	Luftverkehrsteuergesetz

M

MOG	Gesetz zur Durchführung der gemeinsamen Marktorganisationen und der Direktzahlungen
Mrd.	Milliarden
m. w. N.	mit weiteren Nachweisen
MZK	Modernisierter Zollkodex

N

NJW	Neue Juristische Wochenschrift (Zeitschrift)
Nr.	Nummer(n)
NStZ-RR	Neue Zeitschrift für Strafrecht – Rechtsprechungsreport
n. F.	neue Fassung
nv	nicht veröffentlicht
NZI	Neue Zeitschrift für das Recht der Insolvenz und Sanierung

O

o. a.	oben aufgeführten
OECD	Organisation für wirtschaftliche Zusammenarbeit und Entwicklung
OHG	Offene Handelsgesellschaft
o. g.	oben genannten
OLG	Oberlandesgericht
OrgKG	Gesetz zur Bekämpfung des illegalen Rauschgifthandels und anderer Erscheinungsformen der Organisierten Kriminalität
OWiG	Gesetz über Ordnungswidrigkeiten

P

PartGG	Gesetz über Partnerschaftsgesellschaften Angehöriger Freier Berufe

R

RAO	Reichsabgabenordnung vom 13. 12. 1919
Rdn.	Randnummer(n)
Rz.	Randziffer(n)

S

S.	Seite(n)
s.	siehe
SchwarzArbG	Gesetz zur Bekämpfung der Schwarzarbeit und illegalen Beschäftigung
SchaumwZwStG	Schaumwein- und Zwischenerzeugnissteuergesetz
SchaumwZwStV	Verordnung zur Durchführung des Schaumwein- und Zwischenerzeugnissteuergesetzes
SGB	Sozialgesetzbuch
SigG	Gesetz über Rahmenbedingungen für elektronische Signaturen

sog.	sogenannte(n)
StBerG	Steuerberatergesetz
StGB	Strafgesetzbuch
StPO	Strafprozessordnung
StraBuDV	Dienstvorschrift für das Straf- und Bußgeldverfahren
stRspr	ständige Rechtsprechung
StromStG	Stromsteuergesetz
StromStV	Verordnung zur Durchführung des Stromsteuergesetzes

T

TabStG	Tabaksteuergesetz
TabStV	Verordnung zur Durchführung des Tabaksteuergesetzes

U

UA	Unterabsatz
u. E.	unseres Erachtens
UmwG	Umwandlungsgesetz
UStG	Umsatzsteuergesetz
UZwG	Gesetz über den unmittelbaren Zwang bei Ausübung öffentlicher Gewalt durch Vollzugsbeamte des Bundes

V

v.	vom
VA	Verwaltungsakt
VG	Verwaltungsgericht
vg.	vorgenannt(en)
vgl.	vergleiche
VO	Verordnung
VOen	Verordnungen
VollstrA	Allgemeine Verwaltungsvorschrift über die Durchführung der Vollstreckung nach der Abgabenordnung
VollzA	Allgemeine Verwaltungsvorschrift für Vollziehungsbeamte der Finanzverwaltung
VStG	Verbrauchsteuergesetz
VwVG	Verwaltungsvollstreckungsgesetz
VwVfG	Verwaltungsverfahrensgesetz
VwZG	Verwaltungszustellungsgesetz

W

WaffG	Waffengesetz
wistra	Zeitschrift für Wirtschafts- und Steuerstrafrecht (Zeitschrift)

Z

z. B.	zum Beispiel
ZfZ	Zeitschrift für Zölle und Verbrauchsteuern (Zeitschrift)
ZIP	Zeitschrift für Wirtschaftsrecht (Zeitschrift)
ZK	Zollkodex
ZK-DVO	Zollkodex-Durchführungsverordnung
ZollV	Zollverordnung
ZollVG	Zollverwaltungsgesetz
ZPO	Zivilprozessordnung
ZVG	Gesetz über die Zwangsversteigerung und Zwangsverwaltung

Abschnitt 1: Allgemeines Steuerrecht

A. Grundlagen

I. Das Steuersystem in der Bundesrepublik

Der moderne Staat kommt ohne ein ausgefeiltes System der Besteuerung nicht aus, 1
das zudem verschiedensten wirtschaftlichen und rechtlichen Gesichtspunkten verpflichtet ist. In einem Bundesstaat wie der Bundesrepublik Deutschland muss darüber hinaus bedacht werden, dass alle Gebietskörperschaften (Bund, Länder und Gemeinden) angemessen beteiligt werden. Die entsprechenden Regelungen finden sich im Abschn. X des Grundgesetzes (Das Finanzwesen), nämlich in den Art. 105, Art. 106 und Art. 108 GG. Dort werden die drei Themenbereiche, die in einer bundesstaatlichen Ordnung der Regelung bedürfen, angesprochen. Das sind:

- die Steuergesetzgebungshoheit (Art. 105 GG),
- die Ertragshoheit (Art. 106 GG),
- die Verwaltungshoheit (Art. 108 GG).

Die **Steuergesetzgebungshoheit** meint die Verteilung der Kompetenz, auf dem Gebiet 2
der Steuern Gesetze zu erlassen bzw. zu ändern. Sie ist wie folgt zwischen Bund und Ländern aufgeteilt:

- Der **Bund** hat die **ausschließliche** Gesetzgebungskompetenz für die Zölle und Finanzmonopole (Art. 105 Abs. 1 GG) und die **konkurrierende** Gesetzgebung über die übrigen Steuern, wenn ihm entweder das Steueraufkommen der jeweiligen Steuer ganz oder teilweise zusteht oder wenn eine bundesgesetzliche Regelung nach Art. 72 Abs. 2 GG erforderlich ist (Art. 105 Abs. 2 GG).
- Die **Länder** können demgegenüber nur die örtlichen Verbrauch- und Aufwandsteuern regeln, die zudem bundesgesetzlichen Steuern nicht gleichartig sein dürfen (Abs. 3). Ihre an sich schwache Stellung wird erheblich gestärkt durch den Vorbehalt der Zustimmung durch den Bundesrat bei Steuern, deren Aufkommen ganz oder zum Teil den Ländern oder den Gemeinden zufließt (Art. 105 Abs. 3 GG).

Auch die **ausschließliche Kompetenz** des Bundes hat noch ihre Bedeutung. Für die **Zölle** ist zwar grundsätzlich die Europäische Gemeinschaft zur Gesetzgebung befugt. Nach Art. 23 GG hat die Bundesrepublik nämlich Hoheitsrechte auf die Europäischen Gemeinschaften übertragen, die von diesen z. B. auf dem Gebiet der Gesetzgebung für die Zölle ausgeübt werden; dazu enthält der EGV verschiedene Ermächtigungsnormen wie z. B. Art. 95 EGV.[1] Auf diesem Rechtsgebiet verbleiben gleichwohl nationale Regelungsbedürfnisse und -kompetenzen, wie z. B. das ZollVG zeigt.

Als **Finanzmonopol** besteht nur noch das Branntweinmonopol, das im Gesetz über das Branntweinmonopol[2] geregelt ist. Im zweiten Teil dieses Gesetzes finden sich die Vor-

1 Vgl. *Witte/Wolffgang*, Lehrbuch des Europäischen Zollrechts, S. 6 ff.

2 Branntweinmonopolgesetz, zuletzt geändert durch Art. 2 des Gesetzes vom 16. 6. 2011.

schriften zur Branntweinsteuer (§§ 130 ff. BranntwMonG); sie ist eine Verbrauchsteuer (§ 130 Abs. 1 Satz 3).

3 Die **konkurrierende Gesetzgebungskompetenz** des Bundes ist die bedeutendste Gesetzgebungskompetenz; hier geht es vor allem um die ertragsstarken Verbrauchsteuern und um die sog. Gemeinschaftssteuern (vgl. Art. 106 Abs. 3 GG: Einkommensteuer, Körperschaftsteuer und Umsatzsteuer), die zusammen zu einem erheblichen Teil Bund, Länder und Gemeinden finanzieren. Diese Gesetzgebungshoheit des Bundes knüpft zum einen an die Ertragskompetenz nach Art. 106 GG an. Soweit dort dem Bund auch nur anteilig ein Steuerertrag zugesprochen wird, hat dieser auch die Gesetzgebungskompetenz.

Für die Steuerarten, die von der Bundeszollverwaltung verwaltet werden, gilt dies nach Art. 106 Abs. 2 für fast alle Verbrauchsteuern (Ausnahme ist hier die Biersteuer, dazu gleich unten). Aus Art. 106 Abs. 1 Nr. 3 und Art. 105 Abs. 2 GG ergibt sich die Gesetzgebungskompetenz des Bundes für Verkehrsteuern; für die Zollverwaltung von Bedeutung, weil von ihr zu verwalten, sind die Kraftfahrzeugsteuer und die erst 2010 eingeführte Luftverkehrsteuer.[3]

Die Steuerarten, für die die **Landesfinanzverwaltungen** zuständig sind, fallen ebenfalls in die Gesetzgebungskompetenz des Bundes. Von demgegenüber geringerer Bedeutung ist die Bundeskompetenz wegen der Notwendigkeit bundesgesetzlicher Regelung unter den Voraussetzungen des Art. 72 Abs. 2 GG. Hiernach hat der Bund die Gesetzgebungshoheit z. B. für die Erbschaft- und Schenkungssteuer, die Kraftfahrzeugsteuer, die Gewerbesteuer, die Grunderwerbsteuer und die Biersteuer.

4 Für die Bundeszollverwaltung ist die **Biersteuer** das einzige Beispiel einer konkurrierenden Gesetzgebung im Zusammenhang mit Art. 72 Abs. 2 GG. Die Kompetenz des Bundes ergibt sich hier daraus, dass eine bundesgesetzliche Regelung erforderlich ist, um die Wirtschaftseinheit im gesamtstaatlichen Interesse zu wahren (Art. 72 Abs. 2 GG). Wenn schon auf europäischer Ebene eine Harmonisierung der Verbrauchsteuern weitgehend hergestellt ist, dann erscheint es dringend erforderlich, innerhalb des Bundesgebietes ein einheitliches Biersteuerrecht vorzusehen. Bei länderspezifischen Biersteuersätzen und entsprechend unterschiedlichen Verkaufspreisen müsste ansonsten „Schmuggel" von Bier von einem Bundesland mit niedrigerem Steuersatz in ein solches mit höherem befürchtet werden.[4]

MERKE

Die Gesetzgebungskompetenz des Bundes erstreckt sich auf **alle von der Zollverwaltung zu verwaltenden Steuern.** Das sind:

- die Einfuhr- und Ausfuhrabgaben (Zölle)[5]

---

3 Die Luftverkehrsteuer ist mit dem Haushaltsbegleitgesetz 2011 v. 9. 12. 2010 eingeführt worden; sie ist eine Rechtsverkehrsteuer (vgl. § 1 Abs. 1 LuftVStG) und trat zum 15. 12. 2010 in Kraft. Siehe dazu *Goldmann/Gutschalk*, Eine Einführung in die neue Luftverkehrsteuer, ZfZ 2010, 283.

4 Gegen eine auf Art. 72 GG gestützte Kompetenz des Bundes *Tipke/Lang*, Steuerrecht, § 3 Rz. 40.

5 Unter Vorbehalt der Gesetzgebungskompetenz der EG.

- die Verbrauchsteuern einschließlich der Einfuhrumsatzsteuer
- die Verkehrsteuer Kraftfahrzeugsteuer[6] und Luftverkehrsteuer

---

5 **Die Steuerertragshoheit** ist in Art. 106 GG geregelt. Der Verfassungsgeber hat das Steueraufkommen nach Steuerarten verteilt, also jeder Steuerart einen oder mehrere Gläubiger zugewiesen. Nach Art. 106 Abs. 1 GG stehen dem Bund allein die Zölle zu (Nr. 1), die bundesgesetzlich geregelten Verbrauchsteuern mit Ausnahme der Biersteuer (Nr. 2), u. a. die Kraftfahrzeugsteuer, die jetzt von der Zollverwaltung verwaltet wird (Nr. 3) und die weiteren in Nr. 4 – 7 genannten Abgaben. Die **Biersteuer** steht nach Abs. 2 Nr. 4 den Ländern zu.

Dem Bund steht weiterhin ein Anteil an den sog. Gemeinschaftssteuern zu (Abs. 3), das sind die Einkommensteuer, die Körperschaftsteuer und die Umsatzsteuer, einschließlich der Einfuhrumsatzsteuer. Während die beiden erstgenannten hälftig zwischen dem Bund und den Ländern verteilt werden, werden die Anteile von Bund und Ländern an der Umsatzsteuer durch Bundesgesetz festgelegt;[7] dort wird in § 1 der Verteilungsschlüssel auf 50,5 % für den Bund, 49,5 % für die Länder und 2,2 % für die Gemeinden beziffert, nicht ohne weitere Hinzurechnungen und Vorabanteile insbesondere für den Bund festzulegen. Die Gemeinden erhalten einen Anteil am Einkommensteueranteil der Länder (Art. 106 Abs. 5 GG) und ihnen steht das Aufkommen der Grundsteuer und der Gewerbesteuer und der örtlichen Verbrauch- und Aufwandsteuern zu (Abs. 6).

Schon diese Verteilung des Steueraufkommens ist kompliziert und ständig umstritten; sie stellt aber keineswegs eine abschließende Steuerverteilung dar, weil sich eine Vielzahl weiterer Umverteilungsmechanismen anschließen, die unter dem Begriff **Finanzausgleich** zusammengefasst und problematisiert werden.[8]

6 Die **Ertragshoheit für Zölle** ergibt sich nach wie vor aus Art. 106 Abs. 1 GG und zwar als Verteilungsnorm zwischen Bund und Ländern.[9] Der Bund selbst hat die ihm zustehenden Einnahmen aus Zöllen auf die Europäische Gemeinschaft übertragen[10] und erhält lediglich einen bestimmten Prozentsatz der Einnahmen als Ausgleich für den Verwaltungsaufwand.

HINWEIS

Die Ertragskompetenz des Bundes erstreckt sich mit Ausnahme der Biersteuer auf alle von der **Zollverwaltung zu verwaltenden Steuern**. Das sind:

- die Einfuhr- und Ausfuhrabgaben (Zölle), die an die EU weitergeleitet werden

---

6 Die Kraftfahrzeugsteuer ist durch Grundgesetzänderung mit Wirkung vom 1. 7. 2009 nunmehr der Verwaltungshoheit des Bundes zugewiesen (Art. 108 Abs. 1 GG).

7 Gesetz über den Finanzausgleich zwischen Bund und Ländern (Finanzausgleichsgesetz) v. 20. 12. 2001, zuletzt geändert durch Art. 24 des Gesetzes vom 7. 12. 2011.

8 Vgl. *Tipke/Lang*, Steuerrecht, § 3 Rz. 64.

9 Die Zuweisung an den Bund bezeichnet *Henneke* in: *Schmidt-Bleibtreu/Hofmann/Hopfauf*, Komm. zum GG, Art. 106 Rz. 16, als überholt (m. w. N.).

10 Aufgrund des Beschlusses des Rates der EG v. 24. 6. 1988.

- die Verbrauchsteuern einschließlich der Einfuhrumsatzsteuer, aber ohne die Biersteuer
- die Verkehrsteuern, Kraftfahrzeugsteuer und Luftverkehrsteuer

---

7 **Die Verwaltungskompetenz** ist demgegenüber verhältnismäßig übersichtlich (Art. 108 GG). Dem **Bund** ist die Verwaltung folgender Abgaben übertragen (Abs. 1):

- Zölle
- Finanzmonopole (zurzeit: das Branntweinmonopol)
- die bundesgesetzlich geregelten Verbrauchsteuern einschließlich der Einfuhrumsatzsteuer
- die Kraftfahrzeugsteuer (ab dem 1. 7. 2009) und die Luftverkehrsteuer
- Abgaben im Rahmen der Europäischen Gemeinschaften

Den **Ländern** obliegt die Verwaltung der übrigen Steuern (Abs. 2). Soweit sie dabei Steuern verwalten, die dem Bund ganz oder teilweise zustehen, werden sie im Auftrage des Bundes tätig (sog. Auftragsverwaltung; Art. 108 Abs. 3 GG). Dabei machen die Länder von der in Art. 108 Abs. 4 Satz 2 GG enthaltenen Ermächtigung regelmäßig Gebrauch und übertragen die Verwaltung der Abgaben, die den Gemeinden allein zufließen, auf die Gemeinden selbst.

8 Die **Organisation** und die **sachliche Zuständigkeit** der Finanzbehörden, welche die in Art. 108 GG enthaltenen Aufgaben zu erfüllen haben, werden im Gesetz über die Finanzverwaltung (FVG) geregelt[11]. Der Bund und die einzelnen Bundesländer folgen dabei dem allgemein üblichen dreistufigen Verwaltungsaufbau. Örtliche Verwaltungsbehörde bei den Ländern sind die Finanzämter, Mittelbehörden sind die Oberfinanzdirektionen, oberste Behörde sind die Landesfinanzministerien bzw. die Finanzsenatoren (§ 2 FVG).

In der **Bundesverwaltung** obliegt die Verwaltung der Steuern der Zollverwaltung. Die Bundesfinanzbehörden sind auf der örtlichen Ebene die Hauptzollämter einschließlich ihrer Dienststellen (Zollämter) und die Zollfahndungsämter, Mittelbehörden sind die Bundesfinanzdirektionen und das Zollkriminalamt, oberste Behörde ist das Bundesministerium der Finanzen (§ 1 FVG), dessen Hauptsitz in Berlin ist; die für die Abgaben der Zollverwaltung zuständige Abteilung III hat ihren Sitz in Bonn.

Von erheblicher Bedeutung für die Zollverwaltung sind darüber hinaus einige der in § 1 Nr. 2 FVG genannten **Oberbehörden**, die nach Art. 87 Abs. 3 GG eingerichtet werden. Das ist zum einen die **Bundesmonopolverwaltung für Branntwein** und zum andern das **Bundeszentralamt für Steuern**, dessen Aufgaben in einem umfangreichen Katalog in § 5 FVG bestimmt sind. Die Einzelheiten der Aufgabenerfüllung durch die Bundesmonopolverwaltung für Branntwein mit Sitz in Offenbach sind in §§ 1 – 129a BranntwMonG geregelt. Sie ist mit der Durchführung der nationalen Marktordnung für Branntwein befasst, also der Übernahme des hergestellten Alkohols (mit erheblichen Ausnahmen), der Einfuhr und der Verwertung von Alkohol.

---

11 V. 30. 8. 1971, zuletzt geändert durch Art. 17 des Gesetzes vom 8. 12. 2010.

Ziel des Monopols ist die Förderung der mit landwirtschaftlichen Familienbetrieben verbundenen Brennereien. Die gewerblichen Brennereien sind aus dem Monopol ausgeschieden. Aufgrund EU-rechtlicher Vorgaben endet das Branntweinmonopol nach letztmaliger Verlängerung mit Ablauf des Jahres 2017.

Das **Verfahrensrecht** für Steuern wird durch Bundesgesetz geregelt, und zwar durch die **Abgabenordnung**[12], soweit die Steuern von der Bundesverwaltung, also der Zollverwaltung ausgeführt werden (Art. 108 Abs. 5 Satz 1 GG) und soweit die Steuern von den Landesfinanzbehörden ausgeführt werden (Art. 108 Abs. 5 Satz 2 GG). Die Abgabenordnung gilt also nicht unmittelbar für die **Kommunalabgaben**, dafür haben die Länder **Kommunalabgabengesetze** erlassen, die aber großenteils auf die AO Bezug nehmen. 9

Die **Finanzgerichtsbarkeit** wird bundeseinheitlich durch Bundesgesetz geregelt (Art. 108 Abs. 6 GG) und zwar durch die Finanzgerichtsordnung (FGO)[13]. Die (nur zweistufige) Gerichtsverfassung sieht Finanzgerichte als Gerichte der Länder vor und als Revisionsinstanz den Bundesfinanzhof mit Sitz in München.

TAB. 1: Zusammenfassung: Übersicht zu den Steuern der Zollverwaltung 10

Steuer	Gesetzgebungshoheit	Ertragshoheit	Verwaltungshoheit	Steuereinnahmen in Mrd. (2010[14])
Alkopopsteuer	Bund	Bund	Bund	0,002
Biersteuer	Bund	Länder	Bund	0,7
Branntweinsteuer	Bund	Bund	Bund	2,0
Einfuhr- und Ausfuhrabgaben i. S. d. Art. 4 Nr. 10 und 11 ZK	EU/Bund	Bund/EU	Bund	4,4
Einfuhrumsatzsteuer	Bund	Bund/Länder	Bund	43,6
Energiesteuer	Bund	Bund	Bund	39,8
Kaffeesteuer	Bund	Bund	Bund	1,0
Kernbrennstoffsteuer[15]	Bund	Bund	Bund	–
Kraftfahrzeugsteuer	Bund	Bund	Bund	–[16]
Luftverkehrsteuer	Bund	Bund	Bund	–[17]

12 I. d. F. der Bekanntmachung v. 1. 10. 2002, zuletzt geändert durch Art. 5 des Gesetzes v. 22. 12. 2011.

13 I. d. F. der Bekanntmachung v. 28. 3. 2001, zuletzt geändert durch Art. 2 Abs. 35 des Gesetzes vom 22. 12. 2011.

14 Vgl. Jahresstatistik Zoll 2010 (www.zoll.de).

15 Kernbrennstoffsteuergesetz (KernbrStG) v. 8. 12. 2010, Inkrafttreten am 1. 1. 2011. Siehe dazu *Jatzke*, Die Kernbrennstoffsteuer – ein Exot im deutschen Verbrauchsteuerrecht, ZfZ 2010, 278.

16 In der Statistik (vgl. FN 13) für 2010 noch keine Einnahmen ausgewiesen.

17 In der Statistik (vgl. FN 13) für 2010 noch keine Einnahmen ausgewiesen.

Schaumwein- und Zwischenerzeugnissteuer	Bund	Bund	Bund	0,42
Stromsteuer	Bund	Bund	Bund	6,2
Tabaksteuer	Bund	Bund	Bund	13,5

11 Die **Aufgaben der Zollverwaltung** sind damit aber keineswegs erschöpfend beschrieben. Art. 108 Abs. 1 GG umschreibt lediglich den verfassungsfesten Kernbestand der Aufgaben der Zollverwaltung im Gefüge der Steuerverwaltungen von Bund, Ländern und Gemeinden. Diese Aufgaben können nur durch Verfassungsänderung auf andere Körperschaften übertragen oder der Bundesfinanzverwaltung auferlegt werden.

Weitere Aufgaben – die durchaus nichts mit der Verwaltung von Steuern zu tun haben müssen – können der Zollverwaltung durch einfaches Bundesgesetz übertragen werden; davon hat der Bundesgesetzgeber in erheblichem Umfang Gebrauch gemacht. So ist die Zollverwaltung z. B. nunmehr zuständig für die Bekämpfung von Schwarzarbeit und illegaler Beschäftigung.[18]

II. Die Abgabenordnung

1. Die Stellung im Steuerrecht

12 Das Steuerrecht ist Teil des **öffentlichen Rechts** und dort Teil **des Verwaltungsrechts** und nimmt dabei in mehrfacher Hinsicht eine Sonderstellung ein. Zum einen gehört es zu den Rechtsbereichen des Verwaltungsrechts mit ausgesprochen langer Rechtstradition: Steuern – insbesondere Zölle[19] – sind schon seit tausenden von Jahren bekannt.[20] Zum andern ist Steuerrecht gekennzeichnet durch einen starken Zahlenbezug und schließlich ist die Zahl der Betroffenen auf steuerrechtlichem Gebiet besonders groß, jeder Bürger dieses Staates wird mehr oder weniger regelmäßig mit den Finanzbehörden zu tun bekommen. Dies alles führt zu einer Sonderstellung des Steuerrechts im Verwaltungsrecht.

Zugleich ist die Steuerverwaltung Eingriffsverwaltung. Sie regelt die Einzelfälle mit Verwaltungsakten; werden Steuern festgesetzt, heißen sie Steuerbescheide (§§ 155 ff. AO). Die Steuerbeteiligten sind sogar verpflichtet, an der eigenen Besteuerung nahezu unbeschränkt mitzuwirken. Die Finanzbehörden sind zugleich ihre eigenen Vollstreckungsbehörden (§§ 249 ff. AO).

Zur Strukturierung dieses Sonderrechtsbereichs bietet es sich an, zwischen **allgemeinem** und **besonderem** Steuerrecht zu unterscheiden. Die für die einzelnen Steuerarten erlassenen Steuergesetze bilden das besondere Steuerrecht; das allgemeine Steuerrecht findet sich vor allem in der Abgabenordnung, aber auch im FVG, im ZollVG und

18 Nach dem Gesetz zur Bekämpfung der Schwarzarbeit und illegalen Beschäftigung v. 23. 7. 2004, zuletzt geändert durch Art. 8 des Gesetzes v. 22. 11. 2011, vgl. dort § 2, § 12 SchwarzArbG.

19 Vgl. *Witte/Wolffgang*, Lehrbuch des Europäischen Zollrechts, S. 1.

20 Vgl. die Literaturnachweise bei *Tipke/Lang*, Steuerrecht, § 1 Rz. 40 und 41.

der FGO. In diesen Gesetzen werden die für alle Steuern von Bund und Ländern gemeinsamen Themen „vor die Klammer gezogen".

Die AO ist das bei Weitem wichtigste Gesetz des allgemeinen Steuerrechts, es wird als **Mantelgesetz des Steuerrechts** bezeichnet, weil hier das Verfahrensrecht für die Steuern enthalten ist und darüber hinaus Themen, die für alle oder viele Steuern von Bedeutung sind, abschließend geregelt werden. Als Beispiel mag die Haftung dienen. In den §§ 69 - 75 AO sind die Möglichkeiten, jemanden für Steuerschulden eines Dritten in Anspruch zu nehmen, normiert; diese gelten für alle Steuern. In § 191 AO wird das Verfahren für den Erlass von Haftungsbescheiden mit Geltung für alle Steuerarten festgelegt. Daneben gibt es aber durchaus auch Haftungsfälle in einigen Einzelsteuergesetzen,[21] die dann aber keine allgemeine Bedeutung beanspruchen können. Die AO als Steuergrundgesetz zu bezeichnen, weckt Assoziationen zum Grundgesetz, die nicht stichhaltig sind,[22] und überhöht die AO unnötig.

2. Die Entwicklung der AO

Der Vorläufer der Abgabenordnung, nämlich die **Reichsabgabenordnung (RAO)** ist erst 13
weit nach den ersten Einzelsteuergesetzen entstanden, nämlich kurz nach dem Ersten Weltkrieg. Sie ist das Werk von **Enno Becker**, dem – als nebenamtlicher Richter eines Oberverwaltungsgerichtes mit Steuersachen vertraut – in wenigen Monaten ein großer Wurf der Steuergesetzgebung gelang. Im Dritten Reich, aber auch in der Zeit nach dem Zweiten Weltkrieg wurden Anpassungen und Korrekturen der RAO in Spezialgesetzen vorgenommen, so dass die RAO ihren Charakter als Mantelgesetz mehr und mehr einbüßte.

Dieser Rechtszersplitterung sollte eine Neukodifikation der AO entgegenwirken, die schon im Jahre 1963 vom Bundestag in Auftrag gegeben wurde. Aber erst nach jahrelangen Vorarbeiten gelang es 1976, eine **neu gefasste AO (AO 1977)** zu verabschieden, die am 1. 1. 1977 in Kraft trat.[23] Sie ist zwar vollständig neu numeriert, aber in den Grundzügen immer noch der RAO verpflichtet. Gleichwohl hat sich auch die AO nicht der allgemeinen Tendenz des Steuerrechts, ständig und immer häufiger geändert zu werden, entziehen können. Während in früheren Jahren die AO durch sog. Jahressteuergesetze geändert wurde, in denen der gesamte Änderungsbedarf eines Jahres untergebracht wurde, ist die AO in den letzten Jahren stets mehrfach geändert worden, im Jahr 2008 durch nicht weniger als fünf Gesetze.[24]

21 Vgl. § 15 Abs. 6 TabakStG.

22 Vgl. *Tipke/Lang*, Steuerrecht, § 2 Rz. 12.

23 In Kommentaren und Entscheidungen der Finanzgerichte werden durchaus noch Gerichtsentscheidungen zu Vorschriften der RAO zitiert.

24 So wurde die AO noch kurz vor Jahresende im Jahr 2007 mit Gesetz vom 20. 12. 2007 und mit Gesetz vom 21. 12. 2007 geändert, im Jahr 2008 durch Gesetz v. 19. 12. und v. 20. 12. 2008.

3. Der Anwendungsbereich der AO

14 Wie schon erwähnt, ist die AO das zentrale Gesetz für das Steuerverwaltungsrecht, als solches ist sie Teil des Verwaltungsrechts. Für die Verwaltungstätigkeit von Bundesbehörden ist eigentlich das Verwaltungsverfahrensgesetz des Bundes[25] einschlägig; es wird aber von der AO verdrängt, wie in § 2 Abs. 2 Nr. 1 VwVfG festgehalten ist. Für welche Steuern und für welche Steuerverwaltungen von Bund, Ländern und Gemeinden die AO gilt, ergibt sich aus § 1 AO.

Die AO gilt nach § 1 Abs. 1 AO für

- **Steuern,**
- die durch **Bundesrecht** oder **Recht der EG** geregelt werden
- und durch **Bundesfinanz- oder Landesfinanzbehörden** verwaltet werden,
- und soweit die anzuwendende Regelung der AO nicht **durch EG-Recht überlagert** wird.

Sie gilt auch für **steuerliche Nebenleistungen**, soweit im Einzelfall keine Überlagerung durch EG-Recht eintritt (§ 1 Abs. 3 AO).

15 Sowohl in § 1 Abs. 1 wie in § 1 Abs. 3 AO wird ein **Vorbehalt** gemacht: Die Vorschriften der AO sind nur **vorbehaltlich des Rechts der Europäischen Gemeinschaften** anwendbar. Damit trägt der Gesetzgeber dem höheren Rang des Gemeinschaftsrechts Rechnung (vgl. Art. 23 Abs. 2 GG).[26] Insofern unterscheidet sich die Anwendung der AO im Bereich der Zollverwaltung erheblich von der im Bereich der Landesfinanzverwaltung, in der eine Überlagerung derzeit nicht vorkommt.

Dieser Vorbehalt wirkt sich aber keineswegs in jedem Steuersachverhalt aus, wie sich aus der nachfolgenden Übersicht ergibt. Vielmehr sind für die Steuern, die von der Zollverwaltung verwaltet werden, hinsichtlich der Überlagerung drei Gruppen zu unterscheiden:

16

Gruppe 1: Steuern, auf die **ausschließlich** die AO anzuwenden ist (keine Überlagerung)	Die Verkehrsteuern: Kraftfahrzeugsteuer und Luftverkehrsteuer; Verbrauchsteuer: Kernbrennstoffsteuer
Gruppe 2: Steuern, auf die **ausschließlich** die AO anzuwenden ist, wenn sie Inlandssachverhalte betreffen	Verbrauchsteuern, aber nur, wenn es um eine Steuerentstehung durch Überführung in den steuerrechtlich freien Verkehr (im Inland) oder durch Beförderung aus dem steuerrechtlich freien Verkehr anderer Mitgliedstaaten (in das Inland) geht

25 VwVfG i. d. F. der Bekanntmachung v. 23. 1. 2003, zuletzt geändert durch Art. 2 Abs. 1 des Gesetzes v. 14. 8. 2009.

26 Siehe dazu *Wolffgang/Zimmermann*, Öffentliches Recht und Europarecht, S. 183.

Gruppe 3: Steuern, auf die die Vorschriften der AO **immer unter dem Vorbehalt der Überlagerung** anzuwenden sind	Die Einfuhr- und Ausfuhrabgaben nach ZK, die Verbrauchsteuern bei Einfuhr aus Drittländern und die Einfuhrumsatzsteuer = **Einfuhr- und Ausfuhrabgaben i. S. d. § 1 Abs. 1 ZollVG**

Der Vorbehalt des EG-Rechts kommt also nur in der letzten Gruppe der Steuerfälle zum Tragen. Diese sind in § 1 Abs. 1 ZollVG aufgezählt und begrifflich zusammengefasst unter Einfuhr- und Ausfuhrabgaben i. S. d. ZollVG. Dazu das folgende Beispiel. 17

BEISPIEL: **Bier aus Australien**

Es wird Bier aus Australien in die Bundesrepublik eingeführt. Welche Steuerarten sind betroffen und sind die Vorschriften der AO auf diesen Steuerfall (uneingeschränkt) anzuwenden?

LÖSUNG: Die Einfuhr von Bier betrifft **drei Steuerarten**: die spezielle Verbrauchsteuer, nämlich die **Biersteuer**, die **Einfuhrumsatzsteuer** und die **Einfuhrabgaben** nach dem Zollkodex[27]. Die Einfuhr löst damit die Entstehung von zwei bundesgesetzlich geregelten und einer gemeinschaftsrechtlich geregelten Abgabe aus.

Auf alle drei Abgaben ist die **AO grds. anzuwenden**, da sie auf Bundes- oder Gemeinschaftsrecht beruhen und von den Bundesfinanzbehörden verwaltet werden (§ 1 Abs. 1 AO). Hinsichtlich der Einfuhrabgaben nach ZK ist aber zu beachten, dass einige Bereiche der AO wegen der Regelungen im ZK nicht oder nur teilweise zur Anwendung kommen (Überlagerung).

Für die Biersteuer ordnet § 18 Abs. 3 BierStG an, dass für bestimmte Themen die Zollvorschriften sinngemäß anzuwenden sind; das sind vor allem die Korrektur der entsprechenden Steuerbescheide und das Steuerverfahren. Dieser Verweis auf die Zollvorschriften ist aber auch wieder ein Verweis auf die AO, weil – wie schon festgestellt – die AO auch auf die Einfuhrabgaben anzuwenden ist (unter dem Vorbehalt der Überlagerung), die AO insofern also auch zu den Zollvorschriften gehört.

Für die Einfuhrumsatzsteuer ordnet § 21 Abs. 2 UStG die sinngemäße Geltung der Vorschriften für Zölle an. Damit ist ebenfalls wieder die AO anwendbar, aber auch wieder unter dem Vorbehalt der Überlagerung. Auf diese Weise hat der deutsche Gesetzgeber sichergestellt, dass in einem Einfuhrsachverhalt auf die deutschen wie die gemeinschaftsrechtlich geregelten Abgaben das identische Verfahrensrecht angewandt wird.

Hier ist dann im Einzelfall zu prüfen, ob die Norm der AO von einer Norm des Gemeinschaftsrechts überlagert wird. Zu den Einzelheiten der **Überlagerung** (s. u. Rdn. 20 ff.).

Alle Steuern, die von der Zollverwaltung verwaltet werden, fallen in den **sachlichen Geltungsbereich der AO**. In der folgenden Übersicht ist jeweils vermerkt, auf welcher **Rechtsgrundlage** dies beruht und ob der **Vorrang des Gemeinschaftsrechts** zu beachten ist.

18

Übersicht zum Anwendungsbereich der AO	
Verbrauchsteuer wegen Überführung in den steuerrechtlich freien Verkehr	anwendbar wegen § 1 Abs. 1 AO
Verbrauchsteuer wegen Einsatzes eines Brennelementes (Kernbrennstoffsteuer)	anwendbar wegen § 1 Abs. 1 AO

27 Zollkodex (VO (EWG) Nr. 2913/92) v. 12. 10. 1992, zuletzt geändert durch VO (EG) Nr. 1791/2006 v. 20. 11. 2006.

Verbrauchsteuer wegen Beförderung aus dem steuerrechtlich freien Verkehr anderer Mitgliedstaaten	anwendbar wegen § 1 Abs. 1 AO
Verbrauchsteuer wegen der Einfuhr aus Drittländern oder Drittgebieten	anwendbar wegen § 1 Abs. 1 AO, soweit nicht vom Gemeinschaftszollrecht überlagert; die Anwendung des Zollrechts ergibt sich aus der Verweisungsnorm des VStG
Einfuhrabgaben, Ausfuhrabgaben i. S. d. Art. 4 Nr. 10, 11 ZK	anwendbar wegen § 1 Abs. 1 AO, soweit nicht vom Gemeinschaftszollrecht überlagert
Einfuhrumsatzsteuer	anwendbar wegen § 1 Abs. 1 AO, soweit nicht vom Gemeinschaftszollrecht überlagert; die Anwendung des Zollrechts ergibt sich aus § 21 UStG
Kraftfahrzeugsteuer	anwendbar wegen § 1 Abs. 1 AO
Luftverkehrsteuer	anwendbar wegen § 1 Abs. 1 AO
Steuerliche Nebenleistungen nach der AO	anwendbar wegen § 1 Abs. 3 AO
Steuerliche Nebenleistungen nach dem ZK	anwendbar wegen § 1 Abs. 3 AO, soweit nicht vom Gemeinschaftszollrecht überlagert
Zuschlag nach § 32 Abs. 3 ZollVG	vgl. AO-DV (Zoll) Nr. 1 zu § 1 AO

19 **Anwendung der AO auf andere Rechtsgebiete**: Die AO kommt im Übrigen dann zur Anwendung, wenn in anderen Gesetzen **auf die AO verwiesen** wird. Dann kommt es nicht mehr darauf an, ob die geregelte Abgabe auch eine Steuer i. S. d. § 3 AO ist. Im Bereich der Zollverwaltung gilt dies im Bereich des **Branntweinmonopolrechts**[28] und des **Marktordnungsrechts.**[29] Nach § 22 SchwarzArbG ist die AO auch auf das **Verwaltungsverfahren** im Bereich der Bekämpfung von **Schwarzarbeit** und **illegaler Beschäftigung** anzuwenden.

4. Verhältnis zum EG-Recht

20 Wie in der Übersicht (Rdn. 16) dargestellt, sind nur die **in Gruppe 3** genannten Steuern, also **die Einfuhr-, Ausfuhrabgaben i. S. d. ZollVG** von dem Vorbehalt des Gemeinschaftsrechts betroffen. Nur auf solche Steuersachverhalte finden nicht alle AO-Normen uneingeschränkt Anwendung. Vielmehr ist – wie § 1 Abs. 1 Satz 2 AO bestätigt – der **Vorrang des Gemeinschaftsrechts** gegenüber der AO zu beachten. Das hat folgenden einfachen Grund: Während die nationalen Verbrauchsteuergesetze fortlaufend an die

28 Vgl. z. B. §§ 48, 51a Abs. 2, 111 BranntwMonG; für die Branntweinsteuer selbst gilt die AO unmittelbar.

29 Auf Abgaben zu Marktordnungszwecken sind die Vorschriften der AO entsprechend anzuwenden (§ 12 Abs. 1 MOG).

Rechtsentwicklung in der Europäischen Gemeinschaft angepasst werden, also den Rechtsstand des Gemeinschaftsrechts im innerstaatlichen Recht wiedergeben, ist die AO nur sehr **begrenzt an das Gemeinschaftsrecht angepasst** worden.

Die erste bedeutende gemeinschaftsrechtliche Einflussnahme auf das nationale Steuerverfahrensrecht stellten zwei Verordnungen der EG dar, die das Korrekturverfahren für Zollbescheide regelten.[30] Der deutsche Gesetzgeber hat darauf gar nicht reagiert[31] und auch nicht reagieren müssen, da diese Rechtsvorschriften den Vorrang des Gemeinschaftsrechts beanspruchen konnten.

Dieses Verfahren behielt der Gesetzgeber auch bei Inkrafttreten des ZK im Jahr 1983 bei, der in weiteren Bereichen des Steuerverfahrens die AO verdrängt.[32] Erst danach wurde in einigen Teilbereichen der AO der Wortlaut der AO-Norm an die Überlagerungssituation angepasst; so z. B. bei § 172 AO. Hier gibt der Wortlaut eindeutig wieder, dass diese Vorschrift nicht auf Einfuhr- und Ausfuhrabgaben i. S. d. Art. 4 Nr. 10 und 11 ZK anzuwenden ist, da sie sowohl in § 172 Abs. 1 Nr. 1 als auch in Abs. 1 Nr. 2 AO ausgeschlossen sind. Im Übrigen überlässt es der Gesetzgeber dem Rechtsanwender, in jedem einzelnen Steuerfall bei jeder anzuwendenden Norm der AO zu prüfen, ob diese (und wenn ja, in welchen Details) Anwendung findet.

Dabei darf nicht übersehen werden, dass **große Bereiche der AO gänzlich unbeeinflusst** 21
vom Gemeinschaftsrecht geblieben sind: so der 4. Abschn. des 2. Teils mit dem Thema Haftung für Steuerschulden, der 6. Teil der AO (Vollstreckung), der 7. Teil (Rechtsbehelfsverfahren, hier sind nur geringe Überlagerungen zu verzeichnen), und der 8. Teil der AO (Straf- und Bußgeldvorschriften und Straf- und Bußgeldverfahren).

Schließlich sieht der ZK selbst **einige zentrale Verweisungen** auf das nationale Verfahrensrecht vor, so im Bereich der Vollstreckung von Einfuhrabgabenforderungen (Art. 232 Abs. 1 Buchst. a ZK) und in Art. 245 ZK für das Rechtsbehelfsverfahren. Schließlich sind auch Regelungen des ZK zu verzeichnen, die zwar ein Thema ansprechen, aber mit zu geringer Regelungstiefe, so dass ergänzend Recht der AO zur Anwendung kommt.

Alle **Anwendungsmodalitäten der AO** sind **für die Zollverwaltung** in der **AO-DV (Zoll)** 22
zusammengefasst dargestellt. Diese Dienstvorschrift stellt eine paragraphenweise Kommentierung der AO dar und im jeweils **ersten Abschnitt** dieser Kommentierung wird auf die Frage der Anwendbarkeit für Einfuhr- und Ausfuhrabgaben i. S. d. ZollVG (Steuern der Gruppe 3, Rdn. 16) eingegangen. Findet sich im ersten Abschnitt dazu keine Äußerung, ist diese Vorschrift der AO **uneingeschränkt** auch auf diese Steuern anwendbar. An wichtigen Stellen wird ausdrücklich die Anwendbarkeit der AO-Norm festgestellt.

---

30 Die sog. Erstattungs-, ErlassVO (VO (EWG) Nr. 1430/79) und die NacherhebungsVO (VO (EWG) Nr. 1697/79), in Kraft getreten am 1. 1. 1980, vgl. Art. 251 Abs. 1 Nr. 4 und 5 ZK.

31 Etwa durch eine entsprechende Anpassung der §§ 129, 172 ff. AO.

32 Die Zollverwaltung setzte eine Arbeitsgruppe ein, die alle Vorschriften der AO darauf hin überprüfte, ob und inwieweit eine Überlagerung durch ZK und ZK-DVO vorlag. Dazu *Henke/Huchatz*, Das neue Abgabenverwaltungsrecht für Einfuhr- und Ausfuhrabgaben, ZfZ 1996, 226, 262. Das Ergebnis ist nunmehr in die AO-DV Zoll eingeflossen.

BEISPIELE: **Frage**: Ist § 15 AO auf Einfuhr-, Ausfuhrabgaben anwendbar? **Antwort**: uneingeschränkt anwendbar, da in der AO-DV Zoll dazu nichts gesagt wird.

Frage: Ist § 30 AO (Steuergeheimnis) auf Einfuhr-, Ausfuhrabgaben anwendbar? **Antwort**: In Abschn. 1 zu § 30 AO der AO-DV Zoll wird ausgeführt, dass diese Vorschrift teilweise durch Art. 15 ZK überlagert ist. Auf Einzelheiten wird nicht eingegangen, weil dann angeordnet ist, dass der über Art. 15 hinausreichende Regelungsinhalt des § 30 AO weiterhin anwendbar bleibt (zum Schutz des inländischen Steuerpflichtigen).

Frage: Ist § 69 AO auf Einfuhr-, Ausfuhrabgaben anwendbar? **Antwort:** In Abschn. 1 vor §§ 69 - 75 AO in der AO-DV Zoll wird klargestellt, dass diese und die nachfolgenden Haftungsnormen anwendbar sind.

Frage: Ist § 108 AO auf Einfuhr-, Ausfuhrabgaben anwendbar? **Antwort**: Diese Vorschrift über Fristenberechnungen ist überlagert durch die FristenVO[33], aber nur dann, wenn die zu berechnende Frist in einer **Norm des Gemeinschaftsrechts** (z. B. Art. 221 Abs. 3 ZK) enthalten ist.

Frage: Ist § 155 AO auf Einfuhrabgabenbescheide anzuwenden? **Antwort**: Ja, da Art. 221 ZK nicht hinreichend bestimmt ist (Einzelheiten in Abschn. 1 zu § 155 AO der AO-DV Zoll).

Frage: Ist § 240 AO auf Einfuhr-, Ausfuhrabgaben anwendbar? **Antwort**: Da die Regelungen zum Säumniszins in Art. 232 ZK nicht hinreichend bestimmt sind, kommen die meisten Regelungen des § 240 AO zur Anwendung (Einzelheiten in Abschn. 1 zu § 240 AO der AO-DV Zoll).

III. Verfassungsprinzipien im Steuerrecht

23 Steuergerechtigkeit setzt voraus, dass der Staat die Besteuerung seiner Bürger und Unternehmen gesetzlich legitimiert vornimmt und die Anwendung dieser Gesetze gegenüber jedermann gleich erfolgt. Auch die Steuergesetze selbst müssen dem Gleichheitssatz genügen. Dies gilt umso mehr, als sich die meisten Steuerpflichtigen zur Finanzverwaltung in einer Form von Dauerschuldverhältnis befinden. Nach der Steuerrechtslehre bestimmt sich daher der Begriff der Steuergerechtigkeit durch den allgemeinen Gleichheitsgrundsatz in Art. 3 Abs. 1 GG und durch das Rechtsstaatsprinzip, konkret den Grundsatz der Gesetzmäßigkeit des Verwaltungshandelns, in Art. 20 Abs. 3 GG.[34] Diese beiden Grundsätze bilden zugleich die wesentlichen Anforderungen des GG an den Steuervollzug durch die Finanzbehörden.

1. Gesetzmäßigkeit der Besteuerung

24 Das Bundesverfassungsgericht leitet den Grundsatz der Gesetzmäßigkeit der Besteuerung unmittelbar aus dem Rechtsstaatsprinzip in Art. 20 Abs. 3 GG ab.[35] Das Rechtsstaatsprinzip setzt sich u. a. zusammen aus Vorbehalt und Vorrang des Gesetzes.

a) Vorbehalt des Gesetzes

25 Die Finanzverwaltung ist eine Eingriffsverwaltung. Der Vorbehaltsgrundsatz verlangt, dass staatliches Handeln in bestimmten grundlegenden Bereichen durch förmliches

33 VO (EWG, EURATOM) Nr. 1182/71 des Rates zur Festlegung der Regeln für die Fristen und Termine vom 3. 6. 1971.

34 *Tipke/Lang*, Steuerrecht, § 4 Rz. 63.

35 BVerfG v. 14. 7. 1998 1 BvR 1640/97, BVerfGE 98, 218.

Gesetz legitimiert wird. Steuerlasten können daher nur durch Gesetz auferlegt werden: Keine Steuer ohne Gesetz – „nullum tributum sine lege“. Die Festsetzung und Erhebung von Steuern durch die Finanzbehörden ist also nur zulässig, wenn ein gesetzlicher Tatbestand erfüllt ist, an den das Gesetz als Rechtsfolge eine Steuer knüpft. Das legitimierende Gesetz muss zudem ausreichend klar und bestimmt sein.

Das Ausmaß der erforderlichen Bestimmtheit einer gesetzlichen Ermächtigung lässt sich dabei nicht allgemein festlegen, sondern hängt von der Eigenart des geregelten Sachbereichs ab, insbesondere von dem Ausmaß, in dem Grundrechte betroffen sind, und von der Art und der Intensität des Verhaltens, zu dem die Verwaltung ermächtigt wird.[36]

Das Erfordernis der Bestimmtheit gesetzlicher Ermächtigung verwehrt es dem Gesetzgeber aber nicht, in der Ermächtigungsnorm Generalklauseln und unbestimmte Rechtsbegriffe zu verwenden. Gerade im Steuerrecht kommt der Gesetzgeber ohne sie nicht aus, wenn er die Finanzbehörden in die Lage versetzen will, den besonderen Umständen des Einzelfalls gerecht zu werden und dadurch auch den Grundrechten der Steuerpflichtigen Rechnung zu tragen.

b) Vorrang des Gesetzes

Anderseits folgt aus Art. 20 Abs. 3 GG auch, dass Verwaltungsakte und Realakte der Fi- 26
nanzbehörden nicht gegen das Gesetz verstoßen dürfen (Vorrang des Gesetzes). Bindung an Gesetz und Recht i. S. d. Art. 20 Abs. 3 GG bedeutet Bindung an Verfassungsrecht, förmliche Gesetze, Rechtsverordnungen, autonome Satzungen, Gewohnheitsrecht und mit zunehmender Bedeutung auch Bindung an unmittelbar anwendbares EG-Recht.[37] Verstoßen die Finanzbehörden dagegen, ist ihr Handeln rechtswidrig, teilweise sogar nichtig.

Vorrang des Gesetzes bedeutet weiterhin, dass die Verwaltung das geltende Recht auch anzuwenden hat.[38] Die Gesetzmäßigkeit des Steuervollzugs wäre nicht vollständig, wenn die Finanzbehörden die Steuergesetze nicht konsequent durchsetzen würden.

2. Gleichmäßigkeit der Besteuerung

Die Steuergerechtigkeit wird nach der Rechtsprechung des BVerfG weiterhin auf den 27
allgemeinen Gleichheitssatz in Art. 3 Abs. 1 GG gestützt.[39] Die Steuer ist eine Gemeinlast und der Staat greift dabei ohne individuelle Gegenleistung auf das Vermögen des Einzelnen zu und verpflichtet ihn, für die Allgemeinheit etwas abzugeben. Dieser Eingriff in die Vermögens- und Rechtssphäre des Steuerpflichtigen gewinnt seine Rechtfertigung daher auch und gerade aus der Gleichheit der Lastenzuteilung.[40] Daraus folgt,

36 BVerfG v. 13. 6. 2007 1 BvR 1550/03, BVerfGE 118, 168.
37 BVerfG v. 14. 10. 2004 2 BvR 1481/04, BVerfGE 111, 307.
38 BVerfG v. 12. 2. 1969 1 BvR 687/62, BVerfGE 25, 216.
39 BVerfG v. 20. 12. 1966 1 BvR 320/57, BVerfGE 21, 12.
40 BVerfG v. 27. 6. 1991 2 BvR 1493/89, BVerfGE 84, 239.

dass sowohl die Steuergesetzgebung als auch die Steuerverwaltung dem Gedanken einer möglichst gleichmäßigen Belastung der Steuerpflichtigen besonders sorgfältig Rechnung zu tragen haben.

28 **Gleichheitssatz und Steuergesetzgebung**: Unter Beachtung des Gleichheitssatzes und des Willkürverbotes des Art. 3 GG hat der Gesetzgeber bei der Auswahl des Steuergegenstandes und bei der Bestimmung des Steuersatzes einen weitreichenden Entscheidungsspielraum. Bei der Ausübung des Steuerfindungsrechts kann sich der Gesetzgeber von finanzpolitischen, volkswirtschaftlichen, sozialpolitischen und steuertechnischen Erwägungen leiten lassen[41]. So darf der Gesetzgeber seine Steuergesetzgebungskompetenz beispielsweise auch ausüben, um Lenkungswirkungen zu erzielen.[42]

29 **Gleichheitssatz und Steuervollzug**: Die aus Art. 3 GG folgende Rechtsanwendungsgleichheit richtet sich an die Behörden der Steuerverwaltung. Wenden die Finanzbehörden das bestehende grundgesetzkonforme Recht rechtsrichtig an, wird jeder Steuerpflichtige gleich besteuert. Den Finanzbehörden ist es verwehrt, bestehendes Recht zu Gunsten oder zu Lasten einzelner Personen nicht anzuwenden.

30 **Gleichmäßige Besteuerung und Föderalismus**: Da in der Bundesrepublik die Gebietskörperschaften eigenständige Gesetzgebungskompetenzen haben, kann die Gleichmäßigkeit der Besteuerung nur bis zu den Grenzen der jeweils für die Gesetzgebung zuständigen Gebietskörperschaft reichen. Bedeutung gewinnt diese Struktur bei den Landessteuern. Es ist also grds. verfassungsrechtlich nicht zu beanstanden, wenn ein Landessteuergesetz nach seiner Art und der damit verbundenen steuerlichen Belastung von verwandten Regelungen anderer Länder abweicht.[43]

Ungleichbehandlungen beim Steuervollzug durch die Landesfinanzbehörden im Rahmen der Bundesauftragsverwaltung sind grundgesetzlich nicht zulässig. Insoweit gilt Lastengleichheit für die Steuern, bei denen dem Bund die ausschließliche oder konkurrierende Gesetzgebungskompetenz zusteht, für das gesamte Bundesgebiet.

3. Einfachgesetzliche Konkretisierung durch § 85 AO

31 Die Finanzbehörden sind also bereits nach dem Grundgesetz zu einem **gesetzmäßigen und gleichmäßigen Steuervollzug** verpflichtet. Einfachgesetzlich verdeutlicht dies § 85 AO. Der Gesetzgeber wollte damit die besondere Bedeutung dieser Aufgabe der Finanzbehörden herausstellen.[44] Nach § 85 Satz 1 AO haben die Finanzbehörden die Steuern **nach Maßgabe der Gesetze gleichmäßig** festzusetzen und zu erheben. Insbesondere haben sie gemäß § 85 Satz 2 AO sicherzustellen, dass Steuern nicht verkürzt oder zu Unrecht erhoben, Steuererstattungen und Steuervergütungen nicht zu Unrecht gewährt oder versagt werden.

---

41 BVerfG v. 30. 10. 1961 1 BvR 833/59, BVerfGE 13, 181.

42 Beispielhaft zur Ökosteuer BVerfG v. 20. 4. 2004 1 BvR 905/00, BVerfGE 110, 274.

43 Zur Zweitwohnungsteuer BVerwG v. 26. 7. 1979 VII C 53.77, DÖV 1980, 44. Gleiches gilt für die Hebesätze der Gemeinden bei der Gewerbesteuer, BVerfG v. 21. 12. 1966 1 BvR 33/64, BVerfGE 21, 54.

44 BT-Drucksache VI/1982, 132.

Gesetze i. d. S. sind gemäß § 4 AO Rechtsnormen, also nicht nur förmliche Gesetze, sondern auch Rechtsverordnungen, autonome Satzungen, Völkerrecht, Europarecht und Gewohnheitsrecht.

Der Wortlaut von § 85 Satz 1 AO („Die Finanzbehörden haben [...]") stellt klar, dass für die Finanzbehörden das **Legalitätsprinzip** und nicht das Opportunitätsprinzip gilt. Die Finanzbehörden sind verpflichtet, die nach dem Gesetz entstandenen Steueransprüche geltend zu machen. Die Steuergesetze sind damit nicht nur Schranke, sondern auch Antrieb des Verwaltungshandelns der Finanzbehörden.[45] § 85 AO konkretisiert damit den aus Art. 20 Abs. 3 GG abgeleiteten Grundsatz vom Vorrang des Gesetzes. Er verpflichtet die Finanzbehörden noch einmal konkret, die nach dem Gesetz entstandenen Steueransprüche geltend zu machen und die für die Entstehung und den Umfang des Steueranspruchs maßgebenden Feststellungen der Besteuerungsgrundlagen durchzuführen, sobald die gesetzlichen Voraussetzungen dafür vorliegen.

Die Finanzbehörden haben jedoch nicht nur bekannten Steuerfällen nachzugehen. Aus § 85 Satz 1 und 2 AO folgt weiterhin, dass sie unbekannte Steuerfälle von Amts wegen aufzudecken haben, da nur so die geforderte Rechtsanwendungsgleichheit sichergestellt werden kann.[46]

4. Steuervollzug und vertragliche Vereinbarungen, tatsächliche Verständigung

Im Zusammenhang mit den Grundsätzen der Gesetzmäßigkeit und der Gleichheit des 32
Steuervollzugs steht die zwischen Schrifttum und Rechtsprechung immer wieder kontrovers diskutierte Frage, ob Verträge (z. B. Vergleichsverträge) im Steuerrecht zulässig sind.[47] Dies ist unter Bezugnahme auf die Gesetzmäßigkeit und Gleichmäßigkeit des Steuervollzugs grds. abzulehnen. Allerdings haben sich im Laufe der Zeit, von Rechtsprechung und Schrifttum anerkannt, die sog. **tatsächlichen Verständigungen** in der steuerrechtlichen Praxis entwickelt.

Mit diesen Verständigungen wird dem Bedürfnis nach einer praktischen Lösung in strittigen Sachverhaltsfragen Rechnung getragen. Insbesondere bei Schlussbesprechungen am Ende der Außenprüfung bedarf es der Möglichkeit, Ungewissheiten und Unklarheiten auf tatsächlichem Gebiet – wie sie häufig bei Schätzungen auftreten – in einvernehmlicher Weise auszuräumen. Die Verständigungen können jedoch lediglich zu Vereinbarungen über bestimmte Sachbehandlungen führen und nicht zu Vereinbarungen über zweifelhafte Rechtsfragen bzw. über die Steueransprüche als solches.[48]

45 *Tipke/Kruse*, Komm. zu AO und FGO, § 85 AO, Rz. 6.
46 BFH v. 24. 10. 1989 VII R 1/87 BStBl 1990 II 198.
47 *Tipke/Kruse*, Komm. zu AO und FGO, Vor § 118 Rz. 8 ff.
48 Ständige Rechtsprechung seit BFH v. 11. 12. 1984 VIII R 131/76, DStR 1985, 283; AO-DV (Zoll) Nr. 2 zu § 88.

IV. Begriff der Steuer und der steuerlichen Nebenleistungen

33 In der **Finanzverfassung des Grundgesetzes** wird der Begriff der Steuer vorausgesetzt und nicht definiert. Im Anschluss an die Rechtsprechung des BVerfG[49] wird deshalb die in § 3 Abs. 1 AO enthaltene Definition auch für das Verfassungsrecht herangezogen. Dieser – einheitliche – **Steuerbegriff** verlangt Folgendes:

- Geldleistung
- keine Gegenleistung für eine besondere Leistung
- von einem öffentlich-rechtlichen Gemeinwesen
- allen, die den gesetzlichen Tatbestand der Leistungspflicht verwirklichen, auferlegt
- Einnahmeerzielung kann Nebenzweck sein

Das bedeutet im Einzelnen:

- **Geldleistungen**: Sach- oder Dienstleistungen (in früheren Zeiten durchaus üblich) fallen daher nicht unter den Begriff der Steuern.
- **Keine Gegenleistung**: Der Bürger erlangt durch Steuerzahlung keinen Anspruch auf eine bestimmte Leistung des Staates. Die Verwendung der Steuereinnahmen kann der Bürger nur über Wahlen beeinflussen.
- **Öffentlich-rechtliches Gemeinwesen**: Das sind Bund, Länder und Gemeinden, aber auch die als öffentlich-rechtliche Körperschaften anerkannten Religionsgemeinschaften.
- **Einnahmeerzielung**: Die Steuer muss der Einnahmeerzielung dienen, würde sie ausschließlich andere Zwecke verfolgen, z. B. die Verhinderung einer bestimmten wirtschaftlichen Betätigung („Erdrosselungssteuer"), wäre sie keine Steuer.
- **Allen auferlegt**: Hiermit wird festgelegt, dass Steuern bestimmten Verfassungsprinzipien genügen müssen (dazu oben Rdn. 27 ff.).
- **Nebenzweck**: Ausreichend ist aber, wenn die Einnahmeerzielung nur Nebenzweck ist; sog. Lenkungssteuern wie die Zölle[50] und bestimmte Verbrauchsteuern[51] sind damit zulässig.

34 Dieser Steuerbegriff ist abzugrenzen von dem der **Gebühren und Beiträge**.

- **Gebühren** unterscheiden sich von den Steuern im Aspekt der Gegenleistung: Sie sind Geldleistungen, die als Gegenleistung für eine besondere Leistung der Verwaltung (Verwaltungsgebühr) oder für die Inanspruchnahme öffentlicher Einrichtungen und Anlagen (Benutzungsgebühr) erhoben werden.[52]
- **Beiträge** sind Aufwendungsersatzleistungen für die bloße Möglichkeit, einen wirtschaftlichen Vorteil zu nutzen, der von der öffentlichen Hand zur Verfügung gestellt wird (Straßenbau, Errichtung öffentlicher Einrichtungen und Anlagen).[53]

---

49 BVerfG v. 10. 12. 1980 2 BvF 3/77, BVerfGE 55, 274; BVerfG v. 6. 11. 1984 2 BvL 19, 20/83, 2 BvR 363, 491/83, BVerfGE 67, 256.

50 *Tipke/Lang*, Steuerrecht, § 3 Rz. 11.

51 Wie die Alkoholsteuern und die Tabaksteuer (Schutz der Gesundheit), bestimmte Energiesteuermodalitäten (Schutz der Umwelt).

52 So die Definition im Kommunalabgabengesetz von NRW.

53 *Tipke/Lang*, Steuerrecht, § 3 Rz. 23.

- **Steuerliche Nebenleistungen** sind in § 3 Abs. 3 AO nicht definiert, sondern abschließend aufgezählt.

V. Begriffsbestimmungen in der AO

1. Gesetz

In § 4 AO wird für das Steuerrecht, soweit die AO Anwendung findet, der Begriff „Gesetz“ definiert. Darunter fällt jede Rechtsnorm. 35

Unter Beachtung der Normenpyramide ergibt sich folgende Aufstellung:

- das **Grundgesetz**
- die **EG-Verträge** als primäres Gemeinschaftsrecht
- das **sekundäre Gemeinschaftsrecht**: dazu zählen die **EG-Verordnungen**, die **EG-Richtlinien** und **Entscheidungen** (s. Art. 249 EG-Vertrag); die EG-Richtlinien richten sich zunächst nur an die Mitgliedstaaten und bedürfen der Umsetzung in nationales Recht; sie können aber im Einzelfall auch Rechtswirkungen gegenüber dem Bürger entfalten.[54]
- **Förmliche Gesetze**: Das sind Willensakte der Gesetzgebungsorgane, die im förmlichen Gesetzgebungsverfahren zustande gekommen sind (ohne Rücksicht auf den materiellen Inhalt der Norm).
- **Materielle Gesetze = Rechtsverordnungen i. S. d. Art. 80 GG**: Sie sind ebenso mit abstrakter und genereller Wirkungsweise ausgestattet, aber nicht in einem förmlichen Gesetzgebungsverfahren durch ein Gesetzgebungsorgan erlassen, sondern durch die Exekutive. Sie spielen im Steuerrecht eine nicht unerhebliche Rolle: So gibt es zu jedem Verbrauchsteuergesetz eine (Durchführungs)Rechtsverordnung,[55] zum Teil auch mehrere, wie im Branntweinmonopolrecht. Sie müssen auf einer Ermächtigung in einem formellen Gesetz beruhen, das Inhalt, Zweck und Ausmass der Ermächtigung festlegt. Sie werden von der Exekutive, im Bereich der Zollverwaltung also vom Bundesministerium der Finanzen, erlassen.
- **Der Grundsatz von Treu und Glauben** wird auch im Steuerrecht anerkannt; er kann dazu führen, dass im Einzelfall von der Rechtslage zu Gunsten des Beteiligten abgewichen werden muss.[56]

Dienstvorschriften,[57] **Dienstanweisungen,**[58] **Veraltungsvorschriften, Richtlinien,**[59] **Erlasse**[60] und **Verfügungen** [61] werden von vorgesetzten Behörden erlassen und spielen in der

54 Vgl. *Tipke/Lang*, Steuerrecht, § 5 Rz. 16

55 Diese Rechtsverordnungen werden im Bereich der Zollverwaltung mit V abgekürzt (z. B. TabStV), so dass sie von den VOen der EG unterschieden werden können (z. B. FristenVO).

56 Vgl. *Klein/Gersch*, Kommentar zur AO, § 4 Rz. 15 ff.; AO-DV (Zoll) zu § 4.

57 Z. B. die AO-DV (Zoll) zur AO.

58 Z. B. die VollzA und VollStrA zum Vollstreckungsrecht der AO.

59 Z. B. die EStR und LStR zum Einkommensteuergesetz.

60 Z. B. die Erlasse des BMF zur Regelung von Einzelfällen.

61 Z. B. die Verfügungen einer BFD zur Regelung eines Einzelfalles.

Steuerpraxis eine große Rolle. Sie beruhen auf dem Weisungsrecht der vorgesetzten Behörde. Ihnen kommt nur in seltenen Ausnahmefällen eine Rechtsnormqualität zu.[62] Grundsätzlich sind sie nur **für die Behörden verbindlich**, nicht aber für die Beteiligten und die Gerichte. Eine weitergehende Verbindlichkeit kann sich aus dem Gleichheitsgrundsatz ergeben.[63]

2. Ermessen

36 Grundsätzlich ist das Steuerrecht eines der Rechtsgebiete des öffentlichen Rechts, das nur **ausnahmsweise einer Ermessensausübung** der Behörde zugänglich ist (gebundene Verwaltung). Insbesondere im Steuerschuldrecht (wer schuldet warum wie viel Steuern?) muss ein Ermessen ausgeschlossen sein. In bestimmten Bereichen des Besteuerungsverfahrens (z. B. im Vollstreckungsverfahren[64]) wäre eine vollständige Bindung der Verwaltung aber geradezu kontraproduktiv; hier muss die Verwaltung die Wahl zwischen den verschiedenen Instrumenten der Vollstreckung haben, um den größtmöglichen Erfolg zu erzielen. Weitere Bereiche des Ermessens im Steuerrecht sind das Haftungsrecht[65] und der Bereich der Billigkeitsentscheidungen, wie z. B. die Stundung (§ 222 AO) und der Erlass von Steuerforderungen (§ 163 AO, § 227 AO).

Das Gesetz räumt den Ermessenspielraum durch „kann", „darf" und eingeschränkt „soll", „ist befugt" ein. Die Behörde hat dabei in zwei Richtungen zu entscheiden:

- Soll überhaupt die im Gesetz vorgesehene Rechtsfolge angeordnet werden? **(= Entschließungsermessen)** und
- welche der vom Gesetz zugelassenen Rechtsfolgen soll im Einzelfall zur Anwendung kommen? **(= Auswahlermessen)**

37 Das **Ermessen** kann nach § 5 AO wegen zweckwidriger Ermessenausübung und wegen Ermessensüberschreitung **fehlerhaft** sein. Üblicherweise werden Ermessensfehler wie folgt eingeteilt:

- **Ermessensüberschreitung**: Die in der Ermessensnorm vorgesehenen Rahmen werden überschritten[66]
- **Ermessensnichtgebrauch/Ermessensunterschreitung**: Die Behörde lässt nicht erkennen, dass sie ihr Ermessen überhaupt ausgeübt hat[67]
- **Ermessensfehlgebrauch**: Die Behörde lässt sich bei der Ermessensausübung von sachfremden Erwägungen leiten.[68]

---

62 Vgl. *Tipke/Lang*, Steuerrecht, § 5 Rz. 20 ff.

63 Siehe *Tipke/Kruse*, Kommentar zu AO und FGO, § 4 AO Rz. 34 ff.

64 So ist schon § 249 AO als Ermessensnorm ausgestaltet: Die Verwaltung hat ein Ermessen dahingehend, ob überhaupt ein Vollstreckungsverfahren durchgeführt wird.

65 Vgl. § 191 AO: Ob überhaupt ein Haftungsbescheid erlassen wird, steht im Ermessen der Verwaltung.

66 Vgl. § 152 Abs. 2 Satz 1 AO: Höchstgrenze für den Verspätungszuschlag.

67 Das HZA lässt bei Erlass eines Haftungsbescheides nicht erkennen, dass sie ein Ermessen dahingehend ausgeübt hat, dass ein Haftungsbescheid gegen den Adressaten ergehen soll, vgl. § 191 Abs. 1 AO.

68 Das Vollstreckungs-HZA verzichtet allein aus Kostengründen auf Mahnungen nach § 259 AO.

Die Ausübung des Ermessens hat sich nicht nur an der jeweiligen Rechtsnorm, die das Ermessen einräumt, zu orientieren, sondern dabei sind auch die Grundsätze der Gleichmäßigkeit der Besteuerung, des Verhältnismäßigkeitsgrundsatzes, der Billigkeit und von Treu und Glauben (Vertrauensschutz) sowie das Willkürverbot und das Übermaßverbot zu beachten. **Für die Finanzbehörden bindend** sind dagegen **Verwaltungsvorschriften**[69], die die Ausübung des Ermessens regeln.

Unbestimmte Rechtsbegriffe sind vom Ermessen streng zu unterscheiden. Diese Tatbestandsmerkmale sind auch im Steuerrecht nicht ganz selten: erhebliche Härte (§ 222 AO), nach Lage des einzelnen Falles unbillig (§§ 163, 227 AO), Verschulden (§ 110 AO). Hier ist der **unbestimmte Rechtsbegriff auszulegen** und dann ist diese Auslegung der Subsumtion zugrunde zu legen. 38

Häufig ist eine **Kombination** aus Ermessenseinräumung und unbestimmtem Rechtsbegriff anzutreffen. So kann die Stundung gewährt werden, wenn beim Schuldner eine erhebliche Härte vorliegt.[70] Hier ist zunächst zu prüfen, ob in der Person des Schuldners die Voraussetzungen der Stundung vorliegen (durch Auslegung des unbestimmten Rechtsbegriffs). Erst wenn das bejaht wird, ist über die Gewährung der Stundung zu entscheiden (durch Ermessensausübung).

3. Amtsträger

In § 7 AO werden die Amtsträger abschließend aufgezählt. Der Begriff wird in verschiedenen Zusammenhängen im Steuerrecht verwandt. So haben die Amtsträger das **Steuergeheimnis** zu wahren (dazu unten Rdn. 46 ff.), sie genießen das **Haftungsprivileg** des § 32 AO,können in einem Steuerverfahren **ausgeschlossen oder abgelehnt** werden (§§ 82 ff. AO) und ihr Erscheinen kann die Straffreiheit durch **Selbstanzeige** ausschließen (§ 371 Abs. 2 Nr. 1 AO). 39

Amtsträger ist, wer nach deutschem Recht:

- **Beamter ist oder Richter**, dazu gehören auch die ehrenamtlichen Richter (Verweis auf § 11 Abs. 1 Nr. 3 StGB). Nicht erforderlich ist, dass diese Person einer Finanzbehörde angehört oder überhaupt mit Steuern zu tun hat.
- in **einem sonstigen öffentlich-rechtlichen Amtsverhältnis** steht: Diese Stellung ergibt sich regelmäßig aus einer gesetzlichen Regelung: z. B. die Mitglieder der Bundesregierung (§ 1 Bundesministergesetz), Notare und Notarassessoren (§ 1 BNotO).
- **sonstige besonders bestellte Personen**: Hierunter fallen vor allem die Personen, die als Tarifangestellte (und nicht als Beamte) Aufgaben der öffentlichen Verwaltung wahrnehmen.

Nicht von § 7 AO werden die Personen erfasst, die **nach ausländischem Recht** als Amtsträger tätig sind. Sie werden aber den deutschen Amtsträgern im Bereich des Steuergeheimnisses gleichgestellt (§ 30 Abs. 3 Nr. 1a AO).

69 Wie z. B. die AO-DV Zoll.

70 Und weitere Voraussetzungen vorliegen, § 222 AO.

4. Zuständigkeiten der Finanzbehörden

40 In den §§ 16 – 29 AO wird die sachliche und die örtliche Zuständigkeit der Finanzbehörden geregelt. Zuständigkeit meint einerseits die Festlegung der Aufgaben einer Behörde und andererseits die gebietsbezogene Abgrenzung der Behörden untereinander. Hinsichtlich der **sachlichen Zuständigkeit** verweist § 16 AO auf das FVG. Aus den dort getroffenen Festlegungen lässt sich auch die instanzielle Zuständigkeit ableiten; sie bestimmt, welche Behörde innerhalb eines Behördenaufbaus für die Sache zuständig ist.

BEISPIEL 1: Zuständigkeit für den Erlass einer Steuerforderung von 90 000 €

Beim örtlich zuständigen HZA M geht ein in der Sache begründeter Erlassantrag hinsichtlich einer Stromsteuerforderung von 90 000 € ein. Der zuständige Sachbearbeiter X fragt sich, wer darüber zu entscheiden hat.
Sachlich zuständig ist das HZA, weil der Erlass von Steuern in den Aufgabenkatalog des § 12 Abs. 2 FVG fällt. Daraus folgt auch, dass nur das HZA – und nicht etwa eine vorgesetzte Dienststelle wie die zuständige BFD oder das BMF – den entsprechenden Verwaltungsakt erlassen kann. Es besteht kein **Selbsteintrittsrecht** der übergeordneten Behörden (BFD, BMF) gegenüber der örtlichen Behörde.

BEISPIEL 2: Zuständigkeit für den Erlass einer Steuerforderung von 130 000 €

In diesem Fall weist Sachbearbeiter X darauf hin, dass das HZA M über die Sache deswegen nicht entscheiden kann, weil in Abs. 3.1 der AO-DV (Zoll) zu § 227 AO etwas Abweichendes steht. Aber auch hier bleibt es bei dem Grundsatz der instanziellen Zuständigkeit des HZA. Das bestätigt im Übrigen der Wortlaut der AO-DV (Zoll): Für den genannten Betrag ist die **Zustimmung** der BFD einzuholen, die Entscheidung selbst erlässt das HZA.

41 Nicht zur sachlichen Zuständigkeit gehört **die behördeninterne Zuständigkeit**, die sich aus dem Geschäftsverteilungsplan ergibt. Verstöße gegen interne Zuständigkeiten sind grds. unbeachtlich.[71]

42 Die **örtliche Zuständigkeit** ergibt sich aus den §§ 17 ff. AO, soweit nicht der Vorbehalt in § 16 AO greift. Von diesem **Vorbehalt** hat die Zollverwaltung in großer Zahl Gebrauch gemacht, vor allem in der Hauptzollamtszuständigkeitsverordnung[72]. So sind eine ganze Reihe von Aufgaben nicht mehr bei allen Hauptzollämtern zu erledigen, sondern sie sind bei einigen zentralisiert worden (z. B. Vollstreckungsverfahren, Steuerstrafverfahren, Verfolgung und Ahndung von Ordnungswidrigkeiten); Gleiches findet sich auch in Einzelsteuergesetzen (Besteuerungsverfahren bei der Biersteuer,[73] Umsetzung der Luftverkehrsteuer[74]). Greifen diese Sondervorschriften nicht, gelten für die Zollverwaltung die §§ 23 – 29 AO.

43 Für die Verbrauchsteuern einschließlich der EUSt und die Einfuhr- und Ausfuhrabgaben i. S. d. Art. 4 ZK gilt § 23 AO. Hier werden **mehrere mögliche örtliche Zuständigkeiten** nebeneinander gestellt. Grundsätzlich ist das HZA örtlich zuständig, in dessen Bezirk der **Steuertatbestand verwirklicht** wird (Abs. 1). Daneben ist auch zuständig das HZA, von

71 Siehe *Klein/Rätke*, Kommentar zur AO, § 16 Rz. 5.

72 Verordnung zur Übertragung von Zuständigkeiten auf Hauptzollämter für den Bereich mehrerer Hauptzollämter v. 16. 2. 2007, zuletzt geändert durch Art. 15 des Gesetzes v. 21. 12. 2008.

73 Vgl. § 31 Abs. 1 BierStV.

74 Nach § 3 Abs. 2 Luftverkehrsteuergesetz ist das HZA örtlich zuständig, in dessen Bezirk das Luftfahrtunternehmen seinen Sitz hat.

dessen Bezirk aus **der Steuerpflichtige sein Unternehmen** betreibt (Abs. 2). Schließlich ist auch das HZA für die Besteuerung zuständig, das für die **Strafsache oder Bußgeldsache** zuständig ist (Abs. 3).

Fallen der **Sitz des Unternehmens** und die **Einfuhrorte** auseinander, ist nach Abs. 1 eine Zuständigkeit für die **Besteuerung** begründet, nach § 23 Abs. 2 AO eine für die **Außenprüfung und Vollstreckung**. Sind Steuerstraftaten zu ermitteln, kann das dafür zuständige HZA auch das **Besteuerungsverfahren** an sich ziehen (§ 23 Abs. 3 AO). Aus Gründen der Verwaltungsökonomie ist eine flexible Handhabung der örtlichen Zuständigkeit vom Gesetz vorgesehen.

Eine **Ersatzzuständigkeit** regelt § 24 AO für den Fall, dass sich aus § 23 AO keine örtlich zuständige Behörde ergibt. Das gilt zum einen für den Erlass von **Haftungsbescheiden,**[75] zum andern für den **internationalen Rechts- und Amtshilfeverkehr.**[76]

Bei **Gefahr im Verzug** kann von den oben genannten Regelungen abgewichen werden (§ 29 AO).

Fehlerfolgen bei der sachlichen Zuständigkeit: Wird bei Erlass eines VA gegen eine Regel der sachlichen Zuständigkeit verstoßen, ist der VA auf jeden Fall rechtswidrig (vgl. § 130 Abs. 2 Nr. 1 AO), möglicherweise sogar nichtig, nämlich wenn die Voraussetzungen von § 125 Abs. 1 AO vorliegen. Der Rechtsmangel ist nicht nach § 126 AO heilbar. Die Verwaltung kann sich auch nicht auf § 127 AO berufen, da dort nur die örtliche Unzuständigkeit genannt ist. 44

Fehlerfolgen bei der örtlichen Zuständigkeit: Der Verstoß gegen die örtliche Zuständigkeit wird als weniger gravierend angesehen; ein VA ist allein deswegen jedenfalls nicht nichtig. Dieser Fehler macht den VA zwar rechtswidrig, bleibt aber dann unbeachtlich – der VA muss also nicht aufgehoben und neu erlassen werden – , wenn in der Sache keine andere Entscheidung hätte getroffen werden können (§ 127 AO). Damit fallen jedoch alle Ermessensentscheidungen aus dem Anwendungsbereich des § 127 AO heraus, weil bei ihnen grds. immer eine andere Entscheidung als die getroffene denkbar ist. 45

BEISPIEL: Außenprüfungsanordnung eines örtlich unzuständigen HZA

Das HZA M erlässt gegenüber der Y-GmbH eine Prüfungsanordnung hinsichtlich Einfuhrabgaben der Jahre 01 – 04. Das HZA ist aber nicht mehr örtlich zuständig. Die Prüfungsanordnung ist ein VA (§ 196 AO), der aber rechtswidrig ist wegen Verstoßes gegen die örtliche Zuständigkeit. Beantragt die Y-GmbH die Aufhebung der Prüfungsanordnung, so kann das HZA M dem Begehren nicht § 127 AO entgegenhalten, da die Prüfungsanordnung eine Ermessensentscheidung war und eine andere Entscheidung in der Sache hätte getroffen werden können (z. B. gar keine Prüfung anzuordnen).

75 AO-DV (Zoll) zu § 24.

76 Siehe *Klein*, Kommentar zur AO, § 24 Rz. 2 und 3.

VI. Steuergeheimnis

46 Dem Steuerbeteiligten werden im Besteuerungsverfahren nahezu uneingeschränkte Offenbarungs- und Mitwirkungspflichten (§§ 90 ff.. AO) auferlegt; er kann von Rechts wegen sogar zur Mitteilung illegaler Sachverhalte verpflichtet sein (§ 40 AO). Man spricht hier vom „gläsernen Steuerbürger“. Dem muss aber ein hinreichender Schutz der Daten des Steuerbeteiligten gegenüberstehen. Nur dann wird der Steuerbeteiligte bereit sein, freiwillig und in vollem Umfang seinen Pflichten nachzukommen. Dieser Schutz ist als Steuergeheimnis in § 30 AO normiert. Hinsichtlich der **Einfuhr- und Ausfuhrabgaben** i. S. d. § 1 ZollVG wird § 30 AO zwar teilweise von Art. 15 ZK überlagert; soweit jedoch Art. 15 ZK weniger Schutz gewährt, bleibt § 30 AO anwendbar.[77] Die Verletzung des Steuergeheimnisses ist strafbewehrt nach § 355 StGB.

§ 30 AO ist wie folgt aufgebaut:

- **Abs. 1**: der Programmsatz
- **Abs. 2**: die Fälle der Verletzung des Steuergeheimnisses
- **Abs. 3**: weitere geheimhaltungspflichtige Personengruppen
- **Abs. 4**: die Fälle der berechtigten Durchbrechung des Steuergeheimnisses
- **Abs. 5**: weiterer Fall der berechtigten Durchbrechung
- **Abs. 6**: ergänzende Sonderregelungen bei IT-Verfahren

47 Die **zum Schutz** des Steuergeheimnisses **verpflichteten Personen**:

- **Amtsträger** (§ 7 AO[78])
- **Gleichgestellte Personen** (Abs. 3):
  - die für den öffentlichen Dienst **besonders verpflichteten Personen** nach § 11 Abs. 1 Nr. 4 StGB: das sind vor allem Beschäftigte, die nach dem Verpflichtungsgesetz förmlich zur Verschwiegenheit verpflichtet wurden wie Schreib- und Bürokräfte.
  - **Personen nach § 193 Abs. 2 GVG**: vor allem ausländische Richter, Staatsanwälte, Rechtsanwälte nach besonderer Verpflichtung
  - **amtlich zugezogene Sachverständige** (die also nicht schon Amtsträger sind)
  - **Träger von Ämtern der Kirchen**, die Körperschaften des öffentlichen Rechts sind.

Das Steuergeheimnis ist also personenbezogen, nicht behördenbezogen. Nicht das HZA als Behörde muss das Steuergeheimnis wahren, sondern der einzelne Amtsträger, der geschützte Daten erfahren hat und der dann mit der Frage der Offenbarung konfrontiert ist.

48 **Geschützte Daten** (§ 30 Abs. 2 A O) sind

- die Verhältnisse eines andern (Abs. 2 Nr. 1). Dazu zählen nicht nur steuerlich relevante Daten, sondern auch persönliche, der Begriff ist umfassend. Sie müssen zu einem andern gehören, der also nicht der Amtsträger selbst ist. So sind auch der

---

77 AO-DV Zoll Nr. 1 zu § 30.

78 Vgl. dazu oben Rdn. 39.

Name eines Informanten des HZA („Denunziant“) und seine Angaben Gegenstand des Steuergeheimnisses.[79]

- fremde Betriebs- oder Geschäftsgeheimnisse (Abs. 2 Nr. 2), die in bestimmten Verfahren dem Amtsträger oder der gleichgestellten Person bekannt geworden sind. Dazu gehören z. B. die Beschaffenheit und Zusammensetzung der Ware, Herstellungsverfahren, Kalkulationen.[80]

Erlangung der Daten: Geschützt sind diese Daten erst, wenn sie dem Amtsträger in einem der Verfahren bekanntgeworden sind, die in Abs. 2 Nr. 1 Buchst. a – c genannt sind. Öffentlich bekannte Daten bedürfen keines Schutzes. Die wichtigsten Verfahren sind das Besteuerungsverfahren (Buchst. a) und das Steuerstraf- oder -bußgeldverfahren (Buchst. b). 49

Verletzung des Steuergeheimnisses bedeutet: ein Amtsträger oder eine gleichgestellte Person 50

- offenbart oder verwertet geschützte Daten unbefugt oder
- ruft solche geschützten Daten, die für eines der in § 30 Abs. 2 Nr. 1 AO genannten Verfahren in einer Datei gespeichert wurden, in einem IT-Verfahren unbefugt ab.

Die Offenbarung kann in einer mündlichen, schriftlichen oder elektronischen Mitteilung bestehen, aber auch schon in einem Kopfnicken oder Kopfschütteln.

Zulässige Offenbarung: Die Befugnis zur Offenbarung von Daten, die unter das Steuergeheimnis fallen, liegt nur dann vor, wenn einer der in § 30 Abs. 4 bis 6 AO genannten Fälle gegeben ist. Die Verwertung von fremden Betriebs- oder Geschäftsgeheimnissen ist nie befugt. Die Befugnis zur Offenbarung bedeutet aber keineswegs eine Pflicht zur Offenbarung. Sie ist vielmehr in das pflichtgemäße Ermessen der Behörde gestellt, außer wenn das zur Offenbarung befugende Gesetz (§ 30 Abs. 4 Nr. 2 AO) die Offenbarung zwingend anordnet. 51

Die wichtigsten Fälle der befugten Offenbarung:

- die Daten dienen der Durchführung eines Besteuerungsverfahrens oder eines Steuerstraf- oder -bußgeldverfahrens (Abs. 4 Nr. 1)
- ein Gesetz lässt die Offenbarung ausdrücklich zu oder ordnet sie an (Abs. 4 Nr. 2), vgl. dazu die Liste in AO-DV (Zoll) Nr. 6.2 zu § 30 AO. Hierunter fällt auch § 31a AO, der die Finanzbehörden verpflichtet, Daten weiterzugeben, die erforderlich sind für die Bekämpfung von Schwarzarbeit, illegaler Beschäftigung und Sozialleistungsmissbrauchs. Eine weitere Mitteilungspflicht sieht § 31b AO vor, der die Bekämpfung von Geldwäsche und Terrorismusfinanzierung betrifft. Eine bloße Anordnung der allgemeinen Amtshilfe stellt dagegen keine Befugnis dar.
- der Betroffene stimmt der Offenbarung zu (Abs. 4 Nr. 3)
- die Offenbarung dient der Durchführung eines nichtsteuerlichen Strafverfahrens unter engen Voraussetzungen (Abs. 4 Nr. 4)
- es besteht ein zwingendes öffentliches Interesse an der Offenbarung (Abs. 4 Nr. 5)

79 *Klein/Rüsken*, Kommentar zur AO, § 30 AO Rz. 48.
80 *Tipke/Kruse*, Kommentar zur AO und FGO, § 30 AO Rz. 26.

- die vorsätzlich falschen Angaben des Betroffenen (Abs. 5)
- der automatisierte Abruf von Daten, wenn er der Durchführung vor allem von Besteuerungsverfahren oder Steuerstraf- oder -bußgeldverfahren dient (Abs. 6).

52 Wird einem **Beamten**, der das Steuergeheimnis zu wahren hat, eine **Aussagegenehmigung** erteilt, liegt darin keine Befugnis zur Offenbarung, vielmehr hat der Amtsträger selbst zu prüfen, ob er Auskünfte ohne Verstoß gegen § 30 AO erteilen darf.[81]

VII. Der Steuerverwaltungsakt

53 Der Verwaltungsakt hat im steuerlichen Verfahrensrecht, wie in den anderen Zweigen des Verwaltungsrechts auch, zentrale Bedeutung und dient der rechtsstaatlichen Verbindlichkeit des Verwaltungshandelns.[82] Er ist wohl die bedeutendste Handlungsform der Finanzbehörde. Weitere Handlungsformen sind:

- Realakt
- Erklärungen/Hinweise/Auskünfte
- Öffentlich-rechtlicher Vertrag

54 § 118 Satz 1 AO greift die aus § 35 VwVfG bekannte Definition des Verwaltungsakts auf. Danach ist ein Verwaltungsakt jede Verfügung, Entscheidung oder andere hoheitliche Maßnahme, die eine Behörde zur Regelung eines Einzelfalls auf dem Gebiet des öffentlichen Rechts trifft und die auf unmittelbare Rechtswirkung nach außen gerichtet ist.

81 *Klein/Rüsken*, Kommentar zur AO, § 30 Rz. 211.
82 *Seer* in Tipke/Lang, Steuerrecht, § 21 Rz. 50.

TAB. 2:	Übersicht Tatbestandsmerkmale Verwaltungsakt:[83]		
Tatbestandsmerkmal	**Begriffserklärung**	**Abgrenzung**	**Abgrenzungsbeispiel**
behördliche Maßnahme	Behörde ist jede Stelle, die Aufgaben der öffentlichen Verwaltung wahrnimmt (§ 6 Abs. 1 AO), z. B. HZA Maßnahme ist jedes willentliche Tun, Dulden oder Unterlassen eines Amtsträgers, z. B. Steuerfestsetzung. Um eine solche handelt es sich auch, wenn die Finanzbehörde sich der EDV bedient, da dies auf eine entsprechende Programmsteuerung durch einen Amtsträger zurückzuführen ist.[84]	Handlungen von Privatpersonen	Handlungen des Steuerpflichtigen
hoheitlich	hoheitlich ist immer einseitig und durch eine Überordnung der Behörde geprägt, z. B. Festsetzung von Tabaksteuer	öffentlich-rechtlicher Vertrag zwischen Behörde und Unternehmen	
zur Regelung	Regelung ist jedes Setzen einer verbindlichen Rechtsfolge. Sie bewirkt damit die Begründung, Änderung, Aufhebung, Verneinung oder Feststellung von Rechten und Pflichten, z. B. Erlaubnis, dass Branntwein steuerbegünstigt verwendet werden darf	Bloße Rechtsauskunft der Behörde	Auskunft des HZA zum Sachstand des Einspruchsverfahrens

83 Umfangreiche Definition der Begrifflichkeit bei *Seer* in Tipke/Kruse, § 118 AO.
84 *Tipke* in Tipke/Kruse, § 118 AO Rz. 10.

eines Einzelfalles	es muss ein konkreter Einzelfall geregelt werden, z. B. Erteilung einer steuerlichen Erlaubnis	Gesetze, Verordnungen, Satzungen	TabStG, TabStV
auf dem Gebiet des öffentlichen Rechts	die hoheitliche Maßnahme muss auf dem Gebiet des öffentlichen Rechts stattfinden, z. B. Steuerrecht	innerorganisatorische Handlung der Behörde	Beschaffung von Büromaterial
mit unmittelbarer Rechtswirkung nach außen	die Rechtswirkung muss außerhalb der Verwaltung gerichtet sein, z. B. auf den Steuerpflichtigen	behördeninterne Weisung	Verfügung der BFD an die HZÄ

BEISPIELE **für Steuerverwaltungsakte:**

- Steuerbescheid
- Haftungsbescheid
- Steuerlagererlaubnis
- Einspruchsentscheidung
- Sachpfändung und Pfändungsverfügung

55 In Ergänzung dazu stellt § 118 Satz 2 AO klar, dass **Allgemeinverfügungen** auch Verwaltungsakte sind und erweitert somit den Begriff um einen speziellen Anwendungsfall. Eine Allgemeinverfügung ist ein Verwaltungsakt, der sich an einen nach allgemeinen Merkmalen bestimmten oder bestimmbaren Personenkreis richtet oder die öffentlich-rechtliche Eigenschaft einer Sache oder ihrer Benutzung durch die Allgemeinheit betrifft. In der Zollverwaltung haben Allgemeinverfügungen nahezu keine Bedeutung.[85] Bei den Landesfinanzbehörden kommen Allgemeinverfügungen bei der Anordnung des Ruhens der Einspruchsverfahren zur Anwendung (§ 363 Abs. 2 Satz 3 AO).

1. Allgemeines

56 Damit ein Verwaltungsakt seine Wirksamkeit erlangt, muss er hinreichend bestimmt sein, § 119 Abs. 1 AO. Dies gilt für alle Verwaltungsakte. § 119 Abs. 1 AO betrifft die inhaltliche Bestimmtheit, d. h. die Angabe des Inhaltsadressaten, der Ausspruch und evtl. Nebenbestimmungen. Hinreichend bestimmt ist ein Verwaltungsakt, wenn er klar, eindeutig, vollständig und widerspruchsfrei erkennen lässt:

- wem gegenüber die Behörde was feststellt
- von wem was verlangt wird

85 Die Zollflugplätze und besonderen Landeplätze werden mit Allgemeinverfügung im Bundesanzeiger bekannt gegeben.

- wem was gewährt wird
- oder abgelehnt wird.[86]

Für die inhaltliche Bestimmtheit ist es unschädlich, wenn mehrere Verwaltungsakte in einem Bescheid enthalten sind. Voraussetzung hierfür ist allerdings, dass für den Inhaltsadressaten eindeutig erkennbar ist, auf welchen Zeitabschnitt sich der einzelne Anspruch bezieht. Dabei sind vor allem die jeweiligen Besteuerungsgrundlagen und die Höhe der Ansprüche einzeln darzulegen. Neben dieser allgemeinen Anforderung an alle Verwaltungsakte bestimmen einzelne Vorschriften besondere, darüber hinaus gehende, Anforderungen an Inhalt und Form des Verwaltungsakts. Bei der Betrachtung, ob der Verwaltungsakt die allgemein an ihn gestellten formellen Anforderungen erfüllt, ist deshalb stets auf den Einzelfall abzustellen.

a) Form

Nach § 119 Abs. 2 Satz 1 AO kann ein Verwaltungsakt schriftlich, elektronisch, mündlich oder in sonstiger Weise erlassen werden. 57

Die AO sieht jedoch die **Schriftlichkeit** bei folgenden Verwaltungsakten vor:

- Steuerbescheide (§ 157 Abs. 1 Satz 1 AO)
- die Aufhebung des Vorbehalts der Nachprüfung (§ 164 Abs. 3 Satz 2 i.V.m. § 157 Abs. 1 Satz 1 AO)
- Haftungs- und Duldungsbescheide (§ 191 Abs. 1 Satz 3 AO)
- Prüfungsanordnungen (§ 196 AO)
- verbindliche Zusagen (§ 205 Abs. 1 AO)
- Pfändungsverfügungen (§ 309 Abs. 1 AO)
- Androhung von Zwangsmitteln (§ 332 Abs. 1 Satz 1 AO)
- Einspruchsentscheidungen (§ 366 AO)

Ein **schriftlicher Verwaltungsakt** liegt vor, wenn die Behörde ihren auf die Regelung eines Einzelfalls gerichteten Willen erstmals durch ein Schriftstück zum Ausdruck bringt.[87] Schriftliche Verwaltungsakte sind im nationalen, wie auch im gemeinschaftlichen Steuerrecht die Regel.

Um einen **elektronischen Verwaltungsakt** handelt es sich, wenn der Verwaltungsakt mittels Datenverarbeitungsprogramm oder auf sonstiger Weise (z. B. als E-Mail) erzeugt wird, als solches auch bestehen bleibt (z. B. als Datei oder als E-Mail), ein Ausdruck in Papierform mithin nicht stattfindet und seinem Adressaten elektronisch zugeht. Die elektronische Form wird für Verwaltungsakte in der Praxis der Zollverwaltung vor allem bei Einfuhrabgabenbescheiden über das IT-Verfahren ATLAS genutzt. § 29b ZollV lässt dies ausdrücklich zu.

Elektronische Verwaltungsakte dürfen nur unter Berücksichtigung von § 87a AO erlassen werden. Ordnet das Gesetz oder eine sonstige Maßnahmen der Finanzbehörden für

86 *Seer* in Tipke/Kruse, § 119 AO Rz. 1.

87 BFH v. 23. 2. 2005 VII R 32/04, ZfZ 2005,267-269; *Brockmeyer* in Klein, § 119 AO Rz. 27.

Verwaltungsakte die Schriftform an, kann, soweit nicht durch Gesetz etwas anderes bestimmt ist, diese durch die elektronische Form ersetzt werden, § 87a Abs. 4 Satz 1 AO. Die elektronische Form ersetzt eine gesetzliche Schriftform für Verwaltungsakte jedoch nur dann, wenn das elektronische Dokument mit einer qualifizierten elektronischen Signatur nach dem Signaturgesetz (§ 2 Nr. 3 SigG) versehen ist, § 87a Abs. 4 Satz 2 AO.

Unserers Erachtens ist § 87a Abs. 4 AO[88] dahingehend auszulegen, dass die qualifizierte elektronische Signatur als Unterschriftsersatz anzusehen ist. Einer qualifizierten elektronischen Signatur bedarf es nach hiesiger Ansicht nur dann, wenn die handschriftliche Unterzeichnung eines Verwaltungsakts vom Gesetz gefordert wird. Sieht das Gesetz eine handschriftliche Unterschrift nicht zwingend vor, besteht insoweit auch kein Bedürfnis für eine qualifizierte elektronische Signatur. Dies gilt vor allem deshalb, weil die Formvorschriften des § 87a Abs. 4 AO nicht gelten, wenn die elektronische Form selbst zugelassen ist (z. B. §§ 93 Abs. 4 Satz 1, 138 Abs. 1a AO).[89]

58 Von der elektronischen Form zu unterscheiden ist die **elektronische Übermittlung** eines schriftlichen Verwaltungsakts.[90] Dabei wird der Verwaltungsakt schriftlich erstellt und im Anschluss elektronisch übermittelt. Die Übermittlung kann beispielsweise per Telefax erfolgen.

Mündlich wird ein Verwaltungsakt durch mündliche Mitteilung erlassen.[91] Dies ist beispielsweise bei der Einfuhrabgabenfestsetzung im grenzüberschreitenden Reiseverkehr der Fall. Für Steuerbescheide schreibt § 157 Abs. 1 Satz 1 AO zwar die Schriftform vor. § 29a ZollV macht aber bei im grenzüberschreitenden Reiseverkehr erhobenen Einfuhrabgaben hiervon eine Ausnahme.[92] Der mündliche Verwaltungsakt ist gemäß § 119 Abs. 2 Satz 2 AO schriftlich zu bestätigen, wenn hieran ein berechtigtes Interesse besteht und der Betroffene dies unverzüglich verlangt.

Verwaltungsakte, welche in **sonstiger Weise** erlassen werden, sind im Steuerrecht die Ausnahme. Allenfalls bei Kontrollhandlungen der Kontrolleinheiten der HZÄ dürfte diese Form zur Anwendung gelangen (z. B. Herauswinken von Fahrzeugen aus dem Straßenverkehr).

59 Die **Mindesterfordernisse** hinsichtlich der Form von schriftlich oder elektronisch erlassenen Verwaltungsakten bestimmt § 119 Abs. 3 AO. Danach muss ein solcher Verwaltungsakt die erlassende Finanzbehörde erkennen lassen. Die Behörde ist dabei korrekt zu bezeichnen und ihre Anschrift ist anzugeben. Lässt ein schriftlich oder elektronisch erlassener Verwaltungsakt die erlassende Finanzbehörde nicht erkennen, führt dies nach § 125 Abs. 2 Nr. 1 AO zu seiner Nichtigkeit. Ferner muss ein schriftlicher Verwaltungsakt die Unterschrift oder die Namenswiedergabe des Behördenleiters, seines Ver-

88 G Die Ausführungen gelten in gleichem Maße für § 87a Abs. 3 AO (Finanzbehörde als Adressat eines Schriftstücks).

89 So auch *Brockmeyer* in Klein, § 87a AO Rz 5; offen *Brandis* in Tipke/Kruse, § 87a AO Rz. 12-14.

90 Gemeinsamer Senat der obersten Gerichtshöfe des Bundes v. 5. 4. 2000 GmS-OGB 1/98, NJW 2000, 2340-2341.

91 *Brockmeyer* in Klein, § 119 AO Rz. 27.

92 BFH v. 23. 2. 2005 VII R 32/04, ZfZ 2005, 267-269.

treters oder seines Beauftragten enthalten. Die Namenswiedergabe steht nach dem Wortlaut von § 119 Abs. 3 Satz 2 Halbsatz 1 AO der Unterschrift gleich.

Die Unterzeichnung des Verwaltungsakts durch den Behördenleiter oder seinen Vertreter dürfte die Ausnahme sein. Regelmäßig wird die Unterzeichnung der Steuerverwaltungsakte auf die Sachbearbeiter bzw. Mitarbeiter der jeweiligen Sachgebiete des HZA delegiert. Der einzelne Beauftragte ergibt sich aus dem Geschäftsverteilungsplan des einzelnen HZA. Fehlt die Unterschrift oder die Namenswiedergabe, macht dies den Verwaltungsakt rechtswidrig, jedoch nicht nichtig.[93]

Der Unterschriftserfordernis bzw. der Namenswiedergabe bedarf es allerdings nicht, wenn der Verwaltungsakt formularmäßig oder mit Hilfe automatisierter Einrichtungen erlassen wird. Davon ausgenommen sind die Verwaltungsakte, bei denen das Gesetz die handschriftliche Unterzeichnung anordnet (z. B. dinglicher Arrest nach § 324 AO). Formularmäßig und per EDV-System erzeugte Verwaltungsakte sind in der Zollverwaltung die Regel. Der gesetzliche Verzicht auf die Unterschrift oder die Namenswiedergabe in den maschinell erlassenen Bescheiden soll dazu dienen, den Ablauf des Veranlagungsverfahrens in solchen Fällen zu vereinfachen. § 119 Abs. 3 Satz 2 Halbsatz 2 AO berücksichtigt damit eine EDV-gestützte Arbeitsweise der Finanzbehörden. Trotz dieser Vereinfachung wird in der Zollverwaltung regelmäßig der Name des Beauftragten wiedergegeben.

Nicht zum zwingenden Inhalt des schriftlichen oder elektronischen Verwaltungsakts 60
gehört das Datum. Allerdings sollte dies u. a. aus Gründen der konkreteren Bezeichnung sowie der zeitlichen Einordnung des Verwaltungsakts stets im Verwaltungsakt enthalten sein. Darüber hinaus gehört die **Rechtsbehelfsbelehrung** nicht zum zwingenden Inhalt eines schriftlichen oder elektronischen Verwaltungsakts, es sei denn, sie ist gesetzlich vorgeschrieben (z. B. § 157 Abs. 1 Satz 3 AO für den Steuerbescheid). Nicht begünstigenden Verwaltungsakten sollte unabhängig von dem gesetzlichen Erfordernis immer eine Rechtsbehelfsbelehrung beigefügt werden.

Zwingender Inhalt der Rechtsbehelfsbelehrung:

- Bezeichnung des zulässigen Rechtsbehelfs
- die Finanzbehörde und deren Sitz, bei der der Einspruch anzubringen ist,
- die einzuhaltende Frist

Die Belehrung über die einzuhaltende Frist bedingt auch eine verständliche Erläuterung zum Fristbeginn. Dies setzt jedoch voraus, dass in der Rechtsbehelfsbelehrung den Einzelheiten des Falles Rechnung getragen werden muss. So braucht die Rechtsbehelfsfrist nicht den Hinweis zu enthalten, dass die Rechtsbehelfsfrist sich um einen Tag verlängert, wenn ihr Ablauf auf einen gesetzlichen Feiertag fällt. Vielmehr genügt eine abstrakte Belehrung anhand des Gesetzestextes über die einschlägige Rechtsbehelfsfrist.[94]

Rechtsfolge einer fehlenden oder unrichtigen Belehrung ist nach § 356 Abs. 2 Satz 1 AO, dass sich die Rechtsbehelfsfrist auf ein Jahr verlängert.

---

93 BFH v. 18. 7. 1985 VI R 41/81, BStBl 1986 II 169.

94 BFH v. 18. 7. 1986 III R 216/81, BFH/NV 1987, 12-13.

b) Adressat des Verwaltungsakts

61 Weitere Voraussetzung für die Wirksamkeit eines Verwaltungsakts ist, dass er inhaltlich hinreichend bestimmt ist und dass er demjenigen, für den er bestimmt ist oder der von ihm betroffen wird, bekannt gegeben wird (§ 124 AO). Ein Verwaltungsakt ist beispielsweise dann nicht hinreichend bestimmt, wenn der Inhaltsadressat gar nicht oder so ungenau bezeichnet ist, dass Verwechslungen entstehen können.[95] Durch Auslegung kann ggf. ermittelt werden, für wen der Verwaltungsakt bestimmt ist.

Wird der richtige Inhaltsadressat lediglich ungenau bezeichnet, ohne dass Zweifel an der Identität bestehen (z. B. falsche Bezeichnung der Rechtsform einer Gesellschaft: Max Müller OHG statt Max Müller KG), so liegt keine inhaltliche Unbestimmtheit vor.[96] Ein solcher Verwaltungsakt ist zwar rechtswidrig, aber wirksam.

Ein Verwaltungsakt ist außerdem nicht hinreichend bestimmt, wenn der Bescheid an ein rechtlich nicht (mehr) existentes Steuersubjekt adressiert ist.[97] Ein solcher Bescheid kann durch dieses nicht befolgt werden. Dies ist beispielsweise der Fall, wenn er an einen verstorbenen Steuerschuldner oder an eine bereits liquidierte GmbH gerichtet ist.

62 Ist der Verwaltungsakt inhaltlich nicht hinreichend bestimmt, ist er nichtig und damit unwirksam. Eine Heilung ist im weiteren Verfahren nicht möglich. Es muss ein neuer Verwaltungsakt mit richtiger Bezeichnung des Inhaltsadressaten verfügt und bekannt gegeben werden.[98]

63 Für seine Wirksamkeit muss der Verwaltungsakt also eindeutig erkennen lassen, für wen er bestimmt ist, d. h. wem gegenüber etwas geregelt wird (**Inhaltsadressat**). Hierzu muss der Inhaltsadressat im Verwaltungsakt so eindeutig bezeichnet werden, dass Zweifel über seine Identität nicht bestehen. Inhaltsadressat eines Steuerbescheides ist der Steuerschuldner. Im Allgemeinen wird eine natürliche Person als Inhaltsadressat durch Vornamen und Familiennamen genügend bezeichnet. Nur bei Verwechslungsmöglichkeiten, insbesondere bei häufiger vorkommenden Namen, sind weitere Angaben erforderlich (z. B. Wohnungsanschrift, Geburtsname, Geburtsdatum, Berufsbezeichnung, Namenszusätze wie „senior" oder „junior").

Bei juristischen Personen und Handelsgesellschaften ergibt sich der zutreffende „Name" aus Gesetz, Satzung, Register oder ähnlichen Quellen.[99] Die korrekte Bezeichnung kann oftmals auch der Bezeichnung entnommen werden, mit der die Person im Geschäftsverkehr (z. B. Internet, Geschäftsbriefe, Visitenkarte) auftritt.

Um wirksam zu werden, ist der Verwaltungsakt gemäß § 122 Abs. 1 Satz 1 demjenigen
64 Beteiligten bekannt zu geben, für den er bestimmt ist oder der von ihm betroffen wird. Die Person, der ein Verwaltungsakt bekannt zu geben ist, wird als **Bekanntgabeadressat** bezeichnet. Bei Steuerfestsetzungen ist dies i. d. R. der Steuerschuldner als Inhalts-

95 BFH v. 6. 10. 1987 VIII R 82/87, BFH/NV 1988, 216.

96 AO-DV Zoll Nr. 5.2.1 zu § 122 unter Hinweis auf BFH v. 26. 9. 1974 IV R 24/71, BStBl 1975 II 311.

97 BFH v. 13. 12. 2007 IV R 91/05, BFH/NV 2008, 1289-1290.

98 AO-DV Zoll Nr. 5.1.1 zu § 122 unter Hinweis auf BFH v. 17. 3. 1970 II 65/63, BStBl 1970 II 598.

99 AO-DV Zoll Nr. 2.3 zu § 122.

adressat, weil der Steuerbescheid seinem Inhalt nach für ihn bestimmt ist oder er von ihm betroffen wird.

Als Bekanntgabeadressat kommen jedoch auch Dritte in Betracht, wenn sie für den Inhaltsadressaten steuerliche Pflichten zu erfüllen haben. Dabei handelt es sich in erster Linie um Fälle, in denen die Bekanntgabe an den Steuerschuldner nicht möglich oder nicht zulässig ist (§ 79 AO).[100] Weicht der Bekanntgabeadressat vom Inhaltsadressaten ab, ist dies, z. B. durch Angabe des Vertretungsverhältnisses, bei der Adressierung kenntlich zu machen. Hinsichtlich der eindeutigen Bezeichnung gelten dieselben Grundsätze wie für die Bezeichnung des Inhaltsadressaten.

Vom Bekanntgabeadressat zu unterscheiden ist der **Empfänger**. Als Empfänger wird 65
derjenige bezeichnet, dem der schriftliche Verwaltungsakt tatsächlich zugehen soll, damit er durch Bekanntgabe wirksam wird. In der Regel ist der Inhaltsadressat nicht nur Bekanntgabeadressat, sondern auch „Empfänger“ des Verwaltungsakts. Es können jedoch auch andere Personen Empfänger sein, wenn für sie eine schriftliche Empfangsvollmacht des Bekanntgabeadressaten vorliegt (z. B. § 123 AO) oder wenn die Finanzbehörde nach ihrem Ermessen den Verwaltungsakt einem Bevollmächtigten übermitteln will.[101]

BEISPIEL ADRESSIERUNG: Der 6 Jahre alte Thomas Meier, welcher einen verbrauchsteuerpflichtigen Tatbestand erfüllt hat, ist Steuerschuldner geworden. Da er aber aufgrund seines Alters noch nicht fähig ist, steuerlich verfahrensrechtliche Handlungen wirksam vorzunehmen, darf der Verwaltungsakt nicht an das Kind bekannt gegeben werden.[102] Die Eltern des Kindes lassen sich durch ihren Rechtsanwalt Dr. Paulisch vertreten und haben ihn mit dem Empfang sämtlichen Schriftverkehrs in dieser Angelegenheit bevollmächtigt. Der 6 Jahre alte Thomas ist Steuerschuldner und damit Inhaltsadressat des Bescheides. Die Eltern sind Bekanntgabeadressat des Verbrauchsteuerbescheids. Aufgrund der Bevollmächtigung ist der Rechtsanwalt Empfänger des Verwaltungsakts.

Anschriftenfeld:

Rechtsanwalt Dr. Christoph Paulisch

Carusufer 3

01099 Dresden

Bescheidkopf:

Für Herrn Michael Meier und Frau Uta Meier (Bekanntgabeadressaten)

als gesetzliche Vertreter des Thomas Meier (Steuerschuldner und Inhaltsadressat),

Großbeerenstraße 341

14480 Potsdam

c) Bekanntgabe an einen Empfangsbevollmächtigten

Nach § 123 Satz 1 AO kann die Finanzbehörde einen Beteiligten ohne Wohnsitz oder 66
gewöhnlichen Aufenthalt, Sitz oder Geschäftsleitung im Inland der Finanzbehörde auffordern, innerhalb einer angemessenen Frist einen Empfangsbevollmächtigten im Inland zu benennen. Sinn und Zweck der Vorschrift ist es, die mit der Auslandsbekannt-

100 AO-DV Zoll Nr. 2.4 zu § 122.
101 AO-DV Zoll Nr. 2.5 zu § 122.
102 § 79 AO; AO-DV Zoll Nr. 3.1.2 zu § 122.

gabe verbundenen Schwierigkeiten zu verringern. Die Bestellung eines Empfangsbevollmächtigten ist insbesondere dann geboten, wenn eine Zustellung nach § 9 Abs. 1 Nr. 1 oder Nr. 2 VwZG ausscheidet. Die Wahl der Verfahrensweise nach § 123 AO liegt grds. im Ermessen der Finanzbehörde.[103] Wen der Beteiligte als Empfangsbevollmächtigten benennt, obliegt ihm selbst. Voraussetzung ist, dass dieser im Inland ansässig ist.

Bei dem Vertretungsverhältnis handelt es sich um ein zivilrechtliches Verhältnis. Der Bevollmächtigte tritt zum Bevollmächtigenden in eine Pflichtbeziehung. Die Benennung mehrerer Bevollmächtigter ist durch den Wortlaut der Vorschrift nicht ausgeschlossen. Dem Beteiligten steht es damit frei, mehr als eine Person als Empfangsbevollmächtigten zu benennen. Die (freiwillige) Benennung von Verwaltungsangehörigen ist zulässig.[104]

Wurde ein Empfangsbevollmächtigter durch den Beteiligten bestellt, ist der Verwaltungsakt regelmäßig an diesen zu adressieren.[105] Dieser ist insoweit Empfänger des Verwaltungsakts. Die Bekanntgabe an den Empfangsbevollmächtigten stellt eine Inlandsbekanntgabe dar. Mit seiner Bekanntgabe beim Bevollmächtigten gilt der Verwaltungsakt als wirksam bekannt gegeben. Die Adressierung des bekannt zu gebenden Verwaltungsakts hat folgendermaßen zu erfolgen:[106]

Anschriftenfeld:

Rechtsanwalt Dr. Christoph Paulisch

Carusufer 3

01099 Dresden

als

Empfangsbevollmächtigter für

Herrn Michael Meier

Johansgatan 1

Malmö, 211 21

Schweden

67 Fordert die Finanzbehörde den Beteiligten zur Benennung eines Empfangsbevollmächtigten auf, hat der Beteiligte dieser Aufforderung nachzukommen. Unterlässt er dies, so gilt ein an ihn gerichtetes Schriftstück einen Monat nach Aufgabe zur Post und ein elektronisch übermitteltes Dokument am dritten Tage nach der Absendung als zugegangen. Verweigert der Beteiligte die Benennung, ist er auf die Rechtsfolgen der Unterlassung der Benennung gemäß § 123 Satz 4 AO hinzuweisen.

---

103 Aufgrund der daraus resultierenden Inlandsbekanntgabe ist die Aufforderung zur Bestellung nach § 123 AO für die HZÄ teilweise für solche Fälle verbindlich festgelegt worden, bei denen mit weiterem Schriftverkehr, Steuerverwaltungsakten oder mit einer späteren Pfändung zu rechnen ist: z. B. StraBuDV Nr. 29.3; Vordruck 0006 - Antrag auf Befreiung von Zollflugplatzzwang im Einzelfall und Durchführung einer kostenpflichtigen Amtshandlung.

104 LG Baden-Baden v. 1. 12. 1999 1 Qs 188/99, nv; LG Trier v. 22. 1. 1980 I Qs 381/79, nv; In diesem Fall tritt der Bevollmächtigte als Privatperson auf, nicht als Amtsträger. Dies ist bei der Adressierung zu beachten.

105 AO-DV Zoll Nr. 2.7.3 zu § 122; *Tipke* in Tipke/Kruse, § 122 AO Rz. 46.

106 AO-DV Zoll Nr. 2.5.2 zu § 122.

d) Bekanntgabe an einen Beteiligten mit Wirkung für und gegen andere Beteiligte

Nach § 122 Abs. 6 AO ist die Bekanntgabe eines Verwaltungsaktes an einen Beteiligten zugleich mit Wirkung für und gegen andere Beteiligte zulässig. Sinn und Zweck der Norm ist die vereinfachte Bekanntgabe (z. B. von Steuerbescheiden), wenn mehrere Personen an dem steuerlichen Verfahren beteiligt und von einem Bescheid betroffen sind. Diese Form der Bekanntgabe eines Verwaltungsakts ist keine Allgemeinverfügung. 68

Eine Anwendung der Norm setzt voraus, dass an einem steuerlichen Verwaltungsverfahren mehrere Personen beteiligt sind. Voraussetzung ist mithin i. d. R. eine Gesamtschuldnerschaft.[107] Dies gilt aber nur, soweit die betroffenen Beteiligten damit einverstanden sind. Das Einverständnis liegt dann vor, wenn sich die Beteiligten gegenseitig zum Empfang des Verwaltungsaktes ausdrücklich oder stillschweigend bevollmächtigt haben.[108] Liegt kein Einverständnis vor, kann die fehlerhafte Bekanntgabe durch die (ordnungsgemäße) Bekanntgabe geheilt werden.[109] § 122 Abs. 6 AO gilt lediglich für die Bekanntgabe (§ 122 AO). Die förmliche Zustellung nach Verwaltungszustellungsgesetz (VwZG) ist hiervon nicht erfasst.[110]

e) Begründung des Verwaltungsakts

Gemäß § 121 Abs. 1 AO sind schriftliche und elektronische Verwaltungsakte mit einer Begründung zu versehen, soweit dies zu ihrem Verständnis erforderlich ist. Die AO schreibt damit ein grds.es Begründungsgebot für alle schriftlichen und elektronischen Verwaltungsakte vor. Unabhängig von dem gesetzlichen Erfordernis sollte die Finanzbehörde selbst ein Interesse an einer ausreichenden Begründung des Verwaltungsakts haben. Dies erspart anschließende Rückfragen und das Risiko von unbegründeten Einsprüchen. 69

Bei der Begründung des Verwaltungsakts ist es nicht notwendig, den Betroffenen über alle Erkenntnisquellen der Finanzbehörde, deren Auswertung zur Feststellung der Besteuerungsgrundlagen geführt hat, zu unterrichten und bereits mit der Begründung die der Abgabenfestsetzung zugrunde gelegten Tatsachen nachzuweisen. Diese Quellen und Nachweise muss die Finanzbehörde erst in einem ggf. nachfolgenden Rechtsbehelfsverfahren beibringen.[111] Dennoch sollte die Begründung so umfänglich sein, dass sich aus ihr erkennen lässt, wie die Finanzbehörde zu ihrem Ergebnis gekommen ist (Erwägungen tatsächlicher und rechtlicher Art). Die Vorschrift gilt nicht für mündliche Verwaltungsakte, dennoch empfiehlt es sich auch diese Verwaltungsakte (mündlich) zu begründen.

§ 121 Abs. 2 AO schränkt das Begründungsgebot des § 121 Abs. 1 AO für eine Reihe von Verwaltungsakte ein. Danach bedarf es keiner Begründung: 70

107 *Tipke* in Tipke/Kruse, § 122 AO Rz. 69.

108 *Tipke* in Tipke/Kruse, § 122 AO Rz 71; zur stillschweigenden Bevollmächtigung: VG Stuttgart v. 18. 11. 2003 10 K 2889/01, nv.

109 BFH v. 16. 5. 1990 X R 147/87, BStBl 1990 II 942.

110 BFH v. 8. 6. 1995 IV R 104/94, BStBl 1995 II 681.

111 BFH v. 17. 3. 2009 VII R 40/08, ZfZ 2009, 266-267.

- soweit die Finanzbehörde einem Antrag entspricht oder einer Erklärung folgt und der Verwaltungsakt nicht in Rechte eines anderen eingreift
- soweit demjenigen, für den der Verwaltungsakt bestimmt ist oder der von ihm betroffen wird, die Auffassung der Finanzbehörde über die Sach- und Rechtslage bereits bekannt oder auch ohne Begründung für ihn ohne weiteres erkennbar ist
- wenn die Finanzbehörde gleichartige Verwaltungsakte in größerer Zahl oder Verwaltungsakte mit Hilfe automatischer Einrichtungen erlässt und die Begründung nach den Umständen des Einzelfalls nicht geboten ist
- wenn sich dies aus einer Rechtsvorschrift ergibt
- wenn eine Allgemeinverfügung öffentlich bekannt gegeben wird

Die Einschränkungen gelten nicht, soweit eine Begründungspflicht gesetzlich ausdrücklich vorgeschrieben ist. Dies gilt beispielsweise für Einspruchsentscheidungen (§ 366 AO) und Steuerbescheide (§ 157 Abs. 2 AO). Die Einschränkungen der Begründungspflicht entsprechen dem praktischen Bedürfnis der Finanzbehörden.[112] Müssten alle schriftlichen und elektronischen Verwaltungsakte begründet werden, entstünde den Finanzbehörden ein nicht zu bewältigender Aufwand und in Konsequenz dessen ein Steuervollzugsdefizit. Die Begründungseinschränkungen dürfen aber nicht dazu führen, dass die Adressaten der Verwaltungsakte ihren Inhalt nicht mehr verstehen (können).

71 In welchem Maße die Begründung zu erfolgen hat, bestimmt die Vorschrift nicht konkret. Die Begründung muss den **Umfang** haben, der erforderlich ist, damit der Adressat des Verwaltungsakts die Gründe für die Entscheidung der Finanzbehörde verstehen kann. Dies ist nur dann gewährleistet, wenn sich die Begründung auf die konkrete Sach- und Rechtslage des jeweiligen Falles bezieht.

Der **Umfang** der Begründung sollte sich an der Komplexität der Materie orientieren. Insbesondere bei komplexen Besteuerungssachverhalten müssen die Finanzbehörden auf eine ausreichende und schlüssige Begründung achten. Bei Steuerfestsetzungen in Steuerstrafsachen sind die einzelne Tathandlungen und Tatbeteiligungen, welche für den betreffenden Besteuerungssachverhalt Auswirkung haben, so darzulegen, dass zu erkennen ist, wie die Finanzbehörde den entsprechenden Verwaltungsakt rechtfertigt. Prinzipiell sind jedoch keine höheren Anforderungen an die Begründung eines Bescheids im Zusammenhang mit einer Steuerstrafsache zu stellen als bei „klassischen" Steuer- oder Haftungsbescheiden.[113]

Die Begründung von Ermessensentscheidungen soll **erkennen lassen**, dass die Finanzbehörde ihr **Ermessen ausgeübt** hat und von welchen Gesichtspunkten sie bei ihrer Entscheidung ausgegangen ist.[114]

72 Das Fehlen der vorgeschriebenen Begründung macht den Verwaltungsakt rechtswidrig. Ein nicht ausreichend oder fehlerhaft begründeter Verwaltungsakt entfaltet mithin Wirksamkeit. Die **Rechtswidrigkeit** kann aber nach § 126 Abs. 1 Nr. 2, Abs. 2 AO bis zum Abschluss der Tatsacheninstanz eines finanzgerichtlichen Verfahrens **geheilt** werden.

112 BT-Drucksache 7/4292, 27.
113 BFH v. 17. 3. 2009 VII R 40/08, ZfZ 2009, 266-267.
114 AO-DV Zoll Nr. 3 zu § 121.

Bei Ermessensentscheidungen kann jedoch lediglich die Begründung erweitert werden. Eine erstmalige Ermessensausübung oder das Nachschieben neuer Ermessensgründe ist dagegen dann nicht mehr zulässig, § 102 FGO. § 126 Abs. 1 Nr. 2 AO ermöglicht keine Änderung eines Verwaltungsakts, z. B. aufgrund eines fehlerhaften Steueranspruchs.

Eine fehlerhafte Begründung kann jedoch auch dahingehend unbeachtlich sein, dass eine Heilung oder eine Korrektur des (wirksamen) Verwaltungsakts nach § 127 AO nicht zu erfolgen braucht. § 127 AO gilt allerdings nicht für Ermessensentscheidungen und für Verwaltungsakte mit Beurteilungsspielraum.[115]

Sinn und Zweck der Vorschrift ist, dass Verfahrens- und Formfehler geringer Art nicht zur Aufhebung des Verwaltungsakts führen sollen, wenn ein inhaltlich gleicher Verwaltungsakt in der zutreffenden Form hätte ergehen müssen.[116] Voraussetzung ist demnach, dass trotz der Verletzung der Begründungsvorschrift, keine andere Entscheidung in der Sache hätte getroffen werden können.[117]

f) Nebenbestimmungen zum Verwaltungsakt

Ein Verwaltungsakt kann unter den Voraussetzungen von § 120 Abs. 1 oder Abs. 2 AO 73
mit sog. Nebenbestimmungen versehen werden. Diese **Nebenbestimmungen** sind akzessorische Ergänzungen zum Hauptausspruch des Verwaltungsakts und erhöhen die Flexibilität der Finanzbehörde.[118] Nebenbestimmungen erfordern folglich immer einen Hauptausspruch. Die Nebenbestimmung darf dem Zweck des Verwaltungsakts nicht zuwiderlaufen.

Im Wesentlich kommt die Vorschrift bei Verwaltungsakten, die auf einer **Ermessensentscheidung** der Finanzbehörde beruhen, zur Anwendung. Beispiele hierfür sind Stundung, Vollstreckungsaufschub oder Erlaubnis. Die Nebenbestimmungen und ihre Voraussetzungen bestimmen sich nach § 120 Abs. 1 und Abs. 2 AO. Es kommen folgende Nebenbestimmung in Betracht:

- Befristung (§ 120 Abs. 2 Nr. 1 AO)
- Bedingung (§ 120 Abs. 2 Nr. 2 AO)
- Widerrufsvorbehalt (§ 120 Abs. 2 Nr. 3 AO)
- Auflage (§ 120 Abs. 2 Nr. 4 AO)
- Auflagenvorbehalt (§ 120 Abs. 2 Nr. 5 AO)

Gebundene Verwaltungsakte dürfen nach § 120 Abs. 1 Alt. 1 AO nur mit einer Neben- 74
bestimmung versehen werden, wenn dies durch Rechtsvorschrift zugelassen ist oder wenn sie sicherstellen soll, dass die gesetzlichen Voraussetzungen des Verwaltungsakts erfüllt werden. Anwendungsfälle sind beispielsweise der Vorbehalt der Nachprüfung (§ 164 AO) und die Vorläufigkeit der Steuerfestsetzung (§ 165 AO).[119] Die grundsätzliche

115 *Seer* in Tipke/Kruse, § 127 AO Rz. 3.

116 BT-Drucksache 7/4292, 28.

117 Der Anwendungsbereich von § 127 AO bezieht sich auf die Verletzung formeller Vorschriften. Der Vereinfachung halber wird hier nur auf einen Begründungsmangel eingegangen.

118 *Seer* in Tipke/Kruse, § 120 AO Rz. 1.

119 AO-DV Zoll Nr. 2 zu § 120.

Nebenbestimmungsfeindlichkeit gebundener Verwaltungsakte folgt daraus, dass Nebenbestimmungen den gesetzlichen Anspruch auf den Verwaltungsakt einschränken oder erschweren, also das Gesetz verschärfen würden.[120]

75 In vielen Verbrauchsteuervorschriften werden **Widerrufsvorbehalt** oder **verschiedene Auflagen** beim Erlass des Verwaltungsakts angeordnet.[121] Grund hierfür sind die zahlreichen Vergünstigungen bzw. Vereinfachungen und das daraus resultierende Bedürfnis nach erhöhter Flexibilität beim Verwaltungshandeln (z. B. beim Widerruf der Vergünstigungen bzw. Vereinfachungen). Andererseits sollen Auflagen die Einhaltung der verbrauchsteuerrechtlichen Vorschriften und den Zweck der Vergünstigungen und Vereinfachungen sicherstellen.

76 Wird ein Verwaltungsakt mit einer Nebenbestimmung versehen, muss diese, wie auch der Verwaltungsakt selbst, **inhaltlich hinreichend bestimmt** sein (§ 119 AO). Fehlt es an der hinreichenden Bestimmtheit, ist die Nebenbestimmung nichtig. Unabhängig davon sollte die Nebenbestimmung im Verwaltungsakt so genau wie möglich bezeichnet werden. So können Streitigkeiten über die Folgen der Nebenbestimmung vermieden werden (z. B.: „unter aufschiebender Bedingung" oder „unter auflösender Bedingung"). Eine Nebenbestimmung kann allein nur dann mit Einspruch angefochten werden, wenn sie einen selbständigen Verwaltungsakt darstellt.

77 Nach Art. 87 Abs. 1 ZK werden in einer **zollrechtlichen Bewilligung** die Voraussetzungen festgelegt, unter denen das betreffende Zollverfahren in Anspruch genommen werden kann. Die Vorschrift meint damit, dass die Zollbehörden Bewilligungen mit Auflagen und Bedingungen versehen können. Die Auflagen und Bedingungen müssen ermessensgerecht sein und dürfen von der Zollbehörde nicht willkürlich festgelegt werden. Für Zollverfahren mit wirtschaftlicher Bedeutung sind Auflagen und Bedingungen insbesondere dann geboten, wenn sie einer sinnvollen zollamtlichen Überwachung dienlich sind.[122]

2. Wirksamwerden des Verwaltungsakts

78 Ein Verwaltungsakt wird gegenüber demjenigen, für den er bestimmt ist oder der von ihm betroffen wird, in dem Zeitpunkt wirksam, in dem er ihm bekannt gegeben wird, § 124 Abs. 1 Satz 1 AO. Daraus folgt, dass zum Zeitpunkt der Unterzeichnung des Verwaltungsakts oder zum Zeitpunkt, in dem der Verwaltungsakt die Finanzbehörde verlässt, noch kein Verwaltungsakt vorliegt. Die Bekanntgabe löst außerdem den Lauf der Rechtsbehelfsfrist aus.

79 Eine wirksame Bekanntgabe setzt einerseits den **Bekanntgabewillen** des für den Erlass des Verwaltungsakts zuständigen Bediensteten voraus.[123] Der bei abschließender Zeichnung der Aktenverfügung vorhandene Bekanntgabewille kann aufgegeben werden. Wird der Wille zur Bekanntgabe aufgegeben, bevor der Bescheid den Herrschafts-

120 *Seer* in Tipke/Kruse, § 120 AO Rz. 4.

121 Beispiele: § 6 Abs. 3 Satz 2 EnergieStG; § 5 Abs. 1 Satz 2 BierStG.

122 *Henke* in Witte, Art. 87 ZK Rz. 1-2.

123 AO-DV Zoll Nr. 2 zu § 124 unter Hinweis auf BFH v. 27. 6. 1986 VI R 23/83, BStBl 1986 II 832.

bereich der Behörde verlassen hat, und wird dies in den Akten eindeutig dokumentiert, wird der Bescheid nach der Rechtsprechung des BFH trotz des Bekanntgabeakts nicht wirksam.[124]

Unbeachtlich ist die Aufgabe des Bekanntgabewillens jedoch, wenn der Bescheid den Herrschaftsbereich der Behörde bereits verlassen hat.[125] In einem solchen Fall entfaltet der Verwaltungsakt seine Wirksamkeit.

Unabhängig vom Zeitpunkt der Aufgabe des Bekanntgabewillens wird ein Verwaltungsakt nicht wirksam, wenn die Behörde dem Empfänger vor oder mit dem Zugang des Bescheids mitteilt, der Bescheid solle nicht gelten und ein neuer Bescheid werde erlassen.[126] Diese Mitteilung sollte schriftlich oder per Telefax geschehen. Sie kann aber auch telefonisch erfolgen. Darüber hinaus setzt eine wirksame Bekanntgabe die **Bekanntgabe nach § 122 AO** voraus.

Damit der Verwaltungsakt Wirksamkeit erlangen kann, muss er dem Adressaten oder seinem Bevollmächtigten auch tatsächlich zur Kenntnis gelangen oder ihnen zumindest die Möglichkeit der Kenntnisnahme geben. Bei schriftlich übermittelten Verwaltungsakten ist dies erfüllt, wenn der Verwaltungsakt in den Machtbereich des Bekanntgabeadressaten gelangt.[127] Zum Machtbereich gehören der Briefkasten, das Postfach, die Wohnung oder das Geschäft. Bei der elektronischen Übermittelung muss der Verwaltungsakt ebenfalls in den Machtbereich des Bekanntgabeadressaten gelangen. Dies können beispielsweise das E-Mail Postfach oder das Postfach des gemeinsam genutzten IT-Fachverfahrens sein.

Der wirksame Verwaltungsakt bleibt so lange und so weit wirksam, bis er korrigiert 80
oder durch Zeitablauf oder auf andere Weise erledigt ist. Ist ein **Verwaltungsakt rechtswidrig**, entfaltet dieser, wie ein rechtmäßiger Verwaltungsakt, Wirksamkeit. Rechtswidrig ist ein Verbrauchsteuerbescheid, wenn er ganz oder teilweise gegen zwingende gesetzliche Vorschriften verstößt.[128] Gesetzliche Vorschriften i. d. S. sind auch Rechtsverordnungen.[129]

Keine Wirksamkeit entfalten hingegen **nichtige Verwaltungsakte** (§ 124 Abs. 3 AO). Ein 81
nichtiger Verwaltungsakt erzeugt keinerlei Rechtswirkung. Er ist ein rechtliches Nullum und grds. unbeachtlich.[130] Einer Korrektur (z. B. Rücknahme oder Aufhebung) bedarf es deshalb nicht. Jedoch sollte der durch den nichtigen Verwaltungsakt ausgelöste Rechtsschein durch die Feststellung der Nichtigkeit gemäß § 125 Abs. 5 AO durch die Finanzbehörde beseitigt werden.

124 BFH v. 23. 8. 2000 X R 27/98, BStBl 2001 II 662.

125 BFH v. 12. 8. 1996 VI R 18/94, BStBl 1996 II 627.

126 BFH v. 28. 5. 2009 III R 84/06, BStBl 2009 II 949. Unter Berücksichtigung des Wortlauts von § 130 Abs. 1 BGB kann ein Verwaltungsakt bis zu seiner Bekanntgabe frei widerrufen oder aufgehoben werden, ohne dass die Voraussetzungen in §§ 130, 131 AO für die Rücknahme oder den Widerruf eines (wirksamen) Verwaltungsaktes bzw. die Voraussetzungen in §§ 172 ff. AO für die Aufhebung oder Änderung von (wirksamen) Steuerbescheiden vorliegen müssen.

127 BFH v. 14. 3. 1990 X R 104/88, BStBl 1990 II 612.

128 AO-DV Zoll Nr. 2 zu § 130.

129 § 4 AO.

130 *Seer* in Tipke/Kruse, § 124 AO Rz. 22.

Ein Verwaltungsakt ist nach § 125 Abs. 1 AO nichtig, wenn er an einen besonders schwerwiegenden Fehler leidet und dies bei verständiger Würdigung aller in Betracht kommenden Umstände offenkundig ist. § 125 Abs. 1 AO enthält zwei Voraussetzungen (sog. Generalklausel). Einerseits muss ein **besonders schwerwiegender Fehler** vorliegen. Nach Rechtsprechung des BFH liegt ein besonders schwerwiegender Fehler vor, wenn der Verwaltungsakt die an eine ordnungsgemäße Verwaltung zu stellenden Anforderungen in einem erheblichen Maß verletzt.[131]

Diese Definition hilft in der Praxis nicht weiter. Vielmehr sollte sich der Anwender bei der Nichtigkeit an § 125 Abs. 2 AO sowie der zu diversen Einzelfällen ergangenen Rechtsprechung orientieren. Fehler bei der Anwendung des materiellen Rechts dürften in Anlehnung dessen, i. d. R. nicht zur Nichtigkeit, sondern nur zur Rechtswidrigkeit des Verwaltungsakts führen. Praktische Bedeutung kommt insbesondere der Nichtigkeit aufgrund fehlender oder unzureichender Bestimmtheit zu.

Andererseits muss der schwerwiegende Fehler bei verständiger Würdigung aller in Betracht kommenden Umstände **offenkundig** sein. Nach Literatur und Rechtsprechung liegt Offenkundigkeit vor, wenn der Fehler „auf der Hand liegt", „ins Augen fällt" oder „auf der Stirn steht".[132] Bei der Würdigung ist nicht auf die Fachkenntnis eines Steuerjuristen oder Amtsträgers einer Finanzbehörde abzustellen.

82 Unabhängig von § 125 Abs. 1 AO ist ein Verwaltungsakt gemäß § 125 Abs. 2 Nr. 1 bis 4 AO nichtig, wenn er:

- schriftlich oder elektronisch erlassen worden ist und dabei die erlassende Finanzbehörde nicht erkennen lässt
- aus tatsächlichen Gründen von niemanden befolgt werden kann
- die Begehung einer rechtswidrigen Tat verlangt, die einen Straf- oder Bußgeldtatbestand verwirklicht oder
- gegen die guten Sitten verstößt

Die in § 125 Abs. 2 AO genannten Beispiele sind Fälle der **absoluten Nichtigkeit**, unabhängig von der Allgemeinklausel des § 125 Abs. 1 AO. Die Fallgruppen haben u. E. jedoch keine nennenswerte Bedeutung in der Praxis der Zollverwaltung. Sie dienen zur Erleichterung der Handhabung der Generalklausel und bilden damit einen Orientierungsmaßstab für die Auslegung der o. a. unbestimmten Rechtsbegriffe.

83 Die fehlende oder fehlerhafte Bekanntgabe eines Verwaltungsaktes hat einen sog. **„Nicht-Verwaltungsakt"** zur Folge. Dieser ist, wie auch ein nichtiger Verwaltungsakt, unwirksam und erzeugt keinerlei Rechtswirkungen. Die Feststellung der Unwirksamkeit erfolgt wie bei nichtigen Verwaltungsakten.[133]

BEISPIEL für „Nicht-Verwaltungsakt":

Durch Eröffnung des Insolvenzverfahrens wird ein anhängiges Einspruchsverfahren unterbrochen. Dennoch ergeht die Einspruchsentscheidung an den Insolvenzschuldner (Steuerpflichtigen). Bei der Einspruchsentscheidung handelt es sich mangels ordnungsgemäßer Bekanntgabe

131 BFH v. 26. 4. 2006 II R 58/04, BStBl 2006 II 793; v. 7. 2. 2002 VI R 80/00, BStBl 2002 II 438.

132 *Seer* in Tipke/Kruse, § 125 AO Rz. 6 m. w. N.

133 AO-DV Zoll Nr. 9 zu § 124.

um einen „Nicht-Verwaltungsakt“, der unwirksam ist. Es liegt kein nichtiger Verwaltungsakt vor, denn nur ein ordnungsgemäß bekannt gegebener Verwaltungsakt kann nichtig i. S. v. § 125 AO sein.

3. Bekanntgabe (i. S. d. Übermittlung)

Verfahrensrechtlich ist zu unterscheiden zwischen: 84

- dem Rechtsbegriff der Bekanntgabe als Wirksamkeitsvoraussetzung
- den Formen der Bekanntgabe (mündliche, schriftliche oder öffentliche Bekanntgabe oder Bekanntgabe in anderer Weise)
- und den technischen Vorgängen bei der Übermittlung des Inhalts eines Verwaltungsaktes (z. B. „Aufgabe zur Post“, „Zusendung“, „Zustellung“).[134]

Nachfolgend wird auf die technischen Vorgänge bei der Übermittlung schriftlicher Verwaltungsakte eingegangen.

a) Einfache Bekanntgabe schriftlicher Verwaltungsakte

Für die Bekanntgabe schriftlicher Verwaltungsakte eröffnet § 122 AO unterschiedliche **Übermittlungsmöglichkeiten**. Die Finanzbehörde entscheidet dabei grds. im Rahmen des ihr zustehenden Ermessens, welche Art der Übermittlung sie nach den Umständen des Einzelfalles für sachgerecht hält. 85

Regelmäßig werden schriftliche Verwaltungsakte durch die Post bekannt gegeben (sog. **einfache Bekanntgabe**). Post ist gemäß § 2 Abs. 2 VwZG jeder Erbringer von Postdienstleistungen, nicht also allein die Deutsche Post AG. In diesem Fall findet die Zugangsvermutung des § 122 Abs. 2 AO Anwendung. Danach gilt der Verwaltungsakt bei einer Übermittlung im Inland am dritten Tag nach der Aufgabe zur Post als bekannt gegeben, wenn die Bekanntgabe eines schriftlichen Verwaltungsakts durch die Post erfolgt (sog. **Dreitagesfrist**). Bei einer Übermittlung in das Ausland gilt der Verwaltungsakt einen Monat nach der Aufgabe zur Post als bekannt gegeben. 86

Aufgabe zur Post bedeutet, dass der Verwaltungsakt zur Post gelangen muss. Regelmäßig wird die Post die Bescheide bei der Behörde abholen. Alternativ kann die Behörde ihn in den Briefkasten einwerfen oder ihn durch einen Bediensteten zur Postfiliale bringen. Bestehen Zweifel oder Widersprüche über den Tag der Aufgabe zur Post, muss dieser durch die Behörde nachgewiesen werden (z. B. Absendevermerk in den Akten, Postausgangsbücher).

Für die Berechnung der Dreitagesfrist wird gemäß § 187 BGB der Tag der Aufgabe zur Post nicht mitberechnet. Zur Berechnung von Fristen s. Rdn. 196 ff. Ob der Fristbeginn auf einen Sonnabend, Sonntag oder gesetzlichen Feiertag fällt, ist unerheblich. Fällt hingegen das Ende der Frist auf einen Sonnabend, Sonntag oder gesetzlichen Feiertag, endet die Frist erst mit Ablauf des nächsten Werktages, § 108 Abs. 3 AO. Die Dreitagesfrist gilt nicht, wenn der Verwaltungsakt nicht oder zu einem späteren Zeitpunkt dem Betroffenen zugeht. 87

134 AO-DV Zoll Nr. 2.1.2 zu § 122.

Die Behörde hat bei Zweifeln den Zugang sowie den Zeitpunkt des Zugangs nachzuweisen. Kann sie dies nicht, geht dies zu ihren Lasten. Geht der Verwaltungsakt dem Betroffenen vor Ablauf der drei Tage zu, ist dies für den Bekanntgabezeitpunkt nicht erheblich.

BEISPIEL ▸ **Dreitagesfrist:**

Aufgabe zur Post:	4. 11.
Beginn der Frist:	5. 11.
Dauer der Frist:	3 Tage
Ablauf der Frist und Tag der Bekanntgabe:	7. 11. (kein Sonnabend, Sonn- oder gesetzlicher Feiertag)

88 Schriftliche Verwaltungsakte können zudem **elektronisch übermittelt** werden, § 122 Abs. 2a AO. Hauptanwendungsfall dürfte das Telefax sein.[135] § 87a AO, welcher die Übermittlung elektronischer Dokumente regelt, ist demnach für diese Verwaltungsakte nicht einschlägig. Einer qualifizierten elektronischen Signatur bedarf es in einem solchen Fall nicht. Bekanntgabezeitpunkt ist grds. am dritten Tag nach der Absendung. Wie auch bei § 122 Abs. 2 AO gilt die Dreitagesfrist nicht, wenn der Verwaltungsakt nicht oder zu einem späteren Zeitpunkt dem Betroffenen zugeht.

b) Förmliche Zustellung schriftlicher Verwaltungsakte

89 Bei der Bekanntgabe bestimmter Verwaltungsakte schreibt der Gesetzgeber allerdings die förmliche Zustellung zwingend vor. Eine einfache Bekanntgabe ist in diesen Fällen nicht zulässig.

BEISPIELE ▸ **für die gesetzlich angeordnete förmliche Zustellung:**

- Ladung zu dem Termin zur Abgabe der eidesstattlichen Versicherung (§ 284 Abs. 6 AO)
- Pfändungsverfügung (§ 309 Abs. 2 AO)
- Arrestanordnung (§§ 324 Abs. 2, 326 Abs. 4 AO)

Daneben steht es im Ermessen der Finanzbehörde, die förmliche Zustellung auch in anderen Fällen behördlich anzuordnen, § 122 Abs. 5 AO. Dies kann beispielsweise dann in Betracht kommen, wenn die Festsetzungsfrist zu verjähren droht oder bereits mehrere Streitigkeiten mit dem Betroffenen über den Zugang von Verwaltungsakten geführt worden sind. Die Wahl der Zustellungsart ist zwar eine Ermessensentscheidung, stellt aber mangels eigenen Regelungsinhalts keinen Verwaltungsakt dar. Sie braucht deshalb nicht begründet zu werden.[136]

90 Die förmliche Zustellung richtet sich gemäß § 122 Abs. 5 Satz 2 AO nach dem VwZG. Zustellung ist die Übermittlung eines schriftlichen oder elektronischen Dokuments in einer, der im VwZG genannten Form. Sie kann durch die Behörde selbst oder durch einen Erbringer von Postdienstleistungen (Post) erfolgen. Die Regelungen des VwZG über die förmliche Zustellung sind durch eine gewisse Formstrenge gekennzeichnet. So soll

135 AO-DV Zoll Nr. 2.8.2 zu § 122.

136 BFH v. 16. 3. 2000 III R 19/99, BStBl 2000 II 520.

der vom Gesetz beabsichtigte Zweck, eine rasche und mühelose Feststellung darüber zu ermöglichen, ob eine Zustellung wirksam ist, verwirklicht werden.[137]

Das VwZG sieht die folgenden Zustellungsarten vor:

- Zustellung durch die Post mit Zustellungsurkunde (§ 3 VwZG)
- Zustellung durch die Post mittels Einschreiben (§ 4 VwZG)
- Zustellung durch die Behörde gegen Empfangsbekenntnis (§ 5 VwZG)
- Zustellung im Ausland (§ 9 VwZG)
- Öffentliche Zustellung (§ 10 VwZG)

Kommen mehrere Zustellungsarten nach Sinn und Zweck in Betracht, hat die Finanzbehörde grds. die Wahl zwischen den einzelnen Arten. Nach AO-DV Zoll soll das HZA die kostengünstigste Alternative wählen, sofern nicht besondere Umstände, wie Zweifel an der Annahmebereitschaft des Empfängers oder der Sicherheit des Zugangsnachweises bei Auslandszustellung, für eine bestimmte Zustellungsart sprechen.[138] Bedeutung haben in der Zollverwaltung die Zustellung durch die Post mit Zustellungsurkunde, die Zustellung durch die Behörde gegen Empfangsbekenntnis sowie die Zustellung im Ausland.

Die Zustellung durch die **Post mit Zustellungsurkunde** erfolgt nach § 3 VwZG sowie 91
nach den §§ 177 bis 182 ZPO.[139] Soll durch die Post mit Zustellungsurkunde zugestellt werden, muss die Finanzbehörde hierzu:

- den zuzustellende Verwaltungsakt in einem verschlossenen Umschlag
- den Zustellungsauftrag
- und einen vorbereiteten Vordruck einer Zustellungsurkunde

der Post übergeben. Auf dem Briefumschlag und der Zustellungsurkunde muss dabei das Datum und das Geschäftszeichen des zuzustellenden Verwaltungsakts angegeben werden.[140] Dabei muss sichergestellt sein, dass anhand von Datum und Geschäftszeichen der zuzustellende Verwaltungsakt tatsächlich einwandfrei identifiziert werden kann. Gegebenenfalls sind weitere Kennzeichen zu verwenden (z. B. Angabe einer Zollnummer). Dadurch soll die Gewähr der Nämlichkeit und der unveränderte Inhalt der Sendung sichergestellt werden.

Sollen **mehrere Verwaltungsakte** in einer Postsendung zugestellt werden, müssen die gesetzlichen Form- und Beurkundungserfordernisse in Bezug auf **jeden einzelnen Verwaltungsakt** gewahrt werden. Das Geschäftszeichen muss aus Angaben über die einzelnen Schriftstücke bestehen.

Zum Inhalt einer Zustellungsurkunde s. § 182 ZPO. Erfüllt die Zustellungsurkunde, den an sie geforderten Inhalt, ist sie Beweis für den Zugang des Verwaltungsakts als solchen sowie für das Bekanntgabedatum, sofern nicht das Gegenteil nachgewiesen werden kann.

137 BFH v. 12. 1. 1990 VI R 137/86, BStBl 1990 II 602.

138 AO-DV Zoll Nr. 4.1 zu § 122.

139 Hierzu auch AO-DV Zoll Nr. 4.1.1 zu § 122.

140 BFH v. 7. 7. 2004 X R 33/02, BFH/NV 2005, 66-68; v. 24. 11. 1977 IV R 113/75, BStBl 1978 II 467.

92 Die Zustellung durch die **Behörde gegen Empfangsbekenntnis** erfolgt nach § 5 VwZG und §§ 178 bis 181 ZPO.[141] Bei dieser Zustellungsform händigt der zustellende Bedienstete der Behörde das Dokument dem Empfänger in einem verschlossenen Umschlag aus. Das Dokument kann auch offen ausgehändigt werden, wenn keine schutzwürdigen Interessen des Empfängers entgegenstehen. Dies kommt regelmäßig dann in Betracht, wenn Empfänger und Inhaltsadressat identisch sind. Der Empfänger hat ein mit dem Datum der Aushändigung versehenes Empfangsbekenntnis zu unterschreiben. Der Bedienstete vermerkt das Datum der Zustellung auf dem Umschlag des auszuhändigenden Dokuments oder bei offener Aushändigung auf dem Dokument selbst.

Bei der **Zustellung an** einen steuerlichen **Bevollmächtigten** (z. B. Rechtsanwalt, Steuerberater) werden der Verwaltungsakt und ein ausgefüllter Vordruck über das Empfangsbekenntnis diesem regelmäßig mit einfachem Brief übersandt. Gleichzeitig wird der steuerliche Bevollmächtigte gebeten, das mit Datum und Unterschrift versehene Empfangsbekenntnis an die Behörde zurückzusenden (§ 5 Abs. 4 und 7 VwZG).

Erfolgt keine Rücksendung des Empfangsbekenntnisses, besitzt die Finanzbehörde keinen Beweis für die wirksame Zustellung. In einem solchen Fall müsste sie erneut oder auf andere Weise zustellen. Das unterzeichnete Empfangsbekenntnis erbringt grds. den vollen Beweis für den Zeitpunkt der Zustellung (Tag der Bekanntgabe des Verwaltungsakts). Etwas anderes gilt wiederum nur, wenn dies widerlegt wird.

93 Lässt sich die formgerechte Zustellung des Verwaltungsakts nicht nachweisen oder ist er unter Verletzung zwingender Zustellungsvorschriften zugegangen, gilt er als in dem Zeitpunkt zugestellt, in dem er dem Empfangsberechtigten tatsächlich zugegangen ist, § 8 Satz 1 VwZG.

94 Ist der Verwaltungsakt an einen **Empfänger im Ausland** zuzustellen, ist dies nach den v. g. Vorschriften nicht zulässig. Völkerrechtlich ist die Vornahme von Hoheitsakten auf dem Territorium eines anderen Staates ohne dessen Zustimmung unvereinbar mit dessen Gebietshoheit. Zustellungen darf ein Staat auf fremdem Staatsgebiet nur dann vornehmen, wenn ihm dies völkerrechtlich gestattet ist.[142] Der Begriff „völkerrechtlich gestattet" umfasst nach Auffassung des BMF nicht nur völkerrechtliche Übereinkünfte, sondern auch etwaiges Völkergewohnheitsrecht, ausdrückliches nichtvertragliches Einverständnis, aber auch Tolerierung einer entsprechenden Zustellungspraxis durch den Staat, in dem zugestellt werden soll.[143]

Ist die **Zustellung im Ausland** völkerrechtlich zulässig, bestimmt sie sich nach § 9 VwZG und nach den jeweiligen völkerrechtlichen Regelungen.[144] Aufgrund der besseren Nachweisbarkeit für ein etwaiges Beitreibungsverfahren im Ausland sollen die HZÄ vorrangig von dem Zustellungsersuchen nach § 9 Abs. 1 Nr. 2 Alt. 1 VwZG (Zustellung durch die Behörde des fremden Staates) Gebrauch machen. In diesem Fall sind die Ersuchen mit dem zuzustellenden Verwaltungsakt einer vom BMF bestimmten zentralen Stelle,

141 Hierzu auch AO-DV Zoll Nr. 4.1.3 zu § 122.

142 *Kruse* in Tipke/Kruse, § 9 VwZG Rz. 2 ff.

143 AO-DV Zoll Nr. 4.1.4.1 zu § 122; s. auch BT-Drucksache 15/5216, 14.

144 Hierzu auch AO-DV Zoll Nr. 4.1.4 zu § 122.

der BVZ beim HZA Hannover, vorzulegen. Eine Weiterleitung an die jeweils zuständige Behörde im Ausland erfolgt dann durch die BVZ.

Die Zustellung wird durch das Zeugnis der ersuchten Behörde nachgewiesen, welches dem ersuchenden HZA über die BVZ nach erfolgreicher Zustellung zugeht. Alternativ kann aber auch die Zustellung im Ausland durch Einschreiben mit Rückschein gemäß § 9 Abs. 1 Nr. 1 VwZG erfolgen. Zum Nachweis dieser Zustellung genügt der Rückschein.

Von der Zustellung im Ausland ist die **„formlose" Bekanntgabe an Empfänger im Ausland**, z. B. mit einfachem Brief zu unterscheiden. Hierbei handelt es sich nicht um eine förmliche Zustellung. Mit Ausnahme der in AO-DV Zoll Nr. 4.1.4.1 zu § 122 aufgeführten Staaten (z. B. Schweiz) kann davon ausgegangen werden, dass an Empfänger und Bevollmächtigten im Ausland Steuerverwaltungsakte durch einfachen Brief bekannt gegeben werden können.[145] Hat der Betroffene einen Empfangsbevollmächtigten i. S. v. § 123 AO benannt, ist der Verwaltungsakt diesem bekannt zu geben. Hierbei handelt es sich um eine Inlandsbekanntgabe und nicht um eine Bekanntgabe/Zustellung in das Ausland. 95

In bestimmten Fällen können die oben dargestellten Zustellungsarten nicht zum gewünschten Erfolg führen. Dies ist beispielsweise der Fall, wenn der Aufenthaltsort des Empfängers des Verwaltungsakts unbekannt ist und eine Zustellung an einen Vertreter oder Empfangsbevollmächtigten nicht möglich oder eine Zustellung im Ausland keinen Erfolg verspricht oder nicht möglich ist. In einem solchen Fall kann eine **öffentliche Zustellung** nach § 10 VwZG angezeigt sein.[146] Bei § 10 VwZG handelt es sich um eine Ermessensvorschrift. Die öffentliche Zustellung ist „letztes Mittel" und nur dann anzuwenden, wenn eine andere Form der Zustellung aus sachlichen Gründen nicht oder nur schwer durchführbar ist.[147] Die Finanzbehörde muss deshalb regelmäßig über die routinemäßige Anfrage bei der Meldebehörde hinaus weitere Nachforschungen bei anderen Einrichtungen oder Personen anstellen. 96

Bei **Empfängern im Ausland** kann sich die Finanzbehörde nicht auf eine öffentliche Zustellung berufen, weil die Zustellung in das Ausland über die diplomatischen Vertretungen eine lange Zeit in Anspruch nehmen würde.[148] Ist eine Zustellung in einen anderen Staat aufgrund von fehlenden völkerrechtlichen Regelungen nicht möglich, kommt eine öffentliche Zustellung in Betracht.

Die öffentliche Zustellung erfolgt durch Bekanntmachung einer Benachrichtigung an der Stelle, die von der Behörde hierfür allgemein bestimmt ist, oder durch Veröffentlichung einer Benachrichtigung im **Bundesanzeiger** oder im **elektronischen Bundesanzeiger**, § 10 Abs. 2 Satz 1 VwZG.

In der Praxis der HZÄ wird die Benachrichtigung durch Aushang am **„schwarzen Brett"** bekannt gegeben. Dabei hat die Finanzbehörde sicherzustellen, dass der Aushang wäh-

145 AO-DV Zoll Nr. 2.8.4 zu § 122.

146 Hierzu auch AO-DV Zoll Nr. 4.1.5 zu § 122.

147 BFH v. 9. 12. 2009 X R 54/06, BStBl 2010 II 732.

148 BFH v. 6. 6 .2000 VII R 55/ 99, BStBl 2000 II 560.

rend einer Zeit von mindestens zwei Wochen ohne Unterbrechung erfolgt. Dies gilt für den gesamten Zeitraum, in der die Behörde in irgendeiner Form zugänglich ist, also auch wenn das Dienstgebäude für den Publikumsverkehr „geschlossen" ist. Dies ist dadurch begründet, dass der Aushang sich sowohl an den Beteiligten als auch an andere Personen wendet.

In der Akte ist zu vermerken, wann und wie die Benachrichtigung bekannt gemacht wurde, § 10 Abs. 2 Satz 5 VwZG. Das Dokument gilt nach § 10 Abs. 2 Satz 5 VwZG als zugestellt, wenn seit dem Tag der Bekanntmachung der Benachrichtigung zwei Wochen vergangen sind.

97 Die Benachrichtigung muss nach § 10 Abs. 2 Satz 2 und 3 VwZG folgenden Inhalt enthalten:

- die Behörde, für die zugestellt wird,
- den Namen und die letzte bekannte Anschrift des Zustellungsadressaten,
- das Datum und das Aktenzeichen des Dokuments (Verwaltungsakts),
- die Stelle, wo das Dokument eingesehen werden kann, sowie
- den Hinweis, dass das Dokument öffentlich zugestellt wird und Fristen in Gang gesetzt werden können, nach deren Ablauf Rechtsverluste drohen können.
- Soweit der Aufenthalt des Betroffenen bekannt ist, hat das HZA nach Ablauf der 2-Wochenfrist diesem die Tatsachen um die öffentliche Zustellung sowie den Inhalt des Verwaltungsakts mit einfachem Brief mitzuteilen.[149]

4. Bestandskraft

98 Von der Wirksamkeit des Verwaltungsakts ist die **Bestandskraft** des Verwaltungsakts zu unterscheiden. Die Bestandskraft eines Verwaltungsakts bringt den Grad der Rechtssicherheit seiner inhaltlichen Verbindlichkeit zum Ausdruck. Die Bestandskraft lässt sich nach zwei Arten unterscheiden:[150] Kann ein Verwaltungsakt nicht mehr mit ordentlichem Rechtsbehelf (Einspruch) angefochten werden, ist er **formell bestandskräftig**. Ist ein Verwaltungsakt wirksam bekannt gegeben worden, ist er **materiell bestandskräftig**. Eine Durchbrechung der materiellen Bestandskraft ist nur möglich, sofern es das Gesetz dies vorsieht. Ein wirksamer Verwaltungsakt wird auch bestandskräftig, wenn er rechtswidrig ist. Lediglich nichtige Verwaltungsakte erlangen keine Bestandskraft.

99 Von dem Begriff der Bestandskraft ist der Begriff der **Rechtskraft** zu unterscheiden. Rechtskraft können nur gerichtliche Entscheidungen, wie Urteile oder Beschlüsse erlangen.

149 AO-DV Zoll Nr. 4.1.5.3 zu § 122.
150 AO-DV Zoll Nr. 2 zu Vor §§ 172 bis 177.

VIII. Die zollrechtliche Entscheidung

Das gemeinschaftsrechtliche Zollrecht enthält zum Verwaltungsakt eigenständige Regelungen: Es spricht statt von einem Verwaltungsakt von einer **Entscheidung**. Der Begriff entspricht aber inhaltlich dem Begriff des Verwaltungsakts und ist in Art. 4 Nr. 5 ZK geregelt. Eine Entscheidung ist danach eine hoheitliche Maßnahme auf dem Gebiet des Zollrechts zur Regelung eines Einzelfalls mit Rechtswirkung für eine oder mehrere bestimmte oder bestimmbare Personen.[151] 100

Voraussetzung für eine Entscheidung ist damit zunächst, dass es sich um eine **hoheitliche Maßnahme auf dem Gebiet des Zollrechts** handeln muss. Hoheitlich ist die Maßnahme immer dann, wenn sie einseitig und durch ein Über-/Unterordnungsverhältnis von Zollbehörde und Zollbeteiligten geprägt ist. Zum Zollrecht gehören nach Art. 1 Satz 1 ZK auch die auf einzelstaatlicher Ebene erlassenen Durchführungsvorschriften zum ZK, mithin auch die Vorschriften des ZollVG und der ZollV.[152]

Weiterhin muss eine **Regelung** vorliegen. Regelung ist jedes Setzen einer verbindlichen Rechtsfolge durch die Zollbehörde. Schlichtes Verwaltungshandeln ist dagegen nicht auf die Herbeiführung einer verbindlichen Regelungsfolge gerichtet und damit auch keine Entscheidung. 101

Die Regelung muss sich dabei auf einen **Einzelfall** beziehen. Es muss ein konkreter Einzelfall geregelt werden, z. B. die Erteilung einer zollrechtlichen Bewilligung oder die Mitteilung eines buchmäßig erfassten Einfuhrabgabenbetrags. In Abgrenzung hierzu treffen Verordnungen allgemeine Regelungen. 102

Ferner müssen von der Rechtswirkung eine oder mehrere bestimmte oder bestimmbare Personen betroffen sein. Die Regelung muss mithin **Außenwirkung** erzeugen. Adressat der Entscheidung sind entweder eine oder mehrere bestimmte Personen, z. B. die A-GmbH oder die Zollbeteiligten A, B und C. Andererseits können Adressaten der Entscheidung auch eine oder mehrere bestimmbare Personen sein. Der Personenkreis muss, wie bei der Allgemeinverfügung im nationalen Recht auch, nach allgemeinen Merkmalen bestimmbar sein, z. B. Festlegung des Amtsplatzes und der Öffnungszeiten eines Zollamts.[153] 103

Art. 4 Nr. 5 ZK erwähnt im Nebensatz, dass **verbindliche Auskünfte** nach Art. 12 ZK (Zolltarif- und Ursprungsauskünfte) Entscheidungen sind. Die ausdrückliche Erwähnung ist u. E. nicht deklaratorischer Art, sondern deshalb notwendig, weil die verbindlichen Auskünfte über den Einzelfall hinaus Regelungscharakter aufweisen.[154] 104

1. Begründungspflicht

Nach Art. 6 Abs. 3 Satz 1 ZK sind schriftliche Entscheidungen, mit denen Anträge abgelehnt werden oder die für die Personen, an die sie gerichtet sind, nachteilige Folgen ha- 105

151 *Witte* in Witte, Art. 4 ZK Rz. 2.
152 BFH v. 31. 1. 2005 VII R 33/04, ZfZ 2005, 236-240.
153 *Witte* in Witte, Art. 4 ZK Rz. 2 Entscheidung.
154 Anders wohl *Witte* in Witte, Art. 4 ZK Rz. 2 Entscheidung.

ben, mit einer **Begründung** zu versehen. Das Zollrecht sieht damit eine Begründungspflicht für alle **belastenden schriftlichen Entscheidungen** vor. Die Begründung dient vor allem dazu, dass die von der Entscheidung betroffene Person sie verstehen und nachvollziehen kann. Die Begründung hat so weit zu erfolgen, als dies zu ihrem Verständnis erforderlich ist, Art. 6 Abs. 3 Satz 1 ZK i. V. m. § 121 Abs. 1 AO. Insoweit ist mangels Regelung im Gemeinschaftsrecht auf § 121 Abs. 1 AO zurückzugreifen. Die oben dargelegten Grundsätze gelten auch bei zollrechtlichen belastenden Entscheidungen.

Für begünstigende zollrechtliche Entscheidungen besteht nach dem Wortlaut grds. keine Begründungspflicht. Nach Art. 6 Abs. 4 ZK kann über Art. 6 ZK hinaus gesetzlich vorgeschrieben werden, dass auch andere Entscheidungen zu begründen sind. Von der Möglichkeit hat der Gesetzgeber bisher lediglich bei Art. 886 Abs. 2 Buchst. b ZK für vollumfänglich stattgebende Erstattungsanträge Gebrauch gemacht.

Art. 16 Abs. 4 UA 1 MZK wird erstmalig den Grundsatz vorsehen, dass den von einer belastenden zollrechtlichen Entscheidung Betroffenen, vor deren Erlass rechtliches Gehör zu gewähren ist.

2. Rechtsbehelfsbelehrung

106 Schriftliche belastende zollrechtliche Entscheidungen sind darüber hinaus gemäß Art. 6 Abs. 3 Satz 2 ZK mit einer Rechtsbehelfsbelehrung zu versehen. Der notwendige Umfang und Inhalt der Rechtsbehelfsbelehrung ergibt sich, mangels Regelung im gemeinschaftsrechtlichen Zollrecht, aus § 356 Abs. 1 AO. Notwendiger Inhalt ist danach lediglich:

- die Art des Rechtsbehelfs
- die Behörde und deren Anschrift, bei der der Einspruch einzulegen ist
- der Beginn der Einspruchsfrist
- und die Dauer der Einspruchsfrist

Die Belehrung muss dem Adressaten zeigen, auf welchem Weg er eine Nachprüfung des Verwaltungsaktes erreichen kann. Lange Rechtsbehelfsbelehrungen mit unnötigen Angaben, können zu Verwirrungen beim Adressaten führen. Fehlt die Rechtsbehelfsbelehrung oder ist sie unrichtig ergangen, beträgt die Frist gemäß § 356 Abs. 2 AO abweichend von § 355 Abs. 1 AO nicht einen Monat, sondern ein Jahr.

107–115 *(Einstweilen frei)*

B. Steuerrechtsverhältnis

116 Die AO und die Einzelsteuergesetze (z. B. BierStG, EnergieStG, UStG) enthalten eine Reihe von Regelungen, wonach das HZA vom Steuerpflichtigen Leistungen verlangen kann.

Aber auch der umgekehrte Fall, der Beteiligte kann vom HZA Leistungen fordern, ist in den Gesetzen enthalten. Die Gesamtheit dieser Rechtsbeziehung wird als **Steuerrechtsverhältnis** bezeichnet.[155] Ein Steuerrechtsverhältnis kann entstehen durch:

- Gesetz (z. B. § 18 Abs. 1 Satz 1 BierStG)
- Verwaltungsakt (z. B. Pfändung von beweglichen Sachen)
- Antrag eines Beteiligten (z. B. Antrag auf Energiesteuervergütung, § 53 Abs. 1 Satz 1 Nr. 2 EnergieStG)

Die wohl häufigste Leistung, die es regelmäßig durch den Steuerpflichtigen zu erfüllen gilt, ist die Pflicht zur Geldleistung. Zwischen dem Steuerpflichtigen und dem HZA besteht in diesem Fall ein **Steuerschuldverhältnis**. Daneben besteht die Möglichkeit, Leistungen nichtvermögensrechtlicher Art erbringen zu müssen. Hier spricht man von einem **Steuerpflichtverhältnis**. In beiden sind mindestens zwei Personen an dem Verhältnis beteiligt: die Person, welche die Leistung zu erbringen hat (**Schuldner**) und die Person, welche die Leistung fordern kann (**Gläubiger**). Das Steuerpflichtverhältnis dient den Finanzbehörden zur Aufdeckung, Kontrolle und Sicherung von Ansprüchen aus dem Steuerschuldverhältnis.

	Gläubiger	**Schuldner**	**Beispiel**	**Norm**
Steuerschuldverhältnis	HZA	C GmbH	Steueranspruch	§ 14 Abs. 2 Nr. 1 BierStG
	C GmbH	HZA	Steuervergütungsanspruch	§ 53 Abs. 1 Satz 1 Nr. 2 EnergieStG
Steuerpflichtverhältnis	HZA	C GmbH	Buchführungspflicht	§§ 140 ff. AO
	C GmbH	HZA	Erteilung einer verbindlichen Zolltarifauskunft	Art. 12 Abs. 1 ZK

I. Steuerpflichtiger

Den Begriff des Steuerpflichtigen konkretisiert § 33 AO. Danach ist ein Steuerpflichtiger, wer 117

- für eine Steuer schuldet
- für eine Steuer haftet
- eine Steuer für Rechnung eines Dritten einzubehalten und anzuführen hat
- eine Steuererklärung abzugeben hat
- Sicherheit zu leisten hat

155 *Drüen* in Tipke/Kruse, Vor § 33 AO Rz. 2.

- Bücher und Aufzeichnungen zu führen hat oder
- andere ihm durch die Steuergesetze auferlegte Verpflichtungen zu erfüllen hat.

§ 33 AO zählt lediglich Pflichten auf, welche der Steuerpflichtige gegenüber den Finanzbehörden zu erfüllen hat. Ein Steuerpflichtiger hat aber natürlich auch Rechte gegenüber der Finanzbehörde.[156] **Steuerpflichtiger** ist damit ein Träger von steuerrechtlichen Rechten und Pflichten, der den Finanzbehörden im Steuerpflichtverhältnis gegenübersteht.[157]

1. Allgemeines

a) Steuerrechtsfähigkeit/Zollrechtsfähigkeit

118 Den Begriff der Steuerrechtsfähigkeit definieren die AO oder die Einzelsteuergesetze nicht. Er ist deshalb unter Rückgriff auf den zivilrechtlichen Begriff der **Rechtsfähigkeit** abzuleiten. Rechtsfähig nach dem BGB ist, wer Träger von Rechten und Pflichten sein kann.[158] Das BGB spricht dabei in § 1 BGB jedem Menschen (natürliche Person) ab seiner Geburt pauschal Rechtsfähigkeit zu. Die Rechtsfähigkeit endet mit dem Tod der Person.

Neben den natürlichen Personen wird den juristischen Personen Rechtsfähigkeit zugesprochen. Besonderheit hierbei ist, dass die Rechtsfähigkeit durch einen staatlichen Hoheitsakt, wie z. B. der Eintrag in das Vereinsregister oder Handelsregister, verliehen wird.

Beispiele für juristische Personen des Privatrechts:

- Aktiengesellschaft (AG)
- Gesellschaft mit beschränkter Haftung (GmbH)
- eingetragener Verein (e. V.)
- eingetragene Genossenschaft (eG)

Beispiele für juristische Personen des öffentlichen Rechts:

- Körperschaften (z. B. Bund, Länder, Gemeinden)
- Anstalten (z. B. Bundesbank)
- Stiftungen (z. B. Stiftung Preußischer Kulturbesitz)

Neben den natürlichen und juristischen Personen kennt das BGB eine Reihe von Personenzusammenschlüssen (Gesellschaften), bei denen die Beteiligten zwar ein gemeinsames Ziel verfolgen, das durch den Zusammenschluss entstandene Konstrukt aber rechtlich nicht so verselbständigt ist, dass ihm eine eigene Rechtspersönlichkeit zukommt.[159]

---

156 Siehe insbesondere § 37 AO.

157 *Drüen* in Tipke/Kruse, § 33 AO Rz. 1.

158 *Lang* in Tipke/Lang, Steuerrecht, § 6 Rz. 11.

159 *Rüthers/Stadler*, § 15 Rz 5.

Beispiele für nicht (voll-)rechtsfähige Personengesellschaften:

- Gesellschaft bürgerlichen Rechts (GbR)
- Offene Handelsgesellschaft (OHG)
- Kommanditgesellschaft (KG)
- nicht eingetragener Verein

In Anlehnung an die v. g. Ausführungen ist derjenige **steuerrechtsfähig**, der nach dem Steuerrecht Träger von Rechten und Pflichten sein kann. Die Steuerrechtsfähigkeit ist demnach eine von der Rechtsfähigkeit des BGB eigene Form der Rechtsfähigkeit. Durch Prüfung der Einzelsteuergesetze ist zu ermitteln, ob der (Steuer-)Gesetzgeber dem jeweiligen „Rechtsgebilde" die in der einzelnen Norm begründeten steuerlichen Rechte und Pflichten auferlegen wollte.[160]

Unter Berücksichtigung des jeweils einschlägigen Einzelsteuergesetzes können folgende Personen steuerrechtsfähig sein:

- natürliche Personen
- juristische Personen
- die nach dem BGB nicht rechtsfähigen Personenvereinigungen

Bei natürlichen Personen beginnt die Steuerrechtsfähigkeit mit der Geburt und endet 119
mit dem Tod. Ein 6 Jahre altes Kind kann demnach verbrauchsteuerrechtsfähig und Steuerschuldner sein, wenn es einen verbrauchsteuerpflichtigen Tatbestand verwirklicht.

Bei juristischen Personen des Privatrechts beginnt die Steuerrechtsfähigkeit mit dem Eintrag in das Handels- bzw. Vereinsregister. Die Steuerrechtsfähigkeit endet i. d. R. erst dann, wenn alle steuerlichen Rechtsverhältnisse zwischen ihr und der Finanzbehörde abgewickelt sind.[161]

Im Gegensatz zu den nationalen Vorschriften ist im gemeinschaftsrechtlichen Zollrecht 120
ausdrücklich geregelt, wer zollrechtsfähig, d. h. Träger von zollrechtlichen Rechten und Pflichten sein kann. Eines Rückgriffs auf das nationale Steuerrecht bedarf es damit nicht. Mit Art. 4 Nr. 1 ZK zieht der Zollkodex den Begriff der „Person" vor die Klammer und definiert den Begriff der **Zollrechtsfähigkeit**.[162] Danach können zollrechtsfähig sein:

- natürliche Personen
- juristische Personen
- Personenvereinigungen ohne eigene Rechtspersönlichkeit, die aber im Rechtsverkehr wirksam auftreten können, wenn diese Möglichkeit im geltenden Recht (Gemeinschaftsrecht und Recht der Mitgliedstaaten) vorgesehen ist

160 Zur Verbrauchsteuerrechtsfähigkeit einer GbR: Erlass v. 15. 9. 2008 - III B 7 - S 0076/06/0002 - III A 2 - V 9930/0.

161 BFH v. 30. 4. 2003 II R 79/00, BStBl 2003 II 890.

162 *Henke* in Witte, Zollkodex, Art. 64 ZK Rz. 3.

Die Zollrechtsfähigkeit erfasst damit den gleichen Personenkreis wie die Steuerrechtsfähigkeit im nationalen Recht.

121 Neben den o. g. Differenzierungen lassen sich, die Personen, die nicht natürliche Personen sind, unter dem Begriff der **Gesellschaften** zusammenfassen. Die Gesellschaften unterteilen sich wiederum in Personengesellschaften und Körperschaften. Mit Ausnahme des nicht rechtsfähigen Vereins sind alle Körperschaften juristische Personen.

ABB. 1: Übersicht Gesellschaftsarten:[163]

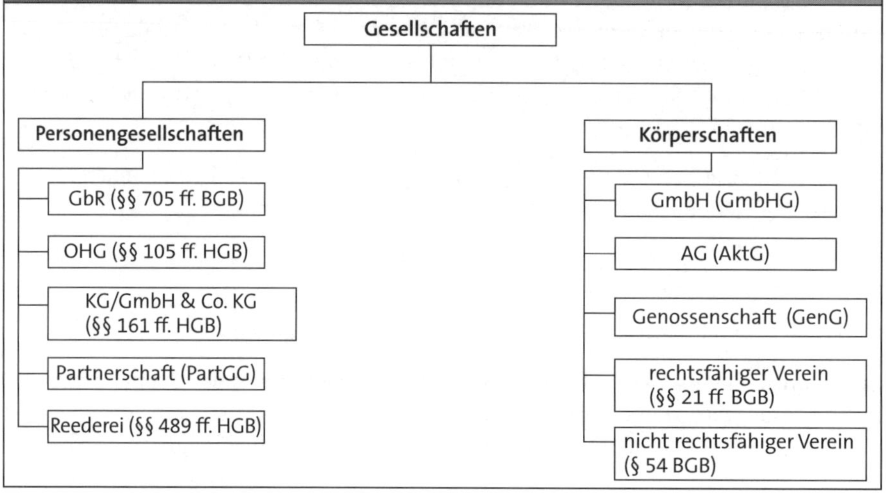

b) Handlungsfähigkeit

122 Von der Steuerrechtsfähigkeit ist der Begriff der Handlungsfähigkeit zu unterscheiden. (Steuerliche) Handlungsfähigkeit bestimmt die Fähigkeit, (steuerliche) verfahrensrechtliche Handlungen wirksam vorzunehmen. Dies können z. B. sein:

- Abgabe einer Steuererklärung/Steueranmeldung
- Entgegennahme eines Steuerverwaltungsakts
- Stellung eines Antrags auf steuerliche Erlaubnis, Bewilligung, Zulassung oder Vereinfachung
- Einlegung eines Einspruchs

Wer Handlungsfähigkeit besitzt, bestimmt § 79 AO. Danach sind handlungsfähig:

(1) geschäftsfähige natürliche Personen

(2) beschränkt geschäftsfähige natürliche Personen, sofern Sie für den Gegenstand des Verfahrens

- nach dem BGB geschäftsfähig sind oder
- nach den Vorschriften des öffentlichen Recht handlungsfähig sind

163 Die in der Übersicht enthaltenen Aufzählungen (z. B. GbR) sind beispielhaft und nicht abschließend.

(3) Juristische Personen, nicht rechtsfähige Personenvereinigungen und Vermögensmassen durch ihre gesetzlichen Vertreter oder durch besondere Beauftragte

(4) Behörden durch ihre Leiter, deren Vertreter oder Beauftragte

Für Einfuhr- und Ausfuhrabgaben ist § 79 Abs. 1 AO hinsichtlich der Abgabe der Zoll- 123
anmeldung durch Art. 64 Abs. 1 ZK überlagert. Danach können Zollanmeldungen von jeder Person abgegeben werden, die in der Lage sind, Waren zu gestellen und alle notwendigen Unterlagen vorzulegen. Weitergehende Voraussetzungen, wie etwa die unbeschränkte Geschäftsfähigkeit der Person, sieht der ZK nicht vor.

aa) Natürliche Personen

Geschäftsfähigkeit ist die Fähigkeit, durch eigene Willenserklärung Rechtsgeschäfte 124
selbständig voll wirksam vornehmen zu können. Wer geschäftsfähig ist, ergibt sich aus §§ 104 ff. BGB. Das BGB definiert dabei die Ausnahmefälle von der unbeschränkten Geschäftsfähigkeit.

Geschäftsunfähig sind gemäß § 104 BGB Menschen,

1. die das siebente Lebensjahr noch nicht vollendet haben bzw. solche,
2. die sich in einem die freie Willensbestimmung ausschließenden Zustand krankhafter Störung der Geistestätigkeit befinden, sofern nicht der Zustand seiner Natur nach ein vorübergehender ist.

Beschränkt geschäftsfähig sind gemäß § 106 BGB Minderjährige, die das 18. Lebensjahr noch nicht vollendet haben und nicht unter § 104 BGB fallen.[164]

Unbeschränkt geschäftsfähig ist mithin derjenige, der das 18. Lebensjahr vollendet hat und sich nicht in einem geistigen Zustand i. S. v. § 104 Nr. 2 BGB befindet.

Vertreten werden geschäftsunfähige natürliche Personen durch ihre gesetzlichen Vertreter.

BEISPIELE ▸ für gesetzliche Vertreter:

- Eltern ehelicher Kinder (§ 1629 BGB)
- Vormund für minderjährige Kinder (§§ 1793 ff. BGB)

Ein an einen Handlungsunfähigen gerichteter Steuerverwaltungsakt ist unwirksam, 125
d. h. er entfaltet keine Wirkung. Dies gilt auch für alle begünstigenden Steuerverwaltungsakte. Ist ein Verwaltungsakt an einen Handlungsunfähigen zu richten, ist er seinem gesetzlichen Vertreter oder einem besonders Beauftragten bekannt zu geben. Inhaltsadressat des Verwaltungsakts bleibt aber der Handlungsunfähige.

BEISPIEL: ▸ Der 6 Jahre alte Thomas Meier, der einen verbrauchsteuerpflichtigen Tatbestand erfüllt hat, ist Steuerschuldner geworden. Da er aber aufgrund seines Alters noch nicht fähig ist, steuerlich verfahrensrechtliche Handlungen wirksam vorzunehmen, darf der Verwaltungsakt nicht an das Kind bekannt gegeben werden.[165] Die Eltern des Kindes sind Empfänger und Be-

164 Zur Handlungsfähigkeit von beschränkt Geschäftsfähigen s. AO-DV Zoll Nr. 4 zu § 79.

165 AO-DV Zoll Nr. 3.1.2 zu § 122.

kanntgabeadressat des Verbrauchsteuerbescheids. Der 6 Jahre alte Thomas ist Steuerschuldner und damit Inhaltsadressat des Bescheides.

Anschriftenfeld:

Herrn Michael Meier
Frau Uta Meier
Großbeerenstraße 341
14480 Potsdam

Bescheidkopf:

Als gesetzliche Vertreter von Thomas Meier

126 Durch die Überlagerung von § 79 Abs. 1 AO bei Einfuhr- und Ausfuhrabgaben kann unter Beachtung von Art. 5 ZK jede Person eine Zollanmeldung abgeben, also im Gegensatz zum nationalen Steuerrecht auch Minderjährige.

bb) Juristische Personen, nicht rechtsfähige Personenvereinigungen, Vermögensmassen

127 **Juristische Personen** können aus der Natur der Sache heraus nicht selbst handeln. Für sie handelt der jeweilige gesetzliche Vertreter.[166] Der Wortlaut von § 79 Abs. 1 AO ist nicht dahingehend zu verstehen, dass juristische Personen zusätzlich durch besondere Beauftragte handelt können.[167]

BEISPIELE ► für gesetzliche Vertreter juristischer Personen:

- Geschäftsführer einer GmbH (§ 35 GmbHG)
- Vorstand einer AG (§ 78 AktG)
- Vorstand einer Genossenschaft (§ 24 GenG)
- Vorstand eines e.V. (§ 26 BGB)

128 **Nicht rechtsfähige Personengesellschaften** und Vermögensmassen handeln durch besondere Beauftragte.[168] Dies sind ihre Geschäftsführer sowie diejenigen, die nach § 34 Abs. 2 und 3 AO die entsprechenden Pflichten zu erfüllen haben. Der Begriff des Geschäftsführers ist in diesem Zusammenhang dahingehend zu verstehen, dass jede Person gemeint ist, welche die Geschäfte der rechtsfähige Personengesellschaft oder Vermögensmasse tatsächlich führt; mithin nicht der gesetzestechnische Begriff.[169]

BEISPIELE ► für besonderen Beauftragten nicht rechtsfähiger Personenvereinigungen:

- „Handelnder" eines nicht rechtsfähigen Vereins (§ 54 BGB)
- vertretungsberechtigter Gesellschafter einer OHG (§ 125 HGB)
- vertretungsberechtigter persönlich haftender Gesellschafter (Komplementär) einer KG (§§ 161 Abs. 2, 125 HGB)
- geschäftsführende Gesellschafter einer BGB-Gesellschaft (§ 714 BGB i.V.m. § 709 Abs. 1 BGB)

166 Eine Übersicht über die gesetzlichen Vertreter von juristischen Personen enthält AO-DV Zoll Nr. 1.2 zu § 34.
167 BFH v. 15. 10. 1998 III R 58/95, BStBl 1999 II 237.
168 Eine Übersicht über die besonderen Beauftragten von Personenvereinigungen enthält AO-DV Zoll Nr. 1.3 zu § 34.
169 BFH v. 15. 10. 1998 III R 58/95, BStBl 1999 II 237.

BEISPIEL **für besonderen Beauftragten von Vermögensmassen:**

- Geschäftsführer einer nichtrechtsfähigen Stiftung (§§ 86, 26 BGB)

cc) Behörden

Behörden handeln durch ihre Leiter (Vorsteher), deren Vertreter (ständiger Vertreter des Vorstehers) oder Beauftragte. Die Beauftragten ergeben sich grds. aus dem jeweiligen Geschäftsverteilungsplan der Behörde. Alternativ kann sich die Beauftragung aus einer organisatorischen Einzelanweisung des Leiters oder Vertreters der Behörde ergeben. Schreiben oder Verwaltungsakte von Beauftragten enthalten das Zeichnungskürzel „Im Auftrag" (i. A.). Der Vertreter der Behördenleitung zeichnet mit „In Vertretung" (i.V.). Der Leiter der Behörde zeichnet stets ohne Zeichnungskürzel. 129

c) Vertretung durch Bevollmächtigte

aa) Bevollmächtigung

Steuerpflichtige können sich gemäß § 80 Abs. 1 Satz 1 AO durch Bevollmächtigte vertreten lassen. Ob sich der Steuerpflichtige vertreten lässt, obliegt ihm grds. selbst. Allein in den in § 81 AO genannten Fällen kann die Finanzbehörde beim Vormundschaftsgericht bzw. Betreuungsgericht um Bestellung eines Bevollmächtigter ersuchen. Die Aufzählung in § 81 AO ist abschließend und dürfte in der Praxis der Zollverwaltung keine Bedeutung beikommen.[170] 130

Die Vollmacht des Steuerpflichtigen kann grds. zu allen das Verwaltungsverfahren[171] betreffenden Verfahrenshandlungen ermächtigen. Lässt sich der Steuerpflichtige durch einen Bevollmächtigten vertreten, verliert er damit nicht die Fähigkeit selbst noch im Besteuerungsverfahren aufzutreten.[172]

Für **Einfuhr- und Ausfuhrabgaben** ist § 80 Abs. 1 Satz 1 und 2 durch Art. 5 Abs. 1 und 5 ZK überlagert. Auch Art. 5 Abs. 1 ZK räumt jeder Person das Recht ein, sich **gegenüber den Zollbehörden** bei allen zollrechtlichen Verfahrenshandlungen durch einen Bevollmächtigten vertreten zu lassen. Vertreter kann dabei grds. jede Person sein. Der Vertreter muss jedoch, mit Ausnahme bei einer Anmeldung zum Versandverfahren, zur vorübergehenden Verwendung oder bei der gelegentlichen Warenanmeldung (Art. 64 Abs. 2 Buchst. b ZK) in der Europäischen Gemeinschaft ansässig sein. Eine weitere Ausnahme ergibt sich bei der Abgabe von Zollanmeldungen durch in der Schweiz ansässige Personen (Art. 64 Abs. 3 ZK).[173] 131

Ob ein Bevollmächtigter zur konkreten Verfahrungshandlung berechtigt ist, ergibt sich aus der **Vollmacht**. Die Vollmacht ist der Finanzbehörde auf Verlangen durch den Bevollmächtigten schriftlich nachzuweisen, § 80 Abs. 1 Satz 3 AO. Die Finanzbehörde soll den schriftlichen Nachweis nur verlangen, wenn begründete Zweifel an der Vertre- 132

170 Siehe hierzu AO-DV Zoll zu § 81.

171 Die Bevollmächtigung kann für das gesamten Besteuerungsverfahren geltend, auch für das Einspruchsverfahren, §§ 365 Abs. 1 i.V. m. 80 AO.

172 AO-DV Zoll Nr. 5 zu § 80.

173 *Henke* in Witte, Art. 64 ZK Rz. 12.

tungsmacht bestehen. Bei Angehörigen der steuerberatenden Berufe (Steuerberater, Rechtsanwälte etc.), die für den Steuerpflichtigen handeln, wird eine ordnungsgemäße Bevollmächtigung regelmäßig vermutet. Ergeben sich hier Zweifel, beispielsweise weil der Steuerpflichtige in der Vergangenheit seinen Bevollmächtigten häufig gewechselt hat und das Bevollmächtigungsverhältnis unklar ist, kann die Finanzbehörde sich selbstverständlich eine Vollmacht schriftlich nachweisen lassen.

Für Einfuhr- und Ausfuhrabgaben ist § 80 Abs. 1 Satz 3 durch Art. 5 Abs. 5 ZK überlagert. Nach Art. 5 Abs. 5 ZK können die Zollbehörden den Nachweis für die Vertretungsmacht verlangen. Die Zollbehörden haben insoweit ein Ermessen. Hinsichtlich des Vorlageerfordernisses gelten u. E. die zu § 80 Abs. 1 Satz 3 AO gemachten Ausführungen.

133 Der **Schriftwechsel** und die **Verhandlungen** im Besteuerungsverfahren sind grds. **mit dem Bevollmächtigten** zu führen, § 80 Abs. 1 Satz 1 AO. Nur bei Vorliegen besonderer Gründe soll sich die Finanzbehörde an den Beteiligten selbst wenden.[174] Wendet sich die Finanzbehörde an den Steuerpflichtigen selbst, soll sie den Bevollmächtigten gemäß § 80 Abs. 3 Satz 3 AO hierüber verständigen. Ist dem Steuerpflichtigen ein Verwaltungsakt bekannt zu geben, kann dies auch gegenüber dem Bevollmächtigen erfolgen, § 122 Abs. 1 Satz 3 AO.

Wie die Finanzbehörde zu verfahren hat, ist anhand der Umstände des Einzelfalls nach pflichtgemäßem Ermessen zu entscheiden.[175] Handelt es sich nicht um einen **Massenfall**, empfiehlt es sich im Zweifelsfall dies beim Steuerpflichtigen zu erfragen (z. B. bei einer beantragten verbrauchsteuerrechtlichen Erlaubnis). Hat der Steuerpflichtige der Finanzbehörde ausdrücklich mitgeteilt, dass er seinen Bevollmächtigten auch zur Entgegennahme von Verwaltungsakten ermächtigt, sind diese grds. dem Bevollmächtigten bekannt zu geben.[176] Sprechen im Einzelfall besondere Gründe gegen die Bekanntgabe des Verwaltungsakts an den Bevollmächtigten, kann der Verwaltungsakt unmittelbar dem Steuerpflichtigen bekannt gegeben werden.

bb) Befugnis zur geschäftsmäßigen Hilfeleistung in Steuersachen

134 Unabhängig von den vertraglichen Vereinbarungen zwischen Steuerpflichtigen und Bevollmächtigten sind im Steuerrecht die besonderen gesetzlichen Vorschriften beim Auftreten von Bevollmächtigten zu beachten. Wer und in welchem Umfang zur sog. **Hilfeleitung in Steuersachen** befugt ist, bestimmen §§ 2 ff. StBerG. Ziel der Normen ist es, die geschäftsmäßige Hilfeleistung in Steuersachen im Interesse des Steueraufkommens, der Steuermoral und des Schutzes unkundiger Personen vor Falschberatung durch unfähige und ungeeignete Berater zu vermeiden.[177]

Den Begriff der Hilfeleistung definieren das StBerG oder die AO nicht. Nach der Rechtsprechung des BFH und der einschlägigen Literatur ist unter Hilfeleistung **eine einzelfallbezogene Tätigkeit** zu verstehen, die gegenüber einer anderen Person oder Einrich-

174 AO-DV Zoll Nr. 4 zu § 80.

175 Siehe hierzu AO-DV Zoll Nr. 2.7 zu § 122.

176 BFH v. 5. 10. 2000 VII R 38/99, BStBl 2001 II 463.

177 BVerfG v. 18. 6. 1980 1 BvR 697/77, BStBl 1980 II 706-715.

tung erbracht wird, in die der Hilfeleistende nicht eingegliedert ist.[178] Eine allgemeine, vom einzelnen Lebenssachverhalt losgelöste, Beratung, Unterrichtung oder Belehrung stellt mithin keine Hilfeleistung i. S. d. Vorschriften des StBerG.

Auf Steuersachen bezieht sich die Hilfeleistung, wenn sie eine der in § 1 Abs. 1 und 2 StBerG genannten Angelegenheit betrifft. Nach § 1 Abs. 1 Nr. 1 StBerG gehören hierzu auch Zoll- und Verbrauchsteuerangelegenheiten.

Eingeschränkt ist nach dem StBerG jedoch nicht jede Hilfe in Steuersachen, sondern 135
nur diejenige, die **geschäftsmäßig** ausgeübt wird. Geschäftsmäßig ist die Hilfeleistung, wenn sie selbständig und in der Absicht erfolgt, die Betätigung in gleicher Art zu wiederholen.[179]

MERKE

Selbständig handelt, wer sich nach eigenem Willen und in eigener Verantwortung, unabhängig von den Weisungen einer übergeordneten Person betätigt und dies auf eigene Rechnung geschieht.[180]

Der Begriff der Selbständigkeit bestimmt sich dabei nicht allein nach arbeits- oder steuerrechtlichen Gesichtspunkten, sondern nach dem o. g. Schutzzweck der Verbotsnorm. Die Geschäftsmäßigkeit wird nicht dadurch ausgeschlossen, dass die Hilfeleistung nebenberuflich und unentgeltlich erfolgt, § 2 Satz 2 StBerG. Nicht geschäftsmäßig ist die Hilfeleistung nur dann, wenn sie aus Anlass eines besonderen Einzelfalles ausgeübt wird.[181] Von den Beschränkungen des StBerG nicht erfasst sind somit sämtliche Hilfeleistungen in Steuersachen, die einen bloßen Einzelfall betreffen.

BEISPIEL **für eine nicht geschäftsmäßige Hilfeleistung in Steuersachen:**

Der 20-jährige A lässt sich im Einspruchsverfahren gegen einen Tabaksteuerbescheid durch seinen langjährigen Freund, den 21-jährigen Jurastudenten B vertreten.

Ob eine Person zur geschäftsmäßigen Hilfeleistung befugt ist, ergibt sich aus den §§ 3 136
bis 4 StBerG. Liegt eine geschäftsmäßige Hilfeleistung in Steuersachen vor, ohne dass der Bevollmächtigte oder Beistand hierzu befugt ist, muss die Finanzbehörde ihn nach § 80 Abs. 5 AO zurückweisen. Hat der Bevollmächtigter oder Beistand Verfahrenshandlungen vor einer **Zurückweisung** vorgenommen, bleiben diese wirksam.[182]

Die **Befugnisregelungen** des StBerG sind dreigeteilt aufgebaut:

(1) Befugnis zu unbeschränkter Hilfeleistung in Steuersachen

Zur unbeschränkten geschäftsmäßigen Hilfeleistung in Steuersachen sind gemäß § 3 137
StBerG nur:

178 BFH v. 28.7.1981 VII R 14/79, BStBl 1982 II 43-45; *Gehre/Koslowski*, § 1 StBerG Rz. 5.

179 BFH v. 16.9.1986 IX B 39/ 86, BFH/NV 1987, 83-84.

180 BFH v. 25.8.1997 VI B 94/97, BStBl 1998 II 118.

181 BFH v. 14.10.1983 VII R 168/82, BStBl 1984 II 118.

182 AO-DV Zoll Nr. 6 zu § 80.

1. Steuerberater, Steuerbevollmächtigte, Rechtsanwälte, niedergelassene europäische Rechtsanwälte, Wirtschaftsprüfer und vereidigte Buchprüfer
2. Partnerschaftsgesellschaften, deren Partner ausschließlich die in Nr. 1 und 4 genannten Personen sind
3. Steuerberatungsgesellschaften, Rechtsanwaltsgesellschaften, Wirtschaftsprüfungsgesellschaften und Buchprüfungsgesellschaften

(2) Befugnis zu beschränkter Hilfeleistung in Steuersachen

138 Zur geschäftsmäßigen Hilfeleistung in Steuersachen sind ferner die in § 4 StBerG genannten Personen, unter Berücksichtigung der ebenfalls dort genannten Tätigkeiten, befugt. Für die Hilfeleistung in Zoll- und Verbrauchsteuerangelegenheiten haben dabei insbesondere § 4 Nr. 9 Buchst. a und b StBerG Bedeutung. Danach sind zur geschäftsmäßigen Hilfeleistung in Steuersachen befugt:

- Speditionsunternehmen, soweit sie Hilfe in Eingangsabgabensachen[183] oder bei der verbrauchsteuerlichen Behandlung von Waren im Warenverkehr mit anderen Mitgliedstaaten der Europäischen Union leisten
- sonstige gewerbliche Unternehmen, soweit sie im Zusammenhang mit der Zollbehandlung Hilfe in Eingangsabgabensachen leisten (z. B. Zolldeklaranten)

HINWEIS

In diesem Zusammenhang sei darauf hingewiesen, dass die o. g. Personen nach dem Wortlaut von § 4 Nr. 9 Buchst. a und b StBerG **nicht zur geschäftsmäßigen Hilfeleistung im Einspruchsverfahren in Einfuhrabgabensachen** befugt sind. Eine Spedition kann damit nicht im Einspruchsverfahren für ihre Zollbeteiligten als Bevollmächtigte auftreten.

(3) Befugnis zu vorübergehender und gelegentlichen Hilfeleistung in Steuersachen

139 Eine besondere Regelung bei der Hilfe in Steuersachen gilt für ausländische Rechtsanwälte und Steuerberater. Nach § 3a StBerG sind auch Personen, die in:

- einem anderen Mitgliedstaat der Europäischen Union oder
- einem anderen Vertragsstaat des Abkommens über den Europäischen Wirtschaftsraum[184] oder
- der Schweiz

beruflich niedergelassen sind und dort befugt geschäftsmäßig Hilfe in Steuersachen nach dem Recht des Niederlassungsstaates leisten, zur vorübergehenden und gelegentlichen geschäftsmäßigen Hilfeleistung in Steuersachen auf dem Gebiet der Bundesrepublik Deutschland befugt. Voraussetzung hierfür ist, dass der Bevollmächtigte vor der

183 Der Begriff Eingangsabgabensachen ist insoweit überholt; gemeint ist hiermit der Begriff der Einfuhrabgabensachen i. S. v. § 1 Abs. 1 ZollVG.

184 Die Länder des Europäischen Wirtschaftsraums umfassen derzeit die Staaten Island, Liechtenstein und Norwegen.

Aufnahme seiner Tätigkeit bei der nach § 3a Abs. 2 StBerG bestimmten zuständigen Stelle (Steuerberaterkammer) schriftlich „Meldung erstattet“ hat.

2. Steuerschuldner

Steuerschuldner ist derjenige, der durch das jeweilige Einzelsteuergesetz dazu bestimmt wird, § 43 Satz 1 AO. In der Regel bestimmen die Einzelsteuergesetze den zum Steuerschuldner, der einen bestimmten gesetzlichen Tatbestand verwirklicht. Steuerschuldner können alle Personen sein, welche nach den o. g. Ausführungen steuerrechtsfähig sind. 140

BEISPIELE ▸ für die Steuerschuldnerschaft:

- Wer Bier aus dem Steuerlager entnimmt, ohne dass sich ein Steueraussetzungsverfahren anschließt (§ 14 Abs. 4 Satz 1 Nr. 1 BierStG);
- der Versorger von Strom, wenn dieser durch den Letztverbraucher aus dem Versorgungsnetz entnommen wird (§ 5 Abs. 2 StromStG);
- das Luftverkehrsunternehmen, das aufgrund der Steuer unterliegenden Rechtsvorgang, den Abflug des Fluggastes von einem inländischen Startort durchführt (§ 6 LuftVStG);
- der Betreiber eines Kernreaktors (§ 5 Abs. 2 KernbrStG);
- wer einfuhrabgabenpflichtige Waren, welche in den zollrechtlich freien Verkehr übergeführt wurden, anmeldet (Art. 201 Abs. 3 Satz 1 ZK).

Personen, die nebeneinander dieselbe Leistung aus dem Steuerschuldverhältnis schulden oder für sie haften oder die zusammen zu einer Steuer zu veranlagen sind, sind gemäß § 44 Abs. 1 Satz 1 AO **Gesamtschuldner**. Soweit nichts anderes bestimmt ist, schuldet jeder Gesamtschuldner die gesamte Leistung. Gleiches gilt bei Einfuhr- und Ausfuhrabgaben. Gibt es für eine Zollschuld mehrere Zollschuldner, so sind diese nach Art. 213 ZK gesamtschuldnerisch zur Erfüllung dieser Zollschuld verpflichtet. § 44 Abs. 1 Satz 1 AO wird insoweit überlagert. Bei der Inanspruchnahme hat die Finanzbehörde i. d. R. ein Auswahlermessen. 141

BEISPIELE ▸ für Kriterien für die Ausübung des Auswahlermessens:[185]

- Grad der Verfehlung
- Realisierbarkeit der Abgabenforderung unter Berücksichtigung der Vollständigkeit und Rechtzeitigkeit der Entrichtung des Abgabenbetrags sowie
- erforderlicher Verwaltungsaufwand

BEISPIEL ▸ für Gesamtschuldnerschaft:

A und B verbringen 200 000 Stück Zigaretten aus Polen in das deutsche Steuergebiet. Die Zigarettenverpackungen enthalten keine deutschen Steuerzeichen. A und B beabsichtigen, die gesamten 200 000 Stück Zigaretten an Abnehmer zu veräußern. Die Zollfahndung kann den Verkauf verhindern.

Werden Tabakwaren zu gewerblichen Zwecken (§ 22 Abs. 1 TabStG) ohne gültige deutsche Steuerzeichen (§ 17 Abs. 1 TabStG) aus dem steuerrechtlich freien Verkehr eines anderen Mitgliedstaats in das deutsche Steuergebiet verbracht, entsteht gemäß § 23 Abs. 1 Satz 1 TabStG die Tabaksteuer, wenn die Tabakwaren erstmals zu gewerblichen Zwecken in Besitz gehalten

185 AO-DV Zoll zu § 44 Nr. 6.

werden. A und B sind nach § 23 Abs. 1 Satz 2 TabStG Steuerschuldner („wer die Lieferung vornimmt"). A und B schulden die entstandene Tabaksteuer gesamtschuldnerisch.

142 Nicht zwangsläufig Steuerschuldner ist die Person, welche die Steuer zu entrichten hat. Steuerschuldner und **Steuerentrichtungspflichtiger** können folglich voneinander abweichen (z. B. der Arbeitgeber für die Lohnsteuer).[186] Ebenfalls kein Steuerschuldner ist derjenige, der für die Steuerschuld eines anderen einzutreten hat (z. B. **Steuerbürge** bei der Inanspruchnahme der Bürgschaft).

3. Steuerhaftender

143 DEFINITION

Steuerhaftender ist derjenige Beteiligte des Steuerschuldverhältnisses, der für die Schuld eines anderen aufgrund einer gesetzlichen Bestimmung mit seinem Vermögen einzustehen hat.

Dies bedingt aber, dass eine Steuerschuld überhaupt bestehen muss. Steuerhaftender und Steuerschuldner können nach der v. g. Definition bei demselben Anspruch nicht identisch sein.

Wer konkret Steuerhaftender ist, bestimmen wie bei der Steuerschuldnerschaft die Steuergesetze. Insbesondere in der AO finden sich mit den §§ 69 ff. AO eine Vielzahl von Regelungen, wonach eine Person steuerrechtlich haftet. Über die Haftungstatbestände der Steuergesetze hinaus finden sich auch in privatrechtlichen Vorschriften Haftungstatbestände. Für diese Vorschriften gilt nicht die AO. Sie sollen deshalb hier nicht Gegenstand der Erläuterungen sein.

4. Weitere Steuerpflichtige

144 Neben dem Steuerschuldner und dem Steuerhaftenden benennt das Steuerrecht eine Vielzahl weiterer Pflichtiger. Unter Bezugnahme auf § 33 AO kommen in Betracht:

- Steuererklärungspflichtiger (z. B. § 149 AO)
- zur Abgabe einer Zollanmeldung Verpflichteter (z. B. Art. 4 Nr. 17 ZK)
- zur Sicherheitsleistung Verpflichteter (§§ 241 ff. AO, Art. 189-200 ZK)
- Buchführungs- und Aufzeichnungspflichtiger (§§ 140 ff. AO)
- Duldungspflichtige (z. B. § 77 AO)
- zur Mitwirkung bei der zollrechtlichen Beschau Verpflichteter (Art. 68 Buchst. b ZK)
- Anzeigepflichtige (§§ 137-139 AO)

---

186 § 38 Abs. 3 EStG.

II. Gesamtrechtsnachfolge

Im Verlauf des Besteuerungsverfahrens[187] kann es immer wieder vorkommen, dass bestehende Rechte und Pflichte einer Person auf eine andere Person, den **Rechtsnachfolger**, übergehen. In diesem Fall spricht man von Rechtsnachfolge. Die Rechtsnachfolge kann sich aufgrund einer vertraglichen Vereinbarung begründen oder gesetzlich vorgeschrieben sein. 145

Zu unterscheiden ist bei der Rechtsnachfolge zwischen der Gesamtrechtsnachfolge und der Einzelrechtsnachfolge. **Gesamtrechtsnachfolge** ist der unmittelbare Übergang eines Vermögens mit allen Rechten und Pflichten auf den Gesamtrechtsnachfolger, der damit in die Stellung seines Rechtsvorgängers eintritt. Weil die Rechtsnachfolge durch einen einheitlichen Rechtsakt in das gesamte Vermögen vollzogen wird, wird sie als Gesamtrechtsnachfolge bezeichnet.[188] Im Unterschied zur Gesamtrechtsnachfolge gehen bei der **Einzelrechtsnachfolge** lediglich einzelne Rechte und Pflichten auf den Rechtsnachfolger über.

Ob eine Gesamtrechtsnachfolge vorliegt, ist nach den zivilrechtlichen Vorschriften zu beurteilen.

BEISPIEL **Eine Gesamtrechtsnachfolge liegt z. B. vor in Fällen:**

- der Erbfolge (§ 1922 Abs. 1 BGB)
- der Verschmelzung von Gesellschaften (§§ 2 ff. UmwG)

Eine Gesamtrechtsnachfolge liegt nicht vor in folgenden Fällen:

- der formwechselnden Umwandlung, §§ 190 ff. UmwG (C OHG benennt sich um in C KG)
- der Abspaltung durch Neugründung, §§ 123 ff. UmwG (C GmbH & Co. KG, durch Beschluss wird ein Vermögensteil auf die neugegründete D KG abgespalten)

Von der Gesamtrechtsnachfolge sind nach § 45 Abs. 1 Satz 1 AO auch **Forderungen und Schulden** aus dem Steuerschuldverhältnis (§ 37 AO) betroffen. Hierzu gehören auch steuerliche Nebenleistungen, wie Säumniszuschläge, Zinsen und Zollkosten. Eine Ausnahme hiervon bilden die Zwangsgelder, welche gemäß § 45 Abs. 1 Satz 2 AO bei der Erbfolge nicht auf den Rechtsnachfolger übergehen.

Liegt eine Gesamtrechtsnachfolge vor, tritt der Rechtsnachfolger materiell-rechtlich und verfahrensrechtlich in die abgabenrechtliche Stellung des Rechtsvorgängers ein.[189] Er muss dabei alle steuerbegründenden Verhältnisse gegen sich gelten lassen. Für den Übergang muss der Anspruch weder festgesetzt noch fällig, sondern lediglich entstanden sein. Die auf den Gesamtrechtsnachfolger übergegangenen Ansprüche sind so geltend zu machen, wie sie gegen den Rechtsvorgänger hätten geltend gemacht werden müssen (z. B. mit Steuerbescheid). Andererseits wirkt auch ein noch dem Rechtsvorgänger bekannt gegebener Bescheid gegenüber dem Gesamtrechtsnachfolger. 146

Vom Übergang ist jedoch nur die abgabenrechtliche Stellung betroffen, die mit der jeweiligen Forderung oder Schuld in Verbindung steht. Steuerliche Rechte und Pflichten, 147

187 Der Begriff ist hier im weiteren Sinne zu verstehen.
188 AO-DV Zoll Nr. 1 zu § 45.
189 BFH v. 17. 6. 1997 IX R 30/95, BStBl 1997 II 802; v. 26. 3. 1981 IV R 130/77, BStBl 1981 II 614-618.

die **eng mit der Person des Rechtsvorgängers** verbunden sind, **gehen nicht** auf den Rechtsnachfolger über.[190]

BEISPIELE ▸ für mögliche steuerliche Rechte, die nicht auf den Rechtsnachfolger übergehen:

- steuerliche Erlaubnisse, Zulassungen, Bewilligungen[191]
- Stundungen wegen erheblicher Härte

148 Einzelne Verbrauchsteuergesetze enthalten teilweise Sonderregelungen zum Erlöschen von Erlaubnissen bei Tod des Erlaubnisinhabers bzw. bei Auflösung der juristischen Person oder nichtrechtsfähigen Personengesellschaft, welche unabhängig von § 45 AO zu beachten sind.[192]

III. Steuergläubiger und seine Organe

149 Bei der Definition des Begriffs des Steuergläubigers ist auf die grundgesetzliche Befugnis der Vereinnahmung von Steuern abzustellen (Art. 106, 107 GG).[193]

DEFINITION

Steuergläubiger ist mithin der Inhaber der Ertragshoheit für die jeweilige Steuer.

Als Steuergläubiger kommen danach in Betracht:

- der Bund
- die Länder
- die Gemeinden/Gemeindeverbände
- öffentlich-rechtliche Religionsgemeinschaften

150 Bei den Gemeinschaftsteuern (Art. 106 Abs. 3 GG) fällt die Steuerertragshoheit auf mehrere der v. g. Körperschaften. Hier liegt eine **Gläubigergemeinschaft** zwischen diesen Körperschaften vor. Für die Aufrechnung von Ansprüchen aus dem Steuerschuldverhältnis gilt als Gläubiger, auch die Körperschaft, welche die Steuer verwaltet (Gläubigerfiktion).[194]

BEISPIELE ▸ für Steuern, bei denen der Bund die Gläubigereigenschaft besitzt:

- Zölle (Art. 106 Abs. 1 Nr. 1 GG)
- Verbrauchsteuern (Art. 106 Abs. 1 Nr. 2 GG)
- Luftverkehrsteuer (Art. 106 Abs. 1 Nr. 3 GG)
- Kraftfahrzeugsteuer (Art. 106 Abs. 1 Nr. 3 GG)

---

190 AO-DV Zoll Nr. 4.2 zu § 45.

191 Ob Erlaubnisse, Zulassungen oder Bewilligungen auf den Rechtsnachfolger übergehen, ist anhand der jeweils hierfür zu erfüllenden Voraussetzungen zu beurteilen. Stellen die Voraussetzungen so konkret auf persönliche Eigenschaften des Erlaubnisinhabers ab, dann kann die betreffende Erlaubnis, Zulassung oder Bewilligung nicht auf den Rechtsnachfolger übergehen.

192 Z. B.: § 14 Abs. 2 EnergieStV; § 8 Abs. 1 BierStV, eine Übersicht enthält AO-DV Zoll Nr. 5 zu § 45.

193 *Lang* in Tipke/Lang, Steuerrecht, § 7 Rz. 9.

194 § 226 Abs. 4 AO.

IV. Steuerschuldverhältnis

Die einzelnen Ansprüche aus dem Steuerschuldverhältnis bestimmt § 37 Abs. 1 AO ab- 151
schließend. Hierzu gehören:

- der Steueranspruch
- der Steuervergütungsanspruch
- der Haftungsanspruch
- der Anspruch auf steuerliche Nebenleistung
- der Erstattungsanspruch nach den Einzelsteuergesetzen
- der Erstattungsanspruch nach § 37 Abs. 2 AO (sog. Rückforderungsanspruch)

Das **Steuerschuldverhältnis** bestimmt demnach einen der v. g. Ansprüche zwischen Gläubiger und Schuldner. Dies kann jeweils eine der Gebietskörperschaften oder ein Bürger bzw. ein Unternehmen sein.

ABB. 2: Übersicht Gläubiger/Schuldner Anspruch Steuerschuldverhältnis: 152

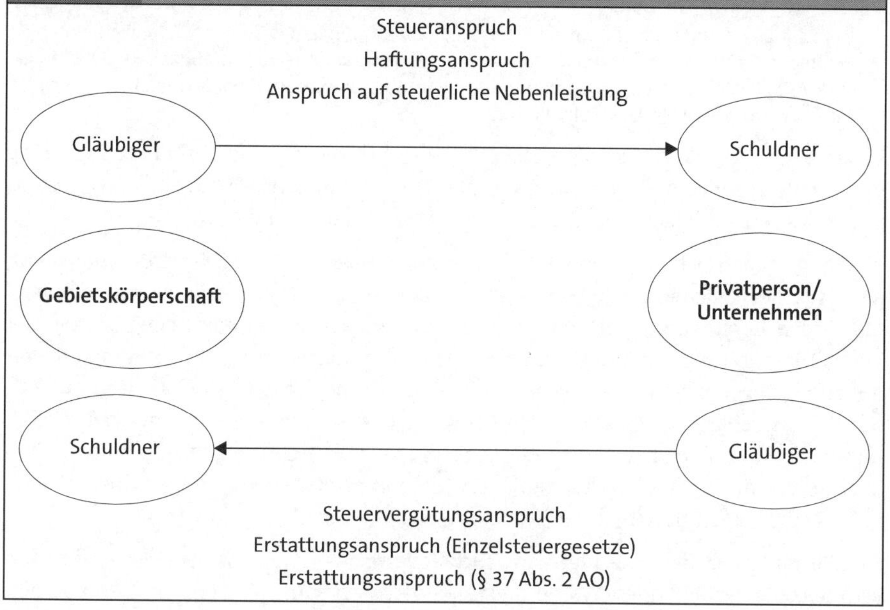

1. Entstehung von Ansprüchen aus dem Steuerschuldverhältnis

Ansprüche aus dem Steuerschuldverhältnis entstehen gemäß § 38 AO, sobald der Tat- 153
bestand verwirklicht ist, an den das Gesetz die Leistungspflicht knüpft. Sie entstehen also kraft Gesetzes. Bei dem Steuerschuldverhältnis handelt es sich damit um ein **gesetzliches Rechtsverhältnis**. Bei der Mehrheit der Ansprüche führt die Verwirklichung des steuerbegründenden Sachverhalts zwingend zur Entstehung des Anspruches. Bei einzelnen Ansprüchen aus dem Steuerschuldverhältnis ist die Entstehung jedoch abhängig vom Ermessen der Finanzbehörde. Das heißt, auch bei Vorliegen der Tat-

bestandsmerkmale hat die Finanzbehörde nach pflichtgemäßem Ermessen zu prüfen, ob der Steuerpflichtige in Anspruch zu nehmen ist.

BEISPIELE ▶ für ermessensabhängige Ansprüche aus dem Steuerschuldverhältnis:

- Verspätungszuschlag (§ 152 Abs. 1 Satz 1 AO),
- Zollkosten (§ 178 Abs. 1 AO),
- Zwangsgeld (§ 328 Abs. 1 Satz 1 AO)

Verschiedene gesetzliche Entstehungstatbestände begründen verschiedene Steuerschuldverhältnisse. Gleiches gilt für unterschiedliche Entstehungszeiträume. Für jeden Abschnitt (z. B. jährlicher Besteuerungszeitraum) wird ein neues separates Steuerschuldverhältnis begründet.

154 Einfuhrabgaben und Verbrauchsteuern entstehen durch Realakte. Ein auf die Steuer gerichteter Handlungswille ist für die Steuerentstehung grds. nicht erforderlich. Die Steuer entsteht i. d. R. unabhängig davon, ob sich der Steuerpflichtige bewusst ist, dass er den die Steuer begründeten Tatbestand verwirklicht hat.[195]

BEISPIEL ▶ für „objektive Tatbestandsverwirklichung":

B verbringt als Fahrer eines Lkw unversteuerte Tabakwaren in das Zollgebiet der Gemeinschaft. Er weiß nicht um die versteckten Tabakwaren auf dem Lkw. Die Einfuhrabgaben entstehen gemäß Art. 202 Abs. 1 Buchst. a ZK unabhängig vom Wissen um die Tabakwaren. B wird auch gemäß Art. 202 Abs. 3 Nr. 1 ZK Zollschuldner.

155 **Verträge** (z. B. Vergleichsverträge) über steuerrechtliche Ansprüche sind nicht zulässig und wären unwirksam. Solche vertraglichen Vereinbarungen wären mit den Grundsätzen der Gesetzmäßigkeit und Gleichmäßigkeit der Besteuerung nicht vereinbar.

156 Allerdings haben sich im Laufe der Zeit, von Rechtsprechung und Schrifttum anerkannt, die sog. „**tatsächlichen Verständigungen**" in der steuerrechtlichen Praxis entwickelt.[196] Mit diesen Verständigungen wird dem Bedürfnis nach einer praktischen Lösung der Verwaltung Rechnung getragen. Insbesondere bei Schlussbesprechungen am Ende der Außenprüfung bedarf es der Möglichkeit, Ungewissheiten und Unklarheiten auf tatsächlichem Gebiet – wie sie vor allem bei Schätzungen auftreten – in einvernehmlicher Weise auszuräumen. Die Verständigungen können jedoch lediglich Vereinbarungen über bestimmte Sachbehandlungen betreffen und nicht Vereinbarungen über zweifelhafte Rechtsfragen bzw. über die Steueransprüche als solche.[197]

157 Eine **Besonderheit des Zoll- und Verbrauchsteuerrechts** ist es, dass bei der Einfuhr von verbrauchsteuerpflichtigen Waren die gemeinschaftsrechtlichen Vorschriften von einzelnen nationalen Verbrauchsteuergesetzen für anwendbar erklärt werden. Bei dieser Systematik ist zwischen der Einfuhrumsatzsteuer und den übrigen hiervon betroffenen Verbrauchsteuern zu differenzieren.

Nach § 21 Abs. 2 UStG gelten für die Einfuhrumsatzsteuer die Vorschriften für Zölle sinngemäß. Ausgenommen hiervon sind die Vorschriften über den aktiven Veredelungsverkehr nach dem Verfahren der Zollrückvergütung und über den passiven Ver-

195 BFH v. 30. 9. 2010 VII B 45/10, BFH/NV 2011 418-419; v. 10. 10. 2007 VII R 49/06, ZfZ 2008, 85-85.

196 *Seer* in Tipke/Lang, Steuerrecht, § 21 Rz. 21 ff.

197 BFH v. 11. 12. 1984 VIII R 131/76, DStR 1985, 283; AO-DV Zoll Nr. 2 zu § 88.

edelungsverkehr. Die Entstehung der Einfuhrumsatzsteuer richtet sich damit nach Art. 201 ff. ZK, das Erlöschen richtet sich nach Art. 233 ZK.. Da die Zollvorschriften nur „sinngemäß" gelten, kann im Einzelfall zu prüfen sein, ob und inwieweit eine Vorschrift des Zollrechts im Einklang mit Sinn und Zweck der Einfuhrumsatzsteuer als Teil der Umsatzsteuer steht.[198]

Einen Verweis auf die sinngemäße Anwendung der Zollvorschriften enthalten weiterhin:

- § 20 Abs. 3 TabStG
- § 147 Abs. 3 BranntwMonG
- § 18 Abs. 3 SchaumwZwStG
- § 18 Abs. 3 BierStG
- § 15 Abs. 3 KaffeeStG
- § 19b Abs. 3 EnergieStG

Im Vergleich zur Einfuhrumsatzsteuer sind die Verweise der betroffenen Verbrauch- 158
steuergesetze auf die Zollvorschriften eingeschränkt. So richtet sich die Entstehung nicht nach den Zollvorschriften. Die Zollvorschriften gelten sinngemäß für:

- das Erlöschen, ausgenommen das Erlöschen durch Einziehung, das Steuerverfahren und, wenn die Steuer nicht durch Verwendung von Steuerzeichen entrichtet wird,
- die Fälligkeit
- den Zahlungsaufschub sowie
- die Nacherhebung, den Erlass und die Erstattung, in anderen Fällen als nach Art. 220 Abs. 2 Buchst. b und Art. 239 ZK

2. Erlöschen von Ansprüchen aus dem Steuerschuldverhältnis

Was unter „Erlöschen" von Ansprüchen aus dem Steuerschuldverhältnis i. S. d. AO zu 159
verstehen ist, definiert § 47 AO nicht. Der Begriff ist deshalb aus den allgemeinen schuldrechtlichen Grundsätzen abzuleiten. „**Erlöschen**" bedeutet danach die **unmittelbare Beendigung des Steuerschuldverhältnisses.**[199] Der erloschene Anspruch aus einem Steuerschuldverhältnis kann wieder aufleben. Eine Norm – adäquat zu Art. 242 ZK – kennt die AO allerdings nicht. Wann ein erloschener Anspruch wiederauflebt, ist somit anhand der Einzelvorschriften und der Fallumstände zu bestimmen.[200]

Zu den **Ansprüchen** aus dem Steuerschuldverhältnis gehören gemäß § 37 Abs. 1 und 2 160
AO auch die Steuervergütungsansprüche und die Erstattungsansprüche. § 47 AO gilt somit nicht nur für die Ansprüche der Finanzbehörde gegen den Steuerpflichtigen, sondern auch für Ansprüche des Vergütungs- und Erstattungsberechtigten gegen die Finanzbehörde. § 47 AO ist für Einfuhrabgaben durch Art. 233 und 234 ZK überlagert und findet folglich keine Anwendung.

198 Siehe hierzu BFH v. 3. 5. 1990 VII R 71/88, ZfZ 1991, 17.
199 *Kruse* in Tipke/Kruse, § 47 AO Rz. 1.
200 Beispiele bei Tipke/Kruse, § 47 AO Rz. 22.

161 Die in § 47 AO genannten Erlöschenstatbestände sind den allgemeinen Rechtsgrundsätzen entnommen.[201] Ansprüche aus dem Steuerschuldverhältnis erlöschen gemäß § 47 AO insbesondere durch:

- Zahlung (§§ 224, 224a, 225 AO),
- Aufrechnung (§ 226 AO),
- Erlass (§§ 163, 227 AO),
- Verjährung (§§ 169 bis 171 AO, §§ 228 bis 232 AO),
- Eintritt der Bedingung bei auflösend bedingten Ansprüchen.

Die in § 47 AO genannten Fallbeispiele sind nicht abschließend („insbesondere"). Neben den dem Gesetzeswortlaut ausdrücklich zu entnehmenden Fällen können entstandene Ansprüche aus dem Steuerschuldverhältnis auch erlöschen durch:

- den Verzicht auf Erstattung (§ 37 Abs. 2 AO) ,
- bei Zwangsgeldern durch Erbfolge (§ 45 Abs. 1 AO),
- die Verwertung von gepfändeten Sachen im Vollstreckungsverfahren (§§ 296 Abs. 2, 301 Abs. 2 AO) oder
- bei Tabaksteueransprüchen durch die Verwendung von Steuerzeichen (§ 17 Abs. 1 TabStG).

162 Bestehen Streitigkeiten über das Erlöschen von Ansprüchen, entscheidet die Finanzbehörde hierüber nach § 218 Abs. 2 AO durch Verwaltungsakt (sog. **Abrechnungsbescheid**).[202] Eine besondere Form schreibt die AO hierfür nicht vor. Im Interesse der Nachvollziehbarkeit des ja gerade streitigen Anspruchs, dürfte aber die Schriftform unerlässlich sein.

a) Zahlung

163 Die **Zahlung** ist der wohl häufigste Erlöschensgrund. Die Erlöschenswirkung nach § 47 AO hängt von der Entstehung und nicht von der Fälligkeit des Anspruchs ab. Ein entstandener Steueranspruch erlischt deshalb auch bei Zahlung vor Fälligkeit mit der Zahlung.[203]

Liegt ein **Gesamtschuldverhältnis** vor (§ 44 Abs. 1 AO), wirkt die Erfüllung durch einen Gesamtschuldner nach § 44 Abs. 2 Satz 1 AO auch für die übrigen Schuldner. Ein möglicher Ausgleich im Innenverhältnis bleibt den Gesamtschuldnern überlassen.

b) Aufrechnung

164 Ein weiterer Erlöschensgrund ist die **Aufrechnung**. Aufrechnung bedeutet die **wechselseitige Tilgung** zweier gleichartiger Forderungen aufgrund einseitiger Erklärung eines Beteiligten.[204] Die Aufrechnung ist kein Verwaltungsakt. Nach § 226 Abs. 1 AO kann mit

201 *Kruse* in Tipke/Kruse, § 47 AO Rz. 3.
202 Siehe hierzu: AO-DV Zoll Nr. 3 zu § 218.
203 BFH v. 6. 2. 1996 VII R 50/95, BStBl 1997 II 112.
204 *Grüneberg* in Palandt, § 387 BGB Rz. 1.

Ansprüchen aus dem Steuerschuldverhältnis (§ 37 AO) und gegen Ansprüche aus dem Steuerschuldverhältnis (§ 37 AO) aufgerechnet werden.

Nicht in den Anwendungsbereich von § 226 AO fallen hingegen Strafen, Bußgelder oder der Zuschlag nach § 32 ZollVG. Einfuhr- und Ausfuhrabgaben nach Art. 4 Nr. 10 und 11 ZK sind gemäß § 3 Abs. 3 AO Steuern im Sinne der AO. Für sie gilt § 226 AO damit auch.

Die Ansprüche aus dem Steuerschuldverhältnis dürfen für eine Aufrechnung nicht durch Verjährung oder durch Ablauf einer Ausschlussfrist erloschen sein, § 226 Abs. 2 AO. Liegt ein Gesamtschuldverhältnis vor (§ 44 Abs. 1 AO), wirkt die Aufrechnung durch einen Gesamtschuldner nach § 44 Abs. 2 Satz 1 AO auch für die übrigen Schuldner.

§ 226 Abs. 1 AO verweist für die Aufrechnung im Steuerrecht auf die sinngemäße Anwendung der Vorschriften des BGB (§§ 387 bis 396), schränkt diesen Verweis aber gleichzeitig wieder ein. Die Vorschriften des BGB gelten mithin nur, soweit in der AO nicht etwas anderes bestimmt ist. 165

DEFINITION

Schulden zwei Personen einander Leistungen, die ihrem Gegenstand nach gleichartig sind, so kann der eine Teil seine Forderung (Hauptforderung) mit der Forderung des anderen Teils (Gegenforderung) aufrechnen, sobald er die ihm gebührende Leistung fordern und die ihm obliegende Leistung bewirken kann, § 387 BGB.

Eine Aufrechnung kann danach erst erklärt werden, wenn eine sog. **Aufrechnungslage** gegeben ist. Diese ist gegeben, wenn folgende vier Voraussetzungen gegeben sind:

aa) Gegenseitigkeit der Forderungen

Voraussetzung für die Aufrechnung ist, dass die Forderungen zwischen denselben Personen bestehen. Schuldner und Gläubiger müssen identisch sein. Steuergläubiger ist die Gebietskörperschaft (Bund, Land, Gemeinde), welcher der Ertrag einer Steuer zusteht, § 226 Abs. 1 AO i. V. m. Art. 106 GG. § 226 Abs. 4 AO erweitert den Gläubigerbegriff. Danach gilt für die Aufrechnung als Gläubiger und Schuldner eines Anspruches aus dem Steuerschuldverhältnis auch die Gebietskörperschaft (Bund, Land, Gemeinde), die die Steuer verwaltet (Art. 108 GG). In der Zollverwaltung ist dies vor allem bei der Biersteuer von Bedeutung. § 395 BGB findet keine Anwendung. 166

BEISPIEL **Gegenseitigkeit bei Aufrechnungslage:**

Das HZA Dresden will mit einem fälligen Biersteueranspruch gegen einen bestehenden Stromsteuervergütungsanspruch der A GmbH aufrechnen. Die A GmbH ist Schuldner des Biersteueranspruchs. Schuldner und Gläubiger sind in diesem Fall identisch.

Das HZA ist Gläubiger und die A GmbH Schuldner der Biersteuer. Die A GmbH ist Gläubiger und das HZA Schuldner des Stromsteuervergütungsanspruchs. Die Aufrechnung wäre zulässig.

bb) Gleichartigkeit der Forderungen

Für eine Aufrechnung ist es weiterhin notwendig, dass Haupt- und Gegenforderung gleichartig sind (Gleichartigkeit). Die Forderungen sind dann gleichartig, wenn sie **ih-** 167

rem Gegenstande nach gleichartig sind, z. B. beides Geldforderungen gleicher Währungseinheit. Für die Gleichartigkeit muss es sich nicht um die gleiche Steuer[205] oder die gleiche Steuerhöhe handeln.

cc) Fälligkeit der Gegenforderung

168 Weiterhin muss die Forderung, mit der aufgerechnet werden soll (Gegenforderung), fällig sein. Die Hauptforderung muss hingegen nicht zwingend fällig sein. Damit ein Anspruch aus dem Steuerschuldverhältnis fällig ist, muss dieser grds. festgesetzt sein. Eine Ausnahme bilden die Säumniszuschläge, welche kraft Gesetzes entstehen und keiner Festsetzung bedürfen. Stundung, Zahlungsaufschub und Aussetzung der Vollziehung schieben die Fälligkeit hinaus. Eine Aufrechnung ist in diesem Fall nicht zulässig.

Der Anspruch, mit dem aufgerechnet werden soll (Gegenforderung), darf darüber hinaus nicht durch Verjährung (Festsetzungs- oder Zahlungsverjährung) oder Ablauf einer Ausschlussfrist erloschen sein, § 226 Abs. 2 AO.

dd) Erfüllbarkeit der Hauptforderung

169 Der Anspruch, gegen den aufgerechnet werden soll (Hauptforderung), muss rechtswirksam bestehen. Eine Aufrechnung durch den Steuerpflichtigen ist gemäß § 226 Abs. 3 AO nur zulässig, wenn die Forderung, mit der aufgerechnet werden soll (Gegenforderung), unbestrittenen oder rechtskräftig festgestellt ist. Diese Einschränkung gilt nach § 226 Abs. 3 AO aber nur, wenn der Steuerpflichtige aufrechnen will. Die Finanzbehörde kann auch mit einer Forderung (Gegenforderung) aufrechnen, deren Bestehen durch den Steuerpflichtigen bestritten wird.

170 Stehen sich zwei aufrechenbare Forderungen (Hauptforderung und Gegenforderung) gegenüber, erlöschen diese nicht automatisch. Für das Erlöschen bedarf es der **Aufrechnungserklärung** eines Teils gegenüber dem anderen, § 388 BGB. Die Erklärung darf nicht unter einer Bedingung oder einer Zeitbestimmung abgegeben werden. Andernfalls ist sie unwirksam.

Für die Erklärung der Aufrechnung seitens der Finanzbehörde ist grds. die festsetzende Stelle des HZA zuständig, das den Anspruch (z. B. Steuererstattungsanspruch), gegen den aufgerechnet werden soll, zu erfüllen hat.[206] In welcher Form die Aufrechnungserklärung zu erfolgen hat, bestimmen weder die AO noch das BGB. Sie kann demnach schriftlich, elektronisch, mündlich oder in sonstiger Weise erfolgen.

Ein **Einspruch** ist gegen die Aufrechnungserklärung mangels Verwaltungsakt **nicht zulässig**. Hält der Steuerpflichtige die Aufrechnungserklärung der Finanzbehörde für nicht wirksam, muss er einen Abrechnungsbescheid nach § 218 Abs. 2 AO beantragen.[207]

171 Durch die Aufrechnung wird **Erfüllungswirkung** erzielt. Darüber hinaus erlischt gemäß § 47 AO der Anspruch aus dem Steuerschuldverhältnis. Nach § 389 BGB erlischt der An-

205 BFH v. 10. 5. 2007 VII R 18/05, BStBl 2007 II 914.

206 AO-DV Zoll Nr. 4 zu § 226.

207 *Loose* in Tipke/Kruse, § 226 AO Rz. 60.

spruch zu dem Zeitpunkt, an dem sich die beiden Forderungen erstmalig aufrechenbar gegenüber standen. Nach § 389 BGB gelten die Ansprüche, soweit sie sich decken, als in dem Zeitpunkt erloschen, in dem sie einander zuerst zur Aufrechnung geeignet gegenübergetreten sind. Dabei ist nicht auf die Festsetzung oder die Fälligkeit des Anspruchs aus dem Steuerschuldverhältnis abzustellen, sondern auf dessen abstrakte materiell-rechtliche Entstehung.[208]

Die **Rückwirkung einer Aufrechnung** bei der Berechnung von Säumniszuschlägen geht gemäß § 240 Abs. 1 Satz 5 AO nicht über den Zeitpunkt der Fälligkeit der Schuld des Aufrechnenden hinaus.[209]

BEISPIEL ▸ **Wirkung der Aufrechnung auf Säumniszuschläge:**

Das HZA Dresden hat gegen die A GmbH einen fälligen Steueranspruch. Durch die nicht fristgerechte Zahlung der A GmbH sind bereits Säumniszuschläge entstanden. Die A GmbH erlangt ihrerseits nach Entstehung der Säumniszuschläge einen Erstattungsanspruch.

Das HZA rechnet die Steuerforderung gegen die – später als die Steuerforderung fällig gewordenen – Erstattungsforderung der A GmbH auf. Die Säumniszuschläge bleiben hinsichtlich der zur Aufrechnung gestellten Steuerforderung für die Zeit vor der Fälligkeit der Erstattungsforderung bestehen.

172

TAB. 3: Übersicht Voraussetzungen Aufrechnung:

Voraussetzungen der Aufrechnung	**Gegenseitigkeit**	**Gleichartigkeit**	**Hauptforderung** (gegen sie wird aufgerechnet)	**Gegenforderung** (mit ihr wird aufgerechnet)	**Zusätzliche**
durch Beteiligten	X	X	Forderung des Bundes muss entstanden sein	Forderung des Steuerbürgers muss entstanden und fällig sein	Anspruch aus dem Steuerschuldverhältnis darf nicht verjährt sein Beteiligter darf gegen einen Anspruch aus dem Steuerschuldverhältnis nur mit einem unbestrittenen oder rechtskräftig festgestellten Anspruch aufrechnen
durch HZA	X	X	Forderung des Beteiligten muss entstanden sein	Forderung des HZA muss entstanden und fällig sein	Anspruch aus dem Steuerschuldverhältnis darf nicht verjährt sein

208 AO-DV Zoll Nr. 3 zu § 226; BFH v. 13.1.2000 VII R 91/98, BStBl 2000 II 246.
209 BT-Drucksache 14/1514 49 f.

173 Ist eine Aufrechnung nicht möglich, weil es etwa an der Gegenseitigkeit und/oder der Fälligkeit fehlt, können die Beteiligten einen **Verrechnungsvertrag** schließen.[210] Die Grundsätze des Steuerrechts stehen der Anerkennung eines Verrechnungsvertrages durch die Finanzbehörde nicht entgegen, weil der Staat als Steuergläubiger nicht auf seinen Steueranspruch verzichtet und der Steuerpflichtige bis zur Tilgung der Schuld Steuerschuldner bleibt.[211] Für den Abschluss eines Verrechnungsvertrages reicht es aus, dass die Parteien über die zur Verrechnung gestellten Forderungen verfügen können und die zu verrechnenden Forderungen begründet sind.

c) Erlass aus Billigkeit

174 Der Anspruch aus dem Steuerschuldverhältnis kann weiterhin durch **Erlass/Erstattung** aus Billigkeitsgründen (§ 227 AO) oder durch die abweichende Festsetzung von Steuern aus Billigkeitsgründen (§ 163 AO) erlöschen. Die Formulierung des § 47 AO – Ansprüche aus dem Steuerschuldverhältnis – erweist sich jedoch dahingehend als zu weit. Sowohl § 227 AO als auch § 163 AO schließen einzelne dieser Ansprüche aus. Nachfolgend wird nur auf § 227 AO eingegangen. Die Ausführungen zur Billigkeit gelten in gleichem Maße für § 163 AO. Zur abweichende Festsetzung von Steuern aus Billigkeitsgründen (§ 163 AO) s. Rdn. 303 ff.

aa) Allgemeines zu § 227 AO

175 Nach § 227 AO können die Finanzbehörden Ansprüche aus dem Steuerschuldverhältnis ganz oder teilweise erlassen, wenn deren Einziehung nach Lage des einzelnen Falls **unbillig** wäre. Bereits entrichtete Beträge können unter gleichen Voraussetzungen erstattet oder angerechnet werden. Mit Erlass oder Erstattung erlischt der Anspruch aus dem Steuerschuldverhältnis. § 227 AO ist nur auf gegen den Steuerpflichtigen gerichtete Ansprüche aus dem Steuerschuldverhältnis anwendbar, **nicht hingegen** auf Ansprüche des Steuerpflichtigen gegen die Finanzbehörde.[212] Für eine Billigkeitsmaßnahme nach § 227 AO bedarf es **nicht zwingend eines Antrags des Steuerpflichtigen.** Jedoch ist in der Praxis ein Erlass oder eine Erstattung von Amts wegen die Ausnahme.

Mit § 227 AO hat der Gesetzgeber eine Vorschrift normiert, die der Finanzbehörde die Möglichkeit einräumt, Einzelfallhärten auszugleichen. Für einen Einzelfall soll Gerechtigkeit hergestellt werden. Ob die Finanzbehörde den Anspruch erlässt, liegt in ihrem Ermessen („können").

bb) Voraussetzungen von § 227 AO

176 Unter **Billigkeit** versteht man eine Korrektur des gesetzlichen Rechts, soweit dieses wegen seiner Allgemeinheit den Einzelfall nicht zufriedenstellend lösen kann.[213] Die Unbilligkeit der Einziehung kann in der Sache oder in der Person des Schuldners selbst liegen. Man spricht deshalb von sachlichen und persönlichen Billigkeitsgründen.

---

210 AO-DV Zoll Nr. 5 zu § 226.

211 BFH v. 12. 11. 1985 VII R 119/81, BFH/NV 1986, 642-644.

212 AO-DV Zoll Nr. 2 zu § 227.

213 *Aristoteles* in Die Nikomachische Ethik, S. 203, 229-230.

Sachliche Billigkeitsgründe sind i. d. R. nur gegeben, wenn nach dem erklärten oder mutmaßlichen Willen des in Betracht kommenden Steuergesetzes angenommen werden kann, dass die im Billigkeitswege zu entscheidende Frage im Falle ihrer ausdrücklichen gesetzlichen Regelung im Sinne der beabsichtigten Billigkeitsmaßnahme entschieden worden wäre.[214] Es handelt sich also um Steuerfälle, in denen Tatbestände verwirklicht werden, die der Gesetz- oder Verordnungsgeber nicht voraussehen konnte oder die er nicht regeln wollte, um die Rechtsvorschriften nicht mit selten vorkommenden Tatbeständen zu belasten, bei deren Vorliegen die Einziehung der Steuer jedoch unbillig wäre. Demnach sind sachliche Billigkeitsgründe gegeben, wenn: 177

- eine Zweckverfehlung vorliegt,
- Verstöße gegen allgemeine Rechtsgrundsätze gegeben sind (Gleichbehandlung, Vertrauensschutz, Treu und Glauben) oder
- die Einziehung eines Anspruchs aus dem Steuerschuldverhältnis mit verfassungsrechtlichen Wertentscheidungen unvereinbar wäre.

Billigkeitsmaßnahmen dienen nicht der Verfolgung wirtschaftspolitischer, sozialpolitischer oder sonstiger nicht steuerlicher Ziele. Sie sind insbesondere nicht dazu geeignet, von der Finanzbehörde als steuerpolitisch unerwünscht empfundene gesetzliche Wertungen zu umgehen oder Gesetzeslücken zu schließen.[215] Die Gewährung einer Billigkeitsmaßnahme darf deshalb nicht darauf hinauslaufen, die dem gesetzlichen Steuertatbestand innewohnende Wertung generell zu korrigieren.[216] 178

Die Ursachen für **persönliche Gründe** liegen im Tatsächlichen. Ein Erlass aus persönlichen Gründen ist gerechtfertigt, wenn der Betroffene erlassbedürftig ist und allgemeine Rechtsgrundsätze dem nicht entgegenstehen. Von einer **Erlassbedürftigkeit** ist auszugehen, wenn die Einziehung des Anspruches die persönliche bzw. wirtschaftliche Existenz ernsthaft gefährden oder vernichten würde.[217] Dies ist beispielsweise der Fall, wenn die Ablehnung des Billigkeitsantrags eine wirtschaftliche Notlage zur Folge hätte, die die Fortführung des Betriebs des Steuerpflichtigen oder die Bestreitung seines oder seiner Familie notwendigen Lebensunterhalts erheblich gefährden würde.[218] 179

Dem Steuerpflichtigen ist es dabei zuzumuten, für die Begleichung seiner Steuerschulden einen Kredit aufzunehmen oder für die Aufrechterhaltung seines Betriebes nicht notwendiges Vermögen zu veräußern. Die Entscheidung, ob persönliche Billigkeitsgründe vorliegen, hängt letztendlich von der Gesamtwürdigung aller Umstände ab.

Erlasswürdig ist ein Steuerpflichtiger, der seine mangelnde Leistungsfähigkeit nicht selbst herbeigeführt oder durch sein Verhalten nicht in eindeutiger Weise gegen die Interessen der Allgemeinheit verstoßen hat. Ansprüche, die aus steuerunehrlichem Verhalten (z. B. einer Steuerhinterziehung) heraus entstanden sind, schließen Erlasswür- 180

214 BFH v. 24. 10. 1988 X B 54/88, BFH/NV 1989, 285.
215 *Rüsken* in Klein § 163 AO Rz. 35.
216 *Loose* in Tipke/Kruse § 227 AO Rz. 44.
217 Ständige Rechtsprechung, z. B. BFH v. 14. 1. 2002 XI B 146/00, nv; v. 19. 12. 2000 VII R 63/99, BStBl 2001 II 217; v. 7. 7. 1999 X R 87/96, HFR 2000, 2-3.
218 BFH v. 26. 2. 1987 IV R 298/84, BStBl 1987 II 165.

digkeit nicht grds. aus.[219] Der Steuerpflichtige muss jedoch unter Einsatz der ihm zur Verfügung stehenden Mittel alles getan haben, um die Folgen seines steuerunehrlichen Verhaltens zu beseitigen.

Ein Erlass aus Gründen der persönlichen Billigkeit setzt immer voraus, dass sich der Erlass auf die wirtschaftliche Situation des Antragstellers **konkret auswirken** kann.[220] Dies entspricht dem Charakter jeder Billigkeitsvorschrift. Sie soll lediglich die Ungerechtigkeit des Einzelfalles beseitigen und den dem Gesetze zugrundeliegenden Gedanken verwirklichen. Lebt der Antragsteller ohnehin in wirtschaftlichen Verhältnissen, die eine Durchsetzung der Ansprüche ausschließen und könnte ein Erlass hieran nichts ändern, mangelt es an einem konkreten Zusammenhang zwischen der Einziehung der Steuer oder steuerlichen Nebenleistung und der wirtschaftlichen Lage des Antragstellers.[221] Die Versagung des Erlasses muss also die persönliche bzw. wirtschaftliche Existenz der betreffenden Person explizit gefährden.

181 Die drei Bestandteile der Prüfung der persönlichen Billigkeit:

- Erlassbedürftigkeit
- Erlasswürdigkeit
- Kausalität von einzuziehendem Anspruch und Erlass

cc) Zustimmung zu Billigkeitsmaßnahmen

182 Für Entscheidungen über Erlass/Erstattung nach § 227 AO haben die HZÄ, je nach Höhe des Betrages, ggf. die **Zustimmung** der vorgesetzten Behörde einzuholen.[222] Die HZÄ sind befugt zu Billigkeitsmaßnahmen:

- für Beträge bis einschließlich 100 000 €
- für Beträge bis einschließlich 250 000 € mit Zustimmung der jeweils zuständigen BFD, Abteilung Rechts- und Fachaufsicht
- mit Zustimmung der BFD Mitte, Abteilung Zentrale Facheinheit, in allen übrigen Fällen.

Die HZÄ sind unabhängig von der Höhe des Betrages befugt, Billigkeitsanträge abzulehnen, wenn sie diese Anträge für nicht begründet erachten.

d) Verjährung

183 Die AO unterscheidet bei den Verjährungsvorschriften zwischen **Festsetzungsverjährung** und **Zahlungsverjährung**. Die Vorschriften sind so ausgestaltet, dass die Zahlungsverjährungsfrist erst zu laufen beginnt, wenn der Anspruch festgesetzt wurde. Beide Verjährungsvorschriften dienen der Rechtssicherheit und dem Rechtsfrieden und zwar

219 BFH v. 2. 3. 1961 IV 126/60 U, BStBl 1961 III 288.

220 BFH v. 14. 1. 2002 XI B 146/00, nv; v. 7. 7. 1999 X R 87/96, HFR 2000, 2-3.

221 BFH v. 14. 1. 2002 XI B 146/00, nv; v. 7. 7. 1999 X R 87/96, HFR 2000, 2-3.

222 AO-DV Zoll Nr. 3 zu § 227.

in gleicher Weise im Interesse der Steuerpflichtigen als auch im Interesse der Allgemeinheit an einem geordneten Arbeitsablauf bei der Finanzverwaltung.[223]

Bei der Prüfung des Eintritts der Verjährung sind die zahlreichen An- und Ablaufhemmungstatbestände zu beachten. Im Gegensatz zur Verjährung im Zivilrecht, welche dort ein Leistungsverweigerungsrecht begründet, führt die steuerrechtliche Verjährung automatisch zum Erlöschen des Anspruchs (§ 47 AO).

aa) Festsetzungsverjährung

§ 169 Abs. 1 Satz 1 AO bestimmt, dass eine Steuerfestsetzung sowie ihre Aufhebung 184
oder Änderung nicht mehr zulässig sind, wenn die Festsetzungsfrist abgelaufen ist. Im Unterschied zu Zahlung, Aufrechnung und Erlass, welche den Steueranspruch als solchen zum Erlöschen bringen, erlischt durch die Festsetzungsverjährung die durch Festsetzung zu realisierende Möglichkeit der Verwirklichung des abstrakten Steueranspruchs (§ 37 AO). Ob der Anspruch durch Verwaltungsakt festgesetzt wurde, ist für das Erlöschen des Anspruchs mithin unerheblich.

Die Ungewissheit, ob Ansprüche bestehen, entfällt mit dem Eintritt der Verjährung endgültig. Nebenbei halten sie den jeweiligen Gläubiger (Finanzbehörde bzw. Steuervergütungs- oder Steuererstattungsberechtigter) zur zügigen Geltendmachung des entsprechenden Anspruches an (Verjährungsvorschriften als Druckmittel).

Ist die Frist für die Festsetzung der Steuer oder Steuervergütung abgelaufen, ist der Anspruch durch Zeitablauf beendet. Ein nach Ablauf der Festsetzungsfrist ergehender Steuer- oder Steuervergütungsbescheid wäre rechtswidrig.

bb) Zahlungsverjährung

Neben der Festsetzungsverjährung führt auch die Zahlungsverjährung zum Erlöschen 185
des Anspruches aus dem Steuerschuldverhältnis (§§ 47, 232 AO). Die Zahlungsverjährung beträgt für alle Ansprüche aus dem Steuerschuldverhältnis einheitlich fünf Jahre. Wann Zahlungsverjährung eintritt und in welchen Fällen sie gehemmt oder unterbrochen wird, bestimmen die §§ 228 ff. AO. Anders als im Zivilrecht braucht die Zahlungsverjährung nicht als Einrede geltend gemacht werden.

Mit Ablauf der Zahlungsverjährungsfrist erlischt der festgesetzte Anspruch aus dem Steuerschuldverhältnis. Die Finanzbehörde darf dann keine Vollstreckungsmaßnahmen mehr betreiben oder den Schuldner zur Zahlung auffordern. Ist die Finanzbehörde Schuldner eines Anspruches (z. B. eines Verbrauchsteuervergütungsanspruchs), gilt § 47 AO ebenfalls.[224] Nach Ablauf der Zahlungsverjährung hat der Gläubiger keinen Anspruch auf Auszahlung mehr.

Bestreitet die Finanzbehörde die Zahlungsverjährung, hat sie einen Abrechnungsbescheid nach § 218 Abs. 2 AO zu erlassen. Der Abrechnungsbescheid ist durch den Steuerpflichtigen anfechtbar.

223 BFH v. 19. 8. 1999 III R 57/98, BStBl 2000 II 330.
224 AO-DV Zoll Nr. 2 zu § 228.

BEISPIEL ▸ Zahlungsverjährung:

Bekanntgabe Steuerbescheid:	19.6.06
Fristbeginn:	Ablauf 31.12.06
Fristende und Eintritt der Zahlungsverjährung:	Ablauf 31.12.11

e) Erlöschenstatbestände nach Zollkodex

186 Das gemeinschaftsrechtliche Zollrecht enthält mit den Art. 233, 234 ZK eigene Regelungen zum Erlöschen der Zollschuld. § 47 AO ist insoweit überlagert.[225]

Nach Art. 233 UA 1 Buchst. a ZK erlischt die Zollschuld mit der **Entrichtung des Abgabenbetrages**. Wer den Abgabenbetrag entrichtet, ist dabei unerheblich (Art. 231 ZK). Auch mit welcher Zahlungsmodalität der Abgabenbetrag entrichtet wird, ist für die Erlöschenswirkung ohne Belang. Entscheidend ist, dass die Zollschuld getilgt ist.

Neben der Entrichtung führt der **Erlass des Abgabenbetrages** durch die Zollbehörde zum Erlöschen der Zollschuld, Art. 233 UA 1 Buchst. b ZK. Unter Erlass ist gemäß Art. 235 Buchst. b ZK eine zollrechtliche Entscheidung zu verstehen, durch die auf die Erhebung der gesamten oder teilweisen Zollschuld verzichtet wird oder durch die die buchmäßige Erfassung des gesamten oder teilweisen noch nicht entrichteten Abgabenbetrages für ungültig erklärt wird.

Der Erlass eines Abgabenbetrages sowie die damit verbundene Erlöschenswirkung wirken nicht automatisch für vorhandene Gesamtschuldner.[226] Ist eine Zollschuld zu Unrecht erlassen oder der entsprechende Abgabenbetrag zu Unrecht erstattet worden, so lebt gemäß Art. 242 Satz 1 ZK die ursprüngliche Zollschuld wieder auf. Das Wiederaufleben zieht dann abgabenrechtliche Konsequenzen nach sich.[227]

187 Der Fall der **Verjährung** ist, abweichend der Systematik von § 47 AO, nicht in Art. 233 ZK geregelt. Nach Art. 221 Abs. 3 Satz 1 ZK darf die Mitteilung des Abgabenbetrages an den Zollschuldner nach Ablauf einer Frist von drei Jahren nach Zollschuldentstehung nicht mehr erfolgen. Diese Regelung kommt einem Erlöschen der Zollschuld gleich.[228]

Zu berücksichtigen sind die **abweichenden Bestimmungen** bei der Frist für die Mitteilung des Abgabenbetrages nach Art. 221 Abs. 3 Satz 2 und Abs. 4 ZK. Art. 221 Abs. 3 ZK regelt lediglich den mit dem nationalen Recht vergleichbaren Fall der Festsetzungsverjährung. Eine Aussage zur Zahlungsverjährung ist dem ZK nicht zu entnehmen, so dass auf § 228 AO zurückgegriffen werden muss. §§ 47, 232 AO finden insoweit auch bei zahlungsverjährten Steueransprüchen, welche Einfuhr- und Ausfuhrabgaben betreffen, Anwendung.

188 **Weitere Erlöschenstatbestände** nach Art. 233 UA 1 ZK sind:

- die Ungültigkeitserklärung der Zollanmeldung (Art. 233 UA 1 Buchst. c 1. Anstrich ZK).

225 AO-DV Zoll Nr. 1 zu § 47.
226 EuGH v. 17. 2. 2011 C-78/10, ZfZ 2011, 71-73.
227 Siehe hierzu DV Z 1102 Abs. 63-65.
228 *Witte* in Lehrbuch des Europäischen Zollrechts, S. 300; *Witte* in Witte, Art. 233 ZK Rz. 3-4.

- Vernichtung, Zerstörung oder unwiederbringliches Verlorengehen (Art. 233 UA 1 Buchst. c 2. Anstrich ZK),
- die Beschlagnahme und Einziehung (Art. 233 UA 1 Buchst. d ZK) und
- die gerichtlich festgestellte Zahlungsunfähigkeit des Zollschuldners i. S. d. InsO.[229]

III. Fristen

Fristen sind abgegrenzte, bestimmte oder jedenfalls bestimmbare Zeiträume, vor deren Ablauf eine Handlung oder ein Ereignis wirksam werden muss, um fristgerecht zu sein.[230] Die (Nicht-)Vornahme, das (Nicht-)Dulden einer Handlung bzw. der (Nicht-)Eintritt eines Ereignisses innerhalb der Frist hat verfahrensrechtliche oder materiell-rechtliche Auswirkungen. Die mit der Frist verbundene Rechtswirkung wird i. d. R. am Fristende festgemacht (Fristende dann ein Termin). **Termine** sind bestimmte Zeitpunkte, an denen etwas geschehen soll oder zu denen eine Wirkung eintritt.[231] 189

Die Fristenvorschriften der AO sind dahingehend gestaltet, dass § 108 AO die **Berechnungsregeln**, § 109 AO die **Verlängerung** und § 110 AO die **Fristwahrung** bei versäumten Fristen (**Wiedereinsetzung** in den vorigen Stand) bestimmen. Die Fristvorschriften haben als von Amts wegen zu beachtende formale Ordnungsvorschriften eine prozessuale Ordnungsfunktion. Gleichzeitig schaffen sie Rechtssicherheit für Steuerpflichtigen und Finanzbehörde.[232]

Für die Fristen nach dem ZK sind § 108 AO sowie die einschlägigen Fristenvorschriften des BGB durch die **gemeinschaftsrechtliche FristenVO** überlagert. Ob die FristenVO anzuwenden ist, bestimmt sich danach, ob sich die Frist unmittelbar aus dem gemeinschaftsrechtlichen Zollrecht ergibt.[233] Verweist das Zollrecht bloß auf die nationalen Vorschriften, gelten die AO und das BGB. 190

BEISPIEL: Die Mitteilung der buchmäßigen Erfassung an den Zollschuldner darf nach Art. 221 Abs. 3 Satz 1 ZK nach Ablauf einer Frist von drei Jahren nach dem Zeitpunkt des Entstehens der Zollschuld nicht mehr erfolgen. Die Dreijahresfrist ergibt sich unmittelbar aus Art. 221 Abs. 3 ZK. Es gilt folglich die FristenVO.

Ist die Zollschuld dagegen aufgrund einer strafbaren Handlung entstanden, so kann die Mitteilung unter den Voraussetzungen des jeweils geltenden nationalen Rechts nach Art. 221 Abs. 4 ZK noch nach Ablauf der Dreijahresfrist erfolgen. Art. 221 Abs. 4 ZK verweist hier auf die nationalen Vorschriften. Die Zehnjahresfrist des § 169 Abs. 2 AO bestimmt sich demnach nach § 108 AO und den Vorschriften des BGB.

1. Fristenarten

Fristen lassen sich unterschiedlich einteilen. Die Einteilung kann für den sachlichen Anwendungsbereich der nachfolgend betrachteten Fristenregeln (§§ 108 bis 110 AO) von Bedeutung sein. 191

229 *Witte* in Lehrbuch des Europäischen Zollrechts, 301; *Witte* in Witte, Art. 233 ZK Rz. 6.
230 AO-DV Zoll Nr. 2 zu § 109 unter Hinweis auf BFH v. 14. 10. 2003 IX R 68/98, ZfZ 2004, 59-61.
231 *Brandis* in Tipke/Kruse, § 108 AO Rz. 2.
232 *Brandis* in Tipke/Kruse, § 108 AO Rz 1; BVerfG v. 11. 8. 1954 2 BvK 2/54, BVerfGE 4 31-45; BFH v. 9. 11. 1990 III R 103/88, BStBl 1991 II 168.
233 AO-DV Zoll Nr. 1 zu § 107.

192 Fristen lassen sich in **gesetzliche und behördliche Fristen** einteilen. Bei gesetzlichen Fristen handelt es sich um solche Fristen, die durch eine Rechtsnorm bestimmt werden. Gesetzliche Fristen sind grds. nicht verlängerbar (§ 109 AO). Jedoch ist unter Umständen eine Heilung durch Wiedereinsetzung in den vorigen Stand (§ 110 AO) möglich.

BEISPIELE **für gesetzliche Fristen:**

- Festsetzungsfrist (§ 169 Abs. 2 AO)
- Einspruchsfrist (§ 355 Abs. 1 AO)

193 Behördliche Fristen sind Fristen, die von der Behörde im eigenen Ermessen festgelegt werden können. Voraussetzung hierfür ist jedoch eine konkrete (z. B. § 364b AO) oder allgemeine gesetzliche Ermächtigungsgrundlage (z. B. § 88 AO). Bei der konkreten Fristsetzung sind sowohl die Belange der Finanzbehörde, als auch die des von ihr Betroffenen zu berücksichtigen. Behördliche Fristen können durch die Finanzbehörde verlängert werden (§ 109 AO). Eine Wiedereinsetzung in den vorigen Stand (§ 110 AO) ist nur zulässig, soweit dies besonders gesetzlich bestimmt ist.

BEISPIELE **für behördliche Fristen:**

- Frist zur Vorlage von besteuerungsrelevanten Unterlagen (§ 90 AO)
- Stundungsfristen (§ 222 AO)

194 Fristen lassen sich weiterhin in **verfahrensrechtliche und materiell-rechtliche Fristen** einteilen. Verfahrensrechtliche Fristen sind solche Fristen, die einzuhalten sind, um durch Handlungen verfahrensrechtliche Rechtswirkungen auszulösen.

BEISPIELE **für verfahrensrechtliche Fristen:**

- Einspruchsfrist (§ 355 Abs. 1 AO)
- Ausschlussfrist zur Vorlage von Unterlagen im Einspruchsverfahren (§ 364b AO)

Bei materiellrechtlichen Fristen führt der Ablauf zum Eintreten materiell-rechtlicher Wirkungen, wie etwa zum Entstehen oder zum Erlöschen von Rechtsansprüchen.

BEISPIELE **für materiell-rechtliche Fristen:**

- Zahlungsverjährung (§ 228 Satz 2 AO)
- Festsetzungsfrist (§ 169 Abs. 2 AO)

195 Ferner kann man Fristen nach **eigentlichen und uneigentlichen Fristen** unterscheiden. Eigentliche Fristen sind solche Fristen, innerhalb derer der Steuerpflichtige rechtserhebliche Handlungen (z. B. einen Antrag stellen) vornehmen muss, wenn er keinen Rechtsnachteil erleiden möchte.[234]

BEISPIELE **für eigentliche Fristen:**

- Frist für einen Antrag auf Vergütung von Stromsteuer (§ 17a StromStV)
- Einspruchsfrist (§ 355 AO)

Uneigentliche Fristen sind handlungsunabhängig. Nach ihrem Ablauf tritt eine bestimmte Rechtswirkung ohne ein vorgesehenes Zutun ein.

---

234 *Brandis* in Tipke/Kruse, § 108 AO Rz. 8.

BEISPIELE ▸ für uneigentliche Fristen:

- Zeitpunkt der Bekanntgabe von Verwaltungsakten (§ 122 Abs. 2, 2a, 4 AO)
- Fristende (§ 108 Abs. 3 AO)

2. Fristberechnung

Für die Berechnung von Fristen und Terminen gelten die §§ 187 bis 193 BGB sowie die ergänzenden Bestimmungen des § 108 Abs. 2 bis 6 AO. § 108 Abs. 2 bis 5 AO sind dabei vorrangig vor den Bestimmungen des BGB anzuwenden. Der Lauf einer Frist kann durch Anlaufhemmung und Ablaufhemmung beeinflusst werden. Die **Anlaufhemmung** bewirkt, dass wegen eines hemmenden Ereignisses die Frist nicht zu laufen beginnt. Die **Ablaufhemmung** veranlasst, dass wegen eines hemmenden Ereignisses eine laufende Frist nicht abläuft. 196

a) Fristbeginn

Der Fristbeginn ist i. d. R. im Gesetz bestimmt oder bestimmbar festgelegt. Die Berechnung des Fristbeginns richtet sich nach § 187 Abs. 1 oder Abs. 2 BGB. Im Steuerrecht hat § 187 Abs. 1 BGB insbesondere bei der Berechnung der Einspruchsfrist Bedeutung. Ist für den Beginn einer Frist ein Ereignis (z. B. ein Verwaltungsakt) maßgeblich, wird der Tag des Ereigniseintritts nicht mitgerechnet, § 187 Abs. 1 BGB. 197

BEISPIEL ▸ für Beginn der Einspruchsfrist:

Der Einspruch ist gemäß § 355 Abs. 1 AO innerhalb eines Monats nach Bekanntgabe des Verwaltungsakts einzulegen.

Tag der Bekanntgabe des Steuerbescheids:	4. 11. 2010
Beginn Einspruchsfrist:	5. 11. 2010 (§ 187 Abs. 1 BGB)

Ist hingegen der Beginn eines Tages, der für den Anfang einer Frist maßgebende Zeitpunkt, so wird dieser Tag bei der Berechnung der Frist gemäß § 187 Abs. 2 BGB mitgerechnet. Für behördliche Fristen ist die Spezialvorschrift des § 108 Abs. 2 AO zu beachten. Ob der Fristbeginn auf einen Sonnabend, Sonntag oder gesetzlichen Feiertag fällt, ist unerheblich. Der Beginn einer Frist kann, sofern dies gesetzlich bestimmt ist, jedoch durch bestimmte Ereignisse gehemmt werden.

Für Fristen nach der FristenVO bestimmt sich der Fristbeginn nach Art. 3 Abs. 1 FristenVO. Fristen nach FristenVO sind Ereignisfristen. Wenn für den Beginn einer Frist ein Ereignis maßgeblich ist, wird der Tag des Ereigniseintritts nicht mitberechnet. 198

b) Fristende

Das Fristende bestimmt § 188 BGB. Die Vorschrift differenziert dabei zwischen einer nach Tagen bestimmten Frist (§ 188 Abs. 1 BGB) und einer nach Wochen, einem Monat oder einem mehrere Monate umfassenden Zeitraum (§ 188 Abs. 2 BGB). Eine nach Tagen bestimmte Frist endigt mit dem Ablauf des letzten Tages der Frist. 199

BEISPIEL ▸ Fristende einer nach Tagen bestimmten Frist:

Eine am 6. 6. beginnende, 3-tägige Schonfrist (§ 240 Abs. 3 AO) endet mit Ablauf des 9. 6.

Ist eine Frist beispielsweise nach einem Monat bestimmt, endigt sie im Falle von:

- § 187 Abs. 1 BGB mit Ablauf desjenigen Tages der letzten Woche oder des letzten Monats, welcher durch seine Benennung oder seine Zahl dem Tages entspricht, in den das Ereignis (z. B. Tag der Bekanntgabe) oder der Zeitpunkt fällt.
- § 187 Abs. 2 BGB mit Ablauf desjenigen Tages der letzten Woche oder des letzten Monats, welcher dem Tage vorhergeht, der durch seine Benennung oder seine Zahl dem Anfangstag der Frist entspricht.

Fehlt es bei einer nach Monaten bestimmten Frist in dem letzten Monat der für ihren Ablauf maßgebende Tag (z. B. im Februar), so endet die Frist gemäß § 188 Abs. 3 BGB mit dem Ablauf des letzten Tages dieses Monats.

BEISPIEL ▸ für Ende der Einspruchsfrist:

Der Einspruch ist gemäß § 355 Abs. 1 AO innerhalb eines Monats nach Bekanntgabe des Verwaltungsakts einzulegen.

Tag der Bekanntgabe:	4. 11.
Beginn Einspruchsfrist:	5. 11. (§ 187 Abs. 1 BGB)
Dauer der Frist:	1 Monat (§ 355 Abs. 1 AO)
Ablauf Einspruchsfrist:	4. 12. (§ 188 Abs. 2 BGB)

200 Fällt das Ende einer Frist auf einen Sonntag, einen gesetzlichen Feiertag oder einen Sonnabend, so endet die Frist nach § 108 Abs. 3 AO mit dem Ablauf des nächstfolgenden Werktages. § 108 Abs. 3 AO verdrängt § 193 BGB. § 108 Abs. 3 AO gilt für alle Fristen[235] und hat in der Praxis der Zollverwaltung insbesondere bei der Bekanntgabe von Verwaltungsakten große Bedeutung.

PRAXISTIPP:

Eine aktuelle Übersicht über die gesetzlich geregelten Feiertage, differenziert nach Bundesland, ist auf der Internetseite des BMI zu finden: http://www.bmi.bund.de/SharedDocs/Downloads/DE/Lexikon/feiertage_de.html

BEISPIELE ▸ Anwendungsbereich § 108 Abs. 3 AO:

- Drei Tage Bekanntgabefiktion (§ 122 Abs. 2 Nr. 1 AO)
- Festsetzungsfrist (§§ 169, 191, 239 AO)
- Zahlungsverjährungsfrist (§ 228 AO)

201 Fristen nach der FristenVO enden nach Art. 3 Abs. 2 Buchst. c FristenVO mit Ablauf des Tages, der durch sein Tagesdatum dem Tag des Fristbeginns entspricht. Insoweit weicht die Regelung von der nach § 188 Abs. 2 BGB ab.

BEISPIEL ▸ Fristenende nach der FristenVO:

Die Frist für die Mitteilung der buchmäßigen Erfassung beträgt drei Jahre.

235 BFH v. 14. 10. 2003 IX R 68/98, ZfZ 2004, 59-61.

Entstehung der Zollschuld	28.6.11
Fristbeginn	29.6.11 (Art. 3 Abs. 1 FristenVO)
Fristende	29.6.14 (Art. 3 Abs. 2 FristenVO)

3. Verlängerung von Fristen

Fristen, welche von den Finanzbehörden gesetzt werden (behördliche Fristen), können gemäß § 109 Abs. 1 Satz 1 AO verlängert werden. § 109 AO gilt damit grds. nicht für gesetzliche Fristen. Eine Ausnahme gilt jedoch nach dem Wortlaut von § 109 Abs. 1 Satz 1 AO für Steuererklärungsfristen und soweit dies besonders gesetzlich bestimmt ist. 202

Bei der Entscheidung über die Fristverlängerung handelt es sich um eine **Ermessensentscheidung**. Die Verlängerung ist ein **selbständiger Verwaltungsakt,** welcher mit einer Nebenbestimmung (z. B. einer Sicherheitsleistung) versehen werden kann. Ist die Frist bereits abgelaufen, so kann sie nach § 109 Abs. 1 Satz 2 AO rückwirkend verlängert werden. Dies gilt insbesondere dann, wenn es unbillig wäre, die durch den Fristablauf eingetretenen Rechtsfolgen bestehen zu lassen.

4. Wiedereinsetzung in den vorigen Stand

War jemand **ohne Verschulden** verhindert, eine gesetzliche Frist einzuhalten, so ist ihm auf Antrag Wiedereinsetzung in den vorigen Stand zu gewähren, § 110 AO. Die Vorschrift dient der **Vermeidung unbilliger Härten** bei der Versäumung von gesetzlichen Fristen. Sieht das Gesetz eine Fristverlängerung vor (z. B. § 109 Abs. 1 AO), kommt eine Wiedereinsetzung in den vorigen Stand nicht in Betracht. 203

Unter den Regelungsbereich von § 110 AO fallen nach Ansicht des BFH nur solche Fristen, die ein Beteiligter (§ 78 AO) selbst oder eine dritte Person (Bevollmächtigter) gegenüber der Finanzbehörde wahren muss.[236] Damit sind alle verfahrensrechtlichen und materiell-rechtlichen Handlungs- und Erklärungsfristen, die dieser Personenkreis einzuhalten hat, wiedereinsetzungsfähig. Gesetzliche Fristen, die von der Finanzbehörde zu beachten sind, sind hingegen keine solche Handlungsfristen oder Erklärungsfristen und folglich nicht wiedereinsetzungsfähig.

BEISPIELE **für wiedereinsetzungsfähige Fristen:**

- Einspruchsfrist (§ 355 Abs. 1 AO)
- Antrag auf Stromsteuervergütung (§ 18 Abs. 1 StromStV)

BEISPIELE **für nicht wiedereinsetzungsfähige Fristen:**

- Festsetzungsfrist (§ 169 AO)
- Zahlungsfrist (§ 228 AO)

Wiedereinsetzung in den vorigen Stand kann gewährt werden, wenn der Säumige innerhalb eines Monats nach Wegfall des Hindernisses (Monatsfrist, § 110 Abs. 2 Satz 1 204

236 BFH v. 19. 8. 1999 III R 57/98, BStBl 2000 II 330.

AO) einen Antrag stellt bzw. die versäumte Handlung nachholt (z. B. Antrag auf Stromsteuervergütung, Einlegung eines Einspruchs) und gegenüber der Finanzbehörde Wiedereinsetzungsgründe glaubhaft macht. Die Wiedereinsetzung muss dabei gemäß § 110 Abs. 3 AO innerhalb eines Jahres nach Ende der versäumten Frist bei der Finanzbehörden beantragt werden oder die versäumte Handlung innerhalb dieser Frist nachgeholt sein, sofern nicht ein Fall von höherer Gewalt vorliegt (Jahresfrist).

Höhere Gewalt ist nach der Rechtsprechung des BFH ein außergewöhnliches Ereignis, das unter den gegebenen Umständen auch durch die äußerste, nach Lage der Sache von dem Betroffenen zu erwartende Sorgfalt nicht verhindert werden konnte. Dies umfasst von außen kommende Ereignisse, die vom Betroffenen nicht zu beherrschen sind und damit auch sog. unabwendbare Zufälle.[237]

205 Die Wiedereinsetzung setzt voraus, dass der Säumige das Fristversäumnis nicht zu verschulden hat. Das Verhalten seines Vertreters muss er sich dabei zurechnen lassen. Eine generelle Aussage, wann Wiedereinsetzungsgründe vorliegen, kann nicht getroffen werden. Auf den jeweiligen Einzelfall ist immer abzustellen. Zwischen **Rechtssicherheit** und **Rechtsrichtigkeit** ist abzuwägen. Kriterien, wie die Größe und der Aufbau des Unternehmens, die steuerrechtliche Erfahrung des Beteiligten, das Vorhandensein eines steuerrechtlichen Bevollmächtigten oder das Verhalten der Finanzbehörde, müssen dabei in die Gesamtwürdigung des Falles einfließen. Das BVerfG hat in diesem Zusammenhang wiederholt darauf hingewiesen, dass bei der Anerkennung von Wiedereinsetzungsgründen kein überzogener Maßstab anzusetzen ist.[238]

Folgende Gründe können eine **Wiedereinsetzung in den vorigen Stand** rechtfertigen:

- schwere Erkrankung des Säumigen[239]
- Streik der Post bzw. eines Zustellerdienstes[240]
- Abwesenheit aufgrund des Jahresurlaubes[241]
- Inanspruchnahme eines Übersetzungsbüros bei ausländischen Adressaten[242]

206 Liegen Wiedereinsetzungsgründe und die sonstigen Voraussetzungen des § 110 AO vor, ist dem Säumigen Wiedereinsetzung in den vorigen Stand zu gewähren. Es handelt es sich mithin nicht um eine Ermessensentscheidung der Finanzbehörde. Nach § 110 Abs. 4 AO entscheidet die Finanzbehörde, die über die versäumte Handlung zu befinden hat.

Die Gewährung oder Versagung von Wiedereinsetzung in den vorigen Stand ist kein selbständiger Verwaltungsakt und somit nicht separat mit dem Einspruch anfechtbar. Sie bildet vielmehr einen unselbständigen **Bestandteil der Hauptsacheentscheidung** (z. B. der Entscheidung über den Antrag auf Stromsteuervergütung, der Entscheidung über den Einspruch). Ist die Festsetzungsfrist für einen Anspruch bereits abgelaufen,

237 BFH v. 8. 2. 2001 VII R 59/99, BStBl 2001 II 506.

238 BVerfG v. 2. 9. 2002 1 BvR 476/01, NJW 2002, 3692-3693.

239 BFH v. 2. 8. 1983 IV S 6/83, n. v.

240 FG Rheinland-Pfalz v. 16. 5. 1991 4 K 1846/90, n. v.

241 BVerfG v. 11. 2. 1976 2 BvR 849/75, BVerfGE 41, 332.

242 BFH v. 21. 5. 1997 VII S 37/96, BFH/NV 1997, 634-635.

führt eine Wiedereinsetzung i. d. R. nicht mittelbar zu einem Wiederaufleben des bereits erloschenen Anspruchs.[243]

BEISPIEL ▸ für Wiedereinsetzung in den vorigen Stand:

Die A GmbH, ein kleine Familienbrauerei, erhält am 16. 5. vom HZA Potsdam einen Biersteuerbescheid i. H. v. 10 000 €. Gegen den Bescheid beabsichtigt der Geschäftsführer B Einspruch einzulegen. Am 10. 6. erleidet B einen schweren Betriebsunfall. Ein Krankenhausaufenthalt von zwei Wochen ist die Folge. Nachdem B aus dem Krankenhaus entlassen ist, legt er Einspruch gegen den o. g. Biersteuerbescheid ein und legt die Gründe für den verspäteten Einspruch dar.

Ein Wiedereinsetzungsgrund liegt hier vor. Sowohl die Monats- als auch die Jahresfrist sind eingehalten. Mit dem Einspruch hat B die versäumte Handlung nachgeholt. Sonstige Hinderungsgründe sind nicht ersichtlich. Das HZA Potsdam müsste der Wiedereinsetzung in den vorigen Stand stattgeben.

5. Verlängerung von zollrechtlichen Fristen

§§ 109, 110 AO gelten nicht im Zollrecht. Die Vorschriften werden dort durch Art. 17 ZK 207
überlagert.[244] Zwar sind die Regelungskonstruktionen von § 110 AO und der von Art. 17 ZK unterschiedlich, jedoch ist ihr Regelungsgehalt so ähnlich, dass die Überlagerung von Art. 17 ZK auch § 110 AO erfasst.[245]

Nach Art. 17 ZK kann eine Frist nur verlängert bzw. ein Datum oder ein Termin nur verschoben werden, wenn dies in den betreffenden zollrechtlichen Vorschriften ausdrücklich vorgesehen ist. Damit wird deutlich, dass eine Verlängerung von Fristen im Zollrecht nur möglich ist, wenn es in den gesetzlichen Bestimmungen vorgesehen ist. Von Art. 17 ZK sind sowohl gesetzliche Fristen, als auch behördliche Fristen erfasst.[246]

BEISPIELE ▸ für verlängerbare zollrechtliche Fristen:

- Frist für die Beendigung des Verfahrens (sog. Wiederausfuhrfrist), Art. 118 Abs. 1 ZK
- Frist für den Erhalt eines neuen zollrechtlichen Bestimmung, Art. 140 Abs. 1, 3 ZK
- Dreijahresfrist für den Antrag auf Erlass oder Erstattung, Art. 236 Abs. 2 ZK

BEISPIELE ▸ für nicht verlängerbare zollrechtliche Fristen:

- Frist für die nachträgliche Mitteilung der buchmäßigen Erfassung, Art. 221 Abs. 3 ZK
- 30-tägige Aufschubfrist, Art. 227 Abs. 1 ZK

C. Ermittlungsverfahren zur Steuerfestsetzung

Zwischen der Entstehung von Ansprüchen aus dem Steuerschuldverhältnis und ihrem 208
Erlöschen können eine Vielzahl von Verfahrensstadien liegen. Diese einzelnen Verfahren sollen im Folgenden dargestellt werden.

Bevor die Finanzbehörde den Anspruch festsetzt, kann es sein, dass sie den **Besteuerungssachverhalt** erst **ermitteln** muss. Hierzu kann sie sich einer Fülle von rechtlichen

243 Zur Auswirkung der Wiedereinsetzung einer Antragsfrist bei abgelaufener Festsetzungsfrist: *Richter/Beck* in DStR 2007, 1512-1515.

244 AO-DV Zoll Nr. 1 zu § 109 und § 110.

245 BFH v. 14. 5. 1998 VII R 96/97, ZfZ 1999, 61-63.

246 *Huchatz* in Witte, Art. 17 ZK Rz. 3, 7.

Instrumentarien bedienen. Liegen alle Besteuerungsgrundlagen vor, wird der Steueranspruch festgesetzt und erhoben. Im Anschluss an Festsetzungs- und Erhebungsverfahren können sich weitere Verfahren, wie ein Prüfungs-, Einspruchs- oder Vollstreckungsverfahren anschließen.

Das Ermittlungsverfahren zur Steuerfestsetzung bestimmt sich nach §§ 85 ff., 134 ff. und 149 ff. AO. Das Ermittlungsverfahren bereitet dabei nicht nur das Steuerfestsetzungsverfahren vor, sondern wird auch in anderen Verfahren (z. B. Einspruchsverfahren) durchgeführt.[247]

I. Legalitätsprinzip und Untersuchungsgrundsatz

209 Gemäß § 85 Satz 1 AO haben die Finanzbehörden die Steuern nach Maßgabe der Gesetze gleichmäßig festzusetzen und zu erheben. Insbesondere haben sie nach § 85 Satz 2 AO sicherzustellen, dass Steuern nicht verkürzt oder zu Unrecht erhoben, Steuererstattungen und Steuervergütungen nicht zu Unrecht gewährt oder versagt werden.

Gesetze i. d. S. sind gemäß § 4 AO Rechtsnormen, also nicht nur förmliche Gesetze, sondern auch Rechtsverordnungen, autonome Satzungen, Völkerrecht, Europarecht und Gewohnheitsrecht. Der Wortlaut von § 85 Satz 1 AO („Die Finanzbehörden haben [...]") macht des Weiteren deutlich, dass für die Finanzbehörden das **Legalitätsprinzip** und nicht das Opportunitätsprinzip gilt. Daraus folgt, dass die Finanzbehörden verpflichtet sind, die nach dem Gesetz entstandenen Steueransprüche geltend zu machen.

Die Steuergesetze sind damit nicht nur Schranke, sondern auch Antrieb des Verwaltungshandelns der Finanzbehörden.[248] § 85 AO konkretisiert damit den aus Art. 20 Abs. 3 GG abgeleiteten Grundsatz vom **Vorrang des Gesetzes.** Er verpflichtet die Finanzbehörden noch einmal konkret, die nach dem Gesetz entstandenen Steueransprüche geltend zu machen und die für die Entstehung und den Umfang des Steueranspruchs maßgebenden Feststellungen der Besteuerungsgrundlagen durchzuführen, sobald die gesetzlichen Voraussetzungen dafür vorliegen.

Die Finanzbehörden haben jedoch nicht nur bekannten Steuerfällen nachzugehen. Aus § 85 Satz 1 und 2 AO folgt weiterhin, dass sie **unbekannte Steuerfälle** von Amts wegen **aufzudecken haben,** da nur so die geforderte Rechtsanwendungsgleichheit sichergestellt werden kann.[249]

210 Ob und wann die Finanzbehörden ein Verwaltungsverfahren durchführen, entscheiden sie gemäß § 86 Satz 1 AO nach pflichtgemäßem Ermessen selbst. Eine ordnungsgemäße und wirksame Kontrollpraxis der Finanzbehörden bedingt sachgerechte Maßstäbe. Um dies zu erreichen, müssen bei der Entscheidung, ein steuerliches Ermittlungsverfahren durchzuführen bzw. wie das entsprechende Verwaltungsverfahren durchzuführen ist, **steuerliche Risikokriterien** berücksichtigt werden. Andernfalls würden sich die Finanzbehörden einer nicht zu bewältigenden Anzahl von Verfahren gegenüber sehen.

247 *Seer* in Tipke/Lang, Steuerrecht, § 21 Rz. 151.
248 *Tipke* in Tipke/Kruse, § 85 AO Rz. 6.
249 BFH v. 24. 10. 1989 VII R 1/87, BStBl 1990 II 198.

Im **Bereich der Zollabfertigung** und des **Prüfungsdienstes** werden die HZÄ dabei von einer Zentralstelle durch ein computergestütztes System der **Risikoanalyse** unterstützt.[250]

Das BVerfG hat bestätigt, dass trotz des in § 85 AO festgelegten Legalitätsprinzips in die Entscheidungen der Finanzbehörden Überlegungen einbezogen werden können, die im Ergebnis Zweckmäßigkeitserwägungen gleichzustellen sind.[251] Solche Erwägungen sind im Hinblick auf begrenzte Verwaltungsressourcen und die Sicherstellung des Gesamtvollzugs notwendig. Sie dürfen aber nicht zu Verstößen gegen die Rechtsanwendungsgleichheit führen.

Etwas anderes gilt jedoch, wenn die Finanzbehörde aufgrund von Rechtsvorschriften von Amts wegen oder auf Antrag tätig werden muss oder nur auf Antrag tätig werden darf und ein Antrag nicht vorliegt, § 86 Satz 2 AO. Ein Ermessen hinsichtlich des „ob" hat die Finanzbehörde dann nicht mehr.

BEISPIEL: Nach § 53 Abs. 1 Satz 1 Nr. 2 EnergieStG besteht die Möglichkeit der Energiesteuervergütung für die „gekoppelte Erzeugung von Kraft und Wärme". Die Steuervergütung kann nicht durch die Finanzbehörde ausgelöst werden. Für ein entsprechendes Verfahren bedarf es zwingend eines Antrags des Vergütungsberechtigten (§ 98 Abs. 1 EnergieStV). Andererseits muss die Finanzbehörde tätig werden, wenn ein Antrag durch den Vergütungsberechtigten gestellt wird.

Nach § 88 AO haben die Finanzbehörden alle notwendigen Maßnahmen zu ergreifen, 211
um die entscheidungserheblichen Tatsachen aufzuklären (**Untersuchungsgrundsatz**). Sie bestimmen dabei ausgehend von § 85 AO Art und Umfang der Ermittlungen nach den Umständen des Einzelfalls und nach pflichtgemäßem Ermessen. Das BMF hat sowohl für die Finanzbehörden des Bundes als auch für die Finanzbehörden der Länder Verwaltungsvorschriften erlassen, die den Finanzbehörden eine **Sachaufklärung** von **unterschiedlicher Intensität** vorschreiben. Der Aufklärungserfolg soll danach nicht außer Verhältnis zu Zeit- und Arbeitsaufwand stehen.[252]

§ 88 AO trägt zwar den Finanzbehörden den Untersuchungsgrundsatz auf, lässt aber offen, wie sie ihm nachkommen bzw. unbekannte Steuerfälle aufdecken sollen. Die AO gibt hierzu der Finanzbehörde eine Vielzahl von Verfahrensinstrumentarien an die Hand, damit sie ihrem gesetzlichen Auftrag aus § 85 AO nachkommen kann.

Nach § 89 Abs. 1 AO soll die Finanzbehörde die Abgabe von Erklärungen, die Stellung 212
von Anträgen oder die Berichtigung von Erklärungen oder Anträgen anregen, wenn diese offensichtlich nur versehentlich oder aus Unkenntnis unterblieben oder unrichtig abgegeben oder gestellt worden sind (**Beratung und Auskunft**). Sie erteilt, soweit erforderlich, Auskunft über den Beteiligten im Verwaltungsverfahren zustehenden Rechte und die ihnen obliegenden Pflichten.

BEISPIELE für verfahrensrechtliche Auskünfte:

- Möglichkeit des Antrags auf AdV

250 § 17a ZollVG; BT-Drucksache 15/1060, 8 f.; hierzu außerdem ZOLL aktuell Nr. 5/06 S. 6-8.

251 BVerfG v. 20. 6. 1973 1 BvL 9/71, BVerfGE 35, 283.

252 Für die Bundesfinanzbehörden AO-DV Zoll Nr. 2 zu § 88; für die Landesfinanzbehörden AEAO Nr. 1 zu § 88.

- Möglichkeit des Antrags auf Wiedereinsetzung in den vorigen Stand
- Änderungsanträge als Alternative zum Einspruch
- Möglichkeit des Ruhen des Einspruchsverfahrens

Die Regelung in § 89 Abs. 1 AO manifestiert eine **Fürsorgepflicht der Finanzbehörden,** den Steuerpflichtigen auf verfahrensrechtlich günstigere Handlungen in einem konkreten Verfahren hinzuweisen. Diese Fürsorgepflicht endet aber dann, wenn es um umfassende Beratungs- und Auskunftspflichten zum materiellen Recht geht (z. B. im Vergütungs- und Erstattungsbereich der Verbrauchsteuern). Für allgemeine Auskünfte zum Zoll- und Verbrauchsteuerrecht sowie zu den sonstigen durch die Zollverwaltung erhobenen Abgaben wurde das **Informations- und Wissensmanagement Zoll** in Dresden eingerichtet.[253]

213 Von § 89 Abs. 1 AO sind auch Sachverhalte betroffen, die Einfuhr- und Ausfuhrabgaben betreffen. Darüber hinaus können sich Auskunftspflichten der HZÄ aus Art. 11 ZK ergeben. Danach kann jede Person bei den Zollbehörden (allgemeine) Auskünfte über die Anwendung des Zollrechts beantragen. Eine solche Auskunft ist gebührenfrei. Sofern für die Auskunft Auslagen für besondere Maßnahmen, wie Analysen oder Sachverständigengutachten, entstanden sind, können diese jedoch gemäß Art. 11 Abs. 2 Satz 2 ZK dem Antragsteller auferlegt werden.

Auf eine falsche Auskunft der HZÄ kann sich der Steuerpflichtige grds. nicht berufen und daraus einen Rechtsanspruch ableiten. Allerdings kann aufgrund des Grundsatzes von **Treu und Glauben** bei einem eindeutigen Verstoß der Finanzbehörden gegen die Hinweispflichten nach § 89 Abs. 1 AO eine Wiedereinsetzung in den vorigen Stand oder ein Erlass/eine Erstattung aus Billigkeit in Betracht kommen.[254]

214 Seit dem Förderalismusreform-Begleitgesetz vom 5. 9. 2006[255] sieht § 89 Abs. 2 bis 5 AO die verbindliche gebührenpflichtige Auskunft zu materiell-rechtlichen Rechtsfragen vor. Die Regelungen gelten nach dem klaren Wortlaut nicht für die HZÄ und die anderen Behörden der Zollverwaltung. Einen Anspruch auf verbindliche Auskunft beim HZA hat der Beteiligte allerdings nach Art. 12 ZK bei den sog. **verbindlichen Zolltarifauskünften** und **verbindlichen Ursprungsauskünften**.

II. Mitwirkungspflichten des Steuerpflichtigen

215 Trotz der Verpflichtung aus § 88 AO den Sachverhalt von Amts wegen aufzuklären (Untersuchungsgrundsatz), sind die Beteiligten zur Mitwirkung bei der Ermittlung des Sachverhalts verpflichtet, § 90 Abs. 1 Satz 1 AO. Dieser **Mitwirkungspflicht** kommen die Beteiligten insbesondere dadurch nach, dass sie die für die Besteuerung erheblichen Tatsachen vollständig und wahrheitsgemäß offenlegen und die ihnen bekannten Beweismittel angeben. § 90 AO ist für die Ermittlung steuerlich erheblicher Sachverhalte unverzichtbar. Ohne die Mitwirkungspflicht der Steuerpflichtigen selbst wäre eine Auf-

253 Internetauftritt unter www.zoll.de/infocenter/c0_kontaktdaten/index.html.

254 Siehe hierzu AO-DV Zoll Nr. 3 zu § 89.

255 BGBl 2006 I 2098.

klärung der steuerlichen Sachverhalten in ihrer Gänze nicht oder nur unzureichend möglich. Die Erfüllung der Mitwirkungspflicht kann beim Steuerpflichtigen mit Zwangsmitteln (§§ 328 bis 334 AO) durchgesetzt werden.

Besondere Mitwirkungspflichten schreibt § 90 Abs. 2 und 3 AO für steuerliche Sachverhalte mit Auslandsbezug vor. Bei Sachverhalten mit Auslandsbezug ist es den inländischen Finanzbehörden nicht möglich, den steuerlichen Sachverhalt aufzuklären und die erforderlichen Beweismittel zu beschaffen. Die Beteiligten haben deshalb selbst den Sachverhalt aufzuklären und die erforderlichen Beweismittel zu beschaffen. Die grds. Mitwirkungspflicht des Beteiligten wird dadurch zu einer **Aufklärungspflicht des Beteiligten** erweitert.

§ 90 AO ist für Sachverhalte, die Einfuhr- und Ausfuhrabgaben betreffen, durch Art. 6 Abs. 1 und Art. 14 ZK überlagert.

1. Spezielle Mitwirkungspflichten des Steuerpflichtigen

Während § 90 AO allgemein im Ermittlungsverfahren Anwendung findet, sind für das 216 Besteuerungsverfahren in den §§ 140 bis 154 AO besondere Mitwirkungspflichten des Steuerpflichtigen geregelt. Diese ergänzen die allgemeine Mitwirkungspflicht.

a) Buchführungs- und Aufzeichnungspflichten

Die §§ 140 bis 148 AO schreiben für bestimmte Steuerpflichtige Buchführungs- und 217 Aufzeichnungspflichten vor. Nach § 140 AO werden die aufgrund anderer Gesetze bestehenden Buchführungs- und Aufzeichnungspflichten zu einer steuerlichen Pflicht, soweit diese für die Besteuerung von Bedeutung sind. Die Buchführungs- und Aufzeichnungspflichten ergeben sich i. d. R. aus den handels- und gesellschaftsrechtlichen Vorschriften (§§ 238 ff. HGB) und werden für das Steuerrecht nutzbar gemacht. Dadurch konnte im Steuerrecht auf eigene Vorschriften verzichtet werden.[256]

Hinsichtlich des Begriffs der Buchführung kann auf die handels- und gesellschaftsrechtlichen Vorschriften zurückgegriffen werden. Ein Verstoß gegen die außersteuerliche Buchführungs- und Aufzeichnungspflicht führt gleichzeitig zu einem Verstoß gegen die steuerlichen Buchführungs- und Aufzeichnungsvorschriften, welcher steuerliche Folgen nach sich ziehen kann (z. B. Schätzung der Besteuerungsgrundlagen). § 140 AO gilt aufgrund von Art. 14 ZK nicht für Einfuhr- und Ausfuhrabgaben. Eine gesonderte Buchführungspflicht für bestimmte Steuerpflichtige, wie beispielsweise für Land- und Forstwirte, ergibt sich aus § 141 AO.

Die allgemeinen Anforderungen an die Buchführung und Aufzeichnung sind § 145 AO 218 zu entnehmen. Danach muss die Buchführung so beschaffen sein, dass sie einem verständigen Dritten innerhalb einer angemessenen Zeit einen Überblick über die Geschäftsvorfälle und über die Lage des Unternehmens vermitteln kann. Die Geschäftsvorfälle müssen sich dabei in ihrer Entstehung und ihrer Abwicklung verfolgen las-

256 BT-Drucksache VI/1982, 123.

sen.[257] Die Aufzeichnungen sind so vorzunehmen, dass der Zweck, den sie für die Besteuerung erfüllen sollen, erreicht wird.

Neben den allgemeinen Anforderungen bestehen nach §§ 142 bis 144 AO **besondere Anforderungen** für bestimmte Steuerpflichtige. Detaillierte Ordnungsvorschriften für die Buchführung, für Aufzeichnungen und für die Aufbewahrung von Unterlagen ergeben sich aus den §§ 146, 147 AO. § 147 AO ist allerdings für Einfuhr- und Ausfuhrabgaben durch Art. 17 ZK überlagert. Abweichend von §§ 146, 147 AO können die Finanzbehörden für einzelne Fälle oder für bestimmte Gruppen von Fällen gemäß § 148 AO Erleichterungen bewilligen, wenn damit Härten beim Steuerpflichtigen vermieden werden können[258] und die Besteuerung dadurch nicht beeinträchtigt wird. § 148 AO gilt nicht für in anderen Gesetzen bestimmte Pflichten.

b) Steuererklärungspflicht

219 Wer zur Abgabe einer Steuererklärung verpflichtet ist, bestimmen grds. die Einzelsteuergesetze (Steuererklärungspflicht), § 149 Abs. 1 Satz 1 AO. Eine **Steuererklärung** ist eine formalisierte, innerhalb einer bestimmten Frist abzugebende Auskunft des Steuerpflichtigen oder seines Vertreters, die der Finanzbehörde die Festsetzung der Steuer oder die Feststellung von Besteuerungsgrundlagen ermöglichen soll und i. d. R. zum Erlass eines Steuerbescheides führt.[259]

BEISPIELE ▸ für gesetzlich bestehende Steuererklärungspflichten:

- § 15 Abs. 1 BierStG
- § 17 Abs. 3 TabStG
- § 23 Abs. 1 Satz 3 TabStG

Darüber hinaus kann die Finanzbehörde den Steuerpflichtigen nach § 149 Abs. 1 Satz 2 AO zur Abgabe einer Steuererklärung auffordern. Die Finanzbehörde kann jedoch nicht jedermann willkürlich zur Abgabe einer Steuererklärung auffordern. Dies ist nur zulässig, wenn die Möglichkeit einer Steuerschuld besteht.[260] Hat die Finanzbehörde die Besteuerungsgrundlagen aufgrund einer nicht abgegebenen Steuererklärung nach § 162 AO geschätzt, bleibt die Verpflichtung zur Abgabe der Steuererklärung gemäß § 149 Abs. 1 Satz 3 AO bestehen. Wird die Steuererklärung nicht abgegeben, kann die Abgabe der Steuererklärung erzwungen werden.

220 Die Steuererklärung ist **nach amtlich vorgeschriebenen Vordruck** abzugeben, § 150 Abs. 1 Satz 1 AO. Daraus folgt, dass sie nicht auf einem amtlich hergestellten Vordruck abgegeben werden muss. Die Verwendung privat gedruckter Formulare ist zulässig, wenn diese in der drucktechnischen Ausgestaltung und in den Abmessungen voll den amtlichen Vordrucken entsprechen.[261] Die Angaben in der Steuererklärung sind wahrheitsgemäß nach bestem Wissen und Gewissen zu machen. In der Regel sehen die amtlichen Vordrucke vor, dies mit Unterschrift zu bestätigen. Ordnen die Steuergesetze die

---

257 Siehe auch § 238 Abs. 1 Satz 2 und 3 HGB.

258 siehe hierzu *Drüen* in Tipke/Kruse, § 148 AO Rz. 3-4.

259 BFH v. 14. 1. 1998 X R 84/95, BStBl 1999 II 203; v. 2. 7. 1986 I R 70/83, BFH/NV 1987, 704-705;.

260 *Seer* in Tipke/Lang, Steuerrecht, § 21 Rz. 182.

261 AO-DV Zoll Nr. 2 zu § 150; s. darüber hinaus AO-DV Zoll Nr. 3 zu § 150.

eigenhändige Unterschrift der Steuererklärung an, ist die Unterschrift des Bevollmächtigten regelmäßig nicht ausreichend, § 150 Abs. 3 AO. Sehen die Einzelsteuergesetze die Vorlage zusätzlicher Unterlagen vor, sind diese der Steuererklärung beizufügen.

Das gemeinschaftsrechtliche Zollrecht trifft abweichend von den v. g. Vorschriften eigenständige Regelungen. Nach Art. 59 Abs. 1 ZK sind alle Waren, die in ein Zollverfahren übergeführt werden sollen, zu dem betreffenden Zollverfahren (z. B. zum zollrechtlichen freien Verkehr) anzumelden. Was eine **Zollanmeldung** ist, definiert Art. 4 Nr. 17 ZK. Danach ist eine Zollanmeldung die Handlung, mit der eine Person in der vorgeschriebenen Form und nach den vorgeschriebenen Bestimmungen die Absicht bekundet, eine Ware in ein bestimmtes Zollverfahren überführen zu lassen. In welcher Form Zollanmeldungen abgegeben werden können, bestimmt Art. 61 ZK.[262] 221

Formen der Zollanmeldung:

- schriftlich auf amtlich vorgeschriebenen Vordruck (Einheitspapier; Art. 62 bis 76 ZK)
- elektronisch mit dem IT-Verfahren ATLAS (Art. 4 ff. ZK-DVO)[263]
- mündlich (Art. 225 ff. ZK-DVO)
- konkludente Handlung (Art. 230 ff. ZK-DVO)

Grundsätzlich kann die Zollanmeldung nach Art. 64 Abs. 1 ZK von jeder Person (Art. 4 Nr. 1 ZK) abgegeben werden, die in der Lage ist, eine Ware bei der zuständigen Zollstelle zu gestellen oder gestellen zu lassen und alle Unterlagen vorzulegen, deren Vorlage nach den Bestimmungen vorgesehen ist. Im Falle der Vertretung ist Art. 5 ZK zu beachten.

c) Berichtigungspflicht

Erkennt ein Steuerpflichtiger nachträglich vor Ablauf der Festsetzungsfrist, dass eine von ihm oder für ihn abgegebene Erklärung unrichtig oder unvollständig ist, hat er dies gemäß § 153 Abs. 1 Satz 1 AO unverzüglich anzuzeigen und richtigzustellen. Unter Erklärungen i. S. v. § 153 Abs. 1 Satz 1 AO gehören vor allem **Steuererklärung** und **Steueranmeldungen**.[264] Die Berichtigungspflicht trifft ihn allerdings nicht, wenn der Mangel keinen Einfluss auf die Höhe der Steuer hat, d. h. es zu keiner Verkürzung von Steuern kommt oder gekommen ist. 222

Die Berichtigungspflicht besteht nur dann, wenn der Steuerpflichtige die Unrichtigkeit nachträglich, also nach Abgabe der Erklärung, erkennt.[265] Hat der Steuerpflichtige den Fehler erkannt, muss er dies unverzüglich, d. h. ohne schuldhaftes Zögern (§ 121 Abs. 1 BGB), bei der Finanzbehörde anzeigen und die notwendige Richtigstellung vornehmen. Ist dies erfolgt, hat er seiner Berichtigungspflicht Genüge getan. Unterlässt der Steuerpflichtige die Berichtigung nach § 153 AO, macht er sich unter Umständen wegen einer

262 Zu den einzelnen Formen der Zollanmeldung: *Henke* in Lehrbuch des Europäischen Zollrechts, S. 89 ff.

263 Zum IT-Verfahren ATLAS: *Henke* in Witte, Art. 61 ZK Rz. 13 ff.

264 Der Begriff in § 153 Abs. 1 Satz 1 AO ist unscharf gewählt. Der Gesetzesbegründung ist zu entnehmen, dass nicht nur Steuererklärungen gemeint sind („insbesondere fehlerhafte Steuererklärungen").

265 BT-Drucksache VI/1982, 129.

Steuerhinterziehung bzw. einer versuchten **Steuerhinterziehung** strafbar, § 370 Abs. 1 und 2 AO.

Die Verpflichtung trifft gemäß § 153 Abs. 1 Satz 2 AO auch den Gesamtrechtsnachfolger (§ 45 AO) eines Steuerpflichtigen (z. B. Erbe oder Erbengemeinschaft) und die nach §§ 34, 35 AO für den Gesamtrechtsnachfolger oder den Steuerpflichtigen handelnden Personen (z. B. Insolvenzverwalter).

Eine **besondere Anzeigepflicht** besteht noch nach § 153 Abs. 3 AO für diejenigen, die Waren, für die eine Steuervergünstigung unter einer Bedingung gewährt worden ist, in einer Weise verwenden wollen, die nicht der auferlegten Bedingung entspricht.

BEISPIEL ▶ **für Steuervergünstigung unter einer Bedingung:**

- Bier zur gewerblichen Herstellung von Essig (§ 23 BierStG)
- Branntwein zur gewerblichen Herstellung von Arzneimitteln (§ 152 BranntwMonG)
- Schaumwein zur gewerblichen Herstellung von Aromen (§ 23 SchaumwZwStG)

223 Die Anzeigepflicht soll sicherstellen, dass die Finanzbehörde von dem Nichteintritt der Bedingung für die Steuervergünstigung erfährt und steuerliche Rechtsfolgen veranlassen kann. Im Gegensatz zu § 153 Abs. 1 AO muss der Steuerpflichtige die Änderung vor dem betreffenden Ereignis anzeigen. Unterlässt der Steuerpflichtige die Anzeige, macht er sich unter Umständen wegen einer Steuerhinterziehung oder einer versuchten Steuerhinterziehung strafbar.

224 Die **Berichtigung** einer **Zollanmeldung** regelt Art. 65 ZK. Die Berichtigung der Zollanmeldung erfolgt auf Antrag und ist nach Annahme der Zollanmeldung möglich.

2. Erstattung von Übersetzungskosten

225 Grundsätzlich sind steuerliche Unterlagen (Anträge, Belege, Urkunden etc.) in deutscher Sprache vorzulegen. Werden der Finanzbehörde Unterlagen in einer fremden Sprache vorgelegt, kann die Finanzbehörde gemäß § 87 Abs. 2 AO eine Übersetzung der fremdsprachigen Unterlagen verlangen. Übersetzungen sollen jedoch nur im Rahmen des Notwendigen, nicht aber aus Prinzip angefordert werden.[266] Ferner ist auch zu prüfen, ob eine ausreichende Übersetzung durch eigene Bedienstete oder im Wege der Amtshilfe ohne Schwierigkeiten beschafft werden kann.[267]

Wurde das Ermessen hinreichend ausgeübt und kann eine Übersetzung wie ausgeführt nicht beschafft werden, kann der Beteiligte unter Fristsetzung durch die Finanzbehörde zur Vorlage einer Übersetzung aufgefordert werden. Wird die verlangte Übersetzung nicht vorgelegt, so kann die Finanzbehörde nach § 87 Abs. 2 Satz 3 AO auf Kosten des Beteiligten selbst eine Übersetzung beschaffen. Die Übersetzungskosten sind Auslagen i. S. d. § 10 Abs. 1 Nr. 3 VwKostG, die vom **Beteiligten als Kostenschuldner** (§ 13 Abs. 1 Nr. 1 VwKostG) zu erheben sind.

266 BT-Drucksache 7/4292, 24.
267 AO-DV Zoll Nr. 2 zu § 87.

III. Beweismittel im Ermittlungsverfahren

Für die Aufklärung des steuerlichen Sachverhalts von besonderer Bedeutung sind die der Finanzbehörde vorliegenden **Beweismittel**. Sie ermöglichen es ihr, schnell und erschöpfend die richtigen steuerrechtlichen Maßnahmen zu treffen, ohne sich allein auf die Ehrlichkeit des Steuerpflichtigen zu verlassen. Es besteht zwar keine generelle Verpflichtung der HZÄ, alle Angaben des Beteiligten auf Vollständigkeit und Richtigkeit zu prüfen. Soweit das HZA im Einzelfall jedoch Anlass dazu sieht (z. B. aufgrund der einschlägiger Risikoparameter), hat es die Angaben des Beteiligten zu überprüfen.[268] 226

Eine Aufzählung einzelner Beweismittel ist in § 92 AO enthalten. Die Aufzählung ist beispielhaft und nicht abschließend („insbesondere"). Danach kann die Finanzbehörde:

- Auskünfte jeder Art von den Beteiligten und anderen Personen einholen (§ 93 AO),
- Sachverständige zuziehen (§ 96 AO),
- Urkunden und Akten beiziehen (§ 97 AO),
- den Augenschein einnehmen (§ 98 AO).[269]

Als Beweismittel eignen sich darüber hinaus Verwaltungsakte oder Erklärungen anderer Behörden, Zertifikate von Lieferanten und Kunden des Beteiligten oder die Kontrollmitteilungen von Außenprüfern (§ 194 Abs. 3 AO).

1. Auskünfte vom Beteiligten und anderen Personen

Zur Feststellung eines für die Besteuerung erheblichen Sachverhalts, haben die Beteiligten sowie andere Personen der Finanzbehörde gemäß § 93 Abs. 1 Satz 1 AO die erforderlichen Auskünfte zu erteilen. Beteiligte sind alle Personen i. S. v. § 78 AO. Unter andere Personen i. S. d. Vorschrift sind sämtliche nicht unmittelbar beteiligte Dritte, wie Behörden und Kreditinstitute, zu verstehen. Eine bestimmte Form schreibt § 93 Abs. 1 und 2 AO nicht vor. Auskunftsersuchen können mithin auch mündlich ergehen. Allerdings empfiehlt sich i. d. R. die Schriftform.[270] 227

Bei dem Auskunftsersuchen handelt es sich um einen **Verwaltungsakt,** der vom Betroffenen **mit Einspruch anfechtbar** ist. In dem Auskunftsersuchen hat die Finanzbehörde konkret und verständlich anzugeben, worüber Auskunft erteilt werden soll. Darüber hinaus müssen die Auskünfte zur Sachverhaltsaufklärung geeignet und notwendig, die Pflichterfüllung für den Betroffenen möglich und dessen Inanspruchnahme geeignet, erforderlich und zumutbar sein.[271] Weiterhin sollte das Auskunftsersuchen stets mit einer Fristsetzung verbunden sein. Die Frist ist anhand des Einzelfalles zu bestimmen, sollte u. E. jedoch vier Wochen nicht unterschreiten.

Wird bei einer anderen Person als dem Beteiligten selbst um Auskunft ersucht, ist der Beteiligte eindeutig zu bezeichnen. Ein solches Auskunftsersuchen soll allerdings ge-

268 AO-DV Zoll zu § 92.

269 Zur Zollbeschau s. Art. 247 ZK-DVO.

270 Siehe hierzu § 93 Abs. 2 Satz 2 AO.

271 AO-DV Zoll Nr. 2.2 zu § 93.

mäß § 93 Abs. 1 Satz 3 AO erst erfolgen, wenn die Sachverhaltsaufklärung durch den Beteiligten nicht zum Ziel geführt hat oder keinen Erfolg verspricht. Weiterhin soll vor dem Auskunftsersuchen an eine andere Person der Beteiligte, informiert werden, sofern dadurch der Ermittlungszweck nicht gefährdet wird.[272] Eine Auskunftspflicht der anderen Person besteht nicht, soweit ihr ein **Auskunftsverweigerungsrecht** nach den §§ 101 bis 103 AO zusteht.

Hinsichtlich der Auskunftspflicht des Beteiligten, die Einfuhr- und Ausfuhrabgaben betrifft, ist § 93 Abs. 1 AO durch Art. 6 Abs. 1, Art. 14 ZK überlagert.

228 Liegen die Voraussetzungen des § 93 Abs. 1 AO vor, ist die Auskunft durch den Beteiligten oder die andere Person zu erteilen. Insoweit besteht eine **Auskunftspflicht**, es sei denn, die Auskunft kann objektiv nicht erbracht werden. Die Auskünfte des Beteiligten oder der anderen Person haben wahrheitsgemäß und nach bestem Wissen und Gewissen zu erfolgen. Der Auskunftspflichtige kann die Auskunft in jeder beliebigen Form erteilen. Allerdings kann die Finanzbehörde eine schriftliche Auskunft verlangen, wenn dies für die Sachaufklärung sachdienlich ist, § 93 Abs. 4 Satz 2 AO.

229 Eine bedeutende, aber in der Vergangenheit umstrittene Form des Auskunftsersuchens an eine andere Person, ist der **Kontenabruf**.[273] In der Zollverwaltung wird von der Möglichkeit des Kontenabrufs sehr unterschiedlich Gebrauch gemacht. Während einzelne HZÄ diesen regelmäßig in geeigneten Fällen nutzen, verzichten andere HZÄ ganz darauf. Unseres Erachtens ist der Kontenabruf ein wirksames Instrument zur Aufklärung unbekannter Konten. Dies belegt die bei den HZÄ geführte Statistik, wonach jedes zweite Ersuchen zu einem unbekannten Konto beim Steuerpflichtigen führt.

Für einen Kontenabruf sind die Regelungen der §§ 93 Abs. 7 bis 10 und 93b AO zu beachten. Unter den Voraussetzungen des § 93 Abs. 7 AO kann die Finanzbehörde über das Bundeszentralamt für Steuern bei den Kreditinstituten bestimmte **Bestandsdaten** (Kontenstammdaten wie z. B. die Nummer eines Kontos) zu Konten- und Depotverbindungen abrufen.[274] Hingegen nicht abgerufen werden können Kontenbewegungen und Kontenstände.

Im Bereich der Behörden der Zollverwaltung kommt ein Kontenabruf nur in Betracht, soweit er zur Erhebung (einschließlich der Vollstreckung)[275] von bundesgesetzlich geregelten Steuern erforderlich ist (§ 93 Abs. 7 Satz 1 Nr. 4 AO) oder der Steuerpflichtige dem zustimmt (§ 93 Abs. 7 Satz 1 Nr. 5 AO). Nach § 93 Abs. 7 Satz 1 Nr. 4 ist ein Kontenabruf auch zulässig, wenn er zur Erhebung von Einfuhr- und Ausfuhrabgaben dient, deren Vollstreckung sich nach der AO richtet. § 93 Abs. 7 Satz 1 Nr. 4 schließt auch die Erhebung von Haftungsansprüchen ein.[276]

Die Erforderlichkeit, die von der Finanzbehörde im Einzelfall im Wege einer Prognose zu beurteilen ist, setzt keinen begründeten Verdacht dafür voraus, dass steuerrecht-

272 AO-DV Zoll Nr. 2.7 zu § 93.

273 BVerfG v. 13. 6. 2007 1 BvR 1550/03, BStBl 2007 II 896; *Seer* in Tipke/Kruse, § 93 AO Rz. 35 ff.

274 Siehe hierzu AO-DV Zoll Nr. 3.1 zu § 93.

275 BT-Drucksache 16/4841, 83.

276 AO-DV Zoll Nr. 3.3 zu § 93.

liche Unregelmäßigkeiten vorliegen. Es genügt vielmehr, wenn aufgrund konkreter Momente oder aufgrund allgemeiner Erfahrungen ein Kontenabruf angezeigt ist.[277] Weitere Voraussetzung im Falle von § 93 Abs. 7 Satz 1 Nr. 4 AO ist, dass ein Auskunftsersuchen an den Steuerpflichtigen nicht zum Ziel geführt hat oder keinen Erfolg verspricht, § 93 Abs. 7 Satz 2 AO.

Grundsätzlich ist der Betroffene vor einem Abrufersuchen und nach Durchführung des Kontenabrufs zu unterrichten, § 93 Abs. 9 Satz 1 und 2 AO. Die Unterrichtungen können jedoch unterbleiben, wenn sie die ordnungsgemäße Erfüllung der Aufgabe gefährden würden, § 93 Abs. 9 Satz 3 Nr. 1 AO.[278] Zur Dokumentation des Kontenabrufersuchens s. AO-DV Zoll Nr. 3.14 bis 3.16 zu § 93. 230

PRAXISTIPP:

Für das Kontenabrufersuchen nach § 93 Abs. 7 ist für die HZÄ im Intranet der Bundesfinanzverwaltung unter dem Portal des Bundeszentralamtes für Steuern ein elektronischer Vordruck bereitgestellt.

Die Finanzbehörde kann den Beteiligten nach § 95 Abs. 1 Satz 1 AO dazu auffordern, dass er die Richtigkeit von Tatsachen, die er behauptet, an Eides statt versichert. Die **Versicherung an Eides statt** ist letztes Mittel zur Erforschung des steuerlichen Sachverhalts.[279] Eine Versicherung an Eides statt soll deshalb nur dann gefordert werden, wenn andere Mittel zur Erforschung der Wahrheit nicht vorhanden sind, zu keinem Ergebnis geführt haben oder einen unverhältnismäßigen Aufwand erfordern, § 95 Abs. 1 Satz 2 AO. 231

Die Versicherung an Eides statt kann nur vom Beteiligten selbst abgegeben werden.[280] Ist der Beteiligte objektiv nicht in der Lage die Richtigkeit von Tatsachen zu erklären, scheidet eine Anwendung von § 95 AO aus (z. B. steuerlich relevante Unterlagen liegen dem Beteiligten gar nicht bzw. gar nicht mehr vor). Eine Versicherung an Eides statt scheidet darüber hinaus bei eidesunfähigen Personen (§ 393 ZPO) aus. Dies sind solche Personen, die zur Zeit der Vernehmung das 16. Lebensjahr noch nicht vollendet oder wegen mangelnder Verstandesreife oder wegen Verstandesschwäche von dem Wesen und der Bedeutung des Eides keine genügende Vorstellung haben.

§ 95 AO findet auch bei Sachverhalten Anwendung, die Einfuhr- und Ausfuhrabgaben betreffen. Die Vorschrift ist eine allgemeine Regelung im Besteuerungsverfahren und kann durch Spezialregelungen (z. B. im Vollstreckungsverfahren durch § 284 AO) verdrängt werden.

277 AO-DV Zoll Nr. 3.7 zu § 93 unter Hinweis auf BVerfG v. 13. 6. 2007 1 BvR 1550/03, BStBl 2007 II 896.
278 § 93 Abs. 9 Satz 3 Nr. 2 und 3 AO haben u. E. in der Zollverwaltung keine Bedeutung.
279 BT-Drucksache VI/1982, 134.
280 Beachte hierzu § 48 Abs. 2 BranntwMonG.

232 Mindestens eine Woche vor Abnahme der Versicherung an Eides statt sind die Angaben, deren Richtigkeit versichert werden soll, dem Beteiligten mitzuteilen. Eine unterbliebene Belehrung führt aber nicht zur Unwirksamkeit der Versicherung.

Die konkrete Verfahrensweise über die Abnahme der Versicherung an Eides statt ergibt sich aus dem § 95 Abs. 2 bis 5 AO. Die Versicherung wird von der Finanzbehörde zur **Niederschrift** aufgenommen. Vor der Aufnahme ist der Beteiligte über die Bedeutung der eidesstattlichen Versicherung und die strafrechtlichen Folgen einer unrichtigen oder unvollständigen eidesstattlichen Versicherung zu belehren. Die **Belehrung** ist in der Niederschrift zu vermerken.

Zur Aufnahme der Niederschrift sind nach § 95 Abs. 2 AO der Behördenleiter, sein ständiger Vertreter sowie Angehörige des öffentlichen Dienstes befugt, welche die Befähigung zum Richteramt haben oder die Voraussetzungen des § 110 Satz 1 des Deutschen Richtergesetzes erfüllen. Andere Angehörige des öffentlichen Dienstes kann der Behördenleiter oder sein ständiger Vertreter hierzu allgemein (Geschäftsverteilungsplan) oder im Einzelfall schriftlich ermächtigen. Nach Aufnahme der Niederschrift ist diese dem Beteiligten zur Genehmigung vorzulesen oder auf Verlangen zur Durchsicht vorzulegen.

Die Versicherung hat folgenden Mindestinhalt:

- Namen der anwesenden Personen,
- Ort und den Tag der Niederschrift,
- Eindeutige Benennung der zu versichernden Tatsachen,
- Eidesformel „Ich versichere an Eides statt, dass ich nach bestem Wissen die reine Wahrheit gesagt und nichts verschwiegen habe“,
- Belehrung über die Konsequenzen einer unrichtigen oder unvollständigen eidesstattlichen Versicherung,
- Genehmigung und Unterschrift des Beteiligten,
- Unterschrift des abnehmenden Amtsträgers und des Schriftführers.

Weigert sich der Steuerpflichtige zur Abgabe der Versicherung an Eides statt, kann die Finanzbehörde die Abgabe gemäß § 95 Abs. 6 AO mit Zwangsmaßnahmen erzwingen. Aus der Weigerung können ferner für den Steuerpflichtigen ggf. nachteilige steuerliche Folgerungen gezogen werden (z. B. Schätzung von Besteuerungsunterlagen, § 162 AO).

233 Hält die Finanzbehörde es für geboten, kann sie das zuständige Finanzgericht um die **eidliche Vernehmung** einer anderen Person als den Beteiligten nach § 94 AO ersuchen. Die eidliche Vernehmung ist das letzte Mittel zur Erforschung der Wahrheit[281] und kommt nur in Betracht, wenn der Auskunft der anderen Person besondere Bedeutung zukommt. Insoweit ist der Anwendungsbereich von § 94 AO ein anderer als der von § 95 AO. Die Auskunft muss für die Wahrheitsfindung erforderlich sein. Trotz der gesetzlich bestehenden Möglichkeit, hat die eidliche Vernehmung in der Praxis der HZÄ keine Bedeutung.

281 *Brockmeyer* in Klein, § 94 AO Rz. 2; *Seer* in Tipke/Kruse, § 94 AO Rz. 4a.

§ 94 AO gilt nur bei anderen Personen als den Beteiligten selbst. Angehörige des Beteiligten (§ 15 AO) haben, soweit sie nicht die Auskunftspflicht für den Beteiligten zu erfüllen haben, gemäß § 101 Abs. 2 AO das Recht die Beeidung der Auskunft zu verweigern. Das Ersuchen um eidliche Vernehmung ist ein Verwaltungsakt und durch den Betroffenen mit Einspruch anfechtbar.

2. Einnahme des Augenscheins

In einzelnen Fällen kann es erforderlich sein, dass für die Aufklärung des steuerlichen 234
Sachverhalts relevante Sachen durch die Finanzbehörde in Augenschein genommen werden müssen. Führt die Finanzbehörde eine Inaugenscheinnahme durch, hat sie das Ergebnis in den Akten zu dokumentieren, § 98 Abs. 1 AO. Ist dies erforderlich, z. B. weil technische Fragen für die Beurteilung des steuerlichen Sachverhalts geklärt werden müssen, kann die Finanzbehörde zur Einnahme des Augenscheins einen Sachverständigen (§ 96 AO) hinzuziehen.

Sofern dies für die Aufklärung des steuerlichen Sachverhalts erforderlich ist, muss der 235
Steuerpflichtige gemäß § 99 AO das **Betreten von Grundstücken, Räumen**, Schiffen, umschlossene Betriebsvorrichtungen und ähnliche Einrichtungen durch Amtsträger der Finanzbehörde bzw. durch zugezogene Sachverständige (§§ 96, 98 AO) dulden. Es dürfen auch Grundstücke, Räume usw. betreten werden, die nicht dem Steuerpflichtigen gehören, sondern im Eigentum oder Besitz einer anderen Person stehen. Von der Besichtigung „betroffene" Personen sind alle, die an dem Grundstück usw. entweder Besitzrechte haben, sie tatsächlich nutzen oder eine sonstige tatsächliche Verfügungsbefugnis haben.[282]

Das Betreten muss für die Aufklärung eines konkreten steuerlichen Sachverhalts erforderlich sein. Die Erforschung unbekannter Steuerfälle ist von der Vorschrift u. E. nicht erfasst. Weiterhin stellt § 99 Abs. 2 AO klar, dass das Betreten nicht zum Zweck der Erforschung unbekannter Gegenstände zulässig ist. Es dürfen demnach nur bekannte Gegenstände in Augenschein (§§ 92 Satz 2 Nr. 4, 98 AO) genommen werden.

Das Betreten hat während der üblichen Geschäfts- und Arbeitszeiten zu erfolgen. Darüber hinaus sollen nach § 99 Abs. 1 Satz 2 AO die betroffenen Personen angemessene Zeit vorher benachrichtigt werden. Allerdings ist es nicht notwendig, dass beim Betreten durch die Amtsträger der Finanzbehörde der Betroffene oder der Eigentümer anwesend ist.[283] Ist der Betroffene anwesend, sollte sich der Amtsträger vorher ausweisen.

Die Vorschrift lässt nicht eindeutig erkennen, ob **hinzugezogene Sachverständige** das Betretungsrecht ohne einen Amtsträger der Finanzbehörde ausüben können. Unabhängig davon, empfiehlt es sich, dass der Sachverständige stets durch einen Amtsträger begleitet wird. Wird den Amtsträgern der Finanzbehörde bzw. dem zugezogenen Sachverständigen der Zutritt verweigert, kann dieser mit Zwangsmitteln (§§ 328 bis 334 AO) durchgesetzt werden.

282 AO-DV Zoll Nr. 2 zu § 99.
283 BT-Drucksache VI/1982, 136.

Wohnräume („private Räume") dürfen hingegen gegen den Willen des Wohnungsinhabers nur zur Verhütung dringender Gefahren für die öffentliche Sicherheit und Ordnung betreten werden, § 99 Abs. 1 Satz 3 AO. Dies dürfte bei Steuerfällen kaum der Fall sein, allenfalls in Ausnahmesituationen. Der Wohnraum des Steuerpflichtigen genießt mithin einen **besonderen Schutz**. Zwar fallen unter den Begriff Wohnraum i. S. v. Art. 13 GG auch Geschäftsräume. Die Differenzierung des Schutzbereichs in § 99 AO zwischen Wohn- und Geschäftsräumen folgt aber dem unterschiedlichem Schutzbedürfnis der beiden Räumlichkeiten.[284]

236 Für Sachverhalte, welche Einfuhr- und Ausfuhrabgaben betreffen, ist § 99 AO hinsichtlich des Betretungsrechts von Grundstücken im **grenznahen Raum** durch § 14 Abs. 2 ZollVG überlagert. Danach dürfen Zollbedienstete im grenznahen Raum (30 km bzw. 50 km) Grundstücke betreten und befahren. Gebäude sind nach dem Wortlaut der Norm hiervon nicht erfasst.

3. Sonstige Beweismittel

237 Sofern dies für die Aufklärung des steuerlichen Sachverhalts notwendig ist, können die Finanzbehörden nach § 92 Satz 2 Nr. 2 AO einen **Sachverständigen** hinzuziehen. Über die Person des Sachverständigen bestimmt die Finanzbehörde. Allerdings ist die Person, die als Sachverständiger benannt werden soll, dem Steuerpflichtigen vorher bekannt zu geben, § 96 Abs. 1 Satz 2 AO. Besteht Grund zur Besorgnis einer Befangenheit der zu benennenden Person, muss der Steuerpflichtige die Gründe für die Ablehnung der Finanzbehörde gegenüber spätestens zwei Wochen nach Bekanntgabe glaubhaft machen.

238 Häufig wird es für die Aufklärung und Beurteilung des steuerlichen Sachverhalts notwendig sein, dass sich die Finanzbehörde vom Beteiligten oder ggf. von anderen Personen Bücher, Aufzeichnungen, Geschäftspapiere und andere Urkunden vorlegen lässt (**Vorlage von Urkunden**). Allerdings soll dies gemäß § 97 Abs. 2 Satz 1 AO nur dann erfolgen, wenn der Vorlagepflichtige eine Auskunft nicht erteilt hat, die Auskunft unzureichend ist oder Bedenken gegen die Richtigkeit bestehen.

Die Einschränkung des § 97 Abs. 2 Satz 1 AO gilt allerdings nach § 97 Abs. 2 Satz 2 AO nicht, sofern der Steuerpflichtige eine steuerliche Vergünstigung (z. B. Erstattung oder Vergütung oder Stundung) begehrt, die Finanzbehörde eine Außenprüfung nicht durchführen will (z. B. wegen der geringen Bedeutung des Sachverhalts) oder weil die Vorlage der Urkunde eine baldige Klärung des Sachverhalts erforderlich macht.

Der Begriff der Urkunde i. S. v. § 97 AO ist weit auszulegen. § 97 Abs. 1 Satz 1 AO zählt beispielhaft einige Urkunden auf, ohne dabei abschließend zu sein. Unter den Begriff der Urkunde nach § 97 AO fallen alle, in einem Schriftstück verkörperten oder auf Daten- und Bildträgern festgehaltenen Gedankenerklärungen, die allgemein oder für Eingeweihte verständlich sind, den Urheber erkennen lassen und zum Beweis einer recht-

284 BVerfG v. 13. 10. 1971 1 BvR 280/66, BVerfGE 32, 54.

lich erheblichen Tatsachen geeignet sind.[285] Ist die Urkunde zur Vorlage bei der Finanzbehörde ungeeignet, z. B. wegen ihrer Beschaffenheit, kann sie auch beim Beteiligten selbst oder der anderen Person eingesehen werden.

IV. Rechtliches Gehör

Bevor ein Verwaltungsakt erlassen wird, der in Rechte eines Beteiligten eingreift, soll 239
diesem gemäß § 91 Abs. 1 Satz 1 AO Gelegenheit gegeben werden, sich zu den für die Entscheidung erheblichen Tatsachen zu äußern (**rechtliches Gehör**). Dies gilt insbesondere dann, wenn von dem in der Steuererklärung erklärten Sachverhalt zuungunsten des Steuerpflichtigen wesentlich abgewichen werden soll. § 91 AO **gilt für jedes Verfahren,** d. h. nicht nur im Einspruchsverfahren. Die Praxis der HZÄ sieht leider anders aus. Dies ist u. E. nicht nur der Arbeitsüberlastung in einzelnen Bereichen geschuldet. Das rechtliche Gehör wird mehr als unnötige Last verstanden, als ein Mittel der Aufklärung von Sach- und Rechtslage.

Von der Anhörung kann nach § 91 Abs. 2 AO abgesehen werden, wenn sie nach den Umständen des Einzelfalls nicht geboten ist. Dies ist nach dem Wortlaut der Vorschrift insbesondere dann der Fall, wenn

- eine sofortige Entscheidung wegen Gefahr im Verzug oder im öffentlichen Interesse notwendig erscheint
- durch die Anhörung die Einhaltung einer für die Entscheidung maßgeblichen Frist in Frage gestellt würde
- von den tatsächlichen Angaben eines Beteiligten, die dieser in einem Antrag oder einer Erklärung gemacht hat, nicht zu seinen Ungunsten abgewichen werden soll
- die Finanzbehörde eine Allgemeinverfügung oder gleichartige Verwaltungsakte in größerer Zahl oder Verwaltungsakte mit Hilfe automatischer Einrichtungen erlassen will oder
- Maßnahmen in der Vollstreckung getroffen werden sollen.

Ist eine Anhörung **versehentlich unterblieben**, kann sie nach Erlass des Verwaltungsakts **nachgeholt** und die Fehlerhaftigkeit des Bescheides dadurch **geheilt** werden, § 126 Abs. 1 Nr. 3 AO.

V. Akteneinsicht

Ein großer Teil der deutschen Verfahrensordnungen beinhaltet ein Recht auf Akteneinsicht.[286] Die AO enthält keine Regelung, nach der ein Anspruch auf Akteneinsicht besteht. Ein solches Recht ist aus Gründen der Praktikabilität vom Gesetzgeber nicht geregelt worden.[287] Der Finanzbehörde sei es nicht zuzumuten, vor jeder Akteneinsicht 240

285 *Seer* in Tipke/Kruse, § 97 AO Rz. 2.
286 § 29 VwVfG, § 147 StPO, § 78 FGO.
287 BT- Drucksache 7/4292, 24 f.

Geheimhaltungsinteressen Dritter, behördeninterne Vermerke und Anweisungen sowie Ähnliches aus den Akten zu entfernen. Die Behörde sei deshalb nicht verpflichtet, Aufzeichnungen über die Grundlage ihrer Entscheidung offenzulegen.[288] Des Weiteren beinhalte die Steuerakte der Finanzbehörde im Regelfall Unterlagen, welche dem Antragsteller bekannt sein dürften.

Der Antragsteller hat jedoch einen Anspruch darauf, dass die Finanzbehörde über seinen Antrag nach pflichtgemäßem Ermessen entscheidet. Die Belange des Antragstellers und das öffentliche Interesse sind dabei gegeneinander abzuwiegen.[289]

241 Beantragt ein Beteiligter Akteneinsicht unter Bezugnahme auf das IFG, ist sein Antrag danach zu prüfen und zu verbescheiden. Mit der Einführung des IFG zum 1.1.2006 wurde ein **allgemeines Auskunftsgesetz** geschaffen, wonach grds. jeder gegenüber den Behörden des Bundes einen Anspruch auf Zugang zu amtlichen Informationen hat, § 1 Abs. 1 IFG.

Durch das Gesetz sind mithin auch die Bundesfinanzbehörden verpflichtet, unter den dort genannten Voraussetzungen Akteneinsicht in die Besteuerungsunterlagen zu gewähren. Dies folgt einerseits daraus, dass die Vorschriften des IFG keine Regelung zur Subsidiarität gegenüber den Regelungen der AO enthalten.[290] Andererseits enthält die AO keinen Verweis auf die Nichtanwendung des IFG. Die zu den Informationsfreiheitsgesetzen der Länder ergangene ablehnende Rechtsprechung der Finanzgerichte[291] spricht nicht gegen diese Ansicht, weil das hier in Rede stehende IFG ebenso wie die AO ein Bundesgesetz ist und der Gesetzgeber seine bewusste Nichtregelung eines Akteneinsichtsrechts in der AO damit revidiert hat. Eine Ablehnung der Akteneinsicht ist in diesem Fall nur noch bei Vorliegen von Versagungsgründen nach dem IFG zulässig.

D. Steuerfestsetzungsverfahren

242 Der Steueranspruch entsteht mit Verwirklichung des Tatbestandes, an den das Gesetz die Leistungsfähigkeit knüpft (§ 38 AO). Um einen solchen Anspruch zu konkretisieren, bedarf es i. d. R. einer Steuerfestsetzung durch **Steuerbescheid**, § 155 Abs. 1 Satz 1 AO. Der Steuerbescheid ist ein Verwaltungsakt (§ 118 AO) und als verbindliche Entscheidung über den Steueranspruch zu sehen.[292] Ist die Festsetzungsfrist abgelaufen, darf die Steuerfestsetzung nicht mehr ergehen.

Die Konkretisierung von anderen Ansprüchen aus dem Steuerschuldverhältnis kann sich ebenfalls nach den §§ 155 ff. AO richten. Die Vorschriften über die Steuerfestsetzung der §§ 155 ff. AO sind über den Verweis in § 155 Abs. 4 AO auf Steuervergütungen anwendbar. In diesem Fall wird der Verwaltungsakt als **Steuervergütungsbescheid** bezeichnet.

288 FG Münster v. 5.11.2002 1 K 7155/00, EFG 2003, 499-502; Hessisches FG v. 16.3.1990 1 K 4538/89, EFG 1990, 503.

289 AO-DV Zoll Nr. 4 zu § 91.

290 § 1 IFG und die zugehörige Gesetzesbegründung BT-Drucksache 15/4493 7-8.

291 Z. B. FG Münster vom 20.11.2003 12 K 6405/02 S, EFG 2004, 387-389.

292 *Seer* in Tipke/Kruse, § 155 AO Rz. 1.

Auch **steuerliche Nebenleistungen** müssen, mit Ausnahme der Säumniszuschläge, festgesetzt werden. Die §§ 155 ff. AO finden jedoch gemäß § 1 Abs. 3 AO nur Anwendung, soweit dies in den jeweiligen Bestimmungen über steuerliche Nebenleistungen besonders bestimmt ist. 243

Für die **Biokraftstoffquote** nach § 37a BImSchG gelten die Vorschriften über die Festsetzung von Verbrauchsteuern gemäß § 37c Abs. 5 Satz 1 BImSchG sinngemäß. 244

Die Vorschriften der AO sind sinngemäß auch auf den **Zuschlag** nach § 32 Abs. 3 ZollVG anwendbar.[293] Dies folgt aus seinem Wesen als abgabenrechtliche Sanktion, welche zur Einhaltung der steuerlichen Vorschriften im grenzüberschreitenden Reiseverkehr anhalten soll. Aus den bestehenden Vorschriften und einschlägigen Verwaltungsanweisungen geht jedoch nicht hervor, wie weitreichend der Anwendungsbereich der AO gilt. Hier wäre der Gesetzgeber gefragt. Unseres Erachtens sollte sich der Anwender an den für den Verspätungszuschlag geltenden Bestimmungen orientieren. Je nach Vorschrift ist jedoch eine Abwägung nach Sinn und Zweck erforderlich. 245

Für die Festsetzung von Einfuhr- und Ausfuhrabgaben enthält das gemeinschaftsrechtliche Zollrecht mit Art. 217 Abs. 1 ZK eigene Bestimmungen. Liegen die für die Mitteilung der Zollschuld erforderlichen Angaben der Zollbehörde vor, muss sie den Abgabenbetrag berechnen und in die Bücher oder in sonstige stattdessen verwendete Unterlagen eintragen (**buchmäßige Erfassung**).[294] Wie auch im nationalen Recht berührt die buchmäßige Erfassung nicht die Entstehung des Zollschuldanspruchs, sondern betrifft ausschließlich die Konkretisierung des Anspruches. Der Zeitpunkt der buchmäßigen Erfassung entspricht in der Praxis der deutschen Zollbehörden dem Zeitpunkt der Erzeugung des Abgabenbescheides.[295] Im Falle der Selbstberechnung der Abgaben gilt als Zeitpunkt der buchmäßigen Erfassung die Bestätigung des angemeldeten Abgabenbetrages. 246

Die buchmäßige Erfassung ist ein innerorganisatorischer Vorgang. Er entfaltet keine Außenwirkung. Hierfür bedarf es der Mitteilung an den Zollschuldner, welches im nationalen Recht der Bekanntgabe des Steuerbescheides entspricht. Die **Mitteilung des buchmäßig erfassten Abgabenbetrags** hat nach Art. 221 Abs. 1 ZK in geeigneter Form zu erfolgen. Hierfür sind die Vorschriften der AO über die Form und Bekanntgabe von Steuerbescheiden anzuwenden. 247

Ist der Zollschuldner zur Selbstberechnung der Abgaben berechtigt, bedarf es keiner Mitteilung der buchmäßigen Erfassung (Art. 221 Abs. 2 UA 1 ZK). Beim IT-Verfahren ATLAS erfolgt bei Teilnehmereingabe die Mitteilung mit Mitteln der elektronischen Datenverarbeitung gemäß § 29b ZollV.[296] Bei mündlicher Zollanmeldung ist der Abgabenbetrag gemäß § 29a ZollV regelmäßig mündlich mitzuteilen.

Mit der buchmäßigen Erfassung des Abgabenbetrags entsteht der **Anspruch der Europäischen Gemeinschaft** auf Abführung der Eigenmittel. Um die hohen Zinsforderungen 248

293 AO-DV Zoll Nr. 1 zu § 1; BFH v. 29. 7. 1981 VII R 27/79, BFHE 135, 95.
294 Zur buchmäßigen Erfassung: *Huchatz* in Lehrbuch des Europäischen Zollrechts, S. 307.
295 DV Z 0912 Abs. 5.
296 DV Z 0912 Abs. 17.

der Europäischen Gemeinschaft zu vermeiden, haben die nationalen Zollverwaltungen deshalb auf fristgerechte buchmäßige Erfassung und Mitteilung zu achten.[297]

I. Steuererklärung/Steueranmeldung als Ausgangsgrundlage der Steuerfestsetzung

249 Ausgangsgrundlage für eine Steuerfestsetzung kann die Steuererklärung des Steuerpflichtigen sein. Die Finanzbehörde prüft die in der Steuererklärung enthaltenen Angaben und setzt die Steuer in Form eines **Steuerbescheids** fest, § 155 Abs. 1 Satz 1 AO. Der Steuerbescheid ist, soweit nichts anderes bestimmt ist, gemäß § 157 Abs. 1 Satz 1 AO schriftlich zu erteilen. Dies ist beispielsweise nach § 29a ZollV bei der Einfuhrabgabenfestsetzung im grenzüberschreitenden Reiseverkehr der Fall. Danach können Einfuhrabgaben im grenzüberschreitenden Reiseverkehr mündlich festgesetzt werden.

Der Steuerbescheid muss inhaltlich ausreichend bestimmt sein. Im Bescheid muss die festgesetzte Steuer nach Art und Betrag bezeichnet sein. Ferner ist anzugeben, wer die Steuer schuldet. Weiterhin ist dem Steuerbescheid eine Belehrung beizufügen, welcher Rechtsbehelf zulässig ist und binnen welcher Frist und bei welcher Behörde er einzulegen ist, § 157 Abs. 1 Satz 3 AO (Rechtsbehelfsbelehrung). Bei Steuerbescheiden empfiehlt es sich die Rechtsbehelfsbelehrung dahingehend zu ergänzen, dass der Einspruch gegen den Steuerbescheid nicht die Vollziehung des Steuerbescheids hemmt.

250 Der Steuerfestsetzung mit Steuerbescheid bedarf es nicht, sofern der Steuerpflichtige eine Steueranmeldung abgibt. Die Steueranmeldung ist mittlerweile bei den durch die HZÄ verwalteten Steuern häufiger als die Steuererklärung vertreten. Eine **Steueranmeldung** ist eine steuerliche Erklärung, in formalisierter Form nach einem amtlich vorgeschriebenen Vordruck, in der eine Steuer oder Steuerentlastung durch den Steuerpflichtigen selbst berechnet wird, § 150 Abs. 1 Satz 3 AO. Die Steueranmeldung ist damit eine besondere Form der Steuererklärung.

Grundsätzlich keine Voraussetzung für die Charakterisierung als Steueranmeldung ist eine Pflicht zur Abgabe dieser Erklärung;[298] allerdings können die Einzelsteuergesetze die Abgabe bestimmen. Die Steueranmeldung ist mittlerweile bei den durch die HZÄ verwalteten Steuern häufiger als die Steuererklärung vertreten. Die vom Milchkäufer abzugebende Abgabeanmeldung (§ 40 MilchQotV) wird vom BFH als Steueranmeldung klassifiziert.[299] Ferner gelten die Mitteilungen i. S. v. § 37c Abs. 1 und Abs. 4 BImSchG nach § 37c Abs. 5 Satz 2 BImSchG als Steueranmeldungen nach der AO.

Meldet der Steuerpflichtige die Steuer ordnungsgemäß und in der zutreffenden Höhe bei der Finanzbehörde an, ist eine Steuerfestsetzung mit Steuerbescheid nicht notwendig. Die abgegebene (zutreffende) **Steueranmeldung wirkt als Steuerfestsetzung** und steht nach § 168 AO einer Steuerfestsetzung unter dem Vorbehalt der Nachprüfung

---

297 DV Z 0912 Abs. 1 UA 2.

298 Insbesondere Verbrauchsteuervergütungen sind häufig mit Steueranmeldung zu beantragen; eine Pflicht zur Abgabe des Vergütungsantrages besteht aber nicht.

299 BFH v. 10. 11. 1992 VII R 52/92, ZfZ 1993, 76.

gleich. Die Steueranmeldung wird auch als Instrument der Selbstveranlagung bezeichnet.[300]

Kommt die Finanzbehörde nach Prüfung der Steueranmeldung zu einer **abweichenden Steuer**, muss sie die Steuer mit Steuerbescheid festsetzen, § 167 Abs. 1 Satz 1 AO. Der hier verwendete Begriff der „abweichenden Steuer" bezieht sich u. E. nicht allein auf die zutreffende Höhe der Steuerschuld. Die Finanzbehörde muss den Steueranspruch auch festsetzen, sofern sich aus der Steueranmeldung steuerliche Ungereimtheiten ergeben (z. B. mehrere Steueranmeldungen zu einem Besteuerungssachverhalt wurden abgegeben). 251

Die Steueranmeldung unterscheidet sich mithin von der Steuererklärung durch drei Punkte: 252

- Selbstberechnung der Steuer,
- grds. keine Verpflichtung zur Abgabe der Erklärung, es sei denn im Einzelsteuergesetz ist etwas anderes geregelt,
- entfaltet bei Annahme durch die Finanzbehörde die Wirkung einer Steuerfestsetzung (unter dem Vorbehalt der Nachprüfung).

BEISPIELE **für eine Steueranmeldung:**

- § 15 Abs. 1 und 2 SchaumwZwStG
- § 8 Abs. 3, 4 und 6a EnergieStG
- § 8 Abs. 1 und 9 StromStG
- § 12 Abs. 1 LuftVStG
- § 6 Abs. 1 KernbrStG

Anträge auf Vergütung von Verbrauchsteuern werden wegen der Verpflichtung des Beteiligten, die Vergütung selbst zu berechnen, durch die Finanzverwaltung als Steuerklärung in Form einer Steueranmeldung gemäß § 150 Abs. 1 Satz 3 AO qualifiziert. Dies gilt u. E. aber nur für solche Anträge, die nach einem amtlich vorgeschriebenen Vordruck abzugeben sind. Kommt die Finanzbehörde nach Prüfung der Steueranmeldung zu einer abweichenden Steuervergütung, muss sie die Steuervergütung mit Steuervergütungsbescheid festsetzen, § 167 Abs. 1 Satz 1 AO i. V. m. § 155 Abs. 4 AO. 253

Keiner Steuerfestsetzung bedarf es darüber hinaus bei der **Verwendung von Tabaksteuerzeichen** (§ 17 Abs. 1 TabStG) oder bei den Abzugsverfahren im Einkommensteuerbereich.[301] Bei der Verwendung von Tabaksteuerzeichen gilt die Steuer damit bereits als entrichtet. Einer Steuerfestsetzung bedarf es nach § 167 Abs. 1 Satz 1, 2 AO nur, sofern die Steuer durch die Verwendung der Steuerzeichen oder Steuerstempler nicht in der zutreffenden Höhe entrichtet worden sind. 254

Hat der Steuerpflichtige trotz Verpflichtung keine Steuererklärung oder Steueranmeldung abgegeben, die Finanzbehörde aber auf anderem Wege von der Steuerentstehung erfahren, kann hat sie die entstandene Steuer mit **Steuerbescheid** festzusetzen. Dies kann beispielsweise nach einer Außenprüfung, Steueraufsicht oder einem steuerstraf- 255

300 *Seer* in Tipke/Lang, Steuerrecht, § 21 Rz. 186.

301 Z. B.: Lohnsteuer, §§ 38 ff. EStG; Kapitalertragsteuer, §§ 43 EStG.

rechtlichen Ermittlungsverfahren der Fall sein. Alternativ zum sofortigen Erlass eines Steuerbescheids, kann es sich anbieten, dass die Finanzbehörde den Steuerpflichtigen zur Abgabe der Steuererklärung oder Steueranmeldung auffordert.

256 Kann die Finanzbehörde die Besteuerungsgrundlagen nicht ermitteln oder berechnen, hat sie die Besteuerungsgrundlagen gemäß § 162 Abs. 1 Satz 1 AO zu **schätzen**. Dabei hat sie alle Umstände zu berücksichtigen, die für die Schätzung von Bedeutung sind. Werden die Besteuerungsgrundlagen geschätzt, empfiehlt es sich, die Steuer unter dem Vorbehalt der Nachprüfung (§ 164 AO) festzusetzen. Auch im Bereich der Einfuhr- und Ausfuhrabgaben kann eine Schätzung nach § 162 AO grds. erfolgen. Allerdings sind die besonderen Regelungen des Gemeinschaftsrechts dabei zu berücksichtigen (z. B. Art. 31 ZK für die Ermittlung des Zollwerts).

II. Festsetzungsfrist

257 Die Festsetzungsfrist bestimmt, innerhalb welcher Frist der Steueranspruch mit Steuerbescheid konkretisiert werden darf. Ist die Festsetzungsfrist abgelaufen, erlischt der Steueranspruch (§ 47 AO). Die Steuerfestsetzung sowie ihre Aufhebung oder Änderung sind gemäß § 169 Abs. 1 Satz 1 AO dann nicht mehr zulässig. Der Gesetzgeber hat folglich die Festsetzung einer **Verjährung** unterworfen. Für Gläubiger und Schuldner entfällt mit Ablauf der Festsetzungsfrist endgültig die Ungewissheit über das Bestehen eines Anspruches aus dem Steuerschuldverhältnis. Die Verjährungsvorschriften sorgen damit für beide Parteien gleichermaßen für Rechtsfrieden und Rechtsklarheit. Ebenso kann aber auch ein Beteiligter seinen Steuererstattungsanspruch oder Steuervergütungsanspruch nicht mehr gegenüber der Finanzbehörde geltend machen.

Die Festsetzungsfrist ist bei Steueransprüchen gewahrt, wenn vor Ablauf der Festsetzungsfrist der Steuerbescheid den Bereich der für die Steuerfestsetzung zuständigen Finanzbehörde verlassen hat, § 169 Abs. 1 Satz 3 AO. Allerdings muss der zur Post gegebene Steuerbescheid dem Empfänger nach Fristablauf tatsächlich zugehen.[302]

258 Die **reguläre Dauer** der auf die jeweilige Anspruchsart bezogenen Festsetzungsfrist, regelt § 169 Abs. 2 AO. Für Steuern, die keine Verbrauchsteuern oder Einfuhr- und Ausfuhrabgaben i. S. d. Art. 4 Nr. 10 und 11 ZK sind, beträgt die Festsetzungsfrist nach § 169 Abs. 2 Satz 1 Nr. 2 AO vier Jahre. Abweichend davon beträgt die Festsetzungsfrist für Verbrauchsteuern hingegen ein Jahr, § 169 Abs. 2 Satz 1 Nr. 1 AO. Diese im Verhältnis zu den anderen Steuerarten kurz bemessene Festsetzungsfrist sah bereits schon die RAO 1919 vor und ist historisch bedingt.[303]

Die unterschiedliche Ausgestaltung der Festsetzungsfristen in § 169 Abs. 2 Satz 1 AO sollte zugunsten einer gemeinsamen Dreijahresfrist aufgegeben werden.[304] Dadurch könnte einerseits eine Angleichung an die Fristenregelung des ZK (Art. 221 Abs. 3 Satz 1 ZK) und des BGB (§ 195 BGB) erreicht werden. Andererseits würde dadurch die bei Ent-

302 AO-DV Zoll Nr. 2 zu § 169 unter Hinweis auf BFH v. 25. 11. 2002 GrS 2/01, ZfZ 2003, 311-312.

303 *Kruse* in Tipke/Kruse, § 169 AO Rz. 3.

304 Dies würde jedoch eine Anpassung von § 172 AO bedingen, s. hierzu Rdn. 534.

stehung der AO 1977 ursprünglich angestrebte Festsetzungsfrist von drei Jahren realisiert werden.[305]

Die HZÄ verwalten neben den Verbrauchsteuern und Einfuhrabgaben noch die **Luftverkehrsteuer** und ab dem 1. 7. 2014 die **Kraftfahrzeugsteuer**. Für diese beiden Steuern beträgt die Festsetzungsfrist mithin vier Jahre. Für die **Einfuhrumsatzsteuer** beträgt die Festsetzungsfrist ein Jahr. Sie gehört nach § 21 Abs. 1 UStG zu den Verbrauchsteuern.

Neben den beiden Festsetzungsfristen des § 169 Abs. 2 Satz 1 AO von einem Jahr und vier Jahren enthält § 169 Abs. 2 Satz 2 AO zwei weitere Fristen. Danach beträgt die Festsetzungsfrist 259

- 10 Jahre, soweit eine Steuer hinterzogen (§ 370 AO) und
- 5 Jahre, soweit eine Steuer leichtfertig verkürzt (§ 378 AO) wurde.

Für eine **Hinterziehung** und damit eine Anwendung der verlängerten Festsetzungsfrist muss der objektive und subjektive Tatbestand von § 370 AO erfüllt sein. Der bloße Versuch der Steuerhinterziehung (§ 370 Abs. 2 AO) führt nicht zu einer Verlängerung der Festsetzungsfrist. Für eine Anwendung der verlängerten Festsetzungsfrist bedarf es keiner strafgerichtlichen Verurteilung. Ebenso wenig sind Selbstanzeige (§ 371 AO), der Eintritt der Strafverfolgungsverjährung oder sonstige Verfahrenshindernisse von Bedeutung.[306]

Leichtfertige Steuerhinterziehung setzt voraus, dass der Steuerpflichtige nach den Gegebenheiten des Einzelfalles und seinen individuellen Fähigkeiten in der Lage gewesen wäre, den aus den einschlägigen gesetzlichen Regelungen sich im konkreten Fall ergebenden Sorgfaltspflichten zu genügen.[307]

§ 169 Abs. 2 Satz 2 AO setzt nicht voraus, dass der Steuerschuldner selbst oder die Person, deren er sich zur Erfüllung seiner steuerlichen Pflichten bedient, die Steuerhinterziehung bzw. leichtfertige Steuerverkürzung begangen hat.[308] Es genügt nach dem Wortlaut der Vorschrift, dass die Steuer hinterzogen bzw. leichtfertigt verkürzt wurde. Der Steuerschuldner muss die Hinterziehung oder leichtfertige Verkürzung allerdings dann nicht gegen sich gelten lassen, wenn er nachweist:

- dass er durch die Tat keinen Vermögensvorteil erlangt hat und
- dass die Tat nicht darauf beruht, dass er die im Verkehr erforderlichen Vorkehrungen zur Verhinderung der Steuerverkürzung unterlassen hat.

Die Festsetzungsfrist wird ausschließlich durch eine Steuerhinterziehung bzw. eine leichtfertige Steuerverkürzung verlängert. Sonstige Steuerstraftaten oder Steuerordnungswidrigkeiten führen nicht zu einer Verlängerung.

Zur Festsetzungsfrist bei Haftungsansprüchen s. Rdn. 477 ff. 260

305 Die heutige Vierjahresfrist war für einen Übergangszeitraum angedacht. Siehe hierzu: BT-Drucksache VI/1982, 150 und 7/4292, 32-33.

306 *Kruse* in Tipke/Kruse, § 169 AO Rz. 15.

307 BFH v. 17. 3. 2000 VII B 39/99, ZfZ 2000, 312-314.

308 BFH v. 4. 5. 2004 VII R 64/03, ZfZ 2005, 18-20.

1. Festsetzungsfrist bei steuerlichen Nebenleistungen

261 In den Vorschriften über die steuerlichen Nebenleistungen sind teilweise abweichende Bestimmungen zur Dauer der Festsetzungsfrist enthalten.

- Für die Zinsen (§ 233a bis 237 AO) beträgt die Festsetzungsfrist ein Jahr, § 239 Abs. 1 Satz 1 AO.
- Für Zollkosten beträgt die Festsetzungsfrist ein Jahr, § 178 Abs. 4 AO i.V.m. § 169 Abs. 2 Satz 1 Nr. 1 AO.
- Für Vollstreckungskosten beträgt die Festsetzungsfrist ein Jahr, § 346 Abs. 2 AO.

262 **Säumniszuschläge** können erhoben werden, ohne dass sie mit Bescheid festgesetzt worden sind.[309] Einer Festsetzungsfrist bedarf es deshalb für sie nicht.

263 Für **Verspätungszuschläge** hat der Gesetzgeber keine Festsetzungsfrist vorgesehen. Verspätungszuschläge sind nach § 152 Abs. 3 AO regelmäßig mit der Steuer festzusetzen (sog. Verbindungsgebot). Um eine unbegrenzte Festsetzung von Verspätungszuschlägen auszuschließen, wird in der Literatur die Anwendung des Verwirkungstatbestandes erwogen.[310] Der BFH geht in Anlehnung an die Dauer der Festsetzungsfrist von Zinsen jedenfalls von einer Festsetzungsfrist von mindestens einem Jahr aus.[311]

264 Die Rechtsnatur von **Zwangsgeldern** (§ 329 AO) und **Verzögerungsgeldern** (§ 146 Abs. 2b AO) führt ebenfalls dazu, dass keine Festsetzungsfrist existiert. Aus dem Sinn und Zweck des Zwangsgeldes folgt, dass es im zeitlichen Zusammenhang mit dem Ablauf der in der Androhungsverfügung bestimmten Frist (§ 332 Abs. 1 Satz 3 AO) zur Erfüllung der Verpflichtung festgesetzt werden muss. Geschieht dies nicht, so kann nach Treu und Glauben die Annahme gerechtfertigt sein, dass die Finanzbehörde auf die Durchsetzung des angedrohten Zwangsgeldes verzichtet.[312] Mögliche Begleitumstände, wie ein anhängiges Einspruchsverfahren, sind hierbei zu berücksichtigen. Das Verzögerungsgeld ist seinem Charakter nach ein Zwangsgeld. Die Ausführungen geltend u. E. entsprechend.

265 Der **Zuschlag** nach § 32 Abs. 3 ZollVG wird regelmäßig sofort nach Feststellung des zollrechtlichen Verstoßes festgesetzt. Die Frage der Festsetzungsfrist hat demnach allenfalls Auswirkung auf die Korrektur von entsprechenden Verwaltungsakten. In Anlehnung an die Rechtsprechung des BFH zu der Festsetzungsfrist beim Verspätungszuschlag beträgt die Festsetzungsfrist u. E. ein Jahr.

2. Frist für die buchmäßige Erfassung/Mitteilung der buchmäßigen Erfassung

266 Die **Mitteilung der buchmäßigen Erfassung** an den Zollschuldner darf gemäß Art. 221 Abs. 3 Satz 1 ZK nach Ablauf einer Frist von drei Jahren nach dem Zeitpunkt des Entstehens der Zollschuld nicht mehr erfolgen. § 169 Abs. 2 Satz 1 AO ist für Einfuhr- und Aus-

309 AO-DV Zoll Nr. 8 zu § 240.

310 Z. B. *Rätke* in Klein, § 152 AO Rz. 13.

311 BFH v. 10. 10. 2001 XI R 41/00, BStBl 2002 II 124.

312 BFH v. 22. 5. 2011 VII R 79/00, BFH/NV 2001, 1369-1371.

fuhrabgaben mithin durch Art. 221 Abs. 3 Satz 1 ZK überlagert. Ist die Zollschuld hingegen aufgrund einer strafbaren Handlung entstanden, kann die Mitteilung unter den Voraussetzungen des jeweils geltenden nationalen Rechts gemäß Art. 221 Abs. 4 ZK noch nach Ablauf der Dreijahresfrist erfolgen.

Nicht unter den Anwendungsbereich der Vorschrift fallen Handlungen, welche mit einer Geldbuße belegt sind (z. B. Leichtfertige Steuerverkürzung, § 378 AO). § 169 Abs. 2 Satz 2 AO bleibt damit zumindest teilweise auch für Einfuhr- und Ausfuhrabgaben anwendbar. Mit Inkrafttreten des MZK wird die verlängerte Frist für die Mitteilung der buchmäßigen Erfassung bei strafbaren Handlungen durch das Gemeinschaftsrecht selbst geregelt. Ein Rückgriff auf die AO ist dann nicht mehr zulässig.[313]

Von der Frist zur Mitteilung der buchmäßigen Erfassung (Art. 221 Abs. 3 Satz 1 ZK) ist 267 die **Frist für die buchmäßige Erfassung** zu unterscheiden. Sie hat in der Wirkung für den Zollschuldner u. E. eine untergeordnete Bedeutung. Die Frist für die buchmäßige Erfassung bestimmt grds. Art. 218 ZK.[314] In den Fällen einer Zollschuldentstehung nach Art. 201 Abs. 1 Buchst. a ZK ist der Abgabenbetrag unmittelbar nach Berechnung vorzunehmen, spätestens am zweiten Tag nach dem Tag, an dem die Ware überlassen worden ist, Art. 218 Abs. 1 UA 1 ZK.

In den übrigen Fällen der Zollschuldentstehung nach den Art. 201 Abs. 1 Buchst. b oder Art. 202 bis 205 ZK beträgt die Frist für die buchmäßige Erfassung innerhalb von zwei Tagen nach dem Tag, an dem die Zollbehörden in der Lage sind, den betreffenden Abgabenbetrag zu berechnen und den Zollschuldner zu bestimmen, Art. 218 Abs. 3 ZK.

3. Beginn der Festsetzungsfrist

Den Beginn der Festsetzungsfrist regelt § 170 AO. Der Grundtatbestand ergibt sich aus 268 § 170 Abs. 1 AO, wonach die Festsetzungsfrist mit Ablauf des Kalenderjahres beginnt, in dem der Steueranspruch entstanden ist. Damit ist hier zum einen das Prinzip der Kalenderverjährung festgeschrieben und zum anderen verdeutlicht, dass es für den Beginn der Festsetzungsfrist keiner ausdrücklichen Erklärung bedarf. Er bemisst sich allein anhand des Zeitpunktes, nach dem eine Steuer nach den Einzelsteuergesetzen entstanden ist.

BEISPIEL **Beginn Festsetzungsfrist nach § 170 Abs. 1 AO:**

Entstehung von Biersteuer am:	31. 3. 10
Beginn der Festsetzungsfrist:	Ablauf 31. 12. 10

Abweichend von § 170 Abs. 1 AO beginnt die Festsetzungsfrist nach § 170 Abs. 2 Satz 1 269 Nr. 1 1. Halbsatz AO, wenn eine Steuererklärung oder eine Steueranmeldung einzureichen oder eine Anzeige zu erstatten ist, mit Ablauf des Kalenderjahrs, in dem die Steuererklärung, die Steueranmeldung oder die Anzeige eingereicht wird. Diese Regelung

313 Hierzu *Alexander* in Witte, Art. 222 ZK Rz. 11.

314 Zu abweichenden Bestimmungen s. DV Z 0912 Abs. 7-16.

gilt allerdings gemäß § 170 Abs. 2 Satz 2 AO nicht für Verbrauchsteuern, ausgenommen die Energiesteuer auf Erdgas und die Stromsteuer.[315]

Die abweichende Regelung für die **Energiesteuer auf Erdgas** und die **Stromsteuer** folgt aus der im EnergieStG[316] und StromStG[317] vorgesehenen Möglichkeit der jährlichen Steueranmeldung. Die Steuer kann in diesem Fall für jedes Kalenderjahr bis zum 31. 5. des folgenden Kalenderjahres angemeldet werden. Um eine sachgerechte Festsetzung der beiden Steuern zu gewährleisten, wurde eine abweichende Regelung notwendig.[318] Neben der Energiesteuer auf Erdgas und der Stromsteuer erfasst § 170 Abs. 2 Satz 1 Nr. 1 AO die Luftverkehrsteuer und die Kraftfahrzeugsteuer, sofern eine Steuererklärung oder eine Steueranmeldung einzureichen oder eine Anzeige zu erstatten ist.

270 Voraussetzung für den Beginn der Festsetzungsfrist nach § 170 Abs. 2 Satz 1 Nr. 1 AO ist eine bestehende gesetzliche Pflicht zur Abgabe einer Steuererklärung, Steueranmeldung oder Erstattung einer Anzeige. Die Anlaufhemmung nach § 170 Abs. 2 AO gilt demnach nicht bei im Stromsteuerrecht oder Energiesteuerrecht (Erdgas) geregelten Vergütungs- oder Erstattungsanträgen.[319] Eine gesetzliche Pflicht zur Abgabe solcher Anträge besteht insoweit nicht.

BEISPIEL ▸ **Beginn Festsetzungsfrist nach § 170 Abs. 2 AO:**

Besteuerungszeitraum Stromsteuer:	2010
Abgabe der Stromsteueranmeldung:	31. 3. 2011
Beginn der Festsetzungsfrist:	Ablauf 31. 12. 2011

271 Wird keine Steuererklärung oder Steueranmeldung eingereicht oder keine Anzeige erstattet, beginnt die Festsetzungsfrist mit Ablauf des dritten Kalenderjahrs, das auf das Kalenderjahr folgt, in dem die Steuer entstanden ist, es sei denn, dass die Festsetzungsfrist nach § 170 Abs. 1 AO später beginnt, § 170 Abs. 2 Satz 1 Nr. 1 2. Halbsatz AO. Durch diese Regelung soll verhindert werden, dass durch die Nichtabgabe der Steuererklärung, Steueranmeldung oder Anzeige, die Festsetzungsfrist für die Finanzbehörde verkürzt wird.[320]

272 Eine **besondere Regelung** für den Beginn der Festsetzungsfrist für die Aufhebung oder Änderung von antragsgebundener Festsetzung von Steuern und Steuervergütungen bestimmt § 170 Abs. 3 AO. Wird eine Steuer oder eine Steuervergütung nur auf Antrag festgesetzt, so beginnt die Frist für die Aufhebung oder Änderung (§ 172 AO) dieser Festsetzung oder ihrer Berichtigung (§ 129 AO) nicht vor Ablauf des Kalenderjahres, in dem der Antrag – auf erstmalige Festsetzung – gestellt wird. Die Festsetzungsfristen für die erstmalige Festsetzung und für die Änderung/Aufhebung werden in diesen Fällen getrennt voneinander berechnet.

---

315 § 170 Abs. 2 Satz 2 AO gilt für die Energiesteuer auf Erdgas für alle am 14. 12. 2010 noch nicht abgelaufenen Festsetzungsfristen, § 10 Abs. 10 EGAO.

316 § 39 Abs. 2 Satz 1 EnergieStG.

317 § 8 Abs. 2 Satz 1 StromStG.

318 Zur Stromsteuer: BT-Drucksache 14/2070, 32; zur Energiesteuer auf Erdgas: BT-Drucksache 17/2249, 87.

319 Siehe hierzu auch: AO-DV Zoll Nr. 4 zu § 170.

320 BT-Drucksache VI/1982, 151.

Für die erstmalige Festsetzung ist § 170 Abs. 1 oder 2 AO, bei der Änderung/Aufhebung der auf Antrag festgesetzten Steuer oder Steuervergütung § 170 Abs. 3 AO für den Fristbeginn einschlägig. Die Vorschrift hat Bedeutung bei den Steuern und Steuervergütungen, bei denen § 170 Abs. 2 AO nicht anwendbar ist. Durch § 170 Abs. 3 AO wird sichergestellt, dass der Finanzbehörde auch bei späterer Antragstellung genügend Zeit für eine Korrektur (Änderung/Aufhebung) der Festsetzung verbleibt.[321]

BEISPIEL ▸ **Beginn Festsetzungsfrist bei Aufhebung und Änderung nach § 170 Abs. 3 AO:**

Vergütungszeitraum Energiesteuer (nicht Erdgas):	09
Beginn der Festsetzungsfrist für die erstmalige Festsetzung (§ 170 Abs. 1 AO):	Ablauf 31.12.09
Abgabe der Steueranmeldung (Antrag auf Vergütung):	31. 3.10
Vergütungsbescheid:	2. 5. 10
Antrag auf Änderung des Vergütungsbescheids:	2. 8. 10
Beginn der Festsetzungsfrist für die Änderung der Festsetzung (§ 170 Abs. 3 AO):	Ablauf 31. 12. 10

Ein Steueränderungsbescheid ist nach Ablauf des 31. 12. 10 demnach noch zulässig.

4. Ablaufhemmung

Der in Gang gesetzte Lauf der Festsetzungsfrist endet mit dem in § 169 AO bestimmten Zeitraum, wenn der **Ablauf der Frist nicht gehemmt** wird. In welchen Fällen es zu einer solchen Ablaufhemmung kommt, regelt § 171 AO. § 171 AO enthält eine Vielzahl von Regelungen, die möglichst alle Fälle erfassen sollen, in denen es erforderlich ist, den Ablauf der Festsetzungsfrist hinauszuschieben.[322] Die Ablaufhemmung des § 171 AO führt dazu, dass der Eintritt der Festsetzungsverjährung bis zum Wegfall des Hemmungstatbestands hinausgeschoben wird. Die Ablaufhemmung führt hingegen nicht dazu, dass die Festsetzungsfrist wieder erneut in Lauf gesetzt.[323] Daraus folgt auch, dass die Festsetzungsfrist dann regelmäßig nicht mehr mit Ablauf eines Kalenderjahres endet, sondern an einem bestimmten Tag im Jahr. 273

§ 171 AO ist das Gegenstück zu § 170 AO, der wie oben dargestellt, den Beginn der Festsetzungsfrist bestimmt. Der Gesetzgeber hat damit für den in § 169 AO festgelegten, begrenzten Zeitraum zur Festsetzung einer Steuer oder Steuervergütung Tatbestände normiert, die sowohl den Anlauf als auch den Ablauf dieses Zeitraums verlängern. Das Zusammenwirken von regulärem und gehemmtem Fristlauf bildet einen für Finanzbehörde und Beteiligten an die Anforderungen der Praxis angepassten überschaubaren Rahmen.[324]

§ 171 AO gilt über § 155 Abs. 4 AO auch für Vergütungsbescheide. Weiterhin findet § 171 AO Anwendung, sofern die Norm für anwendbar erklärt wird. So gilt sie z. B. nach 274

321 BFH v. 9. 3. 1990 VI R 87/89, BStBl 1990 II 608.
322 BT-Drucksache VI/1982, 151.
323 BFH v. 28. 11. 2003 XI B 110/03, BFH/NV 2004, 905-906.
324 *Richter/Beck* in DStR 2007, 1513.

§ 178 Abs. 4 Satz 1 AO für Zollkostenbescheide und nach § 239 Abs. 1 Satz 1 AO für Zinsbescheide.

Für das **gemeinschaftsrechtliche Zollrecht** ist § 171 AO durch Art. 221 Abs. 3 Satz 1 ZK überlagert. Der ZK enthält nicht so umfangreiche Ablaufhemmungen wie die AO. Einzige Vorschrift ist Art. 221 Abs. 3 Satz 2 ZK, welcher den Ablauf der Frist zur Mitteilung des Abgabenbetrags an den Zollschuldner bei einem anhängigen Einspruch regelt. Aus der Überlagerung des § 171 AO durch Art. 221 Abs. 3 Satz 1 ZK folgt, dass § 171 AO anwendbar bleibt, wenn der Abgabenbetrag aufgrund einer strafbaren Handlung entstanden ist und sich die Festsetzungsfrist nach § 169 Abs. 2 Satz 2 AO i.V. m. Art. 221 Abs. 4 ZK bestimmt.

275 § 171 AO umfasst fünfzehn Absätze mit eine Vielzahl von Hemmungstatbeständen. An dieser Stelle soll wegen ihrer Bedeutung im Verbrauchsteuerrecht lediglich auf drei von ihnen eingegangen werden. Die einzelnen Hemmungstatbestände stehen grds. nebeneinander, es sei denn, es ist etwas anderes bestimmt.

a) Hemmung durch Antrag

276 Die Festsetzungsfrist läuft nach § 171 Abs. 3 AO insoweit nicht ab, bevor über einen **Antrag auf Steuerfestsetzung** oder auf **Aufhebung** oder **Änderung** einer Steuerfestsetzung (§ 172 AO) oder einer **Berichtigung** (§ 129 AO), der vor Ablauf der Festsetzungsfrist und außerhalb eines Einspruchs- oder Klageverfahrens gestellt wurde, entschieden worden ist. Die Regelung des § 171 Abs. 3 AO soll dem Antragsteller die Verwirklichung seines Anspruchs sichern und gleichzeitig der Finanzbehörde die Möglichkeit geben, entsprechende Anträge auch dann noch in dem erforderlichen und gebotenen Maße prüfen zu können, wenn sie erst kurz vor Ablauf der regulären Festsetzungsfrist eingehen. Fehler, die aus Zeitmangel resultieren, sollen so vermieden werden.[325]

Ein Antrag i. S. d. Norm liegt immer dann vor, wenn er ein Tätigwerden der Finanzbehörde in Zusammenhang mit der Steuerfestsetzung außerhalb des wegen der Amtsmaxime ohnehin gebotenen Verwaltungshandelns auslöst.[326] Diese Anforderungen erfüllen z. B. Steuererklärungen und Steueranmeldungen, hinsichtlich deren eine Pflicht zur Abgabe besteht, nicht mit der Folge, dass keine Ablaufhemmung eintritt. Anträge auf Billigkeitsmaßnahmen nach §§ 163 oder 227 AO hemmen den Fristablauf ebenfalls nicht.[327] Hauptanwendungsbereich sind im Verbrauchsteuerrecht zulässig gestellte Anträge auf Vergütung von Verbrauchsteuern.

BEISPIELE für Anträge i. S. v. § 171 Abs. 3 AO:

- § 51 EnergieStG
- § 54 EnergieStG
- § 10 Abs. 1 StromStG i. V. m. § 18 StromStV
- Antrag auf Aufhebung oder Änderung einer Steuerfestsetzung (§ 172 AO)

---

325 BT-Drucksache VI/1982, 151.

326 *Rüsken* in Klein, § 171 AO Rz. 11.

327 AO-DV Zoll Nr. 3 zu § 171.

Voraussetzung für den Eintritt der Ablaufhemmung ist, dass es sich um einen zulässigen Antrag handelt. Der Antrag muss hierfür vor Ablauf der regulären Festsetzungsfrist bei der zuständigen Finanzbehörde gestellt worden sind.[328] Wird der Antrag bei einer unzuständigen Finanzbehörde eingereicht, ist er zulässig, wenn er vor Ablauf der Festsetzungsfrist an die zuständige Finanzbehörde weitergeleitet und bei dieser eingegangen ist. Der Ablauf ist nur in dem durch den Antrag vorgegebenen Umfang gehemmt. Die Reichweite des Antrags ist ggf. durch Auslegung des Antrags festzustellen.[329] 277

BEISPIEL ▶ **Ablaufhemmung (§ 171 Abs. 3 AO):**

Vergütungszeitraum Energiesteuer (nicht Erdgas):	09
Beginn der Festsetzungsfrist für die erstmalige Festsetzung (§ 170 Abs. 1 AO):	Ablauf 31. 12. 09
Ablauf der regulären Festsetzungsfrist:	Ablauf 31. 12. 10
Abgabe der Steueranmeldung (Antrag auf Vergütung):	30. 12. 10
Vergütungsbescheid:	2. 5. 11

b) Hemmung durch Einspruch/Klage

Wird ein Steuerbescheid mit einem Einspruch oder einer Klage angefochten, so läuft die Festsetzungsfrist gemäß § 171 Abs. 3a 1. Halbsatz AO nicht ab, bevor über den Rechtsbehelf unanfechtbar entschieden ist. Voraussetzung für eine Ablaufhemmung ist nach dem Wortlaut von § 171 Abs. 3a Satz 2 AO ein zulässiger Rechtsbehelf. Ist der Rechtsbehelf unzulässig, tritt keine Hemmung der Festsetzungsfrist ein. 278

Weiterhin muss eine **wirksame Festsetzung** (Verwaltungsakt) vorliegen, denn nur eine solche ist geeignet, die Festsetzungsfrist zu wahren und eine Ablaufhemmung nach § 171 Abs. 3a AO herbeizuführen. Die Ablaufhemmung nach § 171 Abs. 3a Satz 1 2. Halbsatz AO tritt auch dann ein, wenn nach Ablauf der Festsetzungsfrist ein zulässiger Rechtsbehelf eingelegt wird. Durch die Erweiterung des zweiten Halbsatzes werden vom Anwendungsbereich auch die Fälle erfasst, bei denen der Einspruch zwar außerhalb der Festsetzungsfrist, jedoch innerhalb der Einspruchsfrist eingereicht wird.[330]

Durch den Einspruch wird gemäß § 171 Abs. 3a AO der Ablauf der Festsetzungsfrist so lange gehemmt, bis über den Einspruch unanfechtbar entschieden worden ist. Die Ablaufhemmung endet damit erst dann, wenn der Einspruch bestandskräftig ist bzw. die Entscheidung über die Klage rechtskräftig geworden ist. Anders als bei § 171 Abs. 3 AO wird der Ablauf der Festsetzungsfrist des betreffenden Anspruchs in **vollem Umfang gehemmt.** Dies ist notwendig, da die Finanzbehörde im Einspruchsverfahren die Sach- und Rechtslage in vollem Umfang zu prüfen hat. Eine Änderung des Anspruchs ist dabei zugunsten, als auch zuungunsten des Steuerpflichtigen noch möglich.

328 BFH v. 19. 8. 1999 III R 57/98, BStBl 2000 II 330; zur Antragstellung innerhalb der Festsetzungsfrist: *Richter/Beck* in DStR 2007 1513.

329 *Kruse* in Tipke/Kruse, § 171 AO Rz. 15; BFH v. 8. 6. 2010 VII R 37/09, BFH/NV 2010, 2122-2124.

330 Nach Verwaltungsauffassung soll eine Wiedereinsetzung in den vorigen Stand in eine abgelaufene Einspruchsfrist auch zu einer Ablaufhemmung nach § 171 Abs. 3a AO führen, s. AO-DV Zoll Nr. 4 zu § 171. Diese Auffassung ist im Hinblick auf den Wirkungsbereich einer Wiedereinsetzung bei bereits abgelaufener Festsetzungsfrist zu bezweifeln, s. grds. hierzu *Richter/Beck* in DStR 2007, 1513-1515.

279 § 171 Abs. 3a Satz 3 AO bestimmt, dass im Falle der gerichtlichen Aufhebung eines angefochtenen Steuerbescheids (§§ 100, 101 FGO) über den Rechtsbehelf erst dann unanfechtbar entschieden ist, wenn ein im Anschluss erlassener Steuerbescheid unanfechtbar geworden ist. Die Vorschrift ermöglicht es der Finanzbehörde, das Ergebnis der gerichtlichen Entscheidung umzusetzen. § 171 Abs. 3a Satz 3 AO gilt nach dessen Wortlaut **nur bei der Aufhebung durch das Gericht,** nicht bei der Aufhebung durch die Finanzbehörde. Hebt die Finanzbehörde den angefochtenen Steuerbescheid allerdings unter gleichzeitigem Erlass eines neuen Steuerbescheides auf, ist der neue Steuerbescheid noch innerhalb der nach § 171 Abs. 3a Satz 1 AO gehemmten Festsetzungsfrist ergangen.[331]

280 Für **Einfuhr- und Ausfuhrabgaben** trifft Art. 221 Abs. 3 Satz 2 ZK eine **eigenständige Regelung.** Danach wird die Frist zur Mitteilung des Abgabenbetrags an den Zollschuldner ab dem Zeitpunkt ausgesetzt, in dem ein Rechtsbehelf gemäß Art. 243 ZK eingelegt wird. Die Aussetzung dauert so lange an, wie der Rechtsbehelf anhängig ist. Von Art. 243 ZK werden nicht nur der Einspruch, sondern auch etwaige finanzgerichtliche Verfahren erfasst. Die Ablaufhemmung gilt damit auch während dieser Verfahren. Auch bei Art. 221 Abs. 3 Satz 2 ZK wird der Ablauf der Festsetzungsfrist des betreffenden Anspruchs in vollem Umfang gehemmt.

c) Hemmung durch Außenprüfung

281 Die Festsetzungsfrist läuft gemäß § 171 Abs. 4 Satz 1 AO nach einer vor Ablauf der Festsetzungsfrist begonnenen Außenprüfung nicht ab, bevor die aufgrund der Außenprüfung zu erlassenen Steuerbescheide unanfechtbar geworden sind oder nachdem drei Monate nach Bekanntgabe der Mitteilung über die ergebnislose Prüfung verstrichen sind. § 171 Abs. 4 AO gilt **nur bei einer Außenprüfung** (§§ 193 ff. AO), nicht bei Steueraufsichtsmaßnahmen (§§ 209 ff. AO).

Die Außenprüfung beginnt grds. in dem Zeitpunkt, in dem der Außenprüfer konkrete Ermittlungshandlungen vornimmt.[332] Voraussetzung für den Beginn einer Außenprüfung ist eine wirksame Prüfungsanordnung (§§ 196, 197 AO). Die Ablaufhemmung erstreckt sich nur auf die Ansprüche, die auch von der Prüfungsanordnung erfasst sind (z. B. alle Stromsteuervergütungsansprüche des Jahres 2010).

Wird mit der Außenprüfung nicht begonnen, weil der Steuerpflichtigen die Verschiebung des Prüfungsbeginns (§ 197 Abs. 2 AO) beantragt hat, wird der Ablauf der Festsetzungsfrist nach dem Wortlaut von § 171 Abs. 4 Satz 1 AO ebenfalls gehemmt. Dies gilt aber nur, wenn der Antrag des Steuerpflichtigen für die Verschiebung ursächlich war.[333]

282 Nach Abschluss der Außenprüfung ergeht regelmäßig ein Prüfungsbericht (§ 202 Abs. 1 Satz 1 AO) oder eine Mitteilung über die ergebnislose Prüfung (§ 202 Abs. 1 Satz 3 AO). Ist das Ergebnis des Prüfungsberichts eine **Korrektur der Steuerfestsetzung**, endet die

331 BFH v. 5. 10. 2004 VII R 18/03, BStBl 2005 II 323.

332 AO-DV Zoll Nr. 1 zu § 198.

333 AO-DV Zoll Nr. 5 zu § 171.

Ablaufhemmung nach § 171 Abs. 4 Satz 1 AO mit (formeller) Bestandskraft des aufgrund der Außenprüfung zu erlassenden Steuerbescheids. Hat die Finanzbehörde eine Mitteilung über die **ergebnislose Prüfung** erlassen, endet die Ablaufhemmung nach Ablauf von drei Monaten nach Bekanntgabe der Mitteilung über die ergebnislose Prüfung.

Ist weder ein Prüfungsbericht, noch eine Mitteilung erfolgt, endet die Festsetzungsfrist nach § 171 Abs. 4 Satz 3 AO spätestens dann, wenn seit Ablauf des Kalenderjahres, in dem die Schlussbesprechung stattgefunden hat, oder, wenn sie unterblieben ist, seit Ablauf des Kalenderjahres, in dem die letzten Ermittlungen im Rahmen der Außenprüfung stattgefunden haben, die in § 169 Abs. 2 AO genannten Fristen verstrichen sind. Unter **Ermittlungen** i. S. v. § 171 Abs. 4 AO fallen nach Rechtsprechung des BFH diejenigen Maßnahmen eines Prüfers, die auf eine umfassende Überprüfung der Besteuerungsgrundlagen gerichtet sind.[334]

In der Regel wird die Außenprüfung mit der Zusendung des Prüfungsberichts (§ 202 Abs. 1 AO) abgeschlossen. Etwas anderes kann sich jedoch dann ergeben, wenn Tatsachen vorliegen, die darauf hindeuten, dass aus der maßgeblichen Sichtweise des Betroffenen die Außenprüfung mit der Zusendung des Prüfungsberichts noch nicht abgeschlossen sein sollte.[335]

BEISPIEL ▸ **Ablaufhemmung (§ 171 Abs. 4 AO):**

Besteuerungszeitraum Biersteuer:	09
Beginn der Festsetzungsfrist (§ 170 Abs. 1 AO):	Ablauf 31. 12. 09
Ablauf der regulären Festsetzungsfrist:	Ablauf 31. 12. 10
Beginn der Außenprüfung und damit Ablaufhemmung:	30. 12. 10
Bekanntgabe Steueränderungsbescheid:	16. 5. 11
Bestandskraft des Steueränderungsbescheids und Ende der Ablaufhemmung (§ 171 Abs. 4 AO):	16. 6. 11

Mit Anfechtung des Steueränderungsänderungsbescheids würde eine Ablaufhemmung nach § 171 Abs. 3a AO eintreten.

III. Steuerfestsetzung unter dem Vorbehalt der Nachprüfung

Ist der Steuerfall nicht abschließend geprüft, kann die Finanzbehörde die Steuern unter 283
dem Vorbehalt der Nachprüfung festsetzen (§ 164 Abs. 1 Satz 1 AO). Anwendungsbereich ist nach dem Wortlaut der Vorschrift grds. der Steueranspruch, welcher durch Steuerbescheid festgesetzt wird. Steueränderungsbescheide nach § 172 AO sind ebenfalls Steuerfestsetzungen. Sie können mithin auch unter dem Vorbehalt der Nachprüfung ergehen. Darüber hinaus gilt § 164 AO auch bei den Ansprüchen, die eine Anwendung erklären (z. B. § 155 Abs. 4 AO für Vergütungsansprüche und § 239 Abs. 1 Satz 1 AO für Zinsansprüche). Eine Steueranmeldung steht gemäß § 168 Satz 1 AO einer Steuerfestsetzung unter dem Vorbehalt der Nachprüfung gleich.

334 BFH v. 6. 7. 1999 VIII R 17/97, BStBl 2000 II 306.
335 BFH v. 8. 7. 2009 XI R 64/07, BStBl 2010 II 4.

Einfuhr- und Ausfuhrabgabenbescheide können nicht unter dem Vorbehalt der Nachprüfung festgesetzt werden. Die gemeinschaftsrechtlichen Vorschriften (Art. 217 ff. und 235 ff. ZK) zur buchmäßigen Erfassung und zum Erlass/zur Erstattung sind insoweit abschließend.[336]

284 Der Vorbehaltsvermerk dient der Beschleunigung der ersten Steuerfestsetzung. Er soll eine rasche erste Steuerfestsetzung dadurch ermöglichen, dass die Steuer ohne besondere Prüfung allein aufgrund der Angaben des Steuerpflichtigen (Angaben aus der Steuererklärung/Steueranmeldung) festgesetzt wird.[337]

§ 164 AO ist eine **Ermessensvorschrift** („können"). Alleinige Voraussetzung für einen Vorbehaltsvermerk ist, dass der Steuerfall noch nicht abschließend geprüft ist. Diese **Prüfung** kann sich sowohl auf den Sachverhalt, als auch auf die rechtliche Würdigung des Besteuerungsfalles beziehen.[338] Unter Prüfung i. S. v. § 164 AO ist nicht nur die Außenprüfung zu verstehen, sondern jegliche Art von Prüfung und Würdigung der Sach- und Rechtslage.[339]

Daneben ist es möglich, dass das Gesetz den Vorbehalt der Nachprüfung anordnet. Im Bereich der durch die HZÄ verwalteten Steuern ist dies aber nur bei Steueranmeldungen (§ 168 AO) relevant.

Setzt die Finanzbehörde den Steueranspruch unter dem Vorbehalt der Nachprüfung fest, muss sie ihre Entscheidung nicht begründen. Allerdings muss die Finanzbehörde den Vorbehalt der Nachprüfung im Steuerbescheid erkennbar kennzeichnen. Der **Vorbehaltsvermerk** ist eine Nebenbestimmung (§ 120 AO) und muss somit inhaltlich hinreichend bestimmt sein (§ 119 AO). Er kann damit auch unabhängig von der Steuerfestsetzung angefochten werden. Der Vorbehalt der Nachprüfung erfasst die **gesamte Steuerfestsetzung**. Eine Beschränkung auf Einzelpunkte oder Besteuerungsgrundlagen ist nicht zulässig.[340] Aus § 165 Abs. 3 AO ergibt sich, dass er mit einer vorläufigen Steuerfestsetzung verbunden werden kann.

285 Durch den Vorbehalt der Nachprüfung tritt **keine materielle Bestandskraft** bei der Steuerfestsetzung ein. Solange der Vorbehalt wirksam ist, kann die Steuerfestsetzung aufgehoben oder geändert werden (§ 164 Abs. 2 Satz 1 AO). Einer anderen Korrekturvorschrift bedarf es hierfür nicht. Für die Aufhebung oder Änderung bedarf es keines Antrags des Steuerpflichtigen. Erkennt die Finanzbehörde selbst die Rechtswidrigkeit der Steuerfestsetzung hat sie von Amts wegen aufzuheben oder zu ändern.[341] In einer geänderten Steuerfestsetzung ist anzugeben, ob der Vorbehalt der Nachprüfung bestehen bleibt oder entfällt. Fehlt im Bescheid eine solche Aussage, bleibt der Vorbehalt grds. bestehen.[342]

336 AO-DV Zoll Nr. 1 zu § 164.

337 BT-Drucksache VI/1982, 148.

338 *Seer* in Tipke/Kruse, § 164 AO Rz. 12.

339 Insoweit der Gesetzesbegründung zu entnehmen, s. BT-Drucksache VI/1982, 148.

340 AO-DV Zoll Nr. 2 zu § 164.

341 Bei der Ausübung des Entschließungsermessens ist zu beachten, das Steuern innerhalb der Festsetzungsfrist und unter Berücksichtigung der gesetzlichen Bestimmungen gesetz- und gleichmäßig festzusetzen sind.

342 BFH v. 14. 9. 1993 VIII R 9/93, BStBl 1995 II 2.

Die Finanzbehörde kann den Vorbehalt der Nachprüfung gemäß § 164 Abs. 3 Satz 1 AO jederzeit aufheben. Der Steuerpflichtige kann die Aufhebung oder Änderung der Steuerfestsetzung aber auch jederzeit beantragen. Die Entscheidung hierüber kann die Finanzbehörde jedoch bis zur abschließenden Prüfung des Steuerfalls, die innerhalb angemessener Frist vorzunehmen ist, hinausschieben (§ 164 Abs. 2 Satz 3 AO). 286

Trotz des weitgehenden Gesetzeswortlauts sollte die Finanzbehörde über etwaige Anträge zeitnah entscheiden, ggf. eine Außenprüfung anordnen. Nach einer Außenprüfung hat die Finanzbehörde den Vorbehalt nach § 164 Abs. 3 Satz 3 AO aufzuheben, wenn sich Änderungen gegenüber der Steuerfestsetzung unter Vorbehalt der Nachprüfung nicht ergeben. Ergeben sich jedoch Änderungen, kann die (geänderte) Steuerfestsetzung erneut unter dem Vorbehalt der Nachprüfung erfolgen.

Mit Ablauf der (nicht verlängerten) Festsetzungsfrist entfällt der Vorbehalt Kraft Gesetz, § 164 Abs. 4 AO. Eine etwaige Ablaufhemmung nach § 171 Abs. 3, 3a oder 4 AO ist zu berücksichtigen.[343] Der Vorbehalt selbst führt nicht zu einer Hemmung des Ablaufs der Festsetzungsfrist.

IV. Vorläufige Steuerfestsetzung

Soweit ungewiss ist, ob die Voraussetzungen für die Entstehung einer Steuer eingetreten sind, kann sie vorläufig festgesetzt werden, § 165 Abs. 1 Satz 1 AO. Dies gilt gemäß § 155 Abs. 4 AO auch bei der Festsetzung einer Steuervergütung. Bei Steueranmeldungen dürfte aufgrund des Wortlauts von § 165 Abs. 1 Satz 1 AO u. E. eine vorläufige Steuerfestsetzung ausscheiden. Einfuhr- und Ausfuhrabgabenbescheide können nicht unter dem Vorbehalt der Nachprüfung festgesetzt werden. Die gemeinschaftsrechtlichen Vorschriften (Art. 217 ff. und 235 ff. ZK) zur buchmäßigen Erfassung und zum Erlass/zur Erstattung sind insoweit abschließend.[344] Sinn und Zweck der Vorschrift ist eine im Übrigen endgültige Steuerentlastung zu ermöglichen, obwohl ein vorübergehendes Hindernis außerhalb der Sphäre der Finanzbehörde besteht.[345] 287

Die Vorläufigkeit der Steuerfestsetzung bezieht sich nur auf **eine punktuelle Ungewissheit.** Insoweit unterscheidet sie sich von dem Vorbehalt der Nachprüfung, der stets in vollem Umfang wirkt.

Eine Steuerfestsetzung kann nach § 165 Abs. 1 Satz 1 AO nur im **Hinblick auf ungewisse Tatsachen**, nicht aber auf die steuerrechtliche Beurteilung von Tatsachen, für vorläufig erklärt werden. Die steuerrechtliche Würdigung von Tatsachen ist selbst keine Tatsache und damit keine Voraussetzung, von der die Steuerfestsetzung abhängig gemacht werden könnte.[346] Eine Ungewissheit i. S. v. § 165 Abs. 1 Satz 1 AO liegt hingegen vor, wenn die Steuerfestsetzung von einer Entscheidung in einem anderen Besteuerungsverfah- 288

343 Siehe im Einzelnen hierzu § 164 Abs. 4 Satz 2 AO.

344 AO-DV Zoll Nr. 1 zu § 165.

345 *Seer* in Tipke/Lang, Steuerrecht, § 21 Rz. 290.

346 BFH v. 8. 7. 1998 I B 111/97, BStBl 1998 II 702; v. 25. 4. 1985 IV R 64/83, BStBl 1985 II 648.

ren abhängig ist.[347] Dies betrifft jedoch nur verschiedene Besteuerungsverfahren (z. B. unterschiedlich zu betrachtende Besteuerungszeiträume oder Steuern). Hiervon erfasst sind u. E. nicht verschiedene Steuerentlastungstatbestände, denselben Besteuerungszeitraum und dieselbe Steuer betreffend. Insoweit ist auf den zu beurteilenden Sachverhalt abzustellen.

BEISPIELE ▸ für ungewisse Tatsachen können sein:

- Festsetzung der Vermögensteuer, wenn ein Rechtsstreit über die Höhe der Einkommensteuer anhängig ist
- Festsetzung der Entlastung nach § 55 EnergieStG, wenn ein Rechtsstreit über die Höhe des nach § 9a StromStG zu entlastenden Betrags anhängig ist

Eine vorläufige Steuerfestsetzung kann stets erfolgen, wenn eine der Fallgruppen des § 165 Abs. 1 Satz 2 Nr. 1 bis 4 AO einschlägig ist. Bedeutung ist im Verbrauchsteuerrecht bisher § 165 Abs. 1 Satz 2 Nr. 3 und 4 AO zugekommen.

Fallgruppen des § 165 Abs. 1 Satz 2 Nr. 1 bis 4 AO liegen vor, wenn

- es ungewiss ist, ob und wann Verträge mit anderen Staaten über die Besteuerung (§ 2 AO), die sich zugunsten des Steuerpflichtigen auswirken, für die Steuerfestsetzung wirksam werden;
- das BVerfG die Unvereinbarkeit eines Steuergesetzes mit dem Grundgesetz festgestellt hat und der Gesetzgeber zu einer Neuregelung verpflichtet ist;
- die Vereinbarkeit eines Steuergesetzes mit höherrangigem Recht Gegenstand eines Verfahrens bei dem EuGH, dem BVerfG oder einem obersten Bundesgericht (i. d. R. BFH) ist oder
- die Auslegung eines Steuergesetzes Gegenstand eines Verfahrens bei dem BFH ist.

289 Die Entscheidung, die Steuer vorläufig festzusetzen, steht in sämtlichen Fällen des § 165 Abs. 1 AO im Ermessen der Finanzbehörde. Von der Möglichkeit, eine Steuer nach § 165 Abs. 1 Satz 2 AO vorläufig festzusetzen, können die HZÄ nicht selbständig Gebrauch machen. Eine vorläufige Steuerfestsetzung ist im Hinblick auf eine bundeseinheitliche Anwendung nur nach Zustimmung bzw. nach Anweisung durch das BMF oder die BFD Mitte – Abteilung Zentrale Facheinheit – Gebrauch zu machen.[348]

Der Teil des Steueranspruchs, der vorläufig festgesetzt werden soll, muss im Steuerbescheid erkennbar gekennzeichnet sein. Umfang und Grund der Vorläufigkeit sind dabei anzugeben, § 165 Abs. 1 Satz 3 AO (welche Tatsachen warum ungewiss sind).

Die Vorläufigkeit ist eine Nebenbestimmung (§ 120 AO) und muss somit inhaltlich hinreichend bestimmt sein (§ 119 AO). Sie kann damit auch unabhängig von der Steuerfestsetzung angefochten werden. Nach § 165 Abs. 3 AO kann die vorläufige Steuerfestsetzung mit einer Steuerfestsetzung unter Vorbehalt der Nachprüfung verbunden werden. Ist die Steuerfestsetzung vorläufig erfolgt, besteht für den Steuerschuldner hinsichtlich dieses Punktes keine Beschwer (§ 350 AO). Diesen Teil der Steuerfestsetzung kann der Steuerschuldner nicht mit Einspruch anfechten.

347 BFH v. 13. 1. 2005 II R 48/02, BStBl 2005 II 451; v. 24. 2. 1977 VIII R 237/72, BStBl 1977 II 392.

348 AO-DV Zoll Nr. 7 zu § 165.

Bis zur **Beseitigung des Vorläufigkeitsvermerks** bleibt der für vorläufig erklärte Teil der Steuerfestsetzung bzw. -entlastung noch offen. Hinsichtlich dieses Teils tritt keine (materielle) Bestandskraft ein. Für eine Aufhebung oder Änderung bedarf es insoweit keiner speziellen Korrekturvorschriften (§§ 129, 172 AO). Wird eine vorläufige Steuerfestsetzung geändert, muss die Finanzbehörde in dem neuen Steuerbescheid vermerken, ob und inwieweit die Steuerfestsetzung weiterhin vorläufig ist. 290

Ist die Ungewissheit beseitigt, hat die Finanzbehörde die vorläufige Steuerfestsetzung gemäß § 165 Abs. 2 Satz 2 AO aufzuheben, zu ändern oder für endgültig zu erklären. Ist die Auslegung eines Steuergesetzes Gegenstand eines Verfahrens beim BFH (§ 165 Abs. 1 Satz 2 Nr. 4 AO), endet die Ungewissheit gemäß § 165 Abs. 2 Satz 3 AO, sobald feststeht, dass die Grundsätze der Entscheidung des BFH über den entschiedenen Einzelfall hinaus allgemein anzuwenden sind.

Anders bei der Vorbehaltsfestsetzung ist bei der vorläufigen Steuerfestsetzung der **Ablauf der Festsetzungsfrist gehemmt.** Die Hemmung bezieht sich nur auf den vorläufigen Teil der Steuerfestsetzung. § 171 Abs. 8 AO bestimmt die Ablaufhemmung bei vorläufiger Steuerfestsetzung. Ist die Festsetzung einer Steuer nach § 165 Abs. 1 Satz 1 AO die Steuer vorläufig festgesetzt worden, so endet die Festsetzungsfrist nicht vor dem Ablauf eines Jahres, nachdem die Ungewissheit beseitigt ist und die Finanzbehörde hiervon Kenntnis erhalten hat. In den Fällen des § 165 Abs. 1 Satz 2 AO (vier Fallgruppen) endet die Festsetzungsfrist nicht vor Ablauf von zwei Jahren, nachdem die Ungewissheit beseitigt ist und die Finanzbehörde hiervon Kenntnis erlangt hat. 291

V. Verzugsfolgen

Nach § 85 AO haben die Finanzbehörden die Steuern nach Maßgabe der Gesetze gleichmäßig festzusetzen und zu erheben. Zu dem gesetzlichen Auftrag der Finanzbehörden gehört auch, dass sie die Steuern bei Vorliegen der Besteuerungsgrundlage festzusetzen haben. Für den Fall, dass eine Festsetzung zeitlich nicht regulär erfolgen kann, hat der Gesetzgeber Regelungen geschaffen, die es der Finanzbehörde ermöglichen, den durch die **verspätete Steuerfestsetzung** entstandenen Zinsvorteil beim Steuerpflichtigen abzuschöpfen und so einen gerechten und gleichmäßigen Steuervollzug sicherzustellen. 292

1. Verspätungszuschlag

Kommt der zur Abgabe einer Steuererklärung Verpflichtete seiner Pflicht (§ 149 AO) nicht oder nicht fristgemäß nach, kann die Finanzbehörde gegen ihn einen Verspätungszuschlag festsetzen, § 152 Abs. 1 Satz 1 AO. Vom Anwendungsbereich der Vorschrift sind auch Steueranmeldungen erfasst.[349] Bei einer verspätet oder nicht abgegebenen Zollanmeldung soll § 152 AO nach der Auffassung der Verwaltung keine An- 293

349 Hierzu AO-DV Zoll Nr. 5 zu § 152.

wendung finden.[350] Der ZK trifft zu dieser Form der steuerlichen Nebenleistung keine Aussage. Unseres Erachtens ist § 152 AO durchaus vergleichbar mit anderen steuerlichen Nebenleistungen, wie beispielsweise den Hinterziehungszinsen (§ 235 AO). Eine Anwendung wird dort zumindest für Einfuhr- und Ausfuhrabgaben bejaht.

294 Von der Festsetzung eines Verspätungszuschlags ist gemäß § 152 Abs. 1 Satz 2 AO abzusehen, wenn die **Versäumnis entschuldbar** erscheint. War der Steuerpflichtige beispielsweise durch eine plötzliche und schwere Krankheit verhindert, die Steuererklärung abzugeben, hat die Finanzbehörde von der Festsetzung eines Verspätungszuschlags abzusehen. Die Gründe sind durch den Steuerpflichtigen glaubhaft zu machen. Bei der Beurteilung des Verschuldens ist auf das Verhalten und die Fähigkeiten des Steuerpflichtigen abzustellen.

Das Versäumnis ist regelmäßig dann nicht entschuldbar, wenn die Steuererklärung wiederholt nicht oder wiederholt nicht fristgemäß abgegeben wurde oder eine von der Finanzbehörde antragsgemäß bewilligte Fristverlängerung (§ 109 AO) nicht eingehalten wurde.[351] Das Verschulden eines gesetzlichen Vertreters oder eines Erfüllungsgehilfen steht dem eigenen Verschulden gleich, § 152 Abs. 1 Satz 3 AO.

295 Hinsichtlich der Festsetzung des Verspätungszuschlags hat die Finanzbehörde ein **Ermessen** („kann"). Das Ermessen besteht auch dann, wenn der Steuerpflichtige seiner Verpflichtung zur Abgabe der Steuererklärung schuldhaft nicht nachgekommen ist.[352] In die Entscheidung sind der Sinn und Zweck des § 152 AO einzubeziehen. Der Verspätungszuschlag dient dazu, den rechtzeitigen Eingang der Steuererklärungen und damit auch die rechtzeitige Festsetzung und Entrichtung der Steuer sicherzustellen. Er hat insoweit zugleich **repressiven und präventiven** Charakter.[353]

Nach hiesiger Auffassung ist die Festsetzung eines Verspätungszuschlags bereits dann ermessensgerecht, wenn der Steuerpflichtige zur Abgabe der Steuererklärung aufgefordert und über die Möglichkeit des Verspätungszuschlags hingewiesen wurde. Die Ermessensentscheidung ist ausführlich im Bescheid darzulegen.

Der Verspätungszuschlag darf nach § 152 Abs. 2 Satz 1 AO 10 % der festgesetzten Steuer nicht übersteigen und höchstens 25 000 € betragen. Bei der Bemessung des Verspätungszuschlags sind die in § 152 Abs. 2 Satz 2 AO aufgeführten und nachfolgend dargestellten Kriterien zu beachten:[354]

- der Zweck des Verspätungszuschlags,
- die Dauer der Fristüberschreitung,
- die Höhe des sich aus der Steuerfestsetzung ergebenden Zahlungsanspruchs,
- die aus der verspäteten Abgabe der Steuererklärung gezogenen Vorteile,

350 AO-DV Zoll Nr. 1 zu § 152.

351 AO-DV Zoll Nr. 3 zu § 152.

352 Insoweit der Wortlaut des § 152 Abs. 1 Satz 1 AO; s. auch BFH v. 28. 3. 2007 IX R 22/05, BFH/NV 2007, 1450-1452. Hierbei wird die Schwäche von § 152 AO deutlich, was sich in der Praxis der HZÄ in der mangelnden Anwendung der Vorschrift widerspiegelt. Eine Änderung der Norm wäre angezeigt.

353 BT-Drucksache VI/1982, 129.

354 Zur Bemessung der Höhe des Verspätungszuschlags s. auch AO-DV Zoll Nr. 7 zu § 152 und BFH v. 16. 10. 2008 III B 160/07, BFH/NV 2009, 116 -117.

- das Verschulden des Steuerpflichtigen und
- die wirtschaftliche Leistungsfähigkeit des Steuerpflichtigen.

Der Verspätungszuschlag ist gemäß § 152 Abs. 3 AO regelmäßig mit der Steuer oder dem Steuermessbetrag festzusetzen. Von einer **separaten Festsetzung** ist demnach nur in **begründeten Ausnahmefällen** Gebrauch zu machen. Dies kann beispielsweise dann der Fall sein, wenn sich die Finanzbehörde noch im „Austausch" mit dem Steuerpflichtigen über das Verschulden befindet. Weicht die Finanzbehörde von der vorgesehenen Regel ab, hat sie die Gründe hierfür in der Besteuerungsakte zu dokumentieren. 296

2. Hinterziehungszinsen

Wurden Steuern hinterzogen, sind sie gem. § 235 Abs. 1 Satz 1 AO zu verzinsen. Die Finanzbehörde hat in einem solchen Fall kein Ermessen. Sie muss die Hinterziehungszinsen von Amts wegen festsetzen („sind zu verzinsen"). Zinsschuldner ist nach § 235 Abs. 1 Satz 2 AO grds. derjenige, zu dessen Vorteil die Steuern hinterzogen worden sind. Wird die Steuerhinterziehung dadurch begangen, dass ein anderer als der Steuerschuldner seine Verpflichtung, einbehaltene Steuern an die Finanzbehörde abzuführen oder Steuern zu Lasten eines anderen zu entrichten, nicht erfüllt, so ist diese Person Zinsschuldner. 297

Zweck von § 235 AO ist es, dem Nutznießer einer Steuerhinterziehung den steuerlichen Vorteil abzuschöpfen.[355] Gemeint ist hier nur der steuerliche Vorteil, nicht ein evtl. wirtschaftlicher Vorteil. Der steuerliche Vorteil liegt in der verspäteten Zahlung der Steuer oder der Gewährung oder Belassung von Steuervorteilen.[356]

Zu verzinsen sind hinterzogene Steuern. Gemeint ist hier u. E. grds. der Steueranspruch und nicht etwa auch der Haftungsanspruch. Der Anwendungsbereich wird darüber hinaus über § 155 Abs. 4 AO auch auf zu Unrecht erlangte Steuervergütungsansprüche erweitert.[357] Das gemeinschaftsrechtliche Zollrecht trifft zu Hinterziehungszinsen keine Regelung. § 235 AO findet nach hiesiger Auffassung aufgrund von § 3 Abs. 3 AO darüber hinaus auch auf hinterzogene Einfuhr- oder Ausfuhrabgaben Anwendung.[358]

Voraussetzung für die Entstehung von Hinterziehungszinsen ist die Verwirklichung des objektiven und subjektiven Tatbestands von § 370 Abs. 1 AO. § 235 AO gilt nach seinem Wortlaut nicht bei den sonstigen Steuerstraftaten (§ 369 Abs. 1 AO) oder bei Steuerordnungswidrigkeiten (§§ 378 ff. AO). Die Steuerhinterziehung muss vollendet sein („hinterzogene Steuern"). Der bloße Versuch einer Steuerhinterziehung (§ 370 Abs. 2 AO) führt noch nicht zur Entstehung des Zinsanspruchs. 298

Das HZA hat die Zinspflicht unabhängig von einem Steuerstrafverfahren im Rahmen des Besteuerungsverfahrens zu prüfen.[359] Die Entstehung des Zinsanspruchs setzt da-

355 Der Zinssatz von sechs Prozent im Jahr erscheint u. E. jedoch nicht geeignet, den Zinsvorteil beim Steuerpflichtigen abzuschöpfen.

356 BFH v. 27. 9. 1991 VI R 159/89, BStBl 1992 II 163.

357 Im Ergebnis so auch AO-DV Zoll Nr. 2.1 zu § 235.

358 Weil auf keine Überlagerung hingewiesen wird, so wohl auch AO-DV Zoll.

359 AO-DV Zoll Nr. 1.3 zu § 235.

bei keine strafrechtliche Verurteilung wegen Steuerhinterziehung voraus.[360] Hinterziehungszinsen sind demnach auch festzusetzen, wenn:[361]

- eine wirksam Selbstanzeige (§ 371 AO) erstattet worden ist,
- der Strafverfolgung Verfahrenshindernisse entgegenstehen (z. B. Strafverfolgungsverjährung),
- das Strafverfahren wegen Geringfügigkeit (§§ 153, 153a StPO; § 398 AO) eingestellt worden ist
- oder in anderen Fällen die Strafverfolgung beschränkt oder von der Strafverfolgung abgesehen wird (z. B. nach §§ 154, 154a StPO).

299 Der Zinslauf beginnt mit dem Eintritt der Verkürzung oder der Erlangung des Steuervorteils und endet mit der Zahlung der Steuer, spätestens jedoch mit Eintritt der Fälligkeit. Wird der festgesetzte Steueranspruch nach Ablauf der Fälligkeit gezahlt, wird ab diesem Zeitpunkt der Steuervorteil durch die Säumniszuschläge abgeschöpft.

Berechnung und Festsetzung der Hinterziehungszinsen bestimmen sich nach §§ 238, 239 AO. Demnach wird zur Berechnung der zu verzinsende Betrag jeder Steuerart auf den nächsten durch 50 € teilbaren Betrag abgerundet. Die Zinsen betragen 0,5 % für jeden vollen Monat. Die Zinsen sind auf volle Euro abzurunden und festzusetzen, wenn sie mindestens 10 € betragen.

BEISPIEL ► Berechnung Hinterziehungszinsen:

Die A GmbH entnimmt am 2. 5. 2010 aus ihrem Steuerlager Bier, ohne dass sich ein weiteres Steueraussetzungsverfahren oder Ähnliches anschließt. Eine Steueranmeldung gibt sie nicht ab. Im Mai des Folgejahres wird die Entnahme des Bieres durch die Außenprüfung des HZA Dresden festgestellt. Das HZA setzt darauf hin Biersteuer i. H. v. 10 010,00 € fest. Fälligkeit tritt mit Bekanntgabe des Steuerbescheides am 1. 6. 2011. Die A GmbH zahlt am Folgetag per Scheck.

Zeitpunkt der Steuerhinterziehung:	2. 5. 10
Fälligkeit:	1. 6. 11
Zahlung:	2. 6. 11
Zu verzinsender Hauptanspruch:	10 010 €
Rundung auf den nächsten durch 50 teilbaren Betrag:	10 000 €
Zinsbeginn:	2. 5. 10
Zinsende:	1. 6. 11
Verzinsung mit 0,5 %:	50 €
für jeden angefangenen Monat (nicht Kalendermonat)	12 Monate
Demnach ergibt sich ein Zinsbetrag i. H. v.:	600 €

300 Wird der Steuerbescheid nach Ende des Zinslaufs aufgehoben, geändert (§ 172 AO) oder nach berichtigt (§ 129 AO), so bleiben die bis dahin entstandenen Zinsen unberührt, § 235 Abs. 3 Satz 2 AO.

360 BFH v. 27. 8. 1991 VIII R 84/89, BStBl 1992 II 9.
361 AO-DV Zoll Nr. 1.3 zu § 235.

VI. Abweichende Steuerfestsetzung

Der Grundsatz vom **Vorrang des Gesetzes** (Art. 20 Abs. 3 GG) bedeutet u. a., dass die Verwaltung das geltende Recht auch anzuwenden hat.[362] Einfachgesetzlich konkretisiert dies § 85 Satz 1 AO. Danach haben die Finanzbehörden die Steuern nach Maßgabe der Gesetze gleichmäßig festzusetzen und zu erheben. Der Wortlaut von § 85 Satz 1 AO („Die Finanzbehörden haben [...]") macht des Weiteren deutlich, dass für die Finanzbehörden das **Legalitätsprinzip** und nicht das Opportunitätsprinzip gilt. 301

Um jedoch den sachlichen und persönlichen Besonderheiten des Einzelfalles, die das Gesetz nicht berücksichtigen kann, Rechnung tragen zu können, hat der Gesetzgeber mit § 163 AO den Finanzbehörden eine Vorschrift zur Verfügung gestellt, mit der besondere Härten bei der Steuerfestsetzung vermieden werden können.[363] § 163 AO legitimiert damit die Finanzbehörden gesetzlich, von einer Steuerfestsetzung in der gesetzlich geschuldeten Höhe im Einzelfall abzusehen. 302

Ähnliches gilt für § 156 AO, welcher den Finanzbehörden das Absehen von der Steuerfestsetzung in besonderen Fällen erlaubt. Die Vorschrift berücksichtigt insbesondere den Grundsatz der Besteuerungsökonomie.[364] Steuerfestsetzungen, die außerhalb jeglichen vertretbaren Verwaltungsaufwandes stehen, können durch die Finanzbehörden dadurch vermieden werden.

1. Abweichende Festsetzung von Steuern aus Billigkeitsgründen

Nach § 163 Satz 1 AO können Steuern niedriger festgesetzt werden und einzelne Besteuerungsgrundlagen, die die Steuern erhöhen bei der Festsetzung der Steuer unberücksichtigt bleiben, wenn die Erhebung der Steuer nach Lage des einzelnen Falls unbillig wäre. § 163 AO ermöglicht damit der Finanzbehörde bei Vorliegen von Billigkeitsgründen **bereits im Festsetzungsverfahren** von der der ganz oder teilweisen Festsetzung des Steueranspruchs abzusehen. Ist die Erhebung eines Steueranspruchs bereits im Festsetzungsverfahren unbillig, wäre auch seine Festsetzung unbillig. Dies soll mit § 163 AO vermieden werden. 303

Für die Gewährung der Billigkeitsmaßnahme bedarf es keines vorherigen Billigkeitsantrags des Steuerpflichtigen.[365] Zum Begriff der Unbilligkeit s. Rdn. 176.

Der Wortlaut von § 163 Satz 1 AO ist hinsichtlich seines sachlichen Anwendungsbereiches unglücklich gefasst. Mit dem Begriff „Steuern" meint der Gesetzgeber den aus § 37 AO bekannten Begriff des „Steueranspruchs". Darüber hinaus gilt die Vorschrift für alle Ansprüche, welche hinsichtlich der Festsetzung auf die Vorschrift verweisen. Zwar ist § 163 AO über § 155 Abs. 4 AO grds. auch auf Vergütungen anwendbar. Allerdings sind u. E. keine praktischen Fälle ersichtlich, in denen ein Absehen von der Festsetzung einer Steuervergütung zum Tragen kommt. Dies wäre allenfalls der Fall, wenn

362 BVerfG v. 12. 2. 1969 1 BvR 687/62, BVerfGE 25, 216.
363 *Loose* in Tipke/Kruse, § 163 AO Rz. 1.
364 *Seer* in Tipke/Kruse, § 156 AO Rz. 1.
365 AO-DV Zoll Nr. 4 zu § 163.

der Gesetzgeber den entsprechenden Einzelfall nicht bedacht oder vorhergesehen hätte und hierdurch eine unbillige Steuervergütung hervorrufen würde.

Ansprüche für die § 163 Satz 1 AO entsprechend gilt:

- Steuervergütungsansprüche (§ 155 Abs. 4 AO)
- Zollkostenansprüche nach § 178 AO (§ 178 Abs. 4 AO)
- Nachzahlungszinsansprüche nach § 233a AO (§ 239 Abs. 1 Satz 1 AO)
- Hinterziehungszinsansprüche nach § 235 AO (§ 239 Abs. 1 Satz 1 AO)
- Prozesszinsansprüche nach § 236 AO (§ 239 Abs. 1 Satz 1 AO)
- Biokraftstoffquotenanspruch nach § 37c BImSchG (§ 37c Abs. 5 Satz 1 BImSchG)

304 Für Stundungszinsen und AdV-Zinsen gilt § 163 AO aufgrund der Spezialregelung in § 234 Abs. 2 AO bzw. § 234 Abs. 2 i. V. m. § 237 Abs. 4 AO nicht. Für Einfuhr- und Ausfuhrabgaben i. S. v. Art. 4 Nr. 10 und 11 ZK ist § 163 AO durch die Bestimmungen über die buchmäßige Erfassung und Festsetzung von Zollschulden (Art. 217 ff. ZK) überlagert und findet damit keine Anwendung.[366]

305 Liegen die Voraussetzung für eine **abweichende Festsetzung** vor, kann die Finanzbehörde die Steuer niedriger festsetzen. Niedriger festsetzen bedeutet, dass der Steuerbetrag nicht in seiner gesetzlich geschuldeten Höhe festgesetzt wird. Dabei ist auch eine Festsetzung auf 0 € möglich. Aus Gründen der Nachvollziehbarkeit sollte in der Steuerfestsetzung der gesetzlich geschuldete Betrag aufgeführt werden. Bei Steuervergütungsansprüchen würde eine abweichende Festsetzung auf die Festsetzung eines höheren Vergütungsbetrages hinauslaufen.

Andererseits kann die Finanzbehörde bei Vorliegen der Voraussetzungen, **steuererhöhende Besteuerungsgrundlagen** unberücksichtigt lassen. In der Steuerfestsetzung sollten die Besteuerungsgrundlagen, die unberücksichtigt bleiben, gesondert aufgeführt werden. Für den Steuerschuldner muss erkennbar sein, wie sich die Höhe des Steueranspruchs zusammensetzt. Diese Art der Billigkeitsmaßnahme gelangt u. E. bei den HZÄ kaum zur Anwendung.

306 Sollen Steuern niedriger festgesetzt werden oder einzelne Besteuerungsgrundlagen, die die Steuern erhöhen bei der Festsetzung der Steuer unberücksichtigt bleiben, stellt die jeweilige Entscheidung einen **separaten Verwaltungsakt** dar.[367] Die Entscheidung wird in der Praxis üblicherweise mit der Steuerfestsetzung verbunden. Die Entscheidung über die Billigkeitsmaßnahme ist ferner Grundlagenbescheid für die Steuerfestsetzung.[368]

Für eine abweichende Steuerfestsetzung haben die HZÄ, je nach Höhe des Betrages, ggf. die **Zustimmung** der vorgesetzten Behörde einzuholen.[369] Die HZÄ sind befugt zu Billigkeitsmaßnahmen:

- für Beträge bis einschließlich 100 000 €

366 AO-DV Zoll Nr. 1 zu § 163.

367 AO-DV Zoll Nr. 3 zu § 163.

368 AO-DV Zoll Nr. 8 zu § 171; BFH v. 26. 2. 1991 IX R 95/88, BStBl 1991 II 572.

369 AO-DV Zoll Nr. 3 zu § 227.

- für Beträge bis einschließlich 250 000 € mit Zustimmung der jeweils zuständigen BFD, Abteilung Rechts- und Fachaufsicht
- mit Zustimmung der BFD Mitte, Abteilung Zentrale Facheinheit, in allen übrigen Fällen.

Die HZÄ sind unabhängig von der Höhe des Betrages befugt, Billigkeitsanträge abzu- 307
lehnen, wenn sie diese Anträge für nicht begründet erachten.

2. Absehen von der Steuerfestsetzung

Das BMF kann gemäß § 156 Abs. 1 AO zur Vereinfachung der Verwaltung durch Rechts- 308
verordnung bestimmen, dass Steuern und steuerliche Nebenleistungen nicht festgesetzt werden, wenn der Betrag, der festzusetzen ist, einen durch diese Rechtsverordnung zu bestimmenden Betrag voraussichtlich nicht übersteigt. Der zu bestimmende Betrag darf 10 € nicht überschreiten. § 156 Abs. 1 AO stellt eine Verordnungsermächtigung i. S. v. Art. 80 GG dar. Dem BMF wird ermöglicht, durch Erlass einer Rechtsverordnung eine Kleinbetragsregelung für Steuern und steuerliche Nebenleistungen zu schaffen. Für **Einfuhrabgaben** findet § 156 Abs. 1 Satz 1 AO keine Anwendung. Die Vorschrift ist durch **Art. 868 ZK-DVO** i. V. m. **§ 23 ZollV** überlagert.

Das BMF hat von seiner Ermächtigung in der **KBV** Gebrauch gemacht. Von dieser Vor- 309
schrift sind jedoch nur die in § 1 KBV genannten Steuern erfasst. Zölle und Verbrauchsteuern gehören nicht zum Anwendungsbereich dieser Vorschrift. Für den Bereich der nicht als Einfuhrabgaben geschuldeten Verbrauchsteuern sind die Regelungen in den einzelnen Verbrauchsteuerverordnungen zu beachten. Derzeit bestehen im Bereich der Verbrauchsteuern folgende Regelungen:

- § 53 TabakStV
- § 32 BierStV
- § 31 SchaumwZwStV
- § 36 BrStV
- § 21 KaffeeStV

Die EnergieStV, die StromStV und das KernbrStG sehen derzeit keine vergleichbaren Regelungen vor. Neben den v. g. Verbrauchsteuervorschriften enthält die ZollkostV eine Kleinbetragsregelung. Von der Erhebung der Kosten ist abzusehen, wenn diese im Einzelfall weniger als 5 € betragen, § 11 ZollKostV.

Im Unterschied zu § 156 Abs. 1 AO enthält § 156 Abs. 2 AO eine einzelfallbezogene Er- 310
mächtigung. Steht fest, dass die Einziehung von Steuern und steuerlichen Nebenleistungen keinen Erfolg haben wird oder die Kosten der Einziehung einschließlich der Festsetzung außer Verhältnis zu dem Betrag stehen, kann die Festsetzung unterbleiben. Bei der Vorschrift handelt es sich um eine **behördeninterne Maßnahme** ohne Außenwirkung. Ein Absehen von der Festsetzung führt mithin nicht zum Erlöschen des Anspruchs (§ 47 AO). § 156 Abs. 2 AO ist für Einfuhrabgaben durch Art. 217 Abs. 1 ZK und Art. 868 ZK-DVO überlagert und ist für diese Abgaben deshalb nicht anzuwenden.

Einen Rechtsanspruch, von der Festsetzung abzusehen, hat der Steuerpflichtige nicht. Nach interner Verwaltungsanweisung kann das HZA von der Festsetzung absehen, wenn der einzuziehende Betrag weniger als 10 € beträgt.[370] War der Steuerpflichtige zur Abgabe einer Steueranmeldung oder Steuererklärung verpflichtet, soll bei Nichtabgabe ein Verzicht auf die Festsetzung grds. nicht in Betracht kommen. Änderungen oder Berichtigungen von Steuerfestsetzungen durch die Finanzbehörde können jedoch unterbleiben, wenn der Nachforderungsbetrag 10 € bzw. im Rahmen von automatisierten Berechnungs- und Erhebungsverfahren im Verbrauchsteuerbereich 5 € unterschreitet.

VII. Absehen von der buchmäßigen Erfassung

311 In welchen Fällen von der buchmäßigen Erfassung abzusehen ist, bestimmt Art. 217 Abs. 1 UA 2 und 3 ZK.[371] Ist Fallgruppe eins oder zwei einschlägig, hat die Zollbehörde kein Ermessen. Sie hat in diesem Fall zwingend von der buchmäßigen Erfassung abzusehen. Liegt ein Fall von Gruppe drei oder vier vor, handelt es sich um eine Ermessensentscheidung der Zollbehörde.

312 Von der buchmäßigen Erfassung **ist abzusehen,** wenn:

- es sich um einen vorläufigen **Antidumping**- oder **Ausgleichszoll** handelt. In diesem Fall ist eine Sicherheit durch den Zollschuldner zu leisten. Die buchmäßige Erfassung erfolgt erst mit endgültiger Festlegung des Antidumping- oder Ausgleichszolls;
- der gesetzlich geschuldete Abgabenbetrag **höher als** der Betrag ist, der auf Grundlage einer **verbindlichen** Auskunft (Art. 12 ZK) festgelegt wurde. Die verbindliche Auskunft (zollrechtliche Entscheidung) begründet beim Inhaber einen vertrauensschützenden Zustand;
- es sich beim Abgabenbetrag um einen **Kleinbetrag** handelt. Art. 868 UA 1 ZK-DVO ermächtigt die nationalen Zollverwaltungen von der buchmäßigen Erfassung bis zu einem Abgabenbetrag bis zu 10 € abzusehen. Ein Rückgriff auf die nationalen Regelungen ist mithin notwendig.

  Gemäß § 156 Abs. 1 AO kann das BMF zur Vereinfachung der Verwaltung durch Rechtsverordnung bestimmen, dass Steuern und steuerliche Nebenleistungen nicht festgesetzt werden, wenn der Betrag, der festzusetzen ist, einen durch diese Rechtsverordnung zu bestimmenden Betrag voraussichtlich nicht übersteigt.

  Die für Einfuhrabgaben einschlägige Norm ist § 23 ZollV. Nach § 23 Abs. 1 ZollV werden bei Einfuhrabgaben i. S. v. § 1 Abs. 1 ZollVG Abgabenbeträge von weniger als 3 € im Reiseverkehr und von weniger als 5 € in allen sonstigen Fällen nicht buchmäßig erfasst. Davon abweichend erfolgt bei Einfuhrabgaben i. S. v. Art. 4 Nr. 10 ZK sowie der Einfuhrumsatzsteuer, bei Abgabenbeträgen von weniger als 10 € keine buch-

370 AO-DV Zoll Nr. 5 zu § 156.

371 Ausführlich hierzu *Huchatz* in Lehrbuch des Europäischen Zollrechts, S. 307.

mäßige Erfassung, wenn jemand wegen einer Ordnungswidrigkeit nach § 37 TabStG verwarnt worden ist;

- die Mitteilung der buchmäßigen Erfassung nach **Ablauf der dreijährigen Frist** des Art. 221 Abs. 3 ZK nicht mehr ergehen darf. Mit Ablauf der Frist erlischt der Anspruch. Der buchmäßigen Erfassung kommt damit keine Bedeutung mehr zu. Zwar verweist Art. 217 Abs. 1 UA 3 ZK nicht auf Art. 221 Abs. 4 ZK (nationale zehnjährige Frist), jedoch muss nach Sinn und Zweck der Vorschrift für diese Frist das Gleiche gelten.[372]

(Einstweilen frei) 313–320

E. Festsetzung von Zinsen

Zinsen sind gemäß § 3 Abs. 4 AO steuerliche Nebenleistungen. Nach § 1 Abs. 3 Satz 2 AO gilt der dritte bis sechste Abschnitt des vierten Teils der AO für steuerliche Nebenleistungen nur, soweit dies besonders bestimmt ist. Für die Zinsen gilt demnach das Festsetzungs- und Feststellungsverfahren (§§ 155 bis 192 AO) grds. nicht. Das Festsetzungsverfahren ist für alle Zinsen in §§ 238, 239 AO geregelt. Es gilt mithin für: 321

- Nachzahlungszinsen (§ 233a AO)
- Stundungszinsen (§ 234 AO)
- Hinterziehungszinsen (§ 235 AO)
- Prozesszinsen (§ 236 AO)
- Aussetzungszinsen (§ 237 AO)
- Verzinsung von Steuernachforderungen und Steuererstattungen (§ 233a AO)

I. Berechnung der Zinsen

Die Berechnung der Zinsen richtet sich nach § 238 AO. Die Zinsen betragen gemäß § 238 Abs. 1 Satz 1 AO für jeden Monat 0,5 %.[373] Sie sind von dem Tag an, an dem der Zinslauf beginnt, nur für volle Monate zu zahlen. Angefangene Monate bleiben unberücksichtigt. Ein voller **Zinsmonat** ist erreicht, wenn der Tag, an dem der Zinslauf endet, hinsichtlich seiner Zahl dem Tag entspricht, der dem Tag vorhergeht, an dem die Frist begann.[374] 322

Für die Berechnung der Zinsen wird der zu verzinsende Betrag jeder Steuerart nach § 238 Abs. 2 AO auf den nächsten durch 50 € teilbaren Betrag abgerundet. Abzurunden ist jeweils der einzelne zu verzinsende Anspruch. Bei der Zinsberechnung sind die An-

372 So auch *Huchatz* in Lehrbuch des Europäischen Zollrechts, S. 307.

373 Der Gesetzgeber ist nicht von Verfassung wegen verpflichtet, den in § 238 Abs. 1 Satz 1 AO enthaltenen Zinssatz an die Entwicklung der Zinsen am Kapitalmarkt anzupassen, BFH v. 20. 4. 2011 I R 80/10, BFH/NV 2011, 1654, NWB DokID: CAAAD-89049.

374 AO-DV Zoll Nr. 2 zu § 238 unter Hinweis auf BFH v. 24. 7. 1996 X R 119/92, BStBl 1997 II 6.

sprüche zu trennen, wenn Steuerart, Zeitraum oder der Tag des Beginns des Zinslaufs voneinander abweichen.[375]

BEISPIEL ► **Berechnung Zinsen:**

Zu verzinsender Hauptanspruch:	10 044,33 €
Zinsbeginn:	13. 6. 10
Zinsende:	27. 8. 10
Rundung auf den nächsten durch 50 teilbaren Betrag:	10 000 €
Verzinsung mit 0,5 %:	50 €
für jeden angefangenen Monat (nicht Kalendermonat)	2 Monate
demnach ergibt sich ein Zinsbetrag i. H. v.:	100 €.

II. Festsetzung der Zinsen

323 Nach § 239 Abs. 1 Satz 1 AO sind auf die Zinsen, hinsichtlich der Festsetzung, die für die Steuern geltenden Vorschriften entsprechend anzuwenden. §§ 155 ff. AO gilt damit wiederum für Zinsansprüche, es sei denn, etwas anderes ist gesetzlich bestimmt. Abweichend von § 239 Abs. 1 Satz 1 AO ordnet § 239 Abs. 1 Satz 2 AO **eine Festsetzungsfrist von einem Jahr** an. Weiterhin enthält die Vorschrift Regelungen über den Beginn der Festsetzungsfrist für die einzelnen Zinsarten. Die Festsetzungsfrist beginnt:

- bei **Stundungszinsen** (§ 234 AO) mit Ablauf des Kalenderjahrs, in dem die Stundung geendet hat;
- bei **Hinterziehungszinsen** (§ 235 AO) mit Ablauf des Kalenderjahrs, in dem die Festsetzung der hinterzogenen Steuern unanfechtbar geworden ist, jedoch nicht vor Ablauf des Kalenderjahrs, in dem ein eingeleitetes Strafverfahren rechtskräftig abgeschlossen worden ist;
- bei **Prozesszinsen** (§ 236 AO) mit Ablauf des Kalenderjahrs, in dem die Steuer erstattet oder die Steuervergütung ausgezahlt worden ist;
- bei **AdV-Zinsen** (§ 237 AO) mit Ablauf des Kalenderjahrs, in dem ein Einspruch oder eine Anfechtungsklage endgültig erfolglos geblieben ist.

324 Eine Ablaufhemmung der Festsetzungsfrist nach § 171 AO ist möglich. Die Regelungen über die Anlaufhemmung nach § 170 AO kommen wegen der Regelung in § 239 Abs. 1 AO jedoch nicht in Betracht.

325 Zinsansprüche werden mit schriftlichem Bescheid festgesetzt. Der Mindestinhalt des Zinsbescheids richtet sich nach § 157 Abs. 1 Satz 2 und 3 AO, § 119 Abs. 3 und 4 AO.[376] Der Zinsbescheid muss mithin den festgesetzten Zinsanspruch nach Art und Betrag bezeichnen und angeben, wer den Anspruch schuldet. Der Zinsbetrag ist gemäß § 239 Abs. 2 Satz 1 AO stets auf volle Euro zum Vorteil des Steuerpflichtigen gerundet festzusetzen.

375 AO-DV Zoll Nr. 3 zu § 238.
376 AO-DV Zoll Nr. 1 zu § 239.

§ 239 Abs. 2 Satz 2 AO enthält eine Kleinbetragsregelung für Zinsen. Danach wird der (einzelne) Zinsanspruch nur dann festgesetzt, wenn er mindestens 10 € beträgt. § 156 Abs. 2 AO gilt nach seinem Wortlaut darüber hinaus. Die Korrektur festgesetzter Ansprüche richtet sich nach §§ 129, 172 AO. Die Zahlungsverjährung beträgt fünf Jahre.

F. Fälligkeit

Der Schuldner eines Anspruchs aus dem Steuerschuldverhältnis braucht die Forderung aus dem Anspruch grds. erst zu zahlen, wenn dieser festgesetzt und fällig ist. Vor Ablauf der Fälligkeit entstehen ihm durch eine nicht geleistete Zahlung der Anspruchsforderung keine steuerrechtlichen Konsequenzen. Ist die Finanzbehörde Gläubiger des Anspruchs, teilt sie dem Schuldner mit dem sog. **Leistungsgebot** mit, bis zu welchem Zeitpunkt aus dem Anspruch auf die Forderung zu leisten ist. 326

Voraussetzung für das Leistungsgebot ist, dass der jeweilige Anspruch fällig ist. 327

DEFINITION

Fälligkeit betrifft den Zeitpunkt, von dem ab der Gläubiger eines Anspruchs aus dem Steuerschuldverhältnis von dem Schuldner die Leistung verlangen kann.[377]

Fälligkeit vor der Entstehung des Anspruchs aus dem Steuerschuldverhältnis ist ausgeschlossen.[378] Regelmäßig kann Fälligkeit frühestens mit der Festsetzung des Anspruches eintreten. Etwas anderes gilt z. B. bei Säumniszuschlägen, die kraft Gesetzes entstehen und deshalb nicht festgesetzt werden müssen. Eine angemeldete Steuervergütung ist erst fällig, sobald dem Steuerpflichtigen die Zustimmung der Finanzbehörde bekannt wird (§ 220 Abs. 2 Satz 2 AO).

Wird der Zeitpunkt der Fälligkeit überschritten, treten regelmäßig Rechtsnachteile für den Schuldner ein. Die bedeutendsten Rechtsnachteile sind das Entstehen von Säumniszuschlägen (§ 240 AO) bzw. Säumniszinsen (Art. 232 Abs. 2 ZK) und die Möglichkeit der Vollstreckung der Ansprüche. Um solche Nachteile zu vermeiden, kann die Fälligkeit unter bestimmten Voraussetzungen durch Stundung (§ 222 AO), Zahlungsaufschub (§ 223 AO) und Aussetzung der Vollziehung (§ 361 AO bzw. Art. 244 ZK) hinausgeschoben werden.

Liegt die „eigentliche **Fälligkeit**" **vor der Festsetzung** des Anspruches, weil beispielsweise Steuern hinterzogen wurden, sind entstandene Zinsvorteile des Steuerschuldners für den Zeitraum der Fälligkeit bis zum Zeitpunkt der Festsetzung durch entsprechende steuerliche Nebenleistungen (z. B. Verspätungszuschläge, Hinterziehungszinsen) abzuschöpfen.

377 *Seer* in Tipke/Lang Steuerrecht, § 21 Rz. 311.

378 BFH v. 5. 8. 1986 VII R 167/82, BStBl 1987 II 8.

I. Regelungen der AO und der Einzelsteuergesetze

328 Die Fälligkeit von Ansprüchen aus dem Steuerschuldverhältnis richtet sich gemäß § 220 Abs. 1 AO im Regelfall nach den Vorschriften der (Einzel-)Steuergesetze. Nur selten ist es der Fall, dass diese keine Fälligkeitsbestimmungen enthalten. Auch die Verbrauchsteuergesetze sehen regelmäßig eine Fälligkeit vor. Die Fälligkeitsbestimmungen der Verbrauchsteuergesetze lassen sich dabei in zwei Kategorien einteilen: Die Vorschriften bestimmen einen Zeitpunkt für die Fälligkeit in der Zukunft oder sie bestimmen die sofortige Fälligkeit des Anspruches.

BEISPIELE ► für Fälligkeit in der Zukunft:

- § 15 Abs. 1 Satz 6 BierStG (bis zum 20. Tag des auf die Steuerentstehung folgenden Monats),
- § 18 Abs. 1 Nr. 1 Buchst. a TabStG (am 10. Tag des übernächsten Monats),
- § 8 Abs. 3 StromStG (bis zum 25. Kalendertag des auf den Veranlagungsmonat folgenden Kalendermonats),
- § 8 Abs. 5 EnergieStG (am zehnten Tag des zweiten auf die Steuerentstehung folgenden Monats),
- § 12 Abs. 1 Satz 2 LuftVStG (am 20. Tag nach Ablauf des Kalendermonats der Entstehung),
- § 6 Abs. 1 Satz 2 KernbrStG (am 25. Tag des auf die Steuerentstehung folgenden Monats).

BEISPIELE ► für sofortige Fälligkeit:

- § 15 Abs. 2 Satz 2 BierStG,
- § 18 Abs. 2 Satz 1 TabStG,
- § 8 Abs. 9 Satz 2 StromStG,
- § 16 Abs. 3 Satz 2 EnergieStG,
- § 12 Abs. 3 Satz 2 LuftVStG.

329 Fehlt es an einer gesetzlichen Regelung über die Fälligkeit, so wird der Anspruch gemäß § 220 Abs. 2 Satz 1 AO mit seiner Entstehung fällig, es sei denn, dass in einem nach § 254 AO erforderlichen Leistungsgebot eine Zahlungsfrist eingeräumt worden ist. Wie oben bereits ausgeführt, tritt aber die Fälligkeit nicht vor Festsetzung ein, wenn der Anspruch festgesetzt werden muss. Die Finanzbehörde kann eine mit Entstehung eintretende Fälligkeit eines Steueranspruchs durch die Gewährung einer Zahlungsfrist in einem Leistungsgebot nach § 254 AO grds. hinausschieben.

Bestimmen jedoch die **Einzelsteuergesetze** eine gesetzliche Fälligkeit (z. B. sofortige Fälligkeit nach § 18 Abs. 2 Satz 1 TabStG), kann diese durch ein gleichwohl erteiltes Leistungsgebot nicht verschoben werden. Dies gilt auch dann, wenn dem Schuldner darin eine verlängerte Zahlungsfrist eingeräumt wird.[379] Eine solche Verfahrensweise würde dem Regelungswillen des Gesetzgebers – die Steuer sofort entrichten zu lassen – entgegenstehen. Im Leistungsgebot darf in diesen Fällen kein von den gesetzlichen Fälligkeitsbestimmungen abweichendes Zahlungsziel enthalten sein. Die Steuer ist vielmehr mit Bekanntgabe des Steuerbescheides sofort zu entrichten. Ein Hinausschieben der Fälligkeit, auch wenn es zugunsten des Steuerschuldners wirkt, ist nur durch die ge-

379 *Rüsken* in Klein, § 220 AO Rz. 11.

setzlich vorgesehenen Bestimmungen der AO (Stundung, Zahlungsaufschub, Aussetzung der Vollziehung) zulässig.

§ 220 AO ist für Einfuhr- und Ausfuhrabgaben, die Einfuhrumsatzsteuer sowie bei Verbrauchsteuern im Fall der Einfuhr durch Art. 222 ZK überlagert. Nach Art. 222 ZK ist der mitgeteilte Abgabenbetrag innerhalb der von den Zollbehörden gesetzten Frist zu entrichten. Die durch die Zollbehörde im Leistungsgebot bestimmte Frist darf dabei **zehn Tagen** nach Mitteilung nicht überschreiten. Weist der Zollschuldner nach, dass er die Mitteilung später erhalten hat (Dreitagesfrist des § 122 Abs. 2 Nr. 1 AO), hat die Zollbehörde gemäß Art. 222 Abs. 1 Buchst. a Satz 3 ZK eine entsprechende Fristverlängerung zu gewähren. 330

Im Falle der Globalisierung der buchmäßigen Erfassung (Art. 218 Abs. 1 UA 2 ZK) bestimmen die Vorschriften über den Zahlungsaufschub (Art. 227 ZK) die Obergrenze für die Zahlungsfrist. Die Fristenberechnung erfolgt nach der FristenVO.

BEISPIEL ▸ **für Berechnung der Zahlungsfrist nach ZK:**

Aufgabe des Abgabenbescheides zur Post:	15. 6.
Bekanntgabe des Abgabenbescheides:	18. 6.
Fristbeginn:	19. 6. (Art. 3 Abs. 1 UA 2 FristenVO)
Zahlungsfrist:	10 Tage
Fristende:	28. 6. (Art. 3 Abs. 2 Buchst. b FristenVO)

1. Zahlung/Reihenfolge der Tilgung

Die **Zahlungsmodalitäten**, wie Ort und Zeitpunkt der Zahlung, ergeben sich aus § 224 AO. Die Zahlungen des Steuerschuldners sind grds. an die zuständige Kasse der Finanzbehörde zu entrichten. Bei den durch die HZÄ zu verwaltenden Steuern sind dies i. d. R. die Zollzahlstellen. Außerhalb der Kasse dürfen Zahlungsmittel nur von hierzu besonders ermächtigten Amtsträgern (z. B. Vollziehungsbeamte) entgegengenommen werden, § 224 Abs. 1 Satz 2 AO. Der Amtsträger hat sich vorher auszuweisen. Mit Zahlung erlischt der Anspruch aus dem Steuerschuldverhältnis (§ 47 AO). In der heutigen Zeit dürften Zahlungen regelmäßig durch Überweisung erfolgen. 331

Erfolgt die Zahlung per **Überweisung** oder Einzahlung auf ein Konto der Finanzbehörde gilt die Zahlung nach § 224 Abs. 2 Nr. 2 AO an dem Tag als geleistet, an dem der Betrag der Finanzbehörde gutgeschrieben wird. Erfolgt die Zahlung per **Scheck**, gilt die Zahlung drei Tage nach dem Tag des Eingangs bei der Finanzkasse als entrichtet, § 224 Abs. 2 Nr. 1 AO. Hat der Steuerpflichtige der Finanzbehörde eine Einzugsermächtigung erteilt, bestimmt § 224 Abs. 2 Nr. 3 AO den Fälligkeitstag als Zeitpunkt der Zahlung.

Die **Tilgungsreihenfolge** richtet sich im Steuerrecht nach § 225 AO. Die Vorschrift gilt auch für Einfuhr- und Ausfuhrabgaben, da das gemeinschaftsrechtliche Zollrecht hierzu keine Regelungen enthält. Schuldet ein Steuerpflichtiger mehrere Beträge und reicht bei **freiwilliger Zahlung** der gezahlte Betrag nicht zur Tilgung sämtlicher Schulden aus, so wird die Schuld getilgt, die der Steuerpflichtige bei der Zahlung bestimmt. Trifft der Steuerpflichtige keine Bestimmung, so werden gemäß § 225 Abs. 2 Satz 1 AO mit einer freiwilligen Zahlung, die nicht sämtliche Schulden deckt, zunächst: 332

1. die Geldbußen, sodann nacheinander,
2. die Zwangsgelder, die Steuerabzugsbeträge,
3. die übrigen Steuern (inkl. Einfuhr- und Ausfuhrabgaben),
4. die Kosten,
5. die Verspätungszuschläge,
6. die Zinsen und
7. die Säumniszuschläge/Säumniszinsen getilgt.

Innerhalb dieser Reihenfolge sind die einzelnen Schulden nach ihrer Fälligkeit zu ordnen. Bei gleichzeitiger Fälligkeit bestimmt gemäß § 225 Abs. 1 Satz 2 AO die Finanzbehörde die Reihenfolge der Tilgung. Werden Beträge **zwangsweise**, d. h. im Rahmen der Vollstreckung beigetrieben, bestimmt gemäß § 225 Abs. 3 AO die Finanzbehörde die Reihenfolge der Tilgung.

333 Die Zahlungsmodalitäten für Leistungen der Finanzbehörde bestimmt § 224 Abs. 3 AO. Danach sind Zahlungen der Finanzbehörden grds. unbar zu leisten. Als Tag der Zahlung gilt bei Überweisung oder Zahlungsanweisung der dritte Tag nach der Hingabe oder Absendung des Auftrags an das Kreditinstitut oder, wenn der Betrag nicht sofort abgebucht werden soll, der dritte Tag nach der Abbuchung (Fiktion des Zeitpunkts bei erfolgreicher Zahlung).

2. Vorverlegen der Fälligkeit

334 Hat der Steuerpflichtige eine Verbrauchsteuer oder die Umsatzsteuer mehrfach nicht rechtzeitig entrichtet, so kann die Finanzbehörde nach § 221 Satz 1 AO die **Vorverlegung der Fälligkeit** anordnen. Vom Anwendungsbereich der Vorschrift ist auch die Einfuhrumsatzsteuer erfasst, denn bei ihr handelt es sich gemäß § 1 Nr. 4 UStG um eine Form der Umsatzsteuer. Nicht erfasst sind nach dem Wortlaut hingegen Einfuhr- und Ausfuhrabgaben i. S. d. ZK.

Für eine Vorverlegung der Fälligkeit muss der Steuerpflichtige die Steuer mehrfach nicht innerhalb der gesetzlichen oder durch die Finanzbehörde bestimmten Fälligkeit entrichtet haben. Eine einmalige Verfehlung reicht nicht aus. Eine nicht rechtzeitige Zahlung liegt auch dann vor, wenn innerhalb der sog. **Schonfrist** (§ 240 Abs. 3 AO) gezahlt wird.[380] Die Schonfrist dient lediglich dazu, Härten bei der Überweisung zu vermeiden und hat keine Auswirkung auf die Fälligkeit.

Beabsichtigt die Finanzbehörde die Fälligkeit vorzuverlegen, muss sie dies gemäß § 221 Satz 3 AO dem Steuerpflichtigen für den Fall erneuter nicht rechtzeitiger Zahlung ankündigen. Liegen die Voraussetzungen des § 221 Satz 1 und 3 AO vor, kann die Finanzbehörde eine neue Fälligkeit bestimmen, die vor der gesetzlichen Fälligkeit aber nach Entstehung der Steuer liegt. Insoweit besteht ein Ermessen hinsichtlich des „Ob“ und des „Wie“.

380 AO-DV Zoll zu § 221.

Die Finanzbehörde kann nach § 221 Satz 2 AO weiterhin die Fälligkeit vorverlegen, wenn die Annahme begründet ist, dass der Eingang einer Verbrauchsteuer oder der Umsatzsteuer gefährdet ist. Für eine Vorverlegung der Fälligkeit genügt es, dass der Steuerpflichtige einmal nicht fristgerecht gezahlt hat. Allerdings muss die begründete Annahme bestehen, dass die Entrichtung der Steuer gefährdet ist. Hierfür ist es erforderlich, dass die Finanzbehörde konkrete Hinweise für eine Gefährdung des Steueranspruchs hat. Solche Hinweise können sich beispielsweise aus der Prüfung der wirtschaftlichen Lage des Steuerpflichtigen ergeben. Liegen die Voraussetzung vor, kann die Vorverlegung der Fälligkeit angeordnet werden. 335

Die neue Fälligkeit kann vor der gesetzlichen Fälligkeit, jedoch nach Entstehung der Steuer liegen. Einer Ankündigung nach § 221 Satz 3 AO bedarf es in diesem Fall nicht. An Stelle der Vorverlegung der Fälligkeit kann die Finanzbehörde auch eine Sicherheitsleistung verlangen.

3. Hinausschieben der Fälligkeit durch Stundung und Zahlungsaufschub

Ein Hinausschieben der Fälligkeit ist nur durch Stundung (§ 222 AO), Zahlungsaufschub (§ 223 AO) und Aussetzung der Vollziehung (§ 361 AO bzw. Art. 244 ZK) möglich. 336

a) Stundung

Nach § 222 Satz 1 AO können die Finanzbehörden Ansprüche aus dem Steuerschuldverhältnis ganz oder teilweise stunden, wenn die Einziehung bei Fälligkeit eine erhebliche Härte für den Schuldner bedeuten würde und der Anspruch durch die Stundung nicht gefährdet erscheint. 337

Unter den Begriff Ansprüche aus dem Steuerschuldverhältnis in § 222 Satz 1 AO fallen **nur Steuerzahlungsansprüche,**[381] nicht jedoch Vergütungs- oder Erstattungsansprüche des Steuerpflichtigen. Steueransprüche gegen den Steuerschuldner können nach § 222 Satz 3 AO nicht gestundet werden, soweit ein Dritter (Entrichtungspflichtiger) die Steuer für Rechnung des Steuerschuldners zu entrichten, insbesondere einzubehalten und abzuführen hat. Dieser Ausschluss gilt gemäß § 12 Abs. 1 Satz 1 MOG nicht für Abgaben zu Marktordnungszwecken, die nach Regelungen i. S. d. § 1 Abs. 2 MOG erhoben werden.[382]

Nach dem Wortlaut von § 222 Satz 1 AO müssen sowohl eine **erhebliche Härte** als auch eine „**Nichtgefährdung**" des Anspruch aus dem Schuldverhältnis vorliegen. Eine erhebliche Härte kann persönlichen oder sachlichen Gründen geschuldet sein. Dabei hat die Finanzbehörde zwischen dem Interesse des Steuergläubigers an einer vollständigen und gleichmäßigen Steuererhebung und dem Interesse des Steuerpflichtigen an einem Aufschub der Fälligkeit der Steuerzahlung abzuwägen.[383] 338

381 BFH v. 14. 5. 1982 VI R 130/81, nv.
382 AO-DV Zoll Nr. 6 zu § 222 AO.
383 BFH v. 7. 3. 1985 IV R 161/81, BStBl 1985 II 449.

Persönliche Gründe können vorliegen, wenn durch die Versagung der Stundung der Steuerpflichtige in wirtschaftliche Schwierigkeiten geraten würde.[384] Weiterhin darf die erhebliche Härte nur vorübergehender Natur sein. Ferner muss die erhebliche Härte durch die Versagung der Stundung hervorgerufen werden (**Kausalität**). Die Stundung kommt demnach allein in Betracht, wenn die Zahlungsfähigkeit des Steuerpflichtigen nur im Zeitpunkt der Einziehung der Steuern gemindert ist, nicht aber, wenn sie generell nicht besteht.[385] Wäre die Zahlungsfähigkeit dauerhaft durch die Einziehung des Anspruchs gemindert, wäre ein Antrag auf Erlass/Erstattung nach § 227 AO das zutreffende Instrumentarium.

Sachliche Gründe liegen beispielsweise dann vor, wenn der zu zahlende Betrag, ohne dass bereits eine Aufrechnungslage gemäß § 226 AO besteht, alsbald zu erstatten ist.[386]

339 Trotz des Vorliegens einer erheblichen Härte darf die Finanzbehörde den Anspruch nicht stunden, wenn der Anspruch durch die Stundung gefährdet erscheint. Eine **Gefährdung** liegt immer dann vor, wenn die Durchsetzung des Steueranspruchs zu einem späteren Zeitpunkt wahrscheinlich nicht mehr oder nur mit erheblichen Schwierigkeiten realisiert werden kann. Die Gefährdung eines Steueranspruchs erschöpft sich nicht in der Betrachtung der aktuellen Vermögenssituation des Steuerpflichtigen. Eine Gefährdung des Anspruchs kann bereits darin liegen, dass dieser über einen sehr langen Zeitraum zu stunden wäre.[387]

Hat der Steuerpflichtige für den zu stundenden Anspruch Sicherheit geleistet, ist eine Gefährdung stets zu verneinen. Die Finanzbehörde kann sich für den Fall der späteren Nichtleistung der Sicherheit bedienen.

340 Gemäß § 222 Satz 2 AO soll die Stundung i. d. R. nur **auf Antrag** und gegen **Sicherheitsleistung** gewährt werden. Eine Stundung von Amts wegen ist aber durch den Wortlaut von § 222 Satz 2 AO nicht ausgeschlossen. Von einer Sicherheitsleistung kann z. B. dann abgesehen werden, wenn kleinere Ansprüche über einen kurzen Zeitraum gestundet werden sollen. Kann eine Sicherheit nicht geleistet werden, dürfte regelmäßig auch der Anspruch durch die Stundung gefährdet sein.

Die Entscheidung über die Stundung ist ein Ermessensentscheidung der Finanzbehörde („können"). Für eine Stundung der Ansprüche aus dem Steuerschuldverhältnis haben die HZÄ, je nach Höhe des Betrages, ggf. die **Zustimmung** der vorgesetzten Behörde einzuholen.[388] Die HZÄ sind nur zu Stundungsmaßnahmen befugt, wenn:

- der zu stundende Betrag höher ist als 200 000 € und für einen Zeitraum von mehr als 6 Monaten gestundet werden soll mit Zustimmung der jeweils zuständigen BFD, Abteilung Rechts- und Fachaufsicht,

384 *Rüsken* in Klein, § 222 AO Rz. 23.
385 BFH v. 27. 4. 2001 XI S 8/01, BFH/NV 2001, 1362-1363.
386 BFH v. 5. 7. 1990 I B 17/90, BFH/NV 1991, 146.
387 BFH v. 8. 2. 1988 IV B 102/87, BStBl 1988 II 514.
388 AO-DV Zoll Nr. 2 zu § 222.

- der zu stundende Betrag höher ist als 500 000 € und für einen Zeitraum von mehr als 12 Monaten gestundet werden soll mit Zustimmung der BFD Mitte, Abteilung Zentrale Facheinheit.

Die HZÄ sind unabhängig von der Höhe des Betrages befugt, Stundungsanträge abzulehnen, wenn sie diese Anträge für nicht begründet erachten. Wird ein Stundungsantrag abgelehnt, hat die Finanzbehörde ihr Ermessen darzulegen.

Liegen die Voraussetzungen für eine Stundung vor, können die Finanzbehörden den Anspruch ganz oder teilweise und mit oder ohne Ratenzahlungen stunden. Die Stundung sollte stets unter dem Vorbehalt des Widerrufs erteilt werden. Dadurch kann die Finanzbehörde bei nicht fristgerechter Ratenzahlung die Stundungsbewilligung jederzeit widerrufen. Durch eine wirksame Stundung wird die Fälligkeit hinausgeschoben. Säumniszuschläge entstehen mithin nicht, jedoch Stundungszinsen. Die Vollstreckung in das Vermögen des Steuerpflichtigen ist nicht möglich. 341

Grundsätzlich bleibt § 222 AO für Einfuhr- und Ausfuhrabgaben, die Einfuhrumsatzsteuer sowie für Verbrauchsteuern im Fall der Einfuhr über Art. 229 Satz 1 ZK anwendbar, der den Mitgliedstaaten neben dem Zahlungsaufschub andere Zahlungserleichterungen einräumt. Allerdings trifft Art. 229 Buchst. a ZK Regelungen zur Sicherheitsleistung. Aus diesem Grund ist § 222 Satz 2 AO für Einfuhr- und Ausfuhrabgaben überlagert. Grundsätzlich ist für zu stundende Einfuhr- oder Ausfuhrabgaben eine Sicherheit zu leisten. Auf diese Sicherheitsleistung kann nach Art. 229 Satz 3 ZK verzichtet werden, wenn sie aufgrund der Verhältnisse des Beteiligten zu erheblichen wirtschaftlichen oder sozialen Schwierigkeiten führen würde. 342

aa) Stundungszinsen

Für die Dauer einer gewährten Stundung von Ansprüchen aus dem Steuerschuldverhältnis hat die Finanzbehörde Stundungszinsen zu erheben, § 234 Abs. 1 Satz 1 AO. Durch § 234 AO soll der Vorteil, den der Steuerpflichtige durch die Stundung der an sich fälligen Ansprüche erlangt hat, abgeschöpft werden. Zu verzinsen ist der gestundete Anspruch aus dem Steuerschuldverhältnis. Hiervon erfasst sind der Steueranspruch (inkl. Rückforderungsansprüche wegen nicht geschuldeter Erstattungen) sowie der Steuervergütungsanspruch. Ansprüche auf steuerliche Nebenleistungen bleiben gemäß § 233 Satz 2 AO unberücksichtigt. 343

Sind Ansprüchen aus einem Steuerschuldverhältnis gestundet worden, hat die Finanzbehörde kein Ermessen hinsichtlich der Festsetzung und Erhebung der Stundungszinsen. Die **Festsetzung** der Stundungszinsen erfolgt **von Amts** wegen. Auf die (Festsetzung der) Zinsen kann die Finanzbehörde allerdings gemäß § 234 Abs. 2 AO ganz oder teilweise verzichtet, wenn die Erhebung der Stundungszinsen nach Lage des einzelnen Falls unbillig wäre. Die Stundung erfolgt dann zinsfrei. Die Billigkeit ist durch gesonderten Verwaltungsakt festzustellen. Die Unbilligkeit kann sachliche oder persönliche Gründe haben.[389] 344

389 Weitere Beispiele bei: AO-DV Zoll Nr. 11 zu § 234.

345 Die Ursachen für **persönliche Gründe** liegen im Tatsächlichen.[390]

BEISPIELE ▶ für persönliche Gründe können sein:

- Naturkatastrophe hat zu Zahlungsschwierigkeiten beim Steuerschuldner geführt und die Stundung veranlasst.
- Liquiditätsschwierigkeiten allein infolge nachweislicher Forderungsausfälle im Insolvenzverfahren hat zur nicht fristgerechten Zahlung des Steuerschuldners geführt und die Stundung veranlasst.

346 Unbilligkeit aus **sachlichen Gründen** kommt in Betracht, wenn die Erhebung der Zinsen im Einzelfall, insbesondere mit Rücksicht auf den Zweck der Regelung, nicht zu rechtfertigen ist, obwohl der Sachverhalt zwar den gesetzlichen Tatbestand erfüllt, die Erhebung der Zinsen aber den Wertungen des Gesetzgebers zuwiderläuft.[391]

BEISPIELE ▶ für sachliche Gründe können sein:

- Stundung bezieht sich auf belegbare, demnächst fällig werdende Ansprüche des Steuerschuldners aus einem Steuerschuldverhältnis.
- Zu Beginn der Stundung war eine Aufrechnungslage i. S. d. § 226 AO gegeben.

347 Die Stundungszinsen sind für die **gesamte Dauer des Stundungszeitraums** zu berechnen. Berechnung und Festsetzung der Stundungszinsen bestimmen sich nach §§ 238, 239 AO. Demnach wird zur Berechnung der zu verzinsende Betrag jeder Steuerart auf den nächsten durch 50 € teilbaren Betrag abgerundet. Der Zinslauf beginnt an dem ersten Tag, für den die Stundung wirksam wird, und endet mit Ablauf des letzten Tages, für den die Stundung gewährt wurde. Die Zinsen betragen 0,5 % für jeden vollen Monat. Angefangene Monate bleiben außer Ansatz. Die Zinsen sind auf volle Euro abzurunden und festzusetzen, wenn sie mindestens 10 € betragen.

BEISPIEL ▶ Berechnung Stundungszinsen ohne Ratenzahlung:[392]

Fälligkeit von Biersteuer i. H. v. 20 040,00 €:	15. 6.
Stundungszeitraum:	16. 6. bis 30. 8.
Zinsbeginn:	16. 6.
Zinsende:	30. 8.
Rundung auf den nächsten durch 50 teilbaren Betrag:	20 000 €
Verzinsung mit 0,5 %:	100 €
für jeden vollen Monat	2 Monate
demnach ergibt sich ein Zinsbetrag i. H. v.:	200 €

348 Die Stundungszinsen werden grds. zusammen mit der Stundungsverfügung durch **schriftlichen Zinsbescheid festgesetzt**. Im Falle einer Stundung gegen Ratenzahlung kann der Zinsbescheid zu einem späteren Zeitpunkt, jedoch spätestens vor Eingang der letzten Rate, erteilt werden. In diesem Fall ist in der Stundungsverfügung ausdrücklich auf die Zinspflicht und die Höhe des Zinssatzes hinzuweisen.[393] Erfolgt eine Änderung

390 Die diesbezüglichen Ausführungen zu § 227 AO geltend entsprechend, s. hierzu Rdn. 179 ff.

391 BFH v. 9. 5. 2007 XI R 2/06, BFH/NV 2007, 1622-1623.

392 Weitere Beispiele bei: AO-DV Zoll Nr. 7 zu § 234.

393 Der Verwaltungsakt (Festsetzung der Stundungszinsen) muss hinreichend bestimmt sein. Zur Verfahrensweise: AO-DV Zoll Nr. 4 zu § 234.

der Stundungsverfügung, ist eine etwaige Festsetzung der Stundungszinsen anzupassen. Wird der Steuerbescheid nach Ablauf der Stundung aufgehoben, geändert (§ 172 AO) oder berichtigt (§ 129 AO), so bleiben die bis dahin entstandenen Zinsen unberührt.

bb) Kreditzinsen

§ 234 AO ist für Einfuhr- und Ausfuhrabgaben durch Art. 229 Satz 2 Buchst. b und Satz 3 ZK überlagert. Das Gemeinschaftsrecht spricht dabei von **Kreditzinsen**, welche aber dem Wesen der Stundungszinsen entsprechen. Die Zinsen sind so zu berechnen, dass sie dem Betrag entsprechen, der unter den gleichen Umständen am nationalen Geld- oder Kapitalmarkt für die Währung, in der zu entrichten ist, erhoben worden wäre. Der Zinssatz wurde durch das BMF auf 6 % für ein Jahr oder 0,5 % für jeden Monat festgesetzt und soll dem langjährigen Mittel der auf dem deutschen Geld- und Kapitalmarkt berechneten Zinssätze entsprechen.[394] Dies erscheint mit Blick auf den Gesetzestext u. E. zu niedrig bemessen. 349

Nach Art. 229 Satz 3 ZK können die Zollbehörden auf die Kreditzinsen verzichten, wenn diese aufgrund der Verhältnisse des Beteiligten zu erheblichen wirtschaftlichen oder sozialen Schwierigkeiten führen würden. Die Erhebung der Kreditzinsen muss dabei **ursächlich** für die drohenden erheblichen wirtschaftlichen oder sozialen Schwierigkeiten des Beteiligten sein (Kausalitätsprinzip). 350

b) Zahlungsaufschub

Neben der Stundung lässt sich die Fälligkeit durch einen Zahlungsaufschub nach § 223 AO hinausschieben. Im Gegensatz zur Stundung sieht der Zahlungsaufschub keine Verzinsung des aufgeschobenen Abgabenbetrages vor. § 223 AO findet nur bei Einfuhr- und Ausfuhrabgaben sowie Verbrauchsteuern Anwendung. 351

Voraussetzung für den Zahlungsaufschub ist, dass das jeweilige Einzelsteuergesetz den Zahlungsaufschub anordnet. Für Einfuhrabgaben enthalten Art. 224 bis 228 ZK entsprechende Regelungen. Aufgrund des Verweises auf die sinngemäße Anwendung der Zollvorschrift bei der Einfuhr, gelten diese Vorschriften auch für Verbrauchsteuern und die Einfuhrumsatzsteuer.[395] Die gemeinschaftsrechtlichen Vorschriften sind bezüglich des Zahlungsaufschubs umfassend. Eines Rückgriffs auf § 223 AO bedarf es deshalb nicht. 352

Nach Art. 224 ZK gewähren die Zollbehörden den Beteiligten auf Antrag unter den Voraussetzungen der Art. 225 bis 227 ZK Zahlungsaufschub, wenn sich der geschuldete Abgabenbetrag auf Waren bezieht, die zu einem Zollverfahren angemeldet worden sind. Für einen Zahlungsaufschub ist ein Antrag des Beteiligten oder seines Bevollmächtigten erforderlich.[396] Zahlungsaufschub kommt nach den Art. 224 i. V. m. Art. 226 ZK 353

---

394 AO-DV Zoll Nr. 1 zu § 234.

395 Z. B.: § 21 Abs. 2 UStG, § 21 Abs. 3 Satz 1 TabStG; § 19b Abs. 3 EnergieStG.

396 Zum Antrag s.: DV Z 0914 Abs. 4-7.

nur in den Fällen des Art. 201 Abs. 1 Buchst. a ZK in Betracht.[397] Voraussetzung für den Aufschub ist eine **Sicherheitsleistung** des Antragstellers, Art. 225 Satz 1 ZK. Abweichend hiervon kann nach § 21 Abs. 3 UStG die Zahlung der Einfuhrumsatzsteuer ohne Sicherheitsleistung aufgeschoben werden, wenn die zu entrichtende Steuer nach § 15 Abs. 1 Satz 1 Nr. 2 in voller Höhe als Vorsteuer abgezogen werden kann.

354 Die **Modalitäten** des Zahlungsaufschubs bestimmen sich nach Art. 226 ZK. Das im Antrag des Beteiligten Begehrte hat die Finanzbehörde dabei zu berücksichtigen. Die maximale Aufschubfrist beträgt gemäß Art. 227 Abs. 1 Satz 1 ZK 30 Tage. Zum Ausschluss eines Zahlungsaufschubes s. Art. 228 ZK.

II. Säumniszuschlag/Säumniszinsen

355 Sowohl die nationalen Regelungen (§ 240 AO) als auch die gemeinschaftsrechtlichen Zollvorschriften (Art. 232 Abs. 2 ZK) ordnen bei nicht fristgerechter Zahlung der festgesetzten Steuern die Entstehung von **Säumniszuschlägen** bzw. **Säumniszinsen** an. Hauptzweck von Säumniszuschlägen/Säumniszinsen ist es, den Steuerpflichtigen zur rechtzeitigen Zahlung anzuhalten (**Druckmittel**). Die Rechtsprechung des BFH sowie die überwiegende Meinung im Schrifttum gehen zusätzlich davon aus, dass die Säumniszuschläge/Säumniszinsen eine **Gegenleistung** für das Hinausschieben der Zahlung und für den entstandenen Verwaltungsaufwand darstellen.[398] Die Zollverwaltung ist dieser Auffassung gefolgt.[399] Säumniszuschläge/Säumniszinsen sind gemäß § 3 Abs. 4 AO steuerliche Nebenleistungen.

1. Säumniszuschlag

356 Wird eine Steuer nicht bis zum Ablauf des Fälligkeitstages entrichtet, so entstehen Säumniszuschläge. Wesentlicher Anwendungsbereich von § 240 AO sind Steueransprüche. Die Vorschrift gilt auch für Rückforderungsansprüche wegen nicht geschuldeter Erstattungen. Zwar ist der Rückforderungsanspruch vom Wortlaut des § 240 AO nicht ausdrücklich erfasst, jedoch handelt es sich bei diesem lediglich um einen umgekehrten Steueranspruch i. S. v. § 37 Abs. 1 AO.[400] Wiederum von der Vorschrift ausdrücklich erfasst werden zurückzuzahlende Steuervergütungen und Haftungsschulden, soweit sich die Haftung auf Steuern und zurückzuzahlende Steuervergütungen erstreckt. Säumniszuschläge entstehen nicht bei steuerlichen Nebenleistungen, § 240 Abs. 2 AO.

357 Die Säumniszuschläge entstehen mit **Ablauf des Fälligkeitstages**. Dieser Zeitpunkt ist dem Leistungsgebot zu entnehmen, welches regelmäßig der Steuerfestsetzung beigefügt wird. Die Säumnis tritt aber nicht ein, bevor die Steuer festgesetzt oder angemeldet worden ist. Die **Steuerfestsetzung wird mit** ihrer **Bekanntgabe** an den Adressa-

---

397 DV Z 0912 Abs. 31.

398 BFH v. 9. 7. 2003 V R 57/ 02, BStBl 2003 II 901; v. 19. 12. 2000 VII R 63/ 99, BStBl 2001 II 217; *Rüsken* in Klein, § 240 AO Rz. 1.

399 AO-DV Zoll Nr. 6 zu § 240.

400 *Drüen* in Tipke/Kruse, § 37 AO Rz. 109; BFH v. 18. 6. 1986 II R 38/84, BStBl 1986 II 704.

ten **wirksam**. Die Säumnis kann deshalb nicht vor Bekanntgabe des Verwaltungsakts eintreten. Ist Säumnis eingetreten, so ist für jeden angefangenen Monat der Säumnis ein Säumniszuschlag von einem Prozent des abgerundeten rückständigen Steuerbetrages zu entrichten. Abzurunden ist dabei auf den nächsten durch 50 € teilbaren Betrag.

BEISPIEL **Berechnung Säumniszuschlag:**

A erhält am 15. 1. einen Tabaksteuerbescheid über 10 002,50 €. Den Betrag soll er bis zum 1. 2. zahlen. A vergisst die Überweisung vorzunehmen und zahlt erst am 31. 3.

Rundung auf den nächsten durch 50 teilbaren Betrag:	10 000 €
Verzinsung mit 1 %:	100 €
für jeden angefangenen Monat (nicht Kalendermonat)	2 Monate
Demnach ergibt sich ein Säumniszuschlag i. H. v.:	200 €.

Wird der ausstehende Betrag nach Ablauf von bis zu drei Tagen der Fälligkeitsfrist entrichtet, wird der Säumniszuschlag nicht erhoben (sog. **Schonfrist**). Damit sollen Härten bei der Überweisung vermieden werden.[401] Dies gilt nach Sinn und Zweck der Vorschrift demnach nicht, wenn der ausstehende Betrag bar bei der Zollzahlstelle des HZA eingezahlt oder per Scheck entrichtet wird, § 240 Abs. 3 Satz 2 AO. Die Schonfrist entsteht mit Ablauf des auf den Fälligkeitstag folgenden Tages, § 187 Abs. 1 BGB. Sie dauert drei Tage und endet nach Ablauf von drei Tagen, § 188 Abs. 1 BGB. Fällt dieser Tag auf einen Sonnabend, einen Sonntag oder einen gesetzlichen Feiertag, so endet die Frist nach § 108 Abs. 3 AO mit dem Ablauf des nächstfolgenden Werktages. 358

BEISPIEL **Berechnung Schonfrist:**

Fälligkeitstag:	5. 6.
Fristbeginn:	Ablauf 6. 6.
Fristende:	Ablauf 9. 6.

Säumniszuschläge entstehen kraft Gesetzes und unabhängig vom Verschulden des Schuldners. Einen Ermessensspielraum hinsichtlich ihrer Entstehung hat die Finanzbehörde somit nicht. Die Säumniszuschläge sind nicht akzessorisch zum Hauptanspruch. 359

Die Höhe einmal verwirklichter Säumniszuschläge wird durch die Änderung oder Aufhebung der Hauptforderung mithin nicht beeinflusst, § 240 Abs. 1 Satz 4 AO. Das gilt auch dann, wenn die ursprüngliche für die Bemessung der Säumniszuschläge maßgebende Steuer in einem Rechtsbehelfsverfahren herabgesetzt wird.[402] Dies liegt im Zweck dieser steuerlichen Nebenleistung als Druckmittel begründet. Der Steuerschuldner ist grds. verpflichtet innerhalb der Fälligkeitsfrist zu zahlen. Gegebenenfalls muss er die Fälligkeit mit anderen Verfahrensinstrumenten hinausschieben (z. B. Stundung, Antrag auf AdV). In einem solchen Fall kommt je nach Sachlage evtl. § 227 AO in Betracht. Erlischt der Anspruch (z. B. Steueranspruch) durch Aufrechnung, bleiben die Säumniszuschläge unberührt, die bis zur Fälligkeit der Schuld des Aufrechnenden entstanden sind.

401 Grundsätzlich sind Inlandsüberweisungen binnen drei Bankgeschäftstage zu bewirken.
402 AO-DV Zoll Nr. 3 zu § 240.

360 Da die Säumniszuschläge kraft Gesetzes entstehen, können sie erhoben werden, ohne dass sie mit Bescheid festgesetzt worden sind. Eine Festsetzungsfrist sieht die AO demnach nicht vor. Der Schuldner ist jedoch zur Zahlung der entstandenen Säumniszuschläge aufzufordern (**Leistungsgebot**). Dies geschieht bei den HZÄ regelmäßig automatisiert über das Zollzahlstellensystem NIZZA. Macht der Steuerpflichtige geltend, die Säumniszuschläge seien nicht oder nicht in der angeforderten Höhe entstanden, so ist sein Vorbringen als **Antrag auf Erteilung eines Abrechnungsbescheides** (§ 218 Abs. 2 AO) anzusehen. In diesem Verfahren wird dann entschieden, ob und inwieweit Säumniszuschläge entstanden sind.[403]

2. Säumniszinsen

361 Ist ein Einfuhr- oder Ausfuhrabgabenbetrag nicht fristgerecht entrichtet worden, werden zusätzlich zu dem Abgabenbetrag Säumniszinsen erhoben. Bei Einfuhrabgaben ist § 240 AO hinsichtlich der Entstehung der Säumniszinsen demnach durch Art. 232 Abs. 1 Buchst. b Satz 1 ZK überlagert.

Nach Art. 232 Abs. 1 Buchst. b ZK **kann** der Zinssatz **höher als der Kreditsatz** sein, jedoch **nicht niedriger**. Der Zinssatz beträgt in Deutschland derzeit für jeden angefangenen Monat 1 %. Weiterhin überlässt es Art. 232 Abs. 3 ZK den Zollbehörden, Mindestzeiträume für die Zinsberechnung sowie Mindestbeträge für die Säumniszinsen festlegen. Konkreter wird das Gemeinschaftsrecht nicht. Art. 232 Abs. 1 Buchst. b Satz 1 ZK bestimmt, dass Säumniszinsen zusätzlich zum Abgabenbetrag zu erheben sind, ohne vorzuschreiben, wie dies zu geschehen hat. § 240 Abs. 1 Satz 1 AO ist nur hinsichtlich der Entstehung des Säumniszuschlages durch Art. 232 Abs. 1 Buchst. b ZK überlagert. Für die Berechnung der Säumniszinsen ist damit die AO anwendbar.

Säumniszinsen sind deshalb für jeden angefangenen Monat der Säumnis auf den Abgabenbetrag, abgerundet auf den nächsten durch 50 € teilbaren Betrag in Höhe von 1% zu entrichten. Die Säumnis tritt nicht vor Mitteilung der buchmäßigen Erfassung ein.

362 § 240 Abs. 3 AO (**Schonfrist**) ist für Einfuhr- und Ausfuhrabgaben über Art. 232 Abs. 2 Buchst. c ZK anwendbar.[404] Danach können die Zollbehörden auf die Säumniszinsen verzichten, wenn die Entrichtung des Abgabenbetrages innerhalb von 5 Tagen erfolgt. Dieses den Zollbehörden eingeräumte Ermessen wird auf nationaler Ebene durch die Regelung des § 240 Abs. 3 AO ausgeübt. Für Säumniszinsen gilt damit auch eine Schonfrist von maximal drei Tagen, wenn eine andere Zahlung als mit Bargeld oder Scheck erfolgt.

363 Art. 78 MZK enthält eine vergleichbare Regelung zu Art 232 ZK. Jedoch wird zukünftig die Höhe des Zinssatzes abweichend von § 240 Abs. 1 AO bestimmt.

364–365 *(Einstweilen frei)*

---

403 AO-DV Zoll Nr. 8 und 9 zu § 240.

404 AO-DV Zoll Nr. 1 zu § 240.

G. Haftung

Das Institut der Haftung dient der **Sicherung des Steueraufkommens**. Hierbei ist zwischen der **persönlichen Haftung** und der **Sachhaftung** zu unterscheiden. Während bei der persönlichen Haftung eine Person zum Haftungsschuldner wird, knüpft die Sachhaftung an Waren an. 366

Die persönliche Haftung untergliedert sich in eine Haftung **aufgrund Gesetzes** und in eine aufgrund **Vertrages**. Die Haftung aufgrund Gesetzes kann sich aus den **Steuergesetzen** ergeben. Die diesbezüglichen Haftungstatbestände sind zum einen in der AO (§§ 69 bis 75) und zum anderen in den Einzelsteuergesetzen (§ 15 Abs. 6 TabStG und § 18 Abs. 5 KaffeeStG) geregelt. Ferner kann sich eine gesetzliche Haftung aus **privatrechtlichen Vorschriften** ergeben, welche insbesondere im Handelsgesetzbuch vorzufinden sind.

Signifikanter Unterschied zwischen der gesetzlichen und der vertraglichen Haftung ist der, dass die gesetzliche Haftung durch **Erlass eines Haftungsbescheides** geltend gemacht wird, während sich der Steuergläubiger bei der vertraglichen Haftung ins Privatrecht begibt, so dass das HZA zur Geltendmachung des Haftungsanspruchs den **Zivilrechtsweg** beschreiten muss.

Abb. 3 Gesamtübersicht zur Haftung

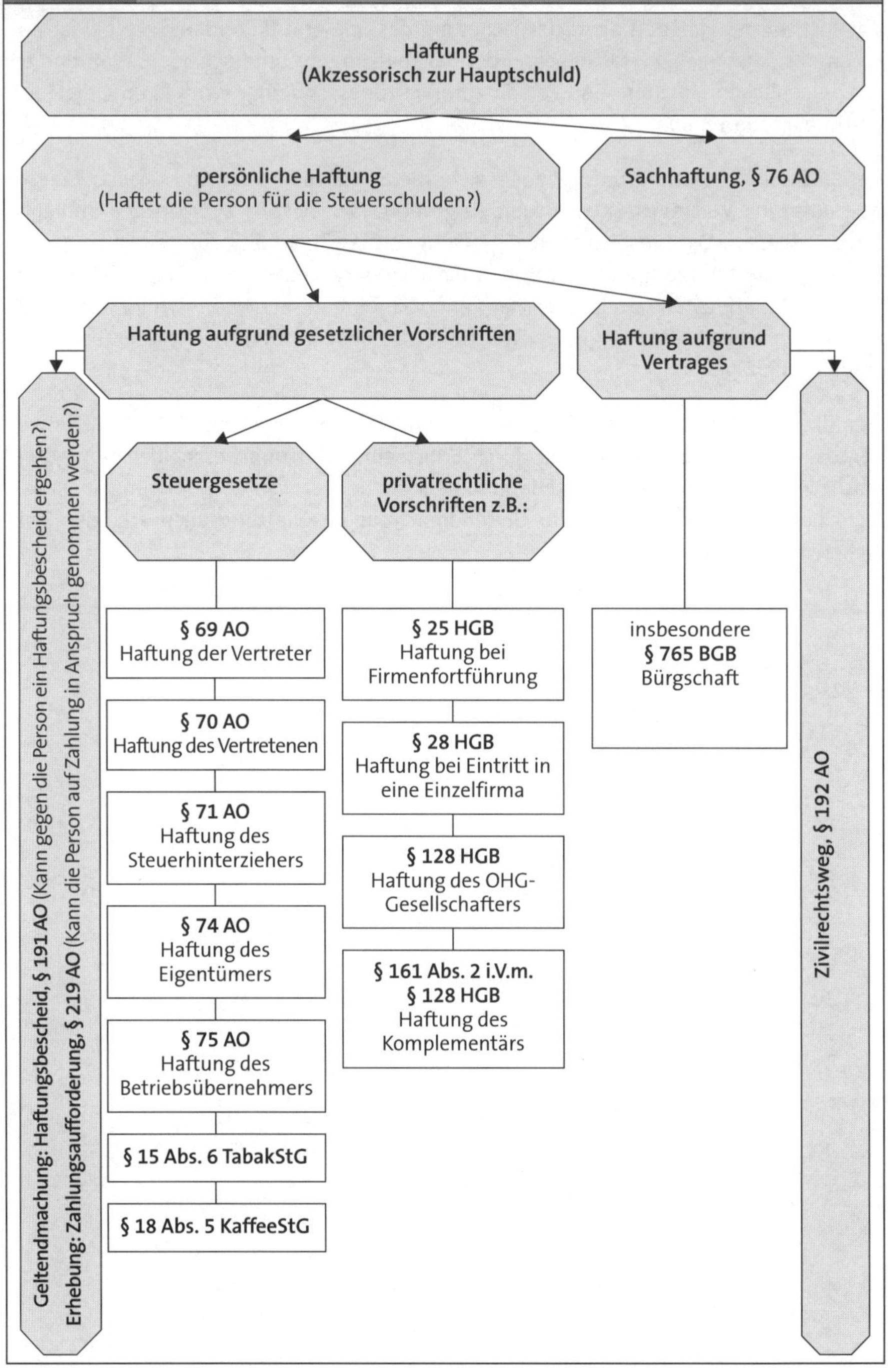

I. Persönliche Haftung

Als Haftungsschuldner wird im Steuerrecht derjenige bezeichnet, der für eine **fremde Steuerschuld** mit seinem eigenen Vermögen einzustehen hat.[405] Kommt der Steuerschuldner seinen Zahlungsverpflichtungen gegenüber der Finanzbehörde nicht nach, ist es dem HZA unter bestimmten Voraussetzungen möglich, einen für den Steueranspruch Haftenden in Anspruch zu nehmen. Die Finanzbehörden haben somit einen Zugriff auf das Vermögen eines Dritten. Dies bedeutet, dass eine Person niemals wegen desselben Anspruchs gleichzeitig Steuerschuldner (§ 43 AO) und Haftungsschuldner sein kann. Der Haftungsschuldner wird aber selbst zum **Steuerpflichtigen** nach § 33 Abs. 1 AO („für eine Steuer haftet").[406] 367

Obwohl vom Wortlaut der Vorschrift des § 44 Abs. 1 Satz 1 AO nicht direkt erfasst, sind Steuerschuldner und Haftungsschuldner nebeneinander **Gesamtschuldner**.[407] Der BFH bezeichnete früher[408] das Verhältnis zwischen beiden als „unechte" Gesamtschuldnerschaft und spricht nunmehr[409] nur noch von Gesamtschuldnerschaft. Die Haftung ist akzessorisch zur Steuerschuld, d. h., sie ist sowohl hinsichtlich des Bestandes als auch der Höhe nach von ihr abhängig. Besteht kein Anspruch aus dem Steuerschuldverhältnis, kann auch niemand für einen nicht bestehenden Anspruch haften. Entscheidend ist somit zunächst, dass der Steueranspruch überhaupt entstanden ist. Aufgrund der Gesamtschuldnerschaft bzw. der **Akzessorietät der Haftung** ergibt sich Folgendes: 368

- Erlischt die Steuerschuld gänzlich oder teilweise durch Zahlung oder Aufrechnung, so erlischt gem. § 44 Abs. 2 Satz 1 AO auch die Haftungsschuld (und umgekehrt).
- Für den **erstmaligen Erlass** eines Haftungsbescheides:
  Erlischt die Steuerschuld durch Festsetzungsverjährung, Zahlungsverjährung oder Erlass, so sind diese Fälle nicht in § 44 Abs. 2 Satz 1 und 2 AO benannt. Folge ist, dass gem. § 44 Abs. 2 Satz 3 AO die Festsetzungs- bzw. Zahlungsverjährung oder der Erlass nur gegenüber dem Steuerschuldner wirkt und dementsprechend der Haftungsanspruch bestehen bleibt. Ein solches Ergebnis steht jedoch mit der Akzessorietät der Haftung nicht im Einklang. Daher sieht § 191 Abs. 5 Satz 1 Nr. 1 und Nr. 2 AO vor, dass der zwar an sich bestehende Haftungsanspruch nicht mehr geltend gemacht werden kann.

BEISPIEL: Für die Biersteuerschuld der Brau-GmbH des Monats Juni 2006 ist mit Ablauf des Jahres 2011 Zahlungsverjährung eingetreten. Der Geschäftsführer erfüllt die Voraussetzungen der Haftung nach § 69 AO. Gleichwohl kann gegen ihn im Jahr 2012 kein Haftungsbescheid mehr ergehen, § 191 Abs. 5 Satz 1 Nr. 2, 1. Alt. AO.

Wenn im vorliegenden Beispiel gegen den Geschäftsführer im Jahr 2010 ein Haftungsbescheid ergeht, hat die Zahlungsverjährung der Steuerschuld im Jahr 2011 keinen Einfluss auf die Haftungsinanspruchnahme des Geschäftsführers. § 191 Abs. 5 AO bezieht sich entsprechend seines Wortlauts („ergehen") nur auf den erstmaligen Erlass des Haftungsbescheides.[410] Der Haf-

405 BFH v. 19. 10. 1976 VII R 63/73, BStBl 1977 II 255.
406 Vgl. zur Abgrenzung Steuerpflichtiger/Steuerschuldner die Ausführungen unter Rdn. 116 ff.
407 Entgegen der h. M. *Klein/Ratschow*, AO-Kommentar, § 44 Rdn. 7.
408 BFH v. 27. 3. 1968 II 98/62, BStBl 1968 II 376.
409 Z. B. BFH v. 18. 3. 1987 II R 35/86, BStBl 1987 II 419.
410 BFH v. 12. 8. 1997 VII R 107/96, BStBl 1998 II 131.

tungsbescheid ist folglich durch die Zahlungsverjährung der Steuerschuld nicht gegenstandslos geworden, weil er vor Ablauf der Verjährungsfrist ergangen ist.[411]

369 Der Grundsatz der Akzessorietät der Haftung wird jedoch durch § 191 Abs. 5 Satz 2 AO begrenzt. Eine Haftungsinanspruchnahme ist trotz Vorliegens der in § 191 Abs. 5 Satz 1 AO genannten Fälle möglich, wenn die Haftung auf einer **Steuerhinterziehung** oder einer **Steuerhehlerei** des Haftungsschuldners beruht. An dieser Vorschrift zeigt sich die Wertung des Gesetzgebers, dass ein schwerwiegendes vorwerfbares Verhalten nicht geschützt werden soll.

370 Darüber hinaus erfordert der Grundsatz der Akzessorietät grds. nicht, dass die Steuerschuld gegen den Steuerschuldner bereits festgesetzt ist, bevor ein Haftungsbescheid erlassen werden kann. **Ausnahme** hiervon ist die **Haftung des Betriebsübernehmers** (§ 75 Abs. 1 Satz 1 AO).

371 Im Erhebungsverfahren ist zu beachten, dass die Haftung grds. **subsidiär** ist. Dies bedeutet, dass sich die Finanzbehörde grds. zunächst an den Steuerschuldner halten soll und erst danach an den Haftungsschuldner, § 219 AO.

MERKE

Kurzübersicht: Persönliche Haftung

- Der Haftungsschuldner kann nie zugleich Steuerschuldner sein.
- Der Haftende ist Steuerpflichtiger.
- Der Haftungsanspruch ist akzessorisch zum Steueranspruch.
- Steuerschuldner und Haftungsschuldner sind Gesamtschuldner.
- Die Haftung ist grds. subsidiär (Erhebungsverfahren).

1. Anwendbarkeit und Relevanz der Haftungsregelungen

372 Die Regelungen zur persönlichen Haftung sind auch für **Einfuhr- und Ausfuhrabgaben** i. S. d. § 1 Abs. 1 Satz 3 ZollVG uneingeschränkt anwendbar.[412] Dies gilt sowohl für die Haftung aufgrund von Steuergesetzen als auch für die Haftung aufgrund von privatrechtlichen Vorschriften. Der Zollkodex regelt in Art. 201 ff. die Zollschuldnerschaft abschließend, eine Haftungsinanspruchnahme ist ihm jedoch fremd. Sofern eine Person nicht bereits Zollschuldner ist, sind somit die Haftungsregelungen der AO heranzuziehen. Die persönliche Haftung eines Dritten für Einfuhr- und Ausfuhrabgaben ergibt sich in der Praxis insbesondere aus § 69 AO, nämlich dann, wenn der Abgabenbetrag bei Fälligkeit nicht entrichtet wird.

373 Mit dem **Vierten Gesetz zur Änderung von Verbrauchsteuergesetzen**, das zum Großteil zum 1. 4. 2010 in Kraft trat und der Umsetzung der Richtlinie 2008/118/EG des Rates vom 16. 12. 2008 dient, wurde der **Kreis der Steuerschuldner erweitert** und dement-

411 BFH v. 11. 7. 2001 VII R 28/99, BFH/NV 2001, 1467.

412 AO-DV Zoll Nr. 1 vor §§ 69 bis 75 sowie Nr. 1 zu § 191.

sprechend der Kreis der Haftungsschuldner verringert (s. z. B. § 14 Abs. 4 Nr. 1 SchaumwZwStG n. F.).

Nach bisheriger Rechtslage war beispielsweise bei der Entnahme der verbrauchsteuerpflichtigen Waren allein der Steuerlagerinhaber Steuerschuldner. Eine Unterscheidung zwischen rechtmäßiger und unrechtmäßiger Entnahme erfolgte nicht (s. z. B. § 7 Abs. 1 SchaumwZwStG a. F.). Nach neuem Recht werden bei einer **unrechtmäßigen Entnahme** neben dem Steuerlagerinhaber nunmehr weitere Personen zu Steuerschuldnern, und zwar die Person, die die verbrauchsteuerpflichtige Ware entnommen hat oder in deren Namen die verbrauchsteuerpflichtige Ware entnommen wurde, sowie jede Person, die an der unrechtmäßigen Entnahme beteiligt war. Der Begriff der unrechtmäßigen Entnahme ist jedoch gesetzlich nicht definiert.

Nach den inhaltsgleichen Regelungen in allen Verbrauchsteuergesetzen entsteht die 374
Steuer zum **Zeitpunkt der Überführung** der verbrauchsteuerpflichtigen Ware **in den steuerrechtlich freien Verkehr,** es sei denn, es schließt sich eine Steuerbefreiung an. Als Überführung gilt die Entnahme aus dem Steuerlager. Diese liegt vor, wenn die verbrauchsteuerliche Ware den räumlichen Geltungsbereich des Steuerlagers verlässt. Die Entnahme knüpft somit an einen **körperlichen Vorgang** an. Eine unrechtmäßige Entnahme liegt daher zunächst in den Fällen vor, in denen die Entfernung der Waren gegen oder ohne den Willen des Steuerlagerinhabers geschieht. Beispielsweise wird damit jetzt der Dieb selbst zum Steuerschuldner, so dass er als Haftender ausscheidet.

Ferner ist von einer unrechtmäßigen Entnahme auszugehen, wenn sich der Steuerlagerinhaber bzw. die Person nach §§ 34, 35 AO bereits vor der Entnahme der Waren darüber im Klaren ist, dass die Entnahme nicht ins Lagerbuch eingetragen und gegenüber dem HZA erklärt bzw. angemeldet wird. Keine unrechtmäßige Entnahme dürfte es hingegen sein, wenn der Steuerlagerinhaber bzw. die Person nach §§ 34, 35 AO für die entnommenen Waren zeitnah die Anschreibungen im Lagerbuch vornimmt und erst im Anschluss daran zu dem Entschluss der Nichterklärung bzw. -anmeldung gegenüber dem HZA kommt, denn aus einer rechtmäßigen Entnahme kann nicht im Nachhinein eine unrechtmäßige werden.

Zudem dürften auch jene Fälle als unrechtmäßige Entnahme ausscheiden, in denen es beruhend auf **grober Fahrlässigkeit** zur Nichtanschreibung im Lagerbuch und Nichterklärung bzw. -anmeldung gegenüber dem HZA kommt. Das heißt, die Haftung nach § 69 AO und § 71 AO kann für andere Personen als für den Steuerlagerinhaber auch nach der Neuregelung der Verbrauchsteuergesetze weiterhin Geltung für sich beanspruchen. Daneben ergibt sich in der Praxis die persönliche Haftung eines Dritten für Verbrauchsteuern wiederum insbesondere im Falle der Nichtentrichtung der Abgaben (§ 69 AO).

2. Haftung kraft Gesetzes aufgrund von Steuergesetzen

Voraussetzung für die persönliche Inanspruchnahme eines Dritten ist, dass ein **Haftungsanspruch** besteht. Dieser kann sich aus den steuergesetzlichen Haftungsvorschriften ergeben. Die AO regelt die persönlichen Haftungstatbestände in den §§ 69 bis 75. 375

Diese schließen sich gegenseitig nicht aus. Bei Vorliegen der Voraussetzungen können sie auch nebeneinander vom HZA geltend gemacht werden. In den Einzelsteuergesetzen finden sich zudem auch persönliche Haftungsregelungen. Für die Zollverwaltung relevant sind derzeit § 15 Abs. 6 TabStG und § 18 Abs. 5 KaffeeStG.

Die Haftungsvorschriften des deutschen Steuerrechts finden auch auf ausländische Gesellschaftsformen mit Sitz in Deutschland Anwendung.[413]

a) Haftung nach § 69 AO

376 § 69 AO regelt die Haftung der Vertreter. Der Inhalt der Norm hat **Schadensersatzcharakter**. Die in § 34, 35 AO bezeichneten Personen haben mit ihrem Privatvermögen einzustehen, soweit es durch ihre schuldhafte Pflichtverletzung zu einem Steuerausfall gekommen ist.

Abb. 4 Haftung nach § 69 AO

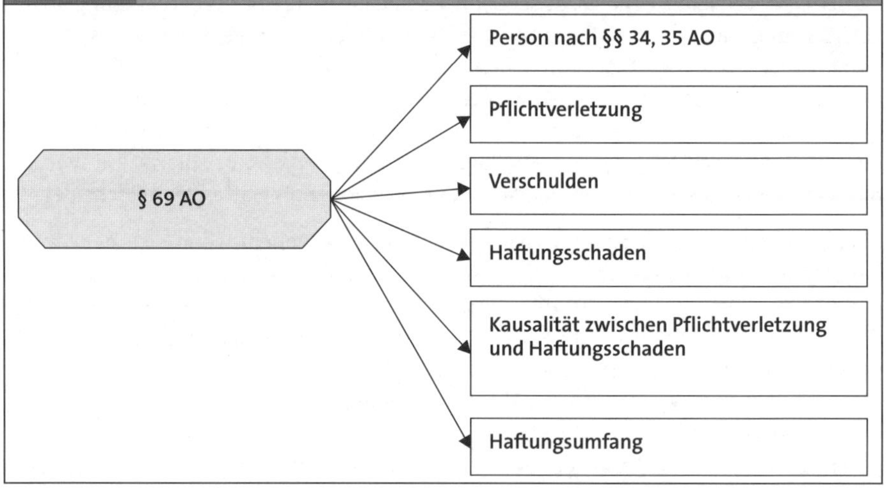

aa) Person nach §§ 34, 35 AO

377 Haftender des § 69 AO kann nur eine Person i. S. d. §§ 34, 35 AO sein. Dies sind gesetzliche Vertreter, Vermögensverwalter und Verfügungsberechtigte. Da sie die steuerlichen Pflichten des Vertretenen erfüllen müssen, kann es sich bei ihnen nur um **natürliche Personen** handeln. Vgl. dazu die Ausführungen zu §§ 34, 35 AO unter Rdn. 124 ff.

HINWEIS

Die Haftung nach § 69 AO hat insbesondere Bedeutung, wenn sich eine GmbH in der Insolvenz befindet. Allein der Antrag auf Eröffnung des Insolvenzverfahrens entbindet den Geschäftsführer nicht von seinen steuerlichen Pflichten. Seine Pflichten enden erst

413 Vgl. beispielsweise Sächsisches FG v. 29. 5. 2008 6 K 40/07 zur Haftung des Director einer Limited Company nach § 69 AO.

zum Zeitpunkt der Insolvenzeröffnung bzw. bei Bestellung eines „starken“ vorläufigen Insolvenzverwalters. Bis dahin ist der Geschäftsführer weiterhin eine Person nach § 34 Abs. 1 AO und kann dementsprechend als Haftungsschuldner in Betracht kommen.[414]

bb) Pflichtverletzung

Die Person nach §§ 34 bzw. 35 AO muss eine **Pflichtverletzung** begangen haben. Grundsätzlich wenden sich die Steuergesetze an den Steuerschuldner. Der Steuerlagerinhaber muss beispielsweise eine Steuererklärung/Steueranmeldung abgeben. Die Verknüpfung zur Haftung nach § 69 AO liefern §§ 34, 35 AO. Danach haben die Vertreter (z. B. Komplementär) die steuerlichen Pflichten ihrer Vertretenen (z. B. KG) zu erfüllen. 378

Welche Pflichten zu erfüllen sind, ergibt sich beispielsweise aus der Abgabenordnung, aus den Einzelsteuergesetzen oder aus dem Zollkodex, z. B.:[415] 379

- Steuererklärungspflicht bzw. Steueranmeldungspflicht (§§ 149 ff. AO i.V. mit Einzelsteuergesetz),
- Steuerentrichtungspflicht (§ 34 Abs. 1 Satz 2 AO),
- Duldungspflicht (§ 77 AO),
- Auskunftspflicht (§ 93 AO),
- Berichtigungspflicht (§ 153 AO),
- Ordnungsgemäße Führung des Beleghefts und des Lagerbuchs (z. B. § 9 BierStV, § 12 SchaumwZwStV),
- Pflicht zur unverzüglichen Aufnahme bei der Beförderung unter Steueraussetzung (z. B. § 10 Abs. 3 BierStG, § 11 Abs. 3 TabStG).

Daneben besteht auch eine **Auswahl- und Überwachungspflicht**, die bei folgenden Konstellationen zum Tragen kommt: 380

- **Aufgabenverteilung unter mehreren Vertretern**
  Wird eine Gesellschaft (z. B. GmbH, KG, OHG) von mehreren Personen nach § 34 AO vertreten, ist es ihnen möglich, die Aufgaben zu verteilen. So kann z. B. bestimmt werden, dass der eine Vertreter sich um die kaufmännischen Belange kümmert, während sich der andere der Fertigung und Produktion widmet und wieder ein anderer den Verkauf und Vertrieb in die Hand nimmt.

  Zwar kann eine zuvor getroffene und schriftlich fixierte Aufgabenverteilung (mündlich oder gar stillschweigend nicht ausreichend) eine steuerliche Inanspruchnahme beschränken, sie jedoch nicht gänzlich ausschließen. Die Aufgabenverteilung ist privatrechtlicher Natur. Die gesetzlichen Regelungen (z. B. § 35 GmbHG, § 125 HGB) kennen eine Beschränkung auf einen bestimmten Geschäftsbereich nicht, gehen mithin von einer **Gesamtverantwortung** aus.[416] Daraus folgt eine allgemeine Über-

414 Siehe hierzu Bendix, Die Haftung des Geschäftsführers nach § 69 AO für Verbrauchsteuerausfälle einer insolventen GmbH bei Bestellung eines „schwachen“ vorläufigen Insolvenzverwalters, ZfZ 2011, S. 169 ff.

415 Vgl. hierzu auch Rdn. 1041 ff.

416 BFH v. 26. 4. 1984 V R 128/79, BStBl 1984 II 776.

wachungspflicht der nicht mit den steuerlichen Angelegenheiten betrauten Geschäftsführer.[417] Das heißt, es wird von ihnen nicht die Nachprüfung jedes einzelnen Geschäftsvorgangs verlangt, aber sie müssen sich durch **stichprobenartige Kontrollen** von der ordnungsgemäßen Erfüllung der steuerlichen Pflichten überzeugen.

Die Aufgabenverteilung vermag daher nur dann eine Haftung auszuschließen, wenn die nicht mit den steuerlichen Belangen betrauten Geschäftsführer an der Einhaltung der steuerlichen Pflichten durch den zuständigen Geschäftsführer nicht zweifeln mussten und weder die wirtschaftliche Lage der Gesellschaft noch die stichprobenartigen Kontrollen Anlass zur Besorgnis boten.

Die Aufgabenverteilung wird hingegen hinfällig, wenn der Vertreter der Gesellschaft für die anderen Mitgeschäftsführer die ihm zugewiesenen steuerlichen Aufgaben nur unzureichend erfüllt oder der Gesellschaft **Zahlungsunfähigkeit bzw. Überschuldung** droht.[418] Mit anderen Worten: dann ist wieder jeder Geschäftsführer in vollem Umfang für die Erfüllung der steuerlichen Pflichten verantwortlich. Dies beinhaltet die Pflicht zum Einschreiten und zur Ergreifung geeigneter Maßnahmen, um die ordnungsgemäße Erfüllung der steuerlichen Pflichten zu gewährleisten. Kommen die Mitgeschäftsführer dieser Pflicht nicht nach, können bei Vorliegen der weiteren Voraussetzungen des § 69 AO alle Geschäftsführer haften.

► **Übertragung der steuerlichen Angelegenheiten auf andere Personen**
Es ist legitim, wenn der Vertreter die Erfüllung der steuerlichen Pflichten einem Mitarbeiter oder einem außenstehenden Dritten (z. B. Steuerberater) überträgt. Gleichwohl enden hierdurch nicht die steuerlichen Pflichten des Vertreters. Vielmehr hat er die für ihn handelnde Person **sorgfältig auszuwählen und sorgfältig und laufend zu überwachen.**[419] Hierzu gehört es, sich so eingehend über den Geschäftsgang zu unterrichten, dass er unter normalen Umständen mit der ordnungsgemäßen Erledigung der Geschäfte rechnen kann bzw., dass ihm ein Fehlverhalten des beauftragten Mitarbeiters bzw. Dritten rechtzeitig erkennbar wird.[420]

Welche konkreten Überwachungsmaßnahmen von dem Vertreter zu treffen sind, hängt jedoch weitgehend von den Umständen des Einzelfalls ab.[421] Genau wie bei der zuvor beschriebenen Aufgabenverteilung unter mehreren Vertretern besteht auch hier die Pflicht des Vertreters zum Einschreiten, wenn Anhaltspunkte bestehen, dass die übertragenen steuerlichen Aufgaben nicht ordnungsgemäß erfüllt werden.[422]

BEISPIEL: Der Geschäftsführer A der X-GmbH hat weder Zeit noch Muße, sich ins Steuerrecht einzuarbeiten. Er beauftragt daher seinen sorgfältig ausgewählten Prokuristen B, die steuerlichen Angelegenheiten der GmbH eigenständig wahrzunehmen. In den letzten Monaten ist B mehr mit den privaten Dingen des Lebens beschäftigt. Er vernachlässigt die Erledigung der

417 *Klein/Rüsken*, AO-Kommentar, § 69 Rdn. 105.

418 BFH v. 13. 3. 2003 VII R 46/02, BStBl 2003 II 556; v. 21. 8. 2000 VII B 260/99, BFH/NV 2001, 413; v. 31. 10. 2005 VII B 57/05, BFH/NV 2006, 246.

419 BFH v. 30. 8. 1994 VII R 101/92, BStBl 1995 II 278; v. 28. 8. 2008 VII B 240/07, BFH/NV 2008, 1983.

420 BFH v. 26. 11. 2008 V B 210/07, BFH/NV 2009, 362.

421 BFH v. 30. 8. 1994 VII R 101/92, BStBl 1995 II 278 m. w. N.

422 BFH v. 29. 5. 1990 VII R 81/89, BFH/NV 1991, 283.

ihm übertragenen steuerlichen Angelegenheiten. Es kommt immer häufiger vor, dass das HZA die Besteuerungsgrundlagen mangels abgegebener Steueranmeldung schätzt (§ 162 AO) und rückständige Steuern angemahnt werden müssen. A bemerkt hiervon nichts, da er blind darauf vertraut, dass B „alles im Griff hat". Auch als der Vollziehungsbeamte auf dem Firmengelände erscheint, um Gegenstände zu pfänden, wird A nicht stutzig. B erklärte ihm hierzu, dass es sich um ein Missverständnis handle.

A ist als gesetzlicher Vertreter der GmbH (§ 35 GmbHG) eine Person nach § 34 Abs. 1 Satz 1, 2. Alt. AO. Ihn trifft bei der Übertragung seiner steuerlichen Pflichten auf B eine **Überwachungspflicht**. Danach hat er B sorgfältig und laufend zu überwachen. Dies hat A nicht getan. Zudem trifft ihn die Pflicht zum Einschreiten, denn es liegen mit dem Besuch des Vollziehungsbeamten konkrete Anhaltspunkte dafür vor, dass B seine steuerlichen Aufgaben vernachlässigt. Sofern die weiteren Voraussetzungen des § 69 AO vorliegen, haftet A nach dieser Vorschrift.

Eine Verletzung der steuerlichen Pflichten kann sowohl durch positives Tun als auch 381
durch Unterlassen erfolgen.

Ein solches **Unterlassen** kann beispielsweise in einer Nichtentrichtung der fälligen Steu- 382
ern bestehen. Eine Verletzung der Steuerentrichtungspflicht gem. § 34 Abs. 1 Satz 2 AO kann dem Vertreter hinsichtlich der **Umsatzsteuer** aber nur in dem Umfang angelastet werden, in dem er das Finanzamt schlechter als andere Gläubiger gestellt hat. Die Rechtsprechung hat diesbezüglich den sog. **Grundsatz der anteiligen Tilgung** entwickelt.[423]

Für die **Inhaber von Steuer- und Zolllagern** bestehen jedoch nach der älteren Rechtsprechung des BFH **spezielle Pflichten**. So besteht die Pflicht, bereits mit der Entnahme aus dem Steuerlager sicherzustellen, dass die Steuern zum Fälligkeitstag entrichtet werden können.[424] Die Geldmittel sind daher vor Fälligkeit so zu verwalten, dass diese zur pünktlichen Tilgung der regelmäßig mit der Entnahme aus dem Steuerlager entstehenden Steuern vorhanden sind.[425] Aus dem Steuerlager dürfen nur dann verbrauchsteuerpflichtige Waren entnommen werden, wenn aus den monatlichen finanziellen Zuflüssen die fälligen Steuerbeträge getilgt werden können.[426] Insbesondere besteht die Verpflichtung, die Einfuhrabgaben und Verbrauchsteuern ohne Rücksicht auf das Bestehen von anderen Zahlungsverpflichtungen dem Steuergläubiger vorrangig zukommen zu lassen.[427]

Danach kommt der Grundsatz der anteiligen Tilgung nicht zur Anwendung, sondern es besteht die **Pflicht zur vorrangigen Tilgung**. In der Literatur wird bezweifelt, ob diese Rechtsprechung auch heute noch Anwendung findet.[428] Da bis zum gegenwärtigen Zeitpunkt keine entgegenstehende höchstrichterliche Rechtsprechung ergangen ist, bleibt abzuwarten, wie sich der BFH zukünftig in dieser Sache entscheiden wird.

Folgt man der älteren Rechtsprechung des BFH, kann sich das Verneinen einer Pflichtverletzung beispielsweise nur auf die Fälle beschränken, in denen in dem Zeitraum zwi-

423 St. Rspr., vgl. z. B. BFH v. 14. 7. 1987 VII R 188/82, BStBl 1988 II 172.
424 BFH v. 4. 3. 1986 VII R 38/81, BStBl 1986 II 577; v. 20. 10. 1987 VII R 6/84, BFH/NV 1988, 428.
425 BFH v. 2. 2. 1988 VII R 90/86, BFH/NV 1988, 487.
426 Sächsisches FG v. 15. 8. 2004, 4 V 81/04.
427 BFH v. 21. 2. 1989 VII R 165/85, BStBl 1989 II 491.
428 *Klein/Rüsken*, AO-Kommentar, § 69 Rdn. 90.

schen der Entnahme aus dem Steuerlager und der Fälligkeit der Steuern unerwartet eine Illiquidität der Gesellschaft eingetreten ist, z. B. aufgrund einer plötzlichen und unerwarteten Insolvenz eines Großkunden, oder auf die Fälle, in denen eine überraschende Kündigung der Kreditlinie durch die Bank erfolgt ist.

BEISPIEL: Die finanzielle Situation der Sekt-KG (Steuerlager) ist angespannt. Die erzielten Umsatzerlöse für den im Juni entnommenen Schaumwein verwendet Komplementär A, um Neuanschaffungen zu tätigen. Am Fälligkeitstag der Schaumweinsteuer verfügt die X-KG noch über liquide Mittel in Höhe von 15 000 €. Dem stehen folgende Verbindlichkeiten gegenüber:

Schaumweinsteuer Juni	12 000 €
Lieferantenverbindlichkeiten	13 000 €
Kreditschulden	15 000 €
insgesamt	40 000 €

A zahlt auf die fällige Schaumweinsteuer nur 2 000 €.

A trifft als gesetzlichen Vertreter der KG (§§ 161 Abs. 2, 125 HGB) die Steuerentrichtungspflicht aus § 34 Abs. 1 Satz 2 AO.

Folgt man dem **Grundsatz der anteiligen Tilgung**, ist eine Pflichtverletzung aber nur in dem Umfang gegeben, in dem A das HZA schlechter als andere Gläubiger gestellt hat. Für die Verbrauchsteuern ergibt sich eine Tilgungsquote von 30 % (=Verhältnis der Steuern zu den Gesamtverbindlichkeiten). Das heißt, A hätte Steuern in Höhe von 4 500 € ans HZA zahlen müssen, um dieses nicht schlechter als die anderen Gläubiger zu behandeln. A hat tatsächlich nur Steuern in Höhe von 2 000 € gezahlt, so dass er in Höhe der Differenz von 2 500 € nach § 69 AO haftet.

Folgt man dagegen der älteren Rechtsprechung, besteht die Pflicht zur **vorrangigen Tilgung**. A hätte die Verbrauchsteuern in Höhe von 12 000 € vorrangig tilgen müssen. Da er nur 2 000 € gezahlt hat, haftet er in Höhe des Differenzbetrages von 10 000 € nach § 69 AO.

383 Hinsichtlich der Haftung für **steuerliche Nebenleistungen** (z. B. Verspätungszuschläge) erfolgt keine Differenzierung danach, aufgrund welcher Steuerart diese entstanden sind. Es gilt hierfür uneingeschränkt der Grundsatz der anteiligen Tilgung.[429]

cc) Verschulden

384 Die Pflichtverletzung muss vorsätzlich oder grob fahrlässig erfolgt sein. **Vorsatz** ist gegeben, wenn die Person bewusst und willentlich die steuerlichen Pflichten verletzt. Es genügt, wenn der Haftungsschuldner die Pflichtverletzung vorausgesehen und billigend in Kauf genommen hat.

385 Für die Bestimmung der **groben Fahrlässigkeit** ist nach überwiegender Ansicht der Fahrlässigkeitsbegriff des Strafrechts und nicht der objektivierte Fahrlässigkeitsbegriff des Zivilrechts maßgeblich. Demzufolge handelt grob fahrlässig, wer die Sorgfalt, zu der er nach den konkreten Umständen des Einzelfalls verpflichtet und nach seinen persönlichen Kenntnissen und Fähigkeiten im Stande ist, in ungewöhnlichem Maße verletzt.

Würde jedoch die grobe Fahrlässigkeit allein an diesem Maßstab gemessen, würde mangels Verschulden derjenige einer Haftungsinanspruchnahme entgehen, der über

429 Vgl. z. B. BFH v. 18. 8. 2000 VII R 110/99, BStBl 2001 II 271.

keinerlei steuerliche Kenntnisse, Fähigkeiten und Erfahrungen verfügt. Die Rechtsprechung hat daher ein sog. **Übernahmeverschulden** entwickelt. Der Vertreter hat die Pflicht, sich mit den handelsrechtlichen und steuerlichen Anforderungen, die mit seinem Amt verbunden sind, vertraut zu machen oder er hat fachkundigen Rat in Anspruch zu nehmen. Ansonsten darf er sein Amt nicht übernehmen.[430]

Der Vertreter kann nur bei **eigenem Verschulden** in Anspruch genommen werden. Unterläuft einem mit der Wahrnehmung steuerlicher Angelegenheiten betrauten Mitarbeiter grob fahrlässig ein Fehler, kann dies nicht dem Vertreter zugerechnet werden. Der Vertreter kann aber seine eigene Pflicht, nämlich die Auswahl- bzw. Überwachungspflicht (s. Rdn 380), grob fahrlässig verletzt haben, wenn er den Mitarbeiter nicht sorgfältig ausgewählt und überwacht hat. In einem solchen Fall ist ihm ein **Auswahl- bzw. Überwachungsverschulden** vorzuwerfen. 386

Sofern es aufgrund des grob schuldhaften Verhaltens des Mitarbeiters über einen längeren Zeitraum zu Unregelmäßigkeiten kommt und der Vertreter dies nicht bemerkt, kann i. d. R. davon ausgegangen werden, dass der Vertreter seine Überwachungspflicht grob fahrlässig verletzt hat.[431]

Wenn der Vertreter einen Steuerberater mit der Erledigung der steuerlichen Pflichten beauftragt hat, kann dem Vertreter nicht das grobe Verschulden des Steuerberaters nach § 278 BGB zugerechnet werden.[432] Der Vertreter hat auch hier nur für eigenes Verschulden einzustehen. Genau wie bei dem Verschulden eines Mitarbeiters kann bei der Beauftragung eines Steuerberaters den Vertreter ein Auswahl- bzw. Überwachungsverschulden treffen. Wenn der Vertreter aber einen als zuverlässig bekannten Steuerberater in Anspruch nimmt und bei gewissenhafter Ausübung seiner Überwachungspflicht keinen Anlass findet, an der Korrektheit der Arbeit des Steuerberaters zu zweifeln, kommt eine Haftungsinanspruchnahme des Vertreters nicht in Betracht.[433]

dd) Haftungsschaden

Nach § 69 Satz 1 AO kann der Haftungsschaden darauf beruhen, dass Ansprüche aus dem Steuerschuldverhältnis nach § 37 AO verkürzt oder Steuervergütungen und Steuererstattungen ohne rechtlichen Grund erlangt wurden. 387

Eine **Verkürzung von Ansprüchen aus dem Steuerschuldverhältnis** ist gegeben, wenn diese 388

- nicht oder nicht rechtzeitig festgesetzt oder
- nicht oder nicht rechtzeitig erfüllt

werden. Im Gegensatz zur Steuerhinterziehung gem. § 370 AO, bei der in Abs. 4 der Vorschrift die Steuerverkürzung namentlich nur in Form der Nichtfestsetzung bzw. teilweisen Nichtfestsetzung benannt ist, werden von § 69 AO auch ausdrücklich die Fälle der **Nichterfüllung** bzw. der **teilweisen Nichterfüllung** erfasst.

430 BFH v. 7.3.1995 VII B 172/94, BFH/NV 1995, 941.
431 BFH v. 29. 5. 1990 VII R 81/89, BFH/NV 1991, 283.
432 BFH v. 30. 6. 1995 VII R 85/94, BFH/NV 1996, 2.
433 BFH v. 30. 8. 1994 VII R 101/92, BStBl 1995 II 278.

389 Steuern sind **nicht festgesetzt**, wenn sie gar nicht oder nicht in voller Höhe festgesetzt werden.

BEISPIEL: Der Steuerlagerinhaber gibt in seiner Biersteuererklärung des Monats Mai grob fahrlässig anstelle von 106 hl Bier nur 102 hl Bier an. Daraufhin ergeht ein Steuerbescheid, in dem die Biersteuer nur entsprechend der erklärten Menge festgesetzt wird. Die Biersteuer wurde durch den Steuerbescheid nicht in voller Höhe festgesetzt.

390 Bei der Bestimmung des Zeitpunktes, wann eine Steuer **nicht rechtzeitig festgesetzt** wird, ist zwischen Steueranmeldungen und Steuerfestsetzungen des HZA aufgrund von Steuererklärungen zu unterscheiden. Bei **Steueranmeldungen** ist die Steuer bereits dann nicht rechtzeitig festgesetzt, wenn zum gesetzlichen Abgabetermin die Steueranmeldung nicht beim HZA eingereicht wird. Dies resultiert aus dem Umstand, dass die Steueranmeldung nach § 168 Satz 1 AO einer Steuerfestsetzung unter Vorbehalt der Nachprüfung gleichsteht. Ist gesetzlich jedoch für eine Steuerart die Abgabe einer **Steuererklärung** vorgesehen, so bedarf es nach § 155 Abs. 1 AO einer Steuerfestsetzung durch das HZA mittels Steuerbescheid.

Bei diesen sog. Veranlagungssteuern ist die Steuer erst zu dem Zeitpunkt nicht rechtzeitig festgesetzt, zu welchem das HZA nach dem üblichen Gang der Veranlagungsarbeit die Steuerfestsetzung spätestens abgeschlossen hätte.

BEISPIEL: Steuerlagerinhaber A gibt seine Schaumweinsteueranmeldung für den Monat Mai erst am 22. 6. beim HZA ab.

Da nach § 15 Abs. 1 SchaumwZwStG die Schaumweinsteueranmeldung spätestens am zehnten Tag des auf die Steuerentstehung folgenden Monats (hier somit am 10. 6.) abzugeben ist, führt die verspätete Abgabe der Schaumweinsteueranmeldung zu einer nicht rechtzeitigen Steuerfestsetzung.

Steuerlagerinhaber B gibt seine Biersteuererklärung für den Monat Mai ebenfalls erst am 22. 6. beim HZA ab.

Für die Biersteuer ist gemäß § 15 Abs. 1 BierStG die Abgabe einer Steuererklärung vorgesehen. Diese ist spätestens am siebten Tag des auf die Steuerentstehung folgenden Monats abzugeben (hier somit am 7. 6.).

Es ist zu fragen, wann das HZA üblicherweise die Steuerfestsetzung abgeschlossen hätte. Da die Biersteuer nach § 15 Abs. 1 letzter Satz BierStG am 20. Tag des auf die Steuerentstehung folgenden Monats fällig ist, kann i. d. R. davon ausgegangen werden, dass bei pünktlicher Abgabe der Steuererklärung zwischen dem 7. 6. und dem 20. 6. eine Steuerfestsetzung durch das HZA erfolgt wäre. Die verspätete Abgabe der Biersteuererklärung am 22. 6. führt somit vorliegend ebenfalls zu einer nicht rechtzeitigen Steuerfestsetzung.

391 Ansprüche aus dem Steuerschuldverhältnis werden **nicht erfüllt**, wenn sie gar nicht oder nur teilweise zum Erlöschen gebracht werden.

BEISPIELE: Die gegenüber der GmbH festgesetzte Steuer beträgt 500 €. Der Geschäftsführer zahlt nur 200 €.

Die gegenüber der KG festgesetzten Einfuhrabgaben betragen 2 000 €. Der Komplementär zahlt die Beträge nicht.

Die geschuldete Leistung ist **nicht rechtzeitig erfüllt**, wenn sie nicht pünktlich zum gesetzlichen Fälligkeitszeitpunkt (§ 220 AO) zum Erlöschen gebracht wird. Dies gilt auch für die Fälle, in denen erst nach Eintritt der Fälligkeit Stundung gewährt wird.[434] 392

Ein Haftungsschaden in Form der **Erlangung von Steuervergütungen und Steuererstattungen ohne rechtlichen Grund** liegt vor, wenn Steuervergütungen (z. B. § 55 EnergieStG) oder Steuererstattungen (z. B. § 37 Abs. 2 AO) gezahlt worden sind, obwohl die materiellen Voraussetzungen nicht erfüllt sind. 393

ee) Kausalität zwischen der Pflichtverletzung und dem Haftungsschaden

Die **Kausalität** zwischen der Pflichtverletzung und dem Haftungsschaden richtet sich genau wie bei den zivilrechtlichen Schadensersatzansprüchen nach der **Adäquanztheorie**. Dies bedeutet, dass nur solche Pflichtverletzungen für den Erfolg ursächlich sein können, die allgemein oder erfahrungsgemäß geeignet sind, diesen Erfolg zu verursachen. 394

Sofern die Pflichtverletzung in einem **Unterlassen** besteht (z. B. Nichtabgabe der Steueranmeldung), ist zu fragen, ob der Schaden ohne das Unterlassen nicht eingetreten wäre. Nur, wenn mit Sicherheit festgestellt werden kann, dass bei ordnungsgemäßer Erfüllung der Pflicht der Schaden nicht eingetreten wäre, ist die Kausalität gegeben.[435]

BEISPIEL: Aus dem Schaumweinsteuerlager der A-GmbH wird Schaumwein gestohlen. Infolge grober Fahrlässigkeit wird der Diebstahl von dem Geschäftsführer der A-GmbH nicht bemerkt. Er gibt daher eine Steueranmeldung ab, die eine zu niedrige Steuer aufweist. Am Fälligkeitstag kann die Steuer von dem Geschäftsführer nicht entrichtet werden, da aufgrund unvorhersehbarer Umstände das Unternehmen zwischenzeitlich zahlungsunfähig geworden ist und nicht einmal mehr Geld zur Begleichung der angemeldeten Steuern zur Verfügung steht.

Der Geschäftsführer haftet nicht nach § 69 AO.

Der Geschäftsführer hat grob fahrlässig seine Pflicht zur Abgabe einer ordnungsgemäßen Steueranmeldung verletzt. Hierdurch wurde die Schaumweinsteuer mit Eingang der Steueranmeldung beim HZA nicht in voller Höhe festgesetzt (§ 168 AO); mithin ist ein Haftungsschaden eingetreten. Die Pflichtverletzung (Abgabe einer unrichtigen Steueranmeldung) ist auch ursächlich für den eingetretenen Haftungsschaden. Zudem wurden die Steuern am Fälligkeitstag nicht entrichtet und damit liegt auch ein Haftungsschaden in Form der Nichterfüllung vor. Diese Nichterfüllung ist dem Geschäftsführer aber nicht vorzuwerfen, da die GmbH plötzlich vor Fälligkeit zahlungsunfähig geworden ist. Nach Ansicht des BFH bilden die Nichtfestsetzung und die Nichterfüllung einen einheitlichen Sinngehalt.[436]

Der in § 69 AO normierte Haftungsanspruch hat **Schadensersatzcharakter**, d. h., es sollen die Steuerausfälle ausgeglichen werden, die infolge der schuldhaften Pflichtverletzung des Vertreters verursacht worden sind. Im vorliegenden Fall ist daher die Kausalität zu verneinen, da die Steuer auch bei Abgabe einer korrekten Steueranmeldung nicht hätte entrichtet werden können.

---

434 *Klein/Rüsken*, AO-Kommentar, § 69 Rdn. 20.

435 BFH v. 17. 11. 1992 VII R 13/92, BStBl 1993 II 471.

436 BFH v. 12. 7. 1988 VII R 4/88, BStBl 1988 II 980.

ff) Haftungsumfang

395 Nach § 69 Satz 1 AO besteht eine Haftung für die **Ansprüche aus dem Steuerschuldverhältnis**. Diese sind in § 37 AO aufgeführt. Demzufolge werden auch **steuerliche Nebenleistungen** nach § 37 Abs. 1 AO i.V. mit § 3 Abs. 4 AO von der Haftung nach § 69 AO erfasst. Zu den steuerlichen Nebenleistungen gehören auch die **Säumniszuschläge**. Die Haftung nach § 69 Satz 1 AO bezieht sich auf die Säumniszuschläge, die unmittelbar durch eine schuldhafte Pflichtverletzung des Vertreters in Form einer Nichtentrichtung oder einer nicht rechtzeitigen Entrichtung der Steuerschuld entstanden sind.

Satz 2 erweitert die Haftung des Vertreters auf die Säumniszuschläge, die infolge der Pflichtverletzung entstanden sind. Die Haftung erstreckt sich daher sogar auf die Säumniszuschläge, die infolge der (ursprünglichen) Pflichtverletzung erst später **nach Beendigung der Tätigkeit des Vertreters** entstanden sind. Allein entscheidend ist nur, dass der Vertreter während seiner Tätigkeit schuldhaft die Steuerschulden nicht entrichtet hat, so dass in der Folgezeit Säumniszuschläge entstehen konnten. Unerheblich ist, dass der Vertreter die Entstehung der Säumniszuschläge, die auf die Zeit nach seiner Tätigkeit entfallen, selbst gar nicht mehr durch Begleichung der Steuerschuld hätte abwenden können.[437]

396 Im Zivilrecht kann der Schuldner nach § 254 BGB eine Beschränkung des Schadensersatzanspruches erreichen, wenn den Geschädigten bei der Entstehung des Schadens ein Mitverschulden trifft. Im Steuerrecht kann ein etwaiges **Mitverschulden des HZA** an der Entstehung des Schadens jedoch nicht tatbestandsmäßig zur Haftungsminderung führen, sondern es kann nur im Rahmen der Ermessensausübung nach § 191 Abs. 1 Satz 1 AO Berücksichtigung finden (vgl. Rdn. 468). Dort jedoch auch nur, wenn es gegenüber dem Verschulden des Haftungsschuldners deutlich überwiegt.[438]

b) Haftung nach § 70 AO

397 Anders als die Haftung nach § 69 AO, die die Haftung des Vertreters beinhaltet, kommt es im Falle des § 70 AO zur **Haftung des Vertretenen**.

398 Für eine Haftungsinanspruchnahme nach § 70 AO ist erforderlich, dass der Vertreter i. S. d. §§ 34, 35 AO eine **Steuerhinterziehung** (§ 370 AO) bzw. eine **leichtfertige Steuerverkürzung** (§ 378 AO) begangen oder an einer Steuerhinterziehung teilgenommen hat und hierdurch zum Steuerschuldner oder zum Haftenden wird. Dies muss bei **Ausübung seiner Obliegenheiten** geschehen sein. Eine Haftung des Vertretenen scheidet aus, wenn der Vertreter bei Gelegenheit gehandelt hat.

BEISPIEL: Um seinen Geldbeutel aufzubessern, bringt der Komplementär der Brau-KG von seiner Dienstreise in Polen Zigaretten (3 000 Stück) mit, um diese weiterzuverkaufen. Nachdem er zu Hause in Deutschland angekommen ist, gibt er keine Steuererklärung ab.

Der Komplementär ist zwar Vertreter der KG nach § 34 Abs. 1 Satz 1, 3. Alt. AO und er hat auch eine Steuerhinterziehung nach § 370 Abs. 1 Nr. 2 AO begangen (s. Rdn. 1040 f.), jedoch hat er

437 *Klein/Rüsken*, AO-Kommentar, § 69 Rdn. 15.

438 Vgl. z. B. BFH v. 19. 3. 1999 VII B 158/98, BFH/NV 1999, 1304; v. 21. 9. 2009 VII B 85/09, BFH/NV 2010, 11.

bei Gelegenheit und nicht bei Ausübung seiner Obliegenheiten gehandelt. Die hinterzieherische Tätigkeit steht nicht in unmittelbarer Beziehung zu seiner Stellung als Komplementär und den damit für die KG verbundenen Aufgaben.

Sofern die zuvor genannten Voraussetzungen vorliegen, erfordert § 70 AO zudem, dass der **Vertretene nicht schon selbst Steuerschuldner** ist. Das heißt, der für die gesamte Haftung geltende Grundsatz, dass Haftungsschuldner nicht sein kann, wer schon Steuerschuldner ist, ist in § 70 AO ausdrücklich benannt. Der Anwendungsbereich des § 70 AO reduziert sich für das Zoll- und Verbrauchsteuerrecht auf wenige Fälle, da die Steuerschuldnerschaft des Vertretenen die Regel ist. 399

BEISPIEL: Da die Geschäfte der GmbH, die ein Kaffeesteuerlager betreibt, schlecht laufen, beschließt der Geschäftsführer den Röstkaffee zukünftig „unter der Ladentheke" zu verkaufen. Infolgedessen gibt er in der Folgezeit in den jeweiligen Kaffeesteueranmeldungen vorsätzlich die Kaffeesteuer zu niedrig an.

Eine Haftung der GmbH als Vertretene nach § 70 AO scheidet aus, da sie gem. § 11 Abs. 4 Nr. 1, 1. Alt. KaffeeStG als Steuerlagerinhaberin bereits Steuerschuldnerin ist. (Im Übrigen ist auch der Geschäftsführer nach § 11 Abs. 4 Nr. 1, 2. Alt. KaffeeStG Steuerschuldner.)

Die Haftung nach § 70 AO kommt aber beispielsweise dann zum Zuge, wenn das materielle Recht vorsieht, dass nur derjenige zum Steuerschuldner wird, der eine unrechtmäßige Handlung vornimmt. Solche Fälle sind beispielsweise im Energiesteuerrecht vorgesehen (s. Beispiel unter Rdn. 401). 400

§ 70 Abs. 2 AO sieht unter bestimmten Umständen einen **Haftungsausschluss** vor. Nach Satz 1 der Vorschrift müssen beispielsweise Kinder nicht haften, wenn sie durch die Taten der Eltern **keinen Vermögensvorteil** erlangt haben. Nach § 70 Abs. 2 Satz 2 AO können sich darüber hinaus Vertretene exkulpieren, wenn sie ihren **Vertreter sorgfältig ausgewählt und beaufsichtigt** haben. Für sie gilt aber auch, dass sie aus der Tat des Vertreters keinen Vermögensvorteil erlangt haben dürfen. Satz 1 der Vorschrift ist in Satz 2 hineinzulesen („Das Gleiche gilt…"). 401

BEISPIEL: Der Geschäftsführer einer in Passau ansässigen Spedition möchte die Betriebsausgaben der GmbH senken. Er fährt daher regelmäßig mit dem firmeneigenen Lkw ins benachbarte Österreich, um dort preisgünstig Kraftstoff zu tanken. Wieder auf dem Betriebsgelände der GmbH angekommen, pumpt er jedes Mal den Kraftstoff aus dem Hauptbehälter des Lkw in einen auf dem Betriebsgelände vorhandenen Tank. Auf diese Art und Weise kann der gesamte Fuhrpark des Unternehmens mit dem günstigen Kraftstoff versorgt werden.

Die GmbH haftet nach § 70 AO. Der Geschäftsführer ist nach § 35 GmbHG gesetzlicher Vertreter der GmbH.

Der Geschäftsführer hat eine Steuerhinterziehung nach § 370 Abs. 1 Nr. 2 AO begangen. Die Steuer ist nach §§ 17 Abs. 1 i. V. m. 15 Abs. 4 Nr. 1 EnergieStG entstanden.

Der Geschäftsführer hat auch pflichtwidrig das HZA über das jeweilige Abpumpen des Kraftstoffs aus dem Hauptbehälter des Lkw in Unkenntnis gelassen. Es bestand für ihn als Steuerschuldner nach § 17 Abs. 1 Satz 2 EnergieStG die Pflicht zur unverzüglichen Abgabe einer Steueranmeldung, § 17 Abs. 2 EnergieStG. Der Geschäftsführer handelte auch bei Ausübung seiner Obliegenheiten. Das EnergieStG sieht keine Steuerschuldnerschaft der GmbH als Vertretene vor. Eine Exkulpation der GmbH nach § 70 Abs. 2 Satz 2 AO scheitert schon daran, dass sie als Vertretene einen Vermögensvorteil erlangt hat.

c) Haftung nach § 71 AO

402 Nach § 71 AO kann derjenige in Haftung genommen werden, der eine **Steuerhinterziehung** oder eine **Steuerhehlerei** begeht oder an einer solchen Tat teilnimmt.

403 Wie bei jeder Haftungsnorm ist auch bei § 71 AO der **Grundsatz der Akzessorietät** zu beachten. Die Haftung scheidet somit bei Steuerschuldnerschaft der betreffenden Person aus.

BEISPIEL: Der Geschäftsführer B der A-GmbH hat Waren aus dem Drittland in die Bundesrepublik eingeführt. B gibt im Namen der A-GmbH eine Zollanmeldung ab („i. A. der A-GmbH"). Hierbei meldet B die Waren vorsätzlich unterfakturiert an.

Kommt B als Haftender nach § 71 AO in Betracht?

Ja, B kommt als Haftender nach § 71 AO in Betracht, da er nicht bereits Zollschuldner ist.

Bei Überführung der Waren in den zollrechtlich freien Verkehr ist Zollschuldner der Anmelder, **Art. 201 Abs. 3 UAbs. 1 Satz 1 ZK**. Nach Art. 4 Nr. 18 ZK ist **Anmelder** die Person, die in eigenem Namen eine Zollanmeldung abgibt oder die Person, in deren Namen eine Zollanmeldung abgegeben wird. Vorliegend handelt es sich um den Fall der **direkten Stellvertretung**, da B die Anmeldung in Namen der A-GmbH abgibt. Folglich ist die A-GmbH Anmelderin und somit Zollschuldnerin.

Art. 201 Abs. 3 UAbs. 2 ZK erweitert jedoch den Kreis der Zollschuldner. Liegen einer Zollanmeldung für ein Verfahren i. S. des Abs. 1 Angaben zugrunde, die dazu führen, dass die gesetzlich geschuldeten Abgaben ganz oder teilweise nicht erhoben werden, so können nach den **geltenden innerstaatlichen Vorschriften** auch die Personen als Zollschuldner herangezogen werden, die die für die Abgabe der Zollanmeldung erforderlichen Angaben geliefert haben, obwohl sie wussten oder vernünftigerweise hätten wissen müssen, dass sie unrichtig waren.

An sich wäre B danach Zollschuldner, jedoch hat der deutsche Gesetzgeber von der Erweiterungsmöglichkeit der Zollschuldnerschaft keinen Gebrauch gemacht.[439] B ist dementsprechend nicht Zollschuldner nach Art. 201 Abs. 3 UAbs. 2 ZK. Eine Zollschuldnerschaft des B wegen einer Verfehlung nach Art. 204 Abs. 3 ZK liegt ebenfalls nicht vor.[440] Da B kein Zollschuldner ist, kann er nach § 71 AO als Haftungsschuldner für die Steuerschulden der A-GmbH herangezogen werden.[441] Zudem kommt auch eine Haftung nach § 69 AO in Betracht.

Mit Einführung des **modernisierten Zollkodex** wird eine Haftung nach §§ 69, 71 AO jedoch ausscheiden, da dieser die Erweiterung der Zollschuldnerschaft i. S. d. Art. 201 Abs. 3 UAbs. 2 ZK für alle Mitgliedstaaten vorsieht.

BEISPIEL: Eine Bande verbringt polnische Tabakwaren entgegen § 12 Abs. 1 TabStG a. F. ohne deutsche Steuerzeichen von Polen in das Steuergebiet der BRD. Die Verbringer der Zigaretten geben hierbei nicht gemäß § 19 Satz 3 TabStG a. F. unverzüglich in Deutschland eine Steuererklärung ab. Die Zigaretten werden bis zum Weiterverkauf in einer Lagerhalle Nähe Frankfurt (Oder) gelagert, die allein von W, einem Mitglied der Bande, genutzt und verwaltet wird und zu der keine andere Person Zutritt hat. Im Jahr 2007 kauft A in der Absicht, sich hierdurch eine dauerhafte Einnahmequelle von einigem Gewicht zu verschaffen, von W in sieben Fällen Zigaretten (insgesamt 25 000 Stück), um diese auf eigene Rechnung auf dem Schwarzmarkt in Berlin zu verkaufen. Der gesamte Sachverhalt wird Monate später aufgedeckt.

Kommt A als Haftender nach § 71 AO für die Tabaksteuer in Höhe von 2 838 €, die auf die 25 000 Stück Zigaretten entfällt, in Betracht?

Ja, A ist nicht bereits Steuerschuldner.

---

439 *Witte*, Zollkodex Kommentar, Art. 201 Rdn. 13.

440 *Witte*, Zollkodex Kommentar, Art. 201 Rdn. 17.

441 FG München v. 19. 12. 2001 3 K 3449/98, ZfZ 2003, 167; *Witte*, Zollkodex Kommentar, Art. 201 Rdn. 14.

A ist nicht nach **§ 19 Satz 2 TabStG a. F.** Steuerschuldner. Nach dieser Vorschrift ist Steuerschuldner, wer **verbringt** oder **versendet** und der **Empfänger**, sobald er Besitz an den Tabakwaren erlangt hat. A ist unproblematisch weder Verbringer noch Versender der Tabakwaren. Er ist auch nicht Empfänger. Zu § 19 TabStG a. F. hat der BGH entschieden, dass Empfänger im Sinne dieser Vorschrift nicht mehr sein kann, wer den Besitz an den Tabakwaren erst erlangt, wenn der **Verbringungs- bzw. Versendungsvorgang bereits beendet** ist.[442]

Eine Beendigung ist dann gegeben, wenn die Tabakwaren in Sicherheit gebracht und „zur Ruhe gekommen sind". Im Sinne dieser Rechtsprechung kommt als Empfänger der Waren vorliegend allein W in Betracht, der die Zigaretten in der Lagerhalle in Empfang nahm, wodurch die Zigaretten bestimmungsgemäß zur Ruhe kamen. Der Erwerb der Zigaretten des A erfolgt erst im Anschluss an den Verbringungsvorgang. Er ist somit nicht Empfänger i. S. d. § 19 Satz 2 TabStG a. F. und dementsprechend auch nicht Steuerschuldner, so dass eine Haftung nach § 71 AO in Betracht kommt.

Fraglich ist, ob diese Rechtsprechung auch nach **Änderung des Tabaksteuergesetzes** Bestand hat. Gemäß § 23 Abs. 1 Satz 2 TabStG n. F. (Fassung ab 1. 4. 2010) ist Steuerschuldner, wer die Lieferung vornimmt oder die Tabakwaren in Besitz hält und der Empfänger, sobald er Besitz an den Tabakwaren erlangt hat. Die Stellung als Steuerschuldner bei **„In-Besitz-Halten"** wurde neu eingeführt. Es ist daher fraglich, ob der vorliegende Fall nunmehr bei Lösung nach der Neuregelung zu einer Steuerschuldnerschaft des A führt.

Nach dem Wortlaut der Vorschrift könnte die Besitzbegründung nach Beendigung des Verbringungsvorgangs eine Steuerschuldnerschaft begründen. Auf der anderen Seite heißt es in der Gesetzesbegründung zu § 23 Abs. 1 TabStG, dass die Neufassung im Wesentlichen der bisherigen Regelung entspricht.[443] Demnach wird durch § 23 Abs. 1 TabStG n. F. nicht die Zielrichtung verfolgt, die Steuerschuldnerschaft auf solche Personen auszudehnen, die ohne Beteiligung am Verbringungsvorgang erst nach dessen Beendigung Besitz an den Tabakwaren erlangen. Es ist daher davon auszugehen, dass A auch nach der Neuregelung **nicht Steuerschuldner** ist. A kommt somit als Haftender nach § 71 AO in Betracht.[444]

Als potenzieller Haftungsschuldner kommt nach § 71 AO **jede natürliche Person** in Betracht (Ausnahme: § 370 Abs. 1 Nr. 2 AO erfordert als Sonderdelikt eine Pflichtenstellung des Täters[445]). Dies stellt einen wesentlichen Unterschied zur Haftung nach § 69 AO dar, da danach nur Personen nach §§ 34, 35 AO in Haftung genommen werden können. 404

Voraussetzung ist, dass der Haftende eine **Steuerhinterziehung** (§ 370 AO) oder eine **Steuerhehlerei** (§ 374 AO) begangen oder daran teilgenommen (Anstiftung nach § 26 StGB oder Beihilfe nach § 27 StGB) hat. Eine Steuerhinterziehung kann gem. § 370 Abs. 1 und Abs. 4 AO nicht nur durch eine **Steuerverkürzung** verwirklicht werden, sondern auch dadurch, dass **nicht gerechtfertigte Steuervorteile** erlangt werden. Eine Steuerhinterziehung kann damit auch noch im **Beitreibungsverfahren** stattfinden, etwa durch Erlangung eines Verzichts auf Vollstreckungsmaßnahmen.[446] 405

Sowohl die Steuerhinterziehung als auch die Steuerhehlerei können nur **vorsätzlich** begangen werden. Handelt die Person grob fahrlässig, scheidet folglich eine Haftung 406

442 BGH v. 2. 2. 2010 1 StR 635/09, NStZ 2010, 1405.

443 Begründung zum Vierten Gesetz zur Änderung von Verbrauchsteuergesetzen, E-VSF-N 34 2009 Nr. 134 v. 4. 8. 2009, zu § 23 TabStG.

444 A hat eine gewerbsmäßige Steuerhehlerei in sieben Fällen begangen; vgl. hierzu Ausführungen zum Steuerstrafrecht.

445 Siehe Rdn. 1036.

446 Siehe weitere Beispiele AO-DV Zoll Nr. 3.1.3 zu § 370.

nach § 71 AO aus. Es muss ferner zur **Vollendung des Delikts** gekommen sein. Der Versuch ist nicht ausreichend, da es bei diesem zu keinem Haftungsschaden kommt. Zu beachten ist zudem, dass eine Haftung nur insoweit gegeben ist, wie Tatbeteiligung bzw. Vorsatz reichen.

BEISPIEL: Da die Geschäfte der Sekt-KG schlecht laufen, überlegt Komplementär A, wie man zu Geld kommen kann. Steuerberater B bringt ihn auf die Idee, für den Monat Juni eine geänderte Steueranmeldung abzugeben, die zu einer Herabsetzung der bereits gezahlten Steuer in Höhe von 500 € führt. A reicht dies nicht aus; er gibt neben der geänderten Steueranmeldung für Juni noch eine geänderte Steueranmeldung für Juli ab, die zu einer Herabsetzung von 1 000 € führt. Das HZA überweist daraufhin insgesamt 1 500 €.

A haftet für 1 500 € nach § 71 AO. Er hat den objektiven und subjektiven Tatbestand einer Steuerhinterziehung nach § 370 Abs. 1 Nr. 1 AO erfüllt, indem er gegenüber den Finanzbehörden unrichtige Angaben über steuerlich erhebliche Tatsachen gemacht und dadurch für die Sekt-KG ungerechtfertigte Steuervorteile erlangt hat. Er gab vorsätzlich die unrichtigen Schaumweinsteueranmeldungen ab, woraufhin das HZA 1 500 € auszahlte und damit konkludent zustimmte, § 168 Satz 2 und 3 AO. Durch die Zustimmung, die dazu führte, dass die Steueranmeldungen nach § 168 Satz 1 AO geänderten Steuerfestsetzungen unter dem Vorbehalt der Nachprüfung gleichstanden, war die Steuerhinterziehung vollendet.

A haftet auch nach § 69 AO. Als Komplementär der KG ist er ihr gesetzlicher Vertreter i. S. d. § 34 Abs. 1 Satz 1, 3. Alt. AO. Er hat die ihm auferlegte Pflicht, die steuerlichen Pflichten der KG zu erfüllen, verletzt, indem er unrichtige Steueranmeldungen abgegeben hat. Hierdurch wurden Steuern ohne rechtlichen Grund erstattet. Die Pflichtverletzung war schuldhaft; A handelte vorsätzlich.

B haftet nach § 71 AO, weil er A zu dessen Steuerhinterziehung angestiftet hat, § 26 StGB. Seine Anstifterhandlung und sein Anstiftervorsatz reichen jedoch nur für die Steuererstattung des Monats Juni in Höhe von 500 €.

ABWANDLUNG: Das HZA stimmt den geänderten Steueranmeldungen nicht zu.

Eine Haftung des A scheidet aus. Es liegt lediglich eine versuchte Steuerhinterziehung vor. Durch die mangelnde Zustimmung des HZA ist es nicht zu geänderten Steuerfestsetzungen und dementsprechend nicht zu den Steuererstattungen gekommen. Eine Haftung des B scheidet ebenfalls aus.

407 Genau wie § 69 AO besitzt auch § 71 AO **Schadensersatzcharakter**. Dementsprechend muss zwischen der Steuerhinterziehung/-hehlerei und dem eingetretenen Haftungsschaden **Kausalität** bestehen. Eine Haftung scheidet daher aus, wenn der Haftungsschaden auch ohne das pflichtwidrige Verhalten des Verantwortlichen entstanden wäre.[447]

408 Die Haftung nach § 71 AO erstreckt sich auf die verkürzten Steuern, die zu Unrecht gewährten Steuervorteile sowie auf die Hinterziehungszinsen nach § 235 AO. Der Haftungsumfang ist damit geringer als der des § 69 AO, da steuerliche Nebenleistungen von der Haftung nach § 71 AO nicht erfasst werden.

409 Eine strafgerichtliche Verurteilung ist für § 71 AO nicht erforderlich. Falls eine solche vorliegt, ist die Finanzbehörde nicht daran gebunden. Im Übrigen schützt auch eine Selbstanzeige gemäß § 371 AO nicht vor einer Haftungsinanspruchnahme.[448]

447 *Tipke/Loose*, AO-Kommentar, § 71 Rdn. 1.

448 AO-DV Zoll Nr. 2 zu § 71.

d) Haftung nach § 74 AO

Die Haftung nach § 74 AO spielt in der Praxis eher eine untergeordnete Rolle. Nach § 74 Abs. 1 AO haftet der Eigentümer von Gegenständen mit diesen, wenn die Gegenstände einem Unternehmen dienen und nicht dem Unternehmer gehören. Sinn und Zweck der Vorschrift ist es, der Finanzbehörde eine Zugriffsmöglichkeit auf **schuldnerfremde Gegenstände** zu eröffnen. Nichtsdestotrotz handelt es sich bei der Haftungsnorm um eine persönliche Haftung des Eigentümers der Gegenstände und nicht etwa um eine Sachhaftung. Die Besonderheit des § 74 AO besteht darin, dass der Haftungsumfang in mehrfacher Hinsicht beschränkt ist. 410

BEISPIEL: Die Z-GmbH betreibt ein Branntweinsteuerlager auf ihrem Firmengelände in Münster. Die Steuerschulden der GmbH belaufen sich auf 2 Mio. €. Sämtliche Gegenstände (Maschinen etc.) auf dem Firmengelände der Z-GmbH gehören A und werden von ihm der Z-GmbH zur Verfügung gestellt. A ist zu 60 % an der GmbH beteiligt.

Eine Beitreibung der Steuerschulden ist hinsichtlich der Gegenstände aussichtslos, denn die GmbH ist nicht Eigentümerin. Sofern gleichwohl eine Pfändung dieser Gegenstände erfolgen sollte, könnte A mit einem Drittwiderspruch nach § 262 AO die Aufhebung der Pfändung erreichen. Nach § 74 AO kann A aber als Eigentümer der Gegenstände in Haftung genommen werden. Sein Drittwiderspruch würde dann ins Leere gehen.

Abb. 5 Haftung nach § 74 AO

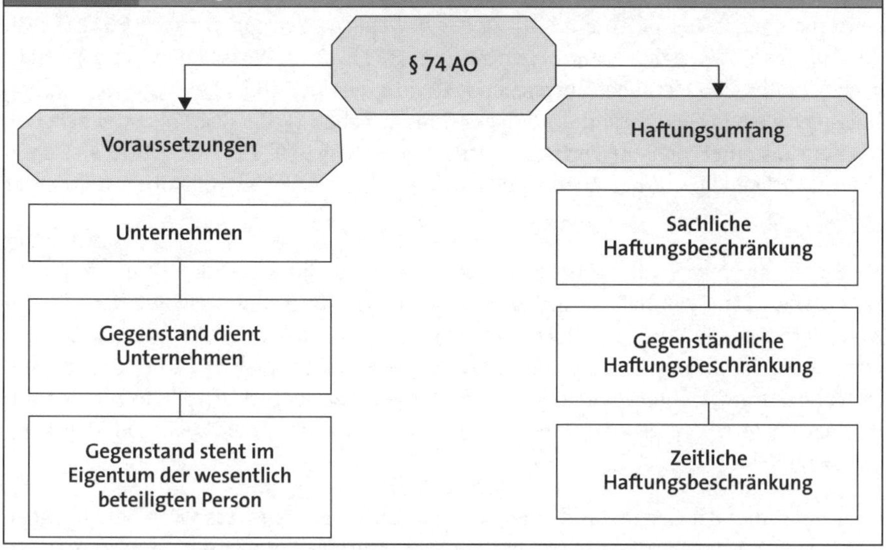

aa) Unternehmen

Voraussetzung für eine Haftung nach § 74 AO ist zunächst, dass ein **Unternehmen** vorliegt. Ein Unternehmen ist jede **organisatorische Zusammenfassung von Mitteln** zur Verfolgung eines wirtschaftlichen oder ideellen Zwecks. Die Rechtsform, in der das Unternehmen betrieben wird, ist unerheblich. Das heißt, das Unternehmen kann beispielsweise sowohl in Form einer GmbH, AG, KG etc. betrieben werden als auch in Form eines Einzelunternehmens. 411

bb) Gegenstand dient Unternehmen

412 Gegenstände i. S. d. § 74 AO sind sowohl **körperliche Gegenstände** (§ 90 BGB) als auch **immaterielle Wirtschaftsgüter** (Rechte wie beispielsweise Lizenzen).[449] Voraussetzung ist, dass die Gegenstände der Zwangsvollstreckung zugänglich sind.[450]

413 Der Gegenstand dient dem Unternehmen, wenn er im Unternehmen eine **Funktion erfüllt** und dies für eine **gewisse Zeit**. Hierbei ist es irrelevant, ob die Zurverfügungstellung des Gegenstandes beispielweise auf einem Miet- oder Pachtvertrag oder Leihe (unentgeltlich) beruht.

cc) Gegenstand steht im Eigentum der wesentlich beteiligten Person

414 Der Gegenstand muss im Eigentum der wesentlich beteiligten Person und damit gerade nicht im Eigentum des Unternehmens stehen. Dies liegt auf der Hand, denn wenn der Gegenstand im Eigentum des Unternehmens steht, kann direkt in das Eigentum des Steuerschuldners vollstreckt werden und der Haftungsnorm des § 74 AO bedarf es nicht.

415 Sofern der Gegenstand ein **körperlicher** ist, muss die wesentlich beteiligte Person zum Zeitpunkt des Erlasses des Haftungsbescheides **zivilrechtliches Eigentum** an dem Gegenstand haben. Dies bestimmt sich für das bewegliche Vermögen nach §§ 929 ff. BGB und für das unbewegliche Vermögen nach §§ 873 ff. BGB. **Wirtschaftliches Eigentum** nach § 39 Abs. 2 AO ist nicht ausreichend. Erwirbt die wesentlich beteiligte Person beispielsweise einen Gegenstand unter **Eigentumsvorbehalt** (§ 455 BGB) und stellt sie diesen dem Unternehmen zur Verfügung, ist sie gemäß §§ 929, 158 Abs. 1 BGB erst dann zivilrechtlicher Eigentümer, wenn der Kaufpreis für die Sache vollständig entrichtet wurde.

416 Ein Eigentumserwerb **immaterieller Gegenstände** ist dem bürgerlichen Recht fremd. Es kann daher nicht auf zivilrechtliches Eigentum i. S. d. BGB abgestellt werden. Gleichwohl haftet der **Inhaber des Rechts** nach § 74 AO mit immateriellen Gegenständen, wenn diese der Zwangsvollstreckung unterliegen. Steht beispielsweise der Gegenstand im **Miteigentum** mehrerer Personen, so haftet jeder wesentlich beteiligte Miteigentümer nach § 74 AO mit seinem Miteigentumsanteil, da dieser der Zwangsvollstreckung unterliegt.[451]

417 Der Eigentümer der Gegenstände muss an dem Unternehmen wesentlich beteiligt sein. § 74 Abs. 2 AO bestimmt, was unter einer **wesentlichen Beteiligung** zu verstehen ist. Nach Satz 1 der Vorschrift ist eine Person wesentlich beteiligt, wenn sie unmittelbar oder mittelbar zu mehr als einem Viertel am Grund- oder Stammkapital oder am Vermögen des Unternehmens beteiligt ist.

---

449 *Tipke/Lang*, AO-Kommentar, § 74 Rdn. 5.

450 AO-DV Zoll Nr. 1 zu § 74.

451 *Tipke/Loose*, AO-Kommentar, § 74 Rdn. 4.

BEISPIEL: A ist in Höhe von 10 % an dem Stammkapital der Z-GmbH beteiligt. Weitere Gesellschafter der Z-GmbH sind die X-GmbH zu 40 % und die Y-GmbH zu 50 %. An diesen beiden Gesellschaften ist A wiederum mit 50 % beteiligt.

A ist nach § 74 Abs. 2 Satz 1 AO wesentlich an der Z-GmbH beteiligt. Seine Beteiligung an dem Stammkapital der Z-GmbH beträgt 55 %. Unmittelbar ist A zu 10 % an der Z-GmbH beteiligt. Über die X-GmbH ist A mittelbar zu 20 % an der Z-GmbH beteiligt und über die Y-GmbH ist A mittelbar zu 25 % an der Z-GmbH beteiligt. Das heißt, zu der 10%-igen unmittelbaren Beteiligung an der Z-GmbH kommen noch weitere 45 % mittelbare Beteiligung hinzu.

Nach § 74 Abs. 2 Satz 2 AO gilt als wesentlich beteiligt auch, wer auf das Unternehmen einen **beherrschenden Einfluss** ausübt und durch sein Verhalten dazu beiträgt, dass fällige Steuern i. S. des Abs. 1 Satz 1 nicht entrichtet werden. 418

BEISPIEL: Um einen Kredit bei der Bank zu bekommen, vereinbart die Brau-GmbH mit der Bank die Sicherungsübereignung sämtlicher ihr gehörender beweglicher Sachen. In der Folgezeit drängt die Bank auf die Rückführung des Kredites und droht die Stellung eines Insolvenzantrages an, falls die Brau-GmbH anstelle der Kreditschulden die fällige Biersteuer zahlt. Daraufhin zahlt die Brau-GmbH ihre Verbindlichkeiten bei der Bank.

Die Bank kann nach § 74 AO in Haftung genommen werden. Die Brau-GmbH ist zwar weiterhin unmittelbare Besitzerin der Sachen, sie hat aber das Eigentum an den Sachen auf die Bank gemäß §§ 929, 930 BGB übertragen. Die Bank gilt nach § 74 Abs. 2 Satz 2 AO als an der Brau-GmbH wesentlich beteiligt, da sie einen beherrschenden Einfluss auf die Brau-GmbH ausübt und durch ihr Verhalten dazu beigetragen hat, dass die fällige Biersteuer nicht gezahlt wurde.

Sofern die zuvor beschriebenen Voraussetzungen erfüllt sind, ist die Haftung nach § 74 AO gegeben. Der Umfang der Haftung nach dieser Vorschrift ist aber mehrfach beschränkt. 419

dd) Sachliche Haftungsbeschränkung

Nach § 74 Abs. 1 Satz 1 AO ist die Haftung auf diejenigen Steuern des Unternehmens beschränkt, bei denen sich die Steuerpflicht auf den Betrieb des Unternehmens gründet. Das heißt, gehaftet wird für **Betriebssteuern**. Steuerliche Nebenleistungen (§ 3 Abs. 4 AO) unterfallen folglich nicht der Haftung nach § 74 AO. 420

Betriebssteuern sind solche Steuern, die das Vorhandensein eines Unternehmens voraussetzen und dementsprechend bei einem Nichtunternehmen nicht anfallen können.[452] Zu den Betriebssteuern gehören die Verbrauchsteuern; **nicht hingegen die Einfuhr- und Ausfuhrabgaben** i. S. des § 1 Abs. 1 Satz 3 ZollVG.[453] Das heißt, gehaftet wird auch nicht für die Verbrauchsteuern, die bei der Einfuhr aus Drittländern entstehen. Begründet wird dies damit, dass sich die Steuerpflicht nicht auf den Betrieb des Unternehmens gründe, sondern auf das Verbringen der Ware über die Zollgrenze und den anschließenden Übergang in den freien Verkehr.[454]

Darüber hinaus wird gemäß § 74 Abs. 1 Satz 3 AO für **Ansprüche auf Erstattung von Steuervergütungen** gehaftet.

452 *Tipke/Loose*, AO-Kommentar, § 74 Rdn. 15.

453 AO-DV Zoll Nr. 2 zu § 74.

454 *Tipke/Loose*, AO-Kommentar, § 75 Rdn. 46.

ee) Gegenständliche Haftungsbeschränkung

421 Der Eigentümer der Gegenstände haftet persönlich, aber die Haftung ist beschränkt auf die Gegenstände, die dem Unternehmen während der Dauer der wesentlichen Beteiligung dienen bzw. gedient haben. Eine Haftung ist demnach gegeben, wenn der Gegenstand in dem Zeitraum dem Unternehmen gedient hat, in dem der Eigentümer des Gegenstandes wesentlich an dem Unternehmen beteiligt war und die entsprechenden Steuerschulden entstanden sind. Das heißt, bei Erlass des Haftungsbescheides muss der Gegenstand nicht mehr dem Unternehmen dienen.

Umstritten war jedoch, ob eine Haftung nach § 74 AO auch dann in Betracht kommt, wenn sich der Gegenstand bei Erlass des Haftungsbescheides nicht mehr im Eigentum des Beteiligten befindet, er aber einen Gegenwert für seinen Gegenstand erhalten hat.[455] Diese Frage wurde nunmehr vom BFH[456] zugunsten des Fiskus entschieden. Danach ist das Haftungsobjekt des § 74 AO nicht auf den (im Zeitpunkt der Haftungsinanspruchnahme noch) im Eigentum des Beteiligten stehenden Gegenstand beschränkt, sondern umfasst auch ein dafür gegebenenfalls erhaltenes **Surrogat** (Verkaufserlös, Schadensersatz, Tauschgegenstand oder Ähnliches).

BEISPIEL: A ist alleiniger Gesellschafter der Sekt-GmbH. Er hat der Sekt-GmbH im Jahr 2010 seinen Pkw zur Verfügung gestellt. Der Wert des Pkw beträgt 10 000 €. Die in den Monaten Oktober bis Dezember 2010 entstandene Schaumweinsteuer in Höhe von insgesamt 30 000 € wird von der Sekt-GmbH nicht entrichtet.

A haftet nach § 74 AO persönlich für die Schaumweinsteuerschulden der Sekt-GmbH in der vollen Höhe von 30 000 €. Die Haftung ist aber gegenständlich auf den Pkw beschränkt. Wenn A den Pkw an das HZA herausgibt oder das HZA den Pkw pfändet, ist A von einer weiteren Haftung frei. Das heißt, er muss nicht noch die verbleibenden 20 000 € an das HZA zahlen.

ABWANDLUNG: A hat den Pkw vor Erlass des Haftungsbescheides verkauft und hierbei einen Verkaufserlös von 10 000 € erzielt.

Entsprechend der Rechtsprechung des BFH haftet A nach § 74 AO mit dem erzielten Verkaufserlös in Höhe von 10 000 €. Dass der Gegenstand im Zeitpunkt des Erlasses des Haftungsbescheides nicht mehr im Eigentum des A steht, ist unerheblich, denn er hat für diesen Gegenstand ein Surrogat erhalten, das nunmehr Haftungsobjekt ist.

ff) Zeitliche Haftungsbeschränkung

422 Die Haftung ist nach § 74 Abs. 1 Satz 2 AO zeitlich auf die Betriebssteuern beschränkt, die während des Bestehens der wesentlichen Beteiligung entstanden sind. Zeitgleich müssen die Gegenstände dem Unternehmen gedient haben. Auf die Fälligkeit der Beträge kommt es nicht an.[457]

455 Siehe hierzu *Klein/Rüsken*, AO-Kommentar, § 74 Rdn. 3.
456 BFH v. 22. 11. 2011 VII R 63/10, DStR 2012, 237.
457 AO-DV Zoll Nr. 2 zu § 74.

Abb. 6 Zeitliche Haftungsbeschränkung nach § 74 AO

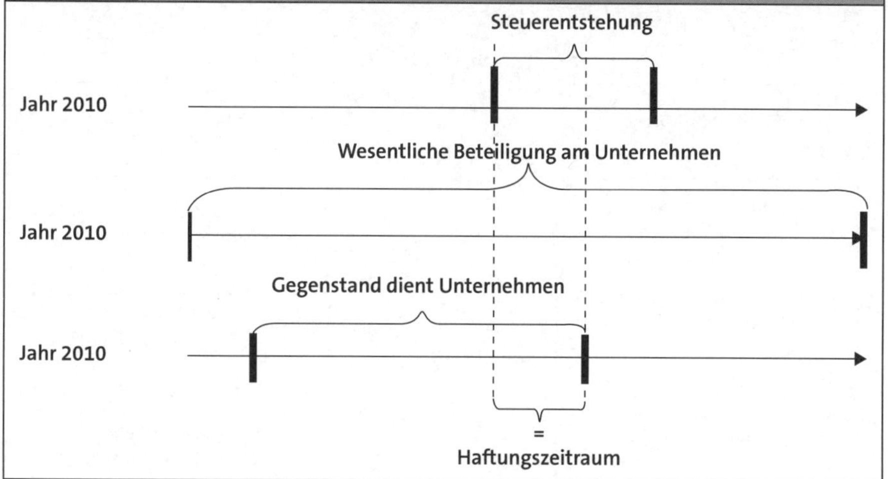

e) Haftung nach § 75 AO

Nach § 75 Abs. 1 AO haftet der Erwerber eines Unternehmens oder eines Teilbetriebes, 423
sofern eine Übereignung im Ganzen erfolgt. Der Haftungsnorm liegt die Überlegung zugrunde, dass das Unternehmen eine erfolgversprechende Sicherheit für die Steuerschulden bietet. Wird nun von dem Steuerschuldner das Unternehmen auf den Erwerber übertragen, bevor die Steuerschulden beglichen sind, würde der Finanzbehörde eine wichtige Sicherheit entzogen.[458] Dies wird mit § 75 AO verhindert.

Sinn und Zweck der Vorschrift ist es also, der Finanzbehörde wieder eine Zugriffsmöglichkeit auf die in dem Unternehmen als solchem liegenden Sicherheiten zu ermöglichen. Die Haftung ist zudem darin begründet, dass der Erwerber die Vorteile der bereits geschaffenen Wirtschaftskraft des lebenden Unternehmens erlangt, die es ihm ermöglichen, Gewinne zu erzielen, mit denen er die Betriebssteuern seines Vorgängers begleichen kann.[459] Genau wie bei § 74 AO handelt es sich bei § 75 AO um eine persönliche Haftung, die hinsichtlich ihres Haftungsumfangs mehrfach beschränkt ist.

458 BFH v. 13. 2. 1996 VIII R 39/92, BStBl 1996 II 406.

459 *Tipke/Loose*, AO-Kommentar, § 75 Rdn. 1.

Abb. 7 Haftung nach § 75 AO

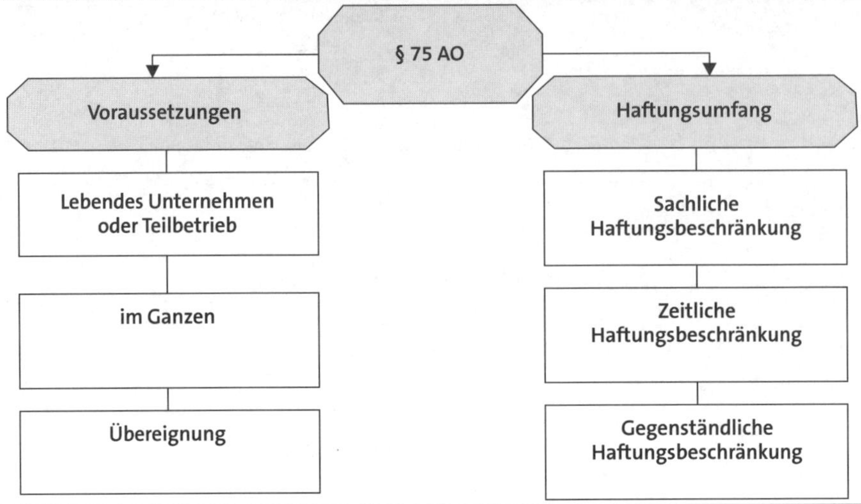

aa) Lebendes Unternehmen oder Teilbetrieb

424 Der Begriff des **Unternehmens** entspricht dem des § 74 AO.

425 Ein **Teilbetrieb** ist ein mit einer gewissen Selbständigkeit ausgestatteter, organisch geschlossener Teil des Gesamtbetriebes, der für sich allein betrachtet lebensfähig ist.[460] Dies beurteilt sich anhand der Gesamtumstände des Einzelfalls. Indizien für einen Teilbetrieb können beispielsweise eine eigene Buchführung, eine räumliche Trennung von dem übrigen Unternehmen oder ein eigener Kundenstamm sein. Eine **Filiale** ist ein selbständiger Teilbetrieb. Bei einer Brauerei ist eine von ihr betriebene Gastwirtschaft ein selbständiger Teilbetrieb.[461]

426 Darüber hinaus muss das Unternehmen bzw. der Teilbetrieb **„leben"**. Dies ergibt sich nicht aus dem Gesetzestext, sondern aus der Rechtfertigung der Haftungsvorschrift, wonach nur ein lebendes Unternehmen (Teilbetrieb) Gewinne hervorbringt, mit denen die rückständigen Betriebssteuern des Vorgängers gezahlt werden können. Ein Unternehmen (Teilbetrieb) „lebt", wenn der Erwerber es **ohne nennenswerte eigene Investitionen** fortführen könnte.[462] Es ist irrelevant, ob der Erwerber das Unternehmen (Teilbetrieb) tatsächlich fortführt. Allein die **Möglichkeit der Fortführung** ist entscheidend.

bb) ... im Ganzen

427 Für eine Übereignung des Unternehmens **im Ganzen** ist es ausreichend, wenn mindestens die **wesentlichen Betriebsgrundlagen** übergehen. Eine Übereignung sämtlicher

460 Vgl. Einkommensteuerrichtlinien zu § 16 EStG, EStR 2005, R 16 Abs. 3.

461 BFH v. 3. 8. 1966 IV 380/62, BStBl 1967 III 47.

462 St. Rspr., z. B. BFH v. 7. 11. 2002 VII R 11/01, BStBl 2003 II 226.

Gegenstände ist folglich nicht notwendig. Was die wesentlichen Betriebsgrundlagen sind, bestimmt sich nach den Umständen des Einzelfalls.

BEISPIEL: Die A-GmbH verkauft an die B-GmbH ihre Brauerei einschließlich des Betriebsgrundstücks. Vom Verkauf wurden die Forderungen und Verbindlichkeiten der A-GmbH ausgenommen.

Die B-GmbH hat alle wesentlichen Betriebsgrundlagen übernommen. Die ausgenommenen Forderungen und Verbindlichkeiten stellen keine wesentlichen Betriebsgrundlagen dar, denn diese sind zur Fortführung des Unternehmens nicht notwendig.

cc) Übereignung

Die Übereignung des Unternehmens im Ganzen, also einer Sachmehrheit, ist im bürgerlichen Recht nicht vorgesehen. Vielmehr muss zivilrechtlich jeder einzelne bewegliche Gegenstand nach §§ 929 ff. BGB übertragen werden. Das unbewegliche Vermögen ist nach §§ 873 ff. BGB zu übertragen. 428

Der Begriff der Übereignung i. S. d. § 75 AO ist weiter gefasst als der des bürgerlichen Rechts. Entscheidend ist, dass der Erwerber eine **eigentümerähnliche Stellung** erwirbt, er also wirtschaftlich gesehen wie ein Eigentümer über die wesentlichen Betriebsgrundlagen des Unternehmens verfügen kann (vgl. § 39 Abs. 2 AO). Hierfür ist zivilrechtliches Eigentum nicht zwingend erforderlich.

Von dem Übereignungsbegriff des § 75 AO werden daher auch die Wirtschaftsgüter erfasst, die zivilrechtlich nicht dem Veräußerer des Unternehmens gehören. Dies ist beispielsweise bei unter **Eigentumsvorbehalt** erworbenen Sachen gemäß § 455 BGB oder beim **Sicherungseigentum** der Fall. Ferner beinhaltet die Übereignung auch die Wirtschaftsgüter, die nach dem bürgerlichen Recht nicht übereignet werden können, wie Kundenstamm, Mitarbeiter oder Firmenwert.[463]

Sofern jedoch wesentliche Betriebsgrundlagen des Unternehmens im Eigentum des früheren Betriebsinhabers stehen, müssen diese zivilrechtlich nach §§ 929 ff. BGB bzw. §§ 873 ff. BGB auf den Erwerber übertragen werden. **Vermietet oder verpachtet** der frühere Betriebsinhaber diese wesentlichen Betriebsgrundlagen lediglich an den Erwerber, scheidet eine Haftung des Erwerbers nach § 75 AO aus.[464]

BEISPIEL: Mit notariellem Kaufvertrag vom 10. 10. 2010 vereinbaren die A-GmbH und die B-KG Folgendes:

Die A-GmbH veräußert ihr Unternehmen samt Geschäftsgrundstück an die B-KG für 200 000 €. Die Übergabe des Unternehmens findet am 1. 11. 2010 statt. Wesentliche Betriebsgrundlage ist unter anderem eine Maschine, die die A-GmbH unter Eigentumsvorbehalt nach § 449 Abs. 1 BGB von der C-Maschinen-GmbH zu einem Kaufpreis von 60 000 € erworben hat. Die A-GmbH hat von dem Kaufpreis bisher 40 000 € entrichtet, so dass die C-Maschinen-GmbH weiterhin zivilrechtliche Eigentümerin gemäß §§ 929, 158 Abs. 1 BGB ist. Die A-GmbH und die B-KG vereinbaren daher, dass die A-GmbH statt des Eigentums an der Maschine das Anwartschaftsrecht auf Erwerb des Eigentums an der Maschine auf die B-KG überträgt.

Die B-KG wird am 20. 2. 2011 als Eigentümerin des Grundstücks im Grundbuch eingetragen.

---

463 *Klein/Rüsken*, AO-Kommentar, § 75 Rdn. 18.

464 BFH v. 18. 3. 1986 VII R 146/81, BStBl 1996 II 589.

Eine Übereignung des Unternehmens liegt am 1. 11. 2010 vor. Die wesentlichen Betriebsgrundlagen sind zu diesem Zeitpunkt auf die B-KG übergegangen. Mit der Übergabe des Unternehmens am 1. 11. 2010 ist die B-KG bei wirtschaftlicher Betrachtungsweise in der Lage, wie ein bürgerlich-rechtlicher Eigentümer das Unternehmen zu betreiben. Dies ist im Rahmen des § 75 AO ausreichend. Dass die B-KG am 1. 11. 2010 nicht das zivilrechtliche Eigentum an der Maschine erworben hat, ist daher genauso irrelevant wie der Zeitpunkt der Eintragung im Grundbuch.

429 § 75 Abs. 1 AO setzt einen rechtsgeschäftlichen Erwerb voraus. **Keine Übereignung** liegt daher beim Erwerb von Todes wegen vor, da hier der Erwerb kraft Gesetzes erfolgt. Nach § 75 Abs. 2 AO wird nicht für Erwerbe aus einer Insolvenzmasse und für Erwerbe im Vollstreckungsverfahren gehaftet.

430 Sofern die zuvor beschriebenen Voraussetzungen erfüllt sind, ist die Haftung nach § 75 AO gegeben. Der Umfang der Haftung nach dieser Vorschrift ist aber mehrfach beschränkt.

dd) Sachliche Haftungsbeschränkung

431 Die Haftung des Betriebsübernehmers ist gemäß § 75 Abs. 1 Satz 1 AO auf **Betriebssteuern** beschränkt. Insofern kann auf die Ausführungen zu § 74 AO unter Rdn. 420 verwiesen werden. Sofern ein Teilbetrieb veräußert wurde, beschränkt sich die Haftung auf die auf den Teilbetrieb entfallenden Betriebssteuern.

ee) Zeitliche Haftungsbeschränkung

432 Die Haftung nach § 75 AO unterliegt einer zeitlichen Haftungsbeschränkung. Der Erwerber des Unternehmens haftet nach § 75 Abs. 1 Satz 1 AO nur für die Betriebssteuern, die im Jahr der Übereignung und im Kalenderjahr davor entstanden sind. Vorausgesetzt, dass diese Steuern innerhalb eines Jahres nach Anmeldung des Betriebes durch den Erwerber beim HZA (§§ 138 Abs. 1, 139 AO) gegenüber dem Veräußerer festgesetzt wurden.

Abb. 8 Zeitliche Haftungsbeschränkung nach § 75 AO

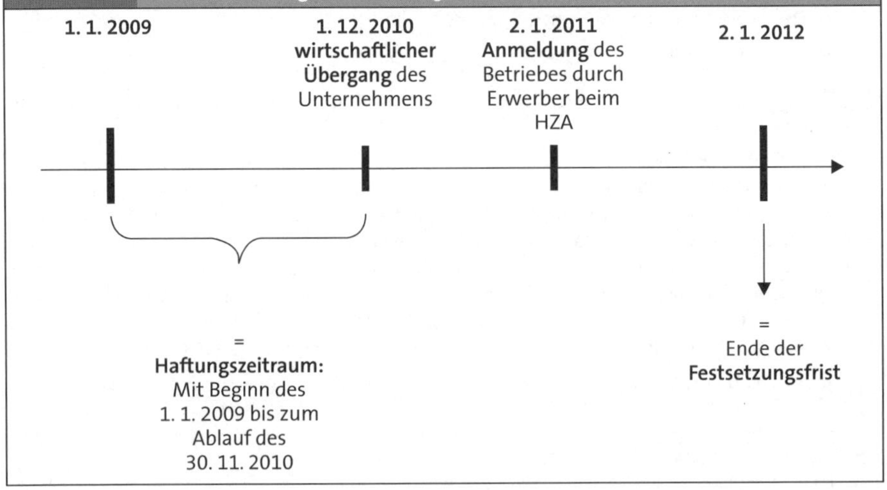

ERLÄUTERUNG: Der Haftungszeitraum beginnt mit dem Beginn des Kalenderjahres, das vor der Übereignung des Unternehmens liegt, hier mit Beginn des 1. 1. 2009. Der Haftungszeitraum endet zu dem Zeitpunkt, zu dem der Erwerber selbst Steuerschuldner wird. Das ist mit dem wirtschaftlichen Übergang des Unternehmens der Fall. Das heißt, der Erwerber kann nur für die Betriebssteuern haften, die bis zum Ablauf des 30. 11. 2010 entstanden sind. Die Betriebssteuern, die in diesem Haftungszeitraum entstanden sind, müssen spätestens bis zum Ablauf von einem Jahr nach Anmeldung des Betriebes durch den Erwerber gegenüber dem Veräußerer festgesetzt werden, im vorliegenden Beispiel folglich bis zum Ablauf des 2. 1. 2012. Die Betriebssteuern können natürlich auch schon vor Anmeldung des Betriebes gegenüber dem Veräußerer festgesetzt werden.

ff) Gegenständliche Haftungsbeschränkung

Nach § 75 Abs. 1 Satz 2 AO ist die Haftung auf den **Bestand** des übernommenen Vermögens beschränkt. Hierunter ist das übernommene Aktivvermögen zu verstehen. Das heißt, der **Wert** des übernommenen Vermögens ist nicht maßgeblich. Vom Erwerber übernommene Schulden können daher nicht abgezogen werden.[465] Sofern es im Bestand des übernommenen Vermögens zu Veränderungen kommt, sind diese zu berücksichtigen. Entscheidend ist der übernommene Vermögensbestand zum Zeitpunkt der Haftungsinanspruchnahme. Genau wie bei der Haftung nach § 74 AO sind im Rahmen des § 75 AO **Surrogate** mit einzubeziehen.[466] 433

BEISPIEL: Die B-KG haftet nach § 75 AO für die Steuerschulden der A-GmbH in Höhe von 50 000 €. Die B-KG hatte das Unternehmen der A-GmbH für 40 000 € erworben. Das übernommene Aktivvermögen betrug 150 000 €, die übernommenen Schulden 110 000 €. Vor Erlass des Haftungsbescheides kommt es in der Produktionsanlage zu einem Brand. Das übernommene Aktivvermögen beträgt daraufhin nur noch 20 000 €. Die B-KG erhält von der Versicherung eine Entschädigung von 20 000 €.

Das übernommene Vermögen hatte ursprünglich einen Wert von 150 000 €; übernommene Schulden sind nicht abzuziehen. Jedoch sind Veränderungen des übernommenen Vermögens vor der Haftungsinanspruchnahme zu berücksichtigen. Das heißt, der Haftungsumfang beschränkt sich auf das noch vorhandene übernommene Aktivvermögen (20 000 €) zuzüglich des Surrogates in Form der Versicherungsentschädigung (20 000 €).

Sofern die Parteien einen **Haftungsausschluss** vereinbaren, nach dem der Erwerber nicht für die Steuerschulden des Veräußerers haftet, hat dies im Rahmen des § 75 AO keinerlei Bedeutung. Bei § 75 AO handelt es sich um eine öffentlich-rechtliche Vorschrift, die nicht durch eine privatrechtliche Vereinbarung ausgeschlossen werden kann. Sofern die Haftung auf § 75 AO beruht, entfaltet der privatrechtliche Haftungsausschluss somit gegenüber dem HZA keine Wirkung. Ein privatrechtlicher Haftungsausschluss kann aber im Rahmen des § 25 HGB bedeutsam sein (vgl. Ausführungen zu § 25 HGB unter Rdn. 453). 434

f) Keine Haftungsnorm im steuerlichen Sinne, § 45 AO

Keine Haftungsnorm im steuerlichen Sinne ist § 45 AO. Nach § 45 Abs. 1 AO gehen bei der **Gesamtrechtsnachfolge** die Forderungen und Schulden aus dem Steuerschuldver- 435

465 *Klein/Rüsken*, AO-Kommentar, § 75 Rdn. 41.

466 AO-DV Zoll Nr. 2 zu § 75.

hältnis (§ 37 AO) mit Ausnahme der Zwangsgelder auf den Rechtsnachfolger über. Die Gesamtrechtsnachfolge zeichnet sich durch den unmittelbaren Übergang des Vermögens mit allen Rechten und Pflichten auf den Gesamtrechtsnachfolger aus, der damit die Stellung seines Rechtsvorgängers einnimmt. Weil die Rechtsnachfolge durch einen einheitlichen Rechtsakt in das gesamte Vermögen vollzogen wird, wird sie als Gesamtrechtsnachfolge bezeichnet.[467]

Eine Gesamtrechtsnachfolge liegt beispielsweise bei der **Erbschaft** nach § 1922 BGB vor. Da der Erbe die Stellung des Erblassers einnimmt, kann er nicht für die Steuerschulden des Erblassers haften. Haftung bedeutet das Einstehen für fremde Steuerschulden. Bei der Erbschaft werden jedoch die Steuerschulden des Erblassers zu den Steuerschulden des Erben. Das heißt, der **Erbe wird selbst zum Steuerschuldner**. War der Erblasser hingegen Haftungsschuldner, so wird der Erbe Haftungsschuldner. Hatte der Erblasser einen Steuervergütungsanspruch, hat nunmehr der Erbe den Steuervergütungsanspruch.

Bildlich gesprochen tritt der Erbe „in die Fußstapfen des Erblassers" **(Fußstapfentheorie)**. Dies beinhaltet zudem, dass gegenüber dem Erblasser bekanntgegebene Bescheide auch gegenüber dem Erben wirken; ein **Leistungsgebot** jedoch nicht. Sofern gegen den Erben vollstreckt werden soll, muss dieser ein eigenes Leistungsgebot gemäß § 254 Abs. 1 Satz 3 AO erhalten.

436 Der Wortlaut des § 45 Abs. 2 AO, wonach Erben für die aus dem Nachlass zu entrichtenden Schulden nach den Vorschriften des bürgerlichen Rechts über die **Haftung** des Erben für Nachlassverbindlichkeiten einzustehen haben, ist missverständlich. Dies ist darauf zurückzuführen, dass im Zivilrecht nicht trennscharf zwischen „schulden" und „haften", mithin eigener und fremder Schuld, unterschieden wird. § 45 Abs. 2 AO beschreibt, in welchem Umfang der Erbe für die übergegangenen Verbindlichkeiten einzustehen hat. Nach § 1967 BGB hat der Erbe grds. unbeschränkt mit seinem gesamten Vermögen einzustehen.

FRAGEN

Verständnisfragen zur Haftung aufgrund von Steuergesetzen:

Frage: Haftet die Komplementär-GmbH einer GmbH & Co. KG nach § 69 AO?

Antwort: Nein, nach § 69 Satz 1 AO muss eine Person nach §§ 34 und 35 AO vorliegen. Die Komplementär-GmbH ist aber keine natürliche Person, was § 34 AO voraussetzt. Als Haftender kommt aber der Geschäftsführer der Komplementär-GmbH in Betracht. Dieser ist der unmittelbare gesetzliche Vertreter der Komplementär-GmbH gem. § 35 GmbHG. Darüber hinaus ist er der mittelbare Vertreter der GmbH & Co. KG (zweistufige Vertretung). Sofern die weiteren Voraussetzungen vorliegen, kann der Geschäftsführer als Person gem. § 34 Abs. 1 Satz 1, 3. Alt. AO für die Steuerschulden der GmbH & Co. KG nach § 69 AO haften.

467 Vgl. hierzu ausführlich AO-DV Zoll zu § 45.

Frage: Kommt eine Haftung nach § 70 AO häufig zur Anwendung?

Antwort: Nein, denn wenn der Vertretene schon Steuerschuldner ist, kann er nicht mehr nach § 70 AO haften. In den meisten Fällen ist der Vertretene schon Steuerschuldner.

Frage: Kommt eine Haftung nach § 71 AO bei grob fahrlässigem Verhalten in Betracht?

Antwort: Nein, denn Steuerhinterziehung bzw. Steuerhehlerei können nur vorsätzlich begangen werden.

Frage: Kann eine Person gleichzeitig nach § 69 AO und § 71 AO in Haftung genommen werden?

Antwort: Ja, die Haftungstatbestände schließen sich nicht gegenseitig aus.

Frage: Handelt es sich bei den §§ 74, 75 AO um persönliche Haftungstatbestände?

Antwort: Ja, der Haftungsschuldner haftet persönlich und wird durch Haftungsbescheid in Anspruch genommen. Die Besonderheit der Haftungstatbestände liegt darin, dass der Haftungsumfang gegenständlich beschränkt ist.

3. Haftung kraft Gesetzes aufgrund zivilrechtlicher Vorschriften

Eine Haftung für die Steuerschulden eines anderen kann sich nicht nur aus den Steuergesetzen (§§ 69 bis 75 AO, § 15 Abs. 6 TabStG, § 18 Abs. 5 KaffeeStG) ergeben, sondern auch kraft Gesetzes aufgrund von **zivilrechtlichen Vorschriften**. Auch diese Haftungsregelungen der persönlichen Haftung sind für **Einfuhr- und Ausfuhrabgaben** uneingeschränkt anwendbar. 437

a) Haftung bei Personengesellschaften

Personengesellschaften besitzen keine eigene Rechtspersönlichkeit, sie können aber trotzdem Träger von Rechten und Pflichten sein; **Teilrechtsfähigkeit der Personengesellschaft** (siehe z. B. § 124 HGB). Kennzeichen der Personengesellschaft ist, dass mindestens einer ihrer Gesellschafter persönlich, unmittelbar und mit seinem gesamten Vermögen haftet. 438

aa) OHG

Die OHG ist in den §§ 105 ff. HGB geregelt. Eine OHG ist eine Gesellschaft, bei der jeder Gesellschafter unbeschränkt haftet. Nach § 128 HGB haften die Gesellschafter für die Verbindlichkeiten der Gesellschaft als **Gesamtschuldner** persönlich, unmittelbar und mit ihrem gesamten Vermögen. Dies gilt für alle Verbindlichkeiten der Gesellschaft, die bis zum Ausscheiden des Gesellschafters begründet wurden. 439

Ist ein Gesellschafter in eine bereits bestehende OHG eingetreten, so haftet er gemäß § 130 HGB für die **Altverbindlichkeiten** der OHG. 440

bb) BGB-Gesellschaft (GbR)

441 Die BGB-Gesellschaft ist in §§ 705 ff. BGB geregelt. Sie ist eine Vereinigung von mindestens zwei Gesellschaftern, die sich durch den Gesellschaftsvertrag gegenseitig verpflichten, die Erreichung eines gemeinsamen Zweckes zu fördern. Während die **Steuerrechtsfähigkeit** bei dieser Gesellschaftsform auch früher schon anerkannt war, war die Rechtsfähigkeit der BGB-Gesellschaft im Zivilrecht umstritten.

Der Bundesgerichtshof hat jedoch im Jahr 2001 die Teilrechtsfähigkeit der BGB-Außengesellschaft anerkannt und hierbei die Haftung der BGB-Gesellschafter der Haftung der OHG-Gesellschafter angeglichen.[468] Das heißt, die Gesellschafter der BGB-Gesellschaft haften alle als **Gesamtschuldner** persönlich, unmittelbar und mit ihrem gesamten Vermögen. Dies galt auch schon vor dem Urteil des Bundesgerichtshofs, jedoch war die Herleitung der Haftung der BGB-Gesellschafter eine andere. Während die Haftung früher auf die Vorschriften des BGB (§§ 705, 714, 421, 427) gestützt wurde, haften die BGB-Gesellschafter seit dem Urteil des Bundesgerichtshofs nach § 128 HGB analog.

442 Darüber hinaus haftet nunmehr ein Gesellschafter, der in eine bestehende BGB-Gesellschaft eintritt, für die **Altverbindlichkeiten** der Gesellschaft gemäß §§ 128, 130 HGB analog.[469]

cc) KG

443 Eine Kommanditgesellschaft ist eine Gesellschaft, bei der ein oder mehrere Gesellschafter nur beschränkt haften (**Kommanditisten**), während mindestens ein anderer Gesellschafter unbeschränkt haftet (**Komplementär**). Die KG ist in den §§ 161 ff. HGB geregelt. Nach § 161 Abs. 2 HGB sind die Vorschriften für die OHG anzuwenden, sofern in dem Abschnitt zur KG keine andere Regelung getroffen wurde.

444 Danach ergibt sich, dass der Komplementär gemäß §§ 161 Abs. 2, 128 HGB wie ein OHG-Gesellschafter persönlich, unmittelbar und mit seinem gesamten Vermögen haftet. Ist ein Gesellschafter als Komplementär in eine bereits bestehende KG eingetreten, so haftet er gemäß §§ 161 Abs. 2, 130 HBG für die **Altverbindlichkeiten** der KG.

445 Der Kommanditist haftet nach § 171 Abs. 1 HGB persönlich bis zur Höhe seiner Einlage für alle Verbindlichkeiten der Gesellschaft, die während seiner Gesellschafterstellung begründet wurden. Soweit er jedoch seine Einlage geleistet hat, ist eine Haftung ausgeschlossen. Nach § 172 Abs. 1 und 2 AO, § 174 HGB ist für den Umfang der Einlage die **Eintragung im Handelsregister** maßgeblich.

BEISPIEL: Die A-KG wurde im Jahr 2009 gegründet und ins Handelsregister eingetragen. B ist laut Eintragung im Handelsregister mit einer Kommanditeinlage in Höhe von 10 000 € an der A-KG beteiligt. Die rückständige Schaumweinsteuer der A-KG für die Monate Januar bis März 2011 beträgt 60 000 €. Das HZA überlegt, ob B als Kommanditist in Haftung genommen werden kann, wenn:

a) die Einlage von B bei Errichtung der Gesellschaft vollständig geleistet wurde;

---

468 BGH v. 29. 1. 2001 II ZR 331/00, BGHZ 146, 341.

469 BGH v. 7. 4. 2003 II ZR 56/02, BGHZ 154, 370.

b) die Einlage von B bei Errichtung der Gesellschaft vollständig geleistet, jedoch im Jahr 2010 wieder zurückgezahlt wurde;

c) B die Einlage in Höhe von 4 000 € erbracht hat, die Entrichtung der verbleibenden Einlage ihm erlassen wurde;

d) B die Einlage noch nicht erbracht hat. Zwischenzeitlich jedoch die Herabsetzung der Einlage auf 5 000 € beschlossen wurde. Die Herabsetzung der Einlage wurde noch nicht ins Handelsregister eingetragen.

zu a)

Eine Haftung des B ist nach § 171 Abs. 1 HGB ausgeschlossen.

zu b)

Nach § 172 Abs. 4 HGB gilt die zurückbezahlte Einlage den Gläubigern gegenüber als nicht geleistet. B haftet persönlich in Höhe von 10 000 € nach § 171 Abs. 1 HGB.

zu c)

Soweit B seine Einlage geleistet hat, d. h. in Höhe von 4 000 €, ist die Haftung gemäß § 171 Abs. 1 HGB ausgeschlossen. Nach § 172 Abs. 3 HGB ist der Erlass der Einlage in Höhe der restlichen 6 000 € den Gläubigern gegenüber unwirksam. B haftet persönlich in Höhe von 6 000 € nach § 171 Abs. 1 HGB.

zu d)

Die Herabsetzung der Einlage ist noch nicht ins Handelsregister eingetragen und damit nach § 174 Hs. 1 HGB gegenüber den Gläubigern unwirksam. B haftet persönlich in Höhe von 10 000 € nach § 171 Abs. 1 HGB.

Ist ein Gesellschafter als Kommanditist in eine bereits bestehende KG eingetreten, so haftet er gemäß § 173 HBG für die **Altverbindlichkeiten** der KG. 446

dd) GmbH & Co. KG

Die GmbH & Co. KG ist eine Personengesellschaft, nämlich eine KG. Der Unterschied zur „normalen" KG besteht darin, dass bei der GmbH & Co. KG nicht eine natürliche Person der persönlich haftende Gesellschafter ist, sondern eine GmbH. Das heißt, die **GmbH ist die Komplementärin** der GmbH & Co. KG. Wenn in einer KG keine natürliche Person persönlich haftet, muss die Firma nach § 19 Abs. 2 HGB eine Bezeichnung enthalten, welche die Haftungsbeschränkung kennzeichnet. Daher firmiert die KG unter GmbH & Co. KG. Da die GmbH & Co. KG eine KG ist, gelten die §§ 161 ff. HGB. Insofern kann auf die unter Rdn. 443 bis 446 gemachten Ausführungen verwiesen werden. 447

ee) Partnergesellschaft

Die Partnergesellschaft ist eine Gesellschaft, in der sich **Angehörige Freier Berufe** zur Ausübung ihrer Berufe zusammenschließen (z. B. Rechtsanwälte, Steuerberater). Die Partnergesellschaft ist im Partnerschaftsgesellschaftsgesetz (PartGG) geregelt. Nach § 8 Abs. 1 Satz 1 PartGG haften die Partner als Gesamtschuldner persönlich, unmittelbar und mit ihrem gesamten Vermögen. Nach Satz 2 der Vorschrift sind die §§ 129, 130 HGB entsprechend anzuwenden. 448

b) Haftung des Erwerbers bei Firmenfortführung

449 § 25 HGB regelt die Haftung des Erwerbers eines Handelsgeschäfts bei Firmenfortführung. Sofern ein Betrieb übernommen wird, ist daher an zwei Haftungsnormen zu denken; § 75 AO und § 25 HGB.

450 Nach § 25 Abs. 1 Satz 1 HGB haftet der Erwerber eines unter Lebenden erworbenen Handelsgeschäfts für alle im Betrieb des Geschäfts begründeten Verbindlichkeiten des früheren Inhabers, wenn er dieses unter der bisherigen **Firma** mit oder ohne Beifügung eines das Nachfolgeverhältnis andeutenden Zusatzes fortführt. Sinn und Zweck der Haftungsregelung ist der Schutz der Gläubiger, da bei Firmenfortführung die Kontinuität des Unternehmens nach außen in Erscheinung tritt, mithin die Gläubiger bei **Firmenfortführung** den Wechsel des Inhabers gar nicht bemerken, so dass die Haftung des Erwerbers für die vom Vorgänger begründeten Verbindlichkeiten gerechtfertigt ist.

451 Voraussetzung für eine Haftung ist zunächst, dass ein **Erwerb eines Handelsgeschäfts unter Lebenden** vorliegt. Hierunter ist jede Unternehmensübertragung und Unternehmensüberlassung zu verstehen. Das heißt, von der Vorschrift wird z. B. sowohl der Kauf als auch die Schenkung, aber auch die Pacht erfasst. Ein Erwerb unter Lebenden liegt bei der **Erbschaft** nach § 1922 BGB hingegen nicht vor. Ebenso wenig unterliegt der **Erwerb vom Insolvenzverwalter** der Haftung nach § 25 HGB. Was unter einem Handelsgeschäft zu verstehen ist, ist in §§ 1 ff. HGB definiert.

Ferner muss das Handelsgeschäft fortgeführt werden. Ein bloßer Erwerb ohne **tatsächliches Fortführen** des Unternehmens ist nicht ausreichend. Wird daher vom Erwerber das Handelsgeschäft direkt weiterveräußert, kommt nur eine Haftung des Zweiterwerbes nach § 25 HGB in Betracht.

Schließlich muss das Handelsgeschäft unter der **bisherigen Firma** mit oder ohne Andeutung eines Namenszusatzes fortgeführt werden. Die Firma ist nach § 17 Abs. 1 HGB der Name, unter dem der Kaufmann seine Geschäfte betreibt und die Unterschrift abgibt. Die Voraussetzungen, die eine Firma erfüllen muss, sind in §§ 18, 19 HGB niedergelegt. Im Rahmen des § 25 HGB ist es jedoch unerheblich, wenn die fortgeführte Firma vorher oder jetzt unzulässig ist. Entscheidend ist vielmehr, dass der Kern der alten Firma erhalten bleibt.[470]

BEISPIEL: Die Fortführung der Firma i. S. d. § 25 HGB ist beispielsweise erfüllt, wenn das bisherige Handelsgeschäft „Udo Maier KG" unter „Udo Maier GmbH" oder mit Andeutung des Namenszeichens „Udo Maier GmbH (Nachfolger)" betrieben wird.

452 Nach § 25 Abs. 1 Satz 2 HGB haftet der Erwerber für **alle im Geschäftsbetrieb begründeten Verbindlichkeiten** des früheren Inhabers. Hierzu genügt es, dass die Verbindlichkeiten zum Zeitpunkt der Übernahme des Handelsgeschäfts begründet sind, fällig müssen sie nicht sein. Da die Haftung nicht auf Betriebssteuern beschränkt ist, gehören zu den Verbindlichkeiten sämtliche Ansprüche aus dem Steuerschuldverhältnis nach § 37 AO, d. h. auch steuerliche Nebenleistungen. Der Erwerber haftet folglich nach § 25 HGB auch für **Einfuhr- und Ausfuhrabgaben** i. S. d. § 1 Abs. 1 Satz 3 ZollVG.

470 BGH v. 28. 11. 2005 II ZR 355/03, ZIP 2006, 367.

Der Erwerber haftet persönlich, unmittelbar und unbeschränkt mit seinem gesamten Vermögen. Die Haftung ist nicht auf das übernommene Vermögen beschränkt.

Nach § 25 Abs. 2 HGB kann die Haftung jedoch durch Vereinbarung zwischen dem Veräußerer und dem Erwerber ausgeschlossen werden. Der **Haftungsausschluss** ist jedoch erst dann wirksam, wenn er in das Handelsregister eingetragen und bekannt gemacht oder von dem Erwerber oder Veräußerer dem Dritten mitgeteilt worden ist. Ist der Haftungsausschluss nach § 25 Abs. 2 HGB wirksam, so gilt er auch gegenüber dem HZA. Hiervon unberührt bleibt aber eine Haftung des Erwerbers nach § 75 AO. 453

TAB. 3: Gegenüberstellung: Haftungstatbestände bei Übernahme eines Unternehmens 454

	§ 25 HGB	**§ 75 AO**
Haftungsvoraussetzungen	Übertragung oder Überlassung eines Handelsgeschäfts unter Fortführung der Firma	Übereignung eines Unternehmens oder Teilbetriebes; Fortführung der Firma unerheblich
Sachliche Begrenzung	alle im Betrieb begründeten Verbindlichkeiten auch: steuerliche Nebenleistungen auch: Einfuhr- und Ausfuhrabgaben	Betriebssteuern nicht: steuerliche Nebenleistungen nicht: Einfuhr- und Ausfuhrabgaben
Zeitliche Begrenzung	keine	► Steuerentstehung im Jahr der Übereignung und im Kalenderjahr davor ► Steuerfestsetzung innerhalb eines Jahres nach Betriebsanmeldung
Gegenständliche Begrenzung	keine	Haftung nur mit Bestand des übernommenen Vermögens
Haftungsausschluss	unter den Voraussetzungen des § 25 Abs. 2 HGB wirksam	nicht wirksam

c) Haftung bei Einritt in das Geschäft eines Einzelkaufmanns

Aus § 28 HGB ergibt sich die Haftung bei Eintritt in das Geschäft eines Einzelkaufmanns. § 28 Abs. 1 HGB bestimmt, dass die Gesellschaft für die **Altschulden des früheren Geschäftsinhabers** haftet, wenn jemand als persönlich haftender Gesellschafter oder Kommanditist in das Geschäft eines Einzelkaufmanns eintritt. Das heißt, ein Einzelkaufmann schließt sich mit einer anderen Person zusammen und gründet mit dieser eine **OHG** oder eine **KG**. Die Haftung nach § 28 HGB greift unabhängig davon, ob die frühere Firma fortgeführt wird oder nicht. Unter den gleichen Voraussetzungen wie bei § 25 Abs. 2 HGB ist ein **Haftungsausschluss** möglich. 455

BEISPIEL: Juri Jung (J) betreibt eine Sektkellerei unter der Firma „Prickelwasser Jung e. K.". Mit notariellem Kaufvertrag gründet J zusammen mit der B-GmbH zum 1. 1. 2011 die „J + B Sekt GmbH & Co. KG". Hierbei wurde wie folgt verfahren: J ist Kommanditist und bringt seine Kommanditeinlage in Form seines Einzelbetriebs in die Gesellschaft ein. Persönlich haftende Gesellschafterin ist die B-GmbH. Ein Haftungsausschluss wurde nicht vereinbart. J hatte im Jahr 2009 für seinen Betrieb Sekt aus dem Drittland eingeführt. Die aus diesem Vorgang resultierenden Einfuhrabgaben wurden nicht gezahlt.

Nach § 28 Abs. 1 HGB haftet die „J + B Sekt GmbH & Co. KG" für die rückständigen Einfuhrabgaben. Die GmbH ist als persönlich haftende Gesellschafterin in das Einzelunternehmen des J eingetreten. J ist Kommanditist, so dass eine GmbH & Co. KG entstanden ist. Die entstandene Gesellschaft (GmbH & Co. KG) haftet für die Altverbindlichkeiten des J. Eine Fortführung unter der bisherigen Firma ist nicht erforderlich. Eine zeitliche Haftungsbeschränkung gibt es im Rahmen des § 28 HGB nicht; genauso wenig wie eine sachliche, so dass auch Einfuhrabgaben der Haftung unterliegen.

d) Haftung bei juristischen Personen

456 Juristische Personen besitzen eine **eigene Rechtspersönlichkeit**. Das heißt, sie sind selbst Träger von Rechten und Pflichten (s. z. B. § 13 Abs. 1 GmbHG). Kennzeichen der juristischen Person ist, dass ihre Gesellschafter nicht für die Verbindlichkeiten der Gesellschaft haften. Ein Gesellschafter einer GmbH haftet daher beispielsweise ebenso wenig wie ein Aktionär für die Verbindlichkeiten der AG etc.

457 Einzige Ausnahme hiervon ist die Kommanditgesellschaft auf Aktien **(KGaA)**. Die KGaA ist eine Gesellschaft mit eigener Rechtspersönlichkeit, bei der mindestens ein Gesellschafter den Gläubigern gegenüber unbeschränkt haftet. Die übrigen Kommanditaktionäre bringen das in Aktien zerlegte Grundkapital der Gesellschaft auf, haften darüber hinaus aber nicht für die Verbindlichkeiten der Gesellschaft.

4. Geltendmachung der gesetzlichen Haftung

458 Nach § 191 Abs. 1 Satz 1 AO kann durch Haftungsbescheid in Anspruch genommen werden, wer **kraft Gesetzes** für eine Steuer haftet. Entgegen dem Wortlaut können durch Haftungsbescheid auch steuerliche Nebenleistungen geltend gemacht werden.[471]

a) Haftung kraft Gesetzes

459 Die Haftung kraft Gesetzes kann sich sowohl aus dem Steuerrecht als auch aus dem Zivilrecht ergeben. Wenn beispielsweise ein Komplementär nach §§ 161 Abs. 2, 128 HGB haftet, ist dieser Anspruch durch Haftungsbescheid geltend zu machen.

460 Voraussetzung für den Erlass eines Haftungsbescheides ist zunächst, dass ein Haftungsanspruch besteht. Das heißt, die Voraussetzungen eines Haftungstatbestandes (§§ 69 bis 75 AO, Einzelsteuergesetz oder nach HGB, z. B. § 128 HGB) müssen erfüllt sein. Hierbei ist der Grundsatz der **Akzessorietät der Haftung** (vgl. Rdn. 368 bis 370) zu beachten. Der Erlass eines Haftungsbescheides erfordert keine vorherige Festsetzung

471 *Tipke/Loose*, AO-Kommentar, § 191 Rdn. 14.

gegen den Steuerschuldner.[472] Einzige Ausnahme hiervon ist lediglich § 75 Abs. 1 Satz 1 AO.

b) Rechtsnatur, Form und Inhalt des Haftungsbescheides

Der Haftungsbescheid ist ein **allgemeiner Verwaltungsakt** i. S. d. § 118 AO. Durch ihn wird die Haftungsschuld des Haftungsschuldners festgesetzt. Er ist damit folglich kein Steuerbescheid, da keine Steuern festgesetzt werden. Die Vorschriften über die Steuerfestsetzung, die in den §§ 155 bis 178a AO niedergelegt sind, finden daher auf den Haftungsbescheid keine Anwendung. Lediglich § 191 Abs. 3 Satz 1 AO bestimmt, dass die Vorschriften über die Festsetzungsfrist, d. h. §§ 169 bis 171 AO, auf den **(erstmaligen) Erlass** von Haftungsbescheiden anzuwenden sind.[473] 461

Die Bestimmtheit und die Form allgemeiner Verwaltungsakte ergibt sich aus § 119 AO. 462 Der Haftungsbescheid muss daher gemäß § 119 Abs. 1 AO **inhaltlich hinreichend bestimmt** sein. Dies bedeutet, dass im Haftungsbescheid der Haftungsschuldner als Adressat und der Haftungsbetrag bezeichnet sein müssen. Ferner muss nach § 119 Abs. 3 AO die erlassende Behörde erkennbar sein. Während § 119 Abs. 2 AO keine besondere Form für allgemeine Verwaltungsakte vorschreibt, ergibt sich für den Haftungsbescheid eine vorgeschriebene **Schriftform** aus der speziellen Regelung des § 191 Abs. 1 Satz 3 AO.

Nach § 121 AO ist der Haftungsbescheid mit einer **Begründung** zu versehen. Zu seinem Verständnis ist es erforderlich, den Haftungsgrund mit Erläuterung (z. B. § 71 AO), den Steuerschuldner, den Steuerbetrag (Einzelbetrag mit Zeitraum) anzugeben. Die Behörde muss ferner erkennen lassen, dass sie das ihr durch § 191 Abs. 1 Satz 1 AO („kann") eingeräumte Ermessen erkannt und in einer bestimmten Weise ausgeübt hat.

Die Bekanntgabe des Haftungsbescheides richtet sich nach § 122 AO. Gegen den Haf- 463 tungsbescheid ist der **Einspruch** nach § 347 Abs. 1 Nr. 1 AO statthaft. Dies gilt auch für Haftungsbescheide, mit denen die Haftung für Einfuhr- und Ausfuhrabgaben i. S. des § 1 Abs. 1 Satz 3 ZollVG geltend gemacht werden, da die AO uneingeschränkt anwendbar ist.

Im Einspruchsverfahren kann die **Drittwirkung der Steuerfestsetzung** nach § 166 AO bedeutsam werden. Ist die Steuer dem Steuerpflichtigen gegenüber unanfechtbar festgesetzt, so hat dies gegen sich gelten zu lassen, wer in der Lage gewesen wäre, den gegen den Steuerbescheid erlassenen Bescheid als dessen Vertreter, Bevollmächtigter oder kraft eigenen Rechts anzufechten. Folglich kann beispielsweise ein Geschäftsführer keine Einwendungen mehr gegen die Richtigkeit der Haftung erheben, wenn er sich hierbei auf die Steuerfestsetzung der von ihm vertretenen GmbH bezieht.

Da § 157 Abs. 1 Satz 1 AO nicht anwendbar ist, muss dem Haftungsbescheid keine 464 **Rechtsbehelfsbelehrung** beigefügt werden. Gleichwohl sollte auf die Rechtsbehelfsbelehrung nicht verzichtet werden, da ansonsten für die Einlegung des Einspruchs die Jahresfrist des § 356 Abs. 2 AO zur Anwendung kommt.

---

472 BFH v. 7. 11. 1995 VII R 26/95, BFH/NV 1996, 379.

473 AO-DV Zoll Nr. 3 zu § 191.

465 Der Haftungsbescheid kann weder nach § 164 AO unter dem Vorbehalt der Nachprüfung noch nach § 165 AO vorläufig ergehen. Er ist damit nicht nach §§ 164 Abs. 2, 165 Abs. 2 oder § 172 AO korrigierbar. Ein Haftungsbescheid kann nur nach § 129 AO berichtigt oder nach den §§ 130, 131 AO ganz oder teilweise aufgehoben werden.

c) Ermessensausübung

466 Die Inanspruchnahme des Haftungsschuldners stellt eine **Ermessensentscheidung** der Behörde dar („kann"). Die Ermessensentscheidung der Finanzbehörde untergliedert sich in ein **Entschließungsermessen** und ein **Auswahlermessen**.

467 Beim Entschließungsermessen geht es darum, **ob** ein Haftungsbescheid überhaupt erlassen werden soll, mithin ob der Haftungsschuldner in Anspruch zu nehmen ist. Sofern die Finanzbehörde Anhaltspunkte dafür hat, dass die Durchsetzung des Steueranspruchs gegen den Steuerschuldner mit Schwierigkeiten behaftet ist, ist die Haftungsinanspruchnahme die Regel, denn das Instrument der Haftung für Steuerschulden dient der **Sicherung des Steueraufkommens**. Dies ist zentrale Aufgabe der Finanzbehörde, so dass es ermessensgerecht ist, den Haftungsschuldner in einem solchen Fall in Anspruch zu nehmen.

468 Wie bereits zu § 69 AO unter Rdn. 396 erläutert, kann ein **Mitverschulden der Finanzbehörde** nicht bereits auf der Tatbestandsebene zur Schadensminderung führen. Es kann jedoch im Rahmen der Ermessensausübung Berücksichtigung finden, wenn es gegenüber dem Verschulden des Haftungsschuldners deutlich überwiegt.[474] Das Verschulden der Finanzbehörde muss hierbei jedoch ein solches Ausmaß angenommen haben, dass im Vergleich dazu das Fehlverhalten des Haftungsschuldners nicht entscheidend ins Gewicht fällt.[475] Der Haftungsinanspruchnahme steht es beispielsweise grds. nicht entgegen, wenn die Finanzbehörde rückständige Steuern nicht angemahnt oder über einen längeren Zeitraum die Beitreibung der Steuern unterlassen hat.[476] Ferner schließt ein **vorsätzliches Verhalten des Haftungsschuldners** von vornherein die Berücksichtigung eines Mitverschuldens der Finanzbehörde aus.[477]

469 Beim Auswahlermessen geht es darum, **welcher von mehreren potenziellen Haftungsschuldnern** in Anspruch genommen werden soll. Das heißt, die Finanzbehörde hat im Rahmen ihres Ermessens zu entscheiden, ob nur einer, mehrere oder alle Haftungsschuldner in Anspruch zu nehmen sind. Es ist nicht ermessensfehlerhaft, wenn die Finanzbehörde alle Haftungsschuldner in Anspruch nimmt, wenn es ungewiss erscheint, ob ein Haftungsschuldner allein die Haftungsschuld wird begleichen können.[478] Grundsätzlich besteht zwischen den einzelnen potenziellen Haftungsschuldnern **keine Rangfolge**. Die Finanzbehörde kann jedoch in ihre Überlegungen folgende Kriterien einbeziehen:

---

474 Vgl. z. B. BFH v. 19. 3. 1999 VII B 158/98, BFH/NV 1999, 1304; v. 21. 9. 2009 VII B 85/09, BFH/NV 2010, 11.
475 *Klein/Rüsken*, AO-Kommentar, § 191 Rdn. 44.
476 BFH v. 11. 8. 1978 VI R 169/75, BStBl 1978 II 683.
477 BFH v. 30. 8. 2005 VII R 61/04, BFH/NV 2006, 232.
478 BFH v. 23. 6. 1998 VII R 4/98, BStBl 1998 II 761.

- Verschuldenshaftung (§§ 69, 71 AO) eines Haftungsschuldners gegenüber verschuldensunabhängiger Haftung (z. B. §§ 74, 75 AO) eines anderen Haftungsschuldners.
- Grad des Verschuldens: Vorsätzliches Handeln eines Haftungsschuldners gegenüber grob fahrlässigem Handeln eines anderen Haftungsschuldners.

Sowohl für das Entschließungsermessen als auch das Auswahlermessen gilt, dass das HZA seine Ermessenserwägungen im Haftungsbescheid zum Ausdruck bringen muss. Eine **fehlende Begründung** kann gemäß § 126 Abs. 1 Nr. 2 AO noch im Rechtsbehelfsverfahren nachgeholt werden, jedoch nicht mehr im finanzgerichtlichen Verfahren. Eine **fehlerhafte Begründung** kann hingegen nach § 102 Satz 2 FGO auch noch im finanzgerichtlichen Verfahren berichtigt werden. 470

c) Haftungsbescheid gegen Rechtsanwalt etc.

Sofern gegen einen Rechtsanwalt oder andere in § 191 Abs. 2 AO aufgeführte Personen ein Haftungsbescheid erlassen werden soll, hat die Finanzbehörde der zuständigen **Berufskammer Gelegenheit zur Stellungnahme** zu geben. Voraussetzung hierfür ist aber, dass eine dort genannte Person nach § 69 AO wegen einer Handlung in Anspruch genommen werden soll, die sie in Ausübung ihres Berufes vorgenommen hat. Da aber ein nicht besonders ausgestaltetes Mandatsverhältnis eine Haftung des Rechtsanwalts, Steuerberaters etc. nach § 69 i.V. mit §§ 34, 35 AO nicht zu begründen vermag, ist der Anwendungsbereich des § 191 Abs. 2 AO die Ausnahme. Die Finanzbehörde ist ferner an die Stellungnahme der Berufskammer nicht gebunden, da § 191 Abs. 2 AO der zuständigen Berufskammer nur ein Anhörungsrecht verleiht. 471

d) Ausschluss der Geltendmachung durch Haftungsbescheid

Der Erlass eines Haftungsbescheids ist nicht mehr möglich, wenn der Haftungsanspruch gegen den Haftenden nach § 191 Abs. 3 oder Abs. 4 AO verjährt ist oder ein Fall des § 191 Abs. 5 AO vorliegt. Bei der Prüfung, ob gegen den Haftungsschuldner ein Haftungsanspruch erlassen werden kann, bietet es sich an, zunächst die Voraussetzungen des § 191 Abs. 5 AO zu prüfen und erst im Anschluss daran die Absätze 3 und 4 der Vorschrift. 472

Abb. 9 Erlass eines Haftungsbescheides

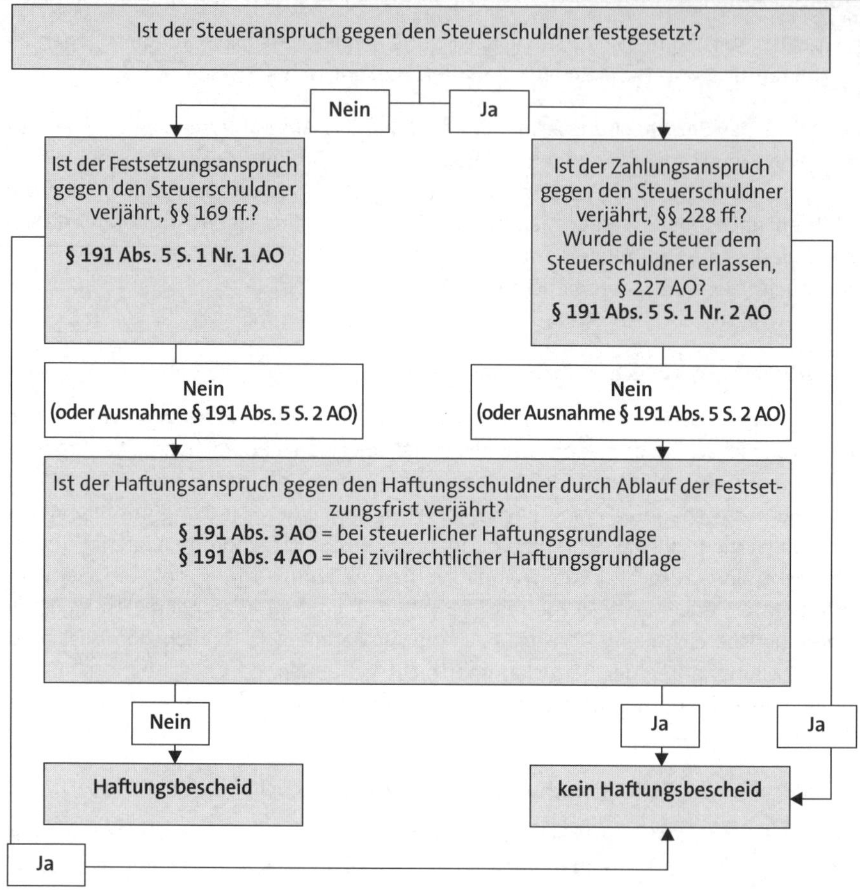

Abgewandelt nach Hampel/Benkendorff, Abgabenordnung, 4. Auflage 2001, S. 120

aa) § 191 Abs. 5 AO

473 § 191 Abs. 5 AO gilt sowohl für die **Haftung aufgrund von Steuergesetzen** als auch für die **Haftung aufgrund von zivilrechtlichen Vorschriften**.[479]

474 Nach § 191 Abs. 5 Satz 1 Nr. 1 AO kann ein Haftungsbescheid nicht mehr ergehen, soweit die **Steuer gegen den Steuerschuldner nicht festgesetzt** worden ist und wegen **Ablaufs der Festsetzungsfrist** auch nicht mehr ergehen kann. Das heißt, die in Rede stehende Steuer, für die gehaftet werden soll, wurde bisher weder durch Steuerbescheid der Finanzbehörde (§ 155 AO) geltend gemacht noch hat der Steuerschuldner im Falle einer Steueranmeldung diese beim HZA abgegeben (§ 168 Satz 1 AO). Nunmehr kann

479 *Tipke/Loose*, AO-Kommentar, § 191 Rdn. 76.

die Steuer gegenüber dem Steuerschuldner auch nicht mehr festgesetzt werden, da für den Steueranspruch Festsetzungsverjährung nach den §§ 169 bis 171 AO eingetreten ist.

In dieser Vorschrift spiegelt sich die **Akzessorietät der Haftung** wieder. Der Haftungsschuldner soll nicht für einen Anspruch in Haftung genommen werden können, der gegenüber dem Steuerschuldner nach § 47 AO erloschen ist.

Gemäß § 191 Abs. 5 Satz 1 Nr. 2 AO kann ein Haftungsanspruch nicht mehr ergehen, 475
soweit die gegen den Steuerschuldner festgesetzte Steuer verjährt oder die Steuer erlassen worden ist. Der Unterschied zur Nr. 1 des Abs. 5 besteht darin, dass hier bereits eine **Steuerfestsetzung erfolgt** ist, nunmehr aber nach den §§ 228 AO der Steueranspruch **zahlungsverjährt** ist bzw. ein **Erlass der Steuerschuld** nach § 227 AO erfolgt ist.

Nach § 191 Abs. 5 Satz 2 AO ist die Festsetzungsverjährung, die Zahlungsverjährung 476
und der Erlass der Steuerschuld jedoch unbeachtlich, wenn die Haftung darauf beruht, dass der Haftungsschuldner **Steuerhinterziehung** oder **Steuerhehlerei** begangen hat. In diesen Fällen wird der Grundsatz der Akzessorietät folglich durchbrochen. Der Grund hierfür liegt in der besonderen Verwerflichkeit des Verhaltens des Haftenden. Die Durchbrechung der Akzessorietät beschränkt sich aber auf die verkürzten Steuern bzw. die nicht gerechtfertigten Steuervorteile.[480] Ob § 191 Abs. 5 Satz 2 AO auch auf denjenigen anzuwenden ist, der an einer Steuerhinterziehung oder Steuerhehlerei „nur" teilgenommen hat, ist umstritten.[481]

BEISPIEL: Die Schaumweinsteueranmeldung der A-KG für den Monat Dezember 2009 ist am 10. 1. 2010 beim HZA eingegangen. Hierbei hat der Komplementär B der A-KG grob fahrlässig die Schaumweinsteuer mit 500 € zu niedrig angemeldet. Der Sachverhalt wird vom HZA im Jahr 2011 bemerkt, kann gegen B ein Haftungsbescheid ergehen?

B hat mit seinem Verhalten den **Haftungstatbestand** des § 69 AO erfüllt. Zudem kann er nach § 128 HGB für die Steuerschulden der A-KG in Haftung genommen werden. Gegen B kann jedoch gemäß **§ 191 Abs. 5 Satz 1 Nr. 1 AO** kein Haftungsbescheid mehr ergehen. Die Steuer in Höhe von 500 € wurde bisher gegenüber der A-KG nicht festgesetzt. Sie kann auch nicht mehr gegenüber der A-KG festgesetzt werden.

Die Festsetzungsfrist für den Steueranspruch beginnt nach §§ 170 Abs. 1 AO, 108 Abs. 1 AO, 187 Abs. 2 BGB mit Ablauf des Kalenderjahres, in dem die Steuer entstanden ist, d. h. mit Ablauf des 31. 12. 2009. Die Festsetzungsfrist beträgt für Verbrauchsteuern, wie für die vorliegende Schaumweinsteuer, nach § 169 Abs. 2 Satz 1 Nr. 1 AO ein Jahr. Somit endet die Festsetzungsfrist nach §§ 108 Abs. 1 AO, 188 Abs. 2 BGB mit Ablauf des 31. 12. 2010.

bb) § 191 Abs. 3 AO

§ 191 Abs. 3 AO betrifft die **Festsetzungsfrist bei der steuerlichen Haftung**. Dies er- 477
schließt sich im Zusammenhang mit § 191 Abs. 4 AO, welcher Anwendung findet, wenn sich die Haftung nicht aus den Steuergesetzen ergibt und sich damit auf die Haftung aufgrund von zivilrechtlichen Vorschriften bezieht.

480 *Tipke/Loose*, AO-Kommentar, § 191 Rdn. 24.

481 *Klein/Rüsken*, AO-Kommentar, § 191 Rdn. 107.

478 Nach § 191 Abs. 3 Satz 1 AO sind die Vorschriften über die Festsetzungsfrist nach §§ 169 bis 171 AO auf den (erstmaligen) Erlass eines Haftungsbescheides entsprechend anzuwenden. Bei der Änderung des Haftungsbescheides nach § 129 AO oder bei der Aufhebung des Haftungsbescheides nach §§ 130, 131 AO gibt es folglich keine Verjährungsregelungen zu beachten.

479 Die **Dauer der Festsetzungsfrist** ergibt sich für jeden Haftungstatbestand aus § 191 Abs. 3 Satz 2 AO. Danach gilt Folgendes:

- Die Festsetzungsfrist beträgt bei den Haftungstatbeständen der **§§ 69** und **75 AO** vier Jahre.
- Die Festsetzungsfrist beträgt bei dem Haftungstatbestand des **§ 70 AO** fünf Jahre bei leichtfertiger Steuerverkürzung und zehn Jahre bei Steuerhinterziehung.
- Die Festsetzungsfrist beträgt bei dem Haftungstatbestand des **§ 71 AO** zehn Jahre.
- Die Festsetzungsfrist beträgt bei dem Haftungstatbestand des **§ 74 AO** vier Jahre.

Hierbei ist zu beachten, dass sich die Dauer nach der Haftungsnorm bestimmt, nach welcher der Haftungsschuldner in Anspruch genommen wird. Sofern beispielsweise der Haftungsschuldner im Haftungsbescheid nach § 69 AO in Haftung genommen wird, so verlängert sich die Festsetzungsfrist selbst dann nicht auf zehn Jahre, wenn der Haftungsschuldner eine Steuerhinterziehung begangen hat.[482]

480 Der **Beginn der Festsetzungsfrist** ist in § 191 Abs. 3 Satz 3 AO geregelt. Danach beginnt sie mit Ablauf des Kalenderjahres, in dem der Tatbestand verwirklicht worden ist, an den das Gesetz die Haftungsfolge knüpft. Es ist also für den Beginn entscheidend, wann der Zeitpunkt der Handlung vorliegt, der die Haftung auslöst. Dies bedeutet beispielsweise, dass

- im Falle des **§ 69 AO** die Festsetzungsfrist mit Ablauf des Kalenderjahres beginnt, in dem die Pflichtverletzung begangen wurde (Nichtabgabe der Steuererklärung/Steueranmeldung oder Nichtabführung der Steuer);
- im Falle des **§ 71 AO** die Festsetzungsfrist mit Ablauf des Kalenderjahres beginnt, in dem die Steuerhinterziehung bzw. Steuerhehlerei begangen wurde;
- im Falle des **§ 75 AO** die Festsetzungsfrist mit Ablauf des Kalenderjahres beginnt, in dem die Betriebsübernahme erfolgte.

481 Darüber hinaus sieht § 191 Abs. 3 Satz 3 AO eine **Ablaufhemmung** vor, um zu vermeiden, dass der Haftungsanspruch vor dem Steueranspruch verjährt. Ist die **Steuer noch nicht festgesetzt** worden, so endet die Festsetzungsfrist für den Haftungsbescheid nicht vor Ablauf der für die Steuerfestsetzung geltenden Festsetzungsfrist, § 191 Abs. 3 Satz 3, 1. Alt. AO.

Wurde die **Steuer gegen den Steuerschuldner festgesetzt**, endet die Festsetzungsfrist für den Haftungsbescheid nicht vor Ablauf von zwei Jahren nach Bekanntgabe des Steuerbescheides, § 191 Abs. 3 Satz 3, 2. Alt. i. V. mit § 171 Abs. 10 AO.

482 BFH v. 22. 4. 2008 VII R 21/07, BStBl 2008 II 735.

In den Fällen der §§ 74 und 75 AO kommt noch eine weitere Ablaufhemmung hinzu. Danach endet die Festsetzungsfrist für den Haftungsbescheid nicht, bevor die gegen den Steuerschuldner festgesetzte Steuer nach § 228 AO zahlungsverjährt ist. Schließlich werden über den Verweis in § 191 Abs. 3 Satz 1 AO insbesondere die Ablaufhemmungen des § 171 AO relevant.

BEISPIEL: Nachdem der Schaumwein des Monats Dezember 2011 rechtmäßig aus dem Steuerlager der A-GmbH entnommen wurde, überlegt sich der Geschäftsführer B der A-GmbH, nur die Hälfte der entnommenen Menge in der Schaumweinsteueranmeldung für Dezember 2011 anzugeben, um so Schaumweinsteuern in Höhe von 6 000 € zu sparen. Entsprechend seinem Plan gibt er die Steueranmeldung am 10. 1. 2012 beim HZA ab. Das HZA bemerkt die Steuerhinterziehung im Oktober 2022 und überlegt, ob gegen B noch ein auf § 71 AO gestützter Haftungsbescheid ergehen kann.

Der **Haftungstatbestand** des § 71 AO liegt vor. B hat eine Steuerhinterziehung nach § 370 Abs. 1 Nr. 1 AO begangen. Die Steuerverkürzung liegt hier nach § 370 Abs. 4 Satz 1 AO in Form der Steueranmeldung vor, die mit Eingang beim HZA als Steuerfestsetzung unter dem Vorbehalt der Nachprüfung gilt, § 168 Satz 1 AO.

Nach **§ 191 Abs. 5 Satz 1 Nr. 1 AO** kann ein Haftungsbescheid nicht mehr ergehen, wenn die Steuer gegen den Steuerschuldner nicht festgesetzt worden ist und wegen Ablaufs der Festsetzungsfrist auch nicht mehr ergehen kann. Die **Festsetzungsfrist für den Steuerbescheid** beginnt nach § 170 Abs. 1 AO mit Ablauf des 31. 12. 2011. Die Dauer der Festsetzungsfrist beträgt nach § 169 Abs. 2 Satz 2 AO zehn Jahre. Die A-GmbH muss gemäß § 169 Abs. 2 Satz 3 AO die verlängerte Festsetzungsfrist gegen sich gelten lassen („Erst-Recht-Schluss"). Die Festsetzungsfrist für den Steuerbescheid endet somit mit Ablauf des 31. 12. 2021.

Da die Festsetzungsfrist für den Steuerbescheid abgelaufen ist, kann nach § 191 Abs. 5 Satz 1 Nr. 1 AO kein Haftungsbescheid mehr ergehen.

Nach **§ 191 Abs. 5 Satz 2 AO** gilt dies jedoch nicht, wenn die Haftung darauf beruht, dass der Haftungsschuldner eine **Steuerhinterziehung** begangen hat. Hier hat der Geschäftsführer B eine Steuerhinterziehung begangen, so dass § 191 Abs. 5 AO dem Erlass des Haftungsbescheides nicht entgegensteht.

Ein Haftungsbescheid darf jedoch nicht mehr ergehen, wenn die **Festsetzungsfrist für den Haftungsbescheid** abgelaufen ist, **§ 191 Abs. 3 AO**. Nach § 191 Abs. 3 Satz 3 AO beginnt die Festsetzungsfrist mit Ablauf des Kalenderjahres, in dem der Tatbestand verwirklicht worden ist, an den das Gesetz die Haftungsfolge knüpft. Die Haftung folgt hier aus § 71 AO. B hat vorliegend die Steuerhinterziehung mit Abgabe der Steueranmeldung am 10. 1. 2012 begangen. Die Frist beginnt demnach mit Ablauf des 31. 12. 2012. Nach § 191 Abs. 3 Satz 2 AO beträgt die Festsetzungsfrist im Falle des § 71 AO zehn Jahre. Sie endet folglich mit Ablauf des 31. 12. 2022. Gegen B kann somit im Oktober 2022 ein Haftungsbescheid ergehen.

ABWANDLUNG: Das HZA bemerkt die Steuerhinterziehung im Oktober 2021 und gibt der A-GmbH am 10. 10. 2021 einen geänderten Steuerbescheid bekannt. Kann gegen B im Jahr 2023 noch ein auf § 71 AO gestützter Haftungsbescheid ergehen?

Der **Haftungstatbestand** des § 71 AO liegt vor (s. Ausgangsfall).

Da die Steuer gegen den Steuerschuldner festgesetzt wurde, ist **§ 191 Abs. 5 Satz 1 Nr. 2 AO** zu beachten. Danach darf ein Haftungsbescheid nicht mehr ergehen, soweit die gegen den Steuerschuldner festgesetzte Steuer verjährt ist. Es ist somit zu prüfen, ob für die **Steuerschuld Zahlungsverjährung** nach den §§ 228 AO eingetreten ist. Nach § 229 Abs. 1 Satz 2 AO beginnt die Zahlungsverjährung nicht vor Ablauf des Kalenderjahres, in dem die geänderte Steuerfestsetzung wirksam geworden ist. Somit beginnt die Zahlungsverjährung mit Ablauf des 31. 12. 2021. Da die Dauer der Frist nach § 228 Satz 2 AO fünf Jahre beträgt, ist im Jahr 2023 noch keine Zahlungsverjährung eingetreten. § 191 Abs. 5 AO steht dem Erlass des Haftungsbescheides nicht entgegen.

Wie im Ausgangsfall ist **§ 191 Abs. 3 AO** zu prüfen. Nach § 191 Abs. 3 Satz 3 AO beginnt die **Festsetzungsfrist für den Haftungsbescheid** wiederum mit Ablauf des 31. 12. 2012. Nach § 191 Abs. 3 Satz 2 AO beträgt die Festsetzungsfrist im Falle des § 71 AO zehn Jahre. Sie endet mit Ablauf des 31. 12. 2022. Danach wäre die Festsetzungsfrist für den Haftungsbescheid im Jahr 2023 bereits abgelaufen, gegen B könnte kein Haftungsbescheid mehr ergehen.

Nach §§ 191 Abs. 3 Satz 4, 2. Alt. i.V. mit 171 Abs. 10 AO greift jedoch eine **Ablaufhemmung**. Die Festsetzungsfrist endet danach für den Haftungsbescheid nicht vor Ablauf von zwei Jahren nach Bekanntgabe des Steuerbescheides. Der Steuerbescheid wurde am 10. 10. 2021 bekanntgegeben, so dass gegen B bis zum Ablauf des 10. 10. 2023 ein Haftungsbescheid ergehen kann.

cc) § 191 Abs. 4 AO

482 Ergibt sich die Haftung nicht aus den Steuergesetzen, so kann ein Haftungsbescheid ergehen, solange die Haftungsansprüche nach dem für sie maßgebenden Recht noch nicht verjährt sind. Die Vorschrift regelt somit die Festsetzungsfrist bei der **Haftung aufgrund zivilrechtlicher Vorschriften**. Das für diese Haftung maßgebende Recht ist zum einen das BGB und zum anderen das HGB.

483 Nach den **allgemeinen Verjährungsregelungen des BGB** beträgt die regelmäßige Verjährungsfrist drei Jahre, § 195 BGB. Sie beginnt grds. nach § 199 Abs. 1 BGB mit dem Schluss des Jahres, in dem der Anspruch entstanden ist (§ 199 Abs. 1 Nr. 1 BGB) und der Gläubiger von den den Anspruch begründenden Umständen und der Person des Schuldners Kenntnis erlangt oder ohne grobe Fahrlässigkeit erlangen müsste (§ 199 Abs. 1 Nr. 2 BGB). Das heißt, der Beginn der Verjährungsfrist ist an zwei Voraussetzungen geknüpft, die beide vorliegen müssen, um die Frist in Gang zu setzen. Übertragen auf die Haftung für Steuerschulden bedeutet dies, dass die Verjährung mit dem Schluss des Jahres beginnt, in dem

- der Haftungsanspruch entstanden ist

  und

- das HZA Kenntnis von den Umständen hat, die die Haftung begründen oder diese ohne grobe Fahrlässigkeit erlangen müsste.

§ 199 Abs. 4 BGB sieht zudem eine **Verjährungshöchstfrist** vor. Danach verjährt der Anspruch ohne Rücksicht auf die Kenntnis oder grob fahrlässige Unkenntnis in zehn Jahren von ihrer Entstehung an.

BEISPIEL: Der Haftungsanspruch gegen einen OHG-Gesellschafter ist am 10. 1. 2009 entstanden. Das HZA erlangt von den Haftungsumständen im Februar 2010 Kenntnis; eine vorherige Kenntnisnahme war nicht möglich. Bis wann ist der Erlass eines Haftungsbescheides gegenüber dem OHG-Gesellschafter nach § 191 Abs. 4 AO möglich?

Die Verjährungsfrist beginnt nach § 199 Abs. 1 BGB mit dem Schluss des Jahres 2010. Die regelmäßige Verjährungsfrist beträgt nach § 195 BGB drei Jahre, so dass bis zum Schluss des Jahres 2013 ein Haftungsbescheid ergehen kann. Die Verjährungshöchstfrist nach § 199 Abs. 4 BGB kommt im vorliegenden Fall nicht zum Tragen.

Daneben existieren jedoch auch noch **Sonderverjährungsregelungen bei Personengesellschaften**, die im **HGB** geregelt sind.

§ 159 HGB regelt die Verjährung von Ansprüchen gegen einen Gesellschafter, wenn die Gesellschaft aufgelöst wurde. Nach § 159 Abs. 1 HGB verjähren diese Ansprüche grds. fünf Jahre nach **Auflösung der Gesellschaft**, sofern nicht der Anspruch gegen die Gesellschaft einer kürzeren Verjährung unterliegt. Nach Abs. 2 der Vorschrift beginnt die Verjährung mit dem Ende des Tages, an welchem die Auflösung der Gesellschaft in das Handelsregister eingetragen wird. § 159 HGB ist für die OHG direkt anzuwenden, für die BGB-Gesellschaft analog[483], für die KG über § 161 Abs. 2 HGB und für die Partnergesellschaft über den Verweis in § 10 Abs. 2 PartGG.

Bei **Ausscheiden eines Gesellschafters** richtet sich die Verjährung nach **§ 160 HGB**. Nach 484
§ 160 Abs. 1 Satz 1 HGB haftet der Gesellschafter für die bis zu seinem Ausscheiden begründeten Verbindlichkeiten, wenn sie innerhalb von fünf Jahren fällig sind und gegen ihn innerhalb von fünf Jahren nach seinem Ausscheiden ein Verwaltungsakt erlassen wird. Die Verjährung beginnt nach § 160 Abs. 1 Satz 2 HGB mit dem Ende des Tages, an dem das Ausscheiden in das Handelsregister eingetragen wird. § 160 HGB ist für OHG-Gesellschafter direkt anzuwenden, für BGB-Gesellschafter in Verbindung mit § 736 Abs. 2 BGB, für KG-Gesellschafter über § 161 Abs. 2 HGB und für Gesellschafter einer Partnergesellschaft über den Verweis in § 10 Abs. 2 PartGG.

BEISPIEL: Die A-KG hat am 15. 10. 2010 Elektronikgeräte aus dem Drittland eingeführt und diesbezüglich eine Zollanmeldung abgegeben. Ihr wurde am 20. 10. 2010 ein Einfuhrabgabenbescheid über 2 000 € bekanntgegeben. Die Beträge waren am 30. 10. 2010 fällig. Der Kommanditist B scheidet zum 1. 11. 2010 aus der Gesellschaft aus, hierbei wird ihm seine Kommanditeinlage in Höhe von 10 000 €, die der Eintragung im Handelsregister entspricht, wieder ausbezahlt. Sein Ausscheiden wird am 19. 12. 2010 ins Handelsregister eingetragen. Da eine Beitreibung der Einfuhrabgaben bei der KG aussichtslos ist, will das HZA gegen B im Mai 2011 einen Haftungsbescheid erlassen.

B haftet nach **§ 171 HGB**. Eine Verbindlichkeit der Gesellschaft liegt mit den Einfuhrabgaben vor. Die Einfuhrabgaben sind auch entstanden als B Kommanditist der Gesellschaft war. B hat zwar seine Einlage erbracht, jedoch wurde diese bei Ausscheiden an ihn zurückgezahlt. Folglich gilt sie nach § 172 Abs. 4 HGB den Gläubigern gegenüber als nicht geleistet.

Da die Einfuhrabgaben gegenüber der A-KG bereits buchmäßig erfasst und mitgeteilt wurden, ist nach **§ 191 Abs. 5 Satz 1 Nr. 2 AO** für die Einfuhrabgaben die **Zahlungsverjährung** zu prüfen. Nach § 229 Abs. 1 Satz 1 AO beginnt die Zahlungsverjährung mit Ablauf des 31. 12. 2010. Sie beträgt nach § 228 AO fünf Jahre, so dass sie im Mai 2011 noch nicht abgelaufen ist. § 191 Abs. 5 AO steht damit dem Erlass des Haftungsbescheides nicht entgegen.

Da die Haftung auf § 171 HGB beruht, ist für die Bestimmung der **Festsetzungsfrist des Haftungsbescheides § 191 Abs. 4 AO** einschlägig. Danach kann ein Haftungsbescheid ergehen, wenn der Haftungsanspruch nach dem für ihn geltenden Recht noch nicht verjährt ist. B ist aus der Gesellschaft ausgeschieden, so dass sich die Verjährung nach §§ 161 Abs. 2, 160 HGB bestimmt. Nach § 160 Abs. 1 Satz 1 HGB verjähren Ansprüche gegen einen Gesellschafter bei Ausscheiden aus der Gesellschaft grds. innerhalb von fünf Jahren nach seinem Ausscheiden.

Die Verjährung beginnt nach § 160 Abs. 1 Satz 2 HGB mit dem Ablauf des 19. 12. 2010 (Eintragung des Ausscheidens ins Handelsregister). Demnach ist die Frist im Mai 2011 noch nicht abgelaufen. Gegen B kann ein Haftungsbescheid ergehen.

483 BFH v. 26. 8. 1997 VII R 63/97, BStBl 1997 II 745.

d) Zahlungsaufforderung bei Haftungsbescheiden

485 Nach § 219 Satz 1 AO darf ein Haftungsschuldner auf Zahlung nur in Anspruch genommen werden, soweit die Vollstreckung in das **bewegliche Vermögen** des Steuerschuldners ohne Erfolg geblieben oder anzunehmen ist, dass die Vollstreckung aussichtslos sein würde. Die Vorschrift ist Ausdruck der **Subsidiarität der Haftung**. Danach hat sich die Finanzbehörde zunächst an den Steuerschuldner zu halten, bevor sie gegenüber dem Haftungsschuldner die Zahlungsaufforderung erlässt. Die Vollstreckung in das unbewegliche Vermögen muss nicht versucht werden oder aussichtslos erscheinen.[484] Sofern jedoch ausreichendes unbewegliches Vermögen vorhanden ist, kann die Inanspruchnahme des Haftungsschuldners auf Zahlung ermessensfehlerhaft sein.[485]

486 § 219 Satz 2 AO enthält **Ausnahmen von der Subsidiarität** der Haftung. Danach kann der Haftungsschuldner direkt auf Zahlung in Anspruch genommen werden, wenn die Haftung darauf beruht, dass der Haftungsschuldner **Steuerhinterziehung** (§ 370 AO) oder **Steuerhehlerei** (§ 374 AO) begangen hat oder gesetzlich verpflichtet war, Steuern einzubehalten und abzuführen oder zu Lasten eines anderen zu entrichten. Bei der Haftung nach **§ 71 AO** gilt folglich die Einschränkung des § 219 Satz 1 AO nicht.

Die gesetzliche Verpflichtung, Steuern einzubehalten und abzuführen, betrifft insbesondere den Arbeitgeber hinsichtlich der Lohnsteuer, so dass sich auch diesbezüglich die Finanzbehörde direkt an den Haftungsschuldner wenden kann. Von der dritten Alternative sind die gesetzlichen Vertreter betroffen, denn diese sind gesetzlich verpflichtet, die Steuern zu Lasten eines anderen zu entrichten, § 34 Abs. 1 AO. Folglich kann auch bei der Haftung nach **§ 69 AO** direkt eine Zahlungsaufforderung an den Haftungsschuldner ergehen.

487 Die Zahlungsaufforderung nach § 219 AO ist das **Leistungsgebot** bei Haftungsbescheiden. Der Erlass der Zahlungsaufforderung ist vom Erlass des Haftungsbescheides zu unterscheiden. Sowohl die Zahlungsaufforderung als auch der Haftungsbescheid sind **selbständige Verwaltungsakte**. Die Vorschrift des § 219 AO ist jedoch nicht im Festsetzungsverfahren, sondern erst im **Erhebungsverfahren** zu beachten.

Haftungsbescheid und Zahlungsaufforderung können miteinander verbunden werden, müssen es aber nicht. Sofern bereits bei Erlass des Haftungsbescheides die Voraussetzungen des § 219 AO vorliegen, bietet es sich an, die Zahlungsaufforderung mit dem Haftungsbescheid zu verbinden. Sollte jedoch bei Erlass des Haftungsbescheides unklar sein, ob die Vollstreckung in das bewegliche Vermögen des Steuerschuldners ohne Erfolg bleiben wird, und sollten auch die Ausnahmen des § 219 Satz 2 AO nicht vorliegen, ist es ratsam, zunächst den Haftungsbescheid zu erlassen und erst im Anschluss daran die Zahlungsaufforderung. Dies hat den Vorteil, dass durch den Erlass des Haftungsbescheides die Festsetzungsfrist nicht abläuft.

Ist der Haftungsbescheid ohne Zahlungsaufforderung ergangen, ist § 229 Abs. 2 AO zu beachten, wonach die Zahlungsverjährung mit Ablauf des Kalenderjahres beginnt, in dem der Haftungsbescheid wirksam geworden ist.

---

484 BFH v. 22.7.1986 VII R 191/83, BFH/NV 1987, 140.

485 *Tipke/Kruse*, AO-Kommentar, § 219 Rdn. 5.

e) Haftung aufgrund Vertrages und deren Geltendmachung

Die Haftung für fremde Steuerschulden kann sich auch aus Vertrag ergeben. Die vertragliche Haftung gilt auch für **Einfuhr- und Ausfuhrabgaben** i. S. d. § 1 Abs. 1 Satz 3 ZollVG. 488

Ein zivilrechtlicher Vertrag, der die Haftung begründet, ist insbesondere die **Bürgschaft** nach §§ 765 ff. BGB. Durch den Bürgschaftsvertrag verpflichtet sich der Bürge, gegenüber dem HZA für die Erfüllung der Steuern eines anderen einzustehen. Genau wie bei der Haftung aufgrund Gesetzes ist bei der vertraglichen Haftung die **Akzessorietät** zu beachten. Eine Haftung kann folglich nur dann in Betracht kommen, wenn ein Hauptanspruch (noch) besteht, für den gehaftet werden soll. 489

Der wesentliche Unterschied gegenüber der Haftung aufgrund Gesetzes ergibt sich aus § 192 AO. Wer sich aufgrund eines Vertrages verpflichtet hat, für die Steuer eines anderen einzustehen, kann nur nach den Vorschriften des bürgerlichen Rechts in Anspruch genommen werden. Dies bedeutet, dass der vertraglich Haftende nicht durch Verwaltungsakt (Haftungsbescheid) in Anspruch genommen werden kann, sondern das HZA den **Zivilrechtsweg** beschreiten muss. 490

2. Sachhaftung

Die Sachhaftung ist in § 76 AO geregelt. Sie gilt auch für Einfuhr- und Ausfuhrabgaben nach § 1 Abs. 1 Satz 3 ZollVG.[486] 491

Im Gegensatz zur persönlichen Haftung, bei der eine Person für die Steuerschulden eines anderen einzustehen hat, geht es bei der **Sachhaftung** darum, dass **Waren als Sicherheit** für die Erfüllung der Steuerschulden dienen. Sinn und Zweck der Sachhaftung ist folglich die Verwirklichung der Ansprüche aus dem Steuerschuldverhältnis. Dies kann dadurch erreicht werden, dass durch die Zurückhaltung der Waren die Bezahlung der Steuerschulden erfolgt oder dadurch, dass die Waren nach §§ 327, 296 ff. AO verwertet werden. Die Sachhaftung entsteht kraft Gesetzes. Es ergeht folglich **kein Haftungsbescheid**. Vielmehr ist die Sachhaftung mit einem Pfandrecht an einer beweglichen Sache vergleichbar. 492

Die Sachhaftung findet nach § 76 Abs. 1 AO auf **verbrauchsteuerpflichtige** und **einfuhr- und ausfuhrabgabenpflichtige Waren** Anwendung. Diese Waren dienen **ohne Rücksicht auf die Rechte Dritter** als Sicherheit für die auf ihnen ruhenden Steuern. Dies bedeutet, dass § 76 AO insbesondere auch Eigentumsansprüchen vorgeht. Soweit der Sicherungszweck bei einfuhr- und ausfuhrabgabenpflichtigen Waren auch durch eine Maßnahme nach Art. 53, 57 oder 75 ZK i.V.m. § 13 ZollVG erreicht werden kann, ist nach diesen Vorschriften zu verfahren.[487] 493

Gemäß § 76 Abs. 2 AO entsteht die Sachhaftung bei einfuhr- und ausfuhrabgabenpflichtigen Waren bereits mit ihrem Verbringen in die Bundesrepublik. Das heißt, die 494

486 Siehe AO-DV Zoll Nr. 1 zu § 76.
487 AO-DV Zoll Nr. 1 zu § 76.

Sachhaftung entsteht bereits, bevor die Zollschuld nach Art. 201 ZK entsteht. Lediglich beim vorschriftswidrigen Verbringen entstehen Zollschuld und Sachhaftung zeitgleich mit Grenzübertritt. Bei verbrauchsteuerpflichtigen Waren entsteht gemäß § 76 Abs. 2 AO die Sachhaftung bereits mit Beginn ihrer Gewinnung oder Herstellung. Das heißt, auch hier entsteht die Sachhaftung, bevor die Steuer entsteht. Sie erstreckt sich in diesem Fall bereits auf die Vorprodukte/Materialien.[488]

495 Solange die Steuer nicht entrichtet ist, kann die Finanzbehörde die Waren mit Beschlag belegen, § 76 Abs. 3 Satz 1 AO. Die **Beschlagnahme** kann sogar schon vor Steuerentstehung erfolgen, da die Sachhaftung nach Abs. 2 bereits vor der Steuerentstehung besteht. Die Beschlagnahme ist ein vollziehbarer Verwaltungsakt. Sie dient dem Zweck, die Realisierung der Sachhaftung sicherzustellen.

Nach § 76 Abs. 3 Satz 2 AO genügt als Beschlagnahme ein Verfügungsverbot an den Gewahrsamsinhaber. Auch das **Verfügungsverbot** ist ein vollziehbarer Verwaltungsakt. Durch das Verfügungsverbot werden dem unmittelbaren Besitzer der Waren die tatsächlichen Verfügungen über die Waren verboten. Er darf sie also weder verbringen noch verwerten oder vernichten. Für die Beschlagnahme nach § 76 Abs. 3 AO ist das HZA sachlich zuständig, §§ 16 AO i. V. m. 12 Abs. 2 FVG. Die Zollfahndung ist hierzu nicht befugt.[489]

496 § 76 Abs. 4 AO regelt, wann die Sachhaftung erlischt. Danach erlischt sie mit dem Erlöschen der Steuerschuld. Dies ist wiederum Ausdruck der **Akzessorietät der Haftung**. Die Waren können nicht als Sicherheit für die auf ihnen ruhenden Abgaben dienen, wenn keine rückständigen Abgaben vorliegen. Ferner erlischt die Sachhaftung mit Aufhebung der Beschlagnahme oder dadurch, dass die Waren mit Zustimmung der Finanzbehörde in den steuerlich freien Verkehr übergehen.

Werden bei der Überführung in den freien Verkehr sämtliche Vorschriften beachtet, bedarf es zum Erlöschen der Sachhaftung keiner ausdrücklichen Zustimmung.[490] Die Zustimmung der Finanzbehörde kann dann unterstellt werden.

497 Nach § 76 Abs. 5 AO wird von der Geltendmachung der Sachhaftung abgesehen, wenn die Waren dem Verfügungsberechtigten **abhanden gekommen sind** und die verbrauchsteuerpflichtigen Waren in einem Herstellungsbetrieb aufgenommen oder die einfuhr- und ausfuhrabgabenpflichtigen Waren eine zollrechtliche Bestimmung erhalten. Ein Abhandenkommen liegt insbesondere beim Diebstahl vor.

498–520 *(Einstweilen frei)*

H. Korrektur von Steuerverwaltungsakten

521 Korrekturvorschriften für bestandskräftige Verwaltungsakte finden sich in der AO in den §§ 129 bis 131 AO sowie in den §§ 172 ff. AO, soweit **bestandskräftige Verwaltungsakte** betroffen sind. Die AO beinhaltet damit ein **duales Korrektursystem**. Für die

488 *Klein/Rüsken*, AO-Kommentar, § 76 Rdn. 2a.
489 AO-DV Zoll Nr. 2 zu § 76.
490 *Tipke/Loose*, AO-Kommentar, § 76 Rdn. 7.

Aufhebung bzw. Änderung von Steuerbescheiden gelten die §§ 172 ff. AO. Darüber hinaus finden sich in der AO eine Reihe von Verweisnormen auf diese Korrekturvorschriften (z. B. § 178 Abs. 4 AO für Zollkostenbescheide und § 239 Abs. 1 AO für Zinsbescheide). Für die Korrektur von sonstigen Steuerverwaltungsakten sind die §§ 130, 131 AO einschlägig.

Von der Korrektur bestandskräftiger Verwaltungsakte ist die **Anfechtung** bestandskräftiger Verwaltungsakte zu unterscheiden. Ist ein Verwaltungsakt unanfechtbar, ist er formell bestandskräftig. Für eine zulässige Anfechtung müssen die Voraussetzungen von §§ 347 bis 357 AO gegeben sein. Zur Zulässigkeit eines Einspruches s. Rdn. 690 ff. Die §§ 129 bis 131 AO und §§ 172 ff. AO regeln die **Durchbrechung der materiellen Bestandskraft** des Verwaltungsakts.[491] 522

Der ZK enthält für Einfuhrabgabenbescheide eigenständige Korrekturvorschriften (Art. 220, 221, 236 bis 239 ZK). Die Korrekturvorschriften der AO finden für diese Entscheidungen keine Anwendung. Auch hinsichtlich der sonstigen im gemeinschaftsrechtlichen Zollrecht vorgesehenen Entscheidungen sind die Korrekturvorschriften weitestgehend nicht anzuwenden. Lediglich bei nicht begünstigenden sonstigen zollrechtlichen Entscheidungen tritt keine Überlagerung ein. Hier gelten die §§ 130, 131 AO. 523

491 AO-DV Zoll Nr. 3 zu Vor §§ 172 bis 177.

524 **Abb. 10** Übersicht Korrektursystem nach AO

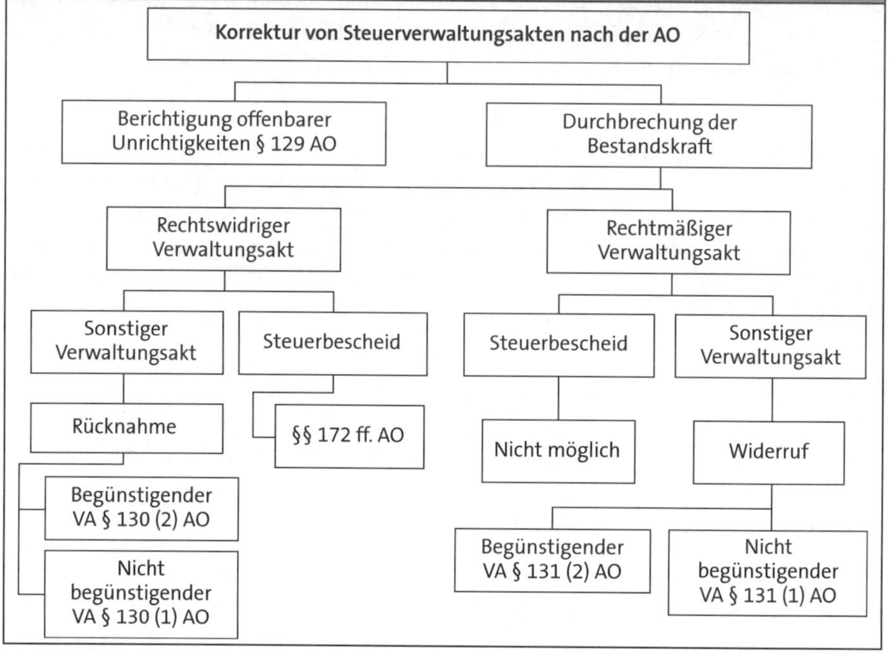

525 **Abb. 11** Übersicht Korrektursystem nach ZK

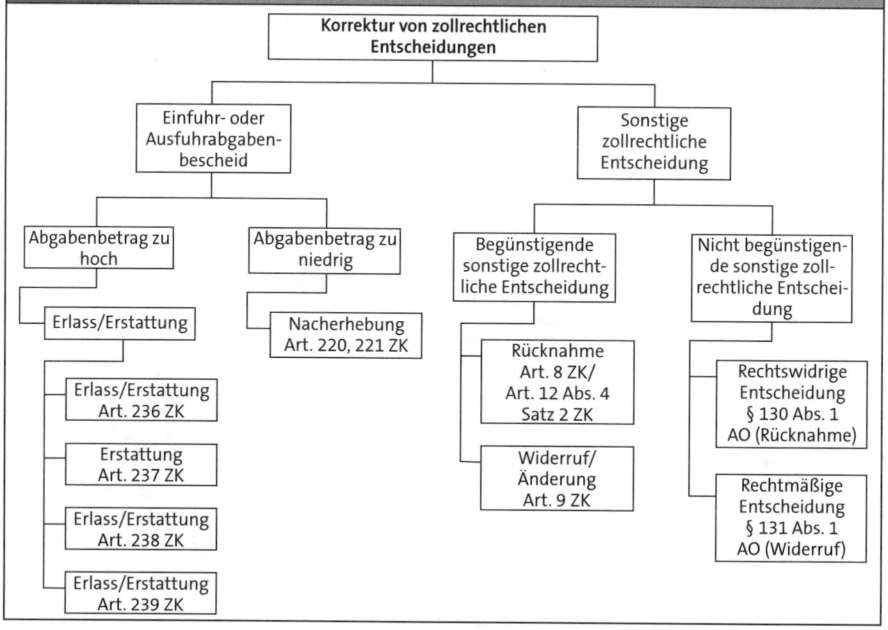

I. Berichtigung offenbarer Unrichtigkeiten

Nach § 129 AO kann die Finanzbehörde Schreibfehler, Rechenfehler und ähnliche **offenbare Unrichtigkeiten**, die bei Erlass eines Verwaltungsakts unterlaufen sind, jederzeit berichtigen. Hinter der Vorschrift verbirgt sich der Gedanke, dass solche Willensäußerungen der Finanzbehörde keinen Vertrauenstatbestand erzeugen, bei denen der Sinn des Ausgedrückten vom erkennbar Gewollten abweicht.[492] Auf ein Verschulden der Finanzbehörde oder des Beteiligten kommt es dabei nicht an. Die Vorschriften findet bei allen Verwaltungsakten der Finanzbehörde Anwendung; darüber hinaus auch bei Steueranmeldungen.[493] Für zollrechtliche Entscheidungen ist sie durch Art. 220 Abs. 1 ZK bzw. Art. 236 Abs. 1 und 2 UA 3 ZK überlagert. 526

Unter Unrichtigkeit i. S. v. § 129 AO sind vor allem **Schreib- und Rechenfehler,** die bei der Erstellung des Verwaltungsakts entstanden sind, zu verstehen. Erfasst sind neben Schreib- und Rechenfehlern auch alle offenbaren Unrichtigkeiten, die von der Bildung des Entscheidungswillens bis zur Bekanntgabe des Verwaltungsakts unterlaufen.[494] 527

Die Unrichtigkeit muss nach dem Wortlaut der Vorschrift offenbar sein. Eine offenbare Unrichtigkeit liegt vor, wenn der Fehler augenfällig ist, offenbar zutage tritt bzw. auf der Hand liegt.[495] Das Versehen der Finanzbehörde muss also ohne weitere Prüfung zu erkennen und zu berichtigen sein. Ein Denkfehler der Finanzbehörde stellt deshalb keine offenbare Unrichtigkeit dar.[496]

Ein Verwaltungsakt kann nach § 129 AO auch dann berichtigt werden, wenn der Steuerpflichtige den Schreibfehler nicht ohne Weiteres erkennen konnte. Es kommt lediglich darauf an, dass sich der Schreibfehler bei Erlass des Verwaltungsakts aus den Akten ergeben hat.[497]

BEISPIELE ▸ für offenbare Unrichtigkeiten:

- Falsche Eingabe des festzusetzenden Steueranspruchs in das IT-Fachverfahren, die richtige Steuerberechnung ist der Akte zu entnehmen.
- Rechenfehler bei der Einfuhrumsatzsteuerberechnung, 1 000,00 € + 19 % = 119,00 €.
- Statt 1 000 Stangen Zigaretten (aus dem Sachverhalt klar erkennbar) werden im Tabaksteuerbescheid 1 000 Stück Zigaretten zugrunde gelegt.
- Zurückliegende Datumsangabe bei Fristensetzung (2010 statt dem aktuellen Jahr 2011).

Liegt eine offenbare Unrichtigkeit vor, kann die Finanzbehörde diese berichtigen. Sie hat insoweit ein Ermessen. Eine Einschränkung hierzu trifft § 129 Satz 2 AO. Danach ist der Verwaltungsakt bei einem **berechtigten Interesse** des Beteiligten durch die Finanzbehörde zu berichtigen. Ein solches berechtigtes Interesse liegt u. a. vor, wenn die offenbare Unrichtigkeit sich auf die Höhe des festgesetzten Steueranspruchs auswirkt.[498] Die Finanzbehörde darf aber nach § 129 AO lediglich die offenbare Unrichtigkeit berich- 528

492 *Seer* in Tipke/Lang, Steuerrecht, § 21 Rz. 389.
493 Zur Steueranmeldung: *Seer* in Tipke/Kruse, § 129 AO Rz. 2.
494 BT-Drucksache VI/1982, 142.
495 *Seer* in Tipke/Kruse, § 129 AO Rz. 9.
496 BFH v. 25. 6. 1992 VII R 83/91, ZfZ 1993, 17.
497 BFH v. 25. 2. 1992 VII R 8/91, ZfZ 1992, 290.
498 *Seer* in Tipke/Kruse, § 129 AO Rz. 31.

tigen. Eine darüber hinausgehende Berichtigung, wie beispielsweise das Nachschieben von Ermessensdarlegungen, ist nach § 129 AO nicht zulässig.

529 Nach § 129 Satz 1 AO ist die Berichtigung „jederzeit" zulässig. Die Vorschrift unterliegt jedoch dahingehend Einschränkungen.[499] Bei Steuerbescheiden und Zinsbescheiden ist eine Berichtigung nach § 129 AO nur innerhalb der Festsetzungsfrist zulässig. § 171 Abs. 2 AO bestimmt hierfür eine gesonderte Ablaufhemmung. Danach endet die Festsetzungsfrist insoweit nicht vor Ablauf des Jahres nach Bekanntgabe des Steuerbescheids bzw. Zinsbescheids, wenn beim Erlass des Steuerbescheids eine offenbare Unrichtigkeit unterlaufen ist. Dadurch sollen Berichtigungen auch noch für einen begrenzten Zeitraum möglich sein, wenn der Steuerbescheid kurz vor Ablauf der (regulären) Festsetzungsfrist erlassen wird. Bei Verwaltungsakten, die sich auf Zahlungsansprüche richten, ist eine Berichtigung nur bis zum Ablauf der Zahlungsverjährung (§ 228 AO) zulässig. Bei allen anderen Verwaltungsakten ist die Berichtigung zeitlich unbeschränkt möglich.

II. Aufhebung und Änderung von Steuerbescheiden

530 Die Korrekturvorschriften für Steuerbescheide finden sich in §§ 172 bis 177 AO. Die Vorschriften gelten grds. nur für Steuerbescheide. Darüber hinaus gelten sie für Bescheide bei denen die AO oder die Einzelsteuergesetze die Anwendbarkeit der Korrekturvorschriften für Steuerbescheide anordnen.

§ 172 AO findet neben Steuerbescheiden kraft Verweis auch Anwendung bei:

- Steuervergütungsbescheiden (§ 155 Abs. 4 AO),
- Zinsbescheiden (§ 239 Abs. 1 Satz 1 AO),
- Zollkostenbescheiden (§ 178 Abs. 4 AO),
- Bescheide über Marktordnungsabgaben (§ 12 Abs. 1 MOG),
- Biokraftstoffquotenbescheiden (§ 37c Abs. 5 Satz 1 BImSchG).

531 Abweichend von der Terminologie der §§ 130, 131 AO verwendet § 172 AO nicht die aus dem VwVfG bekannten Begriffe Widerruf und Rücknahme, sondern die Begriffe Aufhebung und Änderung. **Aufhebung** bedeutet die vollständige Beseitigung der rechtlichen Existenz des Steuerbescheides. **Änderung** bedeutet die partiell inhaltliche Änderung des weiterhin in seinem Kernbestandteil fortbestehenden Steuerbescheides.

Voraussetzung hierfür ist, dass der Bezug zum Ausgangsbescheid weiterhin erkennbar ist.[500] Eine Aufhebung oder Änderung ist nach § 172 Abs. 1 Satz 2 AO auch noch zulässig, wenn der Ausgangsbescheid durch eine Einspruchsentscheidung bestätigt oder geändert worden ist.

499 AO-DV Zoll Nr. 2 zu § 129.
500 BFH v. 26. 3. 1981 VII R 3/79, ZfZ 1982, 16-18.

BEISPIEL ▸ für die Änderung eines Steuerbescheides:

Das HZA Potsdam erlässt einen Energiesteuerbescheid i. H. v. 10 000 €. Bei einer Außenprüfung stellt das HZA fest, dass es Energiesteuern i. H. v. 500 € zu niedrig festgesetzt hat. Daraufhin erlässt es einen Steueränderungsbescheid über insgesamt 10 500 €.

Ausfluss von Art. 20 Abs. 3 GG sind u. a. Grundsätze wie Rechtssicherheit, Vertrauens- 532
schutz und Rechtsrichtigkeit.[501] Den in der Natur der Sache liegenden Prinzipienwiderspruch zwischen **Rechtssicherheit** und Vertrauensschutz auf der einen Seite und **Rechtsrichtigkeit** auf der anderen Seite aufzulösen, ist in erster Linie dem Gesetzgeber übertragen worden. Er hat dabei nach einem Ausgleich dieser Prinzipien zu suchen, bei dem kein Prinzip völlig geopfert werden darf.[502] Geschieht dies ohne Willkür, so kann ein solches Verfahren nicht beanstandet werden.[503]

Die Prinzipien des Vertrauensschutzes und der Rechtssicherheit verbieten im Steuerrecht Durchbrechungen der Bestandskraft von Steuerbescheiden, das Prinzip der Rechtsrichtigkeit erfordert Durchbrechungen dieser Bestandskraft.[504] Diesen Widerspruch suchen die §§ 172 bis 177 AO für Steuerbescheide und ihnen gleichgestellte Steuerverwaltungsakte aufzulösen.[505]

Das Korrektursystem der AO ist bei Steuerbescheiden von einer **Zweiteilung** geprägt. 533
Nach § 172 Abs. 1 Satz 1 Nr. 1 AO darf ein Steuerbescheid der Verbrauchsteuern betrifft, soweit er nicht vorläufig oder unter dem Vorbehalt der Nachprüfung ergangen ist, innerhalb der Festsetzungsfrist aufgehoben oder geändert werden. Steuerbescheide, die andere Steuern als Verbrauchsteuern betreffen, dürfen hingegen innerhalb der Festsetzungsfrist nur nach Maßgabe der in § 172 Abs. 1 Satz 1 Nr. 2 Buchst. a bis d AO genannten Voraussetzungen aufgehoben oder geändert werden. Grund für diese deutlich auseinanderlaufenden Korrekturvorschriften sind die oben dargestellten unterschiedlichen Festsetzungsfristen bei den Verbrauchsteuern und den übrigen Steuern.

Diese Unterscheidung geht, wie auch die Dauer der Festsetzungsfrist, auf die RAO 1919 534
zurück und ist u. E. historisch bedingt. Sie wurde damit begründet, dass bei Verbrauchsteuern die Sachaufklärung und die Subsumtion nur summarisch durchgeführt werden können, während bei den übrigen Steuern der Sachverhalt vor der Steuerfestsetzung gründlicher ermittelt werden kann.[506] Aufgrund dieser Eigenart des Verbrauchsteuerfestsetzungsverfahrens sollten die Verbrauchsteuerbescheide vereinfachten Korrekturregelungen unterworfen werden.[507]

Die Differenzierung hinsichtlich der Festsetzungsfrist und der Korrekturvorschriften sollten u. E. aufgegeben werden. Aufgrund der zunehmenden „Verlagerung" der Verbrauchsteuerentstehung von der Drittlandsgrenze in das Landesinnere, besteht bezüg-

---

501 *Jarass* in Jarass/Pieroth, Art. 20 GG Rz. 38 ff., 60 ff.

502 *Lerche* in Handbuch des Staatsrechts der BRD, Band V, § 122 Rz 5 f.; BFH v. 17. 12. 2007 GrS 2/04, BStBl 2008 II 608.

503 BVerfG v. 18. 12. 1953 1 BvL 106/53, BVerfGE 3, 225-248.

504 *Loose* in Tipke/Kruse, Vor § 172 AO Rz. 2.

505 BFH v. 30.1. 1969 V 149/64, BStBl 1969 II 409.

506 *Loose* in Tipke/Kruse, Vor § 172 AO Rz. 3 unter Verweis auf *Enno Becker,* Reichsabgabenordnung, § 76 Anm. 2.

507 *Kruse* in Tipke/Kruse, § 169 AO Rz. 3.

lich der Sachaufklärung keine nennenswerte Unterscheidung zu den übrigen Steuern mehr. Ein einheitliches Korrektursystem bei Steuerbescheiden und ihnen gleichstehenden Bescheiden wäre die Folge.

1. Aufhebung und Änderung von Verbrauchsteuerbescheiden

535 Die Korrektur von bestandskräftigen Verbrauchsteuerbescheiden erfolgt nach § 172 Abs. 1 Satz 1 Nr. 1 AO. Eine Anwendung der §§ 173 bis 175 AO scheidet bei Verbrauchsteuern aus. Dies folgt aus der Verwendung des Wortes „nur" in § 172 Abs. 1 Satz 1 AO zusammen mit dem nur für die Bescheide, die nicht Zölle und Verbrauchsteuern betreffen, gültigen Hinweis in § 172 Abs. 1 Nr. 2 Buchst. d AO auf die Anwendbarkeit sonstiger, die Aufhebung oder Änderung von Steuerbescheiden zulassender Vorschriften.[508] Die §§ 173 bis 175 AO sind jedoch im Rahmen der Ermessensausübung nach § 172 Abs. 1 Satz 1 Nr. 1 AO zu berücksichtigen.[509]

§ 172 Abs. 1 Satz 1 Nr. 1 AO findet darüber hinaus kraft Verweis auch Anwendung bei:

- Vergütungsbescheiden, die Verbrauchsteuern betreffen (§ 155 Abs. 4 AO),
- Zollkostenbescheiden (§ 178 Abs. 4 AO),
- Biokraftstoffquotenbescheiden (§ 37c Abs. 5 Satz 1 BImSchG),
- Zinsbescheiden, die Verbrauchsteuern betreffen (§ 239 Abs. 1 Satz 1 AO).

536 Für eine Aufhebung oder Änderung eines Verbrauchsteuerbescheides muss der **Grundtatbestand** von § 172 Abs. 1 Satz 1 AO erfüllt sein. Eine Aufhebung oder Änderung ist danach nur zulässig, wenn

- ein rechtswidriger (Verbrauch-)steuerbescheid vorliegt,
- der (Verbrauch-)steuerbescheid materiell bestandskräftig ist und
- die Festsetzungsfrist noch nicht abgelaufen ist.

Die **Rechtswidrigkeit** des Steuerbescheides ist nicht geschriebenes Tatbestandsmerkmal des § 172 Abs. 1 Satz 1 AO, wird aber von der h. M. als Voraussetzung angenommen.[510] Rechtswidrig ist ein Verbrauchsteuerbescheid, wenn er ganz oder teilweise gegen zwingende gesetzliche Vorschriften verstößt.[511] Gesetzliche Vorschriften i. d. S. sind auch Rechtsverordnungen.[512] Materiell bestandskräftig ist der Verbrauchsteuerbescheid, wenn er wirksam ist und nicht vorläufig (§ 165 AO) oder unter dem Vorbehalt der Nachprüfung (§ 164 AO) ergangen ist.

537 **Weitere Voraussetzungen** nach denen ein Verbrauchsteuerbescheid aufgehoben oder geändert werden darf, sieht § 172 Abs. 1 Satz 1 Nr. 1 AO nicht vor. Eine Korrektur des Bescheides ist mithin grds. innerhalb der Festsetzungsfrist jederzeit zulässig.

508 BFH v. 25. 2. 1986 VII R 14/83, ZfZ 1986, 175-176.

509 AO-DV Zoll Nr. 2 Vor §§ 172 bis 177 unter Hinweis auf BFH v. 25. 2. 1986 VII R 14/83, ZfZ 1986 175-176.

510 Anstatt vieler *Loose* in Tipke/Kruse, Vor § 172 AO Rz. 28; *Rüsken* in Klein, § 172 AO Rz. 32.

511 AO-DV Zoll Nr. 2 zu § 130.

512 AO-DV Zoll zu § 4.

Den Finanzbehörden werden damit sehr großzügige Korrekturbefugnisse hinsichtlich der Aufhebung und Änderung von Verbrauchsteuerbescheiden eingeräumt. Die vereinfachte Korrekturregelung des § 172 Abs. 1 Satz 1 Nr. 1 AO, welche einen Vertrauensschutz des Steuerpflichtigen auf die Bestandskraft des Verbrauchsteuerbescheids innerhalb der Festsetzungsfrist nahezu ausschließt, darf aber nicht losgelöst von der einjährigen Festsetzungsfrist betrachtet werden.[513] Bei genauer Betrachtung der §§ 169 und 172 bis 177 AO, wird deutlich, dass der Gesetzgeber den oben dargestellten Prinzipienwiderspruch von Rechtssicherheit und Rechtsrichtigkeit durch die Korrekturvorschriften mit Rücksicht auf die Dauer in den Verjährungsvorschriften ausgestaltet hat.

Liegen die Voraussetzungen von § 172 Abs. 1 Satz 1 Nr. 1 AO vor, liegt die Aufhebung 538 oder Änderung des Verbrauchsteuerbescheides im Ermessen der Finanzbehörde. Wie oben dargestellt, hat sie sich an dem Regelungsgehalt der §§ 173 bis 175 AO zu orientieren. Liegt einer der Fälle der **§§ 173 bis 175 AO** vor, ist regelmäßig nur eine Berichtigung des betreffenden Bescheides **zugunsten des Steuerpflichtigen ermessensfehlerfrei.**[514] Eine Änderung durch die Finanzbehörde **zuungunsten** des Steuerpflichtigen soll nach Verwaltungsauffassung und ständiger Rechtsprechung des BFH aufgrund des Sinns und Zwecks von **§ 172 Abs. 1 Satz 1 Nr. 1 AO** regelmäßig gerechtfertigt sein.[515]

2. Aufhebung und Änderung von übrigen Steuerbescheiden

Die Korrektur aller sonstigen Steuerbescheide erfolgt nach § 172 Abs. 1 Satz 1 Nr. 2 AO. 539

Die Vorschrift findet im Bereich der HZÄ Anwendung bei:

- Steuerbescheiden, die Luftverkehrsteuer betreffend,
- Steuerbescheiden, die Kraftfahrzeugsteuer betreffend,
- Zinsbescheiden, diese beiden Steuern betreffend (§ 239 Abs. 1 Satz 1 AO),
- Bescheiden über Marktordnungsabgaben (§ 12 Abs. 1 MOG).[516]

Für eine Aufhebung oder Änderung eines solchen Steuerbescheids muss ebenfalls der 540 Grundtatbestand von § 172 Abs. 1 Satz 1 AO erfüllt sein. Zu den Voraussetzungen s. Rdn. 536.

Daneben muss eine der Voraussetzungen von § 172 Abs. 1 Satz 1 Nr. 2 Buchst. a bis d 541 AO erfüllt sein:

- mit Zustimmung oder auf Antrag des Steuerpflichtigen,
- sachliche Unzuständigkeit der Behörde,
- Erwirkung des Steuerbescheids durch unlautere Mittel,
- Änderung ist sonst gesetzlich zugelassen.

Liegt ein Fall von § 172 Abs. 1 Satz 1 Nr. 2 Buchst. a bis c AO vor, darf die Finanzbehörde 542 den Steuerbescheid aufheben oder ändern. Sie hat, wie auch bei der Aufhebung oder

513 BT-Drucksache VI/1982, 152.

514 BFH v. 25. 2. 1986 VII R 14/83 ZfZ 1986, 175-176.

515 BFH v. 22. 3. 1988 VII R 8/84, BStBl 1988 II 517; v. 31. 3. 1981 VII R 1/79, BStBl 1981 II 507-510; AO-DV Zoll zu Vor §§ 172 bis 177 und zu § 172.

516 AO-DV Zoll Nr. 1 zu § 172.

Änderung von Verbrauchsteuerbescheiden nach pflichtgemäßem Ermessen zu handeln. Die Verweisung des § 172 Abs. 1 Satz 1 Nr. 2 Buchst. d AO besagt aber nicht, dass auch in den sonstigen Fällen gesetzlicher Korrektur ein Ermessen der Finanzbehörde besteht.[517]

a) Aufhebung oder Änderung mit Zustimmung oder auf Antrag des Steuerpflichtigen

543 Ein rechtswidriger materiell bestandskräftiger Steuerbescheid kann innerhalb der Festsetzungsfrist aufgehoben oder geändert werden, wenn der **Steuerpflichtige** der Aufhebung oder **Änderung zustimmt**. Formvorschriften für die Zustimmung enthält die AO nicht. Im Interesse der Vermeidung von Missverständnissen sollte die Zustimmung hierzu schriftlich erfolgen.

Der Zustimmung bedarf es nicht, wenn die Aufhebung oder Änderung **auf Antrag** des Steuerpflichtigen erfolgt und diesem vollumfänglich entsprochen wird. Der Antrag auf Aufhebung oder Änderung eines Steuerbescheides stellt für den Steuerpflichtigen neben dem Einspruch eine weitere Alternative dar, einen rechtswidrigen Steuerbescheid aufheben oder ändern zu lassen.[518]

Im Vergleich zum Einspruch hat in diesem Fall die Finanzbehörde den Sachverhalt jedoch nicht vollumfänglich zu prüfen. Der **Umfang der Korrektur** richtet sich nach dem Antrag des Steuerpflichtigen („soweit"). Der Antrag ist an keine Form gebunden.[519] Im Hinblick auf die Rechtssicherheit des Verfahrens, sollte der Antrag jedoch schriftlich gefasst sein. Der Antrag des Steuerpflichtigen muss nach dem Wortlaut von § 172 Abs. 1 Satz 1 Nr. 2 Buchst. a AO innerhalb der Einspruchsfrist bei der zuständigen Finanzbehörde eingereicht sein. Andernfalls ist nur eine Korrektur zu Ungunsten des Steuerpflichtigen zulässig.[520]

b) Aufhebung oder Änderung bei sachlicher Unzuständigkeit der Behörde

544 Die Finanzbehörde darf den Steuerbescheid gemäß § 172 Abs. 1 Satz 1 Nr. 2 Buchst. b AO aufheben oder ändern, wenn er von einer **sachlich unzuständigen Behörde** erlassen worden ist. Die Vorschrift entspricht § 130 Abs. 2 Nr. 1 AO. Die Aufhebung oder Änderung kann nur durch die sachlich zuständige Finanzbehörde erfolgen.[521] Diese Fallgruppe des § 172 Abs. 1 Satz 1 Nr. 2 AO hat in der Praxis der HZÄ keine nennenswerte Bedeutung. Darüber hinaus dürfte der Steuerbescheid in einem Teil der Fälle durch die sachliche Unzuständigkeit bereits nichtig sein (§ 125 Abs. 1 AO). Ein solcher Bescheid ist nicht bestandskräftig und entfaltet keine Wirksamkeit.

---

517 *Loose* in Tipke/Kruse, § 172 AO Rz. 20.

518 Für die Finanzbehörde ist auf dem ersten Blick nicht immer sichtbar, ob es sich um einen Einspruch oder einen Antrag auf Aufhebung oder Änderung des Steuerbescheids handelt. Der Zweifel sollte durch schriftliche Nachfrage beim Steuerpflichtigen auszuräumen.

519 BFH v. 10. 5. 2007 III R 67/06, BFH/NV 2007, 2063.

520 BFH v. 28. 2. 2007 II B 33/06, BFH/NV 2007, 1265.

521 BFH v. 28. 12. 2006 III B 91/05, BFH/NV 2007, 864.

c) Aufhebung oder Änderung bei durch unlautere Mittel erwirkten Bescheid

Die Finanzbehörde darf den Steuerbescheid gemäß § 172 Abs. 1 Satz 1 Nr. 2 Buchst. c AO aufheben oder ändern, soweit er durch unlautere Mittel wie **arglistige Täuschung**, **Drohung** oder **Bestechung** erwirkt worden ist. Die Vorschrift entspricht § 130 Abs. 2 Nr. 2 AO. Das unlautere Mittel muss durch den Steuerpflichtigen, seinen Bevollmächtigten oder einen Dritten bewirkt worden sein.[522] Auch diese Fallgruppe ist in der Praxis der HZÄ ohne nennenswerte Bedeutung. 545

d) Aufhebung oder Änderung in sonstigen gesetzlich zugelassenen Fällen

Ferner darf die Finanzbehörde den Steuerbescheid nach § 172 Abs. 1 Satz 1 Nr. 2 Buchst. d AO aufheben oder ändern, soweit dies **sonst gesetzlich zugelassen** ist. Sonst gesetzlich zugelassen meint, in der AO selbst oder in den Einzelsteuergesetzen. Ausdrücklich ausgeschlossen sind die §§ 130 und 131 AO. Die vierte Fallgruppe des § 172 Abs. 1 Satz 1 Nr. 2 AO ist keine eigene Korrekturnorm, sondern verweist lediglich allgemein auf Korrekturvorschriften. Als Korrekturvorschriften in der AO kommen insbesondere in Betracht §§ 129 AO, 173 bis 175a und 280 AO in Betracht.[523] Nachfolgend sollen die §§ 173 bis 175 AO kurz dargestellt werden. 546

Eine Aufhebung oder Änderung ist nach diesen Vorschriften nur zulässig, wenn der Grundtatbestand des § 172 Abs. 1 AO erfüllt ist, d. h. ein materiell bestandskräftiger rechtswidriger Steuerbescheid vorliegt und die Festsetzungsfrist noch nicht abgelaufen ist. Hinsichtlich § 129 AO s. Rdn. 526 ff.

aa) Aufhebung oder Änderung aufgrund neuer Tatsachen oder Beweismittel

Nach § 173 Abs. 1 AO sind Steuerbescheide aufzuheben oder zu ändern, wenn Tatsachen oder Beweismittel nachträglich bekannt werden und zu einem abweichenden Steuerbetrag als den festgesetzten Betrag führen. **Tatsache** i. S. d. § 173 Abs. 1 AO ist alles, was Merkmal oder Teilstück eines steuergesetzlichen Tatbestandes sein kann. Tatsachen können Zustände, Vorgänge, Beziehungen und Eigenschaften materieller oder immaterieller Art sein. Keine Tatsachen i. S. d. § 173 Abs. 1 AO sind Rechtsnormen und Schlussfolgerungen aller Art, insbesondere nicht steuerrechtliche Bewertungen.[524] 547

Beweismittel i. S. d. § 173 Abs. 1 AO ist jedes Erkenntnismittel, das zur Aufklärung eines steuerlich erheblichen Sachverhalts dient, d. h. geeignet ist, das Vorliegen oder Nichtvorliegen von Tatsachen zu beweisen.[525]

BEISPIELE ► **für Beweismittel nach § 173 Abs. 1 AO:**

- ► Urkunden (Verträge, Geschäftspapiere etc.),
- ► eidesstattliche Versicherungen,
- ► Auskünfte von Auskunftspersonen,
- ► Bescheinigungen von Behörden,
- ► Gutachten von Sachverständigen.

---

522 BFH v. 28. 4. 1998 IX R 49/96, BStBl 1998 II 458; v. 14. 12. 1994 XI R 80/92, BStBl 1995 II 293.

523 Zu den Korrekturvorschriften in den Einzelsteuergesetzen s. *Loose* in Tipke/Kruse, § 172 AO Rz. 45.

524 AO-DV Zoll Nr. 3.1 zu § 173 unter Hinweis auf die einschlägige Rechtsprechung des BFH.

525 AO-DV Zoll Nr. 3.2 zu § 173 unter Hinweis auf die einschlägige Rechtsprechung des BFH.

548 Die Tatsachen oder Beweismittel müssen nach § 173 Abs. 1 AO **nachträglich bekannt werden**. Eine Aufhebung oder Änderung setzt demnach voraus, dass die Tatsachen bei Erlass des aufzuhebenden bzw. zu ändernden Bescheids bereits vorhanden waren und vom HZA hätten berücksichtigt werden können.[526] Abzustellen ist dabei auf den Amtsträger, der den Steuerbescheid fertigt.

Ferner müssen die Tatsachen oder Beweismittel rechtserheblich sind.[527] **Rechtserheblichkeit** liegt vor, wenn das HZA bei rechtzeitiger Kenntnis der Tatsachen oder Beweismittel schon bei der ursprünglichen Festsetzung mit an Sicherheit grenzender Wahrscheinlichkeit zu einer höheren oder niedrigeren Steuer gelangt wäre.[528] Die zum Zeitpunkt der Entscheidung bestehenden Dienstvorschriften, Erlasse und Verfügungen sowie die bestehende höchstrichterliche Rechtsprechung sind hier zu berücksichtigen.

549 § 173 Abs. 1 AO unterscheidet hinsichtlich seines Regelungsbereiches nach zwei Alternativen:

Werden Tatsachen oder Beweismittel nachträglich bekannt und führen diese zu einer **höheren Steuer**, ist der betreffende Steuerbescheid aufzuheben oder zu ändern. Ist der Tatbestand des § 173 Abs. 1 Nr. 1 AO erfüllt, **ist** der Steuerbescheid **aufzuheben** oder **zu ändern**. Die Finanzbehörde hat diesbezüglich **kein Ermessen**. Die Änderung reicht dabei nur so weit, wie sich die neuen Tatsachen oder Beweismittel auswirken („soweit").

Eine Aufhebung oder Änderung nach § 173 Abs. 1 AO scheidet jedoch aus, wenn der Finanzbehörde, die ihr nachträglich bekannt gewordenen Tatsachen, bei ordnungsgemäßer Erfüllung ihrer Amtsermittlungspflicht nicht verborgen geblieben wären.[529] Eine **Verletzung von Amtsermittlungspflichten** ist allerdings ausgeschlossen, wenn der Steuerpflichtige im bisherigen Besteuerungsverfahren seinen Mitwirkungspflichten nicht nachgekommen ist.[530]

550 Werden Tatsachen oder Beweismittel nachträglich bekannt und führen diese zu einer **niedrigeren Steuer**, ist der betreffende Steuerbescheid gemäß § 173 Abs. 1 Nr. 2 Satz 1 AO nur aufzuheben oder zu ändern, wenn den Steuerpflichtigen kein grobes Verschulden daran trifft, dass die Tatsachen oder Beweismittel dem HZA erst nachträglich bekannt geworden sind. **Verschulden** meint in diesem Fall Vorsatz oder grobe Fahrlässigkeit.[531] Die Beweislast hinsichtlich des Verschuldens trägt der Steuerpflichtige.[532] Bei der Beurteilung der Schwere der Verletzung der Sorgfaltspflicht(en) sind die Gegebenheiten des Einzelfalls und die individuellen Kenntnisse und Fähigkeiten des einzelnen Steuerpflichtigen zu berücksichtigen.[533]

526 AO-DV Zoll Nr. 3.3 zu § 173.

527 Kritisch hierzu *Loose* in Tipke/Kruse, § 173 AO Rz. 56 ff.

528 AO-DV Zoll Nr. 5.1 unter Hinweis auf BFH v. 23. 11. 1987 GrS 1/86, BStBl 1988 II 180.

529 BFH v. 28. 6. 2006 XI R 58/05, BStBl 2006 II 835 unter Berufung auf den Grundsatz von Treu und Glauben.

530 BFH v. 7. 7. 2004 XI R 10/03, BStBl 2004 II 911.

531 BT-Drucksache VI/1982,153.

532 AO-DV Zoll Nr. 7.1 zu § 173.

533 BFH v. 29. 6. 1984 VI R 181/80, BStBl 1984 II 693.

Das Verschulden ist jedoch nach § 173 Abs. 1 Nr. 2 Satz 2 AO unbeachtlich, wenn die Tatsachen oder Beweismittel in einem mittelbaren oder unmittelbaren Zusammenhang mit Tatsachen oder Beweismitteln stehen, die zu einer höheren Steuer führen. Diese Regelung betrifft die Änderung solcher Steuerbescheide, bei denen steuererhöhende und steuermindernde Tatsachen oder Beweismittel in einem voneinander nicht trennbaren Zusammenhang stehen.

Eine Aufhebung oder Änderung von Steuerbescheiden, die aufgrund einer **Außenprüfung** ergangen sind, ist nach § 173 Abs. 1 AO nur zulässig, wenn eine Steuerhinterziehung oder leichtfertige Steuerverkürzung vorliegt. Dies gilt auch, wenn die Außenprüfung zu keiner Änderung der Besteuerungsgrundlagen geführt hat. Dadurch soll die besondere Bedeutung der Außenprüfung hervorgehoben werden und der Rechtsfrieden nach einer Außenprüfung gefördert werden.[534] 551

bb) Aufhebung oder Änderung aufgrund widerstreitender Steuerfestsetzungen

Nach § 174 AO können Steuerbescheide zuungunsten eines oder mehrerer Steuerpflichtiger aufgehoben oder geändert werden, wenn ein **Widerstreit** zwischen diesen Steuerbescheiden vorliegt. Die Vorschrift eröffnet die Möglichkeit, Vorteile und Nachteile auszugleichen, die sich durch Steuerfestsetzungen ergeben haben, die inhaltlich einander widersprechen. Sie bietet insoweit die gesetzliche Grundlage für die Änderung einer oder beider Festsetzungen.[535] Die Fälle des Widerstreits bestimmen sich nach § 174 Abs. 1 bis 5 AO. Sachverhalt ist jeder einzelne Lebensvorgang, an den das Gesetz steuerliche Folgen knüpft.[536] 552

Nach § 174 Abs. 1 AO ist ein Steuerbescheid aufzuheben oder zu ändern, wenn ein bestimmter Sachverhalt in mehreren Steuerbescheiden zuungunsten eines oder mehrerer Steuerpflichtiger berücksichtigt worden ist, obwohl er nur einmal hätte berücksichtigt werden dürfen. Dies ist beispielsweise der Fall, wenn mehrere HZÄ gegen denselben Steuerpflichtigen in derselben Angelegenheit Steuerbescheide erlassen haben.[537] Der fehlerhafte Steuerbescheid ist in den Fällen des § 174 Abs. 1 AO **nur auf Antrag** aufzuheben oder zu ändern. 553

§ 174 Abs. 2 AO regelt in entsprechender Anwendung des § 174 Abs. 1 AO die Fälle, in denen ein bestimmter Sachverhalt mehrfach zugunsten eines oder mehrerer Steuerpflichtiger berücksichtigt worden ist. Die Änderung des fehlerhaften Steuerbescheides ist im Gegensatz zu § 174 Abs. 1 AO **von Amts wegen** vorzunehmen. In beiden Fällen von § 174 Abs. 1 und 2 AO hat die Finanzbehörde einen Sachverhalt berücksichtigt.

Im Gegensatz hierzu behandeln § 174 Abs. 3 bis 5 AO solche Fälle, in denen eine Berücksichtigung eines bestimmten Sachverhalts in einem Steuerbescheid durch die Finanzbehörde nicht stattgefunden hat. § 174 Abs. 3 AO berücksichtigt die Fälle, in denen ein bestimmter Sachverhalt in einem Steuerbescheid durch die Finanzbehörde **nicht be-** 554

534 BT-Drucksache VI/1982, 153.
535 AO-DV Zoll Nr. 3 zu § 174.
536 *Loose* in Tipke/Kruse, § 174 AO Rz. 5 m. w. N.
537 AO-DV Zoll Nr. 4 zu § 174.

rücksichtigt worden ist und dadurch ein **Widerstreit** zwischen den Steuerbescheiden hervorgerufen wurde. Um ihn überhaupt hätte berücksichtigen können, muss die Finanzbehörde von dem Sachverhalt Kenntnis haben.

Die Nachholung, Aufhebung oder Änderung ist nur zulässig bis zum Ablauf der Festsetzungsfrist, welche für den Steuerbescheid gilt, in dem der Sachverhalt ursprünglich hätte berücksichtigt werden müssen. Die Korrektur nach § 174 Abs. 3 AO liegt im Ermessen der Finanzbehörde („kann").

§ 174 Abs. 4 und 5 AO betreffen den Fall, dass die Finanzbehörde einen bestimmten Sachverhalt zwar grds. berücksichtigt hat, aber dies nicht im zutreffenden Steuerbescheid erfolgt.[538]

cc) Aufhebung oder Änderung von Steuerbescheiden in sonstigen Fällen

555 Nach § 175 Abs. 1 Nr. 1 AO ist ein Steuerbescheid (**Folgebescheid**) zu erlassen, aufzuheben oder zu ändern werden, soweit ein **Grundlagenbescheid**, dem Bindungswirkung für diesen Steuerbescheid (Folgebescheid) zukommt, erlassen, aufgehoben oder geändert wird. Ziel der Vorschrift ist es, die Durchbrechung der materiellen Bestandskraft zu ermöglichen, um dadurch der materiellen Bindungswirkung eines Grundlagenbescheids verfahrensrechtlich Geltung zu verschaffen.[539] Auch Verwaltungsakte anderer Behörden, die keine Finanzbehörden sind, können Grundlagenbescheide sein. Maßgeblich ist allein, ob sie für die Steuerfestsetzung bindend sind.[540]

Ist ein Grundlagenbescheid erlassen, aufgehoben oder geändert worden und hat dieser eine Bindungswirkung, ist der Steuerbescheid zu ändern. Die Finanzbehörde hat **insoweit kein Ermessen.** Eine Aufhebung oder Änderung hat jedoch nur zu erfolgen, wenn diese erforderlich ist. Ein Antrag des Steuerpflichtigen ist keine Voraussetzung für eine Korrektur nach § 175 Abs. 1 Nr. 1 AO.

556 Nach § 175 Abs. 1 Nr. 2 AO ist ein Steuerbescheid zu erlassen, aufzuheben oder zu ändern, soweit ein Ereignis eintritt, das steuerliche **Wirkung für die Vergangenheit** hat. Dies setzt voraus, dass nachträglich ein Ereignis eingetreten ist, dass steuerliche Wirkung für die Vergangenheit hat. Hierzu zählen alle rechtlich bedeutsamen Vorgänge, aber auch tatsächlichen Lebensvorgänge, die steuerlich in der Weise Rückwirkung entfalten, dass nunmehr der veränderte anstelle des zuvor verwirklichten Sachverhalts der Besteuerung zugrunde zu legen ist.[541]

Wann ein solches Ereignis vorliegt, bestimmt sich nach den Einzelsteuergesetzen. Unseres Erachtens hat die Vorschrift keine Bedeutung in der Zollverwaltung. Relevante Vorschriften in den einschlägigen Einzelsteuergesetzen sind nicht bekannt. Eine rückwirkende Änderung steuerrechtlicher Normen oder eine Entscheidung des BVerfG stellen kein rückwirkendes Ereignis i. S. d. § 175 Abs. 1 Satz 1 Nr. 2 AO dar.[542] Liegen die Tat-

538 Mit Beispielen hierzu *Loose* in Tipke/Kruse, § 174 AO Rz. 39 ff.
539 *Loose* in Tipke/Kruse, § 175 AO Rz. 1.
540 AO-DV Zoll Nr. 3.1 zu § 175.
541 AO-DV Zoll Nr. 4.1 zu § 175 unter Hinweis auf BFH v. 19. 7. 1993 GrS 2/92, BStBl 1993 II 897.
542 AO-DV Zoll Nr. 4.2 zu § 175 unter Hinweis auf BFH v. 9. 8. 1990 X R 5/88, BStBl 1991 II 55.

bestandsvoraussetzungen der Norm vor, hat die Finanzbehörde den Steuerbescheid zu korrigieren. Die Finanzbehörde hat insoweit kein Ermessen.

Eine Korrektur von Steuerbescheiden ist nur innerhalb der Festsetzungsfrist zulässig. Um die Vorschrift nicht ins Leere laufen zu lassen, normiert § 175 Abs. 1 Satz 2 AO eine **Anlaufhemmung** der Festsetzungsfrist. Die Festsetzungsfrist beginnt in diesem Fall erst mit Ablauf des Kalenderjahres, in dem das rückwirkende Ereignis eingetreten ist.

III. Korrektur von allgemeinen Steuerverwaltungsakten

Die §§ 130, 131 AO gelten grds. für alle Verwaltungsakte. Die Vorschriften sind nicht anzuwenden, soweit Sonderregelungen gelten. So gelten sie nicht für: 557

- Steuerbescheide (§ 172 AO),
- Steueränderungsbescheide (§ 172 AO),
- Vergütungsbescheiden (§ 155 Abs. 4 AO),
- Zinsbescheiden (§ 239 Abs. 1 Satz 1 AO),
- Zollkostenbescheiden (§ 178 Abs. 4 AO),
- Bescheide über Marktordnungsabgaben (§ 12 Abs. 1 MOG),
- Biokraftstoffquotenbescheiden (§ 37c Abs. 5 Satz 1 BImSchG).

BEISPIELE **für den Anwendungsbereich von §§ 130, 131 AO:**

- Haftungsbescheide
- Stundungsverfügungen
- Festsetzung von Zwangsgeldern
- Verbrauchsteuerliche Erlaubnisse
- Prüfungsanordnungen
- Pfändungen

Für Bescheide über Mengenregelungen nach dem MOG (z. B. Milchquoten) sieht § 10 MOG eigene Korrekturvorschriften vor. Die §§ 130, 131 AO gelten für diese Verwaltungsakte nicht.

Hinsichtlich **Einfuhr- und Ausfuhrabgaben** finden §§ 130, 131 AO einschränkend Anwendung.[543] Bei nicht begünstigenden Verwaltungsakten, Einfuhr- und Ausfuhrabgaben betreffend, tritt keine Überlagerung ein. Bei den Zuschlagsbescheiden nach § 32 Abs. 3 ZollVG handelt es sich nicht um Steuerbescheide. Weder das ZollVG noch die AO enthalten eine sinngemäße Anwendung der für Steuern geltenden Vorschriften. Nach hiesiger Auffassung sind damit für die Zuschlagsbescheide die Korrekturvorschriften der §§ 130, 131 AO einschlägig. 558

Die Korrekturvorschriften für allgemeine Steuerverwaltungsakte unterscheiden zwischen rechtswidrigen und rechtmäßigen Verwaltungsakten. § 130 AO regelt die Korrektur **rechtswidriger Verwaltungsakte (Rücknahme)**. § 131 AO bestimmt die Korrektur **rechtmäßiger Verwaltungsakte (Widerruf)** Ein Verwaltungsakt ist rechtswidrig, wenn 559

543 AO-DV Zoll Nr. 1 zu § 130 und Nr. 1 zu § 131.

er ganz oder teilweise gegen zwingende gesetzliche Vorschriften verstößt.[544] Gesetzliche Vorschriften i. d. S. sind auch Rechtsverordnungen.[545] Rechtmäßig ist ein Verwaltungsakt, wenn er zum Zeitpunkt seines Wirksamswerdens den zwingenden gesetzlichen Vorschriften entsprochen hat.[546]

560 Beide Vorschriften enthalten darüber hinaus eine **Differenzierung** hinsichtlich der Korrektur von **begünstigenden** und **nicht begünstigenden** Verwaltungsakten. Je nach Art des Verwaltungsakts werden dabei unterschiedlich hohe Voraussetzungen an die Korrektur gestellt. Dies ist mit Blick auf das unterschiedliche begründende Vertrauen in die Bestandskraft von begünstigenden und belastenden Verwaltungsakten folgerichtig.

Das schutzwürdige Interesse bei der Korrektur von nicht begünstigenden Verwaltungsakten ist naturgemäß niedriger als bei der Korrektur von begünstigenden Verwaltungsakten. Unter einer **Begünstigung** im Sinne dieser Vorschriften ist jede Rechtswirkung zu verstehen, an deren Aufrechterhaltung der vom Verwaltungsakt Betroffene ein schutzwürdiges Interesse hat.[547] **Nicht begünstigend** ist ein Verwaltungsakt, wenn er dem Betroffenen ein Tun, Dulden, Unterlassen oder eine Geldleistung auferlegt, oder wenn durch ihn ein geltend gemachter Anspruch abgelehnt wird.[548]

Die Unterscheidung kann im Einzelfall schwierig sein. So handelt es sich beispielsweise bei der Rücknahme eines Haftungsbescheides, mit dem ein Haftungsanspruch zu niedrig festgesetzt wurde, um die Rücknahme eines (rechtswidrigen) begünstigenden Verwaltungsakts. Der Haftungsschuldner hat insoweit ein schutzwürdiges Interesse an der Aufrechterhaltung des Haftungsbescheids.

BEISPIELE ▶ **für begünstigende Verwaltungsakte:**

- Bewilligung einer steuerbegünstigten Verwendung,
- Billigkeitsmaßnahme nach §§ 163, 227, 234 Abs. 2 AO,
- Stundung (§ 222 AO),
- Einstellung oder Beschränkung der Vollstreckung (§§ 257, 258 AO),
- Aussetzung/Aufhebung der Vollziehung (§ 361 AO).

BEISPIELE ▶ **für nicht begünstigende Verwaltungsakte:**

- Haftungsbescheid (§ 191 AO),
- Prüfungsanordnung (§ 196 AO),
- Anforderung von Säumniszuschlägen (§ 240 AO),
- Leistungsgebot (§§ 254, 219 AO),
- Pfändung (§ 281 AO).

561 Wird ein Verwaltungsakt zurückgenommen oder widerrufen, folgt daraus, wie bei der Aufhebung, die vollständige Beseitigung seiner rechtlichen Existenz. Auch eine **teilweise Rücknahme** oder ein **teilweiser Widerruf** sind zulässig. Dabei wird der Verwaltungsakt nur partiell korrigiert, während er in seinem Kernbestandteil weiterhin fortbesteht.

---

544 AO-DV Zoll Nr. 2 zu § 130.
545 AO-DV Zoll zu § 4.
546 AO-DV Zoll Nr. 2 zu § 131.
547 AO-DV Zoll Nr. 3 zu Vor §§ 130, 131 unter Hinweis auf BFH v. 16. 10. 1986 VII R 159/83, BStBl 1987 II 405.
548 *Kruse* in Tipke/Kruse, § 131 AO Rz. 9.

1. Rücknahme von Verwaltungsakten

Die Rücknahme, d. h. die Korrektur von rechtswidrigen Verwaltungsakten, ist in § 130 AO geregelt. Je nachdem, ob ein rechtswidriger nicht begünstigender Verwaltungsakt oder ein rechtswidriger begünstigender Verwaltungsakt vorliegt, gelten für seine Korrektur unterschiedliche Voraussetzungen. 562

Der Verwaltungsakt darf grds. auch dann zurückgenommen werden, wenn er unanfechtbar geworden ist. § 130 Abs. 3 AO schränkt jedoch die zeitliche Anwendbarkeit der Rücknahme von rechtswidrigen begünstigenden Verwaltungsakten (§ 130 Abs. 2 AO) ein. Erhält die Finanzbehörde von Tatsachen Kenntnis, welche die Rücknahme eines rechtswidrigen begünstigenden Verwaltungsakts rechtfertigt, ist eine Rücknahme nur innerhalb eines Jahres seit dem Zeitpunkt der Kenntnisnahme der Finanzbehörde zulässig. Dies gilt nicht für den Fall, bei dem der Verwaltungsakt durch unlautere Mittel erwirkt worden ist (§ 130 Abs. 2 Nr. 2 AO). Ein solches Verhalten des Steuerpflichtigen soll zeitlich nicht schützenswürdig sein. 563

Zu berücksichtigen ist darüber hinaus bei der Rücknahme von Haftungsbescheiden die Festsetzungsfrist (§ 191 Abs. 3 AO). Eine Rücknahme ist nach Ablauf der Festsetzungsfrist nicht mehr zulässig. Der Haftungsanspruch ist in diesem Fall erloschen (§ 47 AO).

a) Rücknahme von rechtswidrigen nicht begünstigenden Verwaltungsakten

Nach § 130 Abs. 1 AO kann ein rechtswidriger Verwaltungsakt, auch nachdem er unanfechtbar geworden ist, ganz oder teilweise mit Wirkung für die Zukunft oder für die Vergangenheit zurückgenommen werden. § 130 Abs. 1 AO meint nur **rechtswidrige nicht begünstigende Verwaltungsakte.** Dies folgt aus § 130 Abs. 2 AO, der für rechtswidrige begünstigende Verwaltungsakte hiervon abweichende Regelungen trifft.[549] Sonstige Einschränkungen trifft die Vorschrift nicht. 564

Liegt ein rechtswidriger nicht begünstigender Verwaltungsakt vor, darf die Finanzbehörde diesen zurücknehmen. Sie hat insoweit ein Ermessen. Nach Rechtsprechung des BFH handelt die Finanzbehörde nicht ermessenswidrig, wenn sie die Rücknahme ablehnt, weil der Steuerpflichtige hierfür lediglich Tatsachen vorträgt, die er auch im Einspruchsverfahren hätte vortragen können.[550] Diese Auffassung wird damit begründet, dass durch § 130 Abs. 1 AO nicht die Einspruchsfrist unterlaufen werden soll.

Bei Vorliegen der Voraussetzungen kann die Finanzbehörde den Verwaltungsakt mit Wirkung für die Zukunft oder für die Vergangenheit korrigieren. Eine Rücknahme mit Wirkung für die Zukunft kommt grds. nur bei Dauerverwaltungsakten in Betracht (z. B. Stundung, verbrauchsteuerrechtliche Erlaubnis).

b) Rücknahme von rechtswidrigen begünstigenden Verwaltungsakten

Im Unterschied zu rechtswidrigen nicht begünstigenden Verwaltungsakten können rechtswidrige begünstigende Verwaltungsakte nur unter Einschränkungen zurück- 565

549 So auch *Kruse* in Tipke/Kruse, § 130 AO Rz. 3 ff.; *Rüsken* in Klein, § 130 AO Rz. 20 ff.
550 BFH v. 9. 3. 1989 VI R 101/84, BStBl 1989 II 749.

genommen werden. Die in § 130 Abs. 2 Nr. 1 bis 4 AO genannten Fallgruppen sind grds. abschließend.[551]

566 Nach § 130 Abs. 2 Nr. 1 AO darf ein Verwaltungsakt zurückgenommen werden, wenn er von einer **sachlich unzuständigen Behörde** erlassen worden ist. Wie auch § 172 Abs. 1 Satz 1 Nr. 2 Buchst. b AO hat § 130 Abs. 2 Nr. 1 AO in der Praxis der HZÄ keine nennenswerte Bedeutung.

567 Eine Rücknahme eines rechtswidrigen begünstigenden Verwaltungsakts ist ferner zulässig, wenn er durch **unlautere Mittel** wie arglistige Täuschung, Drohung oder Bestechung erwirkt worden ist, § 130 Abs. 2 Nr. 2 AO. Das unlautere Mittel muss durch den Steuerpflichtigen, seinen Bevollmächtigten oder einen Dritten bewirkt worden sein. Dies kann z. B. durch das Fälschen von steuerrechtlich relevanten Unterlagen erfolgen. Auch diese Fallgruppe hat, wie auch § 172 Abs. 1 Nr. 2 Buchst. c AO, in der Praxis der HZÄ keine nennenswerte Bedeutung.

568 Gemäß § 130 Abs. 2 Nr. 3 AO darf ein rechtswidrigen begünstigenden Verwaltungsakt zurückgenommen werden, wenn ihn der Begünstigte durch **Angaben** erwirkt hat, die in wesentlicher Beziehung **unrichtig** oder **unvollständig** waren. Die Angaben müssen objektiv unrichtig sein, d. h., der Steuerpflichtige braucht ihre Unrichtigkeit oder ihre Unvollständigkeit nicht gekannt zu haben.[552] In Abweichung zu § 130 Abs. 2 Nr. 2 AO müssen die unrichtigen oder unvollständigen Angaben nach dem Wortlaut der Vorschrift durch den Steuerpflichtigen selbst gemacht worden sein. Daraus folgt auch, dass bei durch die Finanzbehörde verursachten unrichtigen oder unvollständigen Angaben, eine Korrektur nach § 130 Abs. 2 Nr. 3 AO ausscheidet.

569 Nach § 130 Abs. 2 Nr. 4 AO darf ein rechtswidriger begünstigender Verwaltungsakt zurückgenommen werden, wenn seine **Rechtswidrigkeit dem Begünstigten bekannt** oder **infolge grober Fahrlässigkeit nicht bekannt war**. Grobe Fahrlässigkeit ist anzunehmen, wenn der Begünstigte die ihm nach seinen persönlichen Verhältnissen zumutbare Sorgfalt in ungewöhnlichem Maße und in nicht entschuldbarer Weise verletzt hat.[553] Unerheblich ist dabei, dass die Finanzbehörde die Rechtswidrigkeit nicht erkannt hat.[554]

Maßstab für die Beurteilung sind die individuellen Kenntnisse und Fähigkeiten des Begünstigten.[555] Bei der Würdigung der Gesamtumstände des Sachverhalts ist zu berücksichtigen, dass der Begünstigte die Pflicht hat, sich über die für ihn in Betracht kommenden Rechtsvorschriften anhand allgemein zugänglicher Veröffentlichungen, wie z. B. BGBl und Internet, zu informieren.[556]

570 Eine Rücknahme von rechtswidrigen begünstigenden Verwaltungsakten ist über § 130 Abs. 2 Nr. 1 bis 4 AO hinaus auch zulässig, wenn der **Widerruf** durch Rechtsvorschrift zugelassen oder im Verwaltungsakt vorbehalten ist (§ 131 Abs. 2 Satz 1 Nr. 1 i. V. m.

551 Zur Einschränkung s. Rdn. 562 f.

552 *Kruse* in Tipke/Kruse, § 130 AO Rz. 29.

553 AO-DV Zoll Nr. 7.1 zu § 173 unter Hinweis auf BFH v. 3. 2. 1983 IV R 153/80, BStBl 1983 II 324.

554 BFH v. 29. 8. 2001 VII B 341/00, BFH/NV2002, 231 f.

555 *Kruse* in Tipke/Kruse, § 130 AO Rz. 31.

556 Zum Begriff des „aktiven Irrtums" aus dem Gemeinschaftsrecht: EuGH v. 26. 11. 1998 C-370/96, EurLex; BFH v. 23. 3. 2000 VII B 299/99, BFH/NV 2000, 1261-1263.

§ 130 AO).[557] Dies folgt aus dem Gedanken, was für rechtmäßige Verwaltungsakte gilt, muss vom Grundsatz her auch für rechtswidrige Verwaltungsakte gelten. Gleiches gilt, wenn der Steuerpflichtige gegen eine **Auflage** im rechtswidrigen begünstigenden Verwaltungsakt verstößt (§ 131 Abs. 2 Satz 1 Nr. 2 i.V. m. § 130 AO).

Liegt eine der o. g. Fallgruppen vor, darf der Verwaltungsakt ganz oder teilweise zurück- 571
genommen werden. Wie auch bei § 130 Abs. 1 AO hat die Finanzbehörde insoweit ein Ermessen. Besteht kein Grund, das Vertrauen des Steuerpflichtigen zu schützen, wird im Hinblick auf die Gesetzmäßigkeit und Gleichmäßigkeit der Besteuerung eine Rücknahme des Verwaltungsakts ermessensgerecht sein.

Auch ob der Verwaltungsakt **mit Wirkung für die Zukunft oder für die Vergangenheit** zurückzunehmen ist, ist nach pflichtgemäßem Ermessen zu bestimmen. Auf die Gesamtumstände des Einzelfalles ist dabei abzustellen. So dürfte eine Rücknahme mit Wirkung für die Vergangenheit in Betracht kommen, wenn der zu korrigierende Fehler in der Sphäre des Steuerpflichtigen begründet liegt (z. B. § 130 Abs. 2 Nr. 2 bis 4 AO).[558]

2. Widerruf von Verwaltungsakten

Der Widerruf, d. h. die Korrektur von rechtmäßigen Verwaltungsakten, ist in § 131 AO 572
geregelt. Wie auch § 130 AO differenziert § 131 AO hinsichtlich der Voraussetzungen danach, ob ein rechtmäßiger nicht begünstigender Verwaltungsakt oder ein rechtmäßiger begünstigender Verwaltungsakt vorliegt. Wie oben dargestellt, ist bei der Beurteilung der Rechtmäßigkeit auf den Zeitpunkt der Bekanntgabe des Verwaltungsakts abzustellen. Nach der Bekanntgabe kann sich jedoch die Sach- und Rechtslage ändern, so dass die Korrektur eines rechtmäßigen Verwaltungsakts in Betracht kommen kann.

Der Widerruf nach § 131 AO ist nur **mit Wirkung für die Zukunft** zulässig. Der widerru- 573
fene Verwaltungsakt wird mit dem Wirksamwerden des Widerrufs unwirksam. Etwas anderes gilt, soweit die Finanzbehörde einen späteren Zeitpunkt bestimmt, § 131 Abs. 3 AO.

Der Verwaltungsakt darf grds. auch dann widerrufen werden, wenn er **unanfechtbar** 574
geworden ist. Für rechtmäßige begünstigende Verwaltungsakte schränkt § 130 Abs. 3 i.V. m. § 131 Abs. 2 Satz 2 AO die zeitliche Anwendbarkeit des Widerrufs ein. Erhält die Finanzbehörde von Tatsachen Kenntnis, welche den Widerruf eines rechtmäßigen begünstigenden Verwaltungsakts rechtfertigt, ist ein Widerruf nur innerhalb eines Jahres seit dem Zeitpunkt der Kenntnisnahme der Finanzbehörde zulässig.

Zu berücksichtigen ist darüber hinaus bei dem Widerruf von Haftungsbescheiden die Festsetzungsfrist (§ 191 Abs. 3 AO). Ein Widerruf ist nach Ablauf der Festsetzungsfrist nicht mehr zulässig. Der Haftungsanspruch ist in diesem Fall erloschen (§ 47 AO).

557 AO-DV Zoll Nr. 7 zu § 131.
558 *Kruse* in Tipke/Kruse, § 130 AO Rz. 48.

a) Widerruf von rechtmäßigen nicht begünstigenden Verwaltungsakten

575 Nach § 131 Abs. 1 AO kann ein rechtmäßiger nicht begünstigender Verwaltungsakt, auch **nachdem er unanfechtbar** geworden ist, ganz oder teilweise mit Wirkung für die Zukunft widerrufen werden. Dies gilt nicht, wenn ein Verwaltungsakt gleichen Inhalts erneut erlassen werden müsste oder aus anderen Gründen ein Widerruf unzulässig ist. Bei gebundenen Entscheidungen (z. B. von Gesetzes wegen) scheidet mithin ein Widerruf aus. Ein Widerruf dürfte daher regelmäßig nur bei Ermessensentscheidungen in Betracht kommen; es sei denn das Ermessen der Finanzbehörde ist auf null reduziert.

Liegen die Voraussetzungen von § 131 Abs. 1 AO vor, kann die Finanzbehörde den Verwaltungsakt widerrufen. Die Entscheidung hat die Finanzbehörde nach pflichtgemäßem Ermessen zu treffen.

b) Widerruf von rechtmäßigen begünstigenden Verwaltungsakten

576 Ein rechtmäßig begünstigender Verwaltungsakt darf nur unter den einschränkenden Voraussetzungen von § 131 Abs. 2 Nr. 1 bis 3 AO widerrufen werden.

577 Ein Widerruf ist nach § 131 Abs. 2 Satz 1 Nr. 1 AO zulässig, wenn der Widerruf durch Rechtsvorschrift zugelassen oder im betreffenden Verwaltungsakt vorbehalten ist (**Widerrufsvorbehalt**). Durch den Widerrufsvorbehalt wird gegenüber dem Steuerpflichtigen zum Ausdruck gebracht, dass er mit einem Widerruf rechnen muss. Sein Vertrauen in den Fortbestand des Verwaltungsakts wird somit eingeschränkt.

Ein im Verwaltungsakt enthaltener Widerrufsvorbehalt reicht für sich allein jedoch noch nicht für einen Widerruf aus.[559] Die Finanzbehörde kann den rechtmäßigen begünstigenden Verwaltungsakt nicht willkürlich ändern. Für den Widerruf müssen sachliche Gründe, wie beispielsweise die Änderung der wirtschaftlichen Verhältnisse, vorliegen. Die Vorschrift hat im Verbrauchsteuerrecht große Bedeutung. Viele Vorschriften ordnen für begünstigende Verwaltungsakte, wie beispielsweise Erlaubnisse, den Widerrufsvorbehalt an.

BEISPIELE ▸ für einen gesetzlich vorgeschriebenen Widerrufsvorbehalt im Verwaltungsakt:

- § 5 Abs. 1 Satz 2 BierStG,
- § 4 Abs. 2 StromStG,
- § 6 Abs. 3 Satz 2 EnergieStG.

578 Auch wenn die Einzelsteuergesetze den Widerrufsvorbehalt im Verwaltungsakt nicht explizit anordnen, darf die Finanzbehörde Ermessensverwaltungsakte mit einem solchen gemäß § 120 Abs. 2 Nr. 3 AO versehen (Anordnung einer Nebenbestimmung). Der Widerrufsvorbehalt selbst ist dabei eine Ermessensentscheidung. Er ist nur ermessensgerecht, wenn Umständen auftreten können, die zu einer Rücknahme oder zu einem Widerruf des Verwaltungsakts führen (z. B. Änderung der wirtschaftlichen Verhältnisse bei einer bewilligten Stundung). Fehlt der Widerrufsvorbehalt in einem Verwaltungsakt, dürfte eine nachträgliche Anordnung eines solchen regelmäßig ausscheiden.

---

559 BFH v. 6. 4. 1960 VII 15/60 U, BStBl 1960 III 259.

Aufgrund der Tatsache, dass die durch den Verwaltungsakt gewährte Begünstigung nachträglich eingeschränkt wird, ergibt sich, dass es sich in diesem Fall um eine teilweise Rücknahme oder teilweisen Widerruf des ursprünglichen Verwaltungsakts handelt, verbunden mit einem teilweisen Neuerlass eines Verwaltungsakts mit einem teilweise anderen Inhalt.[560] Daraus folgt, dass eine nachträgliche Beifügung nur zulässig ist, wenn sie durch Gesetz vorgesehen oder eine (Teil-)Korrektur nach §§ 130, 131 AO zulässig ist.[561]

Ein Verwaltungsakt kann darüber hinaus widerrufen werden, wenn mit ihm eine **Auflage** verbunden ist und der Steuerpflichtige diese nicht oder nicht innerhalb einer ihm 579
gesetzten Frist erfüllt hat, § 131 Abs. 2 Satz 1 Nr. 2 AO. Die in dem Verwaltungsakt enthaltene Auflage muss zulässig sein.[562] Ist dies nicht der Fall, kann ein Widerruf nicht hierauf gestützt werden. Warum der Steuerpflichtige die Auflage nicht oder nicht in der ihm gesetzten Frist erfüllt hat, ist für das Vorliegen der Tatbestandsvoraussetzungen der Norm unerheblich. Allerdings hat u. E. die Finanzbehörde die Gründe bei ihrem Ermessen hinsichtlich der Rechtsfolge zu berücksichtigen.

Ferner ist der Widerruf gemäß § 131 Abs. 2 Satz 1 Nr. 3 AO zulässig, wenn die Finanzbe- 580
hörde aufgrund **nachträglich eingetretener Tatsachen** berechtigt wäre, den Verwaltungsakt nicht zu erlassen, und ohne den Widerruf das öffentliche Interesse gefährdet würde. § 131 Abs. 2 Nr. 3 AO betrifft nur die Änderung tatsächlicher, nicht rechtlicher Verhältnisse.

Der Begriff „Tatsache" bezeichnet in dieser Vorschrift dasselbe wie in § 173 AO. Gemeint sind mithin alles, was Merkmal oder Teilstück eines steuergesetzlichen Tatbestandes sein kann; nicht hingegen Rechtsnormen und Schlussfolgerungen aller Art. **Das öffentliche Interesse** i. S. d. Vorschrift ist immer dann gefährdet, wenn bei einem Festhalten an der getroffenen Entscheidung der Betroffene gegenüber anderen Steuerpflichtigen bevorzugt würde.[563]

IV. Korrektur von sonstigen zollrechtlichen Entscheidungen

Die Korrektur von zollrechtlichen Entscheidungen ist in den Art. 8 und 9 ZK geregelt. 581
Die Vorschriften gelten nach ihrem Wortlaut allerdings nur für begünstigende Entscheidungen. Für nicht begünstigende Entscheidungen finden §§ 130, 131 AO weiterhin Anwendung. Bei der Ausgestaltung der Korrekturvorschriften hat sich der Gemeinschaftsgesetzgeber an den §§ 130, 131 AO orientiert; zumindest sind Gemeinsamkeiten erkennbar.

Art. 8 und 9 ZK unterscheiden sich dahingehend, dass Art. 8 ZK eine Entscheidung mit Wirkung in die Vergangenheit korrigiert (**Rücknahme**). Art. 9 ZK korrigiert hingegen eine Entscheidung mit Wirkung für die Zukunft (**Widerruf oder Änderung**). Die Art. 8

560 *Kopp/Ramsauer*, § 36 VwVfG Rz. 9c.

561 BFH v. 30. 10. 1980 IV R 170/79, BStBl 1981 II 150 f.

562 *Kruse* in Tipke/Kruse, § 131 AO Rz. 18.

563 AO-DV Zoll Nr. 3 zu § 131.

und 9 ZK enthalten keine Regelungen zu nichtigen Entscheidungen. Im Hinblick auf die Nichtregelung der Nichtigkeit von zollrechtlichen Entscheidungen im ZK ist dies u. E. folgerichtig.

582 Art. 8 und 9 ZK gelten auch nicht für Entscheidungen, mit denen Einfuhrabgaben zu niedrig oder zu hoch festgesetzt wurden. Für die Fälle der nachträglichen buchmäßigen Erfassung gelten Art. 220 und 221 ZK. Für die Fälle des Erlasses oder der Erstattung von Einfuhrabgaben gelten die Art. 236 bis 239 ZK.

1. Rücknahme begünstigender Entscheidungen

583 Nach Art. 8 Abs. 1 ZK kann eine begünstigende Entscheidung zurückgenommen werden, wenn

- sie aufgrund unrichtiger oder unvollständiger Tatsachen ergangen ist und
- dem Antragsteller die Unrichtigkeit oder Unvollständigkeit der Tatsachen bekannt war oder vernünftigerweise hätte bekannt sein müssen und
- sie aufgrund der richtigen und vollständigen Tatsachen nicht hätte ergehen dürfen.

In Anlehnung an den Begriff aus §§ 130, 131 AO ist unter einer begünstigenden Entscheidung jede Entscheidung zu verstehen, an deren Aufrechterhaltung der von ihr Betroffene ein schutzwürdiges Interesse hat. Die Entscheidung muss rechtswidrig sein („hätte nicht ergehen dürfen"). Bei der Beurteilung der Rechtswidrigkeit ist auf den **Zeitpunkt des Erlasses** der Entscheidung abzustellen. Dies folgt aus dem Wortlaut der Norm („aufgrund der richtigen und vollständigen Tatsachen…").

584 Beim **Begriff der Tatsache** kann mangels eigenständiger Definition auf die Begriffsauslegung des nationalen Rechts zurückgegriffen werden. Erfasst ist mithin alles, was Merkmal oder Teilstück eines steuergesetzlichen Tatbestandes sein kann. Rechtsnormen und Schlussfolgerungen aller Art sind hingegen keine Tatsachen.[564] Auch Schätzungen stellen keine Tatsachen dar, sondern allenfalls die die Schätzung begründenden Unterlagen.[565] Eine Rücknahme ist jedoch nur zulässig, wenn die Entscheidung aufgrund von unrichtigen oder unvollständigen Tatsachen ergangen ist. Die unrichtigen oder unvollständigen Tatsachen müssen mithin ursächlich für die Entscheidung gewesen sein.

585 Ferner muss **dem Antragsteller die Unrichtigkeit oder Unvollständigkeit** der Tatsachen **bekannt** gewesen sein oder vernünftigerweise hätte sie ihm bekannt sein müssen. Mit dem Begriff „vernünftigerweise" meint der Gemeinschaftsgesetzgeber, dem Antragsteller hätten die Tatsachen objektiv bekannt sein müssen.[566] In die Bewertung sind die Stellung des Antragstellers als Wirtschaftsbeteiligter sowie die Gesamtumstände des Sachverhalts einzubeziehen. Waren neben dem Antragsteller auch andere Personen,

564 AO-DV Zoll Nr. 3.1 zu § 173.

565 *Alexander* in Witte, Art. 8 ZK Rz. 5.

566 *Alexander* in Witte, Art. 8 ZK Rz. 10.

wie z. B. Vertreter oder Erfüllungsgehilfen, mit der Sache befasst, ist deren Verhalten in die Betrachtung des Sachverhalts einzubeziehen.[567]

Liegen die Tatbestandsvoraussetzungen des Art. 8 Abs. 1 ZK vor, ist die Zollbehörde zur **Rücknahme** der begünstigenden Entscheidungen **verpflichtet**. Ein Ermessen, wie nach den nationalen Vorschriften, hat sie nicht. Die Rücknahme gilt ab dem Zeitpunkt, zu dem die zurückgenommene Entscheidung ergangen ist. Die Rücknahme gilt damit immer mit Wirkung für die Vergangenheit. Eine Regelung über den zeitlichen Anwendungsbereich enthält die Vorschrift nicht. Aufgrund dieser Regelungslücke findet § 130 Abs. 3 AO (Jahresfrist) für begünstigende Entscheidungen Anwendung.[568] 586

Eine ergänzende Regelung zur Rücknahme zollrechtlicher Entscheidungen trifft Art. 12 Abs. 4 Satz 2 ZK für **verbindliche Zolltarif- und Ursprungsauskünfte**. Danach sind diese, ergänzend zu Art. 8 ZK, auch zurückzunehmen, wenn sie auf unrichtigen oder unvollständigen Angaben des Antragstellers beruhen. Ob die Angaben unrichtig oder unvollständig sind, ist nach objektiven Gesichtspunkten zu bestimmen. Auf die Bösgläubigkeit des Antragstellers kommt es nicht an.[569] Wie auch Art. 8 ZK ermöglicht Art. 12 Abs. 4 Satz 2 ZK keine Ermessensentscheidung. Liegen die Voraussetzungen vor, muss die Zollbehörde die Zolltarifauskunft bzw. Ursprungsauskunft zurücknehmen. 587

2. Widerruf/Änderung begünstigender Entscheidungen

Nach Art. 9 Abs. 1 ZK widerruft oder ändert die Zollbehörde eine begünstigende Entscheidung, wenn 588

- eine oder mehrere Voraussetzungen für ihren Erlass nicht erfüllt waren
- oder eine oder mehrere Voraussetzungen für ihren Erlass nicht mehr erfüllt sind
- und es sich nicht um einen der in Art. 8 ZK bezeichneten Fälle handelt.

Stellt sich im Nachhinein heraus, dass die Voraussetzungen für den Erlass einer begünstigenden Entscheidung nicht gegeben waren, ist die Entscheidung zu widerrufen. In Abgrenzung zu Art. 8 Abs. 1 ZK hat der Betroffene die Tatsachen oder Umstände, die zu dieser rechtswidrigen Entscheidung geführt haben, jedoch nicht zu verschulden. Ihm waren die Unrichtigkeit oder Unvollständigkeit der Tatsachen nicht bekannt oder hätten ihm auch nicht vernünftigerweise bekannt sein müssen.

Alternativ gehören zu Art. 9 Abs. 1 ZK solche Fälle, bei denen zwar bei Erlass der Entscheidung die Voraussetzungen für diese vorlagen, nachträglich jedoch wegfallen sind. Dies kann beispielsweise bei zollrechtlichen Bewilligungen der Fall sein. Eine Anpassung an die geänderte Sachlage hat dann nach Art. 9 Abs. 1 ZK durch die Zollbehörde zu erfolgen.

Art. 9 Abs. 1 ZK gilt auch für **verbindliche Zolltarif- und Ursprungsauskünfte.**[570] Die begünstigende Wirkung einer verbindlichen Zolltarif- bzw. Ursprungsauskunft ergibt sich

567 *Alexander* in Witte, Art. 8 ZK Rz. 13.

568 AO-DV Zoll Nr. 1 zu § 130, jedoch unglücklich ausgedrückt.

569 *Reiche* in Witte, Art. 12 ZK Rz. 28.

570 BFH v. 11. 3. 2004 VII R 20/01, BFH/NV 2004, 1305.

für den Berechtigten daraus, dass sie die Zollbehörden aller Mitgliedstaaten der Gemeinschaft hinsichtlich der zolltariflichen Einreihung bindet, wenn die Voraussetzungen von Art. 6 und 7 ZK-DVO erfüllt sind.

Liegen die Tatbestandsvoraussetzungen des Art. 9 Abs. 1 ZK vor, ist die Zollbehörde zum Widerruf oder zur Änderung der begünstigenden Entscheidungen verpflichtet. Ein Ermessen, wie nach den nationalen Vorschriften, hat sie nicht.

589 Nach Art. 9 Abs. 2 ZK kann die Zollbehörde eine begünstigende Entscheidung widerrufen, wenn die Person, an die sie gerichtet ist, einer ihr durch diese Entscheidung auferlegten **Verpflichtung** nicht nachkommt. Art. 9 Abs. 2 ZK erfasst solche Fälle, bei denen eine in der begünstigenden Entscheidung vorgeschriebenen Auflage der Zollbehörde nicht erfüllt wird. Der Gemeinschaftsgesetzgeber spricht hier von Verpflichtung. Gemeint ist jedes auferlegte Tun, Dulden oder Unterlassen. Die auferlegte Verpflichtung muss rechtmäßig sein. Unerheblich für die Tatbestandsvoraussetzung der Vorschrift ist, ob ein Verschulden bei der Pflichtverletzung vorliegt.[571] Allerdings wird dies die Zollbehörde bei ihrer Ermessensentscheidung zu berücksichtigen haben.

Unter „Person" ist jede natürliche Person, juristische Person oder Personenvereinigung, ohne eigene Rechtspersönlichkeit, die aber im Rechtsverkehr wirksam auftreten kann, zu verstehen (Art. 4 Nr. 1 ZK).

Abweichend zu Art. 9 Abs. 1 ZK muss die Entscheidung nach Art. 9 Abs. 2 ZK nicht widerrufen („kann") werden. Die Zollbehörde hat insoweit ein **Ermessen**. Bei der Entscheidung, sind die Tragweite des Widerrufs der begünstigenden Entscheidung sowie das Verhalten des Verpflichteten zu berücksichtigen.

Der Widerruf oder die Änderung nach Art. 9 Abs. 1 und 2 ZK wird ab dem **Zeitpunkt der Bekanntgabe wirksam**. Der Widerruf oder die Änderung gilt damit immer mit Wirkung für die Zukunft. Insoweit unterscheidet sich die Vorschrift von Art. 8 ZK. Die Zollbehörde kann den Zeitpunkt des Widerrufs oder der Änderung gemäß Art. 9 Abs. 4 Satz 2 ZK auf einen späteren Zeitpunkt verschieben. Dies ist jedoch nur zulässig, wenn berechtigte Interessen des Betroffenen dies rechtfertigen. Eine Abwägung zwischen der Gesetzmäßigkeit und der Gleichmäßigkeit der Besteuerung auf der einen Seite und dem Einzelinteresse des Steuerpflichtigen auf der anderen Seite, ist durch die Zollbehörde vorzunehmen.

Wie auch Art. 8 ZK enthält Art. 9 ZK **keine Regelung** über den **zeitlichen Anwendungsbereich**. Aufgrund dieser Regelungslücke ist die Jahresfrist des nationalen Rechts (§§ 130 Abs. 3 i. V. m. 131 Abs. 2 Satz 2 AO) auch für diese Fälle anzuwenden.

590 *(Einstweilen frei)*

V. Nacherhebung und Erlass/Erstattung von Einfuhr- und Ausfuhrabgaben

591 Einfuhr- oder Ausfuhrabgaben können durch die Zollbehörde **zu niedrig oder zu hoch buchmäßig** erfasst werden. In diesem Fall kann eine nachträgliche buchmäßige Erfas-

571 *Alexander* in Witte Art. 9 ZK Rz. 8; insoweit auch der Wortlaut der Vorschrift.

sung (Art. 220 und 221 ZK) bzw. ein Erlass oder eine Erstattung (Art. 236 bis 239 ZK) der Einfuhr- oder Ausfuhrabgaben in Betracht kommen. Für Einfuhr- oder Ausfuhrabgabenbescheide gelten damit nicht die Art. 8 und 9 ZK oder die nationalen Korrekturvorschriften.

Das Gemeinschaftszollrecht weicht bei der fehlerhaften Festsetzung (Mitteilung der buchmäßigen Erfassung) von der Systematik des nationalen Steuerrechts ab. Es kennt keine Änderung oder Aufhebung von Abgabenbescheiden. Auch findet keine sonstige Korrektur des fehlerhaften Abgabenbescheides im engeren Sinne statt. Im Unterschied zur AO stellt das Gemeinschaftszollrecht auf die Höhe der Zollschuld ab. Diese wird nach oben (Nacherhebung) oder nach unten (Erlass/Erstattung) angepasst.

1. Nacherhebung

Hat die Zollbehörde die Einfuhr- oder Ausfuhrabgaben zu niedrig festgesetzt und vom Zollschuldner angefordert, erhebt sie den zu wenig angeforderten Betrag nach. Wie auch die erstmalige Festsetzung von Einfuhr- oder Ausfuhrabgaben geschieht die Nacherhebung in zwei Schritten: Zuerst wird der fehlende Abgabenbetrag buchmäßig erfasst, d. h. berechnet und in die Bücher oder in sonstige stattdessen verwendete Unterlagen der Zollbehörde eingetragen; anschließend wird dieser Betrag dem Zollschuldner nach Art. 221 Abs. 1 ZK in geeigneter Form mitgeteilt. 592

Die buchmäßige Erfassung des nachzuerhebenden Abgabenbetrages hat gemäß Art. 220 Abs. 1 Satz 1 ZK **innerhalb von zwei Tagen** nach dem Tag zu erfolgen, an dem die Zollbehörde diesen Umstand festgestellt hat und in der Lage ist, den gesetzlich geschuldeten Betrag zu berechnen sowie den Zollschuldner zu bestimmen.[572] Die Zollbehörden sind damit verpflichtet den noch ausstehenden Abgabenbetrag unverzüglich buchmäßig zu erfassen. 593

Die Regelung hat keine Bedeutung für das Verhältnis von Zollbehörde und Zollschuldner. Eine verspätete buchmäßige Erfassung verpflichtet den Mitgliedstaat „nur" dazu, den Betrag ggü. der Europäischen Kommission zu **verzinsen**, Art. 11 VO Nr. 1150/2000. Die Frist für die nachträgliche buchmäßige Erfassung kann gemäß Art. 220 Abs. 1 Satz 2 ZK nach Art. 219 ZK unter den dort genannten Umständen verlängert werden.

Nach Art. 220 Abs. 2 Buchst. a bis c ZK hat die nachträgliche buchmäßige Erfassung nicht zu erfolgen, wenn: 594

- die ursprünglich begünstigende Entscheidung, keinen oder einen niedrigeren Abgabenbetrag buchmäßig zu erfassen, aufgrund einer **gesetzlichen Vorschrift** erlassen wurde, die später durch eine gerichtliche Entscheidung (EuGH oder BVerfG) für ungültig erklärt worden ist (Art. 220 Abs. 2 Buchst. a ZK);
- der gesetzlich geschuldete Abgabenbetrag aufgrund **eines Irrtums der Zollbehörde** nicht buchmäßig erfasst worden ist, sofern dieser Irrtum vernünftigerweise vom Zollschuldner nicht erkannt werden konnte und dieser gutgläubig gehandelt und

572 Siehe Rdn. 267.

alle geltenden Vorschriften über die Zollanmeldung eingehalten hat (Art. 220 Abs. 2 Buchst. b UA 1 ZK);[573]

- der gesetzlich geschuldete Abgabenbetrag aufgrund eines **irrtümlich zu Unrecht ausgestellten Präferenznachweises** nicht buchmäßig erfasst worden ist (Art. 220 Abs. 2 Buchst. b UA 2-5 ZK);
- ein Abgabenbetrag von weniger als 10 € je Einfuhr- oder Ausfuhrvorgang nachzuerheben wäre (Art. 220 Abs. 2 Buchst. c ZK i. V. m. Art. 868 ZK-DVO).

Ist eine der o. g. Fallgruppen einschlägig, hat die Zollbehörde von der nachträglichen buchmäßigen Erfassung abzusehen. Ein Ermessen besteht insoweit nicht. Unabhängig von der Regelung des Art. 220 Abs. 2 ZK erfolgt keine nachträgliche buchmäßige Erfassung, wenn einer der in Art. 217 Abs. 1 UA 2 und 3 ZK einschlägig ist („außer in den Fällen"). Darüber hinaus sollen die Fallgruppen des Art. 220 Abs. 2 ZK abschließend sein. Eine Berufung auf allgemeine Rechtsgrundsätze, wie den Grundsatz von Treu und Glauben, ist nach der Ansicht des BFH nicht zulässig.[574]

595 Die Fallgruppe des Art. 220 Abs. 2 Buchst. b UA 1 ZK ist der häufigste Anwendungsfall des Absehens von der nachträglichen buchmäßigen Erfassung. Die Vorschrift beschränkt die nachträgliche buchmäßige Erfassung aus Gründen der Rechtssicherheit. Das berechtigte Vertrauen des Zollschuldners in die Richtigkeit der getroffenen Entscheidung der Zollbehörde soll dadurch geschützt werden. Die zu dieser Vorschrift ergangene Rechtsprechung und Äußerungen im Schrifttum sind mannigfaltig.[575]

596 Die Mitteilung der nachträglichen buchmäßigen Erfassung an den Zollschuldner darf gemäß Art. 221 Abs. 3 Satz 1 ZK nach Ablauf einer Frist von drei Jahren nach dem Zeitpunkt des Entstehens der Zollschuld nicht mehr erfolgen. Ist die Zollschuld aufgrund einer strafbaren Handlung entstanden, kann die Mitteilung unter den Voraussetzungen des jeweils geltenden nationalen Rechts gemäß Art. 221 Abs. 4 ZK noch nach Ablauf der Dreijahresfrist erfolgen. Gemäß § 169 Abs. 2 Satz 2 AO beträgt die Frist dann 10 Jahre.

2. Erlass/Erstattung

597 Die Vorschriften über Erlass und Erstattung sind zweigeteilt. An den Anfang gestellt ist Art. 235 ZK, der eine Definition der Begriffe enthält. Im Anschluss daran regeln die Art. 236 bis 239 ZK, die vier möglichen Fallgruppen von Erlass/Erstattung im Zollrecht.[576] Bei diesen soll insbesondere auf die erste (Art. 236 ZK) und die vierte (Art. 239 ZK) Fallgruppe eingegangen werden. Ihnen kommt in der Praxis besondere Bedeutung zu.

Kommt ein Erlass oder eine Erstattung nach Art. 236 bis 239 ZK in Betracht, hat die Zollbehörde grds. den Erlass bzw. die Erstattung abzulehnen, wenn der zu erlassende

573 Zum Begriff des „Irrtums einer Zollbehörde": DV Z 1111 Abs. 7-14.

574 BFH v. 6. 6. 2000 VII 72/99, ZfZ 2000, 378.

575 M. w. N. *Alexander* in Witte, Art. 220 ZK Rz. 8-56; *Huchatz* in Lehrbuch des Europäischen Zollrechts, S. 311 ff.; DV Z 1111.

576 Umfassend hierzu *Huchatz* in Lehrbuch des Europäischen Zollrechts, S. 322 ff.; DV Z 1102.

bzw. zu erstattende Betrag 10 € nicht übersteigt, Art. 240 Satz 1 ZK. Auf Antrag des Beteiligten kann sie einen Erlass bzw. eine Erstattung zulassen.

Erlass ist eine Entscheidung, durch die auf die Erhebung der Gesamtheit oder eines Teils einer Zollschuld verzichtet wird. Alternativ kann es sich um eine Entscheidung handeln, durch die die buchmäßige Erfassung der Gesamtheit oder eines Teils eines noch nicht entrichteten Einfuhr- oder Ausfuhrabgabenbetrages für ungültig erklärt wird, Art. 235 Buchst. b ZK. Im Gegensatz zur Erstattung sind beim Erlass die betreffenden Einfuhr- oder Ausfuhrabgaben **noch nicht entrichtet** worden. Eine Rückzahlung durch die Zollbehörde findet folglich nicht statt. 598

Unter **Erstattung** versteht der ZK die **Rückzahlung** der Gesamtheit oder eines Teils der entrichteten Einfuhr- oder Ausfuhrabgaben, Art. 235 Buchst. a ZK. Eine Erstattung setzt demnach die Entrichtung von Einfuhr- oder Ausfuhrabgaben voraus.

Die Vorschriften über Erlass und Erstattung gelten aufgrund des Verweises in § 21 Abs. 2 UStG auch für die **Einfuhrumsatzsteuer**. Für Verbrauchsteuern, die bei der Einfuhr entstehen, finden lediglich die Art. 236 bis 238 ZK Anwendung. Art. 239 ZK gilt nicht. Art. 236 bis 239 ZK gelten nicht für Säumniszinsen nach Art. 232 Abs. 1 Buchst. b ZK. Sie sind keine Einfuhr- oder Ausfuhrabgaben und eine Verweisnorm auf die Vorschriften über den Erlass und die Erstattung enthält Art. 232 Abs. 1 Buchst. b ZK nicht. 599

a) Erstattung/Erlass nach Art. 236 ZK

Art. 236 ZK kommt immer dann in Betracht, wenn Einfuhr- oder Ausfuhrabgaben **zu Unrecht festgesetzt** worden sind. Die Vorschrift gliedert sich in zwei Anwendungsfälle: Art. 236 Abs. 1 UA 1 ZK regelt die Erstattung von Einfuhr- oder Ausfuhrabgaben und Art. 236 Abs. 1 UA 2 ZK bestimmt den Erlass von Einfuhr- oder Ausfuhrabgaben. 600

Nach Art. 236 Abs. 1 UA 1 Alt. 1 ZK werden Einfuhr- oder Ausfuhrabgaben erstattet, wenn nachgewiesen wird, dass der Betrag im Zeitpunkt der Zahlung **nicht gesetzlich geschuldet** war. Für die Beurteilung der Rechtslage ist auf den **Zeitpunkt** der Entstehung der Zollschuld abzustellen. Gesetzlich nicht geschuldet kann der Abgabenbetrag aus verschiedenen Gründen sein. Abzustellen ist weiterhin auf die **Höhe** der Zollschuld im Abgabenbescheid.[577] Ist der Abgabenbetrag nur teilweise nicht gesetzlich geschuldet, ist lediglich der Differenzbetrag zu erstatten. 601

BEISPIELE ▸ **für nicht gesetzlich geschuldete Einfuhr- oder Ausfuhrabgaben:**

- Rechenfehler bei der Höhe der Zollschuld
- Nichtberücksichtigung von Zollbefreiungen
- Nichtberücksichtigung von zolltariflichen Begünstigungen
- Nichtverwirklichung des Zollschuldentstehungstatbestands
- In Anspruch genommene Person ist nicht Zollschuldner

Eine Erstattung oder ein Erlass der Einfuhr- oder Ausfuhrabgaben darf gemäß Art. 236 Abs. 1 UA 3 ZK nicht gewährt werden, wenn die Zahlung oder buchmäßige Erfassung des gesetzlich nicht geschuldeten Abgabenbetrages auf ein **betrügerisches Vorgehen** 602

577 *Huchatz* in Witte, Art. 236 ZK Rz. 4.

des Beteiligten zurückzuführen ist. Das betrügerische Vorgehen muss ursächlich für den nicht geschuldeten Abgabenbetrag sein. Betrügerisches Vorgehen setzt ein bewusst falsches Handeln des Beteiligten voraus. Macht er nur fahrlässig oder grob fahrlässig falsche Angaben, kann sich die Zollbehörde nicht auf Art. 236 Abs. 1 UA 3 ZK berufen. Verweist die Zollbehörde auf Art. 236 Abs. 1 UA 3 ZK trifft sie hierfür die Nachweispflicht.[578]

603 Weiterhin werden Einfuhr- oder Ausfuhrabgaben nach Art. 236 Abs. 1 UA 1 Alt. 2 ZK erstattet, wenn nachgewiesen wird, dass der Betrag **entgegen Art. 220 Abs. 2 ZK buchmäßig erfasst** worden ist (Absehen von der buchmäßigen Erfassung aufgrund einer der vier Fallgruppen). Aufgrund des Verweises in Art. 220 Abs. 2 ZK auf Art. 217 Abs. 1 UA 2 und 3 ZK, sind die dort genannten Fallgruppen ebenfalls von Art. 236 Abs. 1 UA 1 Alt. 2 ZK erfasst.

604 Die v. g. Ausführungen gelten gemäß Art. 236 Abs. 1 UA 2 ZK auch, wenn die Einfuhr- oder Ausfuhrabgaben nicht gesetzlich geschuldet waren oder der Betrag entgegen Art. 220 Abs. 2 ZK buchmäßig erfasst worden ist und die Einfuhr- oder Ausfuhrabgaben noch nicht entrichtet worden sind. In diesem Fall kommt ein Erlass des Abgabenbetrages in Betracht.

605 Die Erstattung oder der Erlass der Einfuhr- oder Ausfuhrabgaben erfolgt entweder auf Antrag des Beteiligten oder von Amts wegen. Der **Antrag** ist vor Ablauf einer Frist von drei Jahren nach Mitteilung der betreffenden Abgaben an den Zollschuldner nach amtlich vorgeschriebenen Vordruck (Art. 878 ZK-DVO)[579] bei der zuständigen Zollstelle zu stellen, Art. 236 Abs. 2 ZK. Nach amtlich vorgeschriebenen Vordruck bedeutet, dass nicht zwingend der Verwaltungsvordruck zu verwenden ist.

Der Beteiligte kann den Antrag auch stellen, ohne dass er den amtlichen Vordruck verwendet, vorausgesetzt er enthält die darin geforderten Angaben. Für eine Erstattung oder einen Erlass der Einfuhr- oder Ausfuhrabgaben muss der Antragsteller die erstattungs- bzw. erlassbegründenden **Tatsachen nachweisen** („als nachgewiesen wird").

Erfolgt die Erstattung oder der **Erlass von Amts** wegen, ist dies nur innerhalb der Dreijahresfrist zulässig. Die Frist wird durch die Zollbehörden verlängert, wenn nachgewiesen wird, dass diese infolge eines unvorhergesehenen Ereignisses oder höherer Gewalt nicht einzuhalten war. Die Berechnung der Frist erfolgt nach der FristenVO.

b) Erlass/Erstattung nach Art. 239 ZK

606 Nach Art. 239 Abs. 1 ZK können Einfuhr- oder Ausfuhrabgaben in anderen als den in den Art. 236 bis 238 ZK genannten Fällen erstattet oder erlassen werden, wenn dies im **Ausschlussverfahren** festgelegt ist oder ein besonderer Fall vorliegt. Die Vorschrift ist zweigeteilt. In beiden Fällen ist Voraussetzung für eine Anwendung der Vorschrift, dass eine Erstattung oder ein Erlass nach den Art. 236 bis 238 ZK nicht in Betracht kommt.

578 *Huchatz* in Witte, Art. 236 ZK Rz. 32.

579 Muster gemäß Anhang 111 ZK-DVO.

Nach Art. 239 Abs. 1 1. Anstrich ZK ist eine Erstattung oder ein Erlass möglich, wenn dies nach dem Ausschussverfahren festgelegt ist (**Katalogfälle**). Die einschlägigen Tatbestände sind in den Art. 900 bis 903 ZK-DVO geregelt. Zum Ausschluss der Erstattung oder des Erlasses s. Art. 904 ZK-DVO. Ist einer dieser Tatbestände erfüllt und liegt keine betrügerische Absicht oder offensichtliche Fahrlässigkeit des Beteiligten vor, so erstattet oder erlässt die Zollbehörde die betreffenden Einfuhr- oder Ausfuhrabgaben. 607

Betrügerisches Vorgehen setzt ein bewusst falsches Handeln des Beteiligten voraus. Hinsichtlich der offensichtlichen Fahrlässigkeit gilt Entsprechendes wie hinsichtlich der groben Fahrlässigkeit in Art. 859 2. Anstrich ZK-DVO. Eine Differenzierung zwischen den beiden Begriffen wollte der Gesetzgeber nicht treffen.[580] Bei der Beantwortung der Frage, ob „offensichtliche Fahrlässigkeit" i. S. d. Art. 239 Abs. 1 2. Anstrich ZK vorliegt, müssen insbesondere die Komplexität der Vorschriften, deren Nichterfüllung die Zollschuld begründet, sowie die Erfahrung und die Sorgfalt des Wirtschaftsteilnehmers berücksichtigt werden. Ist die betrügerische Absicht anderen Personen als dem Beteiligten zuzurechnen, schließt dies eine Erstattung oder einen Erlass nicht aus.[581]

Für andere Fälle als die in den Art. 900 bis 903 ZK-DVO bietet Art. 239 Abs. 1 2. Anstrich ZK ein Korrektiv. Danach können Einfuhr- oder Ausfuhrabgaben erstattet oder erlassen werden, wenn ein besonderer Fall vorliegt. Art. 239 Abs. 1 2. Anstrich ZK soll damit eine **allgemeine Billigkeitsklausel** bei der Erstattung oder den Erlass von Einfuhr- oder Ausfuhrabgaben schaffen. Eine Legaldefinition des Begriffes findet sich nicht in den zollrechtlichen Vorschriften. 608

Nach EuGH liegt ein **besonderer Fall** vor, wenn sich der Beteiligte im Vergleich mit den anderen die gleiche Tätigkeit Ausübenden in einer außergewöhnlichen Situation befindet.[582] Nach Verwaltungsauffassung kann sich an den zu §§ 163, 227 AO aufgestellten Grundsätzen orientiert werden. Persönliche Billigkeitsgründe, wie z. B. die drohende Vernichtung der wirtschaftlichen Existenz des Antragstellers, sollen jedoch keine besonderen Umstände i. S. v. Art. 239 Abs. 1 2. Anstrich ZK und damit keine Billigkeitsmaßnahmen rechtfertigen.[583] Für eine Erstattung oder einen Erlass darf auch hier der Beteiligte nicht mit betrügerischer Absicht oder offensichtlich fahrlässig gehandelt haben.

Die Entscheidung, ob ein besonderer Fall vorliegt, treffen grds. die nationalen Zollbehörden, Art. 905 ZK-DVO. Ab einem zu erstattenden oder zu erlassenden Abgabenbetrag von 500 000 € entscheidet jedoch die Europäische Kommission.[584] Zu den weiteren Fällen der Zuständigkeit der Europäischen Kommission s. Art. 905 Abs. 1 DVO. 609

580 EuGH v. 11. 11. 1999 C-48/98 ZfZ 2000, 12.
581 BFH v. 30. 8. 2005 VII R 1/00 ZfZ 2006, 53.
582 EuGH v. 11. 11. 1999 C-48/98, ZfZ 2000 12.
583 DV Z 1102 Abs. 59.
584 Zum Verfahren *Huchatz* in Witte, Art. 239 ZK Rz. 26, 27.

PRAXISTIPP:

Zur Auslegung des Begriffs „besonderer Fall" bzw. „besondere Umstände":

Siehe darüber hinaus das Informationspapier der Europäischen Kommission in E-VSF Z 1120.

Eine Veröffentlichung von Entscheidungen der für Art. 239 ZK zuständigen Zentralen Facheinheit der BFD Nord befindet sich auf deren Intranetseite.

610 Die Erstattung oder der Erlass nach Art. 239 ZK erfolgt nur **auf Antrag** des Beteiligten. Der Antrag ist gemäß Art. 239 Abs. 2 ZK innerhalb einer Frist von 12 Monaten nach Mitteilung der Abgaben an den Zollschuldner bei der zuständigen Zollstelle zu stellen. Die Zollbehörden können die Frist in begründeten Ausnahmefällen verlängern. Die Berechnung der Frist erfolgt nach der FristenVO.

611 Seit dem 1. 4. 2010 gilt Art. 239 ZK nicht mehr für die Verbrauchsteuern bei der Einfuhr. Mit dem vierten Gesetz zur Änderung von Verbrauchsteuergesetzen[585] hat der Gesetzgeber die verbrauchsteuerrechtlichen Regelungen dahingehend geändert, dass die §§ 163, 227 AO nunmehr vollumfänglich auch bei Einfuhrvorgängen anzuwenden sind (z. B. § 21 Abs. 3 TabStG).

Hinsichtlich des **zeitlichen Anwendungsbereichs** der Neuregelung ist auf den Zeitpunkt der Steuerentstehung abzustellen, d. h. bei allen Verbrauchsteuersachverhalten mit Steuerentstehung ab dem 1. 4. 2010 sind die Vorschriften über die abweichende Festsetzung von Steuern (§ 163 AO) sowie den Erlass/die Erstattung (§ 227 AO) aus sachlichen bzw. persönlichen Billigkeitsgründen vollumfänglich anzuwenden. Für sämtliche Verbrauchsteuersachverhalte bei der Einfuhr mit Steuerentstehung vor dem 1. 4. 2010 gelten unabhängig vom Datum des Antrags bezüglich sachlicher Billigkeitsgründe Art. 239 ZK und bezüglich persönlicher Billigkeitsgründe §§ 163, 227 AO.

c) Erlass/Erstattung nach Art. 237/Art. 238 ZK

612 Nach Art. 237 ZK werden Einfuhr- oder Ausfuhrabgaben erstattet, wenn eine **Zollanmeldung für ungültig erklärt** wird, nachdem die Abgaben entrichtet worden sind. Art. 237 ZK soll die abgabenrechtliche Wirkung einer angenommenen Zollanmeldung rückgängig machen. Nach Art. 66 Abs. 1 ZK kann die Zollbehörde auf Antrag die Zollanmeldung für ungültig erklären, wenn die Waren irrtümlich zu dem in der Anmeldung bezeichneten Zollverfahren angemeldet worden sind oder für den Fall, dass infolge besonderer Umstände (z. B. Insolvenz des Vertragspartners) die Überführung der Waren in das betreffende Zollverfahren nicht mehr gerechtfertigt ist.

Weiterhin kann eine Zollanmeldung von Amts wegen nach Art. 75 Buchst. a ZK oder Art. 182 Abs. 3 ZK für ungültig erklärt werden. Eine Erstattung nach Art. 237 ZK kommt nur in Betracht, wenn die Einfuhr- oder Ausfuhrabgaben bereits gezahlt sind. Einen Erlass von Einfuhr- oder Ausfuhrabgaben sieht die Vorschrift damit nicht vor.

585 BGBl 2009 I 1870.

Die Erstattung nach Art. 237 ZK erfolgt nur auf **Antrag des Beteiligten.** Der Antrag ist bei der Zollbehörde vor Ablauf der für den Antrag auf Ungültigkeitserklärung der Zollanmeldung vorgesehenen Frist zu stellen. Grundsätzlich kann die Zollanmeldung nur bis zur Überlassung der Waren für ungültig erklärt werden, Art. 66 Abs. 2 ZK. Kommt eine Ungültigkeitserklärung nach Überlassung in Betracht, beträgt die Frist nach Art. 251 Abs. 1 ZK-DVO drei Monate. Innerhalb dieser Frist ist der Antrag des Beteiligten auf Erstattung der Einfuhr- oder Ausfuhrabgaben zu stellen. Die Berechnung der Frist erfolgt nach der FristenVO. 613

Nach Art. 238 ZK werden Einfuhrabgaben insoweit erstattet oder erlassen, als nachgewiesen wird, dass der buchmäßig erfasste Abgabenbetrag Waren betrifft, die zu dem betreffenden Zollverfahren angemeldet, aber vom Einführer zurückgewiesen worden sind, weil sie in dem in Art. 67 ZK bezeichneten Zeitpunkt schadhaft waren (**Zurückweisung schadhafter Waren**) oder nicht den Bedingungen des Vertrages entsprachen, der Anlass zur Einfuhr dieser Ware war (**Zurückweisung nicht vertragskonformer Waren**). 614

Sinn und Zweck von Art. 237 ZK ist es, aufgrund besonderer Ereignisse, unerwünschte Einfuhren von Waren rückgängig zu machen. Art. 238 ZK bezieht sich nur auf **Einfuhrabgaben**. Für eine Erstattung oder einen Erlass muss der Einführer die Waren körperlich und willentlich zurückweisen. Grund für die Zurückweisung kann die Schadhaftigkeit der Waren sein, z. B. weil sie mit einer Funktionsstörung oder einem Mangel behaftet sind. Schadhaften Waren i. d. S. gleichgestellt, sind Waren, die vor der Überlassung beschädigt worden sind, Art. 238 Abs. 1 UA 2 ZK. Ein weiterer Grund für die Zurückweisung kann darin bestehen, dass die eingeführten Waren nicht irgendeiner vertraglichen Bedingungen entsprechen.

Darüber hinaus bestimmt Art. 238 Abs. 2 ZK zwei weitere zwingende Voraussetzungen. Einerseits dürfen die Waren nicht **verwendet oder gebraucht** worden sein. Etwas anderes gilt nur, wenn erst nach Beginn der Verwendung oder des Gebrauchs festgestellt werden konnte, dass die Waren schadhaft sind oder sie den Vertragsbedingungen nicht entsprechen. Andererseits müssen die Waren entweder:

- aus dem Zollgebiet der Gemeinschaft ausgeführt,
- vernichtet oder zerstört,
- in ein externes Versandverfahren oder ein Zolllagerverfahren übergeführt,
- oder in eine Freizone oder ein Freilager verbracht

werden.

Regelfall soll die **Wiederausfuhr** sein. Die anderen Bestimmungen bedürfen der Zulassung der Zollbehörde. Die Einfuhrabgaben werden nicht erstattet oder erlassen, wenn die Ware vor ihrer Anmeldung zum zollrechtlichen freien Verkehr bereits zu Versuchszwecken vorübergehend eingeführt worden waren (Ausschlusskriterien). Dies gilt jedoch nicht, wenn nachgewiesen werden kann, dass die Schadhaftigkeit der Waren oder ihre Nichtübereinstimmung mit den Vertragsbedingungen bei den Versuchen normalerweise nicht festgestellt werden konnte. Die Erstattung oder der Erlass der Einfuhrabgaben erfolgt nur so weit, wie die Waren schadhaft oder nicht vertragskonform waren („insoweit erstattet oder erlassen, als nachgewiesen wird").

615 Die Erstattung oder der Erlass nach Art. 238 ZK erfolgt nur auf **Antrag des Beteiligten.** Mit dem Antrag ist die Zurückweisung, die Schadhaftigkeit bzw. die Vertragswidrigkeit sowie alle sonstigen Voraussetzungen des Art. 238 ZK durch den beteiligten nachzuweisen. Der Antrag ist gemäß Art. 238 Abs. 4 ZK innerhalb einer Frist von 12 Monaten nach Mitteilung der Abgaben an den Zollschuldner bei der zuständigen Zollstelle zu stellen. Die Berechnung der Frist erfolgt nach der FristenVO.

616 Die Erstattung der Einfuhrumsatzsteuer ist nach Art. 237, 238 ZK nicht möglich, wenn der Antragsteller zum Vorsteuerabzug berechtigt ist, § 14 Abs. 2 EUStBV.[586]

617–625 *(Einstweilen frei)*

I. Außenprüfung/Steueraufsicht

626 Nach § 85 AO haben die Finanzbehörden die Steuern nach Maßgabe der Gesetze gleichmäßig festzusetzen und zu erheben. Sie haben sicherzustellen, dass Steuern nicht verkürzt, zu Unrecht erhoben oder Steuererstattungen und Steuervergütungen nicht zu Unrecht gewährt oder versagt werden. Die AO und die Einzelsteuergesetze setzen dabei wesentlich auf das System der Steuererklärung bzw. Steueranmeldung.[587]

Die Angaben des Steuerpflichtigen in Steuererklärung und Steueranmeldung genießen einen **Vertrauensvorschuss.**[588] Eindeutigen Steuererklärungen und Steueranmeldungen braucht die Finanzbehörde nicht mit Misstrauen zu begegnen, vielmehr kann sie regelmäßig von deren Richtigkeit und Vollständigkeit ausgehen.[589] Eine Besteuerung, die nahezu allein auf der Erklärungsbereitschaft des Steuerpflichtigen beruht, kann aber nicht dem Ziel der Gleichmäßigkeit und Gesetzmäßigkeit der Besteuerung Rechnung tragen.[590] Die AO enthält deshalb Vorschriften (§§ 193 ff. AO), die den Finanzbehörden die Ermittlung und Prüfung von bekannten und unbekannten steuerlichen Sachverhalten ermöglicht.

I. Außenprüfung

627 Die Vorschriften zur Außenprüfung sind in den §§ 193 bis 207 AO enthalten. Die Außenprüfung ist ein spezielles Verwaltungsverfahren zur Sachverhaltsaufklärung, in dem Beweise durch die Finanzbehörde erhoben werden.[591] Es dient dazu, die steuerlichen Verhältnisse des Steuerpflichtigen zu ermitteln. Dabei findet die Prüfung nicht aus den Büroräumen der Finanzbehörden heraus statt, sondern in den Geschäftsräumen des Steuerpflichtigen.

586 Siehe hierzu auch: DV Z 8101 Abs. 142-143.

587 Im Verbrauchsteuerrecht setzt sich zunehmend das System der Selbstveranlagung mittels Steueranmeldung durch.

588 Siehe hierzu ausführlich: *Seer* in Tipke/Lang, Steuerrecht, § 21 Rz. 5 ff.

589 BFH v. 7. 7. 2004 XI R 10/03, BStBl 2004 II 911; AO-DV Zoll Nr. 3 zu § 88.

590 BVerfG v. 27. 6. 1991 2 BvR 1493/89, BStBl 1991 II 654.

591 *Seer* in Tipke/Kruse, Vor § 193 AO Rz. 10.

1. Allgemeines

Die Außenprüfung dient der Ermittlung der steuerlichen Verhältnisse des Steuerpflichtigen, § 194 Abs. 1 Satz 1 AO. Eine Außenprüfung ist gemäß § 193 Abs. 1 AO zulässig bei allen Steuerpflichtigen, die einen gewerblichen oder land- und forstwirtschaftlichen Betrieb unterhalten, die freiberuflich tätig sind und bei Steuerpflichtigen i. S. d. § 147a AO. Darüber hinaus bestimmt § 193 Abs. 2 AO weitere Fälle der Zulässigkeit der Außenprüfung. So ist beispielsweise eine Außenprüfung nach § 193 Abs. 2 Nr. 2 AO zulässig, wenn die für die Besteuerung erheblichen Verhältnisse der Aufklärung bedürfen und eine Prüfung an Amtsstelle nach Art und Umfang des zu prüfenden Sachverhalts nicht zweckmäßig ist. § 193 AO unterscheidet zwischen: 628

- Steuerpflichtigen, die einen gewerblichen Betrieb unterhalten (§ 193 Abs. 1 1. Alt. AO)
- Steuerpflichtigen, die einen land- und forstwirtschaftlichen Betrieb unterhalten (§ 193 Abs. 1 2. Alt. AO),
- Steuerpflichtigen, die freiberuflich tätig sind (§ 193 Abs. 1 3. Alt. AO),
- Steuerpflichtigen i. S. v. § 147a AO (§ 193 Abs. 1 4. Alt. AO),
- übrigen Steuerpflichtigen (§ 193 Abs. 2 AO).

Aus der Vorschrift folgt, dass bei Steuerpflichtigen nach § 193 Abs. 1 AO, anders als bei den unter § 193 Abs. 2 AO fallenden Steuerpflichtigen eine Außenprüfung ohne weitere Voraussetzungen zulässig ist.[592] Eine Begründung ist in diesen Fällen nicht notwendig. Es reicht der alleinige Verweis auf die Vorschrift aus. Eine Außenprüfung ist so lange zulässig, als noch Ansprüche aus dem Steuerschuldverhältnis bestehen.[593] 629

Regelmäßige Außenprüfungen bei dem v. g. Personenkreis werden aufgrund der beschränkten Personalressourcen allerdings sowohl in der Landesfinanzverwaltung, als auch in der Zollverwaltung nicht möglich sein. Daher steht es im **Ermessen der Finanzbehörde** über die Vornahme einer Außenprüfung zu entscheiden. Die Entscheidung über die Durchführung einer Außenprüfung sollte sich nicht allein nach der finanziellen Bedeutung des Steuerfalls richten. Eine solche Verfahrensweise würde zu Verstößen gegen den Grundsatz der Gleichmäßigkeit der Besteuerung führen. Ausschlaggebend sollten vielmehr festgelegte Risikoparameter oder die Kontrollbedürftigkeit des Steuerpflichtigen sein. 630

Das Ermessen kann durch Verwaltungsvorschriften eingeschränkt werden (z. B. BpO, Prüfungspläne etc.) Ist das Ermessen dahingehend eingeschränkt, dass bei dem Steuerpflichtigen grds. nach einem bestimmten Prüfungsturnus geprüft wird, kann die Finanzbehörde davon abweichen, wenn dies besondere Gründe rechtfertigen.

Die **örtliche Zuständigkeit** für die Besteuerung (einschließlich der Außenprüfung) ergibt sich aus §§ 17 ff. AO; für Einfuhr- und Ausfuhrabgaben und Verbrauchsteuern insbesondere aus § 23 AO. § 195 Satz 1 AO weist klarstellend darauf hin, dass Außenprüfungen grds. von den für die Besteuerung zuständigen Finanzbehörden durchgeführt 631

592 BFH v. 2. 10. 1991 X R 89/89, BStBl 1992 II 220.

593 AO-DV Zoll Nr. 5 zu § 193 unter Hinweis auf die einschlägige Rechtsprechung des BFH.

werden. Sie können aber auch gemäß § 195 Satz 2 AO andere Finanzbehörden mit der Außenprüfung beauftragen.

Betreibt der Steuerpflichtige sein Unternehmen von einem nicht zum Geltungsbereich der AO gehörenden Ort aus, ist nach § 23 Abs. 2 Satz 2 AO das HZA für die Außenprüfung örtlich zuständig, in dessen Bezirk der Steuerpflichtige seine Geschäfte im Geltungsbereich des Gesetzes ganz oder vorwiegend bewirkt.[594] Für den Bereich der Zollverwaltung ergibt sich die Zuständigkeit für die Außenprüfung darüber hinaus aus der HZA-Zuständigkeitsverordnung.[595]

632 Nach § 194 Abs. 1 Satz 2 AO kann die Außenprüfung eine oder mehrere Steuerarten (z. B. Energiesteuer und Stromsteuer), einen oder mehrere Besteuerungszeiträume (2009 und 2010) umfassen oder sich auf bestimmte Sachverhalte (nur Vergütungsansprüche aus dem Jahr 2010) beschränken. Einfuhr- und Ausfuhrabgaben unterliegen auch der Außenprüfung. Das gemeinschaftsrechtliche Zollrecht trifft insoweit keine Regelungen.[596]

Die Außenprüfung kann sich grds. auch auf solche Besteuerungszeiträume beziehen, hinsichtlich derer die reguläre Festsetzungsfrist (§ 169 Abs. 2 Satz 1 AO) abgelaufen ist.[597] Dies kommt beispielsweise dann in Betracht, wenn Anhaltspunkte für eine verlängerte Festsetzungsfrist nach § 169 Abs. 2 Satz 2 AO bestehen, ein Anfangsverdacht auf eine Steuerstraftat aber noch nicht vorliegt. Steht allerdings unstreitig fest, dass keine verlängerte Festsetzungsfrist nach § 169 Abs. 2 Satz 2 AO in Betracht kommt, ist eine Außenprüfung nicht zulässig.

Von der Außenprüfung **ausgeschlossen**, sind gemäß § 1 Abs. 3 Satz 2 AO **steuerliche Nebenleistungen**. Aus § 194 Abs. 1 Satz 2 AO folgt, dass den Umfang der Außenprüfung die Finanzbehörde nach pflichtgemäßem Ermessen bestimmt („kann eine oder mehrere"). An eine Außenprüfung sind bestimmte Rechtsfolgen geknüpft (z. B. Aufhebung des Vorbehalts der Nachprüfung, § 164 Abs. 3 Satz 3 AO und Ablaufhemmung, § 171 Abs. 4 AO). Der Prüfungsgegenstand sollte deshalb so konkret wie möglich beschrieben sein.

2. Prüfungsanordnung

633 Der Umfang der Außenprüfung ergibt sich aus der Prüfungsanordnung (§ 196 AO), welche die Finanzbehörde vor dem Beginn der Außenprüfung an den Steuerpflichtigen bekannt zu geben hat. Bei der **Prüfungsanordnung** handelt es sich um einen Verwaltungsakt, **welcher schriftlich** und unter Beifügung einer Rechtsbehelfsbelehrung zu ergehen hat.

---

594 AO-DV Zoll zu § 23.

595 Die HZA-Zuständigkeitsverordnung ist dahingehend wichtig, weil nicht alle HZÄ über ein Sachgebiet Prüfungsdienst (D) verfügen.

596 §§ 193, 194 AO sind allerdings für Einfuhr- und Ausfuhrabgaben durch Art. 78 Abs. 1 und 2 ZK hinsichtlich der nachträglichen Überprüfung von Zollanmeldungen überlagert, s. hierzu AO-DV Zoll Nr. 1 zu § 193 und § 194.

597 BFH v. 10. 4. 2003 IV R 30/01, BStBl 2003 II 827.

Die Prüfungsanordnung muss mithin allen Erfordernissen gerecht werden, die an einen Verwaltungsakt zu stellen sind (§§ 118 ff. AO). Sie muss inhaltlich hinreichend bestimmt sein und so weit begründet werden, wie es für ihr Verständnis erforderlich ist. Hierzu soll der Hinweis auf §§ 193 ff. AO genügen.[598] Dies dürfte u. E. vor allem bei nicht turnusgemäßen Prüfungen zu kurz gegriffen sein. Die Formalisierung der Außenprüfung durch das Erfordernis einer Prüfungsanordnung, dient neben dem Schutz des Steuerpflichtigen auch der Vermeidung von Unklarheiten hinsichtlich der Art und Auswirkung der durchzuführenden Maßnahmen.[599] Die schriftliche Prüfungsanordnung hat zwingend zu enthalten:

- den von der Prüfungsanordnung betroffenen Steuerpflichtigen,
- den Prüfungsgegenstand (sachlicher Umfang),
- den Prüfungszeitraum (zeitlicher Umfang),
- den Prüfungsort,[600]
- die Begründung,
- eine Rechtsbehelfsbelehrung.

Besteht die Notwendigkeit, kann der Umfang der Außenprüfung durch eine weitere Prüfungsanordnung sachlich oder zeitlich erweitert werden (sog. **Ergänzungsprüfungsanordnung bzw. Erweiterungsprüfungsanordnung**). 634

Die Prüfungsanordnung sowie der voraussichtliche Prüfungsbeginn und der Namen des Prüfers sind dem Steuerpflichtigen, bei dem die Außenprüfung durchgeführt werden soll, angemessene Zeit vor Beginn der Prüfung bekannt zu geben, wenn der Prüfungszweck dadurch nicht gefährdet wird, § 197 Abs. 1 Satz 1 AO. Der Beginn der Außenprüfung kann nach § 197 Abs. 2 AO auf Antrag des Steuerpflichtigen verschoben werden. Die hierfür erforderlichen Gründe sind durch den Steuerpflichtigen ggü. der Finanzbehörde glaubhaft zu machen. 635

BEISPIEL für Hinausschieben des Prüfungsbeginns:

Die A GmbH, eine kleine familienbetriebene Brauerei, erhält am 1. 6. 10 vom HZA Dresden eine Prüfungsanordnung. Weiterhin wird ihr in dem Bescheid der Beginn der Außenprüfung für den 1. 8. 10 angekündigt. 10 Tage vor dem beabsichtigten Beginn der Prüfung erkrankt der alleinige Geschäftsführer (B) der A GmbH schwer. Ein längerer Krankenhausaufenthalt ist die Folge. Vor seinem Krankenhausaufenthalt beantragt B, den Beginn der Außenprüfung um sechs Wochen zu verschieben.

Mit dem späteren Beginn der Außenprüfung wäre die Festsetzungsfrist nicht gefährdet. Sonstige Gründe für eine Ablehnung des Antrags sind nicht ersichtlich. Das HZA müsste den Beginn der Außenprüfung wie beantragt verschieben.

3. Beginn der Außenprüfung

Die Außenprüfung beginnt grds. in dem Zeitpunkt, in dem der Außenprüfer nach Bekanntgabe der Prüfungsanordnung **konkrete Ermittlungshandlungen,** d. h. auf eine 636

598 AO-DV Zoll Nr. 1 zu § 196.

599 BT-Drucksache VI/1982, 162.

600 Die Notwendigkeit der Angabe des Prüfungsortes ergibt sich aus § 200 Abs. 2 AO.

umfassende Überprüfung der Besteuerungsgrundlagen gerichtete Maßnahmen vornimmt. Diese Handlungen brauchen dem Betroffenen gegenüber nicht erkennbar zu sein. Es genügt vielmehr, dass der Außenprüfer nach Bekanntgabe der Prüfungsanordnung mit dem Studium der den Steuerfall betreffenden Akten beginnt.[601]

Führt der Prüfer ein Aktenstudium vor dem in der Prüfungsanordnung genannten Termin des Beginns der Prüfung durch, gehört dieses noch zu den Prüfungsvorbereitungen und nicht zur eigentlichen Außenprüfung.[602] Auch das bloße Erscheinen des Prüfers an Ort und Stelle führt noch nicht zum Beginn der Außenprüfung. Hier fehlt es an den konkreten Ermittlungshandlungen. Bei einer Datenträgerüberlassung (§ 147 Abs. 6 AO) beginnt die Außenprüfung dann, wenn der Prüfer mit der Auswertung der Daten beginnt.[603]

637 Der Beginn der Außenprüfung ist vom Prüfer unter Angabe von Datum und Uhrzeit aktenkundig zu machen, § 198 Satz 2 AO. Der Zeitpunkt des Beginns ist später Gegenstand des Prüfungsberichts.[604] Der Zeitpunkt des Beginns hat vor allem Bedeutung für die Ablaufhemmung nach § 171 Abs. 4 AO.

4. Prüfungsgrundsätze

638 Erscheint der Prüfer zur Prüfung beim Steuerpflichtigen, hat er sich gemäß § 198 Satz 1 AO unverzüglich auszuweisen. Dies erfolgt durch das unaufgeforderte Vorzeigen des Dienstausweises. Die Außenprüfung hat gemäß § 200 Abs. 3 Satz 1 AO während der üblichen Geschäfts- oder Arbeitszeit stattzufinden. Hierbei ist auf die jeweilige Branche abzustellen. Unzulässig ist eine Prüfung an Sonn- und Feiertagen oder zu Nachtzeiten. Eine Abweichung von § 200 Abs. 3 Satz 1 AO ist zulässig, wenn der Steuerpflichtige dem zustimmt.[605]

Der Prüfer ist für die Außenprüfung nach § 200 Abs. 3 Satz 2 AO berechtigt, Grundstücke und Betriebsräume zu betreten und zu besichtigen. Bei einer Betriebsbesichtigung soll der Betriebsinhaber oder sein Beauftragter hinzugezogen werden. Bei der Durchführung einer Außenprüfung in den Geschäftsräumen des Steuerpflichtigen handelt es sich um einen **Grundrechtseingriff** (Art. 13 GG). § 200 AO stellt die hierfür erforderliche Rechtsgrundlage dar.[606]

Die zu beachtenden **Prüfungsgrundsätze** ergeben sich aus § 199 AO und dienen dem Schutz des Steuerpflichtigen und einem reibungslosen Prüfungsablauf.[607] Danach hat der Außenprüfer die tatsächlichen und rechtlichen Verhältnisse, die für die Steuerpflicht und für die Bemessung der Steuer maßgebend sind (Besteuerungsgrundlagen),

601 AO-DV Zoll Nr. 1 zu § 198 unter Hinweis auf die ständige Rechtsprechung des BFH, z. B. BFH v. 6. 7. 1999 VIII R 17/97, DStR 1999, 1733-1736; v. 7. 8. 1980 II R 119/77, BStBl 1981 II 409-411.

602 BFH v. 8 .7. 2009 XI R 64/07, DStR 2009, 2097-2101.

603 AO-DV Zoll Nr. 1 zu § 198.

604 AO-DV Zoll Nr. 2 zu § 198.

605 *Seer* in Tipke/Kruse, § 200 AO Rz. 43.

606 Zu den Anforderungen: BVerfG v. 13. 10. 1971 1 BvR 280/66, BVerfGE 32, 54.

607 BT-Drucksache VI/1982, 163.

zugunsten wie zuungunsten des Steuerpflichtigen zu prüfen. Bei der Prüfung ist auf das Wesentliche abzustellen. Maßgeblich ist der in der Prüfungsanordnung bestimmte Umfang.

Hält der Prüfer aufgrund der bisher gewonnenen Erkenntnisse es für zweckmäßig und erforderlich, kann der Umfang der Außenprüfung sachlich oder zeitlich erweitert werden. Hierfür ist jedoch eine weitere Prüfungsanordnung notwendig (sog. **Ergänzungsprüfungsanordnung bzw. Erweiterungsprüfungsanordnung**).[608]

639 Während der Außenprüfung ist der Steuerpflichtige über die festgestellten Sachverhalte und die möglichen steuerlichen Auswirkungen zu unterrichten, § 199 Abs. 2 AO. Würde durch die Unterrichtung der Zweck und der Ablauf der Prüfung beeinträchtigt werden, ist von der Unterrichtung abzusehen. Die Unterrichtung soll den Anspruch des Steuerpflichtigen auf **rechtliches Gehör** sicherstellen und ihm somit Gelegenheit geben, sich bereits während der Außenprüfung zu dem ermittelten Sachverhalt zu äußern und ggf. aufgetretene Unklarheiten zu beseitigen.

640 Ohne die Mitwirkung des Steuerpflichtigen ist eine Außenprüfung nicht möglich. Der Prüfer ist mithin auf die Mitwirkung des Steuerpflichtigen angewiesen. Die speziellen **Mitwirkungspflichten** des Steuerpflichtigen während einer Außenprüfung bestimmt § 200 AO. Die Bestimmung des Umfangs der Mitwirkung des Steuerpflichtigen liegt im pflichtgemäßen Ermessen der Finanzbehörde.[609] Der Steuerpflichtige hat bei der Feststellung der Sachverhalte, die für die Besteuerung erheblich sein können, mitzuwirken. Die Mitwirkungspflicht umfasst nach § 200 Satz 2 AO insbesondere folgende Punkte:

- Auskünfte zu erteilen,
- Aufzeichnungen, Bücher, Geschäftspapiere und andere Urkunden zur Einsicht und Prüfung vorzulegen,
- die zum Verständnis der Aufzeichnungen erforderlichen Erläuterungen zu geben und
- die Finanzbehörde bei Ausübung ihrer Befugnisse nach § 147 Abs. 6 AO zu unterstützen.

641 Die v. g. Aufzählung ist nicht abschließend („insbesondere"). Hält der Steuerpflichtige steuerlich relevante Unterlagen auf **elektronischen Datenträgern** vor, hat er diese dem Prüfer in geeigneter Weise zur Verfügung zu stellen (§ 147 Abs. 6 AO). Der Steuerpflichtige braucht nicht höchstpersönlich mitzuwirken, sondern kann sich hierzu anderer geeigneter Personen bedienen. Mit Ausnahme von Kleinstunternehmen werden dies in der Praxis regelmäßig Angehörige des kaufmännischen Bereichs oder der Zoll- und Steuerabteilung des Unternehmens sein. Unabhängig davon kann der Prüfer gemäß § 200 Abs. 1 Satz 3 AO Auskünfte von anderen Betriebsangehörigen einholen, wenn der Steuerpflichtige oder die von ihm benannte Person nicht in der Lage ist, die erforderlichen Auskünfte zu erteilen. Gleiches gilt, wenn die Auskünfte unvollständig sind.

608 Zur Zulässigkeit der Erweiterung einer Außenprüfung: BFH v. 11. 8. 1993 II R 34/90, BStBl 1994 II 375.
609 AO-DV Zoll Nr. 3 zu § 200.

642 Die Unterlagen sind dem Prüfer in den Geschäftsräumen des Steuerpflichtigen vorzulegen. Dort hat grds. auch die Prüfung stattzufinden.[610] Zur Durchführung der Außenprüfung sind dem Prüfer ein geeigneter Raum oder Arbeitsplatz sowie die erforderlichen Hilfsmittel unentgeltlich zur Verfügung zu stellen, § 200 Abs. 2 Satz 2 AO. Fehlt es an einem zur Durchführung der Außenprüfung geeignetem Geschäftsraum, kann die Prüfung auch in den Wohnräumen des Steuerpflichtigen oder an Amtsstelle erfolgen.

643 Kommt ein Steuerpflichtiger einer Aufforderung der Finanzbehörde zur Erteilung von Auskünften oder zur Vorlage angeforderter Unterlagen i. S. v. § 200 Abs. 1 AO bei einer Außenprüfung innerhalb einer angemessenen Frist nicht nach, kann ein **Verzögerungsgeld** gemäß § 146 Abs. 2b AO verhängt werden. Die wiederholte Festsetzung des Verzögerungsgelds wegen derselben Pflichtverletzung ist aber nicht zulässig. Eine diesbezügliche gesetzliche Ermächtigung, vergleichbar des § 332 Abs. 3 AO, enthält die Vorschrift insoweit nicht.

Ein **Mitwirkungsverweigerungsrecht** hat der von der Außenprüfung betroffene Steuerpflichtige nicht. Für nicht Dritte (z. B. Angehörige oder nach § 201 Abs. 1 Satz 3 AO benannte Auskunftspersonen) richten sich mögliche Verweigerungsrechte nach §§ 101 ff. AO. Verweigert der Steuerpflichtige die Mitwirkung, kann diese mit geeigneten Zwangsmaßnahmen (§§ 328 ff.) durchgesetzt werden.

5. Schlussbesprechung/Ende der Außenprüfung

644 Hat der Prüfer die steuerlichen Verhältnisse des Steuerpflichtigen abschließend ermittelt, ist über das Ergebnis der Außenprüfung gemäß § 201 Abs. 1 Satz 1 AO eine Besprechung abzuhalten (**Schlussbesprechung**). Durch die Schlussbesprechung soll dem Steuerpflichtigen noch vor Erstellung des Prüfungsberichts **rechtliches Gehör** gewährt werden. Gleichzeitig soll sie dazu dienen, rechtzeitig Missverständnisse und Meinungsverschiedenheiten auszuräumen.[611]

Eine Schlussbesprechung unterbleibt, wenn sich nach dem Ergebnis der Außenprüfung keine Änderung der Besteuerungsgrundlagen ergibt oder der Steuerpflichtige auf die Schlussbesprechung verzichtet. Für die Durchführung der Schlussbesprechung bedarf es keines Antrags durch den Steuerpflichtigen. Liegen die Voraussetzungen von § 201 Abs. 1 Satz 1 AO vor, ist eine Schlussbesprechung von Amts wegen durchzuführen. Ein Ermessen hat die Finanzbehörde insoweit nicht („ist durchzuführen").

Unterbleibt die Schlussbesprechung dennoch, führt dies nicht zu einem Verwertungsverbot und nicht zur Rechtswidrigkeit der Steuerbescheide, welche aufgrund der aus der Außenprüfung ergangen sind.[612] Eine Heilung kommt nach § 126 Abs. 1 Nr. 3 AO (Heilung des unterlassenen rechtlichen Gehörs) in Betracht.

645 Zur Durchführung der Schlussbesprechung vereinbart die Finanzbehörde mit dem Steuerpflichtigen einen Termin. Der Termin soll, je nach Verlauf und Dauer der Prüfung, in-

610 BFH 11. 3. 1992 X R 116/90, BFH/NV 1992, 757.

611 BT-Drucksache VI/1982, 163.

612 BFH v. 15. 12. 1997 X B 182/96, BFH/NV 1998, 811-812.

nerhalb einer angemessenen Zeit seit Beendigung der Ermittlungshandlungen liegen. Für den Bereich der HZÄ wurde für den Termin ein Zeitraum von regelmäßig nicht mehr als einem Monat festgelegt.[613] Kommt eine Terminabsprache nicht zustande, lädt die Finanzbehörde den Steuerpflichtigen schriftlich zur Schlussbesprechung an Amtsstelle.[614]

Nimmt der Steuerpflichtige oder ein von ihm Beauftragter diesen Termin nicht wahr, kann dies als Verzicht auf die Durchführung einer Schlussbesprechung i. S. d. § 201 Abs. 1 Satz 1 AO gewertet werden. Über diese Folge ist der Steuerpflichtige bei Ladung zum Termin zu belehren. Bei der Terminvereinbarung empfiehlt es sich, die Besprechungspunkte für die Schlussbesprechung mitzuteilen. Der Steuerpflichtige erhält so Gelegenheit, sich auf die Schlussbesprechung ausreichend vorzubereiten.

Bei der Schlussbesprechung sind nach § 201 Abs. 1 Satz 2 AO vor allem strittige Sach- 646
verhalte sowie die rechtliche Beurteilung der Prüfungsfeststellungen und ihre steuerlichen Auswirkungen mit dem Steuerpflichtigen zu erörtern. Dabei kann das Erfordernis bestehen, Ungewissheiten und Unklarheiten auf tatsächlichem Gebiet (z. B. bei Schätzungen) in einvernehmlicher Weise auszuräumen. Diesem Bedürfnis kann mit einer sog. **tatsächlichen Verständigung** Rechnung getragen werden. Die Verständigungen können jedoch nur Vereinbarungen über bestimmte Sachbehandlungen betreffen und nicht Vereinbarungen über zweifelhafte Rechtsfragen bzw. über die Steueransprüche als solches.[615]

Besteht die Möglichkeit, dass aufgrund der Prüfungsfeststellungen ein Straf- oder Buß- 647
geldverfahren durchgeführt werden muss, soll der Steuerpflichtige darauf hingewiesen werden, dass die straf- oder bußgeldrechtliche Würdigung einem besonderen Verfahren vorbehalten bleibt, § 201 Abs. 2 AO. Die straf- oder bußgeldrechtliche Würdigung ist jedoch nicht Gegenstand der Schlussbesprechung.

Im Anschluss an die Schlussbesprechung vollendet der Prüfer den **Prüfungsbericht**. Im 648
Prüfungsbericht sind die tatsächlichen und rechtlichen Feststellung der durchgeführten Außenprüfung zusammengefasst, § 202 Abs. 1 Satz 2 AO. Er enthält ferner den Beginn der Außenprüfung und die Ergebnisse der Schlussbesprechung. Welche Schlussfolgerungen aus dem Prüfungsbericht zu ziehen sind, bestimmt die Festsetzungsstelle. Bei den HZÄ ist dies das Sachgebiet Abgabenerhebung (B). Wurde während der Außenprüfung eine tatsächliche Verständigung zwischen den Beteiligten geschlossen, gebietet es der Grundsatz von Treu und Glauben, dass die Finanzbehörde hierauf angemessen Rücksicht nimmt und sich hierzu nicht in Widerspruch setzt.[616]

Der Prüfungsbericht ist dem Steuerpflichtigen zu übersenden. Auf Antrag ist dem Steuerpflichtigen nach § 202 Abs. 2 AO Gelegenheit zur Stellungnahme zu geben. Führt die Außenprüfung zu keiner Änderung der Besteuerungsgrundlagen, genügt es, wenn dies dem Steuerpflichtigen schriftlich mitgeteilt wird, § 202 Abs. 1 Satz 3 AO (sog. **Mittei-**

613 AO-DV Zoll Nr. 2 zu § 201.
614 AO-DV Zoll Nr. 2 zu § 201.
615 BFH v. 11. 12. 1984 VIII R 131/76, DStR 1985, 283; AO-DV Zoll Nr. 2 zu § 88.
616 BFH v. 6. 2. 1991 I R 13/86, BStBl 1991 II 673.

lung über die ergebnislose Prüfung). Wie auch der Prüfungsbericht selbst, ist die Mitteilung über die ergebnislose Prüfung mangels Regelung kein Verwaltungsakt.

649 In der Regel **endet die Außenprüfung** mit der Zusendung des Prüfungsberichts.[617] Um Missverständnisse zu vermeiden, sollte der Abschluss ausdrücklich erklärt werden.

II. Steueraufsicht in besonderen Fällen

1. Steueraufsicht bei Verbrauchsteuern

650 Zur Sicherung des Verbrauchsteueraufkommens hat der Gesetzgeber besondere Vorschriften in der AO vorgesehen (§§ 209 bis 217 AO). Während die Außenprüfung der Ermittlung der steuerlichen Verhältnisse des Steuerpflichtigen dient, ist die Steueraufsicht in besonderen Fällen auf die fortlaufende Überwachung der verbrauchsteuerpflichtigen Sachverhalte gerichtet.[618] Die Steueraufsicht ersetzt nicht die Außenprüfung. Vielmehr zielen Steueraufsicht und Außenprüfung auf unterschiedliche Sachverhalte ab. Auch entfalten sie unterschiedliche Wirkungen. So hemmt die Steueraufsicht im Gegensatz zur Außenprüfung nicht den Ablauf der Festsetzungsfrist (§ 171 Abs. 4 AO).

651 Unter die Steueraufsicht fallen sämtliche Verbrauchsteuern. Hierzu gehört gemäß § 21 Abs. 1 UStG auch die Einfuhrumsatzsteuer. Vom Wortlaut der Vorschrift nicht erfasst ist die LuftVSt. Allerdings erklärt § 14 Satz 1 LuftVStG i. V. m. § 209 Abs. Abs. 3 AO die Anwendung der Vorschriften. Nicht unter den Anwendungsbereich der §§ 209 bis 217 AO fallen die Kraftfahrzeugsteuer und sonstige durch die HZÄ verwaltete Abgaben (z. B. Einfuhr- und Ausfuhrabgaben,[619] Marktordnungsabgaben). § 209 Abs. 1 und 2 AO erfassen folgende Sachverhalte:

- Warenverkehr über die Grenze,
- Warenverkehr in den Freizonen und Freilagern,
- Gewinnung und Herstellung, Lagerung, Beförderung und gewerbliche Verwendung verbrauchsteuerpflichtiger Waren,
- Handel mit verbrauchsteuerpflichtigen Waren
- Versand, Ausfuhr, Lagerung, Verwendung, Vernichtung, Veredelung, Umwandlung und sonstige Bearbeitung oder Verarbeitung von Waren in einem Verbrauchsteuerverfahren,
- Herstellung und Ausfuhr von Waren, für die ein Erlass, eine Erstattung oder Vergütung von Verbrauchsteuer beansprucht wird.

Der Anwendungsbereich von § 209 Abs. 1 und 2 AO ist sehr weit gefasst, um möglichst alle verbrauchsteuerpflichtigen Sachverhalte zu erfassen. § 209 Abs. 3 AO stellt darüber hinaus klar, dass auch weitere Sachverhalte der Steueraufsicht unterliegen können, wenn dies gesetzlich besonders bestimmt ist.

617 Siehe hierzu: BFH v. 4. 2. 1988 V R 57/83, BStBl 1988 II 413; v. 17. 7. 1985 I R 214/82, BStBl 1986 II 21.
618 AO-DV Zoll Nr. 2 zu § 209.
619 AO-DV Zoll Nr. 1 zu § 209.

a) Befugnisse der HZÄ

Die Befugnisse der HZÄ und die Rechte und Pflichten des Betroffenen bei der Steueraufsicht bestimmen §§ 210 bis 217 AO. 652

aa) Nachschau

Wesentliches Instrumentarium der Steueraufsicht ist die **Nachschau** (§ 210 Abs. 1 und 653
2 AO). Um Prüfungen vorzunehmen oder sonst Feststellungen zu treffen, die für die Besteuerung erheblich sein können, sind die HZÄ berechtigt,

- Grundstücke und Räume von Personen,
- die eine gewerbliche oder berufliche Tätigkeit selbständig ausüben und
- denen ein der Steueraufsicht unterliegender Sachverhalt zuzurechnen ist,

während der Geschäfts- und Arbeitszeiten zu betreten. Die Einschränkung auf die Geschäfts- und Arbeitszeiten entfällt gemäß § 210 Abs. 2 AO, wenn Tatsachen die Annahme rechtfertigen, dass sich dort

- Schmuggelwaren befinden,
- nicht ordnungsgemäß versteuerte verbrauchsteuerpflichtige Waren befinden oder
- sonst gegen Vorschriften oder Anordnungen verstoßen wird, deren Einhaltung durch die Steueraufsicht gesichert werden soll.

In den Anwendungsbereich der Nachschau fallen nicht Privatgrundstücke oder Privaträume; auch nicht der ggf. gewerblich oder beruflich handelnden Person.[620] Auch ein Pkw ist nach dem Wortlaut von § 210 Abs. 2 AO kein tauglicher Gegenstand einer im Rahmen der Steueraufsicht durchgeführten Nachschau. Bei den der Luftverkehrsteuer unterliegenden Sachverhalten, erstreckt sich das Betretungsrecht nach § 14 Satz 2 LuftVStG auch auf das betreffende Flugzeug oder den betreffenden Drehflügler.

Der nach § 210 Abs. 2 AO notwendige **Verdacht muss konkret** sein. Nach der Vorgabe 654
des Gesetzes müssen Tatsachen, d. h. konkrete und nachprüfbare Anhaltspunkte, vorliegen, die auf die zu durchsuchenden Räumlichkeiten als Aufbewahrungsort der Schmuggelware hinweisen. Ein sich auf die Erfahrung der handelnden Amtsträger stützender Verdacht reicht nicht aus.[621]

bb) Anhalterechte

Die HZÄ sind ferner nach § 210 Abs. 3 AO befugt, innerhalb von zeitlich und örtlich be- 655
grenzten **Kontrollen**, Schiffe und andere Fahrzeuge (z. B. Lkw, Kleintransporter), die nach ihrer äußeren Erscheinung gewerblichen Zwecken dienen, anzuhalten.[622] Ein konkreter Verdacht ist hierfür nicht erforderlich.[623] Die Betroffenen haben sich auszuweisen, Auskunft über die transportierten Waren zu geben und dies durch geeignete Dokumente nachzuweisen. Ergeben sich Anhaltspunkte, dass verbrauchsteuerpflichtige Wa-

620 BT-Drucksache 12/3452, 96; *Tipke* in Tipke/Kruse, § 210 AO Rz. 2.
621 BFH v. 8. 11. 2005 VII B 249/05, ZfZ 2006, 96-97.
622 Zur Kontrolle von Wasserfahrzeugen BFH v. 3. 2. 2004 VII R 4/03, ZfZ 2004, 303-306.
623 BT-Drucksache 12/3452, 97.

ren mitgeführt werden, können diese überprüft und alle Feststellungen getroffen werden, die für die Besteuerung dieser Waren erheblich sein könnte. Die Betroffenen haben dabei unentgeltliche Proben zu dulden und die erforderliche Hilfe zu leisten. Die eingeforderte Hilfeleistung muss verhältnismäßig und zumutbar sein.

656 Die Befugnisnorm richtet sich insbesondere an die Kontrolleinheiten Verkehrswege der HZÄ. Sie sollen durch Stichprobenkontrollen im fließenden Verkehr das Steueraufkommen und die Einhaltung der steuerrechtlichen Vorschriften sichern. Von § 210 Abs. 3 AO unbenommen bleiben die den Zollbehörden sonstigen zustehenden Befugnisse.[624]

cc) Besondere Aufsichtsmaßnahmen

657 Betriebe oder Unternehmen, deren Inhaber oder deren leitende Angehörige wegen

- Steuerhinterziehung (§ 370 AO),
- versuchter Steuerhinterziehung (§ 370 Abs. 2 AO) oder
- Teilnahme an einer solchen Tat

rechtskräftig bestraft worden sind, dürfen gemäß § 213 AO auf ihre Kosten besonderen Aufsichtsmaßnahmen unterworfen werden. Zu diesem Zweck darf u. a. der sichere Verschluss von Räumen, Behältnissen und Geräten sowie ähnliche Maßnahmen vorgeschrieben werden. Die Maßnahme muss dabei geeignet und erforderlich sein, künftig eine wirksame Steueraufsicht zu gewährleisten und damit künftige Verbrauchsteuerhinterziehungen zu verhindern.[625]

658 Nicht in den Anwendungsbereich von § 213 AO fällt, wenn sich der Steuerpflichtige mit fälligen Zahlungen im Rückstand befindet und steuerrelevante Handlungen weiterbetreibt (z. B. die Entnahme von verbrauchsteuerpflichtigen Waren aus dem Steuerlager trotz rückständiger Steuern). Die bloße Nichtzahlung von fälligen Steuern stellt insoweit keinen Tatbestand der Steuerhinterziehung nach § 370 Abs. 1 AO dar.[626]

dd) Sicherstellung im Aufsichtsweg

659 Gemäß § 215 AO können die HZÄ folgende Sachen sicherstellen:

- verbrauchsteuerpflichtige Waren, die sich
  - in Herstellungsbetrieben oder anderen anmeldepflichtigen Räumen befinden und der Finanzbehörde nicht angemeldet sind;
  - im Handel ohne eine den Steuergesetzen entsprechende Verpackung, Bezeichnung, Kennzeichnung oder ohne vorschriftsmäßige Steuerzeichen befinden;
- (zollpflichtige) Waren, die sich im grenznahen Raum oder in Gebieten, die der Grenzaufsicht unterliegen, aufgefunden werden, wenn sie weder offenbar Gemein-

624 Siehe hierzu: §§ 1, 10 ZollVG; § 61 Abs. 2 EnergieStG, welcher z. B. die Probenentnahme aus Kraftfahrzeugtanks oder anderen Behältnissen regelt.

625 *Tipke* in Tipke/Kruse, § 213 AO Rz. 5.

626 BGH v. 15. 5. 1997 5 StR 45/97, wistra 1997, 302 f.

schaftswaren noch den Umständen nach in den zollrechtlich freien Verkehr überführt worden sind;[627]

- Umschließungen dieser verbrauchsteuer- und zollpflichtigen Waren;
- Geräte, die zur Herstellung von verbrauchsteuerpflichtigen Waren bestimmt sind und die sich in einem den HZÄ nicht angemeldeten Herstellungsbetrieb befinden.

Die Sicherstellung erfolgt durch **Wegnahme**, **Anbringen von Siegeln** oder durch Ver- 660
fügungsverbot. Bei § 215 AO handelt es sich um eine Ermessensvorschrift („kann"). Bei der Sicherstellung ist auf die Verhältnismäßigkeit zu achten. Über die Sicherstellung ist eine Niederschrift aufzunehmen. Bei der Sicherstellung handelt es sich, sofern der von ihr Betroffene bekannt ist, um einen Verwaltungsakt.[628] Ist der Betroffene nicht bekannt, stellt die Handlung des HZA einen **Realakt** dar.[629]

Die Vorschrift steht neben den strafrechtlichen Vorschriften über die Sicherstellung 661
und Beschlagnahme von Gegenständen. Die Sicherstellung nach § 215 AO ist auch zulässig, wenn die Sachen zunächst in einem Strafverfahren beschlagnahmt und dann dem HZA zur Verfügung gestellt worden sind.

Eine Sicherstellung ist ferner möglich, sofern Einzelsteuergesetze dies vorschreiben (z. B. § 51b BranntwMonG, § 65 EnergieStG) oder die Sicherstellung nach § 215 AO anordnen (z. B. § 23 Abs. 1 Satz 5 TabStG).

Wurden Waren nach § 215 AO sichergestellt, sind sie anschließend grds. in das Eigen- 662
tum des Bundes zu überführen (§ 216 AO). Eine **Überführung in das Eigentum des Bundes** ist jedoch nicht zulässig, wenn:

- eine Einziehung nach § 375 Abs. 2 AO in Betracht kommt (Steuerstrafrechtliche Einziehung)
- es sich um Fundgut handelt und ein Eigentumsanspruch geltend gemacht wird
- eine unbillige Härte i. S. v. § 215 Abs. 5 AO bereits vor der Überführung vorliegt oder absehbar ist.

Im Hinblick auf den damit verbundenen Eigentumsverlust sind die **Rechtmäßigkeit** der 663
Sicherstellung sowie die o. g. Ausschlusskriterien vor der Überführung durch das HZA von Amts wegen zu **prüfen**. Die Überführung stellt einen Verwaltungsakt dar. Ist der von ihr Betroffene nicht bekannt, ordnet § 216 Abs. 2 AO die öffentliche Bekanntgabe des Verwaltungsakts nach § 10 VwZG an. Der Eigentumsübergang wird erst wirksam, wenn der Verwaltungsakt unanfechtbar ist, § 216 Abs. 3 Satz 1 AO. Unter den Voraussetzungen von § 130 Abs. 1 AO kann eine rechtswidrige Überführung zurückgenommen werden.[630] War bereits die Sicherstellung (§ 215 AO) nichtig, folgt daraus auch eine Nichtigkeit der Überführung in das Eigentum des Bundes (§ 216 AO).

Besteht hinsichtlich der sichergestellten Waren die **Gefahr des Verderbs** oder einer we- 664
sentlichen Wertminderung, können die Waren schon vor der Überführung in das Eigen-

627 Die Vorschrift ist allerdings für Einfuhr- und Ausfuhrabgaben weitestgehend durch Art. 53, 57 ZK überlagert, s. hierzu: AO-DV Zoll Nr. 1 zu § 215.

628 Zur Bekanntgabe s. AO-DV Zoll Nr. 2 zu § 215.

629 *Tipke* in Tipke/Kruse, § 215 AO Rz. 7; a. A. *Rüsken* in Klein, § 215 AO Rz. 13.

630 *Tipke* in Tipke/Kruse, § 216 AO Rz. 2.

tum des Bundes veräußert werden, § 216 Abs. 4 AO. Gleiches gilt auch, wenn ihre Aufbewahrung, Pflege oder Erhaltung mit unverhältnismäßig hohen Kosten oder großen Schwierigkeiten verbunden ist.

ee) Bestellung von Steuerhilfspersonen

665 Zur Feststellung von zoll- und verbrauchrechtlich erheblichen Tatsachen können die HZÄ Personen als **Steuerhilfsperson** bestellen. Die Vorschrift findet auch im Marktordnungsrecht Anwendung.[631] Voraussetzung hierfür ist, dass die Personen vom Ergebnis der Feststellung nicht selbst betroffen werden und mit ihrer Bestellung einverstanden sind. Bestellt werden können nur **natürliche Personen**. Als Steuerhilfsperson kommen sowohl Angestellte als auch unabhängige Dritte in Betracht, die nach Auffassung des HZA sachkundig sind und gegen deren steuerliche Zuverlässigkeit keine Bedenken bestehen. Personen, die der Geschäftsleitung angehören, oder steuerliche Beauftragte nach § 214 AO können hingegen nicht zu Steuerhilfspersonen bestellt werden.[632]

666 Die bestellten Steuerhilfspersonen dürfen nur mit der Feststellung von zoll- und verbrauchsteuerrechtlichen Tatsachen betraut werden, die andernfalls von Zollbeamten festzustellen wären.

BEISPIELE **für den Tätigkeitsbereich von Steuerhilfspersonen:**[633]

- Ermittlung von Art und Beschaffenheit sowie Menge einer Ware,
- Ermittlung von Gewicht oder Volumen einer Ware,
- Feststellung, dass ein Zollverschluss unversehrt ist,
- Beaufsichtigung der Vernichtung einer Ware.

667 Die Verbrauchsteuergesetze sehen darüber hinaus eine Reihe von Spezialregelungen vor.[634] Diese Vorschriften gehen § 217 AO vor.

BEISPIELE **für Spezialregelungen:**

- § 44 Abs. 2 BranntwMonG (Steuerhilfsperson),
- § 62 Abs. 2 EnergieStG (Steuerhilfsperson).

b) Rechte und Pflichten des Betroffenen

668 Neben erweiterten Befugnissen für die HZÄ enthält der sechste Abschnitt des vierten Teils der AO Vorschriften, welche zoll- und verbrauchsteuerrechtlich spezifische Pflichten für die Betroffenen regeln.

aa) Beauftragter

669 Die Steuerpflichtigen können Angehörige ihres Betriebes oder Unternehmens mit der Wahrnehmung, der ihnen aufgrund der Steueraufsicht unterliegenden Pflichten, beauftragen (sog. **Bestellung eines Beauftragten**). Hierzu bedarf es jedoch gemäß § 214 AO

631 BFH v. 10. 3. 1998 VII R 13/97, ZfZ 1998, 239-241.

632 AO-DV Zoll Nr. 5 zu § 217.

633 AO-DV Zoll Nr. 1 zu § 217.

634 Die einzelsteuergesetzlichen Regelungen sind u. E. überflüssig. Ein Grund für die Vorschriften ist nicht ersichtlich, da ihr Regelungsbereich bereits von § 217 AO erfasst ist.

der Zustimmung des HZA. Die Zustimmung ist ein Verwaltungsakt und ist dem Steuerpflichtigen bekannt zu geben.

Die Vorschrift schränkt die grds. bestehende Möglichkeit der steuerlichen Bevollmächtigung ein. Dadurch soll sichergestellt werden, dass die Wahrnehmung der steuerlichen Pflichten nur solchen Personen übertragen wird, die aufgrund ihrer betrieblichen Stellung und ihrer Kenntnisse und Fähigkeiten eine ordnungsgemäße Erfüllung gewährleisten.[635]

Liegt keine Zustimmung des HZA vor, ist die Wirksamkeit der steuerlichen Handlung davon nicht berührt. Dem HZA obliegt es jedoch in einem solchen Fall, Erklärungen und Handlungen des Beauftragten zurückzuweisen. Durch die Bestellung zum Beauftragten nach § 214 AO wird die Person kein gesetzlicher Vertreter i. S.v. § 34 AO und kein Verfügungsberechtigter i. S.v. § 35 AO.[636] Eine Haftung des Beauftragten nach § 69 AO ist damit nicht möglich.

Bei der Person des Beauftragten muss es sich um einen **Angehörigen des Betriebes** 670 **oder Unternehmens** des Steuerpflichtigen handeln. Die Person muss hierfür in einer arbeitnehmerrechtlichen oder arbeitnehmerähnlichen Stellung zum Steuerpflichtigen stehen.[637]

Bei den durch den Beauftragten zu erfüllenden **steuerlichen Pflichten** kann es sich um 671 Pflichten nach der AO (z. B. Anmeldung eines Herstellungsbetriebes, § 139 AO) oder den einzelnen Verbrauchsteuergesetzen (z. B. Führen eines Biersteuerbuches, § 42 Abs. 2 BierStV) handeln. Der Beauftragte kann sowohl Erklärungen für den Steuerpflichtigen abgeben, als auch Handlungen mit Wirkung für und gegen den Steuerpflichtigen abgeben.

§ 214 AO gilt nicht für die Vertretung in Einfuhrabgabenangelegenheiten im Zusam- 672 menhang mit dem Erhalt einer zollrechtlichen Bestimmung. Darüber hinaus sind besondere Regelungen in den Einzelsteuergesetzen zu beachten.

BEISPIELE ▸ für ähnliche Regelungen in den Verbrauchsteuergesetzen:

- § 62 Abs. 1 EnergieStG (Steuerlicher Betriebsleiter),
- § 44 Abs. 2 BranntwMonG (Steuerlicher Betriebsleiter),
- § 8 LuftVStG (Steuerlicher Beauftragter).

bb) Weitere besondere Pflichten des Steuerpflichtigen

Eine weitere im Zusammenhang mit der Steueraufsicht von zoll- und verbrauchsteuer- 673 rechtlichen Sachverhalten für den Steuerpflichtigen pflichtenbegründende Vorschrift ist § 211 AO. Danach hat der Steuerpflichtige bei der Steueraufsicht dem Zollbeamten auf Verlangen alle die Besteuerung betreffenden Unterlagen vorzulegen. Darüber hinaus ist er verpflichtet Auskünfte zu erteilen und den Zollbeamten bei der Durchführung der Steueraufsicht ggf. erforderliche Hilfsdienste zu leisten. § 211 AO verpflichtet

635 AO-DV Zoll zu § 214.

636 AO-DV Zoll zu § 34 und zu § 35; *Tipke* in Tipke/Kruse, § 214 AO Rz. 7.

637 *Tipke* in Tipke/Kruse, § 214 AO Rz. 5.

mithin zur Mitwirkung bei der Steueraufsicht. Zur Mitwirkung ist nicht nur der Steuerpflichtige, sondern auch seine Bevollmächtigenden (z. B. Beauftragter i. S. v. § 214 AO).

Für die Steueraufsichtsmaßnahme muss der Steuerpflichtige den Zollbeamten einen geeigneten Raum zur Verfügung stellen. § 200 Abs. 2 Satz 2 AO (Mitwirkungspflichten des Steuerpflichtigen bei der Außenprüfung) gilt gemäß § 211 Abs. 1 Satz 2 AO gilt insoweit sinngemäß.

2. Steueraufsicht bei Einfuhr- und Ausfuhrabgaben

674 Für Einfuhr- und Ausfuhrabgaben hat der Gemeinschaftsgesetzgeber teilweise eigene Regelungen erlassen. Diese Regelungen überlagern die Vorschriften der AO.

675 Nach Art. 37 Abs. 1 Satz 1 ZK unterliegen Waren, die in das Zollgebiet der Gemeinschaft verbracht werden, ab dem Zeitpunkt des Verbringens der **zollamtlichen Überwachung**. Die zollamtliche Überwachung dient dabei der Verwirklichung der körperlichen Erfassung der Waren und der Feststellung ihres zollrechtlichen Status durch den Zoll.[638] Die Zollbehörden können diese Waren gemäß Art. 37 Abs. 1 Satz 1 ZK einer Zollkontrolle nach dem geltenden Recht unterziehen. Geltendes Recht meint sowohl Gemeinschaftsrecht, als auch nationales Recht. Bedeutendste Norm bildet hierbei § 10 ZollVG. Die Vorschrift räumt den Zollbehörden eine Vielzahl von weitreichenden Befugnissen zur zollamtlichen Überwachung ein.

BEISPIELE ► für Maßnahmen der Zollbehörden im Rahmen der zollamtlichen Überwachung:[639]

- Anhalte- und Kontrollrechte hinsichtlich Personen und Fahrzeugen im und außerhalb des grenznahen Raums (§ 10 Abs. 1 und Abs. 2 ZollVG),[640]
- Überholung von Fahrzeugen (§ 10 Abs. 3a ZollVG),
- Durchsuchung von Wohnräumen (§ 10 Abs. 5 ZollVG),[641]
- körperliche Durchsuchung von Personen (§ 10 Abs. 3 ZollVG).

Werden Waren in den zollrechtlich freien Verkehr übergeführt und wechselt ihr Status nunmehr in den einer Gemeinschaftsware, endet grds. die zollamtliche Überwachung.

Neben Art. 37 ZK schreibt Art. 59 Abs. 2 ZK die zollamtliche Überwachung für Gemeinschaftswaren vor, die

- zur Ausfuhr,
- zur passiven Veredelung,
- zum Versandverfahren oder
- zum Zolllagerverfahren

---

638 *Kampf* in Witte, Art. 37 ZK Rz. 5; *Kampf* in Lehrbuch des Europäischen Zollrechts, S. 56.

639 Ausführlich hierzu *Kampf* in Lehrbuch des Europäischen Zollrechts, S. 57-59.

640 Der grenznahe Raum umfasst gemäß § 14 Abs. 1 ZollVG eine 30km Zone entlang der EG-Landgrenze und eine 50-km-Zone entlang der EG-Seegrenze.

641 Hiervon erfasst sind auch die Durchsuchung von Wohnwagen und Wohnmobilen sowie die Durchsuchung einer Schiffskabine.

angemeldet worden sind. Die zollamtliche Überwachung endet, wenn die Waren aus dem Zollgebiet der Gemeinschaft verbracht worden, vernichtet oder zerstört worden sind oder die Zollanmeldung für ungültig erklärt worden ist.

Daneben unterliegen gemäß Art. 183 ZK der zollamtlichen Überwachung Waren, die aus dem Zollgebiet der Gemeinschaft verbracht werden, unabhängig davon, ob sie Gemeinschafts- oder Nichtgemeinschaftswaren sind. 676

(Einstweilen frei) 677–680

J. Außergerichtliches Rechtsbehelfsverfahren

Gemäß Art. 19 Abs. 4 GG steht jedem, der durch die öffentliche Gewalt in seinen Rechten verletzt wird der Rechtsweg offen. Art. 19 Abs. 4 GG beinhaltet einen Justizgewährleistungsanspruchs.[642] Diese **Rechtsweggarantie** sichert einerseits formal die Möglichkeit, die Gerichte anzurufen, andererseits gewährleistet sie auch die Effektivität des Rechtsschutzes.[643] Zum Gebot eines effektiven Rechtsschutzes gehört dabei auch, dass dieser innerhalb einer angemessenen Zeit gewährt wird.[644] 681

Gemäß § 33 Abs. 1 FGO ist die **Finanzgerichtsbarkeit** zuständige Gerichtsbarkeit in: 682

1. öffentlich-rechtlichen Streitigkeiten über Abgabenangelegenheiten, soweit die Abgaben der Gesetzgebung des Bundes unterliegen und durch Bundesfinanzbehörden oder Landesfinanzbehörden verwaltet werden,
2. öffentlich-rechtlichen Streitigkeiten über die Vollziehung von Verwaltungsakten in anderen als den in Nummer 1 bezeichneten Angelegenheiten, soweit die Verwaltungsakte durch Bundesfinanzbehörden oder Landesfinanzbehörden nach den Vorschriften der AO zu vollziehen sind,
3. öffentlich-rechtlichen und berufsrechtlichen Streitigkeiten über Angelegenheiten, die durch den Ersten Teil, den Zweiten und den Sechsten Abschnitt des Zweiten Teils und den Ersten Abschnitt des Dritten Teils des StBerG geregelt werden,
4. anderen als den in den Nummern 1 bis 3 bezeichneten öffentlich-rechtlichen Streitigkeiten, soweit für diese durch Bundesgesetz oder Landesgesetz der Finanzrechtsweg eröffnet ist.

Die Finanzgerichtsbarkeit ist dabei zweistufig aufgebaut. Die erste Instanz bilden die Finanzgerichte, die zweite Instanz bildet der BFH (§ 2 FGO).

Neben der Finanzgerichtsbarkeit können Rechtsschutz in Steuersachen **außergerichtliche Rechtsbehelfe** bieten. Einziger ordentlicher außergerichtlicher Rechtsbehelf ist der **Einspruch**. Außerordentlicher außergerichtlicher Rechtsbehelf ist z. B. die Dienstaufsichtsbeschwerde.[645] 683

642 *Seer* in Tipke/Lang, Steuerrecht, § 22 Rz. 1 ff.
643 BVerfG v. 29. 11. 1996 2 BvR 1157/93, BStBl 1997 II 415.
644 BVerfG v. 30. 4. 1992 1 BvR 406/89, HFR 1993, 37-38.
645 Überblick hierzu *Tipke* in Tipke/Kruse, Vor § 347 AO Rz. 22.

HINWEIS

Abweichend von anderen Verfahrensvorschriften wird im Steuerrecht der außerordentliche Rechtsbehelf nicht als Widerspruch, sondern als **Einspruch** bezeichnet.

684 Auch im gemeinschaftsrechtlichen Zollrecht besteht die Möglichkeit des Rechtsschutzes gegen Entscheidungen der Zollbehörden oder deren Untätigkeit, Art. 243 ff. ZK. Das Einspruchsverfahren ist im Zollrecht, wie im nationalen Steuerrecht, gemäß Art. 243 Abs. 2 ZK zweistufig aufgebaut. Die erste Stufe beinhaltet eine verwaltungsinterne Kontrolle. Den Zollbehörden soll damit die Möglichkeit gegeben werden, ihre eigene Entscheidung zu überprüfen und ggf. zu korrigieren. Die zweite Stufe sieht eine unabhängige Kontrollinstanz vor, welche in der Bundesrepublik Deutschland durch die Finanzgerichte und den BFH wahrgenommen wird.

Im ZK sind mit Art. 243 und 244 ZK jedoch nur wenige eigenständige Regelungen zu den Voraussetzungen und zum Ablauf des Einspruchsverfahrens enthalten. Die Einzelheiten des Einspruchsverfahrens überlässt der ZK dem einzelstaatlichen Recht der Mitgliedstaaten, Art. 245 ZK. In Folge dessen ergeben sich für den deutschen Zollbeteiligten nur wenige Unterschiede zum ihm bekannten deutschen Einspruchsverfahren.[646] Die nachfolgenden Ausführungen gelten mithin grds. für nationale steuerrechtliche Angelegenheiten wie für gemeinschaftliche zollrechtliche Entscheidungen gleichermaßen. Die Besonderheiten des ZK sind an der betreffenden Stelle dargestellt.

Im MZK ist der in Art. 245 ZK enthaltene Verweis auf das Rechtsbehelfsverfahren der Mitgliedstaaten nicht mehr enthalten. Aus Art. 22, 23 Abs. 2 und 4 MZK ergibt sich jedoch, dass die Mitgliedstaaten die Regelungen treffen müssen, welche nicht durch den MZK normiert sind.

I. Allgemeines

685 Die Finanzbehörde ermittelt im Einspruchsverfahren die Sach- und Rechtslage von Amts wegen vollumfänglich, § 367 Abs. 2 Satz 1 AO. Sie hat Tatsachen zugunsten und zuungunsten des Einspruchsführers zu berücksichtigen (Untersuchungsgrundsatz). Das Einspruchsverfahren ermöglicht eine Selbstkontrolle der Zollverwaltung. Stellt die Finanzbehörde dabei fest, dass Abgaben zu niedrig festgesetzt worden sind, kann der angefochtene Verwaltungsakt auch zum Nachteil des Einspruchsführers geändert werden, § 367 Abs. 2 Satz 2 AO (**Verböserungsmöglichkeit**). Während des Einspruchsverfahrens kann der Einspruchsführer jederzeit seinen Einspruch zurücknehmen (Dispositionsmaxime).

686 Durch die Finanzbehörde im Einspruchsverfahren zu beachtende **Verfahrensgrundsätze** sind:

- Untersuchungsgrundsatz

646 Ausführlich hierzu *Beermann* in ZfZ 2008, 230-235.

- Verböserungsmöglichkeit
- Dispositionsmaxime

Durch den Einspruch wird gemäß § 171 Abs. 3a AO der Ablauf der Festsetzungsfrist so lange gehemmt, bis über den Einspruch unanfechtbar entschieden worden ist. Gleiches gilt gemäß Art. 221 Abs. 3 Satz 2 ZK für Entscheidungen der Finanzbehörde auf dem Gebiet des gemeinschaftsrechtlichen Zollrechts. 687

BEISPIEL **Hemmung der Festsetzungsfrist durch Einspruch:**

Besteuerungszeitraum Schaumweinsteuer:	2008
Ablauf der „regulären" Festsetzungsfrist:	Ablauf 31. 12. 2009
Eingang Einspruch beim HZA:	30. 12. 2009

Der Ablauf der Festsetzungsfrist wird so lange gehemmt, bis über den Einspruch unanfechtbar entschieden worden ist.

Das Einspruchsverfahren nach der AO ist kostenfrei. Die Parteien haben damit aber auch im Einspruchsverfahren eigene entstandene Kosten selbst zu tragen. Werden der Finanzbehörden die Kosten im finanzgerichtlichen Verfahren auferlegt, besteht unter den Voraussetzungen von § 139 Abs. 1 Satz 3 FGO die Möglichkeit die Kostentragungspflicht auch auf das Einspruchsverfahren auszudehnen. Hierfür muss das Gericht auf Antrag die Zuziehung eines Bevollmächtigten für das Vorverfahren für notwendig erklären. Notwendig ist die Zuziehung dann, wenn das Vorverfahren umfangreiche und schwierige Rechtsfragen aufgewiesen hat.[647] 688

Das Einspruchsverfahren beinhaltet zwei Prüfungsteile, die **Zulässigkeit** und die **Begründetheit**. Im Folgenden soll sich auf die Zulässigkeit beschränkt werden. Die besonderen Regelungen des gemeinschaftsrechtlichen Zollrechts werden berücksichtigt. Ergänzt werden die Ausführungen durch Abschnitte zu den Verfahrensvorschriften und der AdV. 689

II. Zulässigkeit

Die Prüfung der Zulässigkeit des Einspruchs beinhaltet folgende Schritte: 690

- Statthaftigkeit,
- Einspruchsbefugnis,
- Handlungsfähigkeit des Einspruchsführers,
- Einspruchsfrist,
- Form,
- Einspruchsverzicht,
- Rücknahme des Einspruchs.

Ist nur **einer** der Prüfungspunkte nicht erfüllt, ist der Einspruch nicht zulässig.

647 *Brandis* in Tipke/Kruse, § 139 FGO Rz. 130 f.

1. Statthaftigkeit

a) Voraussetzungen nach §§ 347, 348 AO

691 Der Einspruch ist unter Berücksichtigung der u. g. Fallgruppen nur statthaft, wenn sich der Einspruchsführer gegen einen Verwaltungsakt der Finanzbehörde wendet oder den Erlass eines Verwaltungsakts von der Finanzbehörde begehrt. Darüber hinaus darf es sich nicht um eine Strafsachen- oder Bußgeldangelegenheit des siebenten Teils der AO oder um einen Fall von § 348 AO (sog. **Ausschlussfälle**) handeln. Der angefochtene oder begehrte Verwaltungsakt muss zu einer der nachfolgenden Fallgruppen gehören.

aa) Abgabenangelegenheiten, auf die die AO Anwendung findet

692 Statthaft ist der Einspruch gegen Abgabenangelegenheiten (§ 347 Abs. 2 AO), auf die die AO anwendbar ist. Zum Anwendungsbereich s. §§ 1, 3 AO.

BEISPIELE **§ 347 Abs. 1 Satz 1 Nr. 1 AO:**

- Steuerbescheid und Steuerentlastungsbescheid auf dem Gebiet des nationalen Steuerrechts (z. B. Energiesteuer, KfZ-Steuer),
- Haftungsbescheid (§§ 69, 191 AO),
- Hinterziehungszinsbescheid (§ 235 AO),
- Zollkostenbescheid (§ 178 AO),
- Pfändung beweglicher Sachen (Forderung - nicht gezahlte fällige Schaumweinsteuer),
- Ablehnung eines Antrags auf Akteneinsicht im Besteuerungsverfahren.

bb) In Verfahren zur Vollstreckung

693 Statthaft ist der Einspruch gegen Verwaltungsakte der Vollstreckung nach der AO, von anderen als den in § 347 Abs. 1 Satz 1 Nr. 1 AO bezeichneten Angelegenheiten. Nach § 4 VwVG i. V. m. § 66 SGB X vollstrecken die HZÄ beispielsweise Sozialversicherungsbeiträge nach den Vorschriften der AO. Gegen die durch HZÄ durchgeführten Vollstreckungsmaßnahmen ist der Einspruch statthaft; nicht jedoch gegen den Bescheid, mit dem die Sozialversicherungsbeiträge festgesetzt worden sind.

BEISPIEL **§ 347 Abs. 1 Satz 1 Nr. 2 AO:**

Pfändung beweglicher Sachen (Forderungen sind nicht gezahlte fällige Rentenversicherungsbeiträge)

cc) Steuerberatungsangelegenheiten

694 Der Einspruch ist statthaft gegen Verwaltungsakte in öffentlich-rechtlichen und berufsrechtlichen Angelegenheiten, auf die das Steuerberatungsgesetz nach § 164a StBerG Anwendung findet. Beachte die Ausschlusstatbestände des § 348 Nr. 4 AO.

dd) In anderen Angelegenheiten

695 Der Einspruch ist in anderen durch die Finanzbehörden verwalteten Angelegenheiten statthaft, wenn die Vorschriften über das Einspruchsverfahren nach der AO (§§ 347 ff. AO) für anwendbar erklärt worden sind.

BEISPIELE **§ 347 Abs. 1 Satz 1 Nr. 4 AO:**

- Bescheid über Marktordnungsabgaben (§ 12 Abs. 1 MOG),
- Prüfung nach SchwarzArbG (§ 22 SchwarzArbG),
- Bescheide nach § 37c BImSchG (§ 37c Abs. 5 BImSchG).

ee) Untätigkeit der Finanzbehörde

Der Einspruch ist darüber hinaus statthaft, wenn der Einspruchsführer geltend macht, 696
dass die Finanzbehörde in einem der oben bezeichneten Fälle (§ 347 Abs. 1 Satz 1 AO) über einen von ihm gestellten Antrag auf Erlass eines Verwaltungsakts ohne Mitteilung eines zureichenden Grundes binnen einer angemessenen Frist sachlich nicht entschieden hat (**Untätigkeitseinspruch**). Unter Berücksichtigung der Gesamtumstände des Einzelfalls und unter Anlehnung der in § 46 Abs. 1 Satz 2 FGO enthaltenen Frist, dürfte ein Untätigkeitseinspruch nach Ablauf einer Frist von 6 Monaten regelmäßig zulässig sein.

BEISPIEL **§ 347 Abs. 1 Satz 2 AO:**

Steuerschuldner A beantragt am 1. 2. 10 beim zuständigen HZA, ihm eine Schaumweinsteuerforderung über 1 000 € nach § 227 AO zu erlassen. Am 1. 12. 10 steht eine Entscheidung über den Erlassantrag ohne ersichtlichen Grund noch aus.

b) Voraussetzungen nach ZK

Für Einfuhr- und Ausfuhrabgaben ist § 347 Abs. 1 Satz 1 Nr. 1 AO (statthafte Verwal- 697
tungsakte) durch Art. 243 Abs. 1 UA 1 ZK und § 347 Abs. 1 Satz 2 AO (Untätigkeit der Finanzbehörde) durch Art. 243 Abs. 1 UA 2 ZK überlagert. Nach Art. 243 Abs. 1 UA 1 ZK kann jede Person einen Rechtsbehelf gegen Entscheidungen der Zollbehörden auf dem Gebiet des Zollrechts einlegen, die sie unmittelbar und persönlich betreffen. Fehlt es an einer Entscheidung nach Art. 4 Nr. 5 ZK, ist der Einspruch nicht statthaft und Rechtsschutz kann nicht gewährt werden.

BEISPIELE **für mit dem Einspruch anfechtbare Entscheidungen:**

- Einfuhrabgabenbescheide, Art. 220 ZK,
- Nacherhebungsbescheide, Art. 221 ZK,
- Bescheide über Erlass/Erstattung, Art. 236 bis 239 ZK,
- Verbindliche Zolltarif- und Ursprungsauskünfte nach Art. 12 Abs. 2 ZK,
- Bewilligungen von Zollverfahren und Vereinfachungen,
- Bestimmung eines Zollflugplatzes, § 5 Abs. 1 Nr. 1 Buchst. g ZollV.

Darüber hinaus ist der Einspruch gemäß Art. 243 Abs. 1 UA 2 ZK gegeben, wenn die 698
Zollbehörde über eine beantragte Entscheidung auf dem Gebiet des Zollrechts innerhalb der Frist nach Art. 6 Abs. 2 ZK nicht entschieden hat (Untätigkeit der Zollbehörde). Dies gilt auch in den Fällen, in denen die Zollbehörde die Entscheidung hätte von Amts wegen treffen müssen, ein Antrag des Einspruchsführers mithin nicht vorliegt. Nach Art. 6 Abs. 2 ZK hat die Entscheidung so bald wie möglich zu ergehen. Ab wann die Zollbehörde unangemessen lang zuwartet und ein Einspruch nach Art. 243 Abs. 1 UA 2 ZK

zulässig ist, hängt von den Umständen des Einzelfalles ab. Nach der einschlägigen Literatur dürfte dies spätestens bei sechs Monaten der Fall sein.[648]

c) Abgrenzung Einspruchsverfahren/Erlass- bzw. Erstattungsverfahren

699 Ergibt die Prüfung der vom Zollschuldner vorgetragenen Begründung, dass eine Erstattung bzw. ein Erlass gemäß Art. 236 ZK begehrt wird und kann dem Antrag in vollem Umfang stattgegeben werden, so ist auch ein als Einspruch bezeichnetes Schreiben als Erstattungs- bzw. Erlassantrag zu behandeln.[649] Wird ein Einspruch mit einem Antrag auf AdV verbunden, ist er stets als Einspruch zu behandeln. Die obigen Ausführungen gelten für diesen Fall nicht.

Die Konkurrenz zwischen Einspruchsverfahren und Erlass- bzw. Erstattungsverfahren gelten nur im Falle der „vollständigen Abhilfe" und für Entscheidungen nach Art. 236 ZK. Verfahren nach Art. 237 bis 239 ZK fallen nicht unter diese Regelung.

2. Beschwer

a) Beschwer nach § 350 AO

700 Der Einspruchsführer muss einspruchsbefugt sein. Dies ist der Fall, wenn er geltend macht, durch einen Verwaltungsakt (§ 118 AO) oder dessen Unterlassung beschwert zu sein. Eine Beschwer ist dann schlüssig geltend gemacht, wenn eine Rechtsverletzung oder Ermessenswidrigkeit gerügt wird bzw. der Einspruchsführer eine günstigere Ermessensausübung begehrt.[650] Darüber hinaus ist das Vorliegen eines Rechtsschutzbedürfnisses, d. h. eines schutzwürdigen, berücksichtigungswerten Interesses an der begehrten Entscheidung im Einspruchsverfahren, notwendig.[651]

BEISPIELE für eine fehlende Beschwer:

- Null-Festsetzung eines Steueranspruchs (grds.),[652]
- Steuerbescheid ist hinsichtlich des angegriffenen Punktes vorläufig ergangen. [653]

b) Beschwer nach Art. 243 Abs. 1 Satz 1 ZK

701 Bei zollrechtlichen Entscheidungen (Art. 4 Nr. 5 ZK) gilt Art. 243 Abs. 1 Satz 1 ZK.[654] Danach muss der Einspruchsführer geltend machen, durch eine Entscheidung unmittelbar und persönlich betroffen zu sein. Damit beschränkt Art. 243 Abs. 1 UA 1 ZK den Rechtsschutz gegen zollrechtliche Entscheidungen in ähnlicher Weise wie § 350 AO auf den Individualrechtsschutz.[655] Die erforderliche Betroffenheit des Einspruchsführers ist als

---

648 *Alexander* in Witte, Art. 6 ZK Rz. 51-53.

649 DV Z 1102 Abs. 7.

650 AO-DV Zoll Nr. 2 zu § 350.

651 AO-DV Zoll Nr. 6 zu § 350.

652 AO-DV Zoll Nr. 3 zu § 350.

653 BFH v. 10. 11. 1993 X B 83/93 BStBl 1994 II 119; v. 22. 3. 1996 III B 173/95, BStBl 1996 II 506.

654 AO-DV Zoll Nr. 1 zu § 350.

655 *Alexander* in Witte, Art. 243 ZK Rz. 2.

rechtliche Betroffenheit zu verstehen.[656] Eine wirtschaftliche, ideelle oder sonstige Betroffenheit reicht für die Gewährung eines Rechtsschutzes nicht aus.

Persönlich von der Entscheidung betroffen ist der Inhaltsadressat der Entscheidung. Dritte sind regelmäßig nicht unmittelbar und persönlich von der Entscheidung betroffen. Eine Beschwer und damit eine Rechtsbehelfsbefugnis scheiden damit i. d. R. aus.[657]

3. Handlungsfähigkeit des Einspruchsführers

Der Einspruchsführer muss handlungsfähig sein, § 79 i.V. m. § 365 Abs. 1 AO. Zur Handlungsfähigkeit s. Rdn. 122. 702

Im Einspruchsverfahren ist § 80 AO auch bei Einfuhr- und Ausfuhrabgaben anzuwenden, weil Art. 245 ZK auf die nationalen Vorschriften verweist.

4. Einspruchsfrist

Der Einspruch ist gemäß § 355 Abs. 1 Satz 1 AO innerhalb eines Monats nach Bekanntgabe des angefochtenen Verwaltungsakts bei der zuständigen Behörde einzulegen. Bei Steueranmeldungen ist der Einspruch nach § 355 Abs. 1 Satz 2 AO innerhalb eines Monats nach Eingang der Steueranmeldung bei der Finanzbehörde einzulegen. Führt die Steueranmeldung zu einer Herabsetzung der bisher zu entrichtenden Steuer oder zu einer Steuervergütung, bedarf es nach § 168 Satz 2 AO für deren Wirksamkeit der Zustimmung der Finanzbehörde. Bei der Zustimmung handelt es sich um einen Verwaltungsakt.[658] In diesen Fällen ist der Einspruch innerhalb eines Monats nach Bekanntwerden der Zustimmung einzulegen. 703

Der Einspruch gegen die Untätigkeit der Finanzbehörde ist unbefristet möglich, § 355 Abs. 2 AO. Liegen die Voraussetzungen für einen Einspruch nach § 347 Abs. 1 Satz 2 AO (**Untätigkeitseinspruch**) vor, kann der Beteiligte jederzeit Einspruch einlegen. 704

Ergeht ein Verwaltungsakt schriftlich oder elektronisch, beginnt gemäß § 356 Abs. 1 AO die Frist für die Einlegung des Einspruchs nur, wenn der Verwaltungsakt eine ordnungsgemäße Rechtsbehelfsbelehrung enthält. Fehlt die Rechtsbehelfsbelehrung oder ist sie unrichtig ergangen, beträgt die Frist gemäß § 356 Abs. 2 AO abweichend von § 355 Abs. 1 AO ein Jahr. Die Vorschrift gilt nicht für **mündliche Verwaltungsakte**. Die Einspruchsfrist beträgt hier in jedem Fall einen Monat. 705

BEISPIEL **Einspruchsfrist mündlicher Verwaltungsakt:**

Bei einer Prüfung nach dem SchwarzArbG fordert Prüfer Z (HZA Dresden) den Bauunternehmer B mündlich auf, bestimmte Unterlagen vorzulegen (Verwaltungsakt). Dieser kommt der Anordnung nicht nach. Sechs Wochen später geht ein Einspruch des B beim HZA Dresden ein, in dem dieser Einwendungen gegen diese Anordnung erhebt.

---

656 *Alexander* in Witte, Art. 243 ZK Rz. 4; offen gelassen BFH v. 10. 10. 2007 VII R 36/06, ZfZ 2008, 13-16.

657 *Alexander* in Witte, Art. 243 ZK Rz. 6 ff. unter Hinweis auf die hierzu in der Literatur bestehende Diskussion; die praktische Bedeutung ist u. E. gering.

658 BFH v. 9. 7. 2003 V R 29/02, BStBl 2003 II 904.

Vorliegend handelt es sich um einen mündlichen Verwaltungsakt. Eine Belehrung hat der mündliche Verwaltungsakt nicht enthalten. Dennoch verlängert sich die Einspruchsfrist nicht auf ein Jahr. § 356 AO gilt nach seinem Wortlaut nicht für mündliche Verwaltungsakte. Der Einspruch wäre verfristet und damit unzulässig.

706 Hinsichtlich der Berechnung der Einspruchsfrist gilt § 108 AO.

BEISPIEL ▸ **Fristberechnung Einspruchsfrist:**

Aufgabe Steuerbescheid zur Post:	1. 11. 10
Bekanntgabe nach Dreitagefiktion:	4. 11. 10 (§§ 122 Abs. 2 Nr. 1, 108 Abs. 1 AO, §§ 187 Abs. 1, 188 Abs. 1 BGB)
Beginn Einspruchsfrist:	5. 11. 10 (§ 187 Abs. 1 BGB)
Dauer der Frist:	1 Monat (§ 355 Abs. 1 AO)
Ablauf Einspruchsfrist:	4. 12. 10 (§ 108 Abs. 1 AO, § 188 Abs. 2 BGB), hier Samstag, deshalb 6. 12. 10 (§ 108 Abs. 3 AO, nächstfolgender Werktag)

707 Wurde die Einspruchsfrist versäumt, kommt unter den Voraussetzungen von § 110 AO Wiedereinsetzung in den vorigen Stand in Betracht. § 110 AO ist auch einschlägig, wenn mit Einspruch eine Entscheidung nach Art. 243 ZK angefochten wurde.

708 Nach § 122 Abs. 6 AO ist die Bekanntgabe eines Verwaltungsakts an einen Beteiligten zugleich mit Wirkung für und gegen andere Beteiligte zulässig. Der Lauf der Rechtsbehelfsfrist beginnt demnach für alle Beteiligten mit der (einen) Bekanntgabe.

5. Form

709 Der Einspruch ist gemäß § 357 Abs. 1 AO schriftlich einzureichen oder zur Niederschrift zu erklären. Auch ein per Telefax oder E-Mail eingelegter Einspruch entspricht dem Formerfordernis von § 357 AO.[659] Einer qualifizierten elektronischen Signatur bedarf es bei dem elektronisch eingelegten Einspruch nicht.[660] Telefonisch kann ein Einspruch jedoch nicht eingelegt werden. Es genügt, wenn aus dem Schriftstück hervorgeht, wer den Einspruch eingelegt hat. Eine unrichtige Bezeichnung des Einspruchs, wie z. B. Widerspruch oder Beschwerde, sind unschädlich.

BEISPIEL ▸ **Form Einspruchseinlegung:**

In der Poststelle des HZA Dresden geht eine E-Mail der A-GmbH ein, in der „Widerspruch" gegen eine Ablehnung der beantragten Stundung eingelegt wird. In der Rechtsbehelfsbelehrung, die der Ablehnung beigefügt war, ist vermerkt, dass schriftlich oder zur Niederschrift Einspruch eingelegt werden kann und es ist auch nur die Adresse des HZA Dresden, keine E-Mail Adresse des HZA aufgeführt. Die A-GmbH hat die E-Mail Adresse des HZA aus anderweitigem Schriftwechsel entnommen. Der Einspruch der A-GmbH wäre formgerecht eingelegt.

710 **Einspruchsbehörde** ist gemäß § 357 Abs. 2 Satz 1 AO die Behörde, deren Verwaltungsakt angefochten wird oder bei der ein Antrag auf Erlass eines Verwaltungsakts gestellt worden ist. Wird der Einspruch bei einer unzutreffenden Behörde eingelegt und inner-

659 AO-DV Zoll Nr. 1 zu § 357.

660 AO-DV Zoll Nr. 5 zu § 87a.

halb der Einspruchsfrist an die zuständige Einspruchsbehörde weitergeleitet, ist die falsche Anbringung unschädlich, § 357 Abs. 2 Satz 4 AO.

Besondere formelle Formvorschriften hat der Einspruchsführer nicht zu beachten. Der Einspruch darf allerdings nicht unter einer Bedingung eingelegt werden.[661] Lediglich § 357 Abs. 3 AO enthält einige **Sollbestimmungen**. Danach soll bei der Einlegung der Verwaltungsakt bezeichnet werden, gegen den der Einspruch gerichtet ist. Dies ist insbesondere bei Bescheiden relevant, in denen mehrere Verwaltungsakte enthalten sind (z. B. Einfuhrabgaben, Tabaksteuer und Einfuhrumsatzsteuer). Weiterhin soll der Einspruchsführer sein Begehren darlegen, d. h. inwieweit ein Verwaltungsakt angefochten werden soll und seine Aufhebung begehrt wird. Ferner sollen Beweismittel und Tatsachen, die zur Begründung dienen, angeführt werden. 711

Beim Einspruch handelt es sich um eine **empfangsbedürftige Willenserklärung,** welche den Auslegungsregeln der §§ 133, 157 BGB unterliegt.[662] Entscheidend dabei ist, wie das HZA als Erklärungsempfänger den objektiven Erklärungswert des Einspruchs verstehen muss. Dabei sind auch solche Umstände zu berücksichtigen, welche sich aus dem vorangegangen Verwaltungsverfahren ergeben.[663]

6. Einspruchsverzicht

Der Einspruch ist nur dann zulässig, wenn nicht nach Erlass des Verwaltungsakts auf Einlegung eines Einspruchs verzichtet wurde, § 354 Abs. 1 Satz 1 und 3 AO. Der Verzicht ist gegenüber der Finanzbehörde durch den Steuerpflichtigen schriftlich oder zur Niederschrift bei der Finanzbehörde zu erklären. Ein Teilverzicht ist grds. nicht möglich. Eine Ausnahme besteht nach § 354 Abs. 1a AO nur insoweit, als die Besteuerungsgrundlagen für ein Schiedsverfahren nach einem Doppelbesteuerungsabkommen oder einem anderen internationalen Vertrag (§ 2 AO) von Bedeutung sein können. Eine Rücknahme des Verzichts ist nicht möglich.[664] 712

7. Rücknahme des Einspruchs

Der Einspruchsführer kann im laufenden Verfahren jederzeit seinen Einspruch zurücknehmen, § 362 AO. Dies führt zur Beendigung des Einspruchsverfahrens. Ist die Einspruchsfrist noch nicht abgelaufen, kann der Einspruchsführer innerhalb der Frist erneut Einspruch einlegen. 713

BEISPIEL ▶ Rücknahme Einspruch/Korrektur des Verwaltungsakts:

Die A-GmbH nimmt einen eingelegten Einspruch zurück. Ein halbes Jahr später stellt sie einen Antrag auf Änderung eines Energiesteuerbescheids, auf den sich ihr (zurückgenommener) Einspruch bezog. Festsetzungsverjährung ist noch nicht eingetreten. Sie trägt in ihrem Antrag Tat-

661 BFH v. 8. 6. 2000 IV R 37/99, BStBl 2001 II 162.
662 BFH v. 7. 11. 2001 XI R 14/00, BFH/NV 2002, 745.
663 BFH v. 7. 11. 2001 XI R 14/00, BFH/NV 2002, 745.
664 *Brockmeyer* in Klein, § 354 AO Rz. 7.

sachen vor, die – von ihr nicht verschuldet – nachträglich bekannt geworden sind und zu einer niedrigeren Steuer führen würden.

Vorliegend ist das Einspruchsverfahren beendet und formelle Bestandskraft eingetreten. Eine Korrektur des Energiesteuerbescheids könnte jedoch unter den Voraussetzungen von § 172 Abs. 1 Satz 1 Nr. 1 AO noch innerhalb der Festsetzungsfrist erfolgen. Insoweit wäre eine **Durchbrechung der materiellen Bestandskraft** noch möglich.

8. Bevollmächtigung

714 Der Einspruchsführer kann sich, wie im Verwaltungsverfahren, nach § 80 AO i.V.m. § 365 Abs. 1 AO im Einspruchsverfahren eines **Bevollmächtigten** bedienen. Ist dieser zur Bevollmächtigung nach dem StBerG nicht befugt, hat ihn die Finanzbehörde nach § 80 Abs. 5 AO zurückzuweisen. Zur Bevollmächtigung s. Rdn. 130 ff.

Im Einspruchsverfahren ist § 80 AO auch bei Einfuhr- und Ausfuhrabgaben anzuwenden, weil Art. 245 ZK auf die nationalen Vorschriften verweist. Art. 5 ZK findet deshalb keine Anwendung.

BEISPIEL **Bevollmächtigung ausländischer Rechtsanwalt:**

Ein polnischer Rechtsanwalt, ohne Niederlassung in der Bundesrepublik Deutschland, legt für die A-GmbH (Brauerei) einen form- und fristgerechten Einspruch ein. Der Einspruch richtet sich gegen einen Verbrauchsteuerbescheid in Höhe von 10 000 €.

Der polnische Rechtsanwalt darf unter den Voraussetzungen von § 3a StBerG die A-GmbH vertreten. Danach ist dieser zur vorübergehenden und gelegentlichen geschäftsmäßigen Hilfeleistung in Steuersachen auf dem Gebiet der Bundesrepublik Deutschland befugt.

III. Verfahrensvorschriften

715 Für das Einspruchsverfahren gelten grds. die Vorschriften, die für den Erlass des angefochtenen oder begehrten Verwaltungsakts gelten, § 365 Abs. 1 AO. § 365 Abs. 1 AO verweist damit ergänzend auf die Vorschriften über das Besteuerungsverfahren.

Der Gesetzgeber stellt darüber hinaus den Finanzbehörden und den Einspruchsführern besondere Verfahrensvorschriften zur Verfügung, welche nachfolgend kurz dargestellt werden. Mit den Verfahrensvorschriften hat der Gesetzgeber versucht, das Spannungsverhältnis zwischen der umfassenden Prüfung der Sach- und Rechtslage von Amts wegen und dem Beschleunigungsgebot Rechnung zu tragen.

Durch den Verweis in Art. 245 ZK finden die besonderen Verfahrensvorschriften grds. auch auf Einfuhr- und Ausfuhrabgaben Anwendung.

1. Besondere Verfahrensvorschriften

a) Aussetzung/Ruhen des Verfahrens

716 § 363 AO regelt die Fälle, in denen eine Aussetzung oder ein Ruhen des anhängigen Einspruchsverfahrens eintritt. Voraussetzung ist in jedem Fall ein zulässiger Einspruch. Sind die Voraussetzungen für eine Verfahrensaussetzung oder eine Verfahrensruhe er-

füllt, kann über den Einspruch insoweit nicht entschieden werden, und zwar weder durch eine Einspruchsentscheidung noch durch den Erlass eines Änderungsbescheids. Über Fragen, die nicht Anlass der Verfahrensaussetzung oder Verfahrensruhe sind, kann dagegen durch Erlass einer Teil-Einspruchsentscheidung (§ 367 Abs. 2a AO) oder eines Teilabhilfebescheids entschieden werden.[665]

aa) Aussetzung des Verfahrens

§ 363 Abs. 1 AO unterscheidet zwei Anwendungsfälle. Hängt die Entscheidung ganz 717
oder zum Teil von dem Bestehen oder Nichtbestehen eines Rechtsverhältnisses ab, das den Gegenstand eines **anhängigen Rechtsstreit** bildet, kann die Finanzbehörde die Entscheidung bis zur Erledigung des anderen Rechtsstreits aussetzen. Hängt die Entscheidung ganz oder zum Teil von dem Bestehen oder Nichtbestehen eines Rechtsverhältnisses ab, welches von einem Gericht oder einer Verwaltungsbehörde festzustellen ist, kann die Entscheidung durch die Finanzbehörde bis zur Entscheidung des Gerichts oder der Verwaltungsbehörde ebenfalls ausgesetzt werden.

Sinn und Zweck der Vorschrift ist die **Vermeidung widerstreitender Entscheidungen**. Voraussetzung für eine Anwendung von § 363 Abs. 1 AO ist das Vorliegen eines zulässigen Einspruchs sowie ein anhängiger Rechtsstreit über eine vorgreifliches Rechtsverhältnis. Dabei muss es sich um konkrete Rechtsbeziehungen des privaten oder öffentlichen Rechts handeln.[666] Reine Rechtsfragen, wie beispielsweise in einem Musterprozess, reichen für eine Anwendung von § 363 Abs. 1 AO nicht aus.

BEISPIELE ▸ für eine Aussetzung des Einspruchsverfahrens:

Gegen die A-GmbH wird ein Biersteuerbescheid erlassen. Gegen diesen wird form- und fristgerecht Einspruch eingelegt. Mit ihrem Einspruch ficht die A-GmbH die Verwirklichung eines biersteuerpflichtigen Tatbestandes an. Kurz darauf ergeht auf Grundlage des Steuerbescheids ein Haftungsbescheid nach § 69 AO gegen den Geschäftsführer B der A-GmbH. Der Haftungsbescheid wird ebenfalls angefochten. Bis zur Entscheidung über den Einspruch gegen den Biersteuerbescheid wird das Einspruchsverfahren gegen den Haftungsbescheid ausgesetzt.

Das HZA Dresden erlässt gegen B einen Tabaksteuerbescheid. Das HZA wirft B vor, die Zigaretten ohne gültige deutsche Steuerzeichen von Polen in das deutsche Steuergebiet verbracht zu haben. Gleichzeitig läuft ein Strafverfahren vor dem AG Dresden gegen B wegen Steuerhinterziehung. B bestreitet, mit dem ganzen Vorfall überhaupt etwas zu tun zu haben. Bis zur Entscheidung im Strafverfahren kann das HZA das anhängige Einspruchsverfahren nach § 363 Abs. 1 AO aussetzen.

Die Entscheidung über die Aussetzung ist eine Ermessensentscheidung, die nicht von 718
der Zustimmung des Einspruchsführers abhängt.

bb) Ruhen des Verfahrens

Neben der Aussetzung des Einspruchsverfahrens sieht § 363 Abs. 2 AO zwei Möglichkei- 719
ten des Ruhens des Einspruchsverfahrens vor. In beiden Fällen ist das Einspruchsverfahren nach § 363 Abs. 2 Satz 4 AO fortzusetzen, wenn der Einspruchsführer dies beantragt. Auch die Finanzbehörde kann das Einspruchsverfahren bei Vorliegen eines zurei-

665 AO-DV Zoll Nr. 3 zu § 363.

666 *Brockmeyer* in Klein, § 363 AO Rz. 4.

chenden Grundes fortsetzen. Dem Einspruchsführer ist die Fortsetzung unter Angabe des zureichenden Grundes mitzuteilen.[667]

720 Nach § 363 Abs. 2 Satz 1 AO kann die Finanzbehörde das Einspruchsverfahren mit Zustimmung des Einspruchsführers ruhen lassen. Neben der Zustimmung des Einspruchsführers bedarf es für das Ruhen eines wichtigen Grundes.

BEISPIELE ▸ für einen wichtigen Grund i. S. v. § 363 Abs. 2 Satz 1 AO:

- Vor dem Finanzgericht ist dieselbe Rechtsfrage bereits anhängig.
- Abwarten der Klärung der strittige Rechtsfrage durch die BFD oder das BMF.

721 Nach § 363 Abs. 2 Satz 2 AO ruht das Einspruchsverfahren kraft Gesetzes, wenn wegen der Verfassungsmäßigkeit einer Rechtsnorm oder wegen einer Rechtsfrage ein Verfahren bei dem EuGH, dem BVerfG oder einem obersten Bundesgericht (i. d. R. BFH) anhängig ist. Nicht erfasst vom Wortlaut der Vorschrift sind Verfahren vor dem Europäischen Gerichtshof für Menschenrechte oder den Finanzgerichten. Voraussetzung für eine Verfahrensruhe nach § 363 Abs. 2 Satz 2 AO ist, dass sich der Einspruchsführer zur Begründung seines Einspruchs auf das anhängige Gerichtsverfahren beruft. Dieses Gerichtsverfahren muss von **präjudizieller Bedeutung** sein und somit auch eine in dem Verfahren des Einspruchsführers entscheidungserhebliche Rechtsfrage betreffen.[668] Ausgenommen hiervon sind die Fälle, in denen die Steuer nach § 165 Abs. 1 Satz 2 Nr. 3 oder 4 AO vorläufig festgesetzt wurde.

Liegt ein Fall von § 363 Abs. 2 Satz 2 AO vor, hat die Finanzbehörde kein Ermessen. Die Verfahrensruhe tritt automatisch ein. Eines Verwaltungsaktes bedarf es hierfür nicht. Zur Klarstellung sollte die Finanzbehörde jedoch einen schriftlichen Verfahrenshinweis geben.

Eine nach § 363 Abs. 2 Satz 2 AO eingetretene Verfahrensruhe endet, wenn das Gerichtsverfahren, auf das sich der Einspruchsführer berufen hat, abgeschlossen ist. Für die weitere Abwicklung des Einspruchsverfahrens bedarf es insoweit keiner Fortsetzungsmitteilung nach § 363 Abs. 2 Satz 4 AO.[669]

BEISPIEL ▸ Ruhen des Verfahrens:

Hinsichtlich § 9 EnergieStG ist eine Verfassungsbeschwerde beim BVerfG anhängig. Rechtsanwalt A vertritt ca. 100 Mineralölunternehmen. Er bezieht sich in seinen Einspruchsbegründungen immer auch auf die Begründung der Verfassungsbeschwerde und auf dieses Verfahren. Ein Ruhen des Verfahrens lehnt der Rechtsanwalt kategorisch ab.

Grundsätzlich sind die Voraussetzungen für ein Ruhen Kraft Gesetzes erfüllt, § 363 Abs. 2 Satz 2 AO. Das Ruhen des Verfahrens ist vorliegend aber praktisch nicht umzusetzen. Selbst wenn die Finanzbehörde einen entsprechenden schriftlichen Verfahrenshinweis gibt, kann der Einspruchsführer des Verfahrens jederzeit Fortsetzung nach § 363 Abs. 2 Satz 4 AO beantragen.

---

667 AO-DV Zoll Nr. 4 zu § 363.

668 BFH v. 26. 9. 2006 X R 39/05, BStBl 2007 II 222.

669 AO-DV Zoll Nr. 2 zu § 363.

b) Rechtliches Gehör/Erörterung des Sach- und Rechtsstandes

Der Grundsatz rechtlichen Gehörs gilt auch im Einspruchsverfahren.[670] Seine Einhaltung dient der Gewährleistung eines effektiven Rechtsschutzes.[671] Die Finanzbehörde hat gemäß § 364 AO dem Einspruchsführer, soweit noch nicht geschehen, die Unterlagen der Besteuerung auf Antrag oder, wenn die Begründung des Einspruchs dazu Anlass gibt, von Amts wegen mitzuteilen. Mitzuteilen sind alle Unterlagen, welche für die Würdigung des steuerlichen Sachverhalts entscheidungserheblich sind. Dabei ist nicht kleinlich zu verfahren. 722

BEISPIELE ▸ **für besteuerungsrelevante Unterlagen:**

- Kontrollmitteilungen,
- Schätzungsunterlagen,
- Berechnungsgrundlagen,
- Einreihungsgutachten in Zolltarifangelegenheiten des BWZ.

Zwar gewährt § 364 AO dem Einspruchsführer kein **Akteneinsichtsrecht**.[672] Jedoch hat die Finanzbehörde über einen etwaigen Antrag ermessensfehlerfrei zu entscheiden.[673] Zum Anspruch nach dem IFG s. Rdn. 241.

Im Hinblick auf die Kompliziertheit des Steuerrechts empfiehlt es sich, bei komplizierten und umfangreichen Sachverhalten mit dem Einspruchsführer den Sach- und Rechtsstand mündlich zu erörtern. Deshalb sieht § 364a Abs. 1 AO vor, dass eine solche Erörterung auf Antrag des Einspruchsführers durchgeführt werden soll. Dadurch soll die Aufklärung des (komplizierten und umfangreichen) Sachverhalts vorangetrieben, eine Diskussion von etwaigen Rechtsfragen ermöglicht und eine einvernehmliche Erledigung des Einspruchsverfahrens gefördert werden. Die Finanzbehörde kann auch weitere Beteiligte zu dem Termin hinzuladen, wenn sie dies für sachdienlich hält. Andererseits kann sie von einer Erörterung mit mehr als zehn Beteiligten absehen, § 364a Abs. 2 Satz 1 AO. 723

§ 364a AO sagt nichts darüber aus, wie die Erörterung stattzufinden hat. Da ein schriftlicher Austausch zwischen den Beteiligten übliches Prozedere ist, zielt u. E. § 364 AO im Wesentlichen auf eine mündliche Erörterung ab (z. B. Besichtigung eines Steuerlagers oder einer Betriebsanlage, Erörterungsgespräche im HZA). Gegebenenfalls kann sich auch eine telefonische Erörterung anbieten.[674]

Zwar ist dem Wortlaut der Vorschrift zu entnehmen, dass eine Erörterung auf Antrag im Regelfall stattzufinden hat („soll"). Unter Berücksichtigung der Vielzahl der jährlich durch die HZÄ zu bearbeitenden Einspruchsfälle dürfte diese den komplizierteren Einspruchsverfahren vorbehalten bleiben. Keine Verpflichtung zur mündlichen Erörterung

670 *Seer* in Tipke/Lang, Steuerrecht, § 21 Rz. 9, § 22 Rz. 35.

671 BVerfG v. 29. 11. 1996 2 BvR 1157/93, BStBl 1997 II 415.

672 *Seer* in Tipke/Lang, Steuerrecht, § 22 Rz. 35; BFH v. 4. 6. 2003 VII B 138/01, BStBl 2003 II 790; BT-Drucksache 7/4292 24-25.

673 AO-DV Zoll Nr. 4 zu § 91, zu § 364.

674 AO-DV Zoll Nr. 6 zu § 364a.

besteht dagegen, wenn die Finanzbehörde dem Einspruch abhelfen will oder solange das Einspruchsverfahren nach § 363 AO ausgesetzt ist oder ruht.[675]

c) Nichtberücksichtigung verspätet vorgebrachter Erklärungen und Beweismittel

724 Nach § 364b AO kann die Finanzbehörde dem Einspruchsführer eine Frist setzen, bis zu der er für das Einspruchsverfahren entscheidungserhebliche Erklärungen und Beweismittel vorzulegen hat. Werden die Erklärungen und Beweismittel erst nach Ablauf der Frist vorgelegt, sind sie durch die Finanzbehörde unberücksichtigt zu lassen. § 364b AO soll einer zügigen Durchführung des Einspruchsverfahrens dienen und dem Missbrauch zu rechtsbehelfsfremden Zwecken entgegenwirken.[676]

BEISPIELE ► für Erklärungen und Beweismittel i. S. v. § 364b AO:

- Präferenznachweise,
- Produktbeschreibungen für einzureihende Waren,
- Ausfuhrnachweise,
- Versteuerungsnachweise,
- Rechnungen,
- Zertifikate.

725 Macht die Finanzbehörde von der Möglichkeit einer Fristsetzung nach § 364b AO Gebrauch, sind die vorzulegenden Unterlagen genau zu bezeichnen und der Einspruchsführer gemäß § 364b Abs. 3 AO über **die Rechtsfolgen einer Fristversäumnis zu belehren**. Die Frist ist unter Berücksichtigung der Art der angeforderten Unterlagen ausreichend zu bemessen (mindestens jedoch vier Wochen). Die durch die Finanzbehörde gesetzte Frist ist nach § 109 AO verlängerbar, sofern der Antrag auf Fristverlängerung vor Fristablauf bei der Finanzbehörde eingeht. Geht der Antrag nach Ablauf der Frist bei der Finanzbehörde ein, kann nur nach § 110 AO Wiedereinsetzung in den vorigen Stand gewährt werden.[677] Die Fristsetzung ist ein Verwaltungsakt, welcher mit Einspruch angefochten werden kann.[678]

726 Werden die angeforderten Unterlagen durch den Einspruchsführer nicht fristgerecht vorgelegt, können sie von der Finanzbehörde nicht mehr zu seinen Gunsten berücksichtigt werden, § 364b Abs. 2 AO. Ein Ermessen der Finanzbehörde besteht insoweit nicht.

Trotz dieser Rechtsfolge ist der Wirkungskreis von § 364b AO begrenzt. Die Folgen für ein sich evtl. anschließendes finanzgerichtliches Verfahren regelt § 76 Abs. 3 Satz 1 FGO. Danach kann das Finanzgericht Erklärungen, welche erst nach Ablauf der von der Finanzbehörde gesetzten Frist im Einspruchsverfahren oder im finanzgerichtlichen Verfahren vorgebracht wurden, zurückweisen und ohne weitere Ermittlungen entscheiden.

Als ermessenslenkende Richtschnur verweist § 76 Abs. 3 Satz 2 FGO auf § 79b Abs. 3 FGO, welcher die Zurückweisung an drei Voraussetzungen festmacht. Insbesondere

675 AO-DV Zoll Nr. 5 zu § 364a.

676 BT-Drucksache 12/7427, 37 f.

677 AO-DV Zoll Nr. 4 zu § 364b.

678 *Brockmeyer* in Klein, § 364b Rz. 13 f.

§ 79b Abs. 3 Satz 1 Nr. 1 FGO, wonach eine Zulassung der Unterlagen eine Verzögerung der Erledigung des Rechtsstreits zur Folge haben müsste, macht § 364b AO in letzter Konsequenz unbrauchbar. Unter Berücksichtigung der Regelungen der FGO, dürfte damit eine Nichtberücksichtigung nachgereichter Unterlagen im finanzgerichtlichen Verfahren i. d. R. ausscheiden.[679]

BEISPIEL: Die A-GmbH erhielt einen Biersteuerbescheid über 1 000 €, nachdem sie nach wiederholter Aufforderung keine Steuererklärung abgegeben hatte. Das HZA Dresden hat hierbei die hergestellte Menge Bier unter Berücksichtigung der in den Vormonaten hergestellten Mengen geschätzt. Die A-GmbH legte hiergegen form- und fristgerecht Einspruch ein. Im Einspruchsverfahren forderte das HZA die A-GmbH vergeblich zur Abgabe der Steuererklärung bzw. zur Angabe der Mengen auf und setzte, unter Hinweis auf die Rechtsfolgen, eine Frist zu deren Abgabe nach § 364b Abs. 1 Nr. 3 AO.

Nachdem die A-GmbH sich nicht geäußert hatte, wies das HZA Dresden den Einspruch als unbegründet zurück. Hiergegen legte die A-GmbH fristgerecht Klage beim Finanzgericht ein und reichte die Steuererklärung ein. Anhand der diesbezüglichen Angaben würde sich eine Biersteuerschuld in Höhe von 500 € ergeben.

Wie oben dargelegt, dürfte das Finanzgericht die „neuen" Tatsachen regelmäßig berücksichtigen, §§ 76 Abs. 3 Satz 2, 79b Abs. 3 FGO. § 364b AO läuft damit diesbezüglich ins Leere. Das HZA sollte jedoch beantragen, die Kosten dem Kläger gemäß § 137 FGO aufzuerlegen.

d) Änderung/Aufhebung des angefochtenen Verwaltungsakts

Wird im Einspruchsverfahren ein angefochtener Verwaltungsakt geändert oder ersetzt, wird der neue Verwaltungsakt Gegenstand des Einspruchverfahrens, § 365 Abs. 3 Satz 1 AO. Nichtige Verwaltungsakte entfalten keine Wirksamkeit, § 124 Abs. 3 AO. Wird die Nichtigkeit im Einspruchsverfahren festgestellt und hierauf ein wirksamer Verwaltungsakt erlassen, wird dieser nach dem ausdrücklichen Wortlaut von § 365 Abs. 3 Nr. 2 AO Gegenstand des Einspruchsverfahrens. § 365 Abs. 3 Satz 1 AO gilt darüber hinaus auch für im Einspruchsverfahren nach § 129 AO berichtigte Verwaltungsakte. 727

§ 365 Abs. 3 AO verfolgt den Zweck einer **Vereinfachung, Konzentration** und **Beschleunigung** des Einspruchsverfahrens.[680] Die Vorschrift soll verhindern, dass in Fällen, in denen der durch Klage angefochtene Verwaltungsakt während des Einspruchsverfahrens geändert oder ersetzt wird, der Einspruchsführer bzw. Kläger noch einmal ein entsprechendes Vorverfahren durchlaufen muss.[681] Voraussetzung für eine Anwendung von § 365 Abs. 3 AO ist, dass sowohl Beteiligter als auch Besteuerungsgegenstand hinsichtlich beider Verwaltungsakte identisch sind.[682] 728

Wird gegen den „neuen" Verwaltungsakt Einspruch eingelegt, ist dieser unzulässig. Die Finanzbehörde hat deshalb bei seinem Erlass darauf zu achten, dass die übliche Rechtsbehelfsbelehrung unterbleibt und der Inhaltsadressat auf die Rechtsfolge von § 365 Abs. 3 AO hingewiesen wird. 729

679 BFH v. 30. 6. 2004 III B 6/04, BFH/NV 2005, 63.

680 *Seer* in Tipke/Kruse, § 68 FGO Rz. 3.

681 *Seer* in Tipke/Kruse, § 68 FGO Rz. 3.

682 BFH v. 19. 3. 2009 V R 17/06, HFR 2009, 960-962.

730 Unter Berücksichtigung von Sinn und Zweck der Vorschrift findet § 365 Abs. 3 AO auch auf Einfuhrabgabenbescheide Anwendung. Wird demnach während eines Einspruchsverfahrens zu Einfuhr- bzw. Ausfuhrabgaben zum selben Sachverhalt eine Nacherhebung bzw. ein teilweiser Erlass/Erstattung vorgenommen, so ist Gegenstand des Einspruchsverfahrens der Nacherhebungs- bzw. der Erlass-/Erstattungsbescheid unter Einbeziehung des ursprünglichen Abgabenbescheides.[683]

e) Verböserung im Einspruchsverfahren

731 Gemäß § 367 Abs. 2 Satz 2 AO kann der angefochtene Verwaltungsakt auch **zum Nachteil des Einspruchsführers** geändert werden (sog. Verböserung). Voraussetzung hierfür ist ein zulässiger Einspruch. Darüber hinaus muss die Finanzbehörde den Einspruchsführer auf die Möglichkeit einer verbösernden Entscheidung unter Angabe von Gründen hingewiesen und ihm Gelegenheit gegeben haben, sich hierzu innerhalb einer angemessenen Frist zu äußern.

Der Verböserungshinweis soll sicherstellen, dass der Steuerpflichtige einer verbösernden Entscheidung durch rechtzeitige Rücknahme seines Einspruchs zuvorkommen kann.[684] Nimmt der Einspruchsführer seinen Einspruch zurück, ist eine Änderung zum Nachteil des Steuerpflichtigen im Einspruchsverfahren nicht mehr zulässig. Sofern jedoch eine der allgemeinen Korrekturnormen (z. B. § 172 Abs. 1 Satz 1 Nr. 1 AO, § 164 Abs. 2 AO) einschlägig ist, ist eine Korrektur grds. möglich.

732 § 367 Abs. 2 Satz 2 AO ist wegen der Überlagerung durch Art. 220 ZK für Einfuhr- und Ausfuhrabgaben nicht anwendbar.[685]

BEISPIEL ▸ **Verböserung bei Einfuhrabgaben:**

Das HZA Dresden erlässt einen Einfuhrabgabenbescheid in Höhe von 10 000 €. Dagegen legt die A-GmbH form- und fristgerecht Einspruch ein. Bei der Prüfung der Sach- und Rechtslage stellt das HZA fest, dass 5 000 € Einfuhrabgaben zu wenig festgesetzt wurden. § 367 Abs. 2 Satz 2 AO ist vorliegend nicht anwendbar. Das HZA muss nach Art. 220, 221 ZK einen Nacherhebungsbescheid i. H. v. 5 000 € erlassen.

2. Entscheidung über den Einspruch

733 Hat die Finanzbehörde die Sach- und Rechtslage vollumfänglich ermittelt, entscheidet sie über den Einspruch. Neben der Zulässigkeit hat sie die Begründetheit des Einspruchs zu prüfen, d. h. ob und inwieweit der angefochtene Verwaltungsakt rechtswidrig ist.

Zuständig nach § 367 Abs. 1 Satz 1 AO ist die Finanzbehörde, die den angefochtenen Verwaltungsakt erlassen hat bzw. die Finanzbehörde, welche für den Erlass des begehrten Verwaltungsakts zuständig wäre. Die AO weicht damit von der aus dem allgemei-

683 AO-DV Zoll Nr. 1 zu § 365; *Großmann* in ZfZ 2008, 169-172; Diese Auffassung ist jedoch in Rechtsprechung und Schrifttum umstritten, s. *Seer* in Tipke/Kruse, § 365 AO Rz. 29. Innerhalb der Zollverwaltung wird eine diesbezügliche Klarstellung im Gesetz bereits seit Jahren diskutiert. Eine Umsetzung erfolgte bislang leider noch nicht.

684 BFH v. 28. 11. 1989 VIII R 40/84, BStBl 1990 II 561.

685 AO-DV Zoll Nr. 1 zu § 367.

nen Verwaltungsrecht bekannten Verwaltungsstufenwechsel ab. Jeder nach Erlass eines Verwaltungsaktes eintretende Zuständigkeitswechsel (z. B. durch Änderung der HZA-Zuständigkeitsverordnung, Verlegung des Unternehmenssitzes) bewirkt auch eine Zuständigkeitsänderung im Einspruchsverfahren. Die zunächst zuständige Behörde kann jedoch unter Wahrung der Interessen der Beteiligten aus Zweckmäßigkeitsgründen das Einspruchsverfahren fortführen, wenn die neu zuständige Finanzbehörde zustimmt.[686]

Beabsichtigt die Finanzbehörde dem Einspruch nicht oder nicht in vollem Umfang ab- 734
zuhelfen, hat sie dem Einspruchsführer gemäß § 91 AO i.V.m. § 365 Abs. 1 AO rechtliches Gehör zu gewähren. Dabei hat sie ihm die Sach- und Rechtslage verständlich darzulegen und ihm innerhalb einer angemessenen Frist Gelegenheit zur Stellungnahme zu geben. Die Frist beträgt mindestens vier Wochen und hat sich an den Gesamtumständen des Falles auszurichten.

Teilt die Finanzbehörde nach § 363 Abs. 2 Satz 4 AO die Fortsetzung des bisher ruhen- 735
den Einspruchsverfahrens mit, soll sie vor Erlass der Einspruchsentscheidung dem Einspruchsführer Gelegenheit geben, sich erneut zu äußern.[687] Ruhte das Einspruchsverfahren aufgrund eines anhängigen Musterverfahrens, bietet es sich an, den Einspruchsführer hierauf hinzuweisen und die Rücknahme seines Einspruchs anzuregen.

Die Finanzbehörde hat folgende Möglichkeiten, um über einen Einspruch zu entscheiden:

a) Vollständige Abhilfe

Ist der Einspruch zulässig und in vollem Umfang begründet, nimmt die Finanzbehörde 736
nach §§ 367 Abs. 2 Satz 3 i. V. m. 132 AO den angefochtenen Verwaltungsakt antragsgemäß zurück, widerruft, ändert oder hebt ihn auf (Vollabhilfebescheid). Hat der Einspruchsführer den Erlass eines Verwaltungsakts begehrt (z. B. Erteilung einer Biersteuerlagererlaubnis), erlässt die Finanzbehörde den begehrten Verwaltungsakt (Vollabhilfebescheid).

Durch die Korrektur des angefochtenen Verwaltungsakts bzw. dem Erlass des begehrten Verwaltungsakts ist das Einspruchsverfahren erledigt. Einer Einspruchsentscheidung bedarf es nicht mehr. Aus Gründen der Klarheit sollte der Einspruchsführer schriftlich darauf hingewiesen werden, dass sich durch den Erlass des Verwaltungsakts seinem Begehr vollumfänglich entsprochen wurde und sich das Einspruchsverfahren damit erledigt hat.

Hat die Finanzbehörde dem Einspruchsführer vollständig abgeholfen, kann dieser bei Vorliegen einer Beschwer erneut Einspruch einlegen.[688] § 348 Nr. 1 AO findet mangels entsprechenden Wortlauts keine Anwendung.

686 AO-DV Zoll Nr. 2 zu § 367.
687 AO-DV Zoll Nr. 4 zu § 363.
688 BFH v. 18. 4. 2007 XI R 47/05, BStBl 2007 II 736.

b) Einspruchsentscheidung

737 Ist der Einspruch **unzulässig**, ist er als unzulässig zu verwerfen. Ist der Einspruch in vollem Umfang **unbegründet**, wird er als unbegründet zurückzuweisen. In beiden Fällen hat die Finanzbehörde über den Einspruch nach § 367 Abs. 1 Satz 1 AO mit Einspruchsentscheidung zu entscheiden.

In der Einspruchsentscheidung ist auf Fragen der Zulässigkeit nur einzugehen, wenn hierzu begründeter Anlass besteht.[689]

BEISPIELE HIERFÜR SIND:

- Zweifeln am Vorliegen einzelner Zulässigkeitsvoraussetzungen (z. B. Einspruchsfrist).
- Dem Einspruch ist ein Einspruchsverzicht vorausgegangen (§ 354 AO).
- Der Einspruch wurde zwischenzeitlich teilweise oder ganz zurückgenommen (§ 362 AO).

Bei der Einspruchsentscheidung ist gemäß AO-DV Zoll Nr. 3 zu § 366 folgender formeller Aufbau zu beachten:

aa) Bezeichnung des Einspruchsführers

738 Der Einspruchsführer ist im Anschriftenfeld der Einspruchsentscheidung mit seinem Namen und postalischer Anschrift ordnungsgemäß zu bezeichnen. Es reicht nicht aus, den Einspruchsführer nur auf dem Briefumschlag und in der Einspruchsakte anzugeben, weil sonst die ordnungsmäßige Bekanntgabe nicht einwandfrei nachgewiesen werden kann.[690]

Verfügt der Einspruchsführer über einen Bevollmächtigten (z. B. Rechtsanwalt) kann grds. davon ausgegangen werden, dass der Bevollmächtigte zur Entgegennahme der Einspruchsentscheidung ermächtigt ist. Die Einspruchsentscheidung ist dann dem Bevollmächtigten bekannt zu geben.

BEISPIEL für Bekanntgabe an einen Bevollmächtigten:

Herrn Rechtsanwalt Dr. Christoph Paulisch
Carusufer 3
01099 Dresden
als Bevollmächtigter für
Herrn
Michael Meier
Großbeerenstraße 341
14480 Potsdam

Zur Bekanntgabe von Einspruchsentscheidungen beachte AO-DV Zoll zu § 122.

739 Die **Art der Übermittlung** der Einspruchsentscheidung liegt im Ermessen der Finanzbehörde. Eine Bekanntgabe mit einfachem Brief nach § 122 AO dürfte regelmäßig ausreichen. Eine förmliche Zustellung der Einspruchsentscheidung (§ 122 Abs. 5 Satz 1 AO) sollte nur angeordnet werden, wenn die Finanzbehörde einen eindeutigen Nachweis des Zugangs für erforderlich hält. Die Einspruchsentscheidung kann aber auch mit Tele-

689 AO-DV Zoll Nr. 5 zu § 366.
690 AO-DV Zoll Nr. 2.6 zu § 366.

fax bekannt gegeben werden.[691] Eine elektronische Bekanntgabe ist derzeit in der Zollverwaltung nicht zulässig.

bb) Bezeichnung des angefochtenen Verwaltungsakts

Begehrt der Einspruchsführer die Korrektur eines angefochtenen Verwaltungsakts, ist dieser Verwaltungsakt in der Einspruchsentscheidung unter Angabe von: 740

- Datum
- Aktenzeichen
- Gegenstand/Abgabenart und –betrag und
- erlassende Finanzbehörde

konkret zu bezeichnen.

cc) Angabe der Entscheidungsformel

Je nach Ergebnis der Prüfung durch die Finanzbehörde ist der Einspruch mit folgender Formel zu versehen: 741

„Der Einspruch vom .... gegen den o. a. Bescheid wird ..."

- „als unzulässig verworfen".
- „als unbegründet zurückgewiesen".

dd) Darstellung des Sachverhalts

In der Einspruchsentscheidung sind weiterhin 742

- die Darstellung des Sachverhalts,
- die Beweiserhebung,
- das Vorbringen des Einspruchsführers sowie
- die Entscheidungsgründe, einschließlich der rechtlichen Würdigung der Beweismittel

aufzuführen.

Insbesondere die **Begründung** der Entscheidung ist durch die Finanzbehörde verständlich und nachvollziehbar darzulegen.[692] Diese muss bei ihrer Begründung auf das Vorbringen des Einspruchsführers und den konkreten Sachverhalt eingehen. Das bloße Zitieren von Rechtsprechung genügt den an eine Einspruchsentscheidung gestellten Anforderungen nicht. Im Idealfall muss sich für den Einspruchsführer der Erfolg einer sich anschließenden Klage seriös abschätzen lassen. Die Begründungspflicht ist auch erfüllt, wenn eine rechtlich falsche Begründung zu einem richtigen Ergebnis geführt hat.[693] 743

In Fällen, in denen der angefochtene Bescheid auf einer **Ermessensentscheidung** beruht, ist in der Begründung auf die Ermessensausübung einzugehen. Fehlt es dem an-

---

691 BFH v. 8. 7. 1998 I R 17/96, BStBl 1999 II 48.
692 AO-DV Zoll Nr. 4 zu § 366.
693 BFH v. 10. 5. 1990 V R 136/85, BFH/NV 1990, 420.

gefochtenen Verwaltungsakt an einer Darlegung des Ermessens, ist die Ermessenausübung spätestens in der Einspruchsentscheidung zu begründen. Enthält der angefochtene Verwaltungsakt eine nur unzureichende Ermessensausübung, ist das Ermessen weiter auszuführen.

ee) Rechtsbehelfsbelehrung

744 Die Einspruchsentscheidung ist gemäß § 366 AO zwingend mit einer Rechtsbehelfsbelehrung zu versehen. In der Rechtsbehelfsbelehrung

- ist das Gericht, bei dem der Rechtsbehelf anzubringen ist,
- dessen Sitz und
- die einzuhaltende Frist

anzugeben, § 55 Abs. 2 FGO.

745 Die Belehrung über die einzuhaltende Frist bedingt auch eine verständliche Erläuterung zum **Fristbeginn**. Dies setzt jedoch voraus, dass in der Rechtsbehelfsbelehrung den Einzelheiten des Falles Rechnung getragen werden muss. So braucht die Rechtsbehelfsfrist nicht den Hinweis zu enthalten, dass die Rechtsbehelfsfrist sich um einen Tag verlängert, wenn ihr Ablauf auf einen gesetzlichen Feiertag fällt. Vielmehr genügt eine abstrakte Belehrung anhand des Gesetzestextes über die einschlägige Rechtsbehelfsfrist.[694] Enthält die Einspruchsentscheidung keine oder eine unrichtige Rechtsbehelfsbelehrung, beträgt die Klagefrist nach § 55 Abs. 2 FGO ein Jahr.

BEISPIEL ▶ **Umfang der Rechtsbehelfsfrist:**

Eine Rechtsbehelfsbelehrung hat folgenden Inhalt:

„Sie können gegen die Einspruchsentscheidung Klage erheben. Die Klage ist beim FG X (und Adresse) schriftlich einzureichen oder zur Niederschrift zu erklären. Die Frist für die Einlegung des Einspruchs beträgt einen Monat. Sie beginnt mit Ablauf des Tages, an dem Ihnen dieser Bescheid bekannt gegeben worden ist. Bei Übermittlung durch die Post im Inland gilt die Bekanntgabe mit dem dritten Tag nach der Aufgabe zur Post als bewirkt, außer wenn der Bescheid nicht oder zu einem späteren Zeitpunkt zugegangen ist (§ 122 Abs. 2 AO). Die Frist verlängert sich bis zum nächstfolgenden Werktag, wenn das Fristende auf einen Sonntag, gesetzlichen Feiertag oder Sonnabend fällt (§ 108 Abs. 3 AO).“

Wie oben dargelegt, bedarf es nicht des Hinweises, dass die Rechtsbehelfsfrist sich um einen Tag verlängert, wenn ihr Ablauf auf einen gesetzlichen Feiertag fällt.

c) Teilweise Abhilfe

746 Ist der Einspruch teilweise begründet bzw. teilweise unbegründet, hat die Finanzbehörde während des Einspruchsverfahrens einen **Abhilfebescheid** zu erlassen.[695] § 132 AO findet Anwendung. Hat der Einspruchsführer den Erlass eines Verwaltungsakts begehrt, erlässt die Finanzbehörde den begehrten Verwaltungsakt in **eingeschränktem Umfang**. Dieser Verwaltungsakt korrigiert den angefochtenen Verwaltungsakt, soweit er rechtswidrig ist und wird gemäß § 365 Abs. 3 Satz 1 AO Gegenstand des Einspruchsverfahrens.

694 BFH v. 18. 7. 1986 III R 216/81, BFH/NV 1987, 12-13.

695 AO-DV Zoll Nr. 3 zu § 366.

BEISPIEL für teilweise Abhilfe:

Der Einspruchsführer begehrt den vollständigen Erlass des Biersteueranspruchs i. H.v. 50 000 €. Die Finanzbehörde erlässt ihm im Einspruchsverfahren den Biersteueranspruch i. H.v. 25 000 €.

Im Anschluss ist der Einspruchsführer aufzufordern, seinen Einspruch zurückzunehmen. Kommt er dem nicht innerhalb der von der Finanzbehörde gesetzten Frist nach, ist der Einspruch im Übrigen mit Einspruchsentscheidung als unbegründet zurückzuweisen.

Die Finanzbehörde kann aber auch vorab über Teile des Einspruchs nach § 367 Abs. 2a AO entscheiden, wenn dies sachdienlich ist (**Teil-Einspruchsentscheidung**). Sachdienlichkeit liegt vor, wenn ein Teil des Einspruchs entscheidungsreif ist, während über einen anderen Teil zeitnah noch nicht entschieden werden kann. 747

Mit § 367 Abs. 2a AO zielt der Gesetzgeber auf die Bewältigung von Masseneinsprüchen ab, bei denen eine Vielzahl von Steuerpflichtigen aufgrund eines beim EuGH, BVerfG oder einem obersten Bundesgericht anhängigen Verfahrens, von einem etwaigen positiven Ausgang desselben profitieren wollen.[696] In diesen Fällen kann die Finanzbehörde den unstrittigen Teil des Einspruchs erledigen und über den verbleibenden Teil nach Abschluss des Musterverfahrens entscheiden.

Eine Teil-Einspruchsentscheidung nach § 367 Abs. 2a AO ist trotz bestehender Zwangsruhe nach § 363 Abs. 2 Satz 2 AO über den Teil des Einspruchs zulässig, der Sach- und Rechtsfragen betrifft, welche nicht Gegenstand des Verfahrens vor dem EuGH, BVerfG oder vor einem obersten Bundesgericht sind.[697] In der Teil-Einspruchsentscheidung ist genau zu bestimmen, hinsichtlich welches Teils die Einspruchsentscheidung ergeht.

Haben Einsprüche aufgrund eines vor dem EuGH, BVerfG oder einem obersten Bundesgericht anhängigen Verfahrens gemäß § 363 Abs. 2 Satz 2 AO geruht und ist den Einspruchsführern aufgrund der Entscheidung nicht abzuhelfen, können diese Einsprüche gemäß § 367 Abs. 2b AO durch Allgemeinverfügung insoweit zurückgewiesen werden. Durch das Wort „insoweit" bringt der Gesetzgeber zum Ausdruck, dass das Einspruchsverfahren im Übrigen anhängig bleibt. Eine vollständige Erledigung des Einspruchsverfahrens findet durch die Allgemeinverfügung nur statt, wenn der andere Teil bereits durch Teil-Einspruchsentscheidung entschieden wurde. Sachlich zuständig für die Allgemeinverfügung ist für den Zuständigkeitsbereich der Zollverwaltung das BMF. 748

IV. Aussetzung/Aufhebung der Vollziehung

Durch die Einlegung eines Einspruchs wird die Vollziehung des Abgabenbescheides nicht gehemmt. Dieser Grundsatz gilt sowohl im nationalen Abgabenrecht mit § 361 Abs. 1 Satz 1 AO als auch im gemeinschaftlichen Abgabenrecht mit Art. 244 Satz 1 ZK.[698] Für eine Hemmung der Vollziehung des Abgabenbescheides bedarf es deshalb immer des Verfahrens auf AdV. Eine AdV bewirkt, dass der materielle Regelungsgehalt 749

696 BT-Drucksache 16/3368, 25.

697 AO-DV Zoll Nr. 3 zu § 363.

698 Zur AdV im Zoll- und Verbrauchsteuerrecht s. auch *Beck* in ZfZ 2006, 148-154.

des nach wie vor wirksamen Verwaltungsakts bzw. der nach wie vor wirksamen Entscheidung bis auf weiteres nicht mehr verwirklicht werden kann.[699]

Dabei ist zwischen der Aussetzung und der Aufhebung der Vollziehung zu unterscheiden. **Aussetzung der Vollziehung** ist die einstweilige Abkehr von belastenden Folgen in der Zukunft. **Aufhebung der Vollziehung** ist die einstweilige Beseitigung schon bereits eingetretener belastender Wirkungen. Zwar unterscheidet lediglich § 361 AO hinsichtlich dieser Begrifflichkeiten, jedoch schließt der Sinn und Zweck des Art. 244 ZK die Aufhebung der Vollziehung ein.[700]

Im Folgenden werden die unterschiedlichen Voraussetzungen der AdV nach AO und ZK dargestellt. Danach werden die für beide Verfahren gleichermaßen geltenden Grundsätze erläutert.

1. Aussetzung/Aufhebung der Vollziehung nach § 361 AO

a) Anfechtung des Verwaltungsaktes

750 Voraussetzung für eine AdV ist die Anfechtung des Verwaltungsaktes (§ 361 Abs. 2 Satz 1 AO). Mit der Einlegung des Einspruchs nach § 347 AO ist der Verwaltungsakt angefochten. Der Einspruch muss dabei nicht zulässig sein. Wurde der Verwaltungsakt nicht angefochten, ist der Antrag als unzulässig zurückzuweisen.

b) Vollziehbarer Verwaltungsakt

751 Weiterhin muss der betreffende Verwaltungsakt vollziehbar sein. **Vollziehbar** sind alle Verwaltungsakte bzw. zollrechtliche Entscheidungen, deren Inhalt durch die Finanzbehörden durchsetzbar ist.

BEISPIELE ▶ für vollziehbare Verwaltungsakte:

- Steuerbescheide/Haftungsbescheide (mit und ohne Leistungsgebot),
- Steueränderungsbescheide,
- Arrestanordnung,
- Vollstreckungsverwaltungsakte.

BEISPIELE ▶ für nicht vollziehbare Verwaltungsakte:

- Ablehnung eines Antrags auf Erlass des Steueranspruchs nach § 227 AO,
- Ablehnung eines Stundungsantrags.

BEISPIEL: ▶ Der wegen Steuerhinterziehung rechtskräftig verurteilte B legt gegen die Ablehnung eines Antrags auf Erlass aus Billigkeitsgründen eines Tabaksteueranspruchs i. H.v. 250 000 € Einspruch ein. Gleichzeitig beantragt er AdV. B trägt glaubhaft vor, dass er die Tabaksteuerforderungen mangels regelmäßigen Einkommens und Ersparnissen nicht zahlen können.

Der Antrag des B auf AdV ist nicht zulässig. Auf die die Begründetheit kommt es dann nicht mehr an.

---

699 BFH v. 3. 7. 1995 GrS 3/93, BStBl 1995 II 730.

700 BFH v. 26. 11. 1998 VII B 206/98, ZfZ 1999, 89-90.

c) Aussetzungsgründe

Wichtigste Kriterien bei der Prüfung eines Antrags auf AdV sind die Aussetzungsgründe. 752

aa) Ernstliche Zweifel

Ernstliche Zweifel an der Rechtmäßigkeit eines Verwaltungsaktes i. S. v. § 361 Abs. 2 Satz 2 Alt. 1 AO liegen vor, wenn neben den für die Rechtmäßigkeit sprechenden Umständen gewichtige, gegen die Rechtmäßigkeit sprechende Umstände zutage treten, welche eine **Unentschiedenheit** oder eine **Unsicherheit** in der Beurteilung der Rechtsfrage oder eine Unklarheit in der Beurteilung der Tatfrage bewirken.[701] Die für eine Rechtswidrigkeit sprechenden Gründe müssen nach dem Gesetzeswortlaut nicht überwiegen. 753

Unklarheiten in tatsächlicher Hinsicht liegen beispielsweise vor, wenn der maßgebliche Sachverhalt nicht oder falsch aufgeklärt wurde oder wenn die Begründung des Verwaltungsaktes offensichtlich nicht schlüssig ist. Wohl häufiger werden die ernstlichen Zweifel **rechtlicher Natur** sein. Diese können sich aus einer nicht eindeutigen Rechtslage (z. B. durch Neueinführung eines Gesetzes), aus der unterschiedlichen rechtlichen Beurteilung einer Rechtsfrage (z. B. durch Rechtsprechung, Schrifttum oder Finanz-/Zollverwaltung selbst) oder durch eine falsche Anwendung der Finanzbehörden des geltenden Rechts ergeben. Entspricht die Verfahrensweise der Finanzbehörde der gängigen Rechtspraxis (ständige Rechtsprechung), werden ernstliche Zweifel an der Rechtmäßigkeit eines Verwaltungsaktes i. d. R. zu verneinen sein.

bb) Unbillige Härte

Eine unbillige nicht durch überwiegend öffentliche Interessen gebotene Härte ist gegeben, wenn dem Steuerpflichtigen durch die Vollziehung des angefochtenen Verwaltungsaktes wirtschaftliche Nachteile drohen, die nicht oder nur schwer wieder gutzumachen sind, oder wenn die Vollziehung zu einer Gefährdung seiner wirtschaftlichen Existenz führen würde.[702] 754

Zwar bildet die **unbillige Härte** nach § 361 Abs. 2 Satz 2 Alt. 2 AO einen **eigenständigen Aussetzungsgrund**, jedoch darf sie **nicht vollkommen losgelöst von** den **ernstlichen Zweifeln** an der Rechtmäßigkeit des Verwaltungsaktes betrachtet werden. Hat der Einspruch offensichtlich keine Aussicht auf Erfolg, ist der Antrag trotz der unbilligen Härte der Vollziehung abzulehnen (z. B. bei einem verfristeten Einspruch).[703] Dies liegt am Wesen des § 361 Abs. 2 AO als vorläufiger Rechtsschutz. Anträge auf Stundung des Steueranspruches (§ 222 AO) oder Anträge auf Erlass des Steueranspruches aus Billigkeitsgründen (§ 227 AO) wären in diesem Fall die richtigen Instrumentarien. 755

---

701 BFH v. 3. 2. 2005 I B 208/04, BStBl 2005 II 351; v. 11. 6. 2003 IX B 16/03, BStBl 2003 II 663.
702 BFH v. 25. 2. 1987 V B 56/84, BFH/NV 1988, 398.
703 BFH v. 5. 6. 2000 V S 10/00, BFH/NV 2000, 1237.

d) Rechtsfolge

756 Auf Antrag soll die Aussetzung erfolgen, wenn ernstliche Zweifel an der Rechtmäßigkeit des angefochtenen Verwaltungsaktes bestehen oder wenn die Vollziehung für den Betroffenen eine unbillige, nicht durch überwiegende öffentliche Interessen gebotene Härte zur Folge hätte, § 361 Abs. 2 Satz 2 AO.[704] Zwar handelt es sich um eine Ermessensvorschrift („soll erfolgen"), jedoch geht das Ermessen der Finanzbehörde bei Vorliegen eines der Aussetzungsgründe gegen null.[705] Die AdV wird in diesem Fall zu gewähren sein.

757 Setzt die Finanzbehörde die Vollziehung des angefochtenen Verwaltungsaktes aus, kann sie dies gem. § 361 Abs. 2 Satz 5 AO von einer **Sicherheitsleistung** abhängig machen. Die Entscheidung ist eine Ermessensentscheidung („kann abhängig machen"). Die Möglichkeit, die Vollziehung von einer Sicherheitsleistung abhängig zu machen, dient dem Schutz vor Steuerausfällen.[706] Die Sicherheitsleistung stellt eine **aufschiebende Bedingung** dar, d. h. die Aussetzung der Vollziehung entfaltet erst Wirkung, wenn die Sicherheit in der geforderten Frist und Höhe geleistet ist.[707]

Die Anordnung einer Sicherheitsleistung ist **ermessensgerecht**, wenn bei einem für den Antragsteller ungünstigen Ausgang des Hauptsacheverfahrens die Verwirklichung des Steueranspruchs gefährdet oder erschwert erscheint.[708] Die Finanzbehörde hat die Begründung der Notwendigkeit der Sicherheit in ihrer Entscheidung darzulegen. Sprechen zwar gewichtige Gründe für die Anordnung einer Sicherheitsleistung, zeichnet sich jedoch für den Antragsteller ein Erfolg im Hauptsacheverfahren ab, ist von einer solchen abzusehen.[709]

Wendet sich der Antragsteller gegen die Anordnung einer Sicherheitsleistung, muss er die Entscheidung über die Aussetzung als solche anfechten, da jene eine unselbständige Nebenbestimmung darstellt.

PRAXISTIPP:

Nachfolgende Kriterien können Anhaltspunkte für die Notwendigkeit einer Sicherheitsleistung sein:

- Schlechte wirtschaftliche Lage des Antragstellers
- Der Antragsteller kommt seinen Steuerverbindlichkeiten regelmäßig nicht fristgerecht nach
- Beim Antragsteller liegen Anhaltspunkte für eine Vermögensverschiebung ins Ausland vor
- Vollziehung des Steueranspruchs in einem Nicht-EG-Mitgliedstaat

704 Zum überwiegenden öffentlichen Interesse s. BFH v. 9. 3. 2012 VII B 171/11, zum Redaktionsschluss noch nicht veröffentlicht.

705 BFH v. 4. 12. 1967 GrS 4/67, BStBl 1968 II 199.

706 BFH v. 3. 2. 2005 I B 208/04, BStBl 2005 II 351.

707 So auch *Brockmeyer* in Klein, § 361 AO Rz. 32.

708 BFH v. 3. 2. 2005 I B 208/04, BStBl 2005 II 351.

709 BFH v. 14.2. 1984 VIII B 112/83, BStBl 1984 II 443.

2. Aussetzung/Aufhebung der Vollziehung nach Art. 244 ZK

Hinsichtlich Einfuhrabgaben i. S. v. § 1 Abs. 1 Satz 3 ZollVG (Einfuhr- und Ausfuhrabgaben i. S. v. Art. 4 Nr. 10 und 11 ZK, Einfuhrumsatzsteuer und „Einfuhrverbrauchsteuern") sind die materiellen Voraussetzungen des §§ 361 Abs. 1 und 2 AO für eine AdV wegen Art. 244 ZK durch das gemeinschaftliche Zollrecht überlagert. Das Verfahren wird hingegen nach Art. 245 ZK durch das nationale Recht bestimmt. Die hierzu unter Rdn. 768 gemachten Ausführungen finden im Wesentlichen Anwendung. 758

Durch die Einlegung des Rechtsbehelfs wird die Vollziehung der angefochtenen Entscheidung nicht ausgesetzt, Art. 244 Satz 1 ZK. Die Zollbehörden setzen jedoch die Vollziehung der Entscheidung gem. Art. 244 Satz 2 ZK ganz oder teilweise aus, wenn sie begründete Zweifel an der Rechtmäßigkeit der angefochtenen Entscheidung haben oder wenn den Beteiligten ein unersetzbarer Schaden entstehen könnte. Der Grundsatz des deutschen Steuerrechts von der sofortigen Vollziehbarkeit des Abgabenbescheides findet sich also auch im gemeinschaftlichen Zollrecht wieder. 759

a) Anfechtung der Entscheidung

Voraussetzung für eine AdV ist die Anfechtung der Entscheidung (Rechtsbehelf i. S. v. Art. 243 ZK). **Entscheidung** ist jede hoheitliche Maßnahme auf dem Gebiet des Zollrechts zur Regelung eines Einzelfalls mit Rechtswirkung für eine oder mehrere bestimmte oder bestimmbare Personen, Art. 4 Nr. 5 ZK. Im Wesentlichen sind dies Abgabenbescheide über Einfuhrabgaben i. S. v. § 1 Abs. 1 Satz 3 ZollVG. 760

b) Vollziehbare Entscheidung

Art. 4 Nr. 5 ZK bestimmt den Begriff der **Entscheidung.** Dabei handelt es sich um eine hoheitliche Maßnahme auf dem Gebiet des Zollrechts zur Regelung eines Einzelfalls mit Rechtswirkung für eine oder mehrere bestimmte oder bestimmbare Personen.[710] Der Begriff der Entscheidung entspricht inhaltlich dem des Verwaltungsakts. Zum Zollrecht gehören nach Art. 1 Satz 1 ZK auch die auf einzelstaatlicher Ebene erlassenen Durchführungsvorschriften zum ZK, d. h. auch Vorschriften des ZollVG und der ZollV.[711] 761

Vollziehbar im Sinne des ZK sind alle Entscheidungen, die dem Betroffenen eine Leistungspflicht auferlegen und einen durchsetzbaren Inhalt haben. Dazu zählen auch Entscheidungen die von einer bestimmten Person ein Handeln, Dulden oder Unterlassen fordern. Zu den vollziehbaren Entscheidungen zählt auch die Rücknahme einer begünstigenden Entscheidung.[712]

BEISPIELE für vollziehbare zollrechtliche Entscheidungen:

- Einfuhrabgabenbescheide,
- Nacherhebung von Einfuhrabgaben, Art. 220 ZK,
- Aufhebung einer verbindlichen Zolltarifauskunft.

---

710 *Witte* in Witte, Art. 4 ZK Rz. 2.

711 BFH v. 31. 1. 2005 VII R 33/04, ZfZ 2005, 236-240.

712 FG Hamburg v. 3. 4. 2008 4 V 407/07, nv.

BEISPIELE ▸ **für nicht vollziehbare zollrechtliche Entscheidungen:**

- Ablehnung eines Antrags auf Erlass der Einfuhrabgaben nach Art. 236 ff. ZK,
- Ablehnung eines Antrags einer Zolllagerbewilligung.

c) Aussetzungsgründe

aa) Begründete Zweifel

762 Der Begriff der begründeten Zweifel an der Rechtmäßigkeit der angefochtenen Entscheidung entspricht inhaltlich dem Begriff der ernstlichen Zweifel des § 361 Abs. 2 Satz 2 Alt. 1 AO.[713] Danach liegen begründete Zweifel an der Rechtmäßigkeit der angefochtenen Entscheidung vor, wenn neben den für die Rechtmäßigkeit sprechenden Umständen gewichtige gegen die Rechtmäßigkeit sprechende Umstände zutage treten, welche eine Unentschiedenheit oder eine Unsicherheit in der Beurteilung der Rechtsfrage oder eine Unklarheit in der Beurteilung der Tatfrage bewirken.[714] Zweifel an der Rechtswidrigkeit der angefochtenen Entscheidung müssen nicht überwiegen.

Begründete Zweifel hinsichtlich einer Rechtsfrage können sich aus dem Gemeinschaftsrecht und aus dem nationalen Recht ergeben.

bb) Unersetzbarer Schaden

763 Ein **unersetzbarer Schaden** liegt vor, wenn die Lage, die durch den sofortigen Vollzug der Entscheidung entstünde, nach einem für den Antragsteller günstigen Ausgang in der Hauptsache nicht umgekehrt werden könnte.[715]

BEISPIELE ▸ **für einen unersetzbaren Schaden:**

- Der sofortige Vollzug der Entscheidung würde den Steuerpflichtigen dazu zwingen, Antrag auf Eröffnung des Insolvenzverfahrens zu stellen.
- Der sofortige Vollzug der Entscheidung würde zur Auflösung einer Gesellschaft führen.
- Der sofortige Vollzug der Entscheidung würde einen Einzelnen dazu zwingen, sein Eigenheim oder seine Wohnung zu verkaufen.

764 Ein **finanzieller Schaden** ist nur dann ein unersetzbarer Schaden, wenn er nach einem Obsiegen des Antragstellers im Hauptsacheverfahren nicht vollständig ersetzt werden kann. Bei einem im Ausland ansässigen Beteiligten kann die Möglichkeit ausscheiden, dass durch die Vollziehung einer Entscheidung deutscher Zollbehörden ein unersetzbarer Schaden entsteht. Weiterhin hat die Finanzbehörde zu prüfen, ob eine Aussetzung der Vollziehung der angefochtenen Entscheidung deren volle Wirksamkeit bei einem erfolglosen Rechtsbehelf behindern könnte.[716] Dies ist nicht der Fall, wenn durch den Antragsteller Sicherheit geleistet wird.

765 Der **unersetzbare Schaden** als Aussetzungsgrund ist ein **selbständiges Tatbestandsmerkmal**. Im Unterschied zum nationalen Recht ist ein Abstellen auf die Erfolgsaussichten der Hauptsache von Art. 244 Abs. 2 ZK nicht gewollt. Zweifel an der Rechtmäßigkeit

713 *Alexander* in Witte, Art. 244 ZK Rz. 17.

714 BFH v. 11. 7. 2000 VII B 41/00, BFH/NV 2000, 1512-1514.

715 EuGH v. 17. 7. 1997 C-130/95, ZfZ 1997, 335 ff.

716 EuGH v. 17. 7. 1997 C-130/95, ZfZ 1997, 335 ff.

der angefochtenen Entscheidung brauchen nicht zu bestehen. Diese Auslegung der Norm erscheint u. E. nicht frei von Bedenken. Bestehen keine begründete Zweifel an der Rechtmäßigkeit der angefochtenen Entscheidung (z. B. weil der Einspruch offensichtlich verfristet ist), wird das Hauptsacheverfahren nicht erfolgversprechend sein. Die AdV wird damit nicht zum gewünschten Ziel führen. Der im nationalen Recht praktizierten Auslegung sollte deshalb gefolgt werden.

d) Rechtsfolge

Im Unterschied zum nationalen Recht, handelt es sich bei der Entscheidung, die Vollzie- 766
hung der angefochtenen Entscheidung auszusetzen, **nicht** um eine **Ermessensentscheidung** der Finanzbehörde („setzen aus"). Der Antragsteller hat somit bei Vorliegen der Aussetzungsgründe einen Rechtsanspruch auf AdV.

Nach Art. 244 Satz 3 ZK ist eine AdV bei der Erhebung von Einfuhr- und Ausfuhrabga- 767
ben von einer **Sicherheitsleistung** abhängig zu machen. Die Finanzbehörden sind demnach von Gesetzes wegen verpflichtet, eine Sicherheit zu verlangen. Die Aussetzung tritt dabei erst ein, wenn die Sicherheit erbracht wurde (**aufschiebende Bedingung**). Die Sicherheit ist waren- und nicht verfahrensbezogen.[717] Eine durch den Hauptverpflichteten im Versandverfahren geleistete Sicherheit, ist demnach auf ein AdV-Verfahren beim Hauptverpflichteten anzurechnen. Hinsichtlich der Art, Höhe und des Verfahrens gelten die Art. 189 bis 200 ZK sowie Art. 857 ff. ZK-DVO.

Die Finanzbehörden können gem. Art. 244 Satz 4 ZK von der Erhebung einer Sicherheit absehen, wenn die Forderung aufgrund der Lage des Schuldners zu ernsten Schwierigkeiten wirtschaftlicher oder sozialer Art führen könnte. **Ernste Schwierigkeiten wirtschaftlicher oder sozialer Art** sind anzunehmen, wenn der Beteiligte trotz zumutbarer Anstrengungen ohne Gefährdung seiner wirtschaftlichen Lage nicht imstande ist, die Sicherheit zu leisten oder ihm durch die Anforderung der Sicherheit ein schwerer und nicht wiedergutzumachender Schaden entstehen würde, der über einen reinen Geldschaden hinausgeht.[718] Eine Kreditaufnahme oder eine bloße Liquiditätsminderung reichen hierfür nicht aus.

3. Verfahren

Nach § 361 Abs. 2 Satz 1 AO kann die Finanzbehörde, die den angefochtenen Verwal- 768
tungsakt erlassen hat, die Vollziehung ganz oder teilweise aussetzen. Für eine AdV bedarf es demnach keines Antrags durch den Beteiligten. Die AdV **von Amts wegen** wird jedoch von den Finanzbehörden nur selten praktiziert. Der **Antrag** auf Aussetzung der Vollziehung schließt, sofern er nicht im Einzelfall erkennbar auf eine in die Zukunft wirkende Maßnahme beschränkt wird, das Begehren nach einer Aufhebung der Vollziehung ein.[719]

717 *Alexander* in Witte, Art. 244 ZK Rz. 41.
718 *Alexander* in Witte, Art. 244 ZK Rz. 43.
719 BFH v. 3. 2. 2005 I B 208/04, BStBl 2005 II 351.

Der Antrag auf AdV ist an keine Form und Frist gebunden. Er kann demnach bis zur Einspruchsentscheidung jederzeit gestellt werden.

769 Durch die AdV bekommt der Antragsteller lediglich einen **vorläufigen Rechtschutz**; die Hemmung der Vollziehung des angefochtenen Verwaltungsaktes. Durch das Verfahren wird der Hauptsache nicht vorweggegriffen.

770 Das Verfahren auf AdV ist als vorläufiger Rechtsschutz ein summarisches Verfahren. **Summarisches Verfahren** bedeutet, dass die Finanzbehörde anhand der ihr vorliegenden Akten und Beweismittel über die vom Antragsteller vorgebrachten Aussetzungsgründe befindet.[720] Entscheidend ist, dass der Antragsteller nicht den endgültigen Beweis für seine Behauptungen bringen muss. Es genügt, dass er seinen Vortrag gegenüber der Finanzbehörde glaubhaft macht. Insbesondere eine streitige oder eine nicht eindeutige Rechtslage sind hier nicht abschließend zu klären.

Speziell bei der Geltendmachung einer unbilligen Härte hat der Antragsteller seine wirtschaftliche Lage im Einzelnen glaubhaft vorzubringen und anhand von Unterlagen zu belegen (z. B. vorläufige Gewinn- und Verlustrechnung/Jahresabschlüsse). Anders als bei vorgetragenen ernsten rechtlichen Zweifeln kann die Finanzbehörde diese i. d. R. nicht anhand der Aktenlage beurteilen. Auf die Mitwirkung des Antragstellers kommt es deshalb wesentlich an.

PRAXISTIPP:

Die Prüfung der wirtschaftlichen Lage des Antragstellers ist hierbei nicht angezeigt. Zum einen widerspricht es dem Grundsatz der Prüfung anhand präsenter Beweismittel, zum anderen wäre bei einer solchen die durch das BMF in der AO-DV Zoll Nr. 6.1 zu § 361 vorgegebene Frist von maximal vier Wochen nicht einzuhalten.

---

771 Die AdV des Verwaltungsaktes tritt nicht bereits mit der Antragstellung ein, sondern erst mit der Bekanntgabe der Entscheidung. Ab dem Tag des Antrageingangs bei der Finanzbehörde ist daher besondere Eile geboten (**Eilverfahren**). Die HZÄ sind durch das BMF verpflichtet worden, über den Antrag innerhalb von vier Wochen zu entscheiden.[721]

772 Für die AdV nach Art. 244 ZK gelten die Ausführungen zum Verfahren entsprechend.

773 Wird eine Steuer nicht bis zum Ablauf des Fälligkeitstages entrichtet, entstehen kraft Gesetzes **Säumniszuschläge**, § 240 Abs. 1 AO. Ein anhängiges Verfahren über die Aussetzung der Vollziehung ändert dies nicht.

In den überwiegenden Fällen wird der Antrag erst kurz vor Fälligkeit der zu entrichtenden Steuer eingereicht. Die Finanzbehörden sind dadurch in den seltensten Fällen in der Lage, über den Antrag vor Eintritt der Fälligkeit und dem Ablauf der in § 240 Abs. 3 Satz 1 AO normierten Schonfrist (3 Tage) zu entscheiden. Zwangsläufige Folge ist die

---

720 AO-DV Zoll Nr. 5 zu § 361.

721 AO-DV Zoll Nr. 6.1 zu § 361.

Entstehung von Säumniszuschlägen. Die oben erwähnte lange Bearbeitungsdauer begünstigt dies zudem.

An bereits entstandenen Säumniszuschlägen ändert auch eine positive Aussetzungsentscheidung der Finanzbehörde nichts. Die Aussetzung der Vollziehung entfaltet ihre Wirkung für die Zukunft (ex nunc). Demnach verhindert sie lediglich die Entstehung neuer Säumniszuschläge. Sie unterscheidet sich insoweit von der Aufhebung der Vollziehung, welche in die Vergangenheit wirkt (ex tunc), § 361 Abs. 2 Satz 3 AO.

Unter den gleichen Aussetzungsgründen wie bei der Aussetzung der Vollziehung kann die Finanzbehörde eine Aufhebung der Vollziehung anordnen. Sie hat dies bei einer positiven Entscheidung zu berücksichtigen. Bereits die Entstehung von Säumniszuschlägen bedeutet Vollzug eines Steuerbescheides. Dem steht nicht entgegen, dass der Antragsteller eine Aufhebung der Säumniszuschläge nicht ausdrücklich beantragt hat. Der Antrag auf Aussetzung der Vollziehung schließt, sofern er nicht im Einzelfall erkennbar auf eine in die Zukunft wirkende Maßnahme beschränkt wird, das Begehren nach einer Aufhebung der Vollziehung ein.[722] Wird der Antrag vor Fälligkeit gestellt, entfällt somit automatisch die Entstehung der Säumniszuschläge rückwirkend.

Für verwirkte Säumniszinsen nach Art. 232 Abs. 1 Buchst. b ZK gelten die Ausführungen entsprechend.

4. Aussetzungszinsen

Soweit ein Einspruch gegen 774

- einen Steuerbescheid,
- eine Steueranmeldung oder
- einen Verwaltungsakt, der einen Steuervergütungsbescheid aufhebt oder ändert,

endgültig keinen Erfolg gehabt hat, ist der geschuldete Betrag, hinsichtlich dessen die Vollziehung des angefochtenen Verwaltungsakts ausgesetzt wurde, gemäß § 237 Abs. 1 Satz 1 AO zu **verzinsen**. Die Vorschrift findet demnach nicht bei steuerlichen Nebenleistungen oder Haftungsansprüchen Anwendung. Art. 244 ZK enthält keine Aussage über AdV-Zinsen. Mithin ist § 237 AO auch bei Einfuhr- und Ausfuhrabgaben anzuwenden.[723]

Mit der Erhebung von Aussetzungszinsen sollen der **Zinsnachteil des Steuergläubigers** (Fiskus), der den Abgabenbetrag nicht schon bei Fälligkeit, sondern erst nach Beendigung der Aussetzung der Vollziehung erhält, **ausgeglichen werden**. Darüber hinaus soll der Zinsvorteil des Steuerpflichtigen abgeschöpft.[724] Ob der Zinsvorteil tatsächlich gezogen worden ist, ist dabei grds. unbeachtlich.[725] Weiterhin ist es für die Entstehung 775

722 BFH v. 3.2.2005 I B 208/04, BStBl 2005 II 351.

723 AO-DV Zoll Nr. 1 zu § 237.

724 BFH v. 29.9.2010 XI B 74/09, BFH/NV 2011, 194-195.

725 BFH v. 23.10.2003 V R 2/02, BStBl 2004 II 39.

des Zinsanspruchs unerheblich, wenn ohne Hinzutun des Steuerpflichtigen eine angemessene AdV-Verfahrensdauer überschritten wurde.[726]

776 Die Zinsen betragen gemäß § 238 Abs. 1 Satz 1 AO für jeden Monat 0,5 %. Für die Berechnung der Zinsen wird der zu verzinsende Betrag jeder Steuerart auf den nächsten durch 50 € teilbaren Betrag abgerundet, § 238 Abs. 2 AO.

Zu verzinsen ist nach § 237 Abs. 2 Satz 1 AO **für den Zeitraum**, für den die Vollziehung des angefochtenen Verwaltungsakts **ausgesetzt** worden ist. AdV-Zinsen sind nur von dem Tag an, an dem der Zinslauf beginnt, für volle Monate zu zahlen. Angefangene Monate bleiben unberücksichtigt, § 238 Abs. 1 Satz 2 AO. Die Zinsen sind auf volle € zum Vorteil des Steuerpflichtigen gerundet festzusetzen. Eine Zinsfestsetzung erfolgt nur, wenn die AdV-Zinsen mindestens 10,00 € betragen. Zur Festsetzung der Zinsen s. § 239 AO.

BEISPIEL 1 **für AdV-Zinsberechnung:**

Die C-GmbH legt am 7. 2. 11 gegen einen Schaumweinsteuerbescheid i. H. v. 10 010,55 € beim HZA Potsdam Einspruch ein. Am 9. 2. 11 beantragt sie die Aussetzung der Vollziehung des Schaumweinsteuerbescheids, welche durch das HZA am 14. 2. 11 bewilligt wird. Am 17. 5. 11 erhält die C-GmbH eine Einspruchsentscheidung und den Widerruf der AdV.

Beginn des Zinslaufs:	9. 2. 11 (AdV kann max. bis zum Tag der Antragstellung rückwirkend gewährt werden)
Ende des Zinslaufs:	17. 5. 11
Zinsrelevante Monate:	3 Monate
Rundung:	10 000 €
AdV-Zinsen:	**150,00 €** ((10 000 € x 0,5 %) x 3)

BEISPIEL 2 Die A-GmbH legt am 9. 2. 11 Einspruch gegen einen Steuerbescheid über 540,00 € Biersteuer und 560,00 € Branntweinsteuer beim zuständigen HZA Dresden ein. Gleichzeitig beantragt sie AdV. Das HZA bewilligt ihr diese am 10. 3. 11. Am 17. 5. 11 erhält die A-GmbH eine Einspruchsentscheidung und den gleichzeitigen Widerruf der AdV.

Beginn des Zinslaufs:	9. 2. 11 (AdV kann max. bis zum Tag der Antragstellung rückwirkend gewährt werden)
Ende des Zinslaufs:	17. 5. 11
Zinsrelevante Monate:	3 Monate
Rundung:	550 €
AdV-Zinsen:	8 € ((550 € x 0,5 %) x 3 = 8,25 €)

Der Zinsbetrag beträgt weniger als 10 €. Gemäß § 239 Abs. 2 Satz 2 AO wird dieser Betrag nicht festgesetzt.

777–790 *(Einstweilen frei)*

726 BFH v. 21. 2. 1991 V R 105/84, BStBl 1991 II 498.

Abschnitt 2: Vollstreckungsrecht und Insolvenzrecht

A. Vollstreckungsverfahren

I. Aufgaben und Rechtsgrundlagen der Vollstreckung durch die Hauptzollämter

1. Das Aufgabenspektrum der Zollverwaltung

In den Hauptzollämtern mit Vollstreckungsstelle werden jährlich ca. 4 Mio. Vollstreckungsfälle (2010) bearbeitet. Von den 43 Hauptzollämtern verfügen 22 über eine Vollstreckungsstelle mit einem Personalbestand von 70 bis 170 Mitarbeitern. Wie sich den beiden nachfolgenden Übersichten entnehmen lässt, ist die Zollverwaltung sozusagen die Vollstreckungsbehörde des Bundes; für eigene Forderungen wie Zölle und Verbrauchsteuern wird sie nur in geringem Umfang tätig. Die größten Auftraggeber sind die Arbeitsverwaltung und die Sozialversicherungsträger (gesetzliche Krankenkassen und Ersatzkassen). 791

Vollstreckungsfälle in 2010[1] gesamt:	**4, 096 Mio.**
► für die Bundesagentur für Arbeit	1,100 Mio.
► sonstige Sozialbehörden	2,862 Mio.
► Zollverwaltung und übrige Bereiche	134 000
Beigetriebene Beträge in 2010[2] gesamt (in Mio.):	**1 183**
► für die Bundesagentur für Arbeit	107
► für sonstige Sozialbehörden	778
► für die Zollverwaltung und sonstige Bereiche	298

Wichtig ist dabei, dass die Zollverwaltung nicht „im Auftrag" oder in Amtshilfe tätig wird, sondern als die **allein zuständige Vollstreckungsbehörde** nach den jeweiligen Rechtsgrundlagen (vor allem nach den Vorschriften des Verwaltungsvollstreckungsgesetzes). **Amtshilfe nach § 250 AO** kommt nur für andere Vollstreckungsbehörden aus dem Bereich der Steuerverwaltungen in Betracht, also für andere Hauptzollämter und für die Finanzämter. Dazu richtet die Finanzbehörde, die um Amtshilfe im Vollstreckungsverfahren bittet, ein **Vollstreckungsersuchen** an die Finanzbehörde, die eine Vollstreckungsmaßnahme für die ersuchende Behörde durchführen soll.

Vollstreckung bedeutet **Einsatz hoheitlicher Machtmittel** zur Durchsetzung von förmlich festgestellten Ansprüchen, die nicht freiwillig erfüllt werden. Während der Bürger seinen Anspruch erst vor Gericht durchsetzen und dadurch einen Vollstreckungstitel erlangen muss, der dann vom Vollstreckungsgericht nach der ZPO vollstreckt wird, erlässt die Verwaltungsbehörde selbst den „Vollstreckungstitel" in Form eines **Verwaltungs-** 792

1 Vgl. die Bundeszollverwaltung – Jahresstatistik 2010 (www.zoll.de).

2 Siehe FN 1.

aktes. So kann das Hauptzollamt den von ihm selbst erlassenen Steuerbescheid auch selbst vollstrecken.

Der von einer Behörde erlassene Verwaltungsakt enthält entweder eine **Geldleistungspflicht** (wie ein Steuerbescheid) oder **die Pflicht zu einem Handeln, Dulden oder Unterlassen.** Die Vollstreckung ist dann öffentlich-rechtlicher Natur und hoheitlich handelnden staatlichen Organen vorbehalten. In jedem Fall ist Vollstreckung als **Staatsmonopol** ausgebildet.

2. Die Rechtsgrundlagen der Vollstreckungstätigkeit der Zollverwaltung

793 Hier ist zu unterscheiden: Führt die Zollverwaltung **Vollstreckungsverfahren in eigener Sache** oder aufgrund von **Vollstreckungsersuchen nach § 250 AO** durch, so verfährt sie nach §§ 249 bis 346 AO. Handelt sie für andere Rechtsträger wie die Bundesagentur für Arbeit, dann verfährt sie nach den Vorschriften des Verwaltungsvollstreckungsgesetzes[3]. Vollstreckt sie für die Sozialversicherungsträger, so handelt sie auf Grundlage des § 66 Abs. 1 SGB X. Daneben gibt es noch weitere Gesetze, die der Zollverwaltung Vollstreckungstätigkeiten übertragen (s. die folgende Übersicht). **In allen Fällen der Aufgabenübertragung** aber werden jeweils die vollstreckungsrechtlichen **Vorschriften der AO für anwendbar** erklärt.

794 Der Vollstreckungsteil der AO verweist an vielen Stellen auf Vorschriften der ZPO, insbesondere für die Vollstreckung in das unbewegliche Vermögen. Daneben kommen auch Vorschriften der InsO[4] sowie des ZVG[5] zur Anwendung.

795 Bei der Vollstreckung von **Steuerforderungen** ist wie folgt zu differenzieren:

- Die **Verbrauchsteuern nach Gruppe 1 und 2** (s. o. Rdn. 16) werden unmittelbar nach der AO vollstreckt.
- **Die Einfuhr- und Ausfuhrabgaben** und die sonstigen **dem Zollrecht unterfallenden Abgaben** (Steuern i. S. d. ZollVG (Gruppe 3, s. o. Rdn. 16 werden ebenfalls nach den Vorschriften der AO vollstreckt, und zwar über die Verweisungsnorm des Art. 232 ZK.[6]
- **Bestimmte Steuern anderer Mitgliedstaaten**: Einfuhrabgaben, Verbrauchsteuern, EUSt sowie dazugehörende Kosten und Zinsen, die in **anderen Mitgliedstaaten** entstanden sind, werden von der Zollverwaltung im Inland nach dem EU-Beitreibungsgesetz[7] vollstreckt. In Umsetzung der Richtlinie 2010/24/EU des Rates vom

---

3 Verwaltungs-Vollstreckungsgesetz (VwVG) in der im BGBl III, Gliederungsnummer 201-4, veröffentlichten bereinigten Fassung, die zuletzt durch Art. 4 Abs. 1 Gesetz v. 29. 7. 2009 geändert wurde.

4 Insolvenzordnung – InsO – v. 5. 10. 1994, zuletzt durch Art. 19 des Gesetzes v. 20. 12. 2011 geändert.

5 Gesetz über die Zwangsversteigerung und die Zwangsverwaltung v. 24. 3. 1897 in der im Bundesgesetzblatt Teil III, Gliederungsnummer 310-14, veröffentlichten bereinigten Fassung, zuletzt durch Art. 6 des Gesetzes v. 7. 12. 2011 geändert.

6 Vgl. AO-DV (Zoll) Nr. 1 zu § 249.

7 Gesetz über die Durchführung der Amtshilfe bei der Beitreibung von Forderungen in Bezug auf bestimmte Steuern, Abgaben und sonstige Maßnahmen zwischen den Mitgliedstaaten der Europäischen Union (EU-Beitreibungsgesetz – EUBeitrG) v. 7. 12. 2011.

16. 3. 2010 über die Amtshilfe bei der Beitreibung von Forderungen in Bezug auf bestimmte Steuern, Abgaben und sonstige Maßnahmen (Beitreibungsrichtlinie) sieht dieses Gesetz vor, dass die Bundesfinanzverwaltung die in § 4 Abs. 1 Nr. 2 EUBeitrG genannten Forderungen, die in **anderen Mitgliedstaaten** entstanden sind, vollstreckt.

Diese Vollstreckung erfolgt auf Ersuchen der Behörde des anderen Mitgliedstaats, also im Wege der Amtshilfe. Die Vollstreckung erfolgt durch die Hauptzollämter nach den Vorschriften der AO (§ 1 Abs. 4 EUBeitrG). Voraussetzung für ein Ersuchen um Vollstreckungshilfe ist, dass ein vollstreckbarer Titel vorgelegt wird, bei dem bestätigt wird, dass er nicht angefochten ist, und dass im anderen Mitgliedstaat erfolglos vollstreckt wurde (§§ 9, 10 EUBeitrG).

Für **andere Geldforderungen des Bundes** gilt: 796

- Für die Beitreibung **öffentlich-rechtlicher Geldforderungen** des Bundes und der bundesunmittelbaren juristischen Personen des öffentlichen Rechts (§ 1 Abs. 1 VwVG) ist ebenfalls die Zollverwaltung zuständig. Rechtsgrundlage dafür ist das Verwaltungsvollstreckungsgesetz. Die Vorschriften der AO bleiben unberührt (§ 1 Abs. 3 VwVG), so dass die Ansprüche des Bundes aus **Steuern** (vgl. §§ 1, 3 AO) nur nach der AO zu vollstrecken sind.
- **Die Ansprüche der Sozialbehörden** sind wegen § 66 Abs. 1 Sozialgesetzbuch X[8] ebenfalls nach dem VwVG zu vollstrecken, es sei denn, die Sozialbehörde macht von ihrem Wahlrecht Gebrauch und beauftragt den Gerichtsvollzieher mit der Vollstreckung (§ 66 Abs. 3 SGB X). Vereinzelt haben in den letzten Jahren Krankenkassen selbst die Vollstreckungstätigkeit (nach dem VwVG) übernommen, dann greift § 4 Buchst. a VwVG.

Kommt das VwVG zur Anwendung, dann leitet die den Anspruch innehabende Behörde die Vollstreckung durch Erlass **einer Vollstreckungsanordnung** (§ 3 VwVG) ein. Diese wird der Vollstreckungsbehörde (§ 4 VwVG) zugeleitet. Soweit die Gläubigerbehörde nicht selbst vollstreckt (§ 4 Buchst. a VwVG), ist Vollstreckungsbehörde nach § 4 Buchst. b VwVG die Vollstreckungsbehörde der Bundesfinanzverwaltung – also das HZA.

Das VwVG verweist in § 5 für die Vollstreckung auf das **Vollstreckungsrecht der AO** 797
(mit wenigen Ausnahmen); nur für die Vollstreckung wegen der Erzwingung von Handlungen, Duldungen und Unterlassungen sieht das VwVG selbst Regelungen vor (§§ 6 ff. VwVG).

MERKE

Überblick zum VwVG

- § 1 Abs. 1 VwVG: öffentlich-rechtliche Geldforderungen des Bundes
- § 1 Abs. 3 VwVG: AO und Sozialrecht bleiben unberührt

8 Zehntes Buch Sozialgesetzbuch – Sozialverwaltungsverfahren und Sozialdatenschutz – in der Fassung der Bekanntmachung vom 18. 1. 2001, das zuletzt durch Art. 3. des Gesetzes v. 22. 12. 2011 geändert wurde.

- § 4 VwVG: Vollstreckungsbehörden, dort Buchst. b: Hauptzollämter
- § 5 VwVG: anzuwendende Vorschriften der AO; die Erzwingung von Handlung, Duldung, Unterlassung ist in §§ 6 ff. VwVG unmittelbar geregelt.

---

798 Für die **Verwaltung** gelten vor allem die **folgenden Dienstvorschriften**:

- Allgemeine Verwaltungsvorschriften über die Durchführung der Vollstreckung nach der Abgabenordnung – Vollstreckungsanweisung – (VollstrA; VSF S 1501),
- Allgemeine Verwaltungsvorschriften für Vollziehungsbeamte der Finanzverwaltung – Vollziehungsanweisung – (VollzA; VSF S 1503),
- DV Vollstreckung (S 15 04),
- DV Verwertung (S 16 25).

Diese **Dienstvorschriften richten sich lediglich an die Verwaltung**, nicht an Gerichte und Beteiligte am Vollstreckungsverfahren. Soweit in ihnen eine Selbstbindung der Verwaltung erfolgt, hat der Beteiligte ein subjektiv-öffentliches Recht auf Einhaltung dieser Selbstbindung. VollzA und VollstrA werden vom Bund und den Ländern gemeinsam verfasst und gelten für die Bundes- und Landesfinanzbehörden.

799

TAB. 1:	Rechtsgrundlagen der Vollstreckung durch die Zollverwaltung
Einfuhr- und Ausfuhrabgaben i. S. d. Art. 4 Nr. 10, 11 ZK	über Art. 232 ZK nach den Vorschriften der AO
Verbrauchsteuern, die bei der Einfuhr aus Drittländern entstehen	über die Verweisungsvorschrift im VStG und über Art. 232 ZK nach den Vorschriften der AO
EUSt	über die Verweisungsvorschrift des § 21 Abs. 2 UStG und über Art. 232 ZK nach den Vorschriften der AO
harmonisierte VSt, Umsatzsteuer und Zölle, die in einem anderen Mitgliedstaat entstanden sind (§ 1 EU-Beitreibungsgesetz)	über § 1 Abs. 4 EU-Beitreibungsgesetz nach den Vorschriften der AO; Zuständigkeit der HZÄ nach § 4 Abs. 1 Nr. 2 des EU-Beitreibungsgesetzes
VSt, die bei Verbringen aus anderem Mitgliedstaat entsteht	nach den Vorschriften der AO
VSt, die im Inland entsteht	nach den Vorschriften der AO
Steuerliche Nebenleistungen	nach den Vorschriften der AO
Forderungen anderer Bundesbehörden, z. B. Bundeswehr (§ 1 VwVG)	über § 5 VwVG nach den dort genannten Vorschriften der AO. Zuständigkeit des HZA nach § 4 Buchst. b VwVG
sozialversicherungsrechtliche Forderungen i. S. d. § 66 SGB X	über § 66 Abs. 1 SGB X und § 5 VwVG nach den dort genannten Vorschriften der AO. Zuständigkeit des HZA nach § 4 Buchst. b VwVG, soweit nicht § 4 Buchst. a VwVG
Öffentlich-rechtliche Geldforderungen anderer Staaten	Völkerrechtliche Verträge, die wiederum auf die AO verweisen

3. Überblick zur Vollstreckung wegen Geldforderungen

Der weitaus wichtigste Bereich der Vollstreckung ist der wegen einer Geldforderung. 800
Wie die Tabelle oben zeigt, können diese Geldforderungen aus den unterschiedlichsten Bereichen stammen, gemeinsam ist ihnen, dass sie ihren Rechtsgrund im öffentlichen Recht haben. Hat der Schuldner nicht freiwillig gezahlt, so wechselt der Gläubiger vom Erhebungsverfahren zum Vollstreckungsverfahren. Hierbei steht ihm grds. das gesamte Vermögen des Schuldners zur Verfügung, von einigen Pfändungsschutzrechten des Schuldners abgesehen.

In der folgenden Übersicht sind die Vermögensgegenstände der Schuldner, in die vollstreckt werden kann, aufgeführt und systematisiert. An den jeweiligen Stellen in der AO ist dann auch das anzuwendende Vollstreckungsverfahren geregelt.

Abb.12 Übersicht zur Vollstreckung nach der AO

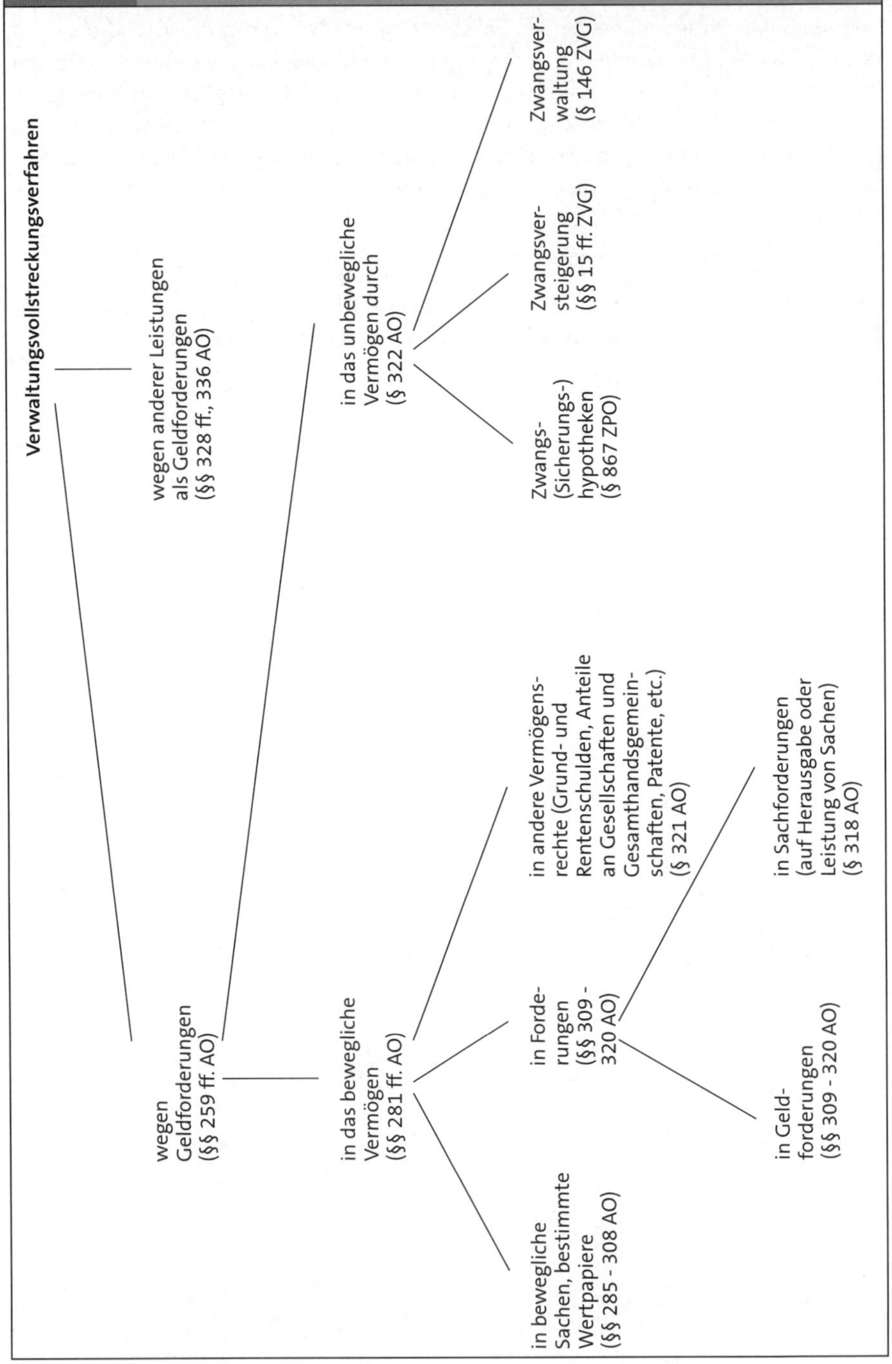

Kennzeichnend für das **Vollstreckungsverfahren nach der AO** ist zweierlei: jeder **einzelne Gläubiger** vollstreckt **im eigenen Interesse** und auch nur **in einzelne Vermögensgegenstände** des Schuldners. Alternativ kommt **das Insolvenzverfahren** in Betracht. Hier werden **alle Gläubiger** in einem Verfahren zusammengefasst und **das gesamte Vermögen** des Schuldners wird zugunsten aller Gläubiger verwertet (dazu unten Rdn. 961 ff.). 801

Stellt die Vollstreckungsbehörde fest, dass der Schuldner versucht hat, **Vermögensgegenstände der Vollstreckung zu entziehen**, indem er sie z. B. auf Dritte überträgt, so kann sie nach dem Anfechtungsgesetz[9] vorgehen. 802

BEISPIEL ▸ Anfechtung nach dem Anfechtungsgesetz:

Der Vollstreckungsschuldner verschenkt sein Grundstück kurz vor Beginn eines Vollstreckungsverfahrens an seinen Bruder, um einen Teil seines Vermögens vor dem Zugriff des HZA zu retten. Das HZA kann nun den Schenkungsvertrag anfechten und dem Bruder einen Duldungsbescheid nach § 191 AO erteilen; dieser muss – wenn alle Voraussetzungen erfüllt sind – die Vollstreckung in sein Grundstück dulden.

Überblick zur Anfechtung: 803

- Als **anfechtbare Rechtshandlungen** kommen Verkauf, Schenkung, Forderungsverzicht, Verzicht auf Mängelrüge oder Klage in Betracht.
- Als **Anfechtungsgründe** gelten:
  Anfechtung wegen vorsätzlicher Benachteiligung (§ 3 Abs. 1 AnfG mit einer 10 Jahres-Frist mit Beweisregelung).
  Anfechtung wegen Benachteiligung bei nahe stehender Person und entgeltlichem Vertrag (§ 3 Abs. 2 AnfG), Frist zwei Jahre.
  Schenkungsanfechtung nach § 4 AnfG, Frist 4 Jahre.
- Zur **Fristberechnung** s. § 7 AnfG.
- Die **Voraussetzungen** für die Anfechtung ergeben sich aus § 2 AnfG: insbesondere die erfolglose Zwangsvollstreckung.
- **Anfechtungsgegner** ist der Begünstigte bzw. sein Erbe (§§ 11, 15 AnfG). Ebenso kann die Anfechtung gegenüber dem Einzelrechtsnachfolger erfolgen (§ 15 Abs. 2 AnfG).
- **Zum Verfahren**: Der Duldungsbescheid nach § 191 Abs. 1 AO, ersetzt grds. die in §§ 9, 13, 14 AnfG genannten Verfahren. Darin muss eine Sachverhaltsschilderung und eine Begründung enthalten sein sowie Angaben über den zu vollstreckenden VA. Danach wird ein Leistungsgebot an den Leistungsempfänger der angefochtenen Leistung erteilt. Wird dieses nicht erfüllt, kann der Duldungsbescheid dann nach den Vorschriften der AO gegenüber dem Leistungsempfänger vollstreckt werden.

9 Gesetz über die Anfechtung von Rechtshandlungen eines Schuldners außerhalb des Insolvenzverfahrens (Anfechtungsgesetz- AnfG) v. 5. 10. 1994, zuletzt geändert durch Art. 16 des Gesetzes v. 9. 12. 2010.

4. Die Beteiligten am Vollstreckungsverfahren

a) Der Vollstreckungsgläubiger und seine Organe

804 Als **Gläubigerin** der zu vollstreckenden Ansprüche gilt **im Vollstreckungsverfahren** die Körperschaft, der die Vollstreckungsbehörde angehört (§ 252 AO), unabhängig von der Ertragshoheit nach Art. 106 GG. So ist der Bund Gläubiger von zu vollstreckender Biersteuer, obwohl die Biersteuer dem jeweiligen Bundesland zusteht (Art. 106 Abs. 2 Nr. 5 GG).

Auch die Zuweisung der steuerlichen Nebenleistungen in § 3 Abs. 5 AO wird von § 252 AO im Vollstreckungsverfahren überlagert. Der Bund ist wegen Art. 106 GG nach wie vor der Gläubiger der Zölle. Die Gläubigerfiktion des § 252 AO gilt auch für die Vollstreckungsverfahren der Zollverwaltung nach VwVG und § 66 SGB X, weil in § 5 VwVG auch § 252 AO für anwendbar erklärt wird.

805 **Vollstreckungsbehörden** sind je nachdem, ob ein Bundesland oder der Bund Vollstreckungsgläubiger ist, das Finanzamt oder das Hauptzollamt (§ 249 Abs. 1 Satz 3 AO). Ist die Bundesfinanzverwaltung nach § 4 Buchst. b VwVG zuständig, dann ist das HZA Vollstreckungsbehörde. Diese Behörden haben also eine **Doppelstellung**: Einerseits sind sie für die Ermittlung, Festsetzung und Erhebung der Steuern zuständig, andererseits sind sie auch Vollstreckungsbehörde für ihre eigenen, aber auch für fremde Ansprüche, die nicht freiwillig erfüllt werden. Die Vollstreckungsbehörden sind deswegen auch nach §§ 57, 63 FGO unmittelbare Verfahrensbeteiligte.

Die Vollstreckungstätigkeit ist teilweise dem Vollstreckungsinnendienst, teilweise den Vollziehungsbeamten zugewiesen. Grundsätzlich fallen die einzelnen Maßnahmen in den Aufgabenbereich des Innendienstes; nur in den ausdrücklich in der AO genannten Fällen (z. B. § 286 AO) ist der Vollziehungsbeamte sachlich zuständig (vgl. die Zusammenstellungen der Aufgaben des Vollziehungsbeamten in A 24 VollstrA, der Vollstreckungsstelle in A 25 VollstrA).

806 Für die **örtliche Zuständigkeit** der Vollstreckungsbehörde gelten mangels besonderer vollstreckungsrechtlicher Regelungen die allgemeinen Vorschriften (§§ 17 ff. AO). Regelmäßig folgt die Zuständigkeit aus § 23 AO, hier vor allem Abs. 2. Hilfsweise ist das HZA zuständig, in dessen Bezirk der **Anlass für die Amtshandlung** hervortritt (§ 24 AO), z. B. bei der Vollstreckung für eine andere Behörde und bei der Vollstreckung nach dem VwVG. Sind **mehrere Hauptzollämter** zuständig, ist die Zuständigkeit nach § 25 AO zu bestimmen. Bei **Gefahr im Verzug** kann jedes HZA tätig werden, in dessen Bezirk der Anlass für die Amtshandlung auftritt (§ 29 AO).

Die Auswirkungen der Vollstreckungsmaßnahmen der örtlich zuständigen Vollstreckungsbehörde müssen aber nicht unbedingt in ihrem Bezirk eintreten; so kann das HZA eine Forderungspfändung gegenüber Drittschuldnern mit Wohnsitz oder Sitz im Bezirk eines anderen HZA ausbringen oder eine Vollstreckung in ein Grundstück betreiben, das in dem Bezirk eines anderen Hauptzollamtes liegt. In diesen Fällen braucht also nicht um Amtshilfe gebeten zu werden (A 8 Abs. 2 VollstrA).

807 **Die örtliche Zuständigkeit des Vollziehungsbeamten** ist begrenzt durch die örtliche Zuständigkeit des Hauptzollamtes, dem er angehört, und durch den (räumlichen) Bezirk

des Hauptzollamtes. Er darf also nur innerhalb dieses HZA-Bezirks tätig werden (A 2 VollzA), bei Gefahr im Verzug auch außerhalb (§ 29 AO). Müssen Vollstreckungshandlungen eines Vollziehungsbeamten außerhalb des HZA-Bezirks erfolgen, ist im Rahmen der Amtshilfe ein Vollstreckungsersuchen für diese Maßnahme an das zuständige HZA zu richten (§ 250 AO; A 8 Abs. 1 VollstrA).

Der **Verstoß** gegen Vorschriften über die **örtliche Zuständigkeit** führt zur Rechtswidrigkeit der darauf beruhenden Maßnahmen (vgl. § 125 Abs. 3 Nr. 1 AO), eine Korrektur der Maßnahmen kann nicht unter Hinweis auf § 127 AO unterbleiben, da es sich bei Vollstreckungsmaßnahmen immer um Ermessensentscheidungen handelt. 808

Das Hauptzollamt ist wegen § 249 Abs. 1 Satz 3 AO **sachlich zuständig** für das gesamte Vollstreckungsverfahren. 809

Für die **sachliche Zuständigkeit des Vollziehungsbeamten** gilt: Der Vollziehungsbeamte kann nur in den in der AO ausdrücklich aufgeführten Fällen tätig werden. Die wichtigsten Fälle sind inA 24 VollstrA aufgezählt.

Auch für Vollziehungsbeamte gelten die Grundsätze über die **Ausschließung von der Amtstätigkeit** nach § 82 AO (vgl. A 3 VollzA). Bei Verstoß ist die getroffene Maßnahme rechtswidrig (vgl. § 125 Abs. 3 Nr. 2 AO); § 127 AO ist nicht anwendbar. Auch eine **Befangenheit** des Vollziehungsbeamten ist denkbar (§ 83 AO, dazu A 4 VollzA), deshalb wird ein Einsatz im Wohngebiet des Vollziehungsbeamten vermieden. 810

Die Beamten der Vollstreckungsstellen unterliegen dem **Steuergeheimnis** (§ 30 AO; dazu oben Rdn. 46 ff.). Die Verletzung des Steuergeheimnisses ist mit Strafe bedroht (§ 355 StGB). Die Offenbarung geschützter Daten ist dem Vollziehungsbeamten nur unter den Voraussetzungen des § 30 Abs. 4 und 5 AO gestattet. 811

b) Der Vollstreckungsschuldner

Nach § 253 AO ist Vollstreckungsschuldner derjenige, gegen den sich ein Vollstreckungsverfahren nach § 249 AO richtet. Da diese Definition nicht materiell-rechtlich, sondern **verfahrensrechtlich** ausgerichtet ist, erlangt auch derjenige, gegen den ein vollstreckbarer Anspruch gar nicht besteht, der aber gleichwohl als Adressat eines Vollstreckungsverfahrens in Anspruch genommen wird, die Stellung eines Vollstreckungsschuldners (A 3 Abs. 1 VollstrA). 812

Als Vollstreckungsschuldner kommen vor allem in Betracht:

- **Steuerschuldner** und Schuldner einer steuerlichen Nebenleistung,
- **Haftungsschuldner**. Haftungsansprüche können kraft Gesetzes oder aufgrund vertraglicher Vereinbarung entstehen. Die vertragliche Haftung kann aber nicht mit Verwaltungshandeln, sondern nur zivilrechtlich realisiert und auch nur zivilrechtlich vollstreckt werden (§ 192 AO; A 3 Abs. 2 VollstrA).

Juristische Personen des öffentlichen Rechts: Gegen den Bund oder gegen ein Land ist eine Vollstreckung unzulässig (§ 255 Abs. 1 AO). Gegen juristische Personen des öffentlichen Rechts, die **der Staatsaufsicht unterliegen**, ist die Vollstreckung nur mit Zustimmung der Aufsichtsbehörde zulässig; diese bestimmt auch den Zeitpunkt der Vollstreckung und die Vermögensgegenstände, in die zu vollstrecken ist. 813

BEISPIELE: Gemeinden, Sozialversicherungsträger, Industrie- und Handelskammern, Universitäten (§ 255 Abs. 1 AO). Zum Vorgehen im Einzelnen A 18 VollstrA.

Gegen **öffentlich-rechtliche Kreditinstitute** (z. B. Sparkassen, Landesbanken) ist die Vollstreckung uneingeschränkt zulässig (§ 255 Abs. 2 AO; vgl. A 18 VollstrA).

c) Dritte

814 Personen, die nicht Vollstreckungsgläubiger oder Vollstreckungsschuldner sind, aber von einem Vollstreckungsverfahren in irgendeiner Weise betroffen sind, werden **Dritte** bzw. **Drittschuldner** genannt. Das sind z. B.

- der Inhaber eines die Veräußerung hindernden Rechts, § 262 AO,
- der Gewahrsamsinhaber an einer Sache nach § 286 Abs. 4 AO,
- der Inhaber eines besitzlosen Pfandrechts, § 293 AO,
- der Schuldner der zu pfändenden Geldforderung, § 309 AO.

815 Grundsätzlich darf **nur in das Eigentum des Vollstreckungsschuldners** vollstreckt werden. Gleichwohl kann im Einzelfall eine Vollstreckungsmaßnahme Gegenstände erfassen, die nicht im Eigentum des Schuldners stehen; insbesondere, wenn dem Vollziehungsbeamten eine abschließende Prüfung der Eigentumslage bei einer Sachpfändung nicht zumutbar und auch nicht möglich ist. Den wahren Eigentümern mutet die Rechtsordnung zu, ihre Rechtsposition außergerichtlich und gerichtlich geltend zu machen (z. B. § 262 AO).

5. Der Ablauf des Vollstreckungsverfahrens

a) Das Verwaltungsverfahren bis zum Beginn der Vollstreckung

816 Das **Steuererhebungsverfahren** (§§ 218 ff. AO) einschließlich Stundung oder Zahlungsaufschub wird von der Zahlstelle des HZA überwacht. Erfolgt bis **zum Ablauf der Fälligkeitsfrist** bzw. zum Ablauf der Stundung bzw. des Aufschubs keine (vollständige) Leistung, so versendet die Zahlstelle unter Beachtung der Schonfrist (§ 240 Abs. 3 AO) eine **Mahnung** (§ 259 AO) mit einer einwöchigen Zahlungsfrist, die keinen Einfluss auf die bereits eingetretene Säumnis hat. Wird auch dann nicht geleistet, gibt die Zahlstelle den Vorgang mit der Rückstandsanzeige an die Vollstreckungsstelle ab.

Damit ist das Erhebungsverfahren erfolglos abgeschlossen. Freiwillige Leistungen bleiben bis zur Vornahme der ersten Vollstreckungsmaßnahme, aber auch noch während des weiteren Vollstreckungsverfahrens, möglich.

817 Danach wird die Vollstreckung vorbereitet. Nach Eingang der Rückstandsanzeige prüft die **Vollstreckungsstelle**, ob die **Voraussetzungen für den Beginn der Vollstreckung** vorliegen. Eine materielle Prüfung dahin gehend, ob der zu vollstreckende Anspruch besteht, erfolgt nicht. Stellt die Vollstreckungsstelle Mängel im bisherigen Verlauf des Verfahrens fest, so hat sie für Abhilfe zu sorgen, also z. B. auf die Nachholung des Leistungsgebots zu dringen, die unterlassene Mahnung nachzuholen (vgl. A 22 VollstrA).

TAB. 2: Der Verwaltungsablauf bis zum Beginn der Vollstreckung 818

bei Steuerforderungen	bei anderen Bundesforderungen
Steuerbescheid und Leistungsgebot werden erlassen	Leistungsbescheid und Zahlungsaufforderung werden erlassen
Mitteilung an Zahlstelle zur Überwachung des Zahlungseinganges, Zahlung erfolgt nicht fristgemäß	Zahlung erfolgt nicht fristgemäß
Mahnung an den Steuerschuldner nach § 259 AO und Abwarten der Wochenfrist	Mahnung an den Schuldner (vgl. § 3 Abs. 3 VwVG)
Zahlstelle schickt Rückstandsanzeige an das zuständige Vollstreckungs-HZA	Leistungsbehörde prüft die Voraussetzungen nach § 3 VwVG für den Erlass der Vollstreckungsanordnung und sendet die Vollstreckungsanordnung an das zuständige Vollstreckungs-HZA
Vollstreckungs-HZA prüft Vorliegen der Vollstreckungsvoraussetzungen ► § 249 AO ► § 251 AO ► § 254 AO ► § 259 AO	Einschaltung der Zahlstelle des Vollstreckungs-HZA. Keine Prüfung der Vollstreckungsvoraussetzungen
HZA verschickt eine Vollstreckungsankündigung (Abschn. 22 Abs. 5 VollstrA)	
Vollstreckungs-HZA erteilt einen Vollstreckungsauftrag an den zuständigen Vollziehungsbeamten	
Beginn der Vollstreckungstätigkeit	

Ermittlung der Vollstreckungsmöglichkeiten: Vor Beginn der Vollstreckung kann das Hauptzollamt ermitteln, welche Vollstreckungsmöglichkeiten sich beim Schuldner ergeben (§ 249 Abs. 2 AO). Die einzelnen **Ermittlungsbefugnisse** ergeben sich aus §§ 85 bis 107, 111 bis 117 AO. Insbesondere können Einkommens- und Vermögensaufstellungen angefordert werden. Hierbei ist der Vollstreckungsschuldner zur Mitwirkung verpflichtet. Daneben können auch Erkenntnisse über Vollstreckungsmöglichkeiten durch Außenprüfungsdienste oder die Zollfahndung erlangt werden (vgl. A 20 Abs. 2 VollstrA). 819

Die **Vollstreckung** soll **unterbleiben**, wenn sie nach den Vermögens- oder Einkommensverhältnissen des Vollstreckungsschuldners aussichtslos erscheint. Außerdem ist statt der Vollstreckung zunächst die **Aufrechnung** durchzuführen (vgl. A 22 Abs. 4 VollstrA).

Die **Entscheidung über den Beginn des Vollstreckungsverfahrens** ist eine **Ermessensentscheidung** (vgl. § 249 Abs. 1 AO, § 251 Abs. 1 AO), wobei das Ermessen entsprechend dem Zweck des Vollstreckungsverfahrens auszuüben ist (§ 5 AO). Die Anordnung der Vollstreckung ist eine **amtsinterne Maßnahme** ohne Außenwirkung, die dem Vollstreckungsschuldner nicht mitgeteilt wird und unanfechtbar ist. 820

821 **Vollstreckungsankündigung**: Vor Beginn der Vollstreckungsmaßnahmen kann die Vollstreckungsstelle dem Vollstreckungsschuldner eine Vollstreckungsankündigung zusenden (A 22 Abs. 5 VollstrA), die ebenfalls nicht anfechtbar ist. Dies wird insbesondere in den Fällen erfolgen, in denen die Bundesfinanzverwaltung für andere Behörden tätig wird.

Danach **entscheidet die Vollstreckungsstelle**, welche Vollstreckungsmaßnahme ergriffen werden soll. In Betracht kommen vor allem:

- Die Vollstreckungsstelle wird selbst tätig, z. B. erfolgt eine Forderungspfändung,
- Ein Vollziehungsbeamter wird mit einer Sachpfändung beauftragt (vgl. A 23 VollstrA).

b) Voraussetzungen für den Beginn der Vollstreckung

822 Voraussetzungen **nach § 249 AO:**

- Nach § 249 Abs. 1 AO können nur Verwaltungsakte vollstreckt werden, die entweder eine **Geldleistung oder ein Handeln, Dulden oder Unterlassen** auferlegen. Nicht vollstreckbar sind Verwaltungsakte, die nicht auf eine solche Leistung gerichtet sind, z. B. Gewährung einer Stundung, eines Steuerlagers.
- **Bestandskraft des Verwaltungsaktes** ist nicht Voraussetzung für die Vollstreckbarkeit; auch noch anfechtbare oder bereits angefochtene Verwaltungsakte, Steuerbescheide unter Vorbehalt der Nachprüfung (§ 164 AO) und vorläufige Steuerbescheide (§ 165 AO) sind vollstreckbar.
- **Rechtmäßigkeit des Verwaltungsakts** ist ebenfalls nicht Voraussetzung für die Zulässigkeit der Vollstreckung. Auch der rechtswidrige (gleichwohl wirksame) Verwaltungsakt ist Vollstreckungsgrundlage. **Einwendungen** gegen den zu vollstreckenden Verwaltungsakt können **nur außerhalb des Vollstreckungsverfahrens** mit dem dafür vorgesehenen Rechtsbehelf geltend gemacht werden (§ 256 AO). Erst wenn der zu vollstreckende Verwaltungsakt geändert oder aufgehoben wurde, ist die Vollstreckung zu beschränken oder einzustellen (§ 257 Abs. 1 Nr. 2 AO); bereits getroffene Vollstreckungsmaßnahmen sind aufzuheben (§ 257 Abs. 2 Satz 1 AO).
- **Nichtige Verwaltungsakte** sind unwirksam und können damit nicht Vollstreckungsgrundlage sein. Vollstreckungsmaßnahmen zur Durchsetzung eines nichtigen Verwaltungsaktes sind selbst unheilbar nichtig.

823 Voraussetzungen **nach § 251 AO:**

- Die **Vollstreckbarkeit von Verwaltungsakten** ist ausgeschlossen, soweit ihre **Vollziehbarkeit** ausgesetzt ist (§ 251 Abs. 1 1. Alt. AO). Die Einlegung eines Rechtsbehelfes gegen einen Steuerverwaltungsakt hat grundsätzlich keine aufschiebende Wirkung (§ 361 Abs. 1 AO); dazu bedarf es grundsätzlich eines Antrags und einer ausdrücklichen Bewilligung der Aussetzung nach § 361 Abs. 2 AO. Lediglich § 361 Abs. 4 AO nennt zwei Fälle, in denen der Rechtsbehelf aufschiebende Wirkung entfaltet. Nur darauf bezieht sich § 251 Abs. 1 2. Alt. AO. Um Aussetzung der Vollziehung kann auch das Finanzgericht angegangen werden (§ 69 FGO). Zollschulden können nach Art. 222 Abs. 2 ZK, Art. 876a DVO ausgesetzt werden, sie sind dann ebenfalls nicht vollstreckbar.

- **Insolvenzverfahren**: Mit der Eröffnung des Insolvenzverfahrens entfällt die Vollstreckbarkeit (§ 251 Abs. 2 AO). Dazu im Einzelnen unten Rdn. 966 ff.
- § 79 Abs. 2 BVerfGG schließt die Vollstreckbarkeit von Verwaltungsakten aus, die auf Rechtsnormen beruhen, die vom BVerfG für verfassungswidrig erklärt worden sind.
- **Bußgeldbescheide** sind erst vollstreckbar, wenn sie rechtskräftig sind (§ 89 OWiG), § 95 OWiG ist zu beachten. Bußgeldbescheide und andere Verwaltungsakte aus dem Bußgeldverfahren von Finanzbehörden sind nach den Vorschriften der AO zu vollstrecken (§ 412 Abs. 2 AO).

Voraussetzungen **des § 254 AO:** 824

- Die **Vollstreckungstätigkeit** darf erst beginnen, wenn folgende Voraussetzungen vorliegen:
  - die **Fälligkeit** des zu vollstreckenden Anspruchs. Sie ergibt sich entweder aus dem Einzelsteuergesetz – so regelmäßig im Verbrauchsteuerrecht – oder aus dem Leistungsgebot, das dem Geldleistungsbescheid beigefügt ist;
  - das **Leistungsgebot** ist ein VA und fordert den Schuldner zur Leistung auf und setzt eine Fälligkeitsfrist fest. Wird aus einer Steueranmeldung vollstreckt, so ist ein Leistungsgebot nicht erforderlich. Weiter sieht Abs. 2 Fälle vor, in denen ein Leistungsgebot nicht vorliegen muss;
  - die **Wochenfrist** nach dem Leistungsgebot ist nach § 108 AO zu berechnen.

  Der Beginn der Vollstreckung wird nicht schon in innerdienstlichen Maßnahmen wie die Erteilung des Vollstreckungsauftrages gesehen, sondern z. B. erst in einer Pfändung.

  Wird trotz **Fehlens eines Leistungsgebotes** vollstreckt, so liegt eine rechtswidrige (aber nicht nichtige) Maßnahme vor, deren Rechtsmangel aber nicht geheilt werden kann, etwa durch Nachholung des Leistungsgebotes.[10]

Voraussetzung **nach § 259 AO:** 825

Nach § 259 AO soll i. d. R. der Vollstreckungsschuldner **vor Beginn der Vollstreckung** mit einer **Wochenfrist** gemahnt werden. Zusätzlich zum Leistungsgebot wird der Vollstreckungsschuldner nochmals zur Leistung aufgefordert; deshalb liegt **kein erneuter Verwaltungsakt** vor; die Mahnung ist nicht gesondert anfechtbar. Sie hat als schriftliche Geltendmachung des Anspruchs verjährungsunterbrechende Wirkung hinsichtlich der Zahlungsverjährung (§ 231 Abs. 1 Satz 1 AO).[11]

Die nur verwaltungsintern geregelte **Vollstreckungsankündigung** (A 22 Abs. 5 VollstrA) stellt **keine Vollstreckungsvoraussetzung** dar.

10 *Klein/Brockmeyer*, Komm. zur AO, § 254 Rz. 3.
11 *Tipke/Kruse*, Komm. zur AO und FGO, § 231 AO Rz. 12.

c) Die Voraussetzungen für die Vollstreckung nach dem EU-Beitreibungsgesetz

826 Folgende Abgaben anderer Mitgliedstaaten sind für die Zollverwaltung von Bedeutung (§ 4 Abs. 1 Nr. 2 EUBeitrG):

- Erstattungen, Interventionen und andere Maßnahmen des Europäischen Garantiefonds für die Landwirtschaft und des Europäischen Landwirtschaftsfonds für die Entwicklung des ländlichen Raums,
- Abschöpfungen und andere Abgaben im Sektor Zucker,
- Einfuhr und Ausfuhrabgaben,
- EUSt,
- Verbrauchsteuern,
- sonstige Steuern, deren Festsetzung, Erhebung oder Vollstreckung ebenfalls in die Zuständigkeit der Zollverwaltung fallen,
- dazugehörige Kosten und Zinsen.

Die Vollstreckung erfolgt im Verwaltungswege nach den Vorschriften der AO (§ 1 Abs. 2 EUBeitrG) durch die HZÄ. Die Zulässigkeitsvoraussetzungen werden vom Hauptzollamt Hannover – Bundesstelle Vollstreckung Zoll geprüft (§ 3 Abs. 1 Nr. 2 EUBeitrG). Für die Vollstreckung müssen folgende **Voraussetzungen** nach § 10 EUBeitrG erfüllt sein:

- vollstreckbarer Titel der Verwaltung des anderen Mitgliedsstaates,
- Bestätigung dieser Stelle, dass die Geldforderung nicht angefochten wurde,
- Vollstreckung im ersuchenden Staat erfolglos.

827 **Rechtsbehelfe** gegen die zu vollstreckende Forderung können nur im Mitgliedstaat (§ 13 EUBeitrG) angebracht werden, nicht in der Bundesrepublik, vgl. § 256 AO. Der im anderen Mitgliedsstaat eingelegte Rechtsbehelf führt zur **Aussetzung der Vollstreckung** im Inland (§ 13 Abs. 2 EUBeitrG).

d) Voraussetzungen für die Vollstreckung nach dem Verwaltungs-Vollstreckungsgesetz

828 Öffentlich-rechtliche Geldforderungen des Bundes und der bundesunmittelbaren juristischen Personen (§ 1 Abs. 1 VwVG) werden nach dem Verwaltungsvollstreckungsgesetz vollstreckt, soweit nicht Spezialgesetze wie die AO und das Sozialversicherungsrecht vorgehen (Abs. 3).

Verfahren: Die den zu vollstreckenden Anspruch verwaltende Behörde (§ 3 Abs. 4 VwVG) erlässt eine Vollstreckungsanordnung (§ 3 Abs. 1 VwVG), wenn die folgenden Voraussetzungen (Abs. 2, 3) vorliegen:

- Leistungsbescheid mit Zahlungsaufforderung,
- Fälligkeit der zu vollstreckenden Forderung,
- Ablauf einer Wochenfrist nach Fälligkeit,
- Mahnung mit einer weiteren Wochenfrist.

829 Für **die Vollstreckung zuständig** ist das Hauptzollamt, soweit nicht ganz ausnahmsweise die den Anspruch verwaltende Behörde eine eigene Vollstreckungstätigkeit entfaltet

(§ 4 Buchst. b VwVG). Die Vollstreckung selbst erfolgt wegen § 5 VwVG nach den dort genannten Vorschriften der AO. So wird dort z. B. nicht auf § 261 AO verwiesen; daraus folgt, dass das HZA bei Vollstreckungen nach dem VwVG **keine Niederschlagung** vornehmen kann, sondern den Fall wieder an die anordnende Behörde zurückzugeben hat.

e) Wegfall von Vollstreckbarkeitsvoraussetzungen

Während des laufenden Vollstreckungsverfahrens können einzelne Voraussetzungen für die Vollstreckung, wie sie oben dargestellt wurden, wegfallen oder sich ändern. Dafür sieht § 257 AO die Einstellung oder Beschränkung der Vollstreckung in folgenden Fällen vor: 830

- **§ 257 Abs. 1 Nr. 1 AO** – Wegfall der Vollstreckbarkeitsvoraussetzungen des § 251 Abs. 1 AO: Die Vollziehbarkeit des zu vollstreckenden Verwaltungsaktes wird zwar durch Einspruch nicht gehindert; wenn aber die Aussetzung der Vollziehung gem. § 361 AO, Art. 244 ZK, § 69 FGO verfügt wird, kann nicht weiter vollstreckt werden (§ 257 Abs. 1 Nr. 1 AO). Gleiches gilt, soweit die Verpflichtung des Zollschuldners zur Abgabenentrichtung nach Art. 222 Abs. 2 ZK ausgesetzt wurde. Bereits getroffene Vollstreckungsmaßnahmen müssen nicht, können aber aufgehoben werden (§ 257 Abs. 2 Satz 3 AO).
- **§ 257 Abs. 1 Nr. 2 AO** – Aufhebung des zu vollstreckenden Verwaltungsaktes: Die Aufhebung kann im Rechtsbehelfsverfahren, im Klageverfahren oder nach den Berichtigungsvorschriften der AO (§§ 129, 172 ff. AO) oder nach den Art. 235 ff. ZK (Erstattung, Erlass) erfolgen. In diesem Fall ist die Vollstreckung einzustellen. Bei teilweiser Aufhebung (z. B. Ermäßigung des Steuerbetrags im Einspruchsverfahren) ist die Vollstreckung entsprechend zu beschränken. Zwingend vorgeschrieben ist die Aufhebung bereits getroffener Vollstreckungsmaßnahmen (§ 257 Abs. 2 Satz 1 AO). Im Falle gerichtlicher Aufhebung sind bereits getroffene Vollstreckungsmaßnahmen nur aufzuheben bei Unanfechtbarkeit der gerichtlichen Entscheidung und wenn nicht ein neuer Bescheid zu erlassen ist (§ 257 Abs. 2 Satz 2 AO).
- **§ 257 Abs. 1 Nr. 3 AO** – Leistungsanspruch erloschen: Durch einen der in § 47 AO oder in Art. 233 ZK genannten Erlöschensgründe kann der Leistungsanspruch untergegangen sein. Dann ist die Vollstreckung einzustellen bzw. bei teilweisem Erlöschen entsprechend zu beschränken. Bereits getroffene Vollstreckungsmaßnahmen sind aufzuheben (§ 257 Abs. 2 Satz 1 AO).
- **§ 257 Abs. 1 Nr. 4 AO** – Stundung: Wird der Anspruch auf Leistung während des Vollstreckungsverfahrens von der festsetzenden Stelle gestundet, so ist die Vollstreckung einzustellen bzw. auf den nicht gestundeten Betrag zu beschränken. Eine Aufhebung bereits getroffener Maßnahmen ist nicht zwingend vorgeschrieben, kann aber angeordnet werden (§ 257 Abs. 2 Satz 3 AO).

Verfahren: Die Entscheidung über die Einstellung oder Beschränkung obliegt allein der Vollstreckungsstelle, nicht dem Vollziehungsbeamten (vgl. § 292 AO; A 11 Abs. 1, 2 VollzA). Sie muss von Amts wegen erfolgen, wenn die Voraussetzungen vorliegen. Der Vollstreckungsschuldner kann einen Antrag auf Einstellung oder Beschränkung der Vollstreckung stellen, gegen dessen Ablehnung der Einspruch gegeben ist. 831

832

TAB. 3:	Übersicht zu den Vollstreckungshindernissen		
Ereignis	**Wirkung vor Vollstreckung**	**Wirkung während Vollstreckung**	**Wirkung auf bereits getroffene Vollstreckungsmaßnahmen**
Aussetzung der Vollziehung bzw. der Zahlungsverpflichtung wird gewährt	kein vollstreckbarer VA, § 251 AO	Vollstreckung ist einzustellen oder zu beschränken, § 257 Abs. 1 Nr. 1 AO	Getroffene Maßnahmen bleiben bestehen, Aufhebung im Ermessen der Behörde, § 257 Abs. 2 Satz 3 AO
der zu vollstreckende VA wird aufgehoben	VA i. S. d. § 249 AO ist entfallen	Vollstreckung ist einzustellen oder zu beschränken, § 257 Abs. 1 Nr. 2 AO	Getroffene Vollstreckungsmaßnahmen sind aufzuheben, § 257 Abs. 2 Sätze 1 und 2 AO
der Anspruch auf Leistung ist erloschen	keine Geldleistungspflicht i. S. d. § 249 AO	Vollstreckung ist einzustellen oder zu beschränken, § 257 Abs. 1 Nr. 3 AO	Getroffene Vollstreckungsmaßnahmen sind aufzuheben, § 257 Abs. 2 Satz 1 AO
die Leistung wird gestundet; Zahlungsaufschub	Fälligkeit i. S. d. § 254 AO ist verschoben	Vollstreckung ist einzustellen oder zu beschränken, § 257 Abs. 1 Nr. 4 AO	Getroffene Maßnahmen bleiben bestehen, Aufhebung im Ermessen der Behörde, § 257 Abs. 2 Satz 3 AO
Einspruch gegen zu vollstreckenden VA	keine (vgl. § 361 Abs. 1 AO)	keine, § 256 AO	Keine, § 256 AO

f) Vollstreckungsaufschub und Niederschlagung

833 Aus **Billigkeitsgründen** kann die Vollstreckungsbehörde die Vollstreckung **einstweilen einstellen oder beschränken** oder eine Vollstreckungsmaßnahme aufheben (§ 258 AO), obwohl die Voraussetzungen für die Vollstreckung an sich vorliegen. § 258 AO ist Ausdruck des Verhältnismäßigkeitsgrundsatzes, auf dessen Anwendung ein einklagbarer Rechtsanspruch besteht. Der Vollstreckungsaufschub hat keinen Einfluss auf die Fälligkeit des Geldleistungsanspruchs; Säumniszuschläge sind weiterhin zu erheben (vgl. A 7 Abs. 3 VollstrA).

834 Unter bestimmten Umständen kann von der Vollstreckung von Ansprüchen aus dem Steuerschuldverhältnis **abgesehen werden** (§ 261 AO). Der Unterschied gegenüber dem Vollstreckungsaufschub liegt darin, dass § 258 AO im Interesse des Vollstreckungsschuldners eine Billigkeitsmaßnahme erlaubt, § 261 AO dagegen der Verwaltung unnötigen und aussichtslosen Verwaltungsaufwand ersparen soll. Die Niederschlagung von Bußgeldern richtet sich nach § 95 OWiG (lex specialis zu § 261 AO wegen § 412 AO).

835 Die **Niederschlagung** nach § 261 AO ist eine **verwaltungsinterne Maßnahme**, die dem Vollstreckungsschuldner regelmäßig nicht mitgeteilt wird; sie führt weder zum Erlöschen des Anspruchs noch hat sie Einfluss auf die Fälligkeit des Anspruchs.[12] Sie unter-

12 Vgl. *Klein/Brockmeyer*, Komm. zur AO, § 261 Rz. 3.

bricht auch nicht die Zahlungsverjährung nach § 231 AO. Die Vollstreckung kann jederzeit fortgesetzt werden. Das Entstehen der Säumniszuschläge wird durch Niederschlagung nicht gehemmt, allerdings dürfte in den Gründen für die Niederschlagung häufig auch eine Begründung für einen Billigkeitserlass der Säumniszuschläge liegen.

6. Die Vollstreckung wegen Geldforderungen in bewegliche Sachen und Wertpapiere

a) Der Vollstreckungsauftrag und die Befugnisse des Vollziehungsbeamten

aa) Der Vollstreckungsauftrag

Die Vollstreckung **wegen einer Geldforderung**, also z. B. wegen eines festgesetzten und 836
nicht bis zum Ablauf der Fälligkeitsfrist freiwillig entrichteten Steueranspruchs, richtet sich normalerweise gegen **bewegliche Sachen des Schuldners** oder gegen **Geldforderungen des Schuldners**, wie z. B. seinen Arbeitslohnanspruch. Im Folgenden wird zuerst die Vollstreckungstätigkeit des Vollziehungsbeamten dargestellt, also die **Pfändung und Verwertung beweglicher Sachen und Wertpapiere**. Dem Vollstreckungsschuldner und Dritten gegenüber wird der Vollziehungsbeamte zur Vollstreckung durch einen schriftlichen oder elektronisch erstellten Auftrag der Vollstreckungsbehörde ermächtigt, den sog. **Vollstreckungsauftrag** (§ 285 Abs. 2 AO).

Der Vollstreckungsauftrag ist **eine innerdienstliche Weisung ohne Außenwirkung**, also 837
kein Verwaltungsakt und kann daher auch **nicht** vom Vollstreckungsschuldner **angefochten** werden.[13] Er ist **Ermächtigungsgrundlage** für das hoheitliche Handeln des Vollziehungsbeamten; nur in dem im Vollstreckungsauftrag genannten Rahmen ist der Vollziehungsbeamte ermächtigt. Das gilt z. B. für die **Angabe des Vollstreckungsschuldners** im Vollstreckungsauftrag. Ist dort die X-OHG genannt, so kann der Vollziehungsbeamte nicht auch in das Vermögen eines Gesellschafters der X-OHG vollstrecken (vgl. A 7 Abs. 2 VollzA). Ebenso ist der Vollziehungsbeamte an die im Vollstreckungsauftrag genannte **Erledigungsfrist** gebunden (A 9 VollzA). Mit Ablauf dieser Frist erlischt die Befugnis aus dem Vollstreckungsauftrag.

Grundsätzlich wird im Vollstreckungsauftrag allgemein zur Pfändung von Sachen ermächtigt, nur in Ausnahmefällen – wie bei einer Haftung nach § 74 AO – ist die zu pfändende Sache genau zu bezeichnen. Gleichwohl sind Vollstreckungsmaßnahmen, die ein Vollziehungsbeamter vornimmt, der keinen schriftlichen oder elektronischen Auftrag vorweisen kann oder dessen inhaltliche Vorgaben nicht beachtet bzw. der ganz ohne Vollstreckungsauftrag handelt, **nicht nichtig**, sondern rechtswidrig, also wirksam und anfechtbar.[14] Der Vollziehungsbeamte hat den Vollstreckungsauftrag **auf Verlangen vorzuzeigen** (§ 285 Abs. 2 2. HS AO).

Verfahrensgrundsätze für den Vollziehungsbeamten: Dieser führt hoheitliche Maßnah- 838
men aus, die einschneidend insbesondere in die Grundrechte der Vollstreckungsschuldner eingreifen. Deshalb hat er in besonderem Maße allgemeine rechtsstaatliche Grund-

13 *Klein/Brockmeyer*, Komm. zur AO, § 285 Rz. 4.

14 *Tipke/Kruse*, Komm. zur AO und FGO, § 285 Rz. 7.

sätze bei der korrekten und zielstrebigen Erfüllung seiner Aufgaben zu beachten. Diese Grundsätze sind in A 8 VollzA aufgeführt.

839 **Zeit der Vollstreckung**: Nach § 289 AO ist die Vollstreckung zur **Nachtzeit und an Sonn- und Feiertagen** an das Vorliegen besonderer formaler Voraussetzungen geknüpft. Die Festlegung der Nachtzeit erfolgt durch Verweisung auf § 758a Abs. 4 ZPO: Danach ist **Nachtzeit** die Zeit von 21:00 Uhr bis 6:00 Uhr. **Feiertage** sind die staatlich anerkannten allgemeinen Feiertage; sie ergeben sich aus dem Landesrecht.

Die erforderliche Erlaubnis für eine Vollstreckungshandlung zu diesen besonderen Zeiten wird durch den Vollstreckungsinnendienst erteilt. Die Ermessensausübung hat den Verhältnismäßigkeitsgrundsatz zu beachten. Die schriftliche oder elektronische Erlaubnis ist bei der jeweiligen Vollstreckungshandlung **auf Verlangen** vorzuzeigen (§ 289 Abs. 2 AO). Fehlt es an dieser Erlaubnis, ist die Vollstreckungshandlung rechtswidrig und anfechtbar.[15]

bb) Aufforderung zur freiwilligen Leistung (§§ 290, 292 Abs. 1 AO)

840 Vor Beginn der eigentlichen Vollstreckungshandlungen (z. B. Sachpfändung) soll dem Vollstreckungsschuldner erneut Gelegenheit gegeben werden, freiwillig zu leisten. Deshalb fordert der Vollziehungsbeamte – nachdem er seinen Vollstreckungsauftrag auf Verlangen vorgewiesen hat – den Vollstreckungsschuldner **zur freiwilligen Leistung** auf (A 24 Abs. 1 VollzA). Diese Aufforderung zur Leistung gegenüber dem Vollstreckungsschuldner kann **überall** erfolgen, nicht nur innerhalb seines Besitztums (A 24 Abs. 1 VollzA), wenn es kein größeres Aufsehen erregt.

841 Diese Aufforderung zur freiwilligen Leistung ist **auch einem Dritten gegenüber** zulässig (A 24 Abs. 2 VollzA), aber nur wenn

- sie im Besitztum des Vollstreckungsschuldners erfolgt und
- sie an eine erwachsene Person gerichtet werden kann, von der angenommen werden kann, dass sie befugt ist, über die Geldmittel des Vollstreckungsschuldners zu verfügen.

Bei der Aufforderung Dritten gegenüber ist vor allem das **Steuergeheimnis** zu beachten. Die Aufforderung zur freiwilligen Leistung umfasst alle Ansprüche, die zu vollstrecken sind:

- die Hauptforderung, z. B. Steuer, Zoll, Krankenkassenbeiträge,
- Nebenleistungen, z. B. Stundungszinsen, Säumniszuschläge und Kosten, hier insbesondere Kosten der Vollstreckung.

Das Fehlen der Aufforderung zur freiwilligen Leistung macht die Vollstreckungshandlung **anfechtbar**.[16]

---

15 *Klein/Brockmeyer*, Komm. zur AO, § 289 Rz. 6.
16 *Tipke/Kruse*, Komm. zur AO und FGO, § 290 Rz. 5.

cc) Annahme der freiwilligen Leistung

Leistet der Vollstreckungsschuldner aufgrund der Zahlungsaufforderung des Vollziehungsbeamten, so leistet er **freiwillig**. **Teilleistungen** sind möglich; für den fehlenden Betrag hat der Vollziehungsbeamte Pfändungsmaßnahmen einzuleiten. 842

Welche Teile des zu vollstreckenden Gesamtbetrages als getilgt angesehen werden sollen, kann der **Vollstreckungsschuldner** bestimmen (§ 225 Abs. 1 AO). Trifft der Schuldner keine solche Bestimmung der Tilgungswirkung, so gilt die in Abs. 2 festgelegte Reihenfolge. § 225 Abs. 3 AO greift hier nicht ein, weil diese Regelung nur für die erzwungene Erfüllung gilt, z. B. durch Pfändung und Verwertung von beweglichen Sachen oder Pfändung und Einziehung von Forderungen.

Grundsätzlich kann die **erlöschende Wirkung der Zahlung** nur bei Zahlung in den **Kassenräumen** der zuständigen Kasse eintreten (§ 224 Abs. 1 AO). Der Vollziehungsbeamte wird aber regelmäßig im Vollstreckungsauftrag zur Entgegennahme der geschuldeten Leistung **außerhalb der Kassenräume** ermächtigt (vgl. A 34 Abs. 2 Nr. 10 VollstrA und A 25 Abs. 1 und 4 VollzA). Liegt diese Befugnis vor, so leistet der Vollstreckungsschuldner mit befreiender Wirkung **durch Übergabe von Zahlungsmitteln** an den Vollziehungsbeamten. Das Erlöschen bzw. das teilweise Erlöschen i. S. d. § 47 AO tritt daher **im Zeitpunkt der Übergabe** an den Vollziehungsbeamten ein; die Gefahr des Untergangs der Zahlungsmittel auf dem Weg zur Kasse trägt die Vollstreckungsbehörde. 843

Zahlungsmittel sind nach § 224 Abs. 1 AO (vgl. A 15 Abs. 1 Nr. 1 und 2 VollzA) Bargeld in Euro und Schecks, wenn sie auf Euro lauten und auf Kreditinstitute im Inland gezogen sind. Daraus folgt, dass auch die **Übergabe von Schecks** erfüllende Wirkung zum Zeitpunkt der Übergabe an den Vollziehungsbeamten hat, unter der Voraussetzung, dass sie dem HZA von der bezogenen Bank gutgeschrieben werden. Zur Entgegennahme von Schecks vgl. im Einzelnen A 26 Abs. 2 bis 5 VollzA. 844

dd) Einwendungen des Vollstreckungsschuldners

Grundsätzlich sind Einwendungen des Vollstreckungsschuldners gegen die Vollstreckung vom Vollziehungsbeamten selbst nicht zu berücksichtigen, vielmehr ist der Vollstreckungsschuldner an die Vollstreckungsstelle zu verweisen. Das gilt für Einwendungen gegen den **zu vollstreckenden Anspruch** – wie sich aus § 256 AO ergibt – sowie für Einwendungen **gegen die Vollstreckung selbst**. 845

Nur in den folgenden Fällen kann der Vollziehungsbeamte von der Durchführung der Vollstreckung absehen:

- freiwillige Leistung an den Vollziehungsbeamten in voller Höhe (§ 292 Abs. 1 AO),
- der Vollstreckungsschuldner weist nach, dass ihm eine Zahlungsfrist eingeräumt wurde (§ 292 Abs. 1 AO) oder
- er weist nach, dass die Schuld erloschen ist (§ 292 Abs. 1 AO),
- der Vollstreckungsschuldner legt eine Entscheidung vor, aus der sich die Unzulässigkeit der Pfändung ergibt (§ 292 Abs. 2 AO).

Hat der Vollstreckungsschuldner die Schuld durch Zahlung an das HZA zum Erlöschen gebracht, muss er dies dem Vollziehungsbeamten gegenüber mit entsprechenden Belegen nachweisen.

ee) Verfahren bei Abwesenheit des Vollstreckungsschuldners

846 Trifft der Vollziehungsbeamte weder den Vollstreckungsschuldner noch einen Erwachsenen im Besitztum des Vollstreckungsschuldners an, so hinterlässt der Vollziehungsbeamte regelmäßig eine **Zahlungsaufforderung**, in der dem Vollstreckungsschuldner mitgeteilt wird, dass die Vollstreckung versucht worden ist und sie fortgesetzt werden wird und dass hierzu auch eine gewaltsame Öffnung der Wohnung rechtlich möglich ist; dabei wird auf § 287 AO und § 288 StGB – Vereiteln der Zwangsvollstreckung – hingewiesen (s. dazu A 29 VollzA).

847 **Durchsuchung der Wohnung** ohne Zustimmung des Vollstreckungsschuldners beim ersten Vollstreckungsversuch: Trifft der Vollziehungsbeamte den Schuldner nicht an, so kommt eine gewaltsame Öffnung der Wohnung nur in Betracht, wenn **Gefahr im Verzug** vorliegt, also eine Gefährdung der Vollstreckung ernstlich zu besorgen ist. Dafür müssen eindeutige Anhaltspunkte vorliegen (vgl. A 28 Abs. 2 VollzA). Wird der Vollstreckungsschuldner bei weiteren Vollstreckungsversuchen nicht angetroffen, kommt ein **Vorgehen nach § 287 AO** in Betracht (dazu unten).

In jedem Fall hat der Vollziehungsbeamte zwei Erwachsene oder einen Gemeinde- oder Polizeibeamten **als Zeugen hinzuziehen**, wenn er in den Wohn- oder Geschäftsräumen des Vollstreckungsschuldners Vollstreckungshandlungen durchführt, obwohl weder der Schuldner selbst noch eine andere Person seines Haushaltes anwesend ist (§ 288 AO).

ff) Verfahren bei Nichtleistung

848 Ist der Vollstreckungsschuldner **wiederholt nicht anzutreffen** oder kann er den zu vollstreckenden Betrag **nicht vollständig freiwillig leisten**, so hat der Vollziehungsbeamte die Pfändung beweglicher Sachen zu versuchen. Dazu muss er vor allem feststellen können, ob überhaupt vollstreckbare Gegenstände vorhanden sind und welche Gegenstände für eine Sachpfändung in Frage kommen. Dazu muss er das Besitztum des Vollstreckungsschuldners **betreten und durchsuchen** können.

Gemäß § 287 Abs. 1 AO ist der Vollziehungsbeamte befugt, die **Wohn- und Geschäftsräume** sowie die **Behältnisse** des Vollstreckungsschuldners zu **durchsuchen**, soweit der Zweck der Vollstreckung dies erfordert und **der Vollstreckungsschuldner einwilligt**. Dazu gehören sowohl das Betreten der Wohnung als auch einzelner Räume und das Durchsuchen verschlossener Behältnisse.

Gegen den Willen des Vollstreckungsschuldners oder **bei seiner Abwesenheit** kommt eine Durchsuchung nur aufgrund einer **richterlichen Anordnung** in Betracht, es sei denn, die Einholung der richterlichen Anordnung würde den Erfolg der Durchsuchung gefährden (§ 287 Abs. 3 AO). Hier ist nämlich das Grundrecht auf Unverletzlichkeit der Wohnung nach Art. 13 GG berührt.

HINWEIS

- **Wohn- und Geschäftsräume**: Dazu gehören auch Keller- und Dachgeschoßräume, sowie das angrenzende befriedete Besitztum, z. B. Garagen, Garten und Hof, aber auch Hotelzimmer, Wohnwagen, Büros, Ladenlokale, Werkstätten, Lager- und Ausstellungsräume.
- **Behältnisse**: Koffer, Safe, Schmuckschatullen, aber auch die Kleidung am Körper des Vollstreckungsschuldners, sein Geldbeutel und seine Brieftasche.

Rechte des Vollstreckungsschuldners: Der Vollziehungsbeamte ist nicht berechtigt, gegen den Willen (ohne Zustimmung) des Vollstreckungsschuldners die Wohnung zu betreten bzw. sich in der Wohnung gegen den Willen (ohne Zustimmung) des Vollstreckungsschuldners aufzuhalten (A 28 Abs. 2 Nr. 1 VollzA). Dazu benötigt er die richterliche Anordnung. Ob dies auch für Geschäftsräume gilt, ist strittig.[17] 849

Das Durchsuchungsrecht des Vollziehungsbeamten ist begrenzt durch den **Zweck der Vollstreckung** (§ 287 Abs. 1 AO). Es gewährt ihm nicht die Befugnis, zunächst das gesamte befriedete Besitztum zu durchsuchen und dann Pfandstücke auszuwählen; vielmehr hat er die offen erkennbaren und geeigneten Sachen zu pfänden. Hat er ausreichende Pfandgegenstände gefunden und gepfändet, hat der Vollziehungsbeamte von einer weiteren Durchsuchung Abstand zu nehmen (vgl. A 28 Abs. 3 VollzA).

Personen, die Mitgewahrsam an Wohn- oder Geschäftsräumen des Vollstreckungsschuldners haben – wie in Wohngemeinschaften üblich –, müssen die Durchsuchung dulden (§ 287 Abs. 5 AO).

Beauftragung Dritter: Verschlossene Türen und Behältnisse hat der Vollziehungsbeamte von einem geeigneten Handwerker öffnen zu lassen; die Kosten dafür gehen als Auslagen (§ 344 AO) in die Vollstreckungskosten ein und werden dem Vollstreckungsschuldner auferlegt (§ 337 Abs. 1 AO). Wird dem Vollziehungsbeamten der entsprechende Schlüssel ausgehändigt, kann er die Türen oder Behältnisse selbst öffnen. 850

gg) Verfahren bei Widerstand

Trifft der Vollziehungsbeamte während einer Vollstreckungshandlung auf Widerstand, so gestattet § 287 Abs. 3 AO, dass er mit Gewaltanwendung den Widerstand bricht. 851

Widerstand liegt vor, wenn die Durchführung der Vollstreckungshandlung nicht ohne Gewalt möglich erscheint oder wenn ernsthaft Tätlichkeiten, auch durch Dritte, angedroht werden.[18] Der Vollziehungsbeamte ist nicht berechtigt, den **Widerstand allein zu brechen** (A 30 Abs. 2 VollzA). Er hat vielmehr entweder um die **Unterstützung von Polizeibeamten** nachzusuchen (§ 287 Abs. 3 AO) oder – wenn er den Widerstand allein brechen kann – zwei Erwachsene bzw. einen Gemeinde- oder Polizeibeamten als Zeugen hinzuzuziehen (§ 288 AO).

17 Vgl. *Tipke/Kruse*, Komm. zur AO und FGO, § 287 AO Rz. 10; *Klein/Brockmeyer*, Komm. zur AO, § 287 AO, Rz. 7.
18 *Tipke/Kruse*, Komm. zur AO und FGO, § 287 Rz. 34.

b) Die Pfändung von Sachen

852 Nachdem alle Voraussetzungen für die Durchführung einer Vollstreckungshandlung wie die Sachpfändung geprüft sind, stellt sich dem Vollziehungsbeamten als nächstes die Aufgabe, die Sachpfändung selbst vorzunehmen. Welche Sachen pfändbar sind, ergibt sich im Wesentlichen aus § 286 AO.

TIPP

Prüfungsschema: Durfte der Vollziehungsbeamte die Sache pfänden?

1. Sache, aber nicht Bestandteil oder Zubehör (§ 286 Abs. 1 AO)
2. Alleingewahrsam des Vollstreckungsschuldners (§ 286 Abs. 1 AO) oder Einverständnis des Dritten (§ 286 Abs. 4 AO)
3. richtige Durchführung der Pfändung (§ 286 Abs. 2 AO)
4. Pfändungsschutz (§ 295 AO)

Dazu die nachfolgenden Erläuterungen:

aa) Die pfändbaren Sachen

853 Nach § 286 Abs. 1 AO unterliegen Sachen, die im Gewahrsam des Vollstreckungsschuldners sind, der Pfändung.

854 Unter **Sachen** sind **bewegliche Sachen** zu verstehen, soweit sie nicht der Vollstreckung in das unbewegliche Vermögen unterliegen, sowie bestimmte Wertpapiere. § 322 Abs. 1 AO nennt die beweglichen Sachen, die der Vollstreckung **in das unbewegliche Vermögen** unterliegen:

- **Grundstücke und ihre wesentlichen Bestandteile** werden zivilrechtlich als unbewegliches Vermögen aufgefasst. Bestandteile einer Sache, die voneinander nicht getrennt werden können, ohne zu einer Zerstörung oder Wesensänderung eines der Teile zu führen, nennt man wesentliche Bestandteile (§ 93 BGB).
- **Wesentliche Bestandteile des Grundstücks** sind die mit dem Boden fest verbundenen Sachen, insbesondere die Gebäude. Weitere Beispiele: Bodenschätze (Torf, Mineralien), die noch nicht vom Boden getrennt sind; Bäume, Sträucher (**Grundstückserzeugnisse**), (§ 94 Abs. 1 BGB; für bestimmte Grundstückserzeugnisse ist die Sondervorschrift des § 294 AO zu beachten).
- **Wesentliche Bestandteile des Gebäudes** sind die zur Herstellung des Gebäudes eingefügten Sachen (§ 94 Abs. 2 BGB): Türen, Fenster, Treppen, Aufzüge, eingebaute, besonders angefertigte Maschinen und Anlagen.

855 **Ausnahme Scheinbestandteile**: Sachen, die nur zu einem vorübergehenden Zweck mit dem Grundstück bzw. dem Gebäude verbunden werden, sind nicht Bestandteile des Grundstücks oder Gebäudes (§ 95 BGB) und können deshalb **vom Vollziehungsbeamten gepfändet** werden (Beispiele: Bauhütte, Jagdhaus des Jagdpächters, Bäume des Baumschulenpächters. Dazu A 39 VollzA).

Zubehör: 856

- Dabei handelt es sich um bewegliche Sachen, die – ohne Bestandteile der Hauptsache zu sein – dem wirtschaftlichen Zweck der Hauptsache zu dienen bestimmt sind und zu ihr in einem dieser Bestimmung entsprechenden räumlichen Verhältnis stehen (§ 97 BGB). **Zubehörgegenstände** sind grundsätzlich **rechtlich selbständig**, also **pfändbar.**
- Handelt es sich um **Zubehör eines Grundstückes**, ist die Pfändung durch den Vollziehungsbeamten **erheblich eingeschränkt**. Grundstückszubehör kann nicht nach § 286 AO gepfändet werden, soweit die Zubehörstücke im **Eigentum des Grundstückseigentümers** stehen, da wegen der Verweisung in § 322 Abs. 1 AO auf § 865 ZPO die Grundsätze der Hypothekenhaftung (hier § 1120 BGB) anzuwenden sind;[19] die Zubehörstücke sollen nämlich dem Hypothekengläubiger zur Verfügung stehen. Unerheblich ist, ob tatsächlich eine Hypothek am Grundstück des Vollstreckungsschuldners besteht.

  Beispiele für **Grundstückszubehör**: die Einrichtung eines auf dem Grundstück betriebenen Gasthauses, Hotelomnibus; Rohstoffvorräte. Möbel in einem Einfamilienhaus gelten nach der Rechtsprechung nicht als Zubehör.[20]

  Gewerbliches und **landwirtschaftliches Inventar** ist stets Zubehör (§ 98 BGB), also durch den Vollziehungsbeamten nur pfändbar, wenn diese Sachen nicht im Eigentum des Grundstückseigentümers, sondern im Eigentum des Vollstreckungsschuldners stehen, der nicht Grundstückseigentümer ist. Beispiele: Gaststätteneinrichtung, Maschinen in einer Werkstatt. Bei Inventar kommt auch eine Unpfändbarkeit nach § 295 AO i. V. m. § 811 Abs. 1 Nr. 5 ZPO in Betracht.

Kein Zubehör sind die produzierten Waren oder Fertigerzeugnisse. Diese sind pfändbar durch den Vollziehungsbeamten. Dazu A 40 VollzA.

BEISPIEL: Pfändung in Verkaufsräumen

Der Vollziehungsbeamte V betritt ein Ladenlokal, in dem Bekleidung verkauft wird. Dort findet er neben der Ladeneinrichtung – vor allem hochwertige Regale – auch noch erhebliche Mengen Bekleidung vor, die zum Verkauf vorgesehen sind. Er stellt fest, dass die Vollstreckungsschuldnerin, die X-GmbH, Eigentümerin des Grundstückes ist, auf dem das Bekleidungsgeschäft betrieben wird.

Kann V die Regale und die Bekleidung pfänden?

- **Hochwertige Regale**: Diese sind Grundstückszubehör, da sie bewegliche Sachen sind, keine Bestandteile des Grundstücks und dem wirtschaftlichen Zweck der Hauptsache zu dienen bestimmt sind und auch in einem entsprechenden räumlichen Verhältnis zur Hauptsache stehen (§ 97 BGB). Da sie sich im Eigentum der X-GmbH befinden und diese auch Grundstückseigentümerin ist, ist eine Sachpfändung ausgeschlossen (§ 322 Abs. 1 AO, § 865 ZPO, § 1120 BGB).
- **Bekleidung**: Die Bekleidungsstücke stellen bewegliche Sachen dar. Sie sind auch kein Zubehör, da sie gerade nicht dem wirtschaftlichen Zweck der Hauptsache zu dienen bestimmt sind, indem sie in den Regalen liegen (§ 97 BGB), sondern sie sollen möglichst bald und vollständig veräußert werden.

19 *Tipke/Kruse*, Komm. zur AO und FGO, § 322 AO Rz. 18.

20 Weitere Beispiele und Nachweise in *Palandt/Ellenberger*, Komm. zum BGB, § 97 BGB Rz. 11, § 98 BGB Rz. 3, 4.

ABWANDLUNG: **Pfändung in Verkaufsräumen**

Die X-GmbH ist nicht Eigentümerin des Grundstücks, sondern sie hat die Verkaufsräume lediglich angemietet. Dann ändert sich die rechtliche Bewertung hinsichtlich der hochwertigen Regale. Die Regale sind zwar Zubehör, aber sie unterfallen nicht der sog. Hypothekenhaftung, weil sie nicht im Eigentum des Grundstückseigentümers, sondern des Mieters der Räume stehen (§ 1120 a. E. BGB). Damit sind die Regale durch den Vollziehungsbeamten pfändbar.

857 **In Schiffe, Schiffsbauwerke und Schwimmdocks, Luftfahrzeuge,** soweit sie im entsprechenden Register eingetragen (oder eintragungsfähig) sind, wird ebenfalls nach § 322 AO vollstreckt. Andernfalls sind sie vom Vollziehungsbeamten pfändbar.

858 Diese beweglichen Sachen, die als wesentlicher Bestandteil des Grundstücks/Gebäudes oder als Zubehör nicht vom Vollziehungsbeamten gepfändet werden können, sind nicht etwa der Vollstreckung entzogen, sondern sie sind einem anderen Vollstreckungsverfahren zugeordnet: Sie werden nämlich im Rahmen der Vollstreckung in das jeweilige Grundstück mit verwertet.

bb) Die pfändbaren Wertpapiere

859 **Wertpapiere** sind Urkunden, die das in ihnen verbriefte Recht derart verkörpern, dass sie selbst zum Träger des Rechts werden und dass der Besitz der Urkunden zur Ausübung des Rechts notwendig ist (A 15 Abs. 2 VollzA).[21] Urkunden, die zwar ein Recht verbriefen, aber nicht Träger des Rechts sind, werden als **Beweisurkunden** bezeichnet (A 15 Abs. 4 VollzA). Wertpapiere werden nach § 286 AO gepfändet; damit wird der im Wertpapier beurkundete Anspruch (meist eine Geldforderung) sichergestellt und der Verwertung zugänglich gemacht.

860 Wertpapiere, die **auf den Inhaber oder auf den Namen** lauten, sind durch den Vollziehungsbeamten nach § 286 AO zu pfänden. Wegen § 286 Abs. 2 AO sind sie stets mitzunehmen (vgl. A 32 Abs. 2 Nr. 1 VollzA).

- **Inhaberpapiere** sind Wertpapiere, die auf den Inhaber lauten. Das verbriefte Recht steht dem jeweiligen, nicht namentlich bezeichneten Inhaber zu und kann **ohne Besitz der Urkunde** nicht geltend gemacht werden. Die Übereignung des Rechts findet durch Übereignung des Papiers statt (§ 929 BGB); „das Recht aus dem Papier folgt dem Recht am Papier“. Beispiele: Scheck (wegen der Überbringerklausel),[22] Inhaberaktie, Inhaberschuldverschreibung; sog. kleine Inhaberpapiere wie Eintrittskarten, Fahrausweise, Briefmarken.[23] Die Verwertung erfolgt aber nach § 302 AO.
- **Namenspapiere** (auch Rektapapier) lauten auf den Namen einer bestimmten Person; nur diese ist zur Ausübung des Rechts befugt. Das Recht am Papier folgt dem Recht aus dem Papier; die Übertragung des Rechts erfolgt durch Abtretung der Forderung. Beispiele: Namensschuldverschreibungen, Hypothekenbriefe. Die Verwertung erfolgt nach § 303 AO.

861 **Orderpapiere**: Die im Papier versprochene Leistung wird dem namentlich bezeichneten Berechtigten und demjenigen versprochen, an den dieser das Papier durch Order wei-

21 Dieser Wertpapierbegriff der AO weicht von dem des Zivilrechts teilweise ab.

22 Soweit nicht ausdrücklich ein Orderscheck ausgestellt wurde.

23 *Tipke/Kruse*, Komm. zur AO und FGO, § 286 AO, Rz. 12.

tergibt. Die Übertragung des Rechts wird durch einen formellen Begebungsvermerk (Indossament) und durch Übereignung (§§ 929 ff. BGB) vorgenommen. **Geborene Orderpapiere** sind z. B. der Wechsel, der (Order-)Scheck, **gekorene** (also erst durch Ordervermerk dazu gemachte) Orderpapiere sind kaufmännische Papiere wie die Konnossemente, Lagerscheine, Ladescheine, wenn sie an Order gestellt sind.

Für die **Pfändung von Orderpapieren** benötigt der Vollziehungsbeamte den sog. **erweiterten Vollstreckungsauftrag** nach A 32 Abs. 3 VollzA, der formularmäßig bereits vorgesehen ist. Die **Inbesitznahme** des Orderpapieres durch den Vollziehungsbeamten ist eine **Forderungspfändung** gem. § 312 AO. Die Verwertung der Orderpapiere erfolgt nach § 314 AO durch Einziehung der verbrieften Forderung.[24]

In Rechte, die durch **Beweisurkunden** belegt werden, kann nur durch Pfändung des Rechtes selbst durch die Vollstreckungsstelle gemäß § 309 bzw. § 321 AO vollstreckt werden. Beispiel: Das **Sparkassenbuch** beweist das Bestehen und die Höhe der Forderung des Sparers gegen die Bank auf Auszahlung des Sparguthabens. Eine Pfändung des Rechts (also z. B. des Sparguthabens) durch den Vollziehungsbeamten ist ausgeschlossen. Erst im Anschluss an die Pfändung des Rechts (also z. B. des Sparguthabens nach § 309 AO) hat die Vollstreckungsbehörde einen Anspruch auf Herausgabe der Beweisurkunden über die Forderung (§ 315 Abs. 2 AO); mit der Wegnahme dieser Urkunde kann der Vollziehungsbeamte beauftragt werden (A 32 Abs. 4, 50 Abs. 1 VollzA). 862

Findet der Vollziehungsbeamte Beweisurkunden beim Vollstreckungsschuldner vor, ohne mit ihrer Wegnahme beauftragt zu sein, z. B. bei einer fruchtlosen Pfändung, so kann er diese Urkunden vorläufig in Besitz nehmen. Er hat die Hilfspfändung unverzüglich der Vollstreckungsstelle anzuzeigen (A 32 Abs. 4 VollzA).

863

TAB. 4: Übersicht zu den Wertpapieren und Beweisurkunden

Wertpapier	Pfändung	Verwertung
Inhaberpapier (A 15 Abs. 3 Nr. 1 VollzA)	§ 286 AO	§ 302 AO
Namenspapier (Rektapapier), (A 15 Abs. 3 Nr. 1 VollzA)	§ 286 AO	§ 302, 303 AO
Orderpapier (A 15 Abs. 3 Nr. 2 VollzA)	§ 312, 286 AO	§ 314 AO
Keine Wertpapiere		
Beweisurkunden	Sog. Hilfspfändung nach § 315 Abs. 2 Satz 1 AO (A 32 Abs. 4 VollzA)	§ 314 AO

cc) Der Gewahrsam an den Pfandsachen

Die Pfändung von Sachen setzt weiterhin voraus, dass sich die Gegenstände **im Gewahrsam des Vollstreckungsschuldners** oder – wenn bei einem Dritten vollstreckt wer- 864

24 *Tipke/Kruse*, a. a. O. (FN 23).

den soll – **im Gewahrsam des Dritten** befinden (§ 286 Abs. 1, Abs. 4 AO). Aufgabe des Vollziehungsbeamten ist es also, sich über die Frage des Gewahrsams Sicherheit zu verschaffen, nicht aber über die Eigentumslage hinsichtlich der zu pfändenden Sache (vgl. A 43 Abs. 1 VollzA).

865 Grundsätzlich darf eine Vollstreckungsmaßnahme nur in das **Eigentum** des Vollstreckungsschuldners erfolgen. Davon wird für den Bereich der **Sachpfändung** eine Ausnahme gemacht, weil es die Vollstreckungstätigkeit des Vollziehungsbeamten nahezu unmöglich machen würde, wenn dieser vor jeder Sachpfändung die Eigentumslage überprüfen müsste. Der Vollstreckungsschuldner könnte die Sachpfändung allein dadurch abwenden, dass er angibt, nicht der Eigentümer des Pfandgegenstandes zu sein.

Der Gewahrsam an der Sache **indiziert** aber das Eigentum des Vollstreckungsschuldners, so dass die Pfändung insofern zulässig und rechtmäßig ist, auch wenn tatsächlich das Eigentum an der Sache nicht dem Vollstreckungsschuldner zusteht; der tatsächliche Eigentümer wird auf den **Drittwiderspruch** nach § 262 AO verwiesen.

Kommt der Vollziehungsbeamte zweifelsfrei zu der Auffassung, dass zwar Gewahrsam, aber nicht Eigentum an der Sache dem Vollstreckungsschuldner zusteht, so hat er von einer Pfändung abzusehen (A 43 Abs. 5 VollzA). Umgekehrt gestattet die klare Eigentumslage nicht in jedem Fall eine Pfändung; ist der Vollstreckungsschuldner zwar Eigentümer, aber **nicht Gewahrsamsinhaber**, so ist die Pfändung nur mit **Zustimmung des** den Gewahrsam an der Sache innehabenden **Dritten** zulässig (§ 286 Abs. 4 AO).

866 **Gewahrsam** ist der Zustand des tatsächlichen Habens, die rein tatsächliche Herrschaft über die Sache. Er ist insofern vom Besitz (§ 854 BGB) zu unterscheiden: Mitbesitz (§ 866 BGB), mittelbarer Besitz (§ 868 BGB), Besitzdienerschaft (§ 855 BGB, vgl. A 43 Abs. 4 VollzA) und Erbenbesitz (§ 857 BGB) setzen nämlich keinen Gewahrsam voraus.

867 **Gewahrsam bei juristischen Personen**: Die juristische Person selbst hat Gewahrsam an den Gegenständen, die sich in ihrem befriedeten Besitztum befinden. Die Ausübung des Gewahrsams obliegt den Organen, z. B. dem Geschäftsführer der GmbH (§ 35 GmbHG).

868 **Gewahrsam bei Ehegatten**: Wenn nur einer der Ehegatten Vollstreckungsschuldner ist, käme eine Sachpfändung von Gegenständen, die sich im Mitgewahrsam der beiden Ehegatten befinden, mangels des **Alleingewahrsams** des Vollstreckungsschuldner-Ehegatten nicht in Betracht. Deshalb verweist § 263 AO auf §§ 739 bis 741, 743, 744a und 745 ZPO bei der Vollstreckung gegen Ehegatten.

Nach § 739 ZPO gilt unbeschadet der Rechte Dritte der Ehegatte, der Vollstreckungsschuldner ist, als **alleiniger Gewahrsamsinhaber**, soweit die **gesetzliche Vermutung** des § 1362 BGB reicht. Danach wird **widerleglich** vermutet, dass die im Besitz eines Ehegatten oder beider Ehegatten befindlichen Sachen dem **(Vollstreckungsschuldner-) Ehegatten** gehören. Dies gilt nur bei Getrenntleben der Ehegatten nicht und wenn die Sachen ausschließlich zum persönlichen Gebrauch des Ehegatten bestimmt sind, der nicht Vollstreckungsschuldner ist (§ 1362 Abs. 2 BGB; vgl. A 43 Abs. 2 VollzA). Nach § 739 Abs. 2 ZPO gilt diese Regelung des § 739 Abs. 1 ZPO entsprechend für Lebenspartner nach dem Lebenspartnerschaftsgesetz.

Dem Ehegatten, der **nicht Vollstreckungsschuldner** ist und der **alleiniges oder Miteigentum** an der gepfändeten Sache behauptet, steht der Drittwiderspruch und dann die Klage vor den ordentlichen Gerichten nach § 262 AO offen.

Gewahrsam eines Dritten: Befinden sich Sachen, die im Eigentum des Vollstreckungs- 869
schuldners stehen, im Gewahrsam oder Mitgewahrsam eines Dritten, so ist die Pfändung nur zulässig, wenn **der Dritte zur Herausgabe bereit** ist (§ 286 Abs. 4 AO, vgl. A 43 Abs. 6 VollzA). Verweigert der Dritte seine Zustimmung, so kann die Vollstreckungsstelle den Herausgabeanspruch des Vollstreckungsschuldners gegen den Dritten nach § 318 AO pfänden. Hat der Vollstreckungsschuldner z. B. seinen Pkw zur Reparatur gebracht, so ist für die Dauer der Reparatur der Inhaber der Reparaturwerkstatt der Gewahrsamsinhaber; eine Sachpfändung des Pkw kann nur mit seiner Einwilligung erfolgen.

dd) Die Durchführung der Pfändung

Der Vollziehungsbeamte pfändet die Sache, indem er sie in Besitz nimmt (§ 286 Abs. 1 870
AO). Die Besitzergreifung kann nach § 286 Abs. 2 AO in zweierlei Weise dokumentiert werden:

- Der Vollziehungsbeamte **nimmt die Sache an sich** und gibt sie in Verwahrung beim Hauptzollamt.
- Der Vollziehungsbeamte belässt die Sache **im Gewahrsam des Vollstreckungsschuldners** und macht die Pfändung durch Anbringung einer **Pfandsiegelmarke oder Pfandanzeige** kenntlich.

Zwingend mitzunehmen sind nach § 286 Abs. 2 AO **Geld** (auch ausländisches), **Schecks und andere Wertpapiere** und **Kostbarkeiten** (A 15 Abs. 6 VollzA). Andere Sachen können im Gewahrsam des Vollstreckungsschuldners belassen werden, wenn die Befriedigung hierdurch nicht gefährdet wird.

An den Sachen, die **im Gewahrsam des Vollstreckungsschuldners** bleiben sollen, hat 871
der Vollziehungsbeamte ein Pfandzeichen anzubringen, so dass die Pfändung ersichtlich gemacht wird (§ 286 Abs. 2 AO; sog. Publizitätsgrundsatz; vgl. A 44 Abs. 3 VollzA). Erscheint das Anbringen des Pfandsiegels nicht möglich (wie bei der Pfändung eines Tieres) oder nicht ausreichend (wie bei der Pfändung des Inhaltes eines Lagerraums), so ist eine Pfandanzeige anzubringen (§ 286 Abs. 2 AO: „in sonstiger Weise“; vgl. A 44 Abs. 4 VollzA).

Unwirksamkeit der Pfändung: Werden die genannten Durchführungsvorschriften der 872
Pfändung nicht beachtet, so ist die Pfändung nicht „wirksam“, also nichtig, sie entfaltet keine Rechtswirkungen[25].

Rechtscharakter der Sachpfändung: Sie ist – wie alle Pfändungsmaßnahmen – ein Ver- 873
waltungsakt und zwar ohne Rücksicht darauf, ob sie durch Mitnahme oder durch Anbringen des Pfandsiegels ersichtlich gemacht wird. Sie ist mit dem Einspruch anfechtbar.

---

25 *Tipke/Kruse*, Komm. zur AO und FGO, § 286 Rz. 23.

ee) Schuldnerschutz bei der Sachpfändung

874 Das Recht des Vollstreckungsgläubigers auf Erfüllung seiner Ansprüche durch den Vollstreckungsschuldner erfährt dort eine Begrenzung, wo Existenzminimum und Erwerbsmöglichkeiten des Vollstreckungsschuldners durch Vollstreckungshandlungen bedroht würden; Vollstreckung zugunsten eines Gläubigers soll nicht zulasten der Allgemeinheit gehen, die sonst den Schuldner unterstützen müsste. Die AO verweist in § 295 AO auf die §§ 811 bis 812, 813 Abs. 1 bis 3 ZPO und ordnet deren entsprechende Anwendung an. Soweit in der ZPO das **Vollstreckungsgericht** mit Aufgaben betraut wird, übernimmt diese die **Vollstreckungsstelle des HZA** (vgl. §§ 811a Abs. 2, 811b Abs. 2, 813 Abs. 1 ZPO).

Hinzuweisen ist auf den Schuldnerschutz für Gegenstände des persönlichen Gebrauchs (Kleidung) und des Haushalts (§ 811 Abs. 1 Nr. 1 ZPO, dazu auch § 812 ZPO), für selbständig tätige Personen (§ 811 Abs. 1 Nr. 5 ZPO), für Barbeträge bei nichtselbständig tätigen Schuldnern (§ 811 Abs. 1 Nr. 8 ZPO) und auf die Austauschpfändung (§ 811 a ZPO, die auch vorläufig erfolgen kann, § 811 b ZPO).

875 Ein Verzicht des Vollstreckungsschuldners auf den Pfändungsschutz ist unbeachtlich; allerdings macht ein Verstoß gegen die Pfändungschutzvorschriften die Pfändung nicht unwirksam, sondern nur anfechtbar. Vgl. im Einzelnen A 33 VollzA.

c) Die Rechtswirkungen der Sachpfändung

876 Die **wirksame Sachpfändung** entfaltet eine dreifache Wirkung:

- **Verstrickung** des gepfändeten Gegenstandes: Durch die wirksame Pfändung wird – soweit dies für die Durchführung der Vollstreckung notwendig ist – dem Vollstreckungsschuldner die Verfügungsbefugnis über die Sache entzogen (vgl. § 309, 321 AO für die Rechtswirkung bei der Forderungspfändung); stattdessen entsteht ein öffentlich-rechtliches Gewaltverhältnis an der Sache, das die Grundlage der nachfolgenden hoheitlichen Verwertungsmaßnahmen darstellt.
- **Entstehung des Pfändungspfandrechts:** Durch wirksame Pfändung erlangt der Vollstreckungsgläubiger ein Pfändungspfandrecht an der Sache (§ 282 Abs. 1 AO). Dieses Pfandrecht gewährt dem Vollstreckungsgläubiger dieselben Rechte wie ein Pfandrecht des BGB (§ 282 Abs. 2 AO). Dadurch wird auf §§ 1204 ff. BGB für Sachen und auf §§ 1273 ff. BGB für Rechte verwiesen. Es gewährt dem Vollstreckungsgläubiger das Recht, Befriedigung aus der Sache zu suchen, z. B. durch Versteigerung der Sache oder Einziehung der Forderung. Eine nichtige Pfändung lässt kein Pfändungspfandrecht entstehen. Es besteht unabhängig vom Bestand der zugrunde liegenden Forderung (es ist nicht akzessorisch) und entsteht auch, wenn Sachen gepfändet werden, die nicht im Eigentum des Vollstreckungsschuldners stehen.
- Entscheidung über die **Rangfolge bei Mehrfachpfändungen**. Gegenstände (Sachen und Forderungen) können auch mehrfach nacheinander für verschiedene zu vollstreckende Forderungen gepfändet werden; dann geht die zeitlich ältere der zeitlich jüngeren Pfändung vor (§ 282 Abs. 3 AO). Zum Verfahren bei Sachen gilt § 307 AO; nach § 308 Abs. 3 AO ist der Erlös nach der **Reihenfolge der Pfändungen** zu verteilen. Im Bereich der Pfändung einer Forderung verweist § 320 AO auf §§ 853 bis 856 ZPO;

bei mehrfacher Pfändung einer Geldforderung kann zum Schutz des Drittschuldners eine Hinterlegung angezeigt sein (§ 853 ZPO).

d) Überpfändung, zwecklose Pfändung

Nach § 281 Abs. 2 AO darf die Pfändung nicht weiter ausgedehnt werden, als es zur Deckung der beizutreibenden Beträge und der Kosten der Vollstreckung erforderlich ist. 877
Sonst läge eine **Überpfändung** vor. Der Vollziehungsbeamte hat daher während einer Pfändungsmaßnahme laufend den Wert (den voraussichtlich erzielbaren Verwertungserlös) der gepfändeten Sachen zu schätzen. Die solcherart unzulässige Überpfändung macht die einzelne Pfändung nicht nichtig, sondern nur anfechtbar.[26]

Kommt nur eine Sache, deren Wert allerdings den beizutreibenden Geldbetrag und die Kosten deutlich überschreitet, für eine Pfändung in Betracht, so liegt keine Überpfändung vor, wenn diese Sache gepfändet wird.

Eine Pfändung hat dann zu unterbleiben, wenn die Verwertung der pfändbaren Gegen- 878
stände einen Überschuss über die Kosten der Vollstreckung nicht erwarten lässt (§ 281 Abs. 3 AO), dann läge eine **zwecklose Pfändung** vor. Das gilt insbesondere für Gegenstände des Hausrats, die bereits in Gebrauch sind (vgl. § 295 AO, § 812 ZPO).

e) Die Verwertung gepfändeter beweglicher Sachen

Die Pfändung beweglicher Sachen ist lediglich der erste Schritt zur Befriedigung der An- 879
sprüche des Vollstreckungsgläubigers; an sie schließt sich die Verwertung der Pfandsachen an. Im Verfahren der Verwertung werden die Pfandsachen zu Geld gemacht, das dann der Befriedigung der Gläubigeransprüche dient. Wird **Bargeld in Euro gepfändet**, dann gilt die Wegnahme des Geldes durch den Vollziehungsbeamten als Zahlung des Vollstreckungsschuldners (§ 296 Abs. 2 AO); einer „Verwertung" bedarf es nicht, der Anspruch des Vollstreckungsgläubigers erlischt mit Pfändung des Geldes.

Die übrigen gepfändeten Sachen sind regelmäßig in einer **Versteigerung** zu verwerten (§ 296 Abs. 1 AO), ausnahmsweise durch **freihändigen Verkauf** (§ 300 Abs. 2 und 3, § 302, § 305 AO).

Verwertung durch Versteigerung: 880

- Die mehrjährige erfolgreiche Praxis der Zollverwaltung, die in der Vollstreckung erlangten Pfandgegenstände **über eine Internet-Plattform zu versteigern** (www.zoll-auktion.de) ist vom Gesetzgeber nunmehr ausdrücklich in die AO aufgenommen worden[27] und zwar als gleichberechtigte Form der Versteigerung neben der althergebrachten **Versteigerung vor Ort** (§ 296 Abs. 1 Nr. 1 und Nr. 2 AO).
- **Vorbereitung der Versteigerung**: Die Versteigerung darf regelmäßig nicht vor Ablauf einer Woche seit dem Tag der Pfändung stattfinden (§ 298 Abs. 1 AO). Während

26 *Klein/Brockmeyer*, Komm. zur AO, § 282 Rz. 5.
27 Durch das Gesetz über die Internetversteigerung in der Zwangsvollstreckung v. 30. 7. 2009.

dieser Frist kann der Vollstreckungsschuldner noch freiwillig bezahlen bzw. seine Rechtsauffassung in Rechtsbehelfen kundtun.

- **Zeit und Ort der Versteigerung** sowie die zur Versteigerung anstehenden Gegenstände sind nur bei einer Versteigerung vor Ort öffentlich bekannt zu machen (§ 298 Abs. 2 AO).
- **Verwertungsauftrag**: Die Vollstreckungsstelle muss die Versteigerung durch Verwertungsauftrag anordnen (§ 296 Abs. 1 AO). Darin liegt wegen der Außenwirkung ein Verwaltungsakt gegenüber dem Vollstreckungsschuldner,[28] der diesem bekannt zu geben ist. Er wird mit Bekanntgabe wirksam und ist mit dem Einspruch anfechtbar. Verwertungshandlungen ohne Verwertungsauftrag sind unwirksam.
- **Bereitstellung der Pfandsachen**: Im Verwertungsauftrag wird der Vollziehungsbeamte beauftragt, die noch im Gewahrsam des Vollstreckungsschuldners oder eines Dritten befindlichen Sachen abzuholen, vgl A 52 VollzA.
- **Aussetzung der Verwertung**: Die Vollstreckungsstelle kann die Verwertung zeitweilig aussetzen, wenn die alsbaldige Verwertung unbillig wäre. Eine Zahlungsfrist ist festzulegen (§ 297 AO).
- **Versteigerung**: Im Wege der Versteigerung wird das Eigentum an der Pfandsache kraft Hoheitsaktes auf den Erwerber übertragen; dies gilt auch dann, wenn die Pfändung rechtswidrig oder unwirksam war oder der Pfandgegenstand nicht im Eigentum des Vollstreckungsschuldners stand.[29]
- Dazu auch DV Verwertung von beweglichen Sachen im Bereich der Zollverwaltung, VSF S 16 25.

881 **Anderweitige Verwertung:**

- An die Stelle der Versteigerung kann der **freihändige Verkauf** treten, wenn dies im Gesetz angeordnet ist oder wenn eine Versteigerung einen geringeren Erlös erwarten lassen würde (§ 305 AO). Zulässig ist auch die Einschaltung eines gewerblichen Versteigerers.
- **Wertpapiere**, die einen Börsen- und Marktpreis haben, sind freihändig zum Tageskurs durch die Vollstreckungsstelle zu verkaufen (§ 302 AO). Andere Wertpapiere sind zu versteigern.
- **Verwertung bei mehrfacher Pfändung**: Wird eine Sache mehrfach gepfändet (§ 307 AO), so wird die Zuständigkeit für die Verwertung durch die erste Pfändung bestimmt (§ 308 Abs. 1 AO). Die Versteigerung findet zugunsten aller beteiligten Gläubiger statt (§ 308 Abs. 2 AO). Die Verwertung kann von jedem Gläubiger beantragt werden. Der Erlös wird unter Beachtung der Reihenfolge der Pfändungen an die Gläubiger verteilt (§ 308 Abs. 3 AO). Bei gleichzeitiger Pfändung gilt § 308 Abs. 5 AO.

28 *Klein/Brockmeyer*, Komm. zur AO, § 296 Rz. 2 m. w. N.
29 Im Einzelnen strittig, vgl. *Klein/Brockmeyer*, Komm. zur AO, § 296 AO Rz. 4 m. w. N.

TIPP

Prüfungsschema

zur Überprüfung der Erfolgsaussichten eines Einspruchs gegen Vollstreckungsmaßnahmen des Vollziehungsbeamten in Sachen wegen einer Geldforderung

1.	**Zulässigkeit**
1.1	Statthaftigkeit (§ 347 Abs. 1 Satz 1 Nr. 1 bzw. 2 AO)
1.2	Beschwer (§ 350 AO)
1.3	Frist (§ 355 AO)
1.4	Form (§ 357 AO)
1.5	Handlungsfähigkeit (§ 365, § 79 AO)
2.	**Begründetheit**
2.1	**Vollstreckbarer Anspruch**
2.1.1	Verwaltungsakt gerichtet auf steuerliche Geldleistung bzw. Steueranmeldung (§ 249 Abs. 1AO)
2.1.2	Keine Nichtigkeit des VA (§ 125 AO)
2.1.3	Kein Ausschluss der Vollstreckbarkeit (§ 251 AO)
2.2	**Voraussetzungen für die Vollstreckung**
2.2.1	Voraussetzungen für den Beginn der Vollstreckung nach § 254 AO
2.2.1.1	Beginn der Vollstreckung
2.2.1.2	Fälligkeit
2.2.1.3	Leistungsgebot, Entbehrlichkeit des Leistungsgebots
2.2.1.4	Bekanntgabe des Leistungsgebotes
2.2.1.5	Wochenfrist nach Leistungsgebot
2.2.2	Mahnung (§ 259 AO)
2.2.2.1	Ermessen
2.2.2.2	Wochenfrist nach Mahnung
2.2.3	Ankündigung der Vollstreckung (A 22 Abs. 5 VollstrA)
2.2.4	Ermessensausübung zu Beginn der Vollstreckung (§ 249 AO)
2.3	**Zuständikeit**
2.3.1	Zuständigkeit des HZA
2.3.1.1	sachliche Zuständigkeit des HZA (§§ 249, 16 AO)
2.3.1.2	örtliche Zuständigkeit des HZA (§§ 23 ff. AO)
2.3.2	Zuständigkeit des Vollziehungsbeamten
2.3.2.1	sachliche Zuständigkeit (z. B. § 285 AO)
2.3.2.2	örtliche Zuständigkeit (§§ 23 ff. AO)
	Hinweis: Auf die Zuständigkeit wird üblicherweise nur eingegangen, wenn dazu im Sachverhalt ausdrücklich Angaben gemacht werden.
2.4	**Richtige Sachpfändung**
2.4.1	Vollstreckungsauftrag liegt vor (§ 285 Abs. 2 AO)
2.4.2	Zeit der Pfändungshandlung (§ 289 AO)
2.4.3	Legitimation (§ 285 Abs. 2 AO)
2.4.4	Aufforderung zur Leistung (§§ 290, 292 AO; A 24 Abs. 1 VollzA)
2.4.5	Keine Abwendung der Pfändung (§ 292 AO)

2.4.6	Durchsuchung der Wohnung, Widerstand (§§ 287, 288 AO)
2.4.7	Sache i. S. d. § 286 AO (und nicht § 322 AO); Wertpapier i. S. d. § 312 AO
2.4.8	Gewahrsam i. S. d. § 286 AO
2.4.9	Richtige Durchführung der Pfändung (§ 286 Abs. 2 AO)
2.4.10	Schuldnerschutz
2.4.10.1	unpfändbare Sachen (§ 295 AO, ZPO)
2.4.10.2	Überpfändung, zwecklose Pfändung (§ 281 Abs. 2, 3 AO)
2.4.11	Sonderfälle (z. B. Austauschpfändung, zukünftige Pfändbarkeit, § 295 AO i. V. m. §§ 811 a ff. ZPO)
2.5	Beachtung allgemeiner Verfahrensgrundsätze (z. B. Verhältnismäßigkeitsgrundsatz)
2.6	Einstellung oder Beschränkung der Vollstreckung (§§ 257, 258 AO)

7. Forderungspfändung

a) Allgemeines

882 Als weitere wichtige und erfolgversprechende Vollstreckungsform neben der Sachpfändung ist die **Pfändung von Geldforderungen** zu nennen. Sie kommt immer dann in Betracht, wenn die zu vollstreckende Geldforderung eine gewisse Höhe erreicht und der Vollstreckungsschuldner regelmäßige Einkünfte bezieht, vor allem als Arbeitnehmer. Im entsprechenden Abschnitt der AO ist die Vollstreckung in alle Arten von Forderungen und auch in die Vermögensrechte zusammengefasst geregelt (§§ 309 bis 321 AO).

Die **Voraussetzungen für den Beginn** der Vollstreckung (vgl. §§ 249, 251, 254, 259 AO) gelten auch für die Vollstreckung in Forderungen und andere Vermögensrechte.

In Frage kommen:

- **Geldforderungen (§ 309 AO)**
- **Sachforderungen (§ 318 AO) und**
- **andere Vermögensrechte (§ 321 AO)**

883 Bei einer Vollstreckung in Forderungen sind beteiligt:

- der **Vollstreckungsschuldner** (er ist der Schuldner des Bundes, vertreten durch das HZA, und Gläubiger des Drittschuldners),
- der **Vollstreckungsgläubiger** Bund, vertreten durch das HZA (der Bund ist Gläubiger des Vollstreckungsschuldners),
- der **Drittschuldner** (er schuldet dem Vollstreckungsschuldner Miete, Arbeitslohn, Steuererstattung oder -vergütung o. Ä.).

Im Vergleich mit der Sachpfändung tritt hier ein Dritter hinzu, gegen den nämlich der Vollstreckungsschuldner einen Anspruch auf eine Geldleistung oder sonstige Leistung hat (Drittschuldner).

Dazu beispielhaft die folgende Abbildung: der Vollstreckungsschuldner ist **Arbeitnehmer.**

Abb. 13 Forderungspfändung

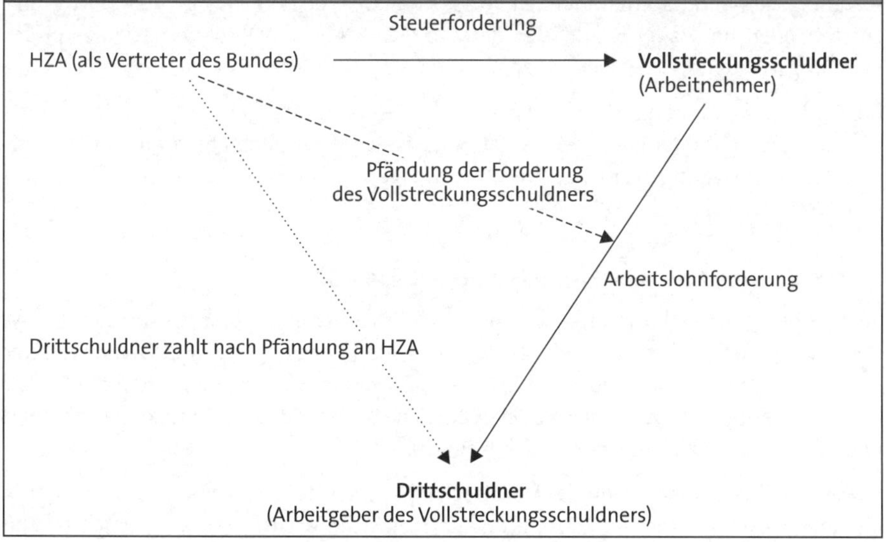

b) Die Pfändung von Geldforderungen

Beispielhaft werden hier die häufigsten Fälle der Forderungen, die **auf Geld gerichtet** sind, aufgezählt: 884

- **Privatrechtliche Ansprüche**: Kaufpreisanspruch (§ 433 BGB), Lohn- oder Gehaltsanspruch (§ 611 BGB), Darlehensrückzahlungsanspruch und Zinsanspruch (§ 488 BGB), Werklohnanspruch (§ 631 BGB), Schadenersatzanspruch (§ 823 BGB).
- **Öffentlich-rechtliche Ansprüche** wie Steuererstattungs- bzw. -vergütungsanspruch, Erstattungsanspruch nach Art. 236 ff. ZK, Entschädigungsansprüche.

Dass **steuerliche Ansprüche** auf Erstattung oder Vergütung der Forderungspfändung unterliegen, wird in § 46 Abs. 1 AO klargestellt; eine Pfändung solcher Ansprüche kann allerdings erst erfolgen, wenn sie entstanden sind (§ 46 Abs. 6 Satz 1 AO). So kann der Anspruch des Vollstreckungsschuldners auf Erstattung zu viel gezahlter Lohnsteuer gegenüber dem Finanzamt erst nach Ablauf des betreffenden Kalenderjahres wirksam gepfändet werden. Darauf, dass der Vollstreckungsschuldner eine entsprechende Steuererklärung bereits abgegeben hat, kommt es dagegen nicht an[30].

Voraussetzungen für die Pfändung: Die Forderung des Vollstreckungsschuldners muss bestehen; sie muss also grds. bei der Vornahme der Pfändung schon entstanden sein. Sie kann aber bedingt oder befristet sein. 885

Vor allem ist die **Fälligkeit** der zu pfändenden Forderung **nicht** Voraussetzung einer wirksamen Pfändung. Ebenso kann sie von einer Gegenleistung abhängig sein. In einigen Fällen kommt auch die Pfändung einer **künftigen Forderung** in Betracht. Dies sieht § 313 AO ausdrücklich für fortlaufende Bezüge vor, wie bei Arbeitslohn oder beim Han-

30 Vgl. *Klein/Brockmeyer*, Komm. zur AO, § 46 Rz. 37.

delsvertreteranspruch oder bei Miet- und Pachtzinsansprüchen. Hier erstreckt sich die Pfändung des bereits entstandenen Arbeitslohnanspruchs auch auf die künftig erst entstehenden und fällig werdenden Beträge (§ 313 Abs. 1 AO), ohne dass dies in der Pfändungsverfügung ausdrücklich angeordnet werden muss.

886 Die Forderungspfändung ist **unwirksam**, wenn die Forderung nicht dem Vollstreckungsschuldner zusteht oder noch nicht entstanden ist. Hier gilt uneingeschränkt der Grundsatz des Vollstreckungsrechts, dass nur in das Eigentum des Schuldners vollstreckt werden darf.

c) Pfändungsverbote und -beschränkungen (§ 319 AO)

887 Bei Pfändung von Geldforderungen und anderen Forderungen und Ansprüchen gelten für den Pfändungsschutz die in § 319 AO genannten Regelungen der ZPO und weiterer Gesetze. Da die weitaus meisten Vollstreckungsschuldner Arbeitslohn und/oder Sozialleistungen beziehen, ist für diese beiden Bereiche der **Pfändungsschutz am wichtigsten** und daher auch am deutlichsten ausformuliert.

888 Soweit in diesen Vorschriften das Vollstreckungsgericht für zuständig erklärt wird, tritt die Vollstreckungsstelle des HZA an dessen Stelle. Die wichtigsten Regelungsbereiche betreffen:

- Arbeitseinkommen: §§ 850 – 850g ZPO
- Einnahmen von selbständig Tätigen (freie Berufe): § 850i ZPO
- Kontenschutz: § 850k ZPO
- bestimmte unpfändbare Forderungen: § 851 ZPO
- Landwirte: § 851a ZPO
- Sozialleistungen: §§ 54, 55 SGB I

889 Insbesondere der Schutz des Arbeitslohnes, der auf ein Bankkonto des von Vollstreckung betroffenen Arbeitnehmers gezahlt wurde, ist nunmehr durch Neufassung des § 850k ZPO verbessert worden. Insbesondere kann der Vollstreckungsschuldner nunmehr sein Bankkonto als Pfändungsschutzkonto führen lassen; ihm wird dann automatisch der Pfändungsschutz nach § 850k ZPO gewährt.[31]

Der Pfändungsschutz für Sozialleistungen betrifft zum einen die Pfändung von Ansprüchen **direkt beim Leistungsgewährer** als Drittschuldner (§ 54 SGB I), zum andern den Schutz der auf ein **Bankkonto des Leistungsbeziehers/Vollstreckungsschuldners** eingegangenen Sozialleistungen (§ 55 SGB I). **Kindergeldansprüche** dürfen von den Vollstreckungsstellen des HZA nicht gepfändet werden (§ 54 Abs. 5 Satz 1 SGB I).

890 Eine Forderungspfändung **unter Verstoß gegen eine Pfändungsschutzvorschrift** ist rechtswidrig, aber wirksam. Die Rechtsfolgen einer wirksamen Pfändung, nämlich das Pfändungspfandrecht und die Pfandverstrickung treten ein.[32] Die Pfändungsverfügung

31 Durch Gesetz zur Reform des Kontopfändungsschutzes v. 7. 7. 2009. Bis 31. 12. 2011 galt wahlweise die (modifizierte) bisherige Regelung des § 850k ZPO als § 850l ZPO fort; die Einführung des Pfändungsschutzkontos trat bereits zum 1. 7. 2010 in Kraft.

32 *Tipke/Kruse*, Komm. zur AO und FGO, § 319 Rz. 4.

ist durch Einspruch (§ 347 Abs. 1 Nr. 1 oder 2 AO) anfechtbar. Ein Verzicht des Vollstreckungsschuldners auf eine der genannten Schutzvorschriften ist nicht zulässig, eine Vollstreckungsmaßnahme ist auch dann rechtswidrig.

d) Die Pfändungsverfügung

Die Forderungspfändung wird von der Vollstreckungsstelle mit zwei Verfügungen be- 891
wirkt. Die Pfändungsverfügung ist dabei vergleichbar mit der Pfändung der Sache, die Einziehungsverfügung mit der Verwertung der Sache.

Die Pfändungsverfügung enthält **zwei Teile**: In ihr verbietet die Vollstreckungsstelle 892
dem Drittschuldner, **an den Vollstreckungsschuldner zu leisten** und sie gebietet dem Vollstreckungsschuldner, **Verfügungen über die Forderung**, insbesondere ihre Einziehung, **zu unterlassen**. Diese Verfügung ist ein Verwaltungsakt und damit auch nach § 347 Abs. 1 AO anfechtbar.

Da an dem Pfändungsvorgang neben dem Vollstreckungsschuldner vor allem der Dritt- 893
schuldner (als Schuldner des Vollstreckungsschuldners) beteiligt ist, sieht § 309 Abs. 2 AO vor, dass die Pfändung **erst mit Zustellung der Verfügung an den Drittschuldner** bewirkt ist. Diese Zustellung (vgl. § 122 Abs. 5 AO) ist dann dem Vollstreckungsschuldner mitzuteilen, eine Zustellung an ihn ist nicht vorgesehen.

Aus Gründen des **Steuergeheimnisschutzes** ist in der für den Drittschuldner bestimm- 894
ten Pfändungsverfügung nur der beizutreibende Geldbetrag in einer Summe anzugeben (§ 309 Abs. 2 Satz 2 AO). Dem Vollstreckungsschuldner gegenüber ist die Zusammensetzung des beizutreibenden Betrages aber detailliert aufzuschlüsseln, damit dieser die Berechtigung der Höhe der zu vollstreckenden Forderung überprüfen kann.

Inhalt der Pfändungsverfügung: Eine vollständige Aufzählung aller Einzelpunkte findet 895
sich in A 41 Abs. 2 VollStrA. Von größter Wichtigkeit ist die **genaue Bezeichnung** der zu pfändenden Forderung, also des Anspruchs, den der Vollstreckungsschuldner gegen den Drittschuldner hat. Für die häufigen und bisher nicht unkomplizierten Fälle der Kontopfändung schafft § 309 Abs. 3 AO[33] nunmehr eine sichere Rechtsgrundlage hinsichtlich des **Umfangs der Pfändung**: Aus der entsprechenden Anwendung von § 833a Abs. 1 ZPO folgt nämlich, dass die Pfändung eines Kontos (unabhängig davon, ob es sich um ein Kontokorrentkonto oder ein Girokonto handelt) das **am Tag der Zustellung** der Pfändungsverfügung bei dem Kreditinstitut bestehende **Guthaben** sowie die **Tagesguthaben** der auf die Pfändung folgenden Tage umfasst.

e) Die Wirkung der Pfändungsverfügung

Auch bei der Forderungspfändung entstehen die Pfandverstrickung und das Pfändungs- 896
pfandrecht. Die Verstrickung (Beschlagnahme) bewirkt die Übertragung der **Verfügungsmacht** an der Forderung auf das HZA, weil der Vollstreckungsschuldner einem sog. **relativen Verfügungsverbot** unterliegt (§§ 136, 135 BGB). Damit kann das HZA gestaltend auf die gepfändete Forderung einwirken, um die Einziehung zu erleichtern

33 § 309 Abs. 3 AO wurde angefügt durch Gesetz zur Reform des Kontopfändungsschutzes v. 7. 7. 2009 mit Wirkung ab 1. 7. 2010.

(z. B. Kündigung einer Lebensversicherung). Der Drittschuldner kann dann mit befreiender Wirkung nur noch an das HZA leisten.

897 Das **Pfändungspfandrecht** gewährt dem HZA das Recht auf die Befriedigung aus der gepfändeten Forderung (§ 282 AO, §§ 1273, 1204 BGB), also vor allem auf **Einziehung** der Forderung und auf **gerichtliche Geltendmachung** der Forderung in dem Fall, dass der Drittschuldner nicht freiwillig leistet. Dabei ist zu beachten, dass die Vollstreckungsstelle bei der Durchsetzung der gepfändeten Forderung nur die Rechte geltend machen kann, die der Vollstreckungsschuldner als Inhaber der Forderung innehat. So kann das HZA nicht mit hoheitlichen Mitteln nach der AO den Drittschuldner, der dem Vollstreckungsschuldner eine Darlehensrückzahlung schuldet, mit Vollstreckungsmaßnahmen überziehen, wenn jener nicht freiwillig an das HZA leistet. Vielmehr müsste das HZA – wie der Vollstreckungsschuldner auch – vor dem Zivilgericht auf Zahlung klagen.

f) Die Verwertung der gepfändeten Forderung

898 Mit der Pfändungsverfügung wird regelmäßig die **Einziehungsverfügung** gem. § 314 AO verknüpft (§ 314 Abs. 2 AO). Auch die Einziehungsverfügung ist ein Verwaltungsakt und anfechtbar. Mit ihr wird die Befugnis, die **Forderung einzuziehen**, auf das HZA übertragen. Die Bekanntgabe erfolgt wie bei der Pfändungsverfügung (§ 314 Abs. 1 Satz 2 AO). Ab jetzt kann das HZA die Rechte des Vollstreckungsschuldners (und Gläubigers der Forderung) geltend machen, z. B. Kündigung des Vertragsverhältnisses zwischen Drittschuldner und Vollstreckungsschuldner, Aufrechnung, gerichtliche Durchsetzung. Das HZA erhält dazu allerdings nur die Rechtsposition, die der Vollstreckungsschuldner innehatte (s. oben Rdn. 897).

899 Aus der Forderungspfändung folgen einige **Nebenpflichten** der Beteiligten:

- Nebenpflichten des **Vollstreckungsschuldners**: Pflicht zur Auskunftserteilung und zur Herausgabe der entsprechenden Urkunden (§ 315 Abs. 2 AO);
- Nebenpflichten des **Drittschuldners**: Abgabe der Drittschuldnererklärung (§ 316 AO; A 41 Abs. 3 VollstrA), erzwingbar durch Zwangsgeld (§§ 328, 329 AO);
- Nebenpflichten des **Vollstreckungsgläubigers**: keine Verzögerung der Beitreibung, Pflicht zur Streitverkündung (§ 316 Abs. 3 AO i.V. m. §§ 841 bis 843 ZPO; dazu A 44 Abs. 3 VollstrA).

900 Die **Drittschuldnererklärung** ist die zentrale Voraussetzung für eine erfolgreiche Vollstreckung in Forderungen. Erst durch sie erfährt die Vollstreckungsstelle, inwieweit mit einer einfachen und erfolgreichen Einziehung gerechnet werden kann.

Die **Aufforderung** zur Abgabe der Drittschuldnererklärung wird regelmäßig in die Pfändungs- und Einziehungsverfügung aufgenommen (§ 316 Abs. 2 Satz 1 AO). Versäumt der Drittschuldner es, diese Erklärung rechtzeitig abzugeben, so wird ein **Zwangsgeldverfahren** (Vollstreckung eines Verwaltungsaktes, der eine Handlungspflicht festsetzt) durchgeführt (§§ 328 ff. AO). Wird das festgesetzte Zwangsgeld nicht freiwillig vom Drittschuldner entrichtet, so kommt eine Vollstreckung wegen einer Geldforderung (§§ 259 ff. AO) gegen den Drittschuldner in Betracht. Die in § 316 Abs. 1 AO aufgeführten **Erklärungsinhalte** sind im Zuge der Einführung des Pfändungsschutzkontos erweitert worden (s. dazu oben Rdn. 889).

g) Sonderfälle der Forderungspfändung

- **Pfändung von Sparguthaben:** Der Vollziehungsbeamte findet ein Sparbuch beim Vollstreckungsschuldner. Das Sparbuch ist nach A 15 Abs. 4 VollstrA kein Wertpapier. Vielmehr ist die darin dokumentierte Geldforderung nach §§ 309, 314 AO zu pfänden und einzuziehen. Drittschuldner ist das entsprechende Kreditinstitut. 901

  Der Vollziehungsbeamte wird allerdings das Sparbuch an sich nehmen im Wege einer sog. Hilfspfändung der Urkunde gem. A 32 Abs. 4 VollzA (rechtlich liegt darin eine vorweggenommene Wegnahme einer Beweisurkunde gem. § 315 Abs. 2 AO), da regelmäßig die Einziehung der Geldforderung nur mit dem Sparbuch möglich ist.

- **Pfändung von Forderungen aus indossablen Papieren:** § 312 AO stellt klar, dass Forderungen aus indossablen Papieren (also Geldforderungen aus einem Wechsel oder aus einem Orderscheck) durch Sachpfändung des Wertpapieres gepfändet werden. Dazu gehören auch die kaufmännischen Orderpapiere, die in A 15 Abs. 3 Nr. 2 VollzA aufgezählt sind. 902

  Die **Verwertung** erfolgt nach § 314 AO durch Einziehungsverfügung. Damit ist das HZA berechtigt, den Wechsel oder Scheck bei der Bank zu präsentieren.

  Der Scheck ist nach dem Scheckgesetz grds. Orderpapier und kommt bei größeren Geldbeträgen vor, die mit der Post versandt werden (dann mit dem Aufdruck „Orderscheck“). Die weitaus häufigere Form des Schecks ist der sog. Inhaberscheck (kenntlich an der Klausel „oder Überbringer“), auch in der Form des Verrechnungsschecks. Nur der Inhaberscheck fällt unter § 286 AO.

- **Pfändung von Bankguthaben:** Wie oben dargestellt umfasst die Kontopfändung den Zustellungssaldo, also das Guthaben am Tag der Zustellung der Pfändungs- und Einziehungsverfügung und alle weiteren positiven Tagessalden (§ 309 Abs. 3 AO, § 833a Abs. 1 ZPO). Insoweit werden die rechtlichen Unterschiede zwischen dem Kontokorrentkonto und dem Girokonto eingeebnet. 903

  Bei Kreditzusagen und beim Dispositionskredit kann der Anspruch auf Auszahlung der Darlehensvaluta pfändbar sein.[34]

h) Pfändung von Ansprüchen auf Herausgabe oder Leistung von Sachen (§ 318 AO)

Dem Vollstreckungsschuldner können Ansprüche auf Überlassung von Sachen gegen Dritte zustehen, die dann ebenfalls für die Vollstreckung nutzbar gemacht werden können. Dazu gehören vor allem: 904

- Herausgabeansprüche (auf Besitzverschaffung gerichtet):
  Miete, Pacht, Leihe, Verwahrung (wichtig wegen § 286 Abs. 4 AO),
  Vindikationsanspruch, § 985 BGB.

34 *Klein/Brockmeyer*, Komm. zur AO, § 309 Rz. 13.

- Leistungsansprüche (auf Übereignung gerichtet):
  Kaufvertrag, § 433 BGB,
  Werkvertrag, § 631 BGB,
  Werklieferungsvertrag, § 651 BGB,
  Rückübereignung einer sicherungsübereigneten Sache.

905 Die Pfändung und Einziehung eines solchen Anspruchs erfolgt nach § 309, § 314 AO (§ 318 Abs. 1 AO). Zusätzlich ist dem Drittschuldner aufzugeben, die Sache an den Vollziehungsbeamten herauszugeben (§ 318 Abs. 2 Satz 1 AO). Der Drittschuldner kann also nicht verpflichtet werden, die Sache zum HZA zu transportieren. Die Verwertung erfolgt nach den Regelungen der Verwertung gepfändeter Sachen (§ 318 Abs. 2 Satz 2 AO).

Ist der Dritte nicht zur Herausgabe bereit, kann die zwangsweise Durchsetzung nur auf zivilrechtlichem Wege erfolgen, nicht durch eigene Vollziehungsbeamte (A 50 Abs. 2 VollzA). Bei der Herausgabe erlangt das HZA ein Pfändungspfandrecht an der Sache, die Verwertung erfolgt wie sonst bei beweglichen Sachen. Allerdings sind Gegenansprüche des Drittschuldners zu beachten, z. B. Aufwendungen für den Erhalt der Sache (§§ 320, 273, 647, 670, 693 BGB). Aufwendungen dafür sind gem. § 344 Abs. 1 Nr. 8 AO Vollstreckungskosten, sie werden vom Verwertungserlös vorweg einbehalten.

i) Vollstreckung in sonstige Vermögensrechte nach § 321 AO

906 Dazu gehören alle Rechte, die **nicht**

- Geldforderungen (dann § 309 AO),
- Herausgabe- oder Leistungsansprüche (dann § 318 AO) oder
- unbewegliches Vermögen (dann § 322 AO)

darstellen.

Beispielhaft seien erwähnt:

- Anteilsrechte an einer BGB-Gesellschaft, OHG oder KG, GmbH,
- Urheber-, Patent-, Verlagsrechte,
- Anwartschaftsrechte des Zivilrechts,
- Reallasten (§§ 1105 ff. BGB), Grundschulden (§§ 1191 ff. BGB), Rentenschulden (§§ 1199 ff. BGB).

907 **Besonderheiten des Verfahrens:** Auch für die Vollstreckung in diese Vermögensrechte gelten grds. die §§ 309 ff. AO, unter Beachtung der Besonderheiten, die in § 321 Abs. 2 bis 6 AO geregelt sind. Häufig ergibt sich die Frage, wer bei einer Pfändung nach § 321 AO als **Drittschuldner** zu betrachten ist bzw. ob es überhaupt einen Drittschuldner gibt (wie z. B. bei Urheberrechten und Patenten; dann gilt § 321 Abs. 2 AO).

908 **Ein BGB-Gesellschaftsanteil** ist grds. **pfändbar**, wie sich aus der Verweisung in § 321 Abs. 7 AO auf § 859 Abs. 1 ZPO ergibt. Aus der Struktur des Gesamthandvermögens bei einer BGB-Gesellschaft ergibt sich aber auch, dass der Anteil eines Gesellschafters an den einzelnen zum Gesellschaftsvermögen gehörenden **Gegenständen nicht pfändbar** ist (§ 859 Abs. 1 Satz 2 BGB).

Die Pfändungsverfügung hinsichtlich des Anteils des Gesellschafters, der Vollstreckungsschuldner ist, ist an die Gesamthand als Drittschuldner zuzustellen; die Zustellung an den geschäftsführenden Gesellschafter reicht daher. Damit ist insbesondere auch der Anspruch auf den Gewinnanteil des Vollstreckungsschuldners gepfändet. Um an den Wert des Gesellschaftsanteils selbst zu kommen, kann die Vollstreckungsstelle nach Erlass der Pfändungs- und Einziehungsverfügung die Gesellschaft kündigen und die Auseinandersetzung betreiben. Bei der **Pfändung von OHG- bzw. KG-Anteilen** ist zusätzlich § 135 HGB zu beachten, vor allem die Frist für die Kündigung der Gesellschaft durch den Vollstreckungsgläubiger.

Für **Reallasten, Grundschulden und Rentenschulden** verweist § 321 Abs. 6 AO auf die 909
Vollstreckung in eine Forderung, für die eine Hypothek besteht, also auf § 310 AO. Liegt allerdings eine Inhabergrundschuld vor, für die ein Brief bestellt wurde, hat die Pfändung nach § 286 AO und die Verwertung nach § 302 AO zu erfolgen, weil der Inhabergrundschuldbrief ein Wertpapier darstellt.

8. Vollstreckung in das unbewegliche Vermögen

Von untergeordneter praktischer Bedeutung für die Zollverwaltung ist die Vollstre- 910
ckung in das unbewegliche Vermögen, die Immobiliarvollstreckung. Kennzeichnend ist vor allem, dass das HZA das Vollstreckungsverfahren lediglich in Gang setzen kann, aber nicht selbst durchführt. Die Durchführung obliegt dem Vollstreckungsgericht (Amtsgericht) und dem Grundbuchamt. Deswegen wird in § 322 AO geregelt, was begrifflich als unbewegliches Vermögen gilt und welche Rechtsvorschriften Anwendung finden (§ 322 Abs. 1 und 2 AO) und wie das HZA vorzugehen hat (§ 322 Abs. 3 AO). Für die Vollstreckung sind daher die für das gerichtliche Zwangsvollstreckungsverfahren geltenden Vorschriften anzuwenden, namentlich Vorschriften der ZPO und das Gesetz über die Zwangsversteigerung und die Zwangsverwaltung.[35]

Gegenstand der Immobiliarvollstreckung sind vor allem Grundstücke und grundstücks- 911
ähnliche Rechte; dazu oben Rdn. 854 ff.

Es gibt drei Möglichkeiten der Vollstreckung in das unbewegliche Vermögen (§ 866 Abs. 1 ZPO):

- Eintragung einer Sicherungshypothek (gewährt dingliche Sicherung der zu vollstreckenden Forderung),
- Zwangsversteigerung (ist auf den Wert des Grundstücks gerichtet),
- Zwangsverwaltung (ist auf den Ertrag des Grundstücks gerichtet).

Voraussetzungen: Ein Antrag des HZA auf eine Vollstreckungsmaßnahme ist erst zuläs- 912
sig, wenn die allgemeinen Voraussetzungen für den Beginn der Vollstreckung vorliegen. Im Antrag an das zuständige Vollstreckungsgericht bestätigt das HZA das Vorliegen dieser Voraussetzungen (§ 322 Abs. 3 Satz 2 AO); diese unterliegen nicht der Über-

35 Gesetz über die Zwangsversteigerung und die Zwangsverwaltung (ZVG) in der im Bundesgesetzblatt Teil III, Gliederungsnummer 310-14, veröffentlichten bereinigten Fassung, zuletzt geändert durch Art. 6 des Gesetzes v. 7. 12. 2011.

prüfung durch das Vollstreckungsgericht. Hat das HZA sein Ermessen dahingehend ausgeübt, dass eine Vollstreckung in ein Grundstück des Vollstreckungsschuldners erfolgen soll und ist die Subsidiaritätsregel des § 322 Abs. 4 AO eingehalten, so stellt es die erforderlichen Anträge gegenüber dem Vollstreckungsgericht oder dem Grundbuchamt (§ 322 Abs. 3 AO).

Der Sache nach handelt es sich dabei um **Ersuchen um Amtshilfe**. Anträge der Finanzbehörde auf eine Vollstreckungsmaßnahme sind **Verwaltungsakte**, die vom Vollstreckungsschuldner angefochten werden können; sie sind also auch dem Vollstreckungsschuldner gegenüber bekanntzugeben.[36]

9. Die eidesstattliche Versicherung (§ 284 AO)

913 Das HZA hat nach § 249 Abs. 2 Satz 1 AO die Befugnis, die Vermögensverhältnisse des Vollstreckungsschuldners zu ermitteln. Im Zuge dessen kann die Vollstreckungsstelle den Vollstreckungsschuldner auffordern, dass er die Richtigkeit seiner Angaben zur Vermögenslage an Eides statt versichert (§ 95 AO). Dieses Verfahren hat für den Vollstreckungsschuldner den Vorteil, dass eine Eintragung in das Schuldnerverzeichnis beim Amtsgericht ausgeschlossen ist. Im vollstreckungsrechtlichen Teil der AO ist daher eine weitergehende und auch erzwingbare eidesstattliche Versicherung vorgesehen (§ 284 AO).

Es ist auch unter ermessensrechtlichen Gesichtspunkten unbedenklich, wenn im Vollstreckungsverfahren unmittelbar von § 284 AO Gebrauch gemacht wird.[37] Die Abgabe einer falschen eidesstattlichen Versicherung ist strafbar (§§ 156, 163 StGB).

Im Interesse einer zügigeren und genaueren Sachaufklärung im Vollstreckungsverfahren hat der Gesetzgeber das gesamte Thema der Darlegung seiner Vermögensverhältnisse durch den Vollstreckungsschuldner und deren Durchsetzung reformiert[38]. Die Reform tritt zum 1. 1. 2013 in Kraft.

914 **Rechtslage bis zum 31. 12. 2012:**

Die Vollstreckungsstelle kann den Vollstreckungsschuldner nur unter bestimmten Voraussetzungen und **nach Beginn** der Vollstreckungsmaßnahmen auffordern, ein Vermögensverzeichnis vorzulegen (§ 284 Abs. 1 AO). Gründe sind:

- keine vollständige Befriedigung aus dem beweglichen Vermögen (§ 284 Abs. 1 Nr. 1 AO),
- Prognose einer nicht vollständigen Befriedigung (§ 284 Abs. 1 Nr. 2 AO),
- Vollstreckungsschuldner hat die Durchsuchung (§ 287 AO) verweigert (§ 284 Abs. 1 Nr. 3 AO),
- Vollstreckungsschuldner wurde wiederholt nicht angetroffen (§ 284 Abs. 1Nr. 4).

36 allg. Auffassung, vgl. *Klein/Brockmeyer*, Komm. zur AO, § 322 Rz. 14; a. A. *Tipke/Kruse*, Komm. zur AO und FGO, § 322 Rz. 34.

37 *Klein/Brockmeyer*, Komm. zur AO, § 95 Rz. 2, § 284 Rz. 7.

38 durch das Gesetz zur Reform der Sachaufklärung in der Zwangsvollstreckung v. 29. 7. 2009.

Inhalt des Vermögensverzeichnisses: Neben den Gegenständen im Eigentum des Vollstreckungsschuldners hat dieser auch die in § 284 Abs. 2 AO genannten Angaben zu machen, die zu einer möglichen Anfechtung innerhalb des Insolvenzverfahrens (§§ 129 ff. InsO) oder außerhalb des Insolvenzverfahrens (nach dem Anfechtungsgesetz) führen können.

Danach kann die Vollstreckungsstelle den Schuldner zur **Abgabe der eidesstattlichen** 915
Versicherung auffordern; sie hat ein Ermessen auszuüben hinsichtlich dieser Aufforderung (§ 284 Abs. 3 AO); es besteht kein Automatismus zwischen Abgabe der Erklärung und Aufforderung zur eidesstattlichen Versicherung. Ist nach Überzeugung der Vollstreckungsstelle das Vermögensverzeichnis vollständig und wahrheitsgemäß, so ist eine Aufforderung ermessenfehlerhaft.[39]

Unzulässig ist die Aufforderung, wenn 916

- die letzte Abgabe einer eidesstattlichen Versicherung durch den Vollstreckungsschuldner im Schuldnerverzeichnis noch nicht gelöscht ist und weniger als drei Jahre zurückliegt (§ 284 Abs. 4 AO) oder
- solange über den Rechtsbehelf gegen die Ladung zur Abgabe der eidesstattlichen Versicherung nicht unanfechtbar entschieden ist, es sei denn, dass in gleicher Sache frühere Einwendungen derselben Art bereits unanfechtbar zurückgewiesen worden sind (§ 284 Abs. 6 Satz 2 und 3 AO).

Damit ist eine Besonderheit angesprochen: Der Vollstreckungsschuldner kann nämlich Einspruch einlegen gegen die Aufforderung zur Abgabe der eidesstattlichen Versicherung, der dann eine **aufschiebende Wirkung** entfaltet unter den in § 284 Abs. 6 AO genannten Einschränkungen.

Die Zuständigkeit für die Abnahme der eidesstattlichen Versicherung regelt § 284 917
Abs. 5 AO; dabei ist zu berücksichtigen, dass nicht notwendigerweise das Wohnsitz-HZA Vollstreckungsbehörde ist.

Die schwerwiegende Folge der Abnahme der eidesstattlichen Versicherung nach § 284 918
AO besteht darin, dass die Vollstreckungsstelle darüber dem zuständigen Amtsgericht Mitteilung machen muss, damit dieses den Vollstreckungsschuldner in das beim Amtsgericht geführte Schuldnerverzeichnis eintragen kann. In dieses Schuldnerverzeichnis können insbesondere Unternehmen Einblick nehmen, die Auskünfte über die Bonität von Personen und Unternehmen geben (§ 915e ZPO). Die einzelnen Regelungen zum Schuldnerverzeichnis finden sich in §§ 915 ff. ZPO.

Deshalb ist es kein Einzelfall, dass die **Abgabe** des Vermögensverzeichnisses oder der 919
eidesstattlichen Versicherung **verweigert** wird. Dann käme eigentlich das Verfahren nach §§ 328 ff. AO in Betracht, aber in § 284 Abs. 8 AO wird stattdessen der Vollstreckungsbehörde die Möglichkeit eingeräumt, beim Amtsgericht die Anordnung der **Haft zur Erzwingung** der Abgabe zu beantragen. Nach Anordnung der **Erzwingungshaft** wird ein Gerichtsvollzieher beauftragt, den Schuldner zu verhaften; er kann dann unter be-

39 Vgl. A 52 Abs. 2 VollstrA.

stimmten Umständen auch die eidesstattliche Versicherung abnehmen (§ 284 Abs. 8 Satz 5 AO).

Rechtslage ab 1. 1. 2013:

920 Die bis zum 31. 12. 2012 geltende Rechtslage hatte vor allem die Nachteile, dass das Vermögensverzeichnis erst **nach Beginn der Vollstreckung**, also vor allem nach erfolgloser Sachpfändung, verlangt werden konnte und dass das Verzeichnis ausschließlich auf einer **Selbstauskunft** beruht. Schließlich werden die **Schuldnerverzeichnisse** zurzeit immer noch an jedem einzelnen Amtsgericht geführt, statt zentralisiert und digitalisiert. Deswegen sind die Vorschriften in der ZPO zu diesen Bereichen erheblich umgestaltet worden. Die AO, hier vor allem § 284 AO, sind entsprechend angepasst worden.

921 Die Vollstreckungsstelle kann die **Vermögensauskunft** nun verlangen, wenn der Vollstreckungsschuldner die zu vollstreckende Forderung nicht innerhalb von zwei Wochen begleicht, nachdem ihn die Vollstreckungsbehörde zur Zahlung aufgefordert hat (§ 284 Abs. 1 n. F. AO). Damit ist die zeitliche Vorrangstellung der Vollstreckung in Sachen aufgehoben; die Vollstreckungsstelle kann – wenn der Schuldner nicht bezahlt – sofort mit der Ermittlung der Vermögenslage des Schuldners beginnen. Dazu zählt nun auch die Möglichkeit des **Kontenabrufs** nach § 93 AO; Einzelheiten ergeben sich aus dem eingefügten Abs. 9a.

922 Nunmehr ist die **Abgabe der eidesstattlichen Versicherung** durch den Vollstreckungsschuldner **obligatorisch**; er muss im Übrigen über die Rechtsfolgen belehrt werden (§ 284 Abs. 3 n. F. AO). Damit verschlechtert sich die Situation des Schuldners nicht, da die Vollstreckungsstelle nunmehr nicht in jedem Einzelfall die Eintragung in das Schuldnerverzeichnis anordnen muss (§ 284 Abs. 9 AO n. F.). Der Schuldner ist grds. zur Abgabe der Vermögensauskunft aber nur dann verpflichtet, wenn er **in den letzten drei Jahren** nicht schon eine abgegeben hat. Dazu hat die Vollstreckungsstelle bei dem **zentralen Vollstreckungsgericht** nach § 802k ZPO anzufragen (§ 284 Abs. 4 n. F. AO).

923 Der Schuldner ist zum **Termin zur Abgabe** der Vermögensauskunft (und der anschließenden Abgabe der eidesstattlichen Versicherung) schriftlich zu laden; die Ladung ist ihm zuzustellen. Diese Ladung kann mit der Fristsetzung nach § 284 Abs. 1 AO verbunden werden. Dagegen eingelegte Rechtsbehelfe haben **keine aufschiebende Wirkung** mehr. Der Ladung sind ausführliche Belehrungen beizufügen (§ 284 Abs. 6 n. F. AO). Im Termin zur Abgabe der Vermögensauskunft wird **in elektronischer Form** das Vermögensverzeichnis erstellt; es wird beim zentralen Vollstreckungsgericht abgespeichert (§ 284 Abs. 7 AO n. F.).

Wie bisher hat die Vollstreckungsstelle die Möglichkeit, die Abgabe der Vermögensauskunft durch Antrag auf **Erzwingungshaft** durchzusetzen (§ 284 Abs. 8. AO n. F).

924 Nunmehr muss die Vollstreckungsstelle in jedem Einzelfall prüfen, ob eine **Eintragung** des Vollstreckungsschuldners in das **Schuldnerverzeichnis** anzuordnen ist (§ 284 Abs. 9 n. F. AO). Diese **Eintragungsanordnung** ist dem Vollstreckungsschuldner **zuzustellen**, wenn sie ihm nicht mündlich bekannt gegeben wird. Dagegen erhobene Rechtsbehelfe und auch eine Anfechtungsklage haben **keine aufschiebende Wirkung** (§ 284 Abs. 10 n. F. AO).

10. Vollstreckung wegen Handlung, Duldung oder Unterlassung

Nach § 249 Abs. 1 AO kommen nicht nur Verwaltungsakte, die eine **Geldleistungspflicht** festsetzen, für eine Vollstreckung in Betracht. In einigen Fällen müssen auch Verwaltungsakte vollstreckt werden, die eine **Handlungs-, Duldungs- oder Unterlassungspflicht** festsetzen. Die Erzwingung solcher Pflichten erfolgt nach den §§ 328 ff. AO. 925

Für diesen Bereich der Vollstreckung sieht das VwVG **keine Übertragung auf die Zollbehörden** vor. Es fehlt an einer entsprechenden Verweisung in die AO in § 5 VwVG; vielmehr ist die Vollstreckung wegen Handlung, Duldung oder Unterlassung selbst im VwVG geregelt und die **sachliche Zuständigkeit** für diese Erzwingungsmaßnahmen liegt bei der Behörde, die den zu vollstreckenden Verwaltungsakt erlassen hat. Wenn also eine Arbeitsagentur die Herausgabe einer Urkunde erzwingen will, ist sie selbst zuständig und verfährt nach §§ 6 bis 18 VwVG.

Anwendung im Bereich der Bekämpfung von Schwarzarbeit und illegaler Beschäftigung: Für die Durchführung des **Verwaltungsverfahrens** in diesem Bereich sieht § 22 SchwarzArbG[40] vor, dass die Vorschriften der AO entsprechend anzuwenden sind. So können Anordnungen im **Prüfungsverfahren** (Herausgabe von Unterlagen, Zutrittsverlangen zu betrieblich genutzten Räumen, Unterlassen von die Prüfung störendem Verhalten) nach §§ 328 ff. AO durchgesetzt werden. 926

Verhältnismäßigkeit: Für die Anwendung und die Auswahl des einzusetzenden Zwangsmittels gilt – wie § 328 Abs. 2 AO ausdrücklich betont – der Verhältnismäßigkeitsgrundsatz. Er wird in § 331 AO für eine Reihenfolge der Zwangsmittel ausdrücklich erwähnt. 927

Vollstreckbare Pflichten sind: 928

- **Handlungspflichten**: z. B. das Führen von Büchern und Aufzeichnungen nach Verbrauchsteuerrecht bzw. AO (§§ 140 ff. AO), Abgabe der Drittschuldnererklärung (§ 316 AO), Mitwirkung beim Such- und Mahnverfahren im Versandverfahren;[41]
- **Duldungspflicht**: z. B. Dulden des Betretens von Grundstücken und Räumen nach § 99 AO, von Betriebsgrundstücken nach § 200 Abs. 3 AO;
- **Unterlassungspflicht**: z. B. für Verfügungen über Waren, die in Sachhaftung genommen wurden nach § 76 Abs. 3 AO.

Als **Zwangsmittel** sind vorgesehen: 929

- Zwangsgeld und ggf. Ersatzzwangshaft (§§ 328, 334 AO),
- Ersatzvornahme (§ 330 AO),
- Unmittelbarer Zwang (§ 331 AO).

Nur diese Zwangsmittel können eingesetzt werden. Sie sind **Beugemittel** und dienen nur dazu, die Handlung, Duldung, Unterlassung herbeizuführen. Dies zeigt anschaulich § 335 AO; danach ist der Vollzug des Zwangsmittels sofort einzustellen, wenn die Verpflichtung erfüllt ist. Erfüllt also ein Pflichtiger, nachdem zunächst ein Zwangsgeld ge-

---

40 Gesetz zur Bekämpfung der Schwarzarbeit und illegalen Beschäftigung (Schwarzarbeitsbekämpfungsgesetz - SchwarzArbG) v. 23. 7. 2004, zuletzt geändert durch Art. 2 des Gesetzes v. 22. 4. 2009.

41 Vgl. *Witte/Wolffgang/Kampf*, Lehrbuch des Europäischen Zollrechts, 6. Aufl., S. 148.

gen ihn festgesetzt und von ihm entrichtet wurde, nach erneuter Festsetzung eines Zwangsgeldes seine Verpflichtung, so darf das zweite Zwangsgeld nicht mehr von der Zollverwaltung vereinnahmt werden, weil es seine Wirkung als Beugemittel erreicht hat.

930 **Zum Verfahren**: Zwangsmittel müssen grds. vor Festsetzung unter Fristsetzung angedroht werden (§ 332 Abs. 1 AO), soweit dies nicht untunlich ist. Die Androhung kann bereits in dem Verwaltungsakt vorgenommen werden, mit dem die Pflicht zur Handlung, Duldung oder Unterlassung festgesetzt wird; dann muss sie ein bestimmtes Zwangsmittel androhen. Bei Zwangsgeldandrohung ist ein bestimmter Betrag anzudrohen (§ 332 Abs. 2 AO). Die Androhung des Zwangsmittels ist bereits anfechtbar nach § 347 AO. Nach erfolgter Androhung ist das Zwangsmittel **festzusetzen**, wenn die Verpflichtung nicht erfüllt wurde (§ 333 AO).

931 Das gebräuchlichste Zwangsmittel ist das **Zwangsgeld** (§ 329 AO). Es kann mehrfach festgesetzt werden, allerdings darf das **einzelne Zwangsgeld** den Betrag von 25 000 € nicht übersteigen. Ist das gegen eine natürliche Person festgesetzte Zwangsgeld uneinbringlich, so kommt **Ersatzzwangshaft** zwischen einem Tag und zwei Wochen in Betracht (§ 334 AO).

932 Soweit der Pflichtige eine Handlung, die auch von einem anderen vorgenommen werden könnte (sog. vertretbare Handlung), nicht vornimmt, kommt eine **Ersatzvornahme** in Betracht (§ 330 AO). Da die Kosten der Ersatzvornahme zu Lasten des Pflichtigen gehen, ist bei ihrer **Androhung** zu beachten, dass der voraussichtliche **Kostenbetrag** überschlägig anzugeben ist (§ 332 Abs. 4 AO). So könnte ein Steuerberater beauftragt werden, an Stelle des Steuerpflichtigen eine Bilanz zu erstellen.

933 Als äußerstes Zwangsmittel kommt der **unmittelbare Zwang** in Betracht (§ 331 AO). Hier sieht die Vorschrift selbst bereits ausdrücklich den Vorrang der beiden anderen Zwangsmittel vor. Für Vollzugsbeamte des Bundes, also auch für Beamte der Zollverwaltung, werden die Einzelheiten der Vorgehensweise im UZwG[42] geregelt.

11. Rechtsbehelf, Drittwiderspruch

934 Die Zollbehörden vollstrecken für eine Vielzahl von anderen Einrichtungen des Bundes und für bestimmte andere Stellen deren Geldforderungen. Die Vollstreckungstätigkeit der Zollverwaltung erfolgt dabei einheitlich nach dem Vollstreckungsrecht der AO und zwar entweder unmittelbar oder kraft Verweisung auf die AO (vgl. z. B. § 5 VwVG). Soweit dabei Verwaltungsakte erlassen werden, muss dagegen Rechtsschutz gewährt werden (Art. 19 Abs. 4 GG). Dies erfolgt über das Einspruchsverfahren nach §§ 347 AO. Dabei ist hinsichtlich der Statthaftigkeit des Einspruchs wie folgt zu unterscheiden:

935 ► **Vollstreckung** von Verwaltungsakten, die **Abgabenangelegenheiten** betreffen, die unter den **Anwendungsbereich der AO** fallen: dazu zählen alle Steuern, die von der Zollverwaltung verwaltet werden (und die dazugehörigen steuerlichen Nebenleis-

42 Gesetz über den unmittelbaren Zwang bei Ausführung öffentlicher Gewalt durch Vollzugsbeamte des Bundes v. 10. 3. 1961, zuletzt geändert durch Art. 28 der Verordnung v. 31. 10. 2006.

tungen). Darunter fallen aber auch die Vollstreckungsfälle, die in Amtshilfe für die Landesfinanzämter nach § 250 AO vollstreckt werden. Hierfür ergibt sich die **Statthaftigkeit** unmittelbar aus § 347 Abs. 1 Satz 1 Nr. 1 AO.

- **Vollstreckung von Verwaltungsakten in anderen Vollstreckungsfällen**: Das sind alle die Vollstreckungsverfahren, die nicht unmittelbar unter den Anwendungsbereich der AO fallen: Vollstreckung für die Sozialverwaltung, Arbeitsverwaltung, aber auch die Vollstreckung von Steuerforderungen anderer Staaten nach dem EU-Beitreibungsgesetz, weil diese Steuern nicht unter den (räumlichen) Geltungsbereich der AO fallen. Hierfür ordnet die AO ausdrücklich an, dass ebenfalls das Einspruchsverfahren der AO gilt, indem sie die **Statthaftigkeit** der Einsprüche gegen entsprechende Verwaltungsakte vorsieht (§ 347 Abs. 1 Satz 1 Nr. 2 AO). 936

Kurz gesagt: Erlässt die Zollverwaltung einen Verwaltungsakt in einem Vollstreckungsverfahren, dann ist der Rechtsschutz nach der AO zu gewähren. Außer der unterschiedlichen Rechtsgrundlage für die Statthaftigkeit des Einspruchs bestehen keine weiteren Unterschiede im Rechtsbehelfsverfahren.

In der folgenden Tabelle sind **Maßnahmen der Zollbehörden** im Vollstreckungsverfahren aufgeführt: Zu prüfen ist jeweils, ob die Maßnahme einen Verwaltungsakt darstellt. Nur wenn das der Fall ist, kommt das Einspruchsverfahren in Betracht. 937

TAB. 5: Maßnahmen der Behörde im Vollstreckungsrecht: Verwaltungsakt oder nicht?

Maßnahme	**Verwaltungsakt**
Androhung von Zwangsmitteln (§ 332 AO)	ja
Anordnung des Arrestes (§ 324 AO)	ja
Anordnung zur Abgabe des Vermögensverzeichnisses/der Vermögensauskunft (§ 284 AO)	ja
Aufforderung zur Abgabe der Drittschuldnererklärung (§ 316 AO)	ja
Aufforderung zur Abgabe der eidesstattlichen Versicherung (§ 284 AO)	ja
Duldungsbescheid nach § 77 AO	ja
Einziehungsverfügung (§ 314 AO)	ja
Erlaubnis der Pfändung zur Nachtzeit (§ 289 AO)	nein
Ersuchen an AG, Erzwingungshaft anzuordnen (§ 284 AO)	nein
Festsetzung von Zwangsgeld, Zwangsmitteln (§ 333 AO)	ja
Feststellung der Insolvenzforderung (§ 251 Abs. 3 AO)	ja
Hilfspfändung eines Sparbuchs (§ 315 AO; vgl. A 42 Abs. 4 VollzA)	ja
Kostenbescheid (§ 346 Abs. 2 AO)	ja
Kündigung der BGB-Gesellschaft nach § 321 AO	ja
Mahnung (§ 259 AO)	nein
Niederschlagung (§ 261 AO)	nein
Pfändungsverfügung (§ 309 AO)	ja

Rückstandsanzeige	nein
Sachpfändung (§ 286 AO)	ja
Verwertungsauftrag (§ 296 AO)	ja
Vollstreckungsankündigung (A 22 Abs. 5 VollstrA)	nein
Vollstreckungsauftrag (§ 285 Abs. 2 AO)	nein
Vollstreckungsersuchen nach § 250 AO	nein
Wegnahme von Beweisurkunden (§ 315 AO)	ja
Wegnahmeauftrag nach § 315 Abs. 2 AO	nein

938 **Drittwiderspruch (§ 262 AO):** Hier handelt es sich gerade nicht um einen Rechtsbehelf gegen Verwaltungsakte im Vollstreckungsverfahren, sondern um den **Rechtsschutz Dritter**, in deren Vermögensrechte durch Vollstreckung gegen den Vollstreckungsschuldner möglicherweise eingegriffen wurde. Dies gilt z. B., wenn der Vollziehungsbeamte eine Sache pfändet, die zwar im Gewahrsam des Vollstreckungsschuldners ist, deren Eigentümer aber ein Dritter ist, weil der Vollstreckungsschuldner den Kaufpreis für die Sache noch nicht entrichtet hat (Eigentumsvorbehalt). Diese Sachpfändung ist **rechtmäßig**, weil nach § 286 Abs. 1 AO der Gewahrsam des Schuldners ausreicht; ein Einspruchsverfahren würde hier also nicht zum Erfolg führen.

Trotz der Formulierung in § 262 AO handelt es sich auch nicht um einen **förmlichen Widerspruch**: Der Dritte hat vielmehr die Möglichkeit, formlos der Vollstreckungsmaßnahme (z. B. der Pfändung) beim HZA zu widersprechen. Wenn das HZA seiner Auffassung nicht folgt, muss der Dritte sich mit einer Klage an das zuständige Amtsgericht/Landgericht gegen den Bund wenden, mit dem Ziel, die Vollstreckung bzw. Verwertung durch das HZA vom Gericht für unzulässig erklären zu lassen.

939–945 *(Einstweilen frei)*

B. Dinglicher Arrest im Besteuerungsverfahren

946 Im Besteuerungsverfahren hat die Finanzbehörde die Möglichkeit ihre Ansprüche mittels dinglichen Arrests frühzeitig zu sichern. Das **steuerliche Arrestverfahren** nach § 324 AO bildet ein dem Vollstreckungsverfahren (§§ 249 bis 323 AO) vorgeschaltetes Sicherungsverfahren. Der Arrest schafft damit die Grundlage für die spätere (erfolgreiche) Vollstreckung. Er dient jedoch nicht der vorzeitigen Befriedigung des Fiskus.

Hauptanwendungsbereich des steuerlichen Arrests in der Zollverwaltung bildet das Steuerstrafverfahren. Zwar enthält das Steuerstrafverfahren mit den §§ 111b ff. StPO eigenständige Arrestvorschriften. Nach Verwaltungsauffassung und dem wohl überwiegenden Teil von Rechtsprechung und Literatur stehen aber beide Arrestverfahren nebeneinander.[43]

43 AO-DV Zoll Nr. 6 zu § 324; LG Hamburg v. 13. 4. 2004 620 Qs 13/04, NStZ-RR 2004 215-216; LG Halle (Saale) v. 20. 8. 2008 22 Qs 15/08, wistra 2009 39-40.

I. Anordnung des Arrests

Zur Sicherung der Vollstreckung von Geldforderungen nach §§ 249 bis 323 AO kann die für die Steuerfestsetzung zuständige Finanzbehörde nach § 324 AO den Arrest in das bewegliche oder unbewegliche Vermögen anordnen, wenn zu befürchten ist, dass sonst die Beitreibung vereitelt oder wesentlich erschwert wird. 947

1. Arrestanspruch

Der dingliche Arrest ist nur zulässig zur **Sicherung der Vollstreckung von Geldforderungen**. Es muss mit überwiegender Wahrscheinlich feststehen, dass ein bestimmter Anspruch auf eine Geldleistung (§ 37 AO) gegen den Schuldner besteht, der grundsätzlich nach §§ 249 bis 323 AO vollstreckt werden kann, bei dem jedoch die Vollstreckungsvoraussetzungen (z. B. § 254 AO) noch nicht vorliegen (Arrestanspruch). Die Geldforderung braucht dabei noch nicht entstanden zu sein und betragsmäßig noch nicht genau festzustehen.[44] Sie kann auch geschätzt werden. 948

2. Arrestgrund

Neben dem Vorliegen eines Arrestanspruchs bedarf es eines Arrestgrunds. Nach § 324 Abs. 1 Satz 1 AO muss zu besorgen sein, dass ohne die Anordnung des Arrests die Vollstreckung des Anspruchs vereitelt oder wesentlich erschwert würde. Liegt ein Leistungsgebot oder eine Steueranmeldung bereits vor, aufgrundderen vollstreckt werden kann, besteht kein Arrestgrund. Die Forderung ist in diesem Falle im Wege der Vollstreckung (§§ 249 bis 323 AO) beizutreiben. 949

Für einen **Arrestgrund** bedarf es tatsächlicher Anhaltspunkte. Bloße Vermutungen reichen nicht aus. Bei der Prüfung des Arrestgrundes ist immer auf den Einzelfall abzustellen. Sämtliche für einen Arrestgrund sprechende Tatsachen müssen den Schluss offenbaren, dass der Steuerpflichtige sein Vermögen der erfolgreichen und schnellen Vollstreckung durch die Finanzbehörde entziehen will. Die nachfolgenden Fallgruppen stellen deshalb lediglich Anhaltspunkte dar.

BEISPIELE ▸ **für einen Arrestgrund:**

- Verbringen wesentlicher Vermögenswerte ins Ausland, so dass im Inland kein oder nur ein unbedeutender Rest verbleibt;[45]
- ein späteres Leistungsgebot müsste im Ausland vollstreckt werden, falls nicht durch die Arrestanordnung im Inland die Beitreibung gesichert war;[46]
- Übertragung der Aktiva auf eine neu gegründete Gesellschaft, soweit eine Haftung der neuen Gesellschaft nach § 75 AO nicht gegeben ist;[47]
- offensichtliche Verschwendung und Verschleuderung des Vermögens;[48]

---

44 AO-DV Zoll Nr. 3.1 zu § 324.
45 BFH v. 6. 12. 1962 IV 377/59, HFR 1963, 220-221; v. 26. 02. 2001 VII B 265/00, ZfZ 2001, 202-204.
46 BFH v. 6. 12. 1962 IV 377/59, HFR 1963, 220-221; v. 26. 02. 2001 VII B 265/00, ZfZ 2001, 202-204.
47 RFH v. 15. 12. 1921 V A 229/21, n. v.
48 FG München v. 21. 7. 2006 13 K 3079/03, n. v.

- Belastung des einzigen Vermögensgegenstandes bis zur Wertgrenze;[49]
- nachhaltige Schmälerung des Betriebsvermögens durch Scheinrechnungen.[50]

BEISPIELE **für keine Arrestgründe:**

- Der bloße dringende Verdacht einer Steuerhinterziehung oder sonstigen steuerlichen Unzuverlässigkeit;[51]
- die Eröffnung eines Zweiggeschäfts im Ausland;[52]
- die bloße Vermutung, dass der Schuldner die Absicht hat, sein Geschäft zu veräußern oder auszuwandern;
- die bloße Ausländereigenschaft des Schuldners;
- der Wechsel der Rechtsform eines Unternehmens.

3. Formelle Voraussetzungen

950 Der dingliche Arrest kann nur von den HZÄ (oder Finanzämtern) als sachlich zuständige Finanzbehörde gemäß § 16 AO, § 12 FVG angeordnet werden. Eine Anordnung durch das Zollfahndungsamt ist nicht zulässig.

951 Der Arrest ist vor der Vollziehung **schriftlich anzuordnen**. Ferner muss die Arrestanordnung **unterschrieben** sein, § 324 Abs. 2 Satz 2 AO. Eine mündliche oder elektronische Anordnung ist nicht zulässig.

In der Arrestanordnung ist auszusprechen, dass über das Vermögen des Arrestschuldners der dingliche Arrest angeordnet wird. Der Arrestanspruch ist inhaltlich hinreichend bestimmt darzulegen. Dazu ist die Angabe der Steuerart, des Steuerzeitraums bzw. der Einfuhrsendungen und des Arrestgegenstandes bzw. des Betrages, über den der Arrest ausgesprochen werden soll (**Arrestsumme**) erforderlich.[53]

Weiterhin ist der **Arrestgrund** zu benennen und zu begründen. Zur Begründung müssen alle Tatsachen angegeben werden, aus denen sich ergibt, warum zu befürchten ist, dass ohne Arrest die Beitreibung vereitelt oder wesentlich erschwert wird. Die formelhafte Wiedergabe des Gesetzeswortlauts genügt dabei nicht.[54] Weiterhin ist gemäß § 324 Abs. 1 Satz 3 AO ein Geldbetrag zu bestimmen, bei dessen Hinterlegung die Vollziehung des Arrests gehemmt und der vollzogene Arrest aufzuheben ist. Der Geldbetrag ist so zu bestimmen, dass durch ihn die zu sichernden Ansprüche gedeckt werden.

Die Arrestanordnung dient der **Sicherung der künftigen Vollstreckung** bis zum Wirksamwerden des Leistungsgebots des Steuer- oder Haftungsbescheids. Ein Leistungsgebot enthält die Arrestanordnung deshalb nicht.[55] Die Anordnung hat eine Rechts-

49 FG des Landes Brandenburg v. 29. 1. 1996 5 K 1018/95 AO, EFG 1996, 1078.
50 FG des Saarlandes v. 3. 12. 2003 1 K 35/03, EFG 2004, 242-244.
51 FG Hamburg v. 24. 8. 2007 2 K 166/07, n. v.
52 RFH v. 17. 3. 1921 III A 148/20, n. v.
53 AO-DV Zoll Nr. 4.2 zu § 324.
54 AO-DV Zoll Nr. 4.4 zu § 324.
55 AO-DV Zoll Nr. 4.6 zu § 324.

behelfsbelehrung mit Hinweis auf die Möglichkeit des Einspruchs nach § 347 AO und die unmittelbare Klageerhebung nach § 45 Abs. 4 FGO zu enthalten.

Die Arrestanordnung muss gemäß § 324 Abs. 2 Satz 1 AO **förmlich zugestellt** werden. 952
Sofern der Arrest vor Zustellung vollzogen wurde, ist die Anordnung innerhalb einer Woche nach Arrestvollziehung dem Arrestschuldner zuzustellen.

II. Vollziehung des Arrests

Mit Anordnung des Arrests ist die Vollziehung sofort zulässig. Hierin liegt der Vorteil 953
des Arrestverfahrens. Die sonstigen, für die Vollstreckung geltenden Voraussetzungen (§ 254 AO), müssen nicht vorliegen. Der Arrest ist gemäß § 324 Abs. 3 Satz 1 AO spätestens **innerhalb eines Monats** nach Unterzeichnung der Arrestanordnung zu vollziehen. Erfolgte die Zustellung der Arrestanordnung im Ausland, kommt es für die Fristwahrung lediglich darauf an, dass die Arrestanordnung den Hauptzollamtszuständigkeitsbereich verlassen hat, § 324 Abs. 3 Satz 3 AO. So soll vermieden werden, dass durch die längeren Zustellzeiten im Ausland, die Vollziehung der Arrestanordnung möglicherweise wirkungslos wird.[56]

Die Vollziehung obliegt ausschließlich der **Vollstreckungsstelle** des HZA (oder des Fi- 954
nanzamts).[57] Eine Vollziehung durch das Zollfahndungsamt ist nicht zulässig.

Wird vor Vollziehung des Arrests der in der Anordnung genannte Geldbetrag hinterlegt 955
bzw. Sicherheit in entsprechender Höhe bei der Finanzbehörde geleistet (z. B. mittels einer Bürgschaft), wird die Vollziehung des Arrests **gehemmt**. Ist der Arrest bereits vollzogen, ist die Vollziehung aufzuheben. Die Arrestanordnung bleibt in beiden Fällen bestehen.[58] Werden nach Erlass der Anordnung Umstände bekannt, die die Arrestanordnung nicht mehr gerechtfertigt erscheinen lassen, ist sie durch das HZA aufzuheben, § 325 AO.

BEISPIELE ► für Umstände, welche eine Aufhebung der Arrestanordnung rechtfertigen können:

- Erlöschen des Steueranspruchs,
- für die Finanzbehörde zu Ungunsten ausgegangenes finanzgerichtliches Verfahren,
- Abgabe der eidesstattlichen Versicherung durch den Schuldner,
- Eröffnung des Insolvenzverfahrens über das Vermögen des Schuldners.

Hinsichtlich der Vollziehung des Arrests wird auf die vorgenannten Ausführungen zur 956
Pfändung von beweglichen und unbeweglichen Sachen verwiesen. Hat die Finanzbehörde bewegliche Sachen gepfändet, darf sie diese aufgrund der Vorläufigkeit des Verfahrens **nicht verwerten**.[59] Bei gepfändeten Forderungen und anderen Vermögensrechten darf sie deren Einziehung nicht anordnen.

---

56 BT-Drucksache 7/4292 42.
57 AO-DV Zoll Nr. 5.1 zu § 324, VollstrA Abschn. 55 Abs. 1.
58 AO-DV Zoll Nr. 5.2 zu § 324.
59 BFH v. 5. 11. 2002 II R 58/00, BFH/NV 2003, 353-354.

Wird nach Vollziehung des Arrests der Anspruch vollstreckbar, d. h. ein Steuerbescheid mit Leistungsgebot liegt nunmehr vor, bedarf es keiner erneuten Pfändung. Die vorläufig gesicherten Ansprüche gehen in das Vollstreckungsverfahren automatisch über. Die Verwertung richtet sich nach § 327 AO.

C. Insolvenzrecht in der Besteuerung

957 Insolvenzrecht und Steuerrecht sind stark miteinander verflochten und nicht losgelöst voneinander zu betrachten. Die steigende Zahl der Insolvenzverfahren hat deshalb im zunehmenden Maße Auswirkung auf die Besteuerungspraxis der Finanzbehörden. Im Jahr 2009 wurden laut Statistischem Bundesamt insgesamt rund 133 800 Insolvenzanmeldungen durch die Insolvenzgerichte in Deutschland gemeldet. Davon entfallen 32 687 auf Unternehmen und 101 102 auf Verbraucher.[60]

Für die AO bestimmt § 251 Abs. 2 Satz 1 AO, dass die Vorschriften der InsO im Besteuerungsverfahren unberührt bleiben. Dies führt dazu, dass, insbesondere unter Berücksichtigung von § 1 InsO, während des Insolvenzverfahrens der Vorrang des Insolvenzrechts vor den steuerrechtlichen Vorschriften gilt.[61]

958 Die InsO unterscheidet zwischen **Regelinsolvenzverfahren** (§§ 1 bis 285 InsO), dem Verbraucherinsolvenzverfahren (§§ 304 bis 314 InsO) und besonderen Arten des Insolvenzverfahrens (§§ 315 bis 334 InsO). Das Regelinsolvenzverfahren wird durchgeführt, soweit nicht ein Verbraucherinsolvenzverfahren oder ein Verfahren nach §§ 315 bis 334 InsO in Betracht kommt.[62] Die nachfolgenden Ausführungen beschränken sich in der ersten Auflage des Buches im Wesentlich auf das Regelinsolvenzverfahren.

I. Ziele des Insolvenzverfahrens

959 Das Insolvenzrecht ist in der InsO geregelt und dient einer gleichmäßigen **Befriedigung aller Gläubiger** des Insolvenzschuldners (§ 1 InsO). Der Wettlauf der Gläubiger, wie beim (Zwangs-)Vollstreckungsverfahren[63], wird durch das Insolvenzrecht verhindert. Konkret bedeutet dies, dass alle Gläubiger gleich behandelt und befriedigt werden. Dies geschieht, indem das noch vorhandene Vermögen des Insolvenzschuldners verwertet und der Erlös nach vorrangiger Begleichung der Kosten des Insolvenzverfahrens auf die Gläubiger **quotal verteilt** wird.

960 Auch abweichende Regelungen zur Rettung des Unternehmens sind möglich (§ 1 Satz 1 1. Alt. InsO). Damit verfolgt das Insolvenzrecht nicht nur den Zweck der Befriedigung möglichst aller Gläubiger durch Liquidation, sondern auch den der **Rettung des insolventen Unternehmens** (§ 1 Satz 1 2. Alt. InsO). Ziel des Insolvenzverfahrens kann und soll damit auch die **Sanierung** des insolventen Schuldners sein.

---

60 Internetseite des Statistischen Bundesamtes Deutschland, „Insolvenzen", eingesehen am 5. 3. 2011.

61 BFH v. 17. 12. 1998 VII R 47/98, BStBl 1999 II 423.

62 VollstrA Abschn. 57, Abs. 2.

63 § 282 Abs. 3 AO bzw. § 804 Abs. 3 ZPO.

II. Verlauf des Insolvenzverfahrens

Ein Insolvenzverfahren kann nach § 11 InsO über das Vermögen von: 961

- juristischen Personen (mit Ausnahme juristische Personen des öffentlichen Rechts),
- natürlichen Personen,
- Gesellschaften ohne Rechtspersönlichkeit (z. B. GbR, oHG, KG) und
- nichtrechtsfähigen Vereinen

eröffnet werden.

Das Insolvenzverfahren ist ein **Antragsverfahren**, d. h. das Insolvenzgericht wird gemäß 962
§ 13 Abs. 1 Satz 1 InsO nur auf Antrag eines Beteiligten tätig. Der Antrag ist beim zuständigen Insolvenzgericht zu stellen (§§ 2 und 3 InsO). Nach § 13 Abs. 1 InsO können der Schuldner selbst und alle seine Gläubiger einen Antrag auf Eröffnung eines Insolvenzverfahrens stellen. Bis zur Eröffnung oder rechtskräftigen Ablehnung der Eröffnung eines Insolvenzverfahrens ist eine Rücknahme des Insolvenzantrages zulässig, § 13 Abs. 2 InsO.

Gemäß § 16 InsO setzt die Insolvenzverfahrenseröffnung immer einen **Insolvenzgrund** voraus, welcher sich nach den §§ 17 bis 19 InsO bestimmt. Stellt die Finanzbehörde als Gläubiger einen Antrag auf Eröffnung eines Insolvenzverfahrens, muss sie die geschuldeten Beträge des Schuldners und den Insolvenzgrund glaubhaft darlegen.[64] Als Eröffnungsgrund kommen in Betracht:

- die Zahlungsunfähigkeit des Schuldners (§ 17 InsO),
- die drohende Zahlungsunfähigkeit des Schuldners (§ 18 InsO) und
- die Überschuldung des Schuldners (§ 19 InsO).

Über das Vermögen **natürlicher Personen** i. S. d. § 11 Abs. 1 Satz 1 InsO und **Personen-** 963
handelsgesellschaften ohne Rechtspersönlichkeit i. S. d. § 11 Abs. 2 Nr. 1 InsO wird das Insolvenzverfahren grundsätzlich nur bei **Zahlungsunfähigkeit** (§ 17 InsO) eröffnet. Nach § 17 Abs. 2 InsO liegt Zahlungsunfähigkeit vor, wenn der Schuldner nicht in der Lage ist, seine fälligen Zahlungspflichten zu erfüllen. Dies ist in der Regel dann anzunehmen, wenn der Schuldner seine Zahlungen eingestellt hat.[65]

Hiervon zu unterscheiden ist eine bloße **Zahlungsstockung**, welche einen kurzfristig behebbaren Mangel an flüssigen Mitteln darstellt. Der Zeitraum darf dabei drei Wochen nicht überschreiten.[66]

Die Eröffnung eines Insolvenzverfahrens aufgrund **drohender** Zahlungsunfähigkeit 964
(§ 18 InsO) ist unabhängig von der Rechtsform des Schuldners nur bei Eigenantrag zulässig.

Der Eröffnungsgrund der **Überschuldung** (§ 19 InsO) kommt bei Gesellschaften ohne 965
Rechtspersönlichkeit dann in Betracht, wenn kein persönlich haftender Gesellschafter eine natürliche Person ist. Nach § 19 Abs. 2 InsO ist der Insolvenzschuldner überschul-

64 VollstrA Abschn. 58, Abs. 3.
65 BGH v. 20. 11. 2001 IX ZR 48/01, NJW 2002, 515-518.
66 BGH v. 23. 5. 2007 1 StR 88/07, wistra 2007, 386 f.

det, wenn sein Vermögen die bestehenden Verbindlichkeiten nicht mehr deckt und dieser Zustand zumindest mittelfristig nicht behoben werden kann.[67]

1. Eröffnungsverfahren

966 Ein Insolvenzverfahren beginnt stets mit einem **Eröffnungsantrag**, der gemäß § 13 Abs. 1 Satz 2 InsO von Schuldner und Gläubiger gleichermaßen gestellt werden kann. Dieser Antrag leitet das sogenannte **Eröffnungsverfahren** ein. Im Eröffnungsverfahren prüft das zuständige **Insolvenzgericht**, ob ein Eröffnungsgrund vorliegt und ob genügend Masse für die Deckung der Verfahrenskosten vorhanden ist.[68]

Bereits im Eröffnungsverfahren sieht die InsO verschiedene Maßnahmen zur Vermögenssicherung vor, welche durch das Insolvenzgericht angeordnet werden können (§ 21 InsO). So kann z. B. das Schuldnervermögen vorläufig gesichert werden, um es der Befriedigung im eröffneten Verfahren vorzubehalten.

967 Für das Eröffnungsverfahren bestimmt das Insolvenzgericht einen **vorläufigen Insolvenzverwalter**. Aufgabe des vorläufigen Insolvenzverwalters ist es, die Vermögensverhältnisse des Schuldners zu erkunden und die **Insolvenzmasse zu sichern**.

Der Schuldner wird aber durch die Bestellung des vorläufigen Insolvenzverwalters nicht zwangsläufig in seiner gesamten Verfügungsbefugnis beschränkt. In diesem Fall spricht man von einem **„schwachen" vorläufigen Insolvenzverwalter**. Die Handlungsgewalt des „schwachen" vorläufigen Insolvenzverwalters legt das Gericht gemäß § 22 Abs. 2 Satz 1 InsO fest. Die **Verfügungsgewalt** bleibt **im Wesentlichen beim Schuldner**, welcher nur in Teilbereichen seiner Verfügungsgewalt beschränkt wird. Der „schwache" vorläufige Insolvenzverwalter ist kein Verfügungsberechtigter i. S. v. §§ 34, 35 AO.[69] Durch seine Bestellung werden die gesetzlichen (steuerlichen) Pflichten des Schuldners nicht berührt.

Spricht das Gericht ein **vollumfängliches Verfügungsverbot** gemäß § 21 Abs. 2 Nr. 2 1. Alt. InsO aus, so geht de Verwaltungs- und Verfügungsbefugnis vollständig auf den vorläufigen Insolvenzverwalter über. Dies stellt eine Vorwegnahme des Übergangs der Verfügungsbefugnis nach § 80 Abs. 1 InsO dar und entspricht in der Wirkung der Eröffnung des Insolvenzverfahrens selbst. Die Folgen richten sich dann gemäß § 24 Abs. 1 InsO nach §§ 81 ff. InsO. Man spricht in diesem Fall von einem **„starken" vorläufigen Insolvenzverwalter**. Der „starke" vorläufige Insolvenzverwalter ist eine pflichtige Person i. S. v. § 34 Abs. 3 InsO.[70] Er hat alle (steuerlichen) Pflichten des Insolvenzschuldners zu erfüllen, die diesem oblägen, wenn das Insolvenzverfahren nicht eröffnet worden wä-

67 BGH v. 5. 2. 2007 II ZR 234/05, DStR 2007, 728-731; OLG des Landes Sachsen-Anhalt v. 24. 11. 2006 10 U 50/06, DStR 2006, 1220. Die Ermittlung der Überschuldung erfolgt nach den einschlägigen betriebswirtschaftlichen Regeln.

68 In der Praxis bestellt das Insolvenzgericht hierfür einen Sachverständigen/Gutachter bzw. gleich den vorläufigen Insolvenzverwalter.

69 BFH v. 27. 5. 2009 VII B 156/08, BFH/NV 2009, 1591 f.

70 AO-DV Zoll Nr. 2 zu § 34.

re.[71] Verbindlichkeiten, die von einem „starken"! vorläufigen Insolvenzverwalter begründet worden sind, gelten immer als Masseverbindlichkeiten (§ 55 Abs. 2 InsO).

Eine weitere Besonderheit gilt im Eröffnungsverfahren: Nach § 55 Abs. 4 InsO gelten **Verbindlichkeiten** des Insolvenzschuldners **aus dem Steuerschuldverhältnis** (§ 37 AO), die von einem vorläufigen Insolvenzverwalter („schwacher" vorläufiger Insolvenzverwalter) oder vom Schuldner mit Zustimmung eines vorläufigen Insolvenzverwalters („schwacher" vorläufiger Insolvenzverwalter) begründet worden sind, nach Eröffnung des Insolvenzverfahrens als **Masseverbindlichkeit**.[72] 968

Ist der Antrag auf Eröffnung eines Insolvenzverfahrens begründet und genügend Insolvenzmasse vorhanden, eröffnet das Insolvenzgericht das Insolvenzverfahren gem. § 27 InsO durch **Beschluss**. Der Eröffnungsbeschluss ist nach § 30 Abs. 1 Satz 1 InsO **öffentlich bekannt zu machen**. Dies erfolgt gem. § 9 InsO über www.insolvenzbekanntmachungen.de bzw. auszugsweise im Bundesanzeiger. Ist absehbar, dass die vorhandene Insolvenzmasse nicht einmal die Kosten des Verfahrens deckt, weist das Insolvenzgericht den Antrag auf Eröffnung wegen **Massearmut** gem. § 26 Abs. 1 Satz 1 InsO ab. 969

2. Insolvenzverfahren

Wird das Insolvenzverfahren durch das Insolvenzgericht durch Beschluss eröffnet gehen in diesem Zeitpunkt gem. § 80 InsO die **Verwaltungs- und Verfügungsbefugnis** vom Insolvenzschuldner auf den **Insolvenzverwalter** über. Der Insolvenzverwalter übt als Partei kraft Amtes die Verwaltungs- und Verfügungsbefugnis in eigenem Namen und aus eigenem Recht aus. Er tritt aber nicht an die Stelle des Schuldners und ist nicht dessen rechtlicher Vertreter. Der Insolvenzschuldner bleibt Träger (Eigentümer) der Insolvenzmasse. Gleiches gilt für die Organstellung der Organe einer juristischen Person. Die Organe bleiben bestehen, nehmen aber nur solche Kompetenzen wahr, die nicht die Insolvenzmasse betreffen. 970

Weiterhin wird in dem Eröffnungsbeschluss ein sogenannter Bericht- sowie Prüfungstermin und der Termin für die Gläubigerversammlung festgesetzt (§ 29 Abs. 1 InsO). Im **Berichtstermin** berichtet der Insolvenzverwalter gem. § 156 InsO über die wirtschaftliche Lage des Schuldners und ihre Ursachen. Im **Prüfungstermin** werden die angemeldeten Forderungen der Gläubiger ihrem Betrag und ihrem Rang nach geprüft und bestrittene Forderungen einzeln erörtert.

Die **Gläubigerversammlung** besteht im Wesentlichen aus den Insolvenzgläubigern, den Absonderungsberechtigten, dem Schuldner und dem Insolvenzverwalter. Sie wird von einem Richter oder Rechtspfleger des Insolvenzgerichts geleitet. Aufgaben der Gläubigerversammlung sind u. a. die Abgabe von Stellungnahmen zum Bericht des Insolvenzverwalters (§ 156 InsO) sowie die Festlegung des Fortgangs des Insolvenzverfahrens (§ 157 InsO).

71 Loose in Tipke/Kruse, § 34 AO Rz. 25.

72 § 55 Abs. 4 InsO wurde durch das Haushaltsbegleitgesetz 2011 v. 9. 12. 2010 BGBl 2010 I 1885 neu eingefügt.

971 **Abb. 14** **Zeitstrahl Insolvenz**

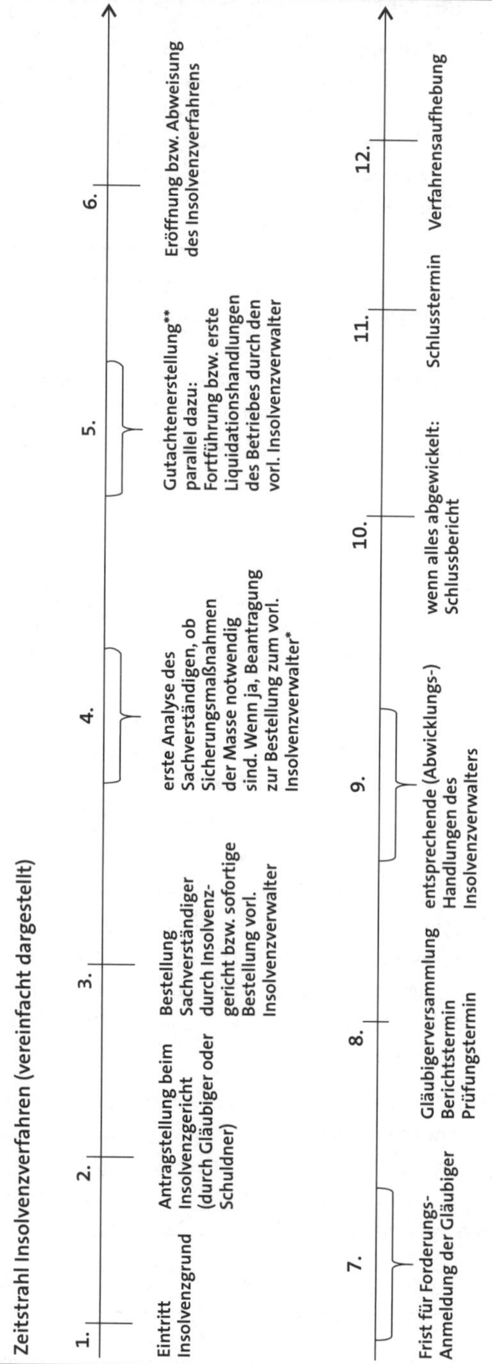

*vorläufige Insolvenzverwaltung: Hier wird vor allem der Forderungseinzug getätigt!

**Gutachtenerstellung: Der Sachverständige oder vorläufige Insolvenzverwalter finden in dem Gutachten heraus, ob eine Fortführung möglich ist. Des Weiteren, ob das Insolvenzverfahren eröffnet wird oder ob es Mangels einer Verfahrenskostendeckenden Masse abgewiesen wird. -> Empfehlung an das Insolvenzgericht.

III. Besteuerung im Insolvenzverfahren

Bereits der Antrag auf Eröffnung des Insolvenzverfahrens kann Auswirkungen auf die Durchführung des Besteuerungsverfahrens haben. Spätestens aber mit Eröffnung des Insolvenzverfahrens darf das Besteuerungsverfahren nicht mehr wie gewohnt durchgeführt werden. Die insolvenzrechtlichen Vorschriften bestimmen ab sofort den Ablauf des Besteuerungsverfahrens. Die nachfolgenden Ausführungen erläutern, was es in den einzelnen Besteuerungsabschnitten zu beachten gilt. 972

1. Behandlung von Insolvenzforderungen

Grundsätzlich gilt: **Insolvenzforderungen** sind Forderung gegen den Insolvenzschuldner, welche zum Zeitpunkt der Eröffnung des Insolvenzverfahrens begründet sind, § 38 InsO. Lediglich Ansprüche, die durch einen „starken" vorläufigen Insolvenzverwalter begründet worden sind, gelten nach § 55 Abs. 2 InsO davon abweichend als Masseverbindlichkeiten. 973

Für das Steuerrecht gilt eine Besonderheit: Nach §§ 38, 55 Abs. 4 InsO gelten **Ansprüche aus dem Steuerschuldverhältnis** gegen den Insolvenzschuldner, soweit sie **bis zum Eröffnungsverfahren** begründet worden sind, als **Insolvenzforderungen. Ab** dem **Eröffnungsverfahren** begründete **Ansprüche aus dem Steuerschuldverhältnis** sind, damit unabhängig davon, ob sie durch einen vorläufigen Insolvenzverwalter oder durch den Insolvenzschuldner mit Zustimmung eines „schwachen" vorläufigen Insolvenzverwalters begründet worden sind, **Masseverbindlichkeiten**, § 55 Abs. 2 und 4 InsO. Mit dieser Regelung weicht der Gesetzgeber vom Grundsatz der gleichmäßigen Gläubigerbefriedigung ab und **privilegiert die Ansprüche des Fiskus** vor denen der übrigen Gläubiger.[73] 974

Begründet in diesem Sinne ist ein Anspruch, wenn er vor Eröffnung des Insolvenzverfahrens in der Weise „begründet" worden ist, dass der zugrunde liegende zivilrechtliche Sachverhalt, der zu der Entstehung der Steueransprüche führt, bereits vor Eröffnung des Insolvenzverfahrens verwirklicht worden ist.[74] Dabei kommt es nicht darauf an, ob der Anspruch zum Zeitpunkt der Eröffnung des Insolvenzverfahrens im steuerrechtlichen Sinne entstanden war. Charakteristisch für alle Insolvenzforderungen i. S. v. § 38 InsO ist, dass sie im Insolvenzverfahren grundsätzlich gleich behandelt werden. Dies gilt unabhängig von ihrem Entstehungszeitpunkt.

Als **nachrangige Insolvenzforderungen** gelten nach § 39 Abs. 1 Nr. 1 InsO die seit der Eröffnung des Insolvenzverfahrens laufenden Säumniszuschläge und Zinsen. Diese Forderungen werden bei der Verteilung der Insolvenzmasse nachrangig berücksichtigt. Nicht in den Anwendungsbereich dieser Vorschrift fallen hingegen Verspätungszuschläge.[75] 975

---

73 BT-Drucksache 17/3030 42-43.

74 BFH v. 5. 10. 2004 VII R 69/03, BStBl 2005 II 195.

75 BFH v. 19. 1. 2005 VII B 286/04, BFH/NV 2005, 1001-1002.

a) Unterbrechung des Steuerfestsetzungsverfahrens

976 Im Insolvenzverfahren ist für die Geltendmachung der nach den Vorschriften des Steuerrechts entstandenen Steueransprüche das Insolvenzrecht maßgebend, § 251 Abs. 2 Satz 1 AO. Durch die Eröffnung des Insolvenzverfahrens wird das Steuerfestsetzungsverfahren grds. unterbrochen. § 240 ZPO i.V.m. § 4 InsO gilt insoweit entsprechend.[76] Die Unterbrechung kann wie folgt eintreten:

- mit Eröffnung des Insolvenzverfahrens, § 240 Satz 1 ZPO i.V.m. § 4 InsO oder
- im vorläufigen Verfahren, wenn dem Schuldner ein allgemeines Verfügungsverbot auferlegt wird („starker“ vorläufiger Insolvenzverwalter), § 240 Satz 2 ZPO i.V.m. § 4 InsO.

977 Die Unterbrechung führt dazu, dass Verwaltungsakte über die Festsetzung von Ansprüchen aus dem Steuerschuldverhältnis (§ 37 Abs. 1 AO) nicht mehr ergehen dürfen. Die Finanzbehörde ist vielmehr gehalten, **Ansprüche aus dem Steuerschuldverhältnis** nach den Maßgaben des Insolvenzrechts zur **Insolvenztabelle** anzumelden, um an der gemeinschaftlichen Befriedigung im Insolvenzverfahren teilzunehmen.[77] Auch Änderungsbescheide nach § 164 Abs. 2 Satz 1 und §§ 172 ff. AO zu Ungunsten des Insolvenzschuldners sind unzulässig. Ergeht dennoch ein Steuerbescheid, der eine Insolvenzforderung betrifft, ist der Verwaltungsakt unwirksam.

Dem Ablauf der Festsetzungsfrist und damit dem Erlöschen der Steueransprüche wird durch § 171 Abs. 13 AO begegnet. Danach läuft die Festsetzungsfrist des Steueranspruchs nicht vor Ablauf von drei Monaten nach Beendigung des Insolvenzverfahrens ab.

Die durch die Insolvenzeröffnung bewirkte Unterbrechung des Verfahrens bezieht sich nicht nur auf das Steuerfestsetzungsverfahren, sondern auch auf andere Verfahren, die Auswirkungen auf die nach § 174 InsO zur Tabelle anzumeldenden Steuerforderungen haben können (z. B. Einspruchsverfahren).[78] Erfasst sind alle Maßnahmen des HZA, welche auf eine individuelle Befriedigung abzielen. Bescheide, die einen **Entlastungsanspruch** zu Gunsten der Insolvenzmasse festsetzen, dürfen hingegen bekannt gegeben werden.[79]

Mit Eröffnung des Insolvenzverfahrens enden auch erteilte Bevollmächtigungen gemäß §§ 115, 117 InsO. Werden trotz Unterbrechung Handlungen weiter vorgenommen, so sind diese unwirksam und nichtig.

978 **Nicht** von der Eröffnung des Insolvenzverfahrens **berührt** werden das **Steuerermittlungsverfahren** (§§ 88, 90-92, 93 ff. AO) und das **Außenprüfungsverfahren**. Diese Verfahren sind nicht auf die unmittelbare Befriedigung des Steuergläubigers gerichtet, sondern auf die Ermittlung der Sachverhalte und Besteuerungsgrundlagen. Ebenfalls zulässig ist die Durchsetzung von steuerrechtlichen Haftungsansprüchen gegen Gesellschafter oder andere Personen der Insolvenzschuldnerin.

---

76 BFH v. 2. 7. 1997 I R 11/97, BStBl 1998 II 428.

77 BFH v. 10. 12. 2008 I R 41/07, BFH/NV 2009, 719-721.

78 BFH v. 10. 12. 2008 I R 41/07, BFH/NV 2009, 719-721.

79 BFH v. 13. 5. 2009 XI R 63/07, BStBl 2010 II 11.

Auch die Eröffnung eines Insolvenzverfahrens im Ausland kann eine Verfahrensunterbrechung bewirken. 979

Für Sachverhalte innerhalb der **Europäischen Gemeinschaft**, mit Ausnahme von Dänemark, gilt die **EuInsVO**. Sie überlagert, soweit sie Regelungen vorsieht, das deutsche internationale Insolvenzrecht (§§ 335 bis 358 InsO). Nach Art. 15 EuInsVO gilt für die Wirkungen des Insolvenzverfahrens auf einen anhängigen Rechtsstreit über einen Gegenstand oder ein Recht der Masse ausschließlich das Recht des Mitgliedstaats, in dem der Rechtsstreit anhängig ist.

Wird in einem **Mitgliedstaat der Europäischen Gemeinschaft** ein Insolvenzverfahren eröffnet und ist in Deutschland ein Rechtsstreit, die Insolvenzmasse betreffend anhängig, gelten die einschlägigen nationalen Vorschriften, mithin §§ 85 bis 87 InsO und § 240 ZPO. Durch die Eröffnung eines Insolvenzverfahrens in einem Mitgliedstaat der Europäischen Gemeinschaft (ausgenommen Dänemark) wird das Steuerfestsetzungsverfahren in analoger Anwendung von Art. 15 EuInsVO i. V. m. § 240 Satz 1 ZPO unterbrochen.

Für Insolvenzverfahren in **Nicht-EG-Mitgliedstaaten** und Dänemark gilt das **deutsche internationale Insolvenzrecht** (§§ 335 bis 358 InsO). Gegebenenfalls sind bilaterale völkerrechtliche Verträge zu beachten. Eine Regelung zur Unterbrechung von inländischen Rechtsstreiten enthält § 352 InsO. 780

Nach § 352 Abs. 1 Satz 1 InsO wird ein inländischer Rechtsstreit durch die Eröffnung eines ausländischen Insolvenzverfahrens unterbrochen, der zur Zeit der Eröffnung anhängig ist und die Insolvenzmasse betrifft. Der Eintritt der Unterbrechung (§ 352 Abs. 1 Satz 1 InsO) setzt voraus, dass ein „Insolvenzverfahren" vorliegt. Als ein solches Verfahren werden Auslandsverfahren nicht völlig schrankenlos anerkannt, sondern nur, wenn damit in etwa die gleichen Ziele verfolgt werden wie mit den in der Insolvenzordnung vorgesehenen Verfahren.[80]

Das Steuerfestsetzungsverfahren ist zwar kein Rechtsstreit i. S. v. § 352 Abs. 1 Satz 1 InsO, allerdings dürfte für in diesem Fall nichts anderes gelten wie bei der Eröffnung eines Insolvenzverfahrens im Inland. Unseres Erachtens gilt § 352 Abs. 1 InsO in analoger Anwendung auch für das Steuerfestsetzungsverfahren.[81]

b) Aufrechnung

Vor einer Anmeldung zur Insolvenztabelle empfiehlt es sich, die Möglichkeit einer **Aufrechnung** nach §§ 94 bis 96 InsO zu **prüfen**. 981

aa) § 94 InsO

Einem Insolvenzgläubiger, der vor Eröffnung des Insolvenzverfahrens zur Aufrechnung gegen den Insolvenzschuldner berechtigt war, bleibt die Aufrechnungsmöglichkeit auch nach Eröffnung des Insolvenzverfahrens, § 94 InsO. Der Gläubiger kann seine For- 982

80 BGH v. 13. 10. 2009 X ZR 79/06, NZI 2009, 859-862 unter Verweis auf BT-Drucksache 15/16, 21; z. B. USA enthält ein entsprechendes Recht.

81 Ebenfalls bejahend: Brockmeyer in Klein, § 251 AO Rz. 14.

derung im Wege der Aufrechnung geltend machen und ist nicht gezwungen, die Forderung zur Insolvenztabelle anzumelden.

Die Forderung des aufrechnenden Insolvenzgläubigers muss bei Eröffnung des Insolvenzverfahrens **vollwirksam** und **fällig** sein. Es muss sich demnach um eine Forderung handeln, deren Erfüllung erzwungen werden kann und der keine Einrede entgegensteht. Die Forderung, gegen die der Insolvenzgläubiger aufrechnet, muss lediglich **erfüllbar** sein (§ 271 BGB).

Aufgerechnet werden kann auch mit nachrangigen Insolvenzforderungen, § 39 Abs. 1 Nr. 3-5 InsO (z. B. Bußgelder). Hatte die Finanzbehörde ihre Forderung bereits zur Tabelle angemeldet und ist sie eingetragen worden, so ist die Tabelle unter dem Gesichtspunkt des nachträglich unrichtigen Eintrags zu berichtigen.

bb) § 95 InsO

983 War die Insolvenzforderung im Zeitpunkt der Eröffnung des Insolvenzverfahrens schon begründet, jedoch noch nicht fällig, so darf die Finanzbehörde erst aufrechnen, wenn die Forderung fällig wird. Dabei muss die **Fälligkeit** vor der Fälligkeit der Forderung des Insolvenzschuldners eintreten.

Die Finanzbehörde kann nicht aufrechnen, wenn die gegen die Finanzbehörde gerichtete Forderung fällig wird, bevor die Aufrechnungslage (also Fälligkeit der Insolvenzforderung) eintritt. Die Finanzbehörde darf dann die Zahlung zur Masse nicht verweigern und ist darauf angewiesen, ihre Forderung zur Tabelle anzumelden.

cc) § 96 InsO

984 Nach § 96 Abs. 1 Nr. 1 InsO ist die **Aufrechnung unzulässig**, wenn ein Insolvenzgläubiger erst nach der Eröffnung des Insolvenzverfahrens etwas zur Masse schuldig geworden ist, d. h. die **Forderung** des Schuldners erst **nach der Eröffnung** des Insolvenzverfahrens **entstanden** ist.

Darüber hinaus ist eine Aufrechnung gemäß § 96 Abs. 1 Nr. 3 InsO unzulässig, wenn ein Insolvenzgläubiger die Möglichkeit der Aufrechnung durch eine **anfechtbare Rechtshandlung erlangt** hat. Der Begriff der Rechtshandlung ist in § 129 InsO als Handlung definiert, die vor Eröffnung des Insolvenzverfahrens vorgenommen worden ist und die Insolvenzgläubiger benachteiligt. Steuertatbestände knüpfen regelmäßig an Rechtshandlungen des Steuerpflichtigen an.[82] Die Vorschrift ist mithin auch im Steuerrecht relevant.

985 § 96 InsO regelt aber nur die Aufrechnung durch Insolvenzgläubiger. Die **Aufrechnungsbefugnis von Massegläubigern** wird durch diese Vorschrift **nicht eingeschränkt**. Das gilt auch für Steuerforderungen, die

- von einem „starken" vorläufigen Insolvenzverwalter (§ 55 Abs. 2 InsO) oder
- von einem „schwachen" vorläufigen Insolvenzschuldner (§ 55 Abs. 4 InsO) oder

82 BFH v. 2. 11. 2010 VII R 6/10, BFH/NV 2011, 516-521 unter Hinweis auf BGH v. 22. 10. 2009 IX ZR 147/06, HFR 2010, 413.

- vom Insolvenzschuldner mit Zustimmung eines „schwachen" vorläufigen Insolvenzverwalters (§ 55 Abs. 4 InsO)

begründet worden sind und daher als Masseverbindlichkeiten gelten.

c) Anmeldung zur Tabelle

Die Finanzbehörde kann gemäß § 174 Abs. 1 InsO beim Insolvenzverwalter Insolvenzforderungen zur Insolvenztabelle anmelden. Der Anspruch muss hierfür **lediglich entstanden**, nicht bereits festgesetzt oder fällig sein. 986

Besondere Formvorschriften für die **Anmeldung** gibt es nicht. Die Anmeldung hat nach § 174 Abs. 2 InsO unter Beifügung von Kopien der entsprechenden Steuerbescheide und Steueranmeldungen **schriftlich** zu erfolgen. Jede einzelne Steuerforderung muss nach Grund und Höhe konkret bezeichnet sein. Sofern die Steuerfestsetzung noch nicht erfolgte, ist eine Aufstellung der entstandenen Steueransprüche zu fertigen. Die Steuerentstehung ist in diesem Fall dem Insolvenzverwalter glaubhaft darzulegen.

BEISPIELE für durch die Finanzbehörde anzumeldende Forderungen:

- Steuerforderungen,
- Verspätungszuschläge,
- Säumniszuschläge, Zinsen und Kosten (auch Vollstreckungskosten) i. S. v. § 3 Abs. 4 AO, welche vor Eröffnung des Insolvenzverfahrens entstanden sind.

BEISPIELE für durch die Finanzbehörde **nicht** anzumeldende Forderungen:

- nachrangige Insolvenzforderungen (§ 39 InsO, z. B. Säumniszuschläge, welche nach Eröffnung des Insolvenzverfahrens entstanden sind, Bußgelder, Zwangsgelder), § 174 Abs. 3 InsO,[83]
- aufrechenbare Forderungen,
- Masseverbindlichkeiten (z. B. Steuerforderungen aus der Fortführung des Unternehmens durch den Insolvenzverwalter nach Eröffnung des Insolvenzverfahrens oder im vorläufigen Insolvenzverfahren entstandene Ansprüche aus dem Steuerschuldverhältnis).

Die Anmeldung hat grundsätzlich innerhalb der im Eröffnungsbeschluss angegebenen Frist zu erfolgen. Die **Frist** beträgt gemäß § 28 Abs. 1 Satz 2 InsO **mindestens zwei Wochen** und **höchstens drei Monate**. Die Anmeldefrist ist jedoch keine Ausschlussfrist. Nach § 177 Abs. 1 InsO ist es möglich, Forderungen **nachträglich** anzumelden. Dies kommt beispielsweise dann in Betracht, wenn die Finanzbehörde verspätet von der Eröffnung des Insolvenzverfahrens erfährt oder Forderungen anzumelden sind, die aus Fehlmengen resultieren, die bei einer Außenprüfung festgestellt werden. Das HZA ist von den Kosten für die nachträgliche Anmeldung befreit. 987

Vor Eröffnung angezeigte Forderungen sind nicht wirksam angemeldet. Bei der Anmeldung sollte berücksichtigt werden, dass Verbrauchsteuern oder Einfuhrabgaben als Forderungen nur soweit geltend zu machen sind, soweit die Forderungen eine Sachhaftung nach § 76 AO und deren Erlös überschreitet (sog. Ausfallforderung, § 52 InsO).

Da der **Ablauf der Festsetzungsfrist** nach § 171 Abs. 13 InsO nur **gehemmt** wird, wenn die noch nicht festgesetzte Steuer vor Ablauf der Festsetzungsfrist im Insolvenzverfah-

83 Nur nach Aufforderung durch das Insolvenzgericht anzumelden.

ren zur Tabelle angemeldet wird, sollte die Finanzbehörde die Anmeldung unabhängig von der Anmeldefrist zügig zu betreiben. Auch der **Eintritt der Zahlungsverjährung** wird nach § 231 Abs. 1 Satz 1 AO durch die Anmeldung im Insolvenzverfahren **unterbrochen**. Mit Ablauf des Kalenderjahres, in dem die Unterbrechung endet, beginnt eine neue Verjährungsfrist.

d) Prüfungstermin

988 Im Prüfungstermin werden die angemeldeten Forderungen gem. § 176 Satz 1 InsO ihrem Betrag und ihrem Rang nach vom Insolvenzgericht geprüft. Der Prüfungstermin dient dem Zweck, die Forderungsrechte der Insolvenzgläubiger für das Insolvenzverfahren festzuschreiben, um mit dem **Verteilverzeichnis** (§ 188 InsO) die **Grundlage** für die **quotale Verteilung** der **Insolvenzmasse** zu schaffen. Eine besondere Ladung zu dem Termin erfolgt nicht, da bereits ein diesbezüglicher Hinweis im Eröffnungsbeschluss enthalten ist.

Die Forderungen gelten nach § 178 Abs. 1 Satz 1 InsO als festgestellt, wenn sie weder vom Insolvenzverwalter, noch von einem der Insolvenzgläubiger bestritten werden. Ein etwaiger **Widerspruch des Insolvenzschuldners** ist nach § 178 Abs. 1 Satz 2 InsO für die Feststellung der Forderung **unerheblich**. Die Feststellungen der Forderungen werden in die Tabelle eingetragen, § 178 Abs. 2 Satz 1 InsO. Der Eintrag in die Tabelle wirkt gemäß § 178 Abs. 3 InsO gegenüber dem Insolvenzverwalter und allen Insolvenzgläubigern wie ein rechtskräftiges Urteil, aus dem nach Beendigung des Verfahrens nach § 201 Abs. 2 Satz 1 InsO die Zwangsvollstreckung betrieben werden kann. Die Forderungen können nun nicht mehr mit dem Einspruch angefochten werden.

989 Werden die angemeldeten Forderungen im Prüfungstermin durch den **Insolvenzverwalter bestritten** (§ 179 InsO), kann die Finanzbehörde diese gemäß § 185 InsO feststellen. Dabei sind **folgende Fallkonstellationen** zu unterscheiden:

aa) Der Steueranspruch ist noch nicht festgesetzt

990 Wird einem noch nicht festgesetzten Steueranspruch widersprochen, muss die Finanzbehörde gegenüber dem Widersprechenden einen **Feststellungsbescheid** erlassen, § 251 Abs. 3 AO. Der Feststellungsbescheid kann mit Einspruch angefochten werden.

bb) Der Steueranspruch ist festgesetzt, aber die Einspruchsfrist noch nicht abgelaufen

991 Wird einem bereits durch Steuerbescheid **festgesetzten Steueranspruch** widersprochen, so kann der Widersprechende den Widerspruch im **Einspruchsverfahren** verfolgen. Einwendungen sind jedoch nur möglich, solange der Steuerbescheid noch anfechtbar oder das Einspruchsverfahren noch nicht beendet ist. Durch die Eröffnung des Insolvenzverfahrens wird die Einspruchsfrist gem. § 240 Satz 1 InsO i.V.m. § 4 InsO unterbrochen. Der Vollstreckungsbehörde bleibt es jedoch unbenommen, den Widerspruch ebenfalls zu verfolgen und das Verfahren selbst aufzunehmen. Mit Aufnahme des Verfahrens beginnt eine neue Einspruchsfrist.

cc) Der Steueranspruch ist festgesetzt und ein Einspruchsverfahren ist anhängig

Bestreitet der **Insolvenzverwalter** die Forderung, ist zur Feststellung der Forderung nach §§ 180 Abs. 2 i.V.m. 185 Satz 2 InsO der Rechtsstreit wieder aufzunehmen. Das Verfahren wird gemäß § 85 InsO mit dem Stand des Zeitpunkts der Unterbrechung fortgeführt. Der **Insolvenzverwalter** tritt in die Rechtsstellung des Einspruchsführers kraft Amtes ein. Verfahrensrechtlich ist er damit als **Rechtsnachfolger des Gemeinschuldners** Prozesspartei. Ihm stehen deshalb auch sämtliche verfahrensrechtliche Rechte, wie z. B. das Recht auf Akteneinsicht zu. Je nach Ausgang des Einspruchsverfahrens ist der Feststellungsstreit mit Bestandskraft der Einspruchsentscheidung nach §§ 180 Abs. 2, 183 InsO beendet oder die Tabelle entsprechend korrigiert. 992

Bestreitet lediglich der **Insolvenzschuldner** die angemeldete Forderung, gilt sie nach § 178 Abs. 1 Satz 2 InsO dennoch als festgestellt. Das Einspruchsverfahren wird jedoch trotz Anerkennung durch den Insolvenzverwalter nach Abschluss des Insolvenzverfahrens gegen den Insolvenzschuldner nach § 184 Abs. 2 i.V.m. § 185 Satz 2 InsO fortgeführt. Die Einspruchsentscheidung ist ebenfalls an diesen bekannt zu geben.

dd) Gerichtliches Rechtsbehelfsverfahren

Durch die **Eröffnung des Insolvenzverfahrens** bzw. durch die **Bestellung** eines **„starken"** vorläufigen **Insolvenzverwalters** wird ein anhängiges **finanzgerichtliches Rechtsbehelfsverfahren** gem. § 240 ZPO Satz 1 bzw. Satz 2 i.V.m. § 155 FGO **unterbrochen**. Die für das Einspruchsverfahren dargelegten Auswirkungen und Verfahrensweisen gelten entsprechend. Eine Einstellung des Verfahrens durch das Finanzgericht/den BFH ist während des Insolvenzverfahrens nicht statthaft. 993

ee) Der Steueranspruch ist festgesetzt und ein AdV-Verfahren ist anhängig

Ist bei Eröffnung ein Antrag auf Aussetzung der Vollziehung anhängig, erledigt sich dieser mit Eröffnung des Insolvenzverfahrens. Für eine Aussetzung besteht nunmehr kein Rechtsschutzbedürfnis mehr. Gleiches gilt für Rechtsbehelfe oder Rechtsmittel gegen die Ablehnung der Aussetzung der Vollziehung. Aufgrundder abweichend begehrten Rechtsfolge, **gilt** dies **nicht** bei Anträgen auf **Aufhebung der Vollziehung**. 994

ff) Der Steueranspruch ist bestandskräftig festgesetzt

War der Anspruch aus dem Steuerschuldverhältnis vor Eröffnung des Insolvenzverfahrens bestandskräftig festgesetzt, **wirkt** die Bestandskraft auch **gegen** den **Widersprechenden**. Die Finanzbehörde hat in diesem Fall durch Feststellungsbescheid nach § 251 Abs. 3 AO festzustellen, dass die angemeldete Forderung bestandskräftig festgesetzt ist und Wiedereinsetzungsgründe oder Korrekturvorschriften (z. B. § 172 Abs. 1 Satz 1 Nr. 1 oder Nr. 2 AO) nicht eingreifen. Gegen den Feststellungsbescheid ist der Einspruch und gegebenenfalls die Klage zum Finanzgericht statthaft. 995

HINWEIS

Vor Erlass des Feststellungsbescheides sollte der Widersprechende noch einmal auf die bestehende Bestandskraft hingewiesen werden.

2. Behandlung von Masseverbindlichkeiten

996 **Steuerliche Pflichten**, wie beispielsweise die Pflicht zur Abgabe einer Steuererklärung oder Steueranmeldung, bestehen nach eröffnetem Insolvenzverfahren weiter. Aufgrund des Übergangs der Verwaltungs- und Verfügungsbefugnis sind diese nunmehr **vom Insolvenzverwalter zu erbringen**. Ist die Steuererklärung/Steueranmeldung eigenhändig zu unterzeichnen, hat dies nunmehr auch durch den Insolvenzverwalter zu erfolgen. Von der Steuererklärungspflicht werden auch die vor der Eröffnung des Insolvenzverfahrens liegenden Besteuerungszeiträume umfasst. **Säumniszuschläge**, welche durch die nicht fristgerechte Zahlung von Masseverbindlichkeiten entstehen, gehören auch zu den **Masseverbindlichkeiten**.[84]

997 Ansprüche aus dem Steuerschuldverhältnis, die Masseverbindlichkeiten sind, setzt die Finanzbehörde durch Verwaltungsakt fest. Steuerschuldner der Masseverbindlichkeiten bleibt der Insolvenzschuldner.[85] Bekanntgabeadressat des Verwaltungsakts ist jedoch der Insolvenzverwalter.[86] Kann eine entsprechende Steuerschuld, die durch eine Rechtshandlung des Insolvenzverwalters begründet worden ist, aus der Insolvenzmasse nicht voll erfüllt werden, so ist der Insolvenzverwalter der Finanzbehörde nach § 61 Satz 1 InsO zum Schadenersatz verpflichtet. Vollstreckungsschuldner der Masseverbindlichkeiten ist der Insolvenzverwalter.[87]

3. Behandlung von Erlaubnissen/Bewilligungen

998 Die **meisten Verbrauchsteuergesetze** enthalten **spezielle Vorschriften** hinsichtlich der Eröffnung des Insolvenzverfahrens. Der Verordnungsgeber hat bei der Biersteuer, der Schaumwein- und Zwischenerzeugnissteuer, der Tabaksteuer und der Branntweinsteuer Regelungen dahingehend getroffen, dass bestehende Erlaubnisse vorerst fortgelten.[88] Allerdings hat der Insolvenzverwalter binnen drei Monaten einen Antrag auf eine neue Erlaubnis zu stellen. Geschieht dies nicht erlischt die Erlaubnis nach Ablauf der Frist.[89]

999 Bei **Energiesteuer** weicht der Verordnungsgeber von diesen Regelungen ab. Mit Eröffnung des Insolvenzverfahrens oder durch Abweisung der Eröffnung mangels Masse er-

84 BFH v. 18. 4. 1996 V R 55/95, BStBl 1996 II 561.
85 Loose in Tipke/Kruse, § 251 AO Rz. 71.
86 AO-DV Zoll Nr. 3.5.2 zu § 122.
87 Loose in Tipke/Kruse, § 251 AO Rz. 71.
88 § 8 Abs. 1 Nr. 8 BierStV; § 8 Abs. 1 Nr. 8 SchaumwZwStV; § 9 Abs. 1 Nr. 8 TabStV; § 11 Abs. 1 Nr. 8 BrStV.
89 § 8 Abs. 2 BierStV; § 8 Abs. 2 SchaumwZwStV; § 9 Abs. 2 TabStV; § 11 Abs. 2 BrStV.

löschen gem. § 14 Abs. 2 Nr. 7 EnergieStV bestehende Erlaubnisse. Beantragt der Insolvenzverwalter jedoch innerhalb eines Monats nach Eröffnung des Insolvenzverfahrens die Fortführung des Herstellungsbetriebs bis zur Abwicklung des Herstellungsbetriebs, gilt die Erlaubnis für die Antragsteller fort und erlischt nicht vor Ablauf einer angemessenen Frist, die die Finanzbehörde festsetzt, § 14 Abs. 4 EnergieStV.

Das **Stromsteuerrecht** enthält keine den o. a. Verbrauchsteuergesetzen vergleichbare 1000
Regelung. Hier hat der Verordnungsgeber lediglich bestimmt, dass der Erlaubnisinhaber nach § 4 StromStG grundsätzlich eine Überschuldung, drohende oder eingetretene Zahlungsunfähigkeit und die Stellung des Antrags auf Eröffnung eines Insolvenzverfahrens unverzüglich schriftlich anzuzeigen hat, § 4 Abs. 4 StromStV.

Im gemeinschaftsrechtlichen **Zollrecht** sind keine solchen Regelungen enthalten. Die 1001
Eröffnung des Insolvenzverfahrens führt damit nicht automatisch zum Erlöschen einer Bewilligung.

Unabhängig davon, ob der **Insolvenzverwalter** als Vertreter oder als Handelnder qua 1002
Amt angesehen wird, tritt er nie an die Stelle des insolventen Schuldners, sondern nimmt eine Art **Sachwaltung** wahr. Das bedeutet, dass Erlaubnisse, die durch die Insolvenz des Unternehmens erlöschen und durch den Insolvenzverwalter erneut beantragt werden, für den Antragsteller auszustellen sind. Der Antragsteller ist der insolvente Schuldner. Der Insolvenzverwalter tritt nicht an dessen Stelle. Die Forderungen der Finanzbehörde werden zu Masseschulden und damit prioritär befriedigt. Der Insolvenzverwalter haftet allenfalls nach § 69 AO.

4. Vollstreckungsverfahren in der Insolvenz

Vollstreckungsmaßnahmen der Finanzbehörde sind während der Dauer des Insolvenz- 1003
verfahrens in die Insolvenzmasse und in das sonstige Vermögen des Insolvenzschuldners gem. § 89 Abs. 1 InsO **grundsätzlich nicht zulässig**. Gleiches gilt nach § 90 InsO für Masseverbindlichkeiten, die nicht durch eine Rechtshandlung des Insolvenzverwalters begründet worden sind. Obwohl vom Begriff der Zwangsvollstreckung nicht erfasst, gehören nach Sinn und Zweck der Regelungen Arrestanordnungen (§ 324 AO oder §§ 111b ff. StPO) ebenfalls hierzu.

Die **Vollstreckung** von **Masseverbindlichkeiten**, die durch eine **Rechtshandlung des In-** 1004
solvenzverwalters begründet worden sind, ist hingegen **zulässig**. Steuerforderungen, die nach der Eröffnung des Insolvenzverfahrens begründet wurden, können somit grundsätzlich vollstreckt werden.[90] Etwas anderes gilt jedoch, wenn der Insolvenzverwalter die Unzulänglichkeit der Insolvenzmasse angezeigt hat. Für diese Fälle gilt gemäß § 210 InsO ein Vollstreckungsverbot. Das Verbot beginnt mit dem Eingang der Anzeige beim Insolvenzgericht.

Darüber hinaus werden nach § 88 InsO Sicherungen, die durch Vollstreckungsmaßnah- 1005
men im letzten Monat vor dem Antrag auf Eröffnung des Insolvenzverfahrens oder nach diesem Antrag an zur Insolvenzmasse gehörenden Vermögensgegenständen des

90 Brockmeyer in Klein, § 251 AO Rz 23; Loose in Tipke/Kruse, § 251 AO Rz. 71.

Schuldners erlangt wurden, unwirksam (sog. **Rückschlagssperre**). Wurden Zwangsmaßnahmen vor der Monatsfrist des § 88 InsO ausgebracht, bleiben diese, vorbehaltlich einer Anfechtung bestehen.

Erfolgte vor der Eröffnung des Insolvenzverfahrens die Pfändung von **Bezügen aus einem Dienstverhältnis**, ist nach § 110 Abs. 2 Satz 2 i.V.m. Abs. 1 und § 114 Abs. 3 InsO die Pfändung nur noch für den Monat der Verfahrensöffnung wirksam. Falls die Eröffnung nach dem 15. des Monats geschieht, ist die Pfändung auch noch für den folgenden Monat wirksam. Nach diesem Zeitraum verlieren alle Vollstreckungsmaßnahmen ihre Rechtswirkung. Der Begriff der Bezüge aus einem Dienstverhältnis ist weit auszulegen. Das Instrument der Lohnabtretung ist aufgrund von § 114 Abs. 1 InsO im Vergleich hierzu zwar besser gestellt, ist in den Vollstreckungsstellen der HZÄ aber eher unüblich und dürfte zudem wegen der Möglichkeit der Insolvenzanfechtung nicht zum gewünschten Erfolg führen.

1006–1010 *(Einstweilen frei)*

Abschnitt 3: Steuerstraf- und Steuerordnungswidrigkeitenrecht

Das Steuerstrafrecht umfasst alle Rechtsnormen, die straf- oder ordnungswidrigkeiten- 1011
rechtliche Sanktionen wegen **Zuwiderhandlungen gegen Steuergesetze** androhen.[1] Die Abgabenordnung regelt das Straf- und Ordnungswidrigkeitenrecht in seinem achten Teil (§§ 369 ff. AO). Dieser untergliedert sich in vier Abschnitte:

- **Materielle Strafvorschriften** (1. Abschnitt: §§ 369 bis 376 AO),
- **Materielle Bußgeldvorschriften** (2. Abschnitt: §§ 377 bis 384 AO),
- **Strafverfahren** (3. Abschnitt: §§ 385 bis 408 AO),
- **Bußgeldverfahren** (4. Abschnitt: §§ 409 bis 412 AO).

Da das europäische Recht keine Regelungen zu Straf- und Bußgeldvorschriften bzw. 1012
zum Straf- und Bußgeldverfahren enthält, ist der achte Teil der AO für Einfuhr- und Ausfuhrabgaben i. S. d. § 1 Abs. 1 Satz 3 ZollVG uneingeschränkt anwendbar.

Die Tatbestände des Steuerstrafrechts sind **Blanketttatbestände**. Dies bedeutet, dass 1013
sich erst im Zusammenspiel mit den **Vorschriften des materiellen Steuerrechts** ergibt, welches konkrete Verhalten strafrechtliche Konsequenzen nach sich zieht. So erschließt sich beispielsweise im Rahmen der Steuerhinterziehung nach § 370 AO erst im Zusammenhang mit den Vorschriften des materiellen Steuerrechts, was unter den Tatbestandsmerkmalen der „Steuererheblichkeit“ bzw. der „Steuerverkürzung“ zu verstehen ist. Ungeachtet der Tatsache, dass das Steuerstrafrecht durch das materielle Steuerrecht ausgefüllt werden muss, ist es gleichwohl **Strafrecht**.[2] Es ist ein besonderer Teil des Strafrechts.

§ 369 Abs. 2 AO sieht daher auch vor, dass für **Steuerstraftaten** die **allgemeinen Grundsätze über das Strafrecht** gelten, soweit die Strafvorschriften der Steuergesetze nichts anderes bestimmen. Damit ist insbesondere auch der Allgemeine Teil des StGB (§§ 1 bis 79b StGB) für die Steuerstraftatbestände grds. anzuwenden. Demzufolge müssen auch bei einer Steuerstraftat der objektive und subjektive Tatbestand erfüllt sein und Rechtswidrigkeit und Schuld vorliegen. Ferner bestimmt sich beispielsweise die Abgrenzung zwischen Täterschaft und Teilnahme nach §§ 25 ff. StGB und der Versuchsbeginn nach § 22 StGB. Die Verfolgungsverjährung ergibt sich aus §§ 78 ff. StGB, für besonders schwere Fälle der Steuerhinterziehung jedoch aus § 376 AO, da diese steuergesetzliche Strafvorschrift eine vom StGB abweichende Regelung enthält.[3]

§ 377 Abs. 2 AO enthält eine entsprechende Verweisungsbestimmung für **Steuerord-** 1014
nungswidrigkeiten. Danach gelten für Steuerordnungswidrigkeiten die **Vorschriften des Ersten Teils des Gesetzes über Ordnungswidrigkeiten**, soweit die Bußgeldvorschriften der Steuergesetze nichts anderes bestimmen.

1 *Franzen/Gast/Joecks*, Steuerstrafrecht, Einleitung Rdn. 1.
2 BFH v. 10. 2. 1958 GrS 1/55 S, BFHE 66, 517.
3 Siehe im Einzelnen zur Verjährung StraBuDV Nr. 11.

1015 Eine vom allgemeinen Straf- und Ordnungswidrigkeitenrecht abweichende Regelung stellt insbesondere auch **§ 32 ZollVG** dar. Hierbei handelt es sich um ein Verfahrenshindernis. Nach § 32 Abs. 1 ZollVG werden Steuerstraf- und Steuerordnungswidrigkeiten (§§ 369, 377 AO) im grenzüberschreitenden Reiseverkehr nicht verfolgt, wenn sich die Tat auf Waren bezieht, die weder zum Handeln noch zur gewerblichen Verwendung bestimmt sind und der verkürzte Einfuhrabgabenbetrag oder der Einfuhrabgabenbetrag, dessen Verkürzung versucht wurde, 130 € nicht übersteigt.

A. Steuerstrafrecht

1016 Nach § 369 Abs. 1 AO sind Steuerstraftaten (Zollstraftaten):

1. Taten, die nach den Steuergesetzen strafbar sind,
2. der Bannbruch,
3. die Wertzeichenfälschung und deren Vorbereitung, soweit die Tat Steuerzeichen betrifft,
4. die Begünstigung einer Person, die eine Tat nach den Nummern 1 bis 3 begangen hat.

Zu den **Steuerstraftaten nach § 369 Abs. 1 Nr. 1 AO** gehören die **Steuerhinterziehung** (§ 370 AO), der **Bannbruch**, wenn er nach § 372 Abs. 2 AO i. V. m. § 370 Abs. 1 u. 2 AO oder § 372 Abs. 1 AO i. V. m. § 373 AO strafbar ist, der **gewerbsmäßige, gewaltsame und bandenmäßige Schmuggel** (§ 373 AO) und die **Steuerhehlerei** (§ 374 AO). Weitere Steuerstraftaten, die in den Aufgabenbereich der Zollverwaltung fallen, finden sich in den Steuergesetzen nicht.[4]

Da der Bannbruch bereits nach §§ 370, 372 und 373 AO strafbar ist, bedeutet seine erneute Erwähnung in **§ 369 Abs. 1 Nr. 2 AO**, dass der Bannbruch auch dann Steuerstraftat ist, wenn er im konkreten Fall nicht nach Steuergesetzen, sondern nach der Strafnorm eines speziellen Verbotsgesetzes (z. B. BtMG, WaffenG) sanktioniert wird.[5] Das heißt, obwohl in einem solchen Fall der Bannbruch keinen steuerrechtlichen Bezug hat, hat der Gesetzgeber mit § 369 Abs. 1 Nr. 2 AO diesen Bannbruch zur Steuerstraftat erklärt. Dies hat zur Folge, dass diese Verbringungszuwiderhandlungen trotz ihres außersteuerlichen Bezugs in den Anwendungsbereich des Steuerverfahrensrechts nach §§ 385 bis 408 AO fallen.

I. Steuerhinterziehung

1017 Die Steuerhinterziehung ist in § 370 AO geregelt. Hierbei handelt es sich um eine **abschließende Sonderregelung**, die gem. ihrem gesetzgeberischen Zweck den allgemeinen Betrugstatbestand (§ 263 StGB) verdrängt und allenfalls dann eine tateinheitliche Begehung mit Betrug zulässt, wenn der Täter mit Mitteln der Täuschung außer der Ver-

4 AO-DV (Zoll) Nr. 1 zu § 369.

5 *Bender/Möller/Retemeyer*, Zoll- und Verbrauchsteuerstrafrecht, C II Rdn. 57 u. C IV Rdn. 619.

kürzung von Steuereinnahmen oder der Erlangung ungerechtfertigter Steuervorteile noch weitere Vorteile erstrebt.[6]

1. Zweck und Bedeutung

Geschütztes Rechtsgut der Steuerhinterziehung ist die Sicherung des staatlichen Steueranspruchs, d. h. des rechtzeitigen und vollständigen Steueraufkommens jeder einzelnen Steuerart.[7] Die Steuerhinterziehung ist damit ein Vermögensdelikt.[8] 1018

Der Staatshaushalt finanziert sich größtenteils durch Steuern. Sofern Steuern hinterzogen werden, geht dies zu Lasten der Allgemeinheit, da der ehrliche Steuerzahler die staatlichen Leistungen, die von allen Bürgern in Anspruch genommen werden, finanzieren muss. Zudem ruft die Steuerhinterziehung ungerechtfertigte Wettbewerbsvorteile hervor, da der unehrliche Unternehmer in der Lage ist, seine Produkte zu niedrigeren Preisen am Markt anzubieten.

Im gesamten Bundesgebiet erfolgten im Jahr 2006 **1 288 Verurteilungen zu Freiheitsstrafen** und **10 321 Verurteilungen zu Geldstrafen** wegen Straftaten nach der Abgabenordnung.[9]

Im Aufgabenbereich der Zollverwaltung bildet insbesondere die **Bekämpfung des internationalen Schmuggels und des Handels mit unversteuerten Zigaretten** einen Schwerpunkt der Ermittlungstätigkeit. Seit dem Jahr 2004 wurden jährlich im Durchschnitt mehr als 2 000 Ermittlungsverfahren wegen Verdachts gegen Tabaksteuerbestimmungen eingeleitet. In den Jahren 2004 bis 2009 konnten jährlich rund 434 Mio. Stück Zigaretten sichergestellt und durchschnittlich jährlich 627 Mio. Stück Zigaretten zusätzlich ermittelt werden. Der so ermittelte Steuerschaden kann im Jahresdurchschnitt auf rund 175 Mio. € beziffert werden.[10]

Aufgrund von Prüfungen des **Prüfdienstes der Zollverwaltung** wurden im Jahr 2010 insgesamt 360,2 Mio. € Abgaben nacherhoben. Den größten Anteil machten hierbei die Zölle und Einfuhrumsatzsteuer, die Mineralöl- und Energiesteuer und die Stromsteuer aus. Im Jahr 2010 wurden insgesamt 14 793 Ermittlungsfälle gegen 18 899 Tatverdächtige geführt.[11] Inwieweit es sich bei den verfolgten Delikten um solche wegen Steuerhinterziehung handelt, ist jedoch der Jahresstatistik nicht zu entnehmen.

---

6 BGH v. 1. 2. 1989 3 StR 179/88, BGHSt 36, 100.

7 Ständige Rspr. z. B. BGH v. 1. 8. 2000 5 StR 624/99, BGHSt 46, 107; v. 30. 4. 2009 1 StR 342/08, BGHSt 53, 311.

8 BVerwG v. 30. 11. 1989 3 C 92/87, BVerwGE 84, 134; *Franzen/Gast/Joecks*, Einleitung Rdn. 8.

9 Statistisches Bundesamt, Strafverfolgungsstatistik 2000 bis 2006.

10 Schreiben des ZKA v. 25. 11. 2010, GZ: ZF III 2 - Z 2756 B - 14/10 (Ke).

11 Die Bundeszollverwaltung, Jahresstatistik 2010, Herausgeber BMF.

2. Objektiver Tatbestand

1019

<table>
<tr><th colspan="6">TAB. 1: Übersicht: Objektive Tatbestandsmerkmale des § 370 AO</th></tr>
<tr><td colspan="6">Tathandlung (Verhalten)</td></tr>
<tr><td colspan="2">Aktives Tun

Abs. 1 Nr. 1</td><td colspan="2">Unterlassen

Abs. 1 Nr. 2</td><td colspan="2">Unterlassen

Abs. 1 Nr. 3</td></tr>
<tr><td colspan="2">► den Finanzbehörden oder anderen Behörden
► über steuerlich erhebliche Tatsachen
► unrichtige oder unvollständige Angaben machen</td><td colspan="2">► die Finanzbehörden
► über steuerlich erhebliche Tatsachen
► pflichtwidrig
► in Unkenntnis lassen</td><td colspan="2">► pflichtwidrig
► die Verwendung von Steuerzeichen oder Steuerstemplern unterlassen</td></tr>
<tr><td colspan="6">Kausalität</td></tr>
<tr><td colspan="6">und dadurch</td></tr>
<tr><td colspan="6">Taterfolg</td></tr>
<tr><td colspan="3">Steuerverkürzung

Abs. 4 Satz 1</td><td colspan="3">Erlangung nicht gerechtfertigter Steuervorteile
Abs. 4 Satz 2</td></tr>
<tr><td colspan="3">Steuern werden
► nicht oder
► nicht in voller Höhe oder
► nicht rechtzeitig
festgesetzt</td><td colspan="3">Steuervorteile werden zu Unrecht
► gewährt
oder
► belassen</td></tr>
</table>

1020 Die Begehung einer Steuerhinterziehung nach § 370 AO ist nach Abs. 1 der Vorschrift in drei Handlungsvarianten möglich. **Kein tauglicher Täter** einer Steuerhinterziehung sind **juristische Personen und Personenvereinigungen**, da die Steuerhinterziehung ein menschliches Verhalten erfordert. Juristische Personen und Personenvereinigungen sind jedoch künstliche Gebilde, die nicht selbst handeln können. Unter gewissen Voraussetzungen ist aber gegen sie die Festsetzung eines Bußgeldes nach § 30 Abs. 1 OWiG möglich (s. Rdn. 1294 ff.).

a) Die Tathandlung des § 370 Abs. 1 Nr. 1 AO

1021 Die Tathandlung des § 370 Abs. 1 Nr. 1 AO unterscheidet sich von den anderen beiden Handlungsvarianten signifikant dadurch, dass der Täter hierbei durch **aktives Tun** gegenüber den Finanzbehörden tätig wird.

aa) Täterqualifikation

Tauglicher Täter einer Steuerhinterziehung kann in dieser Handlungsalternative jeder sein, der tatsächlich in der Lage ist, auf die Steuerfestsetzung, Steuererhebung oder Steuerbeitreibung zum Nachteil des Steuergläubigers einzuwirken.[12] Täter können daher neben dem Steuerschuldner (§ 43 AO) auch Steuerpflichtige (§ 33 Abs. 1 AO) oder sogar Dritte sein, sofern sie gegenüber den Finanzbehörden oder anderen Behörden über steuerlich erhebliche Tatsachen unrichtige oder unvollständige Angaben machen.[13] § 370 Abs. 1 Nr. 1 AO ist daher ein **„Jedermannsdelikt"**. 1022

Es ist unerheblich, ob der Täter als

- Alleintäter nach § 25 Abs. 1, 1. Alt. StGB oder
- Mittäter nach § 25 Abs. 2 StGB oder
- mittelbarer Täter nach § 25 Abs. 1, 2. Alt. StGB

handelt.

Auch der **Finanzbeamte** kann selbst Täter einer Steuerhinterziehung sein. Und zwar unabhängig davon, ob er als **Amtsträger auf den zuständigen Beamten einwirkt** oder ob er **selbst der entscheidungsbefugte Amtsträger** ist. In der Literatur wurde und wird vertreten, dass eine Steuerhinterziehung nach § 370 Abs. 1 Nr. 1 AO ausgeschlossen ist, wenn der Finanzbeamte selbst als zuständiger Amtsträger handelt, da das Merkmal der „Unkenntnis" der Finanzbehörde vom wahren Sachverhalt als ungeschriebenes Merkmal in den Tatbestand des § 370 Abs. 1 Nr. 1 AO hineinzulesen sei.[14] Handelt der Finanzbeamte als zuständiger Amtsträger, fehlt es danach an einem Irrtum oder zumindest an der Unkenntnis der Finanzbehörde. Die Rechtsprechung hat diese Ansicht jedoch abgelehnt und eindeutig entschieden, dass eine gelungene Täuschung mit Irrtumserregung beim zuständigen Beamten nicht erforderlich ist.[15] 1023

Anstifter nach § 26 StGB und **Gehilfen** nach § 27 StGB können Teilnehmer an einer Steuerhinterziehung nach § 370 Abs. 1 Nr. 1 AO sein. 1024

bb) Gegenüber den Finanzbehörden oder anderen Behörden

Die **Finanzbehörden** i. S. d. § 370 Abs. 1 Nr. 1 AO sind in § 6 Abs. 2 AO aufgezählt. Als oberste Behörde ist dies das BMF (§ 6 Abs. 2 Nr. 1 AO). Als Mittelbehörden sind das die BFDen und das ZKA (§ 6 Abs. 2 Nr. 4 AO) und als örtliche Behörden die HZÄ einschließlich ihrer Dienststellen und die ZFÄ (§ 6 Abs. 2 Nr. 5 AO). 1025

Mit den **„anderen Behörden"** wird auf § 6 Abs. 1 AO Bezug genommen. Diese sind nur dann erfasst, wenn sie für steuerlich erhebliche Entscheidungen zuständig sind. Dies sind die Deutsche Bahn AG, die Bundeswehr und die Bundespolizei.[16] Die Deutsche Post AG ist als Privatunternehmen hingegen keine Behörde i. S. dieser Vorschrift.

---

12 *Klein/Jäger*, AO-Kommentar, § 370 Rdn. 25.

13 Siehe zu den Begriffen Steuerschuldner und Steuerpflichtiger Rdn 117 ff. und 140 ff.

14 *Franzen/Gast/Joecks*, Steuerstrafrecht, § 370 Rdn. 199 und 272.

15 BFH v. 25. 10. 2005 VII R 10/04 BStBl II 2006, 356; BGH v. 6. 6. 2007 5 StR 127/07, BGHSt 51, 356; *Klein/Jäger*, AO-Kommentar, § 370 Rdn. 35.

16 AO-DV (Zoll) Nr. 1 zu § 370.

cc) Steuerlich erhebliche Tatsache

1026 § 370 AO ist **Blankettstraftatbestand**. Das heißt, die Vorschrift regelt nicht selbst, welche Tatsachen steuerlich erheblich sind. Dies ergibt sich insbesondere erst im Zusammenspiel mit den Vorschriften des besonderen Steuerrechts (z. B. ZK, UStG oder den Verbrauchsteuergesetzen). Steuerlich erheblich ist eine Tatsache, die nach Grund und Höhe zum gesetzlichen Tatbestand gehört und für den Schutz eines Steueranspruchs von der Festsetzung über die Erhebung bis hin zur Vollstreckung Bedeutung haben kann.

1027 In **zollrechtlicher Hinsicht** ist z. B. die Überführung einfuhrabgabenpflichtiger Waren in den zollrechtlich freien Verkehr eine steuerlich erhebliche Tatsache, denn mit Überführung entsteht die Zollschuld gem. Art. 201 Abs. 1 Buchst. a ZK. Gemäß Art. 37 ZK unterliegen zudem alle Waren, die in das Zollgebiet der Gemeinschaft verbracht werden, vom Zeitpunkt ihres Verbringens an der zollamtlichen Überwachung. Ein Verstoß gegen die Art. 37 ff. ZK ist dementsprechend ebenfalls steuerlich erheblich, da in diesen Fällen unter den Voraussetzungen der Art. 202 ZK, 203 ZK oder 204 ZK die Zollschuld entsteht. Über § 21 Abs. 2 UStG gilt Gleiches auch für die Einfuhrumsatzsteuer.

Ferner sind alle Eigenschaften der Nichtgemeinschaftsware steuerlich erheblich, die für die Bestimmung der Höhe der Einfuhrabgabenschuld maßgeblich sind. Also z. B. Ursprung, Menge und Beschaffenheit der Waren oder der tatsächlich zu zahlende Preis.

1028 **Umsatzsteuerlich** ist z. B. die Ausfuhr einer Ware ins Drittland eine steuerlich erhebliche Tatsache, da hierdurch gem. § 4 Nr. 1a i. V. m. § 6 UStG Steuerfreiheit eintritt.

1029 Hinsichtlich der **Verbrauchsteuern** ist beispielsweise die Einfuhr von verbrauchsteuerpflichtigen Waren in das Steuergebiet eine steuerlich erhebliche Tatsache, da hieran die Steuerentstehung anknüpft (z. B.: §§ 19 Abs. 1 Nr. 1 i. V. m. 21 Abs. 1 TabStG). Die Einfuhr ist aber dann keine steuerlich erhebliche Tatsache, wenn sich die verbrauchsteuerpflichtigen Waren beim Eingang in einem zollrechtlichen Nichterhebungsverfahren befinden oder unmittelbar am Ort der Einfuhr in ein Verfahren der Steueraussetzung überführt werden.

Wird verbrauchsteuerpflichtige Ware aus einem anderen Mitgliedstaat in das Steuergebiet verbracht, kann dies ebenfalls steuerlich erheblich sein (z. B. § 23 TabStG). Gleiches gilt, wenn beispielsweise die verbrauchsteuerpflichtigen Waren im Inland in den steuerrechtlich freien Verkehr überführt werden (z. B. § 15 TabStG).

1030 Zu beachten ist, dass Tatsachen z. B. hinsichtlich der Festsetzung unerheblich sein können, jedoch bei der Erhebung bzw. Vollstreckung der Ansprüche wiederum Relevanz aufweisen. So ist beispielsweise die Tatsache, dass beim Verkauf von abgabenpflichtigen Waren tatsächlich der Kaufpreis vom Käufer nicht entrichtet wurde, für die Festsetzung der Zoll- bzw. Verbrauchsteuerschuld grds. unerheblich. Denn die Abgaben entstehen unabhängig davon, ob der Zoll-/Steuerschuldner einen Erlös erzielt hat oder nicht.

Im Rahmen einer **Stundung** nach § 222 AO (bei Einfuhrabgaben i. V. m. Art. 239 ZK) kann aber beispielsweise die **Nichtzahlung** des Kaufpreises eine **steuerlich erhebliche Tatsache** sein, da dies einen persönlichen Billigkeitsgrund darstellen kann. Auch im Vollstreckungsverfahren könnte diese Tatsache steuerlich erheblich sein, wenn die

Nichtentrichtung des Kaufpreises dazu führt, dass die Vollstreckungsbehörden die Vollstreckung einstweilen einstellen oder beschränken oder eine Vollstreckungsmaßnahme aufheben.

Steuerlich nicht erheblich sind Sachverhalte, die keinen steuerbaren Tatbestand erfül- 1031
len. So liegt beispielsweise beim Einfuhrschmuggel von Betäubungsmitteln (Suchstoffe und -mittel) keine Steuerhinterziehung der Einfuhrabgaben vor, da beim **illegalen Verbringen** in das deutsche Hoheitsgebiet nach Art. 212 Satz 2 ZK (i. V. m. § 21 Abs. 2 UStG) weder Zölle noch EUSt entstehen.

dd) Unrichtige oder unvollständige Angaben

Unrichtig sind Angaben, wenn sie nicht mit der Wirklichkeit übereinstimmen. Die un- 1032
richtigen Angaben müssen sich auf die steuerlich erheblichen Tatsachen beziehen. Unrichtige Angaben sind daher z. B. falsche Angaben über das Ursprungsland der Ware (Türkei statt China) oder über die Art der eingeführten Waren (Computerfestplatten statt DVD-Player).

Unvollständige Angaben liegen hingegen vor, wenn nicht alle steuerlich erheblichen Tatsachen angegeben werden, obwohl die Vollständigkeit ausdrücklich erklärt wird oder die Erklärung der Wahrheit zuwider konkludent den Anschein auf Vollständigkeit erweckt. Werden in einer solchen Vollständigkeitserklärung tatsächlich nicht alle steuerlich erheblichen Angaben gemacht, liegt die Tathandlung des § 370 Abs. 1 Nr. 1 AO vor. Das mit den unvollständigen Angaben verbundene Unterlassen wird von dieser Tatvariante mitumfasst. Hiervon zu unterscheiden ist die Begehung der Steuerhinterziehung durch Unterlassen nach § 370 Abs. 1 Nr. 2 AO, bei welcher überhaupt keine Angaben gemacht werden.

BEISPIEL: Der Steuerlagerinhaber A gibt in seiner Schaumweinsteueranmeldung eine zu versteuernde Menge von 10 hl statt 20 hl an. Liegt die Tathandlung des § 370 Abs. 1 Nr. 1 AO oder die des § 370 Abs. 1 Nr. 2 AO vor?

LÖSUNG: Mit seinem Verhalten verwirklicht A die Tathandlung des § 370 Abs. 1 Nr. 1 AO. Er hat unvollständige Angaben gemacht, da er nicht alle steuerlich erheblichen Tatsachen angab. Steuerlich erhebliche Tatsache ist die Überführung von 20 hl Schaumwein in den steuerrechtlich freien Verkehr, da hieran die Steuerentstehung anknüpft, § 15 Abs. 1 SchaumwZwStG.

A hat mit seiner Schaumsteueranmeldung nicht nur konkludent, sondern sogar ausdrücklich die Vollständigkeit seiner Angaben erklärt, denn die Steueranmeldung (Vordruck Nr. 2401/1) sieht eine vorgedruckte Vollständigkeitsversicherung vor, die durch die Unterschrift auf der Steueranmeldung bestätigt wird. A hat der Wahrheit zuwider 10 hl Schaumwein nicht erklärt und die Finanzbehörden über diese steuerpflichtige Menge in Unkenntnis gelassen. Das die unvollständigen Angaben beinhaltende Unterlassen ist von § 370 Abs. 1 Nr. 1 AO umfasst.

Unrichtige bzw. unvollständige Angaben können auch im **Erhebungs- oder Vollstre-** 1033
ckungsverfahren vorliegen.

BEISPIELE: Der Steuerpflichtige begehrt eine Stundung nach § 222 AO und führt zur Begründung seiner momentan angespannten finanziellen Situation umfangreiche Investitionen der Brauerei an, während er in Wahrheit seine Einnahmen verprasst hat.

Der Steuerpflichtige begehrt die einstweilige Einstellung der Vollstreckung gem. § 258 AO und sichert zu, von seinen Verkaufserlösen monatliche Raten ans HZA zu zahlen, obwohl er die Verkaufserlöse zuvor schon an seine Bank abgetreten hat.

ee) Machen

1034 Die unrichtigen bzw. unvollständigen Angaben können entweder ausdrücklich schriftlich bzw. mündlich gemacht oder aber auch konkludent erklärt werden. Beispielsweise erklärt ein Reisender am Flughafen, der den „grünen Kanal“ benutzt, hierdurch konkludent, dass er nichts zu verzollen habe.[17]

b) Die Tathandlung des § 370 Abs. 1 Nr. 2 AO

1035 Nach § 370 Abs. 1 Nr. 2 AO kann die Steuerhinterziehung auch dadurch begangen werden, dass die Finanzbehörden pflichtwidrig über steuerlich erhebliche Tatsachen in Unkenntnis gelassen werden.

aa) Täterqualifikation

1036 Die Tathandlung des § 370 Abs. 1 Nr. 2 AO besteht in einem **Unterlassen**. Täter können nur die Personen sein, die eine **Rechtspflicht zur Aufklärung der Finanzbehörde** innehaben. Das heißt, es handelt sich um Personen, die zu einer Mitteilung gegenüber der Finanzbehörde verpflichtet sind, diese aber unterlassen. **Taugliche Täter** können daher

- der Alleintäter nach § 25 Abs. 1, 1. Alt. StGB,
- der Mittäter nach § 25 Abs. 2 StGB und
- der mittelbare Täter nach § 25 Abs. 1, 2. Alt. StGB

sein, sofern sie eine Rechtspflicht zum Tätigwerden gegenüber den Finanzbehörden trifft. § 370 Abs. 1 Nr. 2 AO ist folglich nach herrschender Meinung ein **Sonderdelikt**, da es **nicht** von demjenigen begangen werden kann, den eine solche Rechtspflicht nicht trifft.[18]

1037 Eine entsprechende Pflichtenstellung ist aber kein besonderes Merkmal i. S. d. § 28 Abs. 1 StGB.[19] Dementsprechend können auch Personen, die nicht eine besondere Pflicht zum Tätigwerden gegenüber den Finanzbehörden haben, **Teilnehmer** (Anstifter nach § 26 StGB oder Gehilfen nach § 27 StGB) an einer Steuerhinterziehung durch Unterlassen sein.[20]

bb) Gegenüber den Finanzbehörden

1038 Anders als § 370 Abs. 1 Nr. 1 AO, der als Erklärungsempfänger Finanzbehörden und andere Behörden umfasst, beschränkt sich § 370 Abs. 1 Nr. 2 AO ausdrücklich nur auf die Finanzbehörden i. S. d. § 6 Abs. 2 AO.

---

17 *Bender/Möller/Retemeyer*, Zoll- und Verbrauchsteuerstrafrecht, C III Rdn. 207 mit weiteren Beispielen.

18 Z. B.: BGH v. 2. 2. 2010 1 StR 635/09, NStZ 2010, 644; v. 22. 5. 2003 5 StR 520/02, wistra 2003, 344; v. 25. 1. 1995 5 StR 491/94, BGHSt 41, 1; *Franzen/Gast/Joecks*; Steuerstrafrecht, § 370 Rdn. 161; bezüglich der Hinterziehung von Einfuhrabgaben in Frage stellend: *Klein/Jäger*, AO-Kommentar, § 370 Rdn. 26; ablehnend: Bender/*Möller/Retemeyer*, Zoll- und Verbrauchsteuerstrafrecht, C III Rdn. 121 ff.

19 BGH v. 25. 1. 1995 5 StR 491/94, BGHSt 41, 1.

20 *Franzen/Gast/Joecks*, Steuerstrafrecht, § 370 Rdn. 240.

cc) Steuerlich erhebliche Tatsache

Bezüglich der steuerlich erheblichen Tatsache ergeben sich keine Änderungen zu den Ausführungen unter Rdn. 1026 ff. 1039

dd) Pflichtwidriges „In-Unkenntnis-Lassen"

Da § 370 Abs. 1 AO eine Blankettnorm ist, ergibt sich nicht aus der Vorschrift selbst, wann ein pflichtwidriges „In-Unkenntnis-Lassen" gegeben ist, sondern es bedarf hierzu der Heranziehung der ausfüllenden Vorschriften des Steuerrechts. Eine Rechtspflicht zur Offenbarung steuerlich erheblicher Tatsachen kann sich aus der AO, den Einzelsteuergesetzen oder aus dem Zollrecht ergeben. Solche Rechtspflichten sind beispielsweise: 1040

- § 15 Abs. 1 BierStG: Pflicht des Steuerlagerinhabers bzw. des registrierten Empfängers zur Abgabe der Steuererklärung; 1041
- § 15 Abs. 1 SchaumweinwZwStG, § 144 Abs. 1BranntwStG: Pflicht des Steuerlagerinhabers bzw. des registrierten Empfängers zur Abgabe der Steueranmeldung;
- § 15 Abs. 2 BierStG, § 144 Abs. 2 BranntwStG: z. B. Pflicht des Diebes oder des Herstellers ohne Erlaubnis zur Abgabe der Steueranmeldung;
- § 23 Abs. 1 TabStG: z. B. Pflicht des Verbringers zur Abgabe einer Steuererklärung beim Verbringen aus anderen Mitgliedstaaten;
- § 30 Abs. 3 TabStG: Pflicht des Abgebenden zur Abgabe einer Steuererklärung bei verbotswidriger Abgabe an Arbeitnehmer;
- § 30 Abs. 2 EnergieStG: Pflicht des Erlaubnisinhabers, Steuerlagerinhabers bzw. des Nichtberechtigten zur Abgabe einer Steueranmeldung bei zweckwidriger Verwendung;
- Art. 36a Abs. 3 ZK: Pflicht des Verbringers zur Abgabe der summarischen Anmeldung; 1042
- Art. 38 ZK: Beförderungspflicht des Verbringers;
- Art. 4 Nr. 19 i. V. m. Art. 40 ZK: Gestellungspflicht des Verbringers;
- Art. 4 Nr. 17 i. V. m. Art. 59 ff. ZK: Pflicht zur Abgabe einer Zollanmeldung;
- Art. 87 ZK: Mitteilungspflicht des Bewilligungsinhabers.

BEISPIEL 1: Reisender A bringt aus Polen 4 000 Stück Zigaretten mit, die keine deutschen Tabaksteuerzeichen tragen. Er erreicht unkontrolliert seinen Wohnort in Deutschland. Der Sachverhalt wird später aufgedeckt. Hierbei gelingt es A nicht, glaubhaft zu machen, dass er die Zigaretten für private Zwecke erworben hat. Ist A tauglicher Täter einer Steuerhinterziehung nach § 370 AO?

LÖSUNG: A ist nicht tauglicher Täter einer Steuerhinterziehung durch aktives Tun nach **§ 370 Abs. 1 Nr. 1 AO**, da er hinsichtlich des Verbringens der Zigaretten keine Angaben gegenüber den Finanzbehörden oder anderen Behörden gemacht hat.

A ist aber tauglicher Täter einer Steuerhinterziehung durch Unterlassen gem. **§ 370 Abs. 1 Nr. 2 AO**, da er die Zollbehörden pflichtwidrig über das Verbringen der Tabakwaren in Unkenntnis ließ.

Bei dem Verbringen der Tabakwaren von Polen nach Deutschland muss es sich zunächst um eine **steuerlich erhebliche Tatsache** handeln. Eine Steuerentstehung nach § 21 TabStG ist nicht gegeben, da die Zigaretten nicht unmittelbar aus einem Drittland oder Drittgebiet in das Steuergebiet verbracht wurden, sondern von einem anderen Mitgliedstaat (hier: Polen).

Die Tabakwaren sind jedoch auch nicht nach § 22 Abs. 1 TabStG steuerfrei. Nach dieser Vorschrift sind Tabakwaren, die eine Privatperson für ihren **Eigenbedarf** in anderen Mitgliedstaaten im steuerrechtlich freien Verkehr erwirbt und selbst in das Steuergebiet befördert, steuerfrei. Dies gilt sogar dann, wenn die Tabakwaren zuvor in den anderen Mitgliedstaat (dies wäre hier Polen) eingeschmuggelt wurden, da sie sich auch bei einer unrechtmäßigen Einfuhr in den anderen Mitgliedstaat dort im verbrauchsteuerrechtlich freien Verkehr befinden.[21] Die Steuerfreiheit knüpft aber an die Verbringung zu privaten Zwecken an.

A hat vorliegend 4 000 Stück Zigaretten in die Bundesrepublik befördert. Bei einem Verbringen von mehr als 800 Stück Zigaretten wird nach § 22 Abs. 4 TabStG i.V. m. § 39 TabStV widerleglich vermutet, dass die Tabakwaren zu gewerblichen Zwecken in das Steuergebiet verbracht werden. Demnach obliegt die Beweislast für ein Verbringen für private Zwecke ab dieser Richtmenge dem Reisenden.

A ist laut Sachverhalt die Glaubhaftmachung der Verwendung zu privaten Zwecken nicht gelungen, so dass von einer Gewerblichkeit auszugehen ist und folglich § 22 TabStG ausscheidet. Somit entsteht die Tabaksteuer durch das Verbringen von Polen in das Steuergebiet nach § 23 Abs. 1 Satz 1 TabStG. Das Verbringen ist somit eine steuerlich erhebliche Tatsache, da hieran die Entstehung der Steuerschuld anknüpft. Nach § 23 Abs. 1 Satz 2 TabStG ist A Steuerschuldner, da er die Lieferung vornahm. Er hat nach § 23 Abs. 1 Satz 3 TabStG unverzüglich nach dem Verbringen eine Steuererklärung abzugeben.

Das Verbringen ist beendet, wenn die Ware „zur Ruhe gekommen ist".[22] Dies ist regelmäßig dann der Fall, wenn die Waren ihren Bestimmungsort erreicht haben.[23] Vorliegend hat A seinen Wohnort in Deutschland erreicht und es unterlassen, seine ihm nach § 23 Abs. 1 Satz 3 TabStG obliegende Pflicht zur unverzüglichen Abgabe einer Steuererklärung zu erfüllen. Er hat somit die Zollbehörden nach § 6 Abs. 2 Nr. 5 AO pflichtwidrig „in Unkenntnis" gelassen, so dass er tauglicher Täter einer Steuerhinterziehung nach § 370 Abs. 1 Nr. 2 AO ist.

Anm.: A ist nicht tauglicher Täter einer Steuerhinterziehung nach **§ 370 Abs. 1 Nr. 3 AO**, da er nicht pflichtwidrig die Verwendung von Steuerzeichen unterlassen hat. (s. Rdn. 1049).

BEISPIEL 2: B gelingt es, einen „einmaligen Coup zu landen". Er stiehlt in der Schweiz einen Lkw mit hochwertigen Handys (Codenummer: 8526 9120 90 0). Das abgabenpflichtige Diebesgut will er über die „grüne Grenze" von der Schweiz nach Deutschland schmuggeln. Hierzu besorgt er einen anderen Lkw und mietet eine Lagerhalle in Deutschland an. Ferner tüftelt er eine „geeignete" Route aus und bestimmt Ort und Zeit der Einfuhr. Da er nicht mit dem Transport in Zusammenhang gebracht werden will, engagiert er A als Fahrer des Transports und verbleibt selbst in der Schweiz. A weiß über das sich im Lkw befindende Schmuggelgut Bescheid und bringt entsprechend den von B gemachten Vorgaben die Handys unter Umgehung der Grenzzollstellen zum Bestimmungsort nach Deutschland.

Sind A und B taugliche Täter einer Steuerhinterziehung?

LÖSUNG: A und B sind keine tauglichen Täter einer Steuerhinterziehung durch aktives Tun nach **§ 370 Abs. 1 Nr. 1 AO**, da keiner von ihnen gegenüber den Behörden nach § 6 AO Angaben machte.

Sowohl A als auch B sind aber taugliche Täter einer Steuerhinterziehung durch Unterlassen gem. **§ 370 Abs. 1 Nr. 2 AO.**

---

21 Art. 6 Abs. 1 der Richtlinie 92/12/EWG des Rates v. 25. 2. 1992 über das allgemeine System, den Besitz, die Beförderung und die Kontrolle verbrauchsteuerpflichtiger Waren, EU-Dok.-Nr. 3 1992 L 0012.

22 BGH v. 18. 7. 2000 5 StR 245/00, wistra 2000, 425; v. 14. 3. 2007 5 StR 461/06, NStZ 2007, 590; v. 2. 2. 2010 1 StR 635/09, NStZ 2010, 644.

23 BGH v. 1. 2. 2007 5 StR 372/06, ZfZ 2007, 187.

A hat die Handys ohne Gestellung (Art. 4 Nr. 19 ZK) unter Umgehung der Grenzzollstellen nach Deutschland gebracht. Dies hat gem. Art. 202 Abs. 1 Buchst. a, Art 38 Abs. 1, Art. 40 ZK zur Entstehung der Einfuhrzollschuld geführt. Hieran anknüpfend ist auch die Einfuhrumsatzsteuer (§ 21 Abs. 2 UStG) entstanden. Dementsprechend liegt eine steuerlich erhebliche Tatsache vor. Das Zollamt als Finanzbehörde i. S. d. § 6 Abs. 2 Nr. 5 AO wurde über das Verbringen in Unkenntnis gelassen.

A ließ das Zollamt pflichtwidrig in Unkenntnis, denn ihn traf eine **Rechtspflicht zur Aufklärung**. A hatte die Pflicht die Waren ordnungsgemäß zu befördern und den Zollbehörden zu gestellen, Art. 38 und Art. 40 ZK.

Diese Pflicht traf ihn als **Verbringer**. Hierunter sind zunächst alle Personen zu verstehen, die die Herrschaft über das Beförderungsmittel im Zeitpunkt der Verbringung haben, d. h. der Fahrer, der Beifahrer oder der Ersatzmann, sofern er sich im Fahrzeug befindet, sowie andere sich im Fahrzeug befindende Personen, wenn sie nachweislich in Bezug auf die Verbringung der Waren die Verantwortung tragen.[24]

A hatte als Fahrer die tatsächliche Herrschaft über den Lkw, so dass ihn die Pflichten aus Art. 38 und Art. 40 ZK trafen und dementsprechend ein pflichtwidriges „In-Unkenntnis-Lassen" über das Verbringen der Handys vorliegt. Somit ist A tauglicher Täter einer Steuerhinterziehung nach § 370 Abs. 1 Nr. 2 AO.

B könnte als Mittäter (§ 25 Abs. 2 StGB) nur dann tauglicher Täter einer Steuerhinterziehung durch Unterlassen nach § 370 Abs. 1 Nr. 2 AO (Sonderdelikt) sein, wenn auch er eine **Offenbarungspflicht** gegenüber den Zollbehörden hatte.

Nach Ansicht des BGH haben nicht nur die Personen, die sich im Transportfahrzeug befinden, Herrschaft über selbiges, sondern auch die **Organisatoren des Transports** kraft ihrer Weisungsbefugnis gegenüber dem Fahrzeugführer.[25] Danach sind auch die Hinterleute des Transports Verbringer im Sinne der Art. 38 und 40 ZK, da sie die Entscheidung zur Durchführung des Transports treffen und die Einzelheiten der Fahrt bestimmen (z. B. Fahrtroute, Ort und Zeit der Einfuhr), so dass sie eine gewisse Herrschaft über das Transportfahrzeug bei der Einfuhr innehaben.[26]

Der BGH erweitert damit den Begriff des „Verbringers" auch auf die Organisatoren des Transports und statuiert mit dieser Entscheidung auch für diese eine Rechtspflicht zum Tätigwerden gegenüber den Zollbehörden. Da B im Sinne dieser BGH-Rechtsprechung als Verbringer nach Art. 38 und 40 ZK anzusehen ist, ließ auch er die Zollbehörden pflichtwidrig „in Unkenntnis". Somit ist auch er tauglicher Täter einer Steuerhinterziehung durch Unterlassen nach § 370 Abs. 1 Nr. 2 AO.

Als Pflichten auferlegende **Norm der AO** ist insbesondere die **Berichtigungspflicht nach** 1043
§ 153 AO zu nennen. Abs. 1 der Vorschrift ist auch für **Einfuhr- und Ausfuhrabgaben** i. S. d. § 1 Abs. 1 Satz 3 ZollVG uneingeschränkt anwendbar. Sie wird nicht durch den Antrag des Anmelders auf Überprüfung der Anmeldung überlagert.[27] § 153 Abs. 2 AO ist jedoch durch Art. 87 Abs. 2 ZK und § 153 Abs. 3 AO durch Art. 82 Abs. 1 ZK i. V. m. Art. 293 ZK-DVO überlagert.[28]

§ 153 Abs. 1 Satz 1 Nr. 1 AO verpflichtet den Steuerpflichtigen zur Anzeige und Berichti- 1044
gung von Erklärungsfehlern, wenn er nach Abgabe der Erklärung, aber noch vor Ablauf der Festsetzungsfrist, die Unrichtigkeit oder Unvollständigkeit erkennt und es aufgrund

24 *Witte*, Zollkodex Kommentar, Art. 202 Rdn. 33.
25 BGH v. 1. 2. 2007 5 StR 372/06, ZfZ 2007, 187.
26 BGH v. 1. 2. 2007 5 StR 372/06, ZfZ 2007, 187.
27 *Bender/Möller/Retemeyer*, Zoll- und Verbrauchsteuerstrafrecht, C III Rdn. 242.
28 AO-DV (Zoll) zu § 153.

der fehlerhaften Steuererklärung/-anmeldung zu einer Steuerverkürzung kommen kann oder bereits gekommen ist.

- **Berichtigungspflichtiger** ist der **Steuerpflichtige** nach § 33 AO. Im Zusammenhang mit § 153 Abs. 1 AO ist dies derjenige, der nach § 149 AO i. V. m. den Einzelsteuergesetzen zur Abgabe der Steuererklärung/-anmeldung verpflichtet war. § 153 Abs. 1 Satz 2 AO erweitert den Kreis derer, die zur Berichtigung verpflichtet sind, auf den **Gesamtrechtsnachfolger** des Steuerpflichtigen (z. B. den Erben) und die **Personen nach §§ 34, 35 AO**, die für den Gesamtrechtsnachfolger oder den Steuerpflichtigen handeln.
- Es muss eine **Erklärung** abgegeben worden sein. Hierunter sind in erster Linie Steuererklärungen/-anmeldungen und Zollanmeldungen zu verstehen. Aber auch andere Erklärungen, die Einfluss auf die Festsetzung, Erhebung oder Vollstreckung haben, wie beispielsweise Anträge auf Stundung (§ 222 AO), auf Erlass (§ 227 AO) oder auf einstweilige Einstellung der Vollstreckung (§ 258 AO), lösen eine Berichtigungspflicht aus.[29]
- Die Erklärung muss **unrichtig oder unvollständig** sein. Sofern die Erklärung richtig und vollständig war und der Fehler auf einem Verhalten der Finanzbehörde beruht, besteht keine Berichtigungspflicht.[30]
- Aufgrund der fehlerhaften bzw. unvollständigen Erklärung muss es zu einer **Steuerverkürzung** kommen können oder bereits gekommen sein. Was unter einer Steuerverkürzung zu verstehen ist, wird in § 370 Abs. 4 AO definiert.
- Ferner erfordert § 153 Abs. 1 Satz 1 Nr. 1 AO, dass der Steuerpflichtige die Unrichtigkeit bzw. Unvollständigkeit seiner Erklärung **nachträglich**, d. h. nach Abgabe der Erklärung, **tatsächlich erkennt**. Dies setzt begriffsnotwendig voraus, dass ihm die Fehlerhaftigkeit seiner Angaben zunächst nicht bekannt war.

Damit scheiden die Fälle aus, in denen der Steuerpflichtige **bewusst** eine unrichtige bzw. unvollständige Erklärung abgegeben hat. Vielmehr liegt mit diesem Verhalten i. d. R. bereits eine vorsätzliche durch aktives Tun begangene Steuerhinterziehung nach § 370 Abs. 1 Nr. 1 AO vor, die nicht nach § 153 AO angezeigt werden muss. Hiervon zu unterscheiden ist die **Selbstanzeige** nach § 371 AO, die dem Steuerpflichtigen die Möglichkeit zur Erlangung der Straffreiheit verschaffen kann und ihm selbstverständlich unbenommen bleibt (vgl. Rdn. 1119).

1045 Die Berichtigungspflicht nach § 153 Abs. 1 Satz 1 Nr. 1 AO besteht für den Steuerpflichtigen, der bei Abgabe der Erklärung **ohne Verschulden, fahrlässig oder leichtfertig**[31] etwas Unrichtiges/Unvollständiges erklärt hat und der nunmehr, nach Abgabe der Erklärung, seinen Fehler bemerkt.

1046 Nach Ansicht des BGH besteht sogar dann die Berichtigungspflicht nach § 153 Abs. 1 Satz 1 Nr. 1 AO, wenn der Steuerpflichtige bei Abgabe seiner Erklärung die Unrichtigkeit/Unvollständigkeit **billigend in Kauf genommen** hat (bedingt vorsätzlich) und er

29 *Klein/Rätke*, AO-Kommentar, § 153 Rdn. 1; a. A. *Tipke/Seer*, AO-Kommentar, § 153 Rdn. 7a.
30 BFH v. 7. 9. 1993 VII R 128/92, BFH/NV 1994, 672.
31 Zur Fahrlässigkeit bzw. Leichtfertigkeit s. Rdn. 1236 und 1238.

nach Abgabe der Erklärung über die Fehlerhaftigkeit seiner Angaben Gewissheit erlangt.[32] Die zuvor erfolgte **Steuerhinterziehung durch aktives Tun** (bedingt vorsätzliche Abgabe der unrichtigen Erklärung) und die im Anschluss daran erfolgte **Steuerhinterziehung durch Unterlassen** (Verletzung der Berichtigungspflicht) sind **eine Tat im prozessualen Sinne** nach § 264 StPO.[33]

Der BGH hat aber die Frage offengelassen, ob die der Steuerhinterziehung durch aktives Tun nachfolgende Unterlassungstat in Form des Verstoßes gegen § 153 AO als **mitbestrafte Nachtat** zurücktritt oder – etwa wegen des in einem direkten Hinterziehungsvorsatz zum Ausdruck kommenden höheren Schuldgehalts – als **eigenständige Tat im materiellen Sinn** zur vorangegangenen Steuerhinterziehung in Tatmehrheit steht.[34]

- Schließlich wird die Berichtigungspflicht nur dann ausgelöst, wenn der Steuerpflichtige die Unrichtigkeit/Unvollständigkeit seiner Erklärung **vor Ablauf der Festsetzungsfrist** erkennt. Dies richtet sich für Verbrauchsteuern nach §§ 169 ff. AO. Für Einfuhr- und Ausfuhrabgaben i. S. d. § 1 Abs. 1 Satz 3 ZollVG beträgt die reguläre Frist gem. Art. 221 Abs. 3 ZK drei Jahre und im Falle einer Steuerhinterziehung nach Art. 221 Abs. 4 ZK i. V. m. § 169 Abs. 2 Satz 2 AO zehn Jahre.
- Die Berichtigungspflicht umfasst zum einen die Anzeigepflicht gegenüber der zuständigen Finanzbehörde und zum anderen die Pflicht zur Richtigstellung. Die Verletzung der Berichtigungspflicht führt für die von ihr umfassten Steuern zur verlängerten Festsetzungsfrist von zehn Jahren nach § 169 Abs. 2 Satz 2 AO.[35]

BEISPIEL: Die A-GmbH betreibt ein Schaumweinsteuerlager. Nach ordnungsgemäßer Entnahme aus dem Steuerlager gibt Geschäftsführer B aufgrund grober Fahrlässigkeit versehentlich für den Monat September eine Steueranmeldung ab, die eine um 408 € zu geringe Schaumweinsteuer aufweist. Nach Abgabe der Steueranmeldung, aber noch vor Ablauf der Festsetzungsfrist bemerkt er seinen Fehler. Er meldet ihn aber nicht dem HZA, denn er freut sich nunmehr über die Steuerersparnis.

Hat sich B wegen einer Steuerhinterziehung strafbar gemacht?

Indem B die unrichtige Steueranmeldung abgab, hat er keine Steuerhinterziehung durch aktives Tun nach **§ 370 Abs. 1 Nr. 1 AO** begangen. B handelte diesbezüglich nicht (bedingt) vorsätzlich.

B kann sich aber wegen einer Steuerhinterziehung durch Unterlassen nach **§ 370 Abs. 1 Nr. 2 AO** strafbar gemacht haben, indem er seiner Berichtigungspflicht nach § 153 Abs. 1 Satz 1 Nr. 1 AO nicht nachkam.

Adressat der Berichtigungspflicht ist nach § 153 Abs. 1 AO der Steuerpflichtige (§ 33 AO). Im Rahmen des § 153 Abs. 1 Satz 1 AO ist das derjenige, der zur Abgabe der Steuererklärung/-anmeldung verpflichtet war. Nach § 15 Abs. 1 Satz 1 SchaumwZwStG war dies die GmbH als Steuerlagerinhaberin. Da die GmbH aber nicht selbst handlungsfähig ist, war die Erklärungspflicht von B als gesetzlichem Vertreter der GmbH (§ 35 GmbHG) nach § 34 Abs. 1 Satz 1, 2. Alt. AO zu erfüllen. Er ist damit nach § 153 Abs. 1 Satz 2 AO Adressat der Berichtigungspflicht.

B hat für die GmbH eine unrichtige Steueranmeldung abgegeben, da diese die Steuer um 408 € zu niedrig auswies. Dadurch wurde die Steuer nicht in voller Höhe festgesetzt und damit gem. § 370 Abs. 4 AO verkürzt. Das Merkmal liegt hier in Form der Steueranmeldung vor, die

32 BGH v. 17. 3. 2009 1 StR 479/08, NJW 2009, 1984.

33 BGH v. 17. 3. 2009 1 StR 479/08, NJW 2009, 1984; v. 11. 9. 2007 5 StR 213/07, wistra 2008, 22.

34 BGH v. 17. 3. 2009 1 StR 479/08, NJW 2009, 1984.

35 *Klein/Rätke*, AO-Kommentar, § 153 Rdn. 9.

nach § 168 Satz 1 AO als Festsetzung unter dem Vorbehalt der Nachprüfung gilt, § 370 Abs. 4 Satz 1, Hs. 2 AO.

B hat die Unrichtigkeit der Steueranmeldung tatsächlich erkannt. Dies geschah auch nachträglich, da ihm die Unrichtigkeit nicht schon bei Abgabe der Schaumweinsteueranmeldung bekannt war. Er hat die Unrichtigkeit seiner Angaben laut Sachverhalt auch vor Ablauf der Festsetzungsfrist (§ 169 ff. AO) erkannt. Indem er seinen Fehler nicht dem HZA anzeigte und richtigstellte, hat er seine Berichtigungspflicht verletzt. Damit hat er die Finanzbehörden pflichtwidrig in Unkenntnis gelassen. Sofern die weiteren Voraussetzungen vorliegen, hat sich B der Steuerhinterziehung schuldig gemacht.

1047 Eine Berichtigungspflicht besteht nach **§ 153 Abs. 1 Satz 1 Nr. 2 AO** auch dann, wenn der Steuerpflichtige nachträglich vor Ablauf der Festsetzungsfrist erkennt, dass eine durch Verwendung von Steuerzeichen zu entrichtende Steuer nicht in der richtigen Höhe entrichtet worden ist. Adressat der Berichtigungspflicht ist derjenige, der zur Verwendung von Steuerzeichen verpflichtet war. Im Übrigen kann auf die zu § 153 Abs. 1 Satz 1 Nr. 1 AO gemachten Ausführungen entsprechend verwiesen werden.

1048 **§ 153 Abs. 3 AO** legt demjenigen eine Anzeigepflicht auf, dem für Waren eine **Steuervergünstigung unter einer Bedingung** gewährt worden ist, wenn er die Waren in einer Weise verwenden will, die der Bedingung nicht entspricht. Das Institut der **bedingten Steuern** (§ 50 AO) wurde jedoch aufgegeben und durch das **Steueraussetzungsverfahren** ersetzt. Gleichwohl hat dies keine Auswirkungen auf die Anwendbarkeit des § 153 Abs. 3 AO auf Verbrauchsteuern. § 153 Abs. 3 AO ist weiterhin für diese anwendbar.[36]

Der Begriff der **Steuervergünstigung** umfasst sowohl die Steuerbefreiung, die Steuerermäßigung als auch die Steuerentlastung. Adressat der Anzeigepflicht ist **jeder**, der die Waren zweckwidrig verwenden will.[37] § 153 Abs. 3 AO normiert eine Anzeigepflicht **vor der steuerwidrigen Verwendung**.

Damit die Verletzung der Anzeigepflicht zu einer Steuerhinterziehung durch Unterlassen nach § 370 Abs. 1 Nr. 2 AO führen kann, muss es jedoch zur zweckwidrigen Verwendung gekommen sein. Erst die tatsächliche zweckwidrige Verwendung ist eine steuerlich erhebliche Tatsache, da hierdurch die Steuer entsteht. Allein die Absicht der zweckwidrigen Verwendung, lässt die Steuer nicht entstehen und stellt dementsprechend keine steuerlich erhebliche Tatsache dar.

c) Die Tathandlung des § 370 Abs. 1 Nr. 3 AO

1049 § 370 Abs. 1 Nr. 3 AO erfasst den Fall der pflichtwidrigen **Nichtverwendung von Steuerzeichen** und Steuerstemplern. Obwohl vom Wortlaut der Vorschrift nicht direkt umfasst, gehören hierzu auch die Fälle der nicht rechtzeitigen Verwendung und die der Verwendung von Steuerzeichen in geringerer als in der gesetzlich geschuldeten Höhe.[38]

1050 Steuerzeichen sind Wertzeichen, mittels derer die Entrichtung der Steuer erfolgt. Sie dienen zugleich als **Indiz** dafür, dass die **Steuerschuld getilgt** wurde. Einzig relevant ist momentan die Verwendung von Steuerzeichen auf dem Gebiet der Tabaksteuer. Nach

---

36 *Bender*/Möller/Retemeyer, Zoll- und Verbrauchsteuerstrafrecht, C III Rdn. 247 u. 248.

37 *Tipke/Seer*, AO-Kommentar, § 153 Rdn. 17.

38 *Klein/Jäger*, AO-Kommentar, § 370 Rdn. 76.

§ 17 Abs. 1 TabStG ist für Tabakwaren die Steuer durch Verwendung von Steuerzeichen zu entrichten. Die Verwendung umfasst das Entwerten und das Anbringen der Steuerzeichen an den Kleinverkaufspackungen.

Die Steuerzeichen müssen verwendet sein, **bevor** es zur Entstehung der Tabaksteuerschuld kommt. Das heißt, die Steuerzeichenschuld ist von der Tabaksteuerschuld zu unterscheiden. Die Tabaksteuer entsteht mit der Überführung der Tabakwaren in den steuerrechtlich freien Verkehr. Dies ist beispielsweise nach § 15 Abs. 1 i. V. m. Abs. 2 Nr. 1 TabStG mit der Entnahme aus dem Steuerlager der Fall. Gleichzeitig mit ihrer Entstehung erlischt die Tabaksteuer, sofern die Tabakwaren mit Steuerzeichen versehen sind.

§ 370 Abs. 1 Nr. 3 AO ist nach h. M. ein **Sonderdelikt.**[39] Täter kann daher nur derjenige 1051
sein, der die **Pflicht zur Verwendung** von Steuerzeichen zu erfüllen hat und dem auch die Möglichkeit zum Bezug von Steuerzeichen gegeben ist.

Bezugsberechtigte sind nach § 17 Abs. 2 TabStG Hersteller, Einführer und Gleichgestellte. § 370 Abs. 1 Nr. 3 AO ist demgemäß nicht einschlägig, wenn der Schuldner der Tabaksteuer zwar die Verwendung von Steuerzeichen unterlässt, dies aber nicht pflichtwidrig geschieht, da ihm die Bezugsberechtigung zum Erwerb der Steuerzeichen fehlt.[40] Eine Strafbarkeit nach § 370 Abs. 1 Nr. 3 AO scheidet somit auch beim verbotswidrigen Verbringen aus dem freien Verkehr anderer Mitgliedstaaten gem. § 23 TabStG aus. Die dort benannten Steuerschuldner haben in keinem Fall die Möglichkeit zum Bezug von Steuerzeichen.[41]

Der Anwendungsbereich des § 370 Abs. 1 Nr. 3 AO ist somit als gering einzustufen, da von ihm nur die zum Bezug von Steuerzeichen Berechtigten erfasst werden.

BEISPIEL: Tabaksteuerlagerinhaber A entnimmt aus dem Steuerlager Tabakwaren ohne Verwendung von Steuerzeichen, ohne das sich ein Steueraussetzungsverfahren anschließt.

A ist tauglicher Täter einer Steuerhinterziehung nach § 370 Abs. 1 Nr. 3 AO. Er hat pflichtwidrig die Verwendung von Steuerzeichen unterlassen, § 17 Abs. 1 und Abs. 2 TabStG.

Gleichwohl ist auch die Verwirklichung der Verbotstatbestände des Tabaksteuergeset- 1052
zes durch andere Personen als durch Bezugsberechtigte strafbar. Für diese ergibt sich jedoch die Strafbarkeit aus **§ 370 Abs. 1 Nr. 1 und Nr. 2 AO**, da im Tabaksteuergesetz für diese Personen eine Pflicht zur Abgabe einer Steuererklärung normiert ist.

BEISPIEL: Lagerarbeiter A entwendet aus dem Tabaksteuerlager der B-GmbH Tabakwaren ohne Verwendung von Steuerzeichen.

Eine Strafbarkeit des A nach **§ 370 Abs. 1 Nr. 3 AO** scheidet aus. A hat § 17 Abs. 1 TabStG zuwider die Verwendung von Steuerzeichen unterlassen, bevor es zur Entstehung der Tabaksteuerschuld kam. Dies geschah jedoch nicht pflichtwidrig, da ihm ein Bezug der Steuerzeichen nach § 17 Abs. 2 TabStG nicht möglich war.

---

39 *Klein/Jäger*, AO-Kommentar, § 370 Rdn. 26 und 75.

40 *Weidemann*, Verbrauchsteuern als Fälligkeit- und Veranlagungsteuern unter dem Blickwinkel des Steuerstrafrechts, ZfZ 2008, S. 97 ff.

41 Erlass des BMF v. 14. 6. 2007 III B 7 - S 0701/07/0003 (Strafbarkeit beim Verbringen von Tabakwaren ohne Steuerzeichen aus den neuen Mitgliedstaaten; Strafbarkeit nach § 370 Abs. 1 Nr. 3 AO).

A ist jedoch tauglicher Täter einer Steuerhinterziehung nach **§ 370 Abs. 1 Nr. 2 AO**. Er hat die Zollbehörden pflichtwidrig über steuerlich erhebliche Tatsachen „in Unkenntnis" gelassen. Steuerlich erhebliche Tatsache ist vorliegend die Entnahme aus dem Steuerlager, da hieran gem. §§ 15 Abs. 1, Abs. 2 Nr. 1 TabStG die Steuerentstehung anknüpft. Über diese Tatsache unterrichtete A die Zollbehörden nicht. Dies geschah pflichtwidrig. A ist als Dieb Steuerschuldner der Tabaksteuer nach § 15 Abs. 4 Nr. 1, 2. Alt. TabStG. Als solcher ist er nach § 17 Abs. 3, 1. Alt. TabStG zur unverzüglichen Abgabe einer Steuererklärung verpflichtet.

d) Taterfolg

1053 Der Taterfolg einer Steuerhinterziehung kann nach §§ 370 Abs. 1 Satz 1 i. V. m. § 370 Abs. 4 AO entweder in einer **Steuerverkürzung** oder **in der Erlangung eines nicht gerechtfertigten Steuervorteils** bestehen. Da eine Steuerhinterziehung vollendet ist, wenn sämtliche Merkmale des objektiven Tatbestandes verwirklicht sind, ist es notwendig, den Eintritt des Taterfolges zu bestimmen.

Wird die Steuerhinterziehung durch Unterlassen begangen, ist für die Vollendung der Steuerhinterziehung auf den hypothetischen Verlauf abzustellen, den das Besteuerungsverfahren ohne das steuerwidrige Verhalten des Täters genommen hätte. Ist der Taterfolg noch nicht eingetreten, kommt lediglich eine **versuchte Steuerhinterziehung** nach § 370 Abs. 2 AO in Betracht.[42] Des Weiteren ist der Vollendungszeitpunkt der Steuerhinterziehung für die Beurteilung entscheidend, ob ein Rücktritt nach § 24 StGB oder nur eine strafbefreiende Selbstanzeige nach § 371 AO vorliegt.

aa) Steuerverkürzung als Taterfolg

1054 Der Taterfolg der Steuerverkürzung liegt gem. § 370 Abs. 4 Satz 1, Hs. 1 AO namentlich dann vor, wenn

- Steuern nicht oder
- Steuern nicht in voller Höhe oder
- nicht rechtzeitig

festgesetzt werden.

Das heißt, steuerstrafrechtlich wird in dieser Taterfolgsvariante nur auf das **Festsetzungsverfahren** abgestellt.

BEISPIEL: Der Steuerlagerinhaber A hat seine ordnungsgemäße Biersteuererklärung für den Monat Januar entsprechend § 15 Abs. 1 Satz 1 BierStG bis zum 7. Februar beim HZA abgegeben. Die sich danach ergebene Biersteuer ist nach § 15 Abs. 1 letzter Satz BierStG am 20. Februar fällig. A zahlt erst am 1. März.

Es liegt keine Steuerhinterziehung nach § 370 AO vor. Dass A seine Steuer nicht pünktlich entrichtet, ist steuerstrafrechtlich irrelevant. § 370 Abs. 4 Satz 1 AO stellt auf das Festsetzungsverfahren und nicht auf das Erhebungsverfahren ab.

1055 Für den Eintritt des Verkürzungserfolges ist es nach § 370 Abs. 4 Satz 1, Hs. 2 AO unerheblich, ob die Steuer

- vorläufig festgesetzt wird (§ 165 AO) oder

42 AO-DV (Zoll) Nr. 3.1.3 zu § 370.

- unter dem Vorbehalt der Nachprüfung festgesetzt wird (§ 164 AO) oder
- eine Steueranmeldung einer Steuerfestsetzung unter Vorbehalt der Nachprüfung gleichsteht (§ 168 AO).

(1) Inländische Verbrauchsteuern

Bei der Steuerfestsetzung ist zwischen **Veranlagungssteuern** und **Anmeldesteuern** zu unterschieden. 1056

Nach § 155 Abs. 1 Satz 1 AO werden Steuern, soweit nichts anderes vorgeschrieben ist, von der Finanzbehörde durch Steuerbescheid festgesetzt. **Steuerbescheid** ist nach Satz 2 der Vorschrift, der nach § 122 Abs. 1 AO bekanntgegebene Verwaltungsakt. Dieser wird gem. § 124 Abs. 1 Satz 1 AO mit seiner Bekanntgabe wirksam. Das heißt, allein durch die Abgabe der Steuererklärung, ist die Steuer noch nicht festgesetzt. Vielmehr muss die Finanzbehörde noch tätig werden, nämlich einen Steuerbescheid erlassen; mithin die Veranlagung durchführen. Daher spricht man bei den Steuern, die von der Finanzbehörde durch Steuerbescheid festgesetzt werden, von **Veranlagungssteuern**. 1057

Dies hat Auswirkungen auf den Eintritt der Steuerverkürzung und damit auf den Vollendungszeitpunkt der Steuerhinterziehung. Für die inländischen Verbrauchsteuern, deren Entstehungstatbestand auf einem **ordnungsgemäßen Umgang** mit den verbrauchsteuerpflichtigen Waren beruht, sieht nur das **Biersteuergesetz** die Abgabe einer **Steuererklärung** vor (§ 15 Abs. 1 Satz 1 BierStG). Darüber hinaus sieht das **Tabaksteuergesetz** die Abgabe einer **Steuererklärung** in den Fällen vor, in denen die Entstehung der Tabaksteuerschuld auf die **Verwirklichung eines Verbotstatbestandes** zurückzuführen ist (§ 17 Abs. 3, § 23 Abs. 1, § 28 Abs. 1, § 30 Abs. 3, § 31 Abs. 2 TabStG).

Wird bei den **Veranlagungssteuern** die Steuerhinterziehung durch **aktives Tun** nach § 370 Abs. 1 Nr. 1 AO begangen, ist die Steuerhinterziehung regelmäßig zu dem Zeitpunkt vollendet, in dem die Steuerfestsetzung wirksam geworden ist, d. h. zu dem Zeitpunkt, zu dem die Steuerfestsetzung dem Steuerpflichtigen bekanntgegeben wird. In dem Zeitraum zwischen der Abgabe der Steuererklärung (z. B. Einwerfen in den Briefkasten) und der Bekanntgabe des Steuerbescheides liegt lediglich eine versuchte Steuerhinterziehung gem. § 370 Abs. 1 Nr. 1, Abs. 2 AO, §§ 22, 23 Abs. 1 StGB vor. 1058

BEISPIEL 1: Die A-GmbH betreibt ein Biersteuerlager. Im Juni 2011 wird ein Großkunde mit 200 hl Bier beliefert. Es erfolgt eine ordnungsgemäße Anschreibung im Lagerbuch. Um Steuern zu sparen, überlegt sich Geschäftsführer B der A-GmbH in der Biersteuererklärung des Monats Juni nur 150 hl Bier anzugeben. Er gibt die unrichtige Erklärung am 5. 7. 2011 beim HZA ab. Entsprechend den Angaben in der Biersteuererklärung wird am 17. 7. 2011 der Biersteuerbescheid für den Monat Juni 2011 bekanntgegeben.

Es liegt eine **vollendete Steuerhinterziehung** nach § 370 Abs. 1 Nr. 1 AO vor.

Indem B in der Biersteuererklärung die zu versteuernde Menge nicht vollständig erklärte, erfüllt er den Tatbestand des § 370 Abs. 1 Nr. 1 AO. Dem HZA werden unvollständige Angaben über die tatsächlich aus dem Steuerlager entnommene Menge gemacht. Die tatsächlichen Entnahmen aus dem Steuerlager sind steuerlich erheblich, da hieran die Steuerentstehung gem. §§ 14 Abs. 1, Abs. 2 Nr. 1 BierStG anknüpft. Die unvollständigen Angaben macht B in der Biersteuererklärung, indem er der Wahrheit zuwider ausdrücklich erklärt, dass seine Angaben vollständig seien. Der Taterfolg in Form der Steuerverkürzung ist mit Bekanntgabe des Biersteuerbescheides (§§ 122, 124 Abs. 1 AO) eingetreten.

BEISPIEL 2: Reisender A aus Deutschland bringt aus Polen 4 000 Stück Zigaretten zu gewerblichen Zwecken mit, die keine deutschen Tabaksteuerzeichen tragen. Auf dem Nachhauseweg wird er von Angehörigen einer Kontrolleinheit Verkehrswege (KEV) angehalten. Vor Durchsuchung des Fahrzeugs wird A nach verbrauchsteuerpflichtigen Waren befragt, was er aber leugnet. Anschließend werden die Zigaretten im Fahrzeug gefunden.

A ist nach § 370 Abs. 1 Nr. 1, Abs. 2 AO, §§ 22, 23 Abs. 1 StGB wegen **versuchter Steuerhinterziehung** strafbar.

Indem A die Frage nach verbrauchsteuerpflichtigen Waren verneinte, erfüllte er die **Tathandlung des § 370 Abs. 1 Nr. 1 AO**. A machte gegenüber den Finanzbehörden (§ 6 Abs. 2 Nr. 5 AO) unrichtige Angaben über steuerlich erhebliche Tatsachen. Das Verbringen von Tabakwaren zu gewerblichen Zwecken aus dem steuerrechtlich freien Verkehr eines anderen Mitgliedstaates in das Steuergebiet ist steuerlich erheblich, da hieran nach § 23 Abs. 1 TabStG die Steuerentstehung anknüpft.

Vorliegend ist die Steuerhinterziehung jedoch **nicht vollendet**. Nach § 23 Abs. 1 TabStG hat A unverzüglich nach dem Verbringen eine Steuererklärung abzugeben. A ist noch nicht an seinem Wohnort angekommen. Das Handeln des A wird damit entdeckt, bevor die Möglichkeit einer Steuerfestsetzung durch die Finanzbehörden bestand. Aufgrund der durch die Kontrolle gewonnenen Erkenntnisse, wird die Tabaksteuer durch die Finanzbehörden rechtzeitig festgesetzt.

Es liegt aber eine **versuchte Steuerhinterziehung** vor. A hatte in subjektiver Hinsicht den **Tatentschluss** zur Verkürzung der Tabaksteuer. Er hat auch in objektiver Hinsicht unmittelbar zur Steuerhinterziehung angesetzt. Ein **unmittelbares Ansetzen** liegt vor, wenn eine auf die Verwirklichung eines Tatbestandsmerkmals gerichtete Tätigkeit aufgenommen wird. Sofern der Täter bereits Merkmale des Straftatbestandes erfüllt hat, liegt unproblematisch bereits ein unmittelbares Ansetzen vor. A hat hier mit der Abgabe der unrichtigen Erklärung bereits die Tathandlung des § 370 Abs. 1 Nr. 1 AO erfüllt.

1059 Wird bei den **Veranlagungssteuern** die Steuerhinterziehung durch **Unterlassen** nach § 370 Abs. 1 Nr. 2 AO begangen, ist die Steuerhinterziehung zu dem Zeitpunkt vollendet, in dem ein Schätzungsbescheid (§ 162 AO) mit zu niedriger Festsetzung bekanntgegeben wird.[43] Ergeht kein Steuerbescheid, ist die Steuerhinterziehung in dem Zeitpunkt vollendet, in dem die Steuerfestsetzung spätestens abgeschlossen worden wäre.[44] Sofern ein Schätzungsbescheid erst nach dem allgemeinen Abschluss der Veranlagungsarbeiten ergeht, ist gleichwohl die Steuerhinterziehung durch Unterlassen bereits beim allgemeinen Veranlagungsabschluss vollendet.[45]

BEISPIEL: Aus dem Steuerlager der Brau-GmbH werden im Monat Juni 2011 Entnahmen in Höhe von 200 hl getätigt, die ordnungsgemäß ins Lagerbuch eingetragen werden. Um Steuern zu sparen, gibt Geschäftsführer B keine Biersteuererklärung für den Monat ab, da er davon ausgeht, dass das HZA die Besteuerungsgrundlagen zu niedrig schätzen wird. Am 17. 7. 2011 wird der Schätzungsbescheid bekanntgegeben, hierin wird die Steuer für eine steuerpflichtige Menge von 100 hl festgesetzt.

Es liegt eine **vollendete Steuerhinterziehung** nach § 370 Abs. 1 Nr. 2 AO vor.

Indem B für die Brau-GmbH keine Steuererklärung für den Monat Juni 2011 beim HZA abgab, hat er den Tatbestand des § 370 Abs. 1 Nr. 2 AO verwirklicht. Eine steuerliche erhebliche Tatsache liegt vor (s. Bspl. zuvor). B hat das HZA pflichtwidrig über die tatsächlich entnommene Biermenge in Unkenntnis gelassen. Nach § 15 Abs. 1 Satz 1 BierStG ist die Brau-GmbH als Steu-

---

43 *Klein/Jäger*, AO-Kommentar, § 370 Rdn. 92.

44 AO-DV (Zoll) Nr. 3.1.3. zu § 370.

45 *Klein/Jäger*, AO-Kommentar, § 370 Rdn. 92.

erlagerinhaberin zur Abgabe einer Biersteuererklärung verpflichtet. Nach § 34 Abs. 1 Satz 1 AO hat B als gesetzlicher Vertreter der GmbH (§ 35 GmbHG) die steuerlichen Pflichten der Brau-GmbH zu erfüllen. Das heißt, für ihn bestand eine Rechtspflicht zum Tätigwerden gegenüber den Finanzbehörden, die er durch sein Untätigbleiben verletzte. Der Verkürzungserfolg ist mit Bekanntgabe des Steuerbescheides eingetreten.

ABWANDLUNG: Der Schätzungsbescheid für die Biersteuer des Monats Juni wird am 30. 7. 2011 bekanntgegeben.

Für die Vollendung ist zu fragen, wann bei ordnungsgemäßer Abgabe der Steuererklärung auch der unterlassene Täter spätestens veranlagt worden wäre. Für die Bearbeitung der Biersteuererklärung ist zentral das HZA Stuttgart zuständig. Es ist also danach zu fragen, wann dieses üblicherweise die Biersteuerveranlagung im Großen und Ganzen abgeschlossen hat (s. hierzu auch Beispiel unter Rdn. 390).

Neben den Veranlagungssteuern gibt es die sog. **Anmeldesteuern**. Soweit es gesetzlich 1060
vorgeschrieben ist, hat der Steuerpflichtige eine **Steueranmeldung** abzugeben. Hierbei handelt es sich um eine Steuererklärung, in der der Steuerpflichtige die Steuer selbst zu berechnen hat, § 150 Abs. 1 Satz 3 AO. Bis auf die zuvor genannten Ausnahmen bei der Bier- und Tabaksteuer (Rdn. 1057), sind die Verbrauchsteuern als Anmeldesteuern konzipiert (z. B. § 8 Abs. 4 EnergieStG, § 144 Abs. 1 BranntwStG, § 15 Abs. 1 SchaumwZwStG, § 15 Abs. 2 BierStG, § 12 Abs. 1 KaffeeStG).

Wird bei den **Anmeldesteuern** die Steuerhinterziehung durch **aktives Tun** nach § 370 1061
Abs. 1 Nr. 1 AO begangen, gilt Folgendes:

Sofern der Steuerpflichtige entsprechend seiner Selbstberechnung in der Steueranmeldung einen Steuerbetrag an die Finanzbehörde zu entrichten hat (Plusbetrag), bedarf es einer **Steuerfestsetzung mittels Steuerbescheid** durch die Finanzbehörde nur, wenn diese von der **Selbstberechnung** des Steuerpflichtigen abweicht, § 167 Abs. 1 Satz 1 AO. Weicht die Finanzbehörde ab, ist folglich die Steuerhinterziehung vollendet, wenn der **Steuerbescheid dem Steuerpflichtigen bekanntgegeben wird**. In diesen Fällen unterscheiden sich die Anmeldesteuern somit nicht von den Veranlagungssteuern.

Weicht die Finanzbehörde aber nicht von den Angaben in der Steueranmeldung ab (Regelfall), steht die Steueranmeldung nach § 168 Satz 1 AO mit Eingang beim HZA einer Steuerfestsetzung unter dem Vorbehalt der Nachprüfung gleich. Das heißt, in diesen Fällen bedarf es keiner Handlung der Finanzbehörde mehr. Für den Taterfolg bedeutet dies, dass die Steuerhinterziehung in den Fällen des § 168 Satz 1 AO bereits mit **Eingang der Steueranmeldung beim HZA** vollendet ist.[46]

Führt die Steueranmeldung zu einer Herabsetzung der bisher zu entrichtenden Steuer oder zu einer Steuervergütung, so steht die Steueranmeldung gem. § 168 Satz 2 AO erst dann einer Steuerfestsetzung unter dem Vorbehalt der Nachprüfung gleich, wenn die Finanzbehörde zustimmt. Die Steuerhinterziehung ist daher in diesen Fällen dann vollendet, wenn die **Zustimmung der Finanzbehörde** erfolgt. Die Zustimmung erfolgt in der Praxis i. d. R. konkludent, durch Auszahlung des Steuerbetrages (Minusbetrag) an den Steuerpflichtigen (s. hierzu auch Beispiel und Abwandlung unter Rdn. 405).

46 AO-DV (Zoll) Nr. 3.1.3 zu § 370.

1062 Gibt der Steuerpflichtige nicht innerhalb der gesetzlich bestimmten Abgabefrist die Steueranmeldung beim HZA ab oder gibt er sie verspätet ab, liegt eine vollendete Steuerhinterziehung durch **Unterlassen** nach § 370 Abs. 1 Nr. 2 AO bereits mit **Ablauf der gesetzlichen Abgabefrist** vor. Denn ohne das steuerwidrige Verhalten des Täters wäre spätestens zu diesem Zeitpunkt die Steuerfestsetzung gem. § 168 Satz 1 AO erfolgt. Durch die Nichtabgabe bzw. verspätete Abgabe der Steueranmeldung liegt eine Steuerverkürzung gem. § 370 Abs. 1, Abs. 4 Satz 1 AO in Form der Nichtfestsetzung bzw. nicht rechtzeitiger Festsetzung vor. An diesem Ergebnis ändert auch eine später erfolgende Schätzung der Besteuerungsgrundlagen (§ 162 AO) nichts.

(2) Einfuhr- und Ausfuhrabgaben

1063 Die Zollschuld ist **Veranlagungssteuer**. Die Festsetzung des Abgabenbetrages erfolgt nach Art. 217 ZK durch die buchmäßige Erfassung. Hieran schließt sich die Mitteilung der Abgaben an den Zollschuldner gem. Art. 221 Abs. 1 ZK an. Über den Verweis auf die sinngemäße Anwendung der Zollvorschriften werden auch die Verbrauchsteuern bei der Einfuhr zu Veranlagungssteuern (z. B. § 21 Abs. 3 TabStG, § 18 Abs. 3 SchaumwZwStG). Ebenso verhält es sich bei der Einfuhrumsatzsteuer aufgrund des § 21 Abs. 2 UStG.

Die Steuerhinterziehung ist in dem Zeitpunkt vollendet, in welchem dem Täter der Abgabenbetrag nach Art. 221 Abs. 1 ZK **mitgeteilt wird** bzw. bei vorschriftsgemäßem Verhalten **mitgeteilt worden wäre**.

BEISPIEL: A gibt bewusst in der Zollanmeldung mittels des IT-Verfahrens ATLAS einen zu niedrigen Transaktionspreis an. Daraufhin wird der zu niedrige Abgabenbetrag buchmäßig erfasst. Der Einfuhrabgabenbescheid wird elektronisch am 6. 3. übermittelt.

Es liegt eine vollendete Steuerhinterziehung nach § 370 Abs. 1 Nr. 1 AO vor. A hat gegenüber den Finanzbehörden unrichtige Angaben über steuerlich erhebliche Tatsachen gemacht. Der tatsächlich zu zahlende Preis ist steuerlich erheblich, denn er ist gem. Art. 29 ZK Grundlage der Zollwertermittlung.

Vollendet ist die Steuerhinterziehung in dem Zeitpunkt, in dem die Steuerverkürzung nach § 370 Abs. 4, Hs. 1 AO eingetreten ist. Vorliegend wurden die Einfuhrabgaben nicht in voller Höhe buchmäßig erfasst. Die Steuerverkürzung tritt mit Wirksamwerden der Mitteilung des Abgabenbetrages ein. Nach Art. 221 Abs. 1 ZK ist der Abgabenbetrag dem Zollschuldner in geeigneter Form mitzuteilen.

§ 29b ZollV sieht vor, dass der buchmäßig erfasste Einfuhr- und Ausfuhrabgabenbetrag dem Zollschuldner mit Mittel der elektronischen Datenverarbeitung mitgeteilt werden kann. Nach § 122 Abs. 2a, Hs. 1 AO gilt ein elektronisch übermittelter Verwaltungsakt am dritten Tag nach der Absendung als bekannt gegeben. Dementsprechend erfolgt die Bekanntgabe hier am 9. 3., so dass an diesem Tag der Verkürzungserfolg eingetreten und folglich zu diesem Zeitpunkt die Steuerhinterziehung vollendet ist.

1064 Auch im **Reiseverkehr** ist für die Vollendung des Delikts danach zu fragen, wann bei einem steuerredlichen Verhalten des Reisenden die Veranlagungsarbeiten spätestens abgeschlossen wären. Im Reiseverkehr erfolgt die Bearbeitung in fester Reihenfolge entsprechend dem Eintreffen der Reisenden. Hierbei erfolgt sogleich die Mitteilung der Einfuhrabgaben und anschließend die Überlassung der Waren in den zollrechtlich freien Verkehr. Im Reiseverkehr ist daher die Steuerhinterziehung in dem Zeitpunkt vollendet, in dem entweder eine Überlassung erfolgt ist oder der Reisende den Amtsplatz des Zollamtes verlassen hat.[47]

Die Steuerhinterziehung befindet sich lediglich im Versuchsstadium, wenn die Waren bei einer noch am Grenzzollamt vorgenommenen Überprüfung gefunden und sichergestellt werden.[48]

Im **Flugreiseverkehr** ist die Steuerhinterziehung nach § 370 Abs. 1 Nr. 1 AO vollendet, wenn der Reisende den „grünen Kanal" verlässt. Hingegen liegt lediglich eine versuchte Steuerhinterziehung gem. § 370 Abs. 1 Nr. 1, Abs. 2 AO, §§ 22, 23 Abs. 1 StGB vor, wenn der Reisende den „grünen Kanal" betritt und noch vor Verlassen des „grünen Kanals" die einfuhrabgabenpflichtigen Waren gefunden und sichergestellt werden.[49] 1065

Beim **klassischen Schmuggel** über die Grenze ist die Steuerhinterziehung in dem Zeitpunkt vollendet, in dem die Grenze des Zollgebiets überquert wird.[50] 1066

Wie zuvor beschrieben, handelt es sich bei der Zollschuld um eine Veranlagungssteuer, d. h. die Abgaben werden von der Zollbehörde buchmäßig erfasst und mitgeteilt (Art. 217 ff. ZK). Gleichwohl gibt es Fälle, in denen der Zollbeteiligte, vergleichbar mit einer Steueranmeldung, die Abgabenschuld **selbst berechnet**. In diesem Zusammenhang ist insbesondere die **ergänzende Zollanmeldung** nach Art. 76 Abs. 2 ZK zu nennen.[51] 1067

Das vereinfachte Anmeldeverfahren und das Anschreibeverfahren sehen Vereinfachungen für das förmliche Anmeldeverfahren vor. Beide Verfahren bedürfen einer vorherigen Bewilligung der Zollbehörden (Art. 260 ZK-DVO bzw. Art. 263 ZK-DVO).

Beim **vereinfachten Anmeldeverfahren** (Art. 76 Abs. 1 Buchst. a ZK, Art. 253 Abs. 2, Art. 260 ff. DVO) kann anstelle einer vollständigen Zollanmeldung eine unvollständige abgegeben werden oder das Einheitspapier durch ein Handels- oder Verwaltungspapier ersetzt werden. Die fehlenden Angaben mehrerer vereinfachter Zollanmeldungen werden anschließend periodisch in Form einer ergänzenden, zusammenfassenden Zollanmeldung nach Art. 76 Abs. 2 ZK nachgereicht. Abrechnungszeitraum ist grds. der Kalendermonat.

Beim **Anschreibeverfahren** (Art. 76 Abs. 1 Buchst. c ZK, Art. 253 Abs. 3, Art. 263 ff. ZK-DVO) ist lediglich das Eintreffen der Waren am zugelassenen Bestimmungsort der Zollstelle mitzuteilen. Die Abgabe einer Zollanmeldung entfällt zugunsten einer Anschreibung der Waren in der betrieblichen Buchführung. Genau wie bei dem vereinfachten Anmeldeverfahren erfolgt auch hier die Abgabe einer ergänzenden Zollanmeldung gem. Art. 76 Abs. 2 ZK, in der alle im Anschreibeverfahren angemeldeten Waren eines Abrechnungszeitraums (Kalendermonat) zusammengefasst werden.

47 OLG Dresden v. 3. 3. 1999 1 Ss 597/98, ZfZ 1999, 282; AO-DV (Zoll) Nr. 3.1.3 zu § 370.
48 AO-DV (Zoll) Nr. 3.1.3 zu § 370.
49 AO-DV (Zoll) Nr. 3.1.3 zu § 370.
50 *Bender/Möller/Retemeyer*, Zoll- und Verbrauchsteuerstrafrecht, C III Rdn. 335.
51 Siehe hierzu auch *Witte/Wolffgang/Henke*, Lehrbuch des europäischen Zollrechts, S. 103 ff.

Die ergänzende Zollanmeldung ist grds. am dritten Werktag nach Ablauf des Abrechnungszeitraums abzugeben. Bei Selbstberechnern verlängert sich die Frist auf den zehnten Kalendertag.

Werden in der ergänzenden Zollanmeldung die Abgaben vom Zollbeteiligten nicht selbst berechnet, wird der Abgabenbetrag nach **buchmäßiger Erfassung mittels Einfuhrabgabenbescheid** dem Zollbeteiligten mitgeteilt. Bei der Selbstberechung der Abgaben durch den Zollbeteiligten erfolgt die buchmäßige Erfassung mit der Anerkennung des Abgabenbetrages. Eine Mitteilung des Abgabenbetrages erfolgt nach Art. 221 Abs. 2 ZK nicht. Der Mitteilung des Abgabenbetrages mittels Einfuhrabgabenbescheides bedarf es in den Fällen der Selbstberechnung nur, wenn die Zollstelle von dem selbstberechneten Betrag abweicht.

1068 Die Selbstberechnung in der Zollanmeldung ist für die Frage des Vollendungszeitpunktes der Steuerhinterziehung relevant. Nach § 370 Abs. 4, Hs. 2 AO liegt eine Steuerverkürzung auch dann vor, wenn eine Steueranmeldung einer Steuerfestsetzung unter dem Vorbehalt der Nachprüfung gleichsteht. Jedoch werden die Vorschriften der §§ 164 und 168 AO durch Art. 217 ff. ZK überlagert. **Zollrechtlich** ist daher die **ergänzende Zollanmeldung mit Selbstberechnung** der Abgaben **keine Vorbehaltsfestsetzung** im Sinne der AO. **Steuerstrafrechtlich** ist aber die **ergänzende Zollanmeldung mit Selbstberechnung** wie eine **Vorbehaltsfestsetzung** zu bewerten.[52]

Hieraus ergibt sich, dass die Steuerhinterziehung durch aktives Tun nach § 370 Abs. 1 Nr. 1 AO bei einer ergänzenden Zollanmeldung mit Selbstberechnung, genau wie eine Steueranmeldung i. S. d. § 168 Satz 1 AO, mit **Eingang bei der Zollstelle** vollendet ist.[53] Erkennt die Zollstelle jedoch die Unrichtigkeit bzw. die Unvollständigkeit der Angaben und weicht von dem selbstberechneten Betrag des Zollbeteiligten ab, liegt lediglich eine versuchte Steuerhinterziehung gem. § 370 Abs. 1 Nr. 1, Abs. 2 AO, §§ 22, 23 StGB vor.

Gibt der Selbstberechner keine bzw. verspätet die ergänzende Zollanmeldung ab, ist die Steuerhinterziehung durch Unterlassen nach § 370 Abs. 1 Nr. 2 AO mit Ablauf der Abgabefrist vollendet. Die Steuerverkürzung liegt in diesen Fällen in Form einer Nichtfestsetzung bzw. verspäteten Festsetzung vor.

bb) Erlangter Steuervorteil als Taterfolg

1069 Der Taterfolg einer Steuerhinterziehung kann auch darin bestehen, dass der Täter durch eine Tathandlung nach § 370 Abs. 1 bis 3 AO für sich oder einen anderen einen nicht gerechtfertigten Steuervorteil erlangt.

(1) Steuervorteil

1070 Der Begriff des Steuervorteils ist nicht gesetzlich definiert. Steuerstrafrechtlich kann unter einem Steuervorteil ein Vorteil **spezifischer steuerlicher Art** verstanden werden, der auf einem **Tätigwerden der Finanzbehörde** beruht, jedoch **keine Steuerverkürzung**

52 *Bender/Möller/Retemeyer*, Zoll- und Verbrauchsteuerstrafrecht, C III Rdn. 290.

53 AO-DV (Zoll) Nr. 3.1.3 zu § 370.

i. S. d. § 370 Abs. 4 Satz 1 AO darstellt und der den **staatlichen Steueranspruch beeinträchtigt.**[54]

§ 370 Abs. 4 Satz 2 AO stellt klar, dass auch **Steuervergütungen** den Steuervorteilen zuzurechnen sind. Steuervergütungen sind Ansprüche des Bürgers auf Rückzahlung von Steuern, die eine andere Person bereits zuvor entrichtet hat. Die Verbrauchsteuergesetze sehen zahlreiche Steuervergütungen vor (z. B. §§ 46 ff. EnergieStG, § 153 Abs. 3 BranntwMonG etc.).

Die Erlangung nicht gerechtfertigter Steuervorteile ist insbesondere im **Steuererhebungs-** und **Vollstreckungsverfahren** relevant. Beispielsweise:

- die ungerechtfertigte Erlangung einer Stundung für inländische Verbrauchsteuern nach § 222 AO bzw. bei Einfuhr- und Ausfuhrabgaben i. S. d. § 1 Abs. 1 Satz 3 ZollVG nach /i. V. m. Art. 229 ZK,
- der ungerechtfertigte Erlass von Verbrauchsteuern nach § 227 AO bzw. bei Einfuhr- und Ausfuhrabgaben i. S. d. Art. 4 Nr. 10 und 11 ZK und der Einfuhrumsatzsteuer nach Art. 229 ZK,
- die ungerechtfertigte Erlangung einer Einstellung oder Beschränkung der Vollstreckung nach § 257 AO,
- die ungerechtfertigte Erlangung einer einstweiligen Einstellung oder Beschränkung der Vollstreckung nach § 258 AO,
- die ungerechtfertigte Erlangung einer Niederschlagung nach § 261 AO.

Siehe hierzu weitere Beispiele auch speziell aus dem Zoll- und Verbrauchsteuerrecht *bei Möller/Retemeyer.*[55]

(2) Nicht gerechtfertigt

Der Steuervorteil ist nicht gerechtfertigt, wenn die Voraussetzungen an die das Gesetz 1071
die Gewährung des Steuervorteils knüpft, nicht vorliegen. Bei Ermessensentscheidungen der Finanzbehörde über die Gewährung von Steuervorteilen (z. B. § 258 AO) ist der Vorteil ungerechtfertigt, wenn er aufgrund unrichtiger Angaben bewilligt wurde.[56]

(3) Vollendung der Vorteilserlangung

Nicht gerechtfertigte Steuervorteile sind gem. § 370 Abs. 4 Satz 2 AO erlangt, wenn sie 1072
zu Unrecht gewährt oder belassen werden. Eine **Gewährung** liegt vor, wenn der begünstigende Verwaltungsakt bekanntgegeben wird.[57]

Der Erlass eines Verwaltungsaktes ist jedoch für die Gewährung des Steuervorteils nicht in jedem Fall zwingend. So stellt beispielsweise auch die Niederschlagung nach § 261 AO eine Gewährung eines Steuervorteils dar. Die Niederschlagung wird jedoch

---

54 *Franzen/Gast/Joecks*, Steuerstrafrecht, § 370 Rdn. 82 ff.

55 *Bender/Möller/Retemeyer*, Zoll- und Verbrauchsteuerstrafrecht, C III Rdn. 381 ff.

56 *Klein/Jäger*, AO-Kommentar, § 370 Rdn. 125.

57 *Bender/Möller/Retemeyer*, Zoll- und Verbrauchsteuerstrafrecht, C III Rdn. 372.

gerade nicht dem Vollstreckungsschuldner mitgeteilt, da sie eine verwaltungsinterne Maßnahme ist.

Übergibt der Vollstreckungsschuldner dem Vollziehungsbeamten bewusst einen ungedeckten Scheck und erreicht hierdurch gem. § 292 AO die Abwendung der Pfändung, liegt hierin ebenfalls ein Gewähren eines Steuervorteils, welcher wiederum nicht in Form eines Verwaltungsaktes erfolgt.

Ein **Belassen** liegt vor, wenn ein bereits gewährter Steuervorteil weiterhin bestehen bleibt, obwohl die Voraussetzungen für die Begünstigung nunmehr entfallen sind; im Falle eines bereits ergangenen begünstigenden Verwaltungsakts also mit dem Unterlassen des Widerrufs.[58]

cc) Kompensationsverbot

1073 § 370 Abs. 4 Satz 3 AO bestimmt, dass eine Steuerhinterziehung auch dann vorliegt, wenn die Steuer, auf die sich die Tat bezieht, aus anderen Gründen hätte ermäßigt oder der Steuervorteil aus anderen Gründen hätte beansprucht werden können.

Mit **anderen Gründen** im Sinne dieser Vorschrift sind Tatsachen gemeint, auf die sich der Täter zur Rechtfertigung seines Verhaltens im Strafverfahren beruft, obwohl er sie im Besteuerungsverfahren nicht vorgebracht hat.[59]

Das sog. Kompensationsverbot kann dazu führen, dass eine vollendete Steuerhinterziehung gegeben ist, obwohl es letztlich gar nicht zu einem Steuerschaden gekommen ist. Denn als verkürzte Steuern werden diejenigen Beträge angesehen, die auf die unrichtig erklärten oder verschwiegenen steuerlichen Vorgänge entfallen. Nur für solche Ermäßigungsgründe oder Steuervorteile, die im **unmittelbaren wirtschaftlichen Zusammenhang** mit den unzutreffenden Steuererklärungen stehen, bei denen es sich somit um die steuerrechtliche Beurteilung desselben Vorgangs handelt, **gilt das Kompensationsverbot nicht.**[60]

Die Thematik des Kompensationsverbotes ist bei den Zöllen- und Verbrauchsteuern nicht ausgeschlossen, kommt aber vornehmlich bei den Besitz- und Verkehrssteuern zum Tragen.

BEISPIEL: A erzielt Einkünfte aus Gewerbebetrieb aus einer Autowerkstatt. Daneben hat er die erste Etage seines Wohnhauses im Jahr 2011 vermietet. Hieraus erzielte er Mieteinnahmen in Höhe von 12 000 €. Auf der anderen Seite hatte er in dem Jahr Renovierungskosten für die vermietete Etage in Höhe von 6 000 €. In seiner Einkommensteuererklärung gibt er keine Einkünfte aus Vermietung und Verpachtung an, da er meint, dass das Finanzamt schon nicht hinter seine Vermietung komme. Die Einkommensteuer wird entsprechend der Erklärung des A veranlagt. Durch eine anonyme Anzeige wird der Sachverhalt durch das Finanzamt aufgedeckt.

A macht geltend, dass es zu keiner Steuerverkürzung gekommen sei. Zum einen seien seine Renovierungskosten bei den Einnahmen aus der Vermietung abzuziehen und zum anderen hat er bei seinen Einkünften aus Gewerbebetrieb Ausgaben in Höhe von 6 000 € vergessen, was der Wahrheit entspricht.

---

58 *Bender/Möller/Retemeyer*, Zoll- und Verbrauchsteuerstrafrecht, C III Rdn. 372.

59 BGH v. 28. 1 1987 3 StR 373/86, BGHSt 34, 272.

60 BGH v. 5. 2. 2004 5 StR 420/03, NStZ 2004, 579.

Liegt in einkommensteuerlicher Hinsicht eine Steuerverkürzung i. S. d. § 370 Abs. 4 AO vor?

LÖSUNG: An sich ist **kein Steuerschaden** entstanden. Den nicht erklärten Einnahmen aus Vermietung und Verpachtung in Höhe von 12 000 € stehen insgesamt Ausgaben in gleicher Höhe gegenüber (6 000 € Renovierungskosten und 6 000 € Betriebsausgaben für den Gewerbebetrieb). Das heißt, die Steuern wurden in richtiger Höhe festgesetzt, so dass nach § 370 Abs. 4 Satz 1 AO keine Steuerverkürzung vorläge. Jedoch ist das Kompensationsverbot nach § 370 Abs. 4 Satz 3 AO zu beachten:

Die **vergessenen Betriebsausgaben** bei den Einkünften aus Gewerbebetrieb stellen einen anderen Grund dar, der bei der strafrechtlichen Würdigung außer Betracht zu bleiben hat. Zwischen diesen vergessenen Betriebsausgaben und den nicht erklärten Einnahmen aus Vermietung und Verpachtung besteht **kein unmittelbarer wirtschaftlicher Zusammenhang**. Das Kompensationsverbot findet Anwendung.

Anders sieht es jedoch bei den nicht geltend gemachten **Renovierungskosten** aus. Die Kosten hat A nur deshalb nicht geltend gemacht, weil er die Erlöse aus seiner Vermietung verschwieg. Es besteht daher diesbezüglich ein **innerer unmittelbarer Zusammenhang**. Das Kompensationsverbot findet keine Anwendung. Die nicht erklärten Erlöse von 12 000 € werden in Höhe der nicht geltend gemachten Renovierungskosten von 6 000 € kompensiert. Es verbleiben somit 6 000 €. Es liegt eine Einkommensteuerverkürzung in der Höhe vor, die sich aus der Erhöhung der Einkünfte um 6 000 € ergibt.

e) Kausalität

§ 370 Abs. 1 AO bestimmt, dass **durch** die Tathandlung i. S. d. Nr. 1 bis 3 die Steuerver- 1074
kürzung eintritt bzw. die nicht gerechtfertigen Steuervorteile erlangt werden. Das heißt, zwischen Tathandlung und Taterfolg muss Kausalität bestehen.

Besteht die Handlung in einem **aktiven Tun** (§ 370 Abs. 1 Nr. 1 AO), ist jede Handlung 1075
kausal, die nicht hinweggedacht werden kann, ohne dass der Erfolg entfiele. Bei der Abgabe einer unrichtigen bzw. unvollständigen Erklärungen, die dann der Veranlagung zugrunde gelegt wird, setzt der Täter eine Ursache, die sich im tatbestandsmäßigen Erfolg stets wesentlich fortwirkt. Eine Strafbarkeit wegen vollendeter Steuerhinterziehung entfällt daher nicht deshalb, weil den zuständigen Finanzbehörden anderweitig alle für die Steuerfestsetzung bedeutsamen Tatsachen und zudem sämtliche Beweismittel bekannt und verfügbar waren.[61]

Besteht die Tathandlung in einem pflichtwidrigen **In-Unkenntnis-Lassen** (§ 370 Abs. 1 1076
Nr. 2 AO), ist das Unterlassen für den Taterfolg kausal, wenn die rechtlich erwartete Handlung nicht hinzugedacht werden kann, ohne dass der Erfolg entfiele. Anders als die Steuerhinterziehung durch aktives Tun, ist bei der Steuerhinterziehung durch Unterlassen die Unkenntnis der Finanzbehörde explizit im Tatbestand genannt. Das heißt, der Täter handelt beim Unterlassen nur tatbestandsmäßig, wenn er die **Unkenntnis der Finanzbehörde** nicht beseitigt.[62]

Dies bedeutet, dass keine vollendete Steuerhinterziehung durch Unterlassen nach § 370 Abs. 1 Nr. 2 AO vorliegt, wenn die Finanzbehörde anderweitig bereits vollständig über den steuerlich relevanten Sachverhalt unterrichtet ist. Es liegt dann lediglich ein

61 BGH v. 14. 12. 2010 1 StR 275/10, PStR 2011, 58.

62 *Franzen/Gast/Joecks*, Steuerstrafrecht, § 370 Rdn. 196.

Versuch vor, wenn der Täter pflichtwidrig die Aufklärung der Finanzbehörde unterlässt und hierbei von der Kenntnis der Finanzbehörde nichts weiß.[63]

3. Subjektiver Tatbestand

1077 Die Steuerhinterziehung kann nur vorsätzlich begangen werden (§ 369 Abs. 2 AO i. V. m. § 15 StGB). **Vorsatz** ist das Wissen und Wollen der Tatbestandsverwirklichung. Es ist ausreichend, wenn der Täter mit bedingtem Tatvorsatz (dolus eventualis) handelt. Das heißt, es ist ausreichend, wenn der Täter es für ernstlich möglich hält und billigend in Kauf nimmt, dass sein Verhalten zur Verwirklichung des gesetzlichen Tatbestandes führt.[64]

1078 Der Vorsatz muss sich auf den **gesamten objektiven Tatbestand** der Steuerhinterziehung beziehen. Dementsprechend also auf die Tathandlung, den Taterfolg und die Kausalität. Dies bedeutet:

- Bezogen auf die **Tathandlung** muss der Täter wissen und wollen, dass er gegenüber den Finanzbehörden oder anderen Behörden über steuerlich erhebliche Tatsachen unrichtige oder unvollständige Angaben macht bzw. dass er die Finanzbehörden pflichtwidrig über steuerlich erhebliche Tatsachen in Unkenntnis lässt.
- Bezogen auf den **Taterfolg** muss der Täter wissen und wollen, dass eine Steuerverkürzung erfolgt bzw. ein nicht gerechtfertigter Steuervorteil erlangt wird.
- Bezogen auf die **Kausalität** muss der Täter wissen und wollen, dass durch sein Handeln bzw. durch sein pflichtwidriges Untätigbleiben der Taterfolg eintritt.

1079 Kennt der Täter jedoch einen Umstand nicht, der zum gesetzlichen Tatbestand gehört, handelt er nicht vorsätzlich, § 16 Abs. 1 StGB. Der Täter befindet sich dann in einem sog. **Tatbestandsirrtum**. Da die Steuerhinterziehung hinsichtlich der Tathandlung an steuerlich erhebliche Tatsachen und in der Unterlassungsvariante zudem noch an die Pflichtwidrigkeit anknüpft, ergibt sich ein Tatbestandsirrtum insbesondere aufgrund der Unkenntnis des Täters über das materielle Steuerrecht.

Hierbei gilt jedoch, dass es ausreichend ist, dass der Täter den in Rede stehenden **Steueranspruch dem Grunde nach kennt** und auch **der Höhe nach für möglich hält**. Die anzuwendenden steuerrechtlichen Vorschriften samt ihrer Auswirkungen auf einen bestehenden Steueranspruch, braucht der Täter nicht zu kennen.[65]

In der Tatvariante des Unterlassens muss der Täter die Kenntnis über die Tatsachen haben, die die Pflicht zur Aufklärung der Finanzbehörde begründen. Die Aufklärungspflicht selbst braucht der Täter nicht zu kennen.[66]

BEISPIEL 1: Steuerlagerinhaber A gibt in seiner Biersteuererklärung die zu versteuernde Menge zu niedrig an. Er hatte versehentlich eine Warenentnahme an einen Kunden nicht in seiner

63 *Franzen/Gast/Joecks*, Steuerstrafrecht, § 370 Rdn. 196.

64 AO-DV (Zoll) Nr. 3.2 zu § 370.

65 *Klein/Jäger*, AO-Kommentar, § 370 Rdn. 171.

66 *Franzen/Gast/Joecks*, Steuerstrafrecht, § 370 Rdn. 236.

Buchführung erfasst, so dass er bei Ausfüllen der Erklärung auf unrichtige Werte zurückgriff. Der daraufhin bekanntgegebene Bescheid entspricht den Angaben in der Erklärung.

A ist nicht wegen Steuerhinterziehung strafbar.

Der objektive Tatbestand des § 370 Abs. 1 Nr. 1 AO ist erfüllt. Die tatsächlich entnommene Menge aus dem Steuerlager ist eine steuerlich erhebliche Tatsache, da hieran die Steuerentstehung anknüpft. A hat gegenüber der Finanzbehörde unvollständige Angaben gemacht, aufgrund derer die Steuer nicht in voller Höhe festgesetzt wurde; mithin verkürzt wurde.

A hat jedoch nicht vorsätzlich gehandelt. Er kannte bei Tatbegehung nicht die Umstände, die zum gesetzlichen Tatbestand gehören, § 16 Abs. 1 StGB. Er wusste nicht, dass er unvollständige Angaben macht. Er wusste auch nicht, dass durch seine Erklärung die Steuern zu niedrig festgesetzt werden. In Betracht könnte jedoch eine leichtfertige Steuerverkürzung nach § 378 AO kommen; s. hierzu Rdn. 1246.

BEISPIEL 2: A kommt von einer Reise aus den USA wieder. Er hatte dort für seine Frau als Geschenk eine Armbanduhr für umgerechnet 1 500 € gekauft. Am Flughafen in Deutschland angekommen, benutzt er den „grünen Ausgang" und passiert diesen unkontrolliert. Der Verkäufer in den USA erzählte ihm, dass Reisemitbringsel bei einer Flugreise pro Person bis zu einem Warenwert von insgesamt 1 500 € abgabenfrei seien.

Es liegt keine Steuerhinterziehung vor.

A verwirkliche den objektiven Tatbestand des § 370 Abs. 1 Nr. 1 AO, indem er den „grünen Kanal" benutzte und hierdurch konkludent erklärte, dass er keine abgabenpflichtigen Waren mit sich führt. Die Einfuhr ist eine steuerlich erhebliche Tatsache, da hieran die Zollschuldentstehung und die Einfuhrumsatzsteuerentstehung anknüpfen. Durch das Benutzen des „grünen Ausgangs" wurden die Abgaben nicht festgesetzt; mithin verkürzt.

A hat jedoch nicht vorsätzlich gehandelt. Zum Inhalt des Vorsatzes gehört es auch, dass der Täter den bestehenden bestimmten Steueranspruch kennt. Dies ist hier nicht gegeben. A hat nicht gewusst, dass die Einfuhr nur bis zu einem Warenwert von 430 € abgabenfrei ist. Damit kannte er bei Tatbegehung die Umstände nicht, die zum gesetzlichen Tatbestand gehören, § 16 Abs. 1 StGB. In Betracht kommt jedoch eine leichtfertige Steuerverkürzung nach § 378 AO; s. hierzu Rdn. 1246.

4. Rechtswidrigkeit

Wie im allgemeinen Strafrecht gilt auch für das Steuerstrafrecht, dass eine Handlung 1080
des Täters nur dann strafbar ist, wenn sie auch rechtswidrig erfolgte. Rechtswidrigkeit liegt vor, wenn das Verhalten des Täters im Widerspruch zur Rechtsordnung steht. Das heißt, die Handlung des Täters ist mangels Rechtswidrigkeit straflos, wenn für sie ein **Rechtfertigungsgrund** gegeben ist.

Grundsätzlich indiziert die Tatbestandsmäßigkeit jedoch die Rechtswidrigkeit. Sofern 1081
die Handlung einen gesetzlichen Straftatbestand erfüllt, ist dies ein widerlegbares Indiz dafür, dass sie auch rechtswidrig erfolgte.

Im **Steuerstrafrecht** ist das Eingreifen von Rechtfertigungsgründen auf sehr wenige 1082
Ausnahmefälle beschränkt. So ist beispielsweise im **allgemeinen Strafrecht** der **rechtfertigende Notstand** nach § 34 StGB ein klassischer Rechtfertigungsgrund. Dieser greift jedoch im Steuerstrafrecht regelmäßig nicht ein. Der Täter kann nicht erfolgreich ins Feld führen, dass bei Abgabe einer ordnungsgemäßen Erklärung bzw. Anmeldung die

Existenz des Unternehmens gefährdet gewesen wäre, er Mitarbeiter hätte einlassen müssen etc.[67]

1083 **Behördliche Erlaubnisse** führen regelmäßig dazu, dass **bereits der objektive Tatbestand nicht erfüllt ist**, so dass sie nicht erst die Strafbarkeit der Handlung auf der Ebene der Rechtswidrigkeit ausschließen. Wenn beispielsweise dem Zollbeteiligten das Anschreibeverfahren (Art. 76 Abs. 1 Buchst. c ZK, Art. 253 Abs. 3, Art. 263 ff. ZK-DVO) bewilligt wurde, hat er nur das Eintreffen der Waren der Zollstelle mitzuteilen und die Waren in der betrieblichen Buchführung anzuschreiben. Der Zollbeteiligte verwirklicht somit bereits nicht die Tathandlung des § 370 Abs. 1 Nr. 2 AO, wenn er nicht nach Eintreffen der Waren eine Zollanmeldung abgibt.

Gleichwohl hat er natürlich die Pflicht, für den Abrechnungszeitraum eine ergänzende Zollanmeldung abzugeben. Wenn er dieser Pflicht nicht nachkommt, hat dies aber nichts mehr mit der behördlichen Erlaubnis zu tun, denn diese befreit den Zollbeteiligten gerade nicht von der Abgabe der ergänzenden Zollanmeldung. Das heißt, dann vermag die behördliche Erlaubnis weder den objektiven Tatbestand noch die Rechtswidrigkeit auszuschließen.

5. Schuld

1084 Der Täter muss auch schuldhaft gehandelt haben. Dem Täter muss die rechtswidrige Tat persönlich vorzuwerfen sein. Dies setzt voraus, dass der Täter schuldfähig ist und kein Entschuldigungsgrund oder unvermeidbarer Verbotsirrtum vorliegt.

a) Schuldfähigkeit

1085 Für die Schuldfähigkeit gelten die allgemeinen strafrechtlichen Regelungen (§ 369 Abs. 2 AO). **Kinder** sind schuldlos, wenn sie bei Begehung der Tat noch nicht vierzehn Jahre alt sind, § 19 StGB. **Jugendliche** zwischen vierzehn und achtzehn sind schuldfähig, wenn sie zur Zeit der Tat nach der sittlichen und geistigen Entwicklung reif genug sind, das Unrecht der Tat einzusehen und nach dieser Einsicht handeln, § 1 Abs. 2, 1. Alt. i. V. m. § 3 Satz 1 JGG. Bei **Heranwachsenden** zwischen achtzehn und einundzwanzig Jahren wird die Schuldfähigkeit vermutet, § 1 Abs. 2, 2. Alt. JGG.

1086 Nach § 20 StGB kann die Schuldfähigkeit bei einer **seelischen Störung** ausgeschlossen sein, sofern der Täter aufgrund der seelischen Störung **unfähig** war, dass Unrecht der Tat einzusehen oder nach dieser Einsicht zu handeln. Führt die seelische Störung zu einer **erheblichen Verminderung** der Einsichts- und Steuerungsfähigkeit, ist der Täter nach § 21 StGB vermindert schuldfähig, so dass die Strafe gemildert werden kann.

b) Entschuldigungsgründe

1087 Die Überschreitung der Notwehr (§ 33 StGB) und der entschuldigende Notstand (§ 35 StGB) stellen Schuldausschließungsgründe dar. Deren Durchgreifen ist jedoch im Steuerstrafrecht kaum denkbar.[68]

67 *Franzen/Gast/Joecks*, Steuerstrafrecht, § 369 Rdn. 95.

68 *Franzen/Gast/Joecks*, Steuerstrafrecht, § 369 Rdn. 97.

Zwar nicht gesetzlich normiert, aber gemeinhin anerkannt ist, dass die Strafbarkeit eines Unterlassungsdelikts die **Zumutbarkeit normgerechten Verhaltens** erfordert.[69] Jedoch gilt auch hier, dass die Fälle, in denen dem Täter ein normgerechtes Verhalten nicht zugemutet werden kann, im **Steuerstrafrecht** die Ausnahme bilden. Die Abgabe einer Erklärung bzw. Anmeldung ist dem Täter auch dann zuzumuten, wenn er dadurch die Existenz seines Unternehmens gefährdet sieht. 1088

c) Verbotsirrtum

Während der Tatbestandsirrtum nach § 16 Abs. 1 StGB den Vorsatz entfallen lässt, entfällt bei einem **unvermeidbaren Verbotsirrtum** gem. § 17 StGB die **Schuld**. § 17 Satz 1 StGB bestimmt, dass der Täter ohne Schuld handelt, wenn ihm bei Begehung der Tat die **Einsicht fehlt, Unrecht zu tun**, wenn er diesen Irrtum **nicht vermeiden** konnte. War jedoch der Irrtum vermeidbar, so kommt „nur" eine **Strafmilderung** nach § 49 Abs. 1 StGB in Betracht, § 17 Satz 2 StGB. 1089

Da Irrtümer über das Bestehen und den Inhalt steuerrechtlicher Vorschriften wegen des Blankettatbestandes des § 370 AO bereits dem Tatbestandsirrtum zuzuordnen sind, wird hiervon bereits das größte Spektrum von Irrtümern abgedeckt. Für den Verbotsirrtum verbleibt dementsprechend nur noch ein geringer Anwendungsbereich.[70] 1090

Im Unterschied zum Tatbestandsirrtum erfasst der Täter beim Verbotsirrtum alle Umstände, die das Tatunrecht begründen, er ist jedoch der Ansicht, dass seine Tat nicht verboten sei.[71] Dies kann darauf zurückzuführen sein, dass er sich einen **nicht existierenden Rechtfertigungsgrund vorstellt** oder die **Grenzen eines bestehenden Rechtfertigungsgrundes überdehnt**. 1091

BEISPIEL: [72]Ein von den niederländischen Zollfahndungsbehörden eingesetzter V-Mann führt Schmuggelfahrten mit deren Billigung durch und geht dabei davon aus, dass diese ihre Erkenntnisse an die betroffenen ausländischen Behörden weiterleiten, so dass er auch mit deren Einverständnis handelt. Wenn in einem solchen Fall die ausländischen Behörden tatsächlich jedoch nicht unterrichtet wurden, irrt sich der V-Mann über das Bestehen eines Rechtfertigungsgrundes, da er fälschlicherweise davon ausgeht, dass er mit Einverständnis der ausländischen Behörde handelt. Dies ist als Verbotsirrtum zu werten.

Denkbar ist auch, dass der Täter einem Verbotsirrtum in Form eines **Subsumtionsirrtums** unterliegt. Dieser liegt vor, wenn dem Täter sowohl der Sachverhalt als auch das Gesetz bekannt sind, er aber das Gesetz unrichtig anwendet. Der Täter kann einem solchen Subsumtionsirrtum insbesondere bei einer unrichtigen Einreihung von Waren unterliegen.[73] 1092

69 BGH v. 18. 3. 1952 GSSt 2/51, BGHSt 2, 194; v. 17. 2. 1954 GSSt 3/53, BGHSt 6, 47, v. 20. 12. 1983 1 StR 746/83, NStZ 1984, 164.

70 *Bender/Möller/Retemeyer*, Zoll- und Verbrauchsteuerstrafrecht, B I Rdn. 93.

71 *Bender/Möller/Retemeyer*, Zoll- und Verbrauchsteuerstrafrecht, B I Rdn. 90.

72 BGH v. 21. 2. 2001 5 StR 368/00, NStZ 2001, 379.

73 OLG Hamm v. 6. 5. 1970 5 Ws OWi 52/70, BZBl 1970, 1277; *Bender/Möller/Retemeyer*, Zoll- und Verbrauchsteuerstrafrecht, B I Rdn. 95.

1093 Die Straffreiheit tritt jedoch nur ein, wenn der **Irrtum unvermeidbar** war. Die Vermeidung des Verbotsirrtums beurteilt sich anhand der Einsichtsfähigkeit des Täters bei der erforderlichen Anspannung seines Gewissens. Die Rechtsprechung stellt hohe Anforderungen an die Unvermeidbarkeit. Der Verbotsirrtum ist verschuldet, wenn der Täter nicht die gebotene Sorgfalt angewandt hat, so z. B., wenn er nicht die erforderlichen **Erkundigungen eingeholt** hat. Bezüglich des oben genannten eingesetzten V-Manns hat der BGH den Verbotsirrtum als unvermeidbar eingestuft, da dem V-Mann die Einholung eines Rechtsrates wegen des konspirativen Vorgehens nicht möglich war.[74] Ansonsten wird der Verbotsirrtum im Rahmen des § 370 AO regelmäßig vermeidbar sein, was auch insbesondere für eine unzutreffende Einreihung von Waren gilt.[75]

6. Besonders schwere Fälle der Steuerhinterziehung

1094 Während für die einfache Steuerhinterziehung eine Freiheitsstrafe bis zu fünf Jahren oder Geldstrafe vorgesehen ist (§ 370 Abs. 1 AO), verschiebt **§ 370 Abs. 3 AO** für besonders schwere Fälle den Strafrahmen nach oben. Danach ist in besonders schweren Fällen die Strafe Freiheitsstrafe von sechs Monaten bis zu zehn Jahren.

Die in § 370 Abs. 3 AO aufgeführten fünf Fälle sind **Regelbeispiele**, bei denen nach dem Willen des Gesetzgebers i. d. R. ein besonders schwerer Fall einer Steuerhinterziehung anzunehmen ist. Sind die Merkmale des Regelbeispiels erfüllt, tritt die sogenannte **Regelwirkung** ein. Gleichwohl ist die Regelwirkung bei Vorliegen eines Regelbeispiels **nicht zwingend**. Es ist in jedem Einzelfall zu prüfen, ob trotz Vorliegens der Voraussetzungen eines Regelbeispiels besondere Umstände vorliegen, die die indizielle Wirkung des Regelbeispiels erschüttern.[76]

Auf der anderen Seite sind die Regelbeispiele aber auch **nicht abschließend**. Wenn der in Rede stehende Fall nicht als Regelbeispiel in § 370 Abs. 3 Satz 2 Nr. 1 bis 5 AO aufgeführt ist, kann dennoch ein besonders schwerer Fall angenommen werden, wenn der Sachverhalt dem Leitbild der Regelbeispiele entspricht und das gleiche kriminelle Gewicht aufweist.[77]

1095 Ein besonders schwerer Fall der Steuerhinterziehung nach § 370 Abs. 3 AO wirkt sich nur auf die **Strafzumessung** aus. Der Grundtatbestand der Steuerhinterziehung wird somit nicht verdrängt. Hiervon zu unterscheiden sind **Qualifikationstatbestände**, die einen speziellen Straftatbestand darstellen (z. B. gewerbsmäßiger, gewaltsamer und bandenmäßiger Schmuggel, § 373 AO).

Das heißt, vor der Prüfung des Vorliegens einer besonders schweren Steuerhinterziehung nach § 370 Abs. 3 AO ist zunächst die einfache Steuerhinterziehung einer Prüfung zu unterziehen. Hierbei sind folgende Konstellationen möglich:[78]

74 BGH v. 21. 2. 2001 5 StR 368/00, NStZ 2001, 379.

75 OLG Hamm v. 6. 5. 1970 5 Ws OWi 52/70, BZBl 1970, 1277; *Bender/Möller/Retemeyer*, Zoll- und Verbrauchsteuerstrafrecht, B I Rdn. 95.

76 AO-DV (Zoll) Nr. 4 zu § 370.

77 *Bender/Möller/Retemeyer*, Zoll- und Verbrauchsteuerstrafrecht, C III Rdn. 456.

78 *Franzen/Gast/Joecks*, Steuerstrafrecht, § 370 Rdn. 276.

- Es liegt weder eine vollendete noch eine versuchte Steuerhinterziehung vor. Ein Regelbeispiel nach § 370 Abs. 3 AO kann nicht zur Anwendung kommen, da bereits der Grundtatbestand nicht verwirklicht wurde. Es ist keine Strafbarkeit nach § 370 AO gegeben.
- Der Täter vollendet die einfache Steuerhinterziehung und auch das Regelbeispiel wird verwirklicht. Hierbei handelt es sich um eine vollendete Steuerhinterziehung in einem besonders schweren Fall. Der Strafrahmen bestimmt sich nach § 370 Abs. 3 AO.
- Der Täter vollendet die einfache Steuerhinterziehung, das Regelbeispiel bleibt im Versuchsstadium stecken. Hier liegt eine vollendete Steuerhinterziehung in einem versuchten besonders schweren Fall vor. Der Strafrahmen des § 370 Abs. 3 AO kann nach §§ 23, 49 StGB gemindert werden.
- Der Täter versucht die einfache Steuerhinterziehung und verwirklicht dabei das Regelbeispiel. Es liegt eine versuchte Steuerhinterziehung in einem besonders schweren Fall vor. Der Strafrahmen des § 370 Abs. 3 AO kann nach §§ 23, 49 StGB gemildert werden.

Zudem hat der BGH entschieden, dass die Strafe auch dann dem erweiterten Strafrahmen des § 370 Abs. 3 AO (wenn auch unter Minderung nach § 23 Abs. 2 i. V. m. § 49 Abs. 1 StGB) entnommen werden kann, wenn sowohl **das Grunddelikt der Steuerhinterziehung** als **auch das Regelbeispiel des besonders schweren Falls nur versucht wurde.**[79] Für den Eintritt der Regelwirkung der Regelbeispiele komme es bei der versuchten Steuerhinterziehung nur darauf an, ob der Täter nach seiner Vorstellung zur Verwirklichung des Regelbeispiels unmittelbar angesetzt hat.

MERKE:

Regelbeispiele beeinflussen nur die Strafzumessung. Das heißt, zuerst ist der Grundtatbestand (Steuerhinterziehung) zu prüfen. Liegt Versuch oder Vollendung des Grunddelikts vor, erfolgt im Anschluss daran die Prüfung, ob ein besonders schwerer Fall vorliegt.

Einer Steuerhinterziehung in einem besonders schweren Fall kann sich nur derjenige 1096 als **Täter oder Teilnehmer** schuldig machen, der in seiner Person die strafverschärfenden Tatumstände verwirklicht. Zudem müssen diese strafverschärfenden Umstände auch von seinem Vorsatz umfasst werden.

a) § 370 Abs. 3 Satz 2 Nr. 1 AO

Nach § 370 Abs. 3 Satz 2 Nr. 1 AO liegt ein besonders schwerer Fall einer Steuerhinter- 1097 ziehung i. d. R. vor, wenn der Täter in **großem Ausmaß** Steuern verkürzt oder nicht gerechtfertigte Steuervorteile erlangt.

---

79 BGH v. 28. 7. 2010 1 StR 332/10, wistra 2010, 449.

Anders als beim besonders schweren Fall des Betruges nach § 263 Abs. 3 Satz 2 Nr. 2 Alt. 1 StGB hatte der BGH das Merkmal des „großen Ausmaßes“ bisher noch nicht betragsmäßig bestimmt. Dies lag daran, dass die bis Ende des Jahres 2007 geltende Fassung des § 370 Abs. 3 Satz 2 Nr. 1 AO neben dem objektiven Element des „großen Ausmaßes“ kumulativ das subjektive Element „aus grobem Eigennutz“ erforderte, so dass der BGH sich zu einer eigenständigen Auslegung nur des Merkmals „großes Ausmaß“ nicht veranlasst sah.[80]

Mit Wegfall des Tatmotivs „grober Eigennutz“ legte der BGH in einem Grundsatzurteil fest, was unter dem Merkmal des großen Ausmaßes zu verstehen ist.[81] Danach ist der Begriff des Vermögensverlustes großen Ausmaßes genau wie der des Betruges nach **objektiven Kriterien** zu bestimmen. Eine Steuerhinterziehung großen Ausmaßes liegt nach der Entscheidung des BGH nur dann vor, wenn der **Hinterziehungsbetrag 50 000 €** übersteigt.

Die Betragsgrenze komme namentlich dann zur Anwendung, wenn der Täter **ungerechtfertigte Zahlungen** von den Finanzbehörden erhalten hat. Lässt der Täter aber „nur“ die Finanzbehörde pflichtwidrig über steuerliche Tatsachen in Unkenntnis und führt dies lediglich zu einer **Gefährdung des Steueranspruchs**, sei eine Erhöhung der Wertgrenze auf **100 000 €** angemessen.

Die Wertgrenzen sind für **jede einzelne Tat** im materiellen Sinne gesondert zu bestimmen. Bei mehrfacher tateinheitlicher Verwirklichung des Tatbestandes der Steuerhinterziehung ist nach Ansicht des BGH das „Ausmaß“ des jeweiligen Taterfolges zu addieren, da in solchen Fällen eine einheitliche Handlung i. S. d. § 52 StGB vorliegt, die für die Strafzumessung einer einheitlichen Bewertung bedürfe. Demzufolge kommt beispielsweise eine Addition in Betracht, wenn durch dieselbe Tat mehrere Steuerarten verkürzt werden (z. B. bei Abgabe einer unrichtigen Zollanmeldung: Ausmaß der Einfuhrabgaben i. S. d. Art. 4 Nr. 10 ZK + Ausmaß der EUSt + Ausmaß der Verbrauchsteuern bei der Einfuhr).

1098 Zudem bestimmte der BGH, dass von der nach diesen Maßstäben vorliegenden Steuerhinterziehung „großen Ausmaßes“ Indizwirkung für die Strafhöhe ausgeht. Bei einem Hinterziehungsbetrag ab 100 000 € werde die Verhängung einer Geldstrafe nur bei Vorliegen von gewichtigen Minderungsgründen noch schuldangemessen sein. Bei Hinterziehungsbeträgen in Millionenhöhe komme eine Aussetzung der Freiheitsstrafe zur Bewährung lediglich bei Vorliegen besonders gewichtiger Milderungsgründe in Betracht, so dass in diesem Fall ein Strafbefehlsverfahren nicht geeignet erscheint.

b) § 370 Abs. 3 Satz 2 Nr. 2 AO

1099 Wenn der Täter seine **Befugnisse** oder seine **Stellung** als **Amtsträger missbraucht**, liegt nach § 370 Abs. 3 Satz 2 Nr. 2 AO ebenfalls i. d. R. ein besonders schwerer Fall der Steuerhinterziehung vor.

---

80 BGH v. 2. 12. 2008 1 StR 416/08, BGHSt 53, 71.

81 BGH v. 2. 12. 2008 1 StR 416/08, BGHSt 53, 71.

Die **Amtsträgereigenschaft** wird über § 369 Abs. 2 AO in § 11 Nr. 2 StGB legaldefiniert.[82] 1100
Hierunter fallen alle Personen, die nach deutschem Recht dazu bestellt sind, bei einer Behörde oder bei einer sonstigen Stelle oder in deren Auftrag Aufgaben der öffentlichen Verwaltung wahrzunehmen. Erfasst sind sowohl Beamte als auch Angestellte. Mithin auch Steuerhilfspersonen nach § 217 AO. Keine Amtsträger sind beispielsweise Schreib- und Reinigungskräfte oder Boten, da diese selbst keine Aufgaben der öffentlichen Verwaltung wahrnehmen (§ 11 Nr. 4 StGB).

Ein **Missbrauch** liegt vor, wenn der Amtsträger vorsätzlich und rechtswidrig handelt.

Der Amtsträger missbraucht seine **Befugnisse**, wenn die pflichtwidrige Handlung in 1101
seinen Zuständigkeitsbereich fällt.[83]

BEISPIEL:[84] Der Finanzbeamte ist unter anderem für die elektronische Datenerfassung von Steuerpflichtigen (Name, Anschrift und Bankverbindung) zuständig. Um für sich nicht gerechtfertigte Steuervorteile zu erlangen, reicht er für einen nicht existenten Steuerpflichtigen, der in seinen Zuständigkeitsbereich fällt, eine Steuererklärung ein, die er mit dem Namen der von ihm erfundenen Person unterschreibt. Den Inhalt der Steuererklärung gibt er selbst in die Datenverarbeitungsanlage ein und veranlasst die elektronische Verarbeitung, so dass der sich danach ergebende Erstattungsbetrag auf sein Konto überwiesen wird.

Der Finanzbeamte ist wegen Untreue in Tateinheit mit **Steuerhinterziehung in einem besonders schweren Fall** strafbar.

Der Finanzbeamte hat gegenüber den Finanzbehörden über steuerlich erhebliche Tatsachen unrichtige Angaben gemacht, § 370 Abs. 1 Nr. 1 AO. Der Finanzbeamte kann selbst Täter der Steuerhinterziehung sein. Es ist unerheblich, dass er als sachlich zuständiger Finanzbeamter die Steuererstattung selbst veranlasste (vgl. Rdn. 1023). Es ist zu einem nicht gerechtfertigten Steuervorteil gekommen, § 370 Abs. 1, Abs. 4 Satz 2 AO. Da die Handlung in seinen Zuständigkeitsbereich fällt, hat er seine Befugnisse als Amtsträger missbraucht und damit das Regelbeispiel des § 370 Abs. 3 Satz 2 Nr. 2 AO verwirklicht.

Ein Missbrauch der **Stellung als Amtsträger** liegt vor, wenn der Amtsträger außerhalb 1102
seines Zuständigkeitsbereiches handelt, hierbei jedoch die ihm durch **sein Amt gegebenen Möglichkeiten ausnutzt**.[85] Ein solcher Missbrauch liegt jedoch noch nicht vor, wenn dem Amtsträger die Tat aufgrund seiner Amtszugehörigkeit lediglich leichter fällt. Demzufolge missbraucht ein Beamter der Bundespolizei nicht seine Stellung als Amtsträger, wenn er außerhalb seines Dienstes im Dienstfahrzeug und in Dienstuniform Waren einschmuggelt, da er auch beim Auftreten „in Zivil" allein aufgrund seiner Bekanntheit von seinen an der Grenze Dienst tuenden Kollegen in gleicher Weise bevorzugt worden wäre.[86]

Auch wenn die Voraussetzungen des Regelbeispiels erfüllt sind, muss für die Annahme 1103
eines besonders schweren Falls eine gewisse Größenordnung erreicht werden.[87] Das heißt, es ist ein nennenswerter Steuerschaden erforderlich.

82 AO-DV (Zoll) Nr. 4c) zu § 370.
83 *Bender/Möller/Retemeyer*, Zoll- und Verbrauchsteuerstrafrecht, C III Rdn. 471.
84 s. auch BGH v. 6. 6. 2007 5 StR 127/07, BGHSt 51, 356.
85 OLG Brandenburg v. 3. 3. 2005 2 Ss 10/05, wistra 2005, 315.
86 OLG Brandenburg v. 3. 3. 2005 2 Ss 10/05, wistra 2005, 315.
87 *Bender/Möller/Retemeyer*, Zoll- und Verbrauchsteuerstrafrecht, C III Rdn. 472.

c) § 370 Abs. 3 Satz 2 Nr. 3 AO

1104 Ein weiterer besonders schwerer Fall liegt i. d. R. vor, wenn der Täter die **Mithilfe eines Amtsträgers ausnutzt**, der seine Befugnisse oder seine Stellung missbraucht. Das heißt, während § 370 Abs. 3 Satz 2 Nr. 2 AO eine Strafverschärfung für den Amtsträger beinhaltet, sieht § 370 Abs. 3 Satz 2 Nr. 3 AO das Pendant für den nicht die Amtseigenschaft innehabenden Täter vor, der mit einem Amtsträger zusammenarbeitet. Das Zusammenarbeiten kann sowohl in der Form erfolgen, dass der Amtsträger als Mittäter fungiert als auch in der Form, dass er nur als Gehilfe tätig wird.

Genau wie bei § 370 Abs. 3 Satz 2 Nr. 2 AO ist auch bei diesem Regelbeispiel das Vorliegen eines nennenswerten Steuerschadens erforderlich.

d) § 370 Abs. 3 Satz 2 Nr. 4 AO

1105 Nach § 370 Abs. 3 Satz 2 Nr. 4 AO ist ein besonders schwerer Fall zudem gegeben, wenn der Täter unter **Verwendung nachgemachter oder verfälschter Belege fortgesetzt** Steuern verkürzt oder nicht gerechtfertigte Steuervorteile erlangt.

1106 **Nachgemachte und verfälschte Belege** sind falsche Urkunden i. S. d. § 267 StGB (Urkundenfälschung). Nachgemachte und verfälschte Belege liegen vor, wenn der aus dem Beleg ersichtliche Aussteller nicht die im Beleg enthaltene Erklärung abgegeben hat.[88]

BEISPIEL:[89]

1. A stellt selber das Ursprungszeugnis her und erlangt so eine Präferenzbehandlung.
2. A verringert auf der Originalrechnung den Kaufpreis und zahlt so niedrigere Einfuhrabgaben.
3. A erlangt durch Bestechung eines ausländischen Beamten ein Ursprungszeugnis und erlangt so eine Präferenzbehandlung.
4. A bekommt vom Lieferanten zwei Rechnungen, wobei er nur die mit dem niedrigeren Betrag dem Zollamt vorlegt und so niedrigere Einfuhrabgaben zahlen muss.

In welcher Variante liegt ein nachgemachter oder verfälschter Beleg i. S. d. § 370 Abs. 3 Satz 2 Nr. 4 AO vor?

LÖSUNG:

1. Es liegt ein nachgemachter Beleg i. S. d. § 370 Abs. 3 Satz 2 Nr. 4 AO vor.
2. Es liegt ein verfälschter Beleg i. S. d. § 370 Abs. 3 Satz 2 Nr. 4 AO vor.
3. Es liegt ein Originalbeleg vor. Der Aussteller der Urkunde hat tatsächlich die in ihr enthaltene Erklärung abgegeben. Dass sie inhaltlich unrichtig ist, ist unerheblich. Es liegt kein Fall des § 370 Abs. 3 Satz 2 Nr. 4 AO vor.
4. Auch hier liegt ein Originalbeleg vor. Der Aussteller der Urkunde hat wiederum tatsächlich die in ihr enthaltene Erklärung abgegeben. Es liegt kein Fall des § 370 Abs. 3 Satz 2 Nr. 4 AO vor.

1107 Ein **Verwenden** liegt vor, wenn die verfälschten oder nachgemachten Belege den Finanzbehörden **vorgelegt** werden.[90]

---

88 AO-DV (Zoll) Nr. 4c) zu § 370

89 s. auch *Bender/Möller/Retemeyer*, Zoll- und Verbrauchsteuerstrafrecht, C III Rdn. 475 f.

90 AO-DV (Zoll) Nr. 4c) zu § 370.

Die **fortgesetzte Begehung** erfordert, dass der Täter bei der Steuerhinterziehung **mindestens zweimal** nachgemachte oder verfälschte Belege eingesetzt hat. Anders als im Rahmen des § 370 Abs. 3 Satz 2 Nr. 5 AO (s. Rdn. 1112) handelt es sich hier bei der fortgesetzten Begehung um ein **objektives Merkmal**. 1108

e) § 370 Abs. 3 Satz 2 Nr. 5 AO

Schließlich bestimmt § 370 Abs. 2 Satz 2 Nr. 5 AO, dass ein besonders schwerer Fall i. d. R. vorliegt, wenn der Täter als Mitglied einer Bande, die sich zur fortgesetzten Begehung von Taten nach Abs. 1 verbunden hat, Umsatz- oder Verbrauchsteuern verkürzt oder nicht gerechtfertigte Umsatz- und Verbrauchsteuervorteile erlangt. 1109

Das Regelbeispiel wurde zum 1. 1. 2008 neu in das Gesetz eingeführt und ersetzt teilweise die Vorschrift des § 370a AO a. F., die ersatzlos weggefallen ist.

Das Regelbeispiel kommt nur bei **Umsatz- und Verbrauchsteuern** zur Anwendung. Es gilt nicht für Einfuhr- und Ausfuhrabgaben i. S. v. § 1 Abs. 1 Satz 3 ZollVG, d. h. **das Regelbeispiel gilt nicht für**: 1110

- Einfuhr- und Ausfuhrabgaben i. S. v. Art. 4 Nr. 10 und 11 ZK,
- die Einfuhrumsatzsteuer,
- die als Einfuhrabgabe geschuldete Verbrauchsteuer.

Für die Einfuhr- und Ausfuhrabgaben i. S. v. § 1 Abs. 1 Satz 3 ZollVG gilt der selbständige Qualifikationstatbestand des § 373 AO und zwar unabhängig davon, ob diese von Deutschland oder einem anderen Mitgliedstaat der Europäischen Gemeinschaft etc. verwaltet werden (s. hierzu Rdn. 1143).

Die Verbrauchsteuern des Regelbeispiels nach § 370 Abs. 3 Satz 2 Nr. 5 AO beziehen sich folglich nur auf solche, die nicht im Zusammenhang mit der Einfuhr entstehen. Erfasst wird das vom deutschen Fiskus verwaltete Steueraufkommen. Da durch das Jahressteuergesetz 2010 die Sätze 3 und 4 des § 370 Abs. 6 AO ersatzlos gestrichen wurden und demzufolge das Erfordernis der Gegenseitigkeit weggefallen ist,[91] gilt das Regelbeispiel zudem für die nicht im Zusammenhang mit der Einfuhr stehenden harmonisierten Verbrauchsteuern, die von einem anderen Mitgliedstaat verwaltet werden oder diesem zustehen.

Der Täter muss Mitglied einer **Bande** sein. Hierzu hat der BGH[92] entschieden, dass der Begriff der Bande den Zusammenschluss von mindestens **drei Personen**, statt vormals zwei Personen, voraussetzt, die sich mit dem Willen verbunden haben, künftig für eine gewisse Dauer mehrere selbständige, im Einzelnen noch ungewisse Straftaten des im Gesetz genannten Deliktstyps (hier: Steuerhinterziehung) zu begehen. Ein „gefestigter Bandenwille“ oder ein „Tätigwerden in einem übergeordneten Bandeninteresse“ ist nicht erforderlich. 1111

Eine **fortgesetzte Begehung** von Steuerhinterziehungen ist gegeben, wenn geplant ist, dass die Bande mehrere selbständige, im Einzelnen noch ungewisse Steuerhinterzie- 1112

91 Siehe hierzu Rdn. 1116.

92 BGH v. 22. 3. 2001 GSSt 1/00, BGHSt 46, 321, s. auch AO-DV (Zoll) Nr. 4d) zu § 370.

hungen begehen will. Als **subjektives Merkmal** setzt § 370 Abs. 3 Satz 2 Nr. 5 AO somit **Wiederholungsabsicht** voraus. Anders als bei dem Regelbeispiel der Verwendung nachgemachter oder verfälschter Belege (§ 370 Abs. 3 Satz 2 Nr. 4 AO) liegt im Rahmen des § 370 Abs. 3 Satz 2 Nr. 5 AO schon bei der ersten Tat eine fortgesetzte Begehung vor, wenn von Anfang an mehrere Taten geplant sind.

BEISPIEL: A, B und C schließen sich zusammen, um gemeinsam polnische Zigaretten, die keine deutschen Tabaksteuerzeichen tragen, nach Deutschland zu verbringen und dort auf dem Schwarzmarkt zu vertreiben. Da sie mehrere Fahrten in größerem Stil geplant haben, mieten sie sich in Frankfurt (Oder) für mehrere Monate eine Halle an, um dort die Zigaretten zu lagern. Zwei Wochen nach ihrer ersten Fahrt wird die Lagerhalle entdeckt.

Liegt eine fortgesetzte Begehung vor?

LÖSUNG: Ja, denn A, B und C haben als Bande geplant, mehrere Aktionen durchzuführen; mithin mehrere selbständige Steuerhinterziehungen. Sie hatten dementsprechend Wiederholungsabsicht. Als Indiz hierfür dient die Anmietung der Lagerhalle für mehrere Monate. Dass sie nach der ersten Tat erwischt wurden, ist unerheblich.

ABWANDLUNG 1: A, B und C planen nur einen einmaligen „Coup".

Es liegt keine fortgesetzte Begehung vor, da A, B und C nicht mit Wiederholungsabsicht handelten.

ABWANDLUNG 2: A, B und C planten zunächst nur einen einmaligen „Coup". Nachdem die Tat problemlos ablief, kommen sie zu dem Schluss, weitere Fahrten durchzuführen. Ist die erste Tat schon eine Bandentat?

LÖSUNG Nein, denn A, B und C fassen erst nach Begehung der ersten gemeinsamen Tat eine Bandenabrede für die Zukunft. Diese kann nicht die erste Tat nachträglich zu einer Bandentat werden lassen.[93]

1113 Das Regelbeispiel kann nur derjenige erfüllen, der **selbst Mitglied einer Bande** ist und die **Tat in seiner Eigenschaft als Bandenmitglied** begangen hat. Das heißt, die Tat muss von der Gesamtabrede der Bande gedeckt sein. Hierbei kann das Bandenmitglied als **Täter** (auch Mittäter oder mittelbarer Täter) gehandelt haben; genauso ist es aber für seine Bandenmitgliedschaft ausreichend, wenn er bei allen Bandentaten nur als **Gehilfe** tätig war.[94]

Darüber hinaus ist es nicht erforderlich, dass es sich bei jedem Bandenmitglied um einen Steuerpflichtigen handelt.[95] Hierbei gilt es aber zu beachten, dass auch § 370 Abs. 3 Satz 2 Nr. 5 AO nur eine Strafzumessungsregel ist und der Grundtatbestand der Steuerhinterziehung vollendet oder zumindest versucht worden sein muss.

Eine **Steuerhinterziehung durch Unterlassen** nach § 370 Abs. 1 Nr. 2 AO erfordert ein **pflichtwidriges** In-Unkenntnis-Lassen der Finanzbehörden. Ein Bandenmitglied kann nur dann **Täter** nach § 370 Abs. 1 Nr. 2 AO sein, wenn ihn eine Pflicht zum Tätigwerden gegenüber den Finanzbehörden trifft. Eine **Teilnahme** an einer Steuerhinterziehung nach § 370 Abs. 1 Nr. 2 AO ist jedoch möglich, auch wenn das Bandenmitglied als Gehil-

93 BGH v. 5. 8. 2005 2 StR 254/05, NStZ 2006, 176.

94 *Bender/Möller/Retemeyer*, Zoll- und Verbrauchsteuerstrafrecht, C III Rdn. 486.

95 AO-DV (Zoll) Nr. 4d) zu § 370.

fe keine eigene Pflicht zum Tätigwerden gegenüber den Finanzbehörden innehat (s. Rdn. 1037).

7. Geltungsbereich des § 370 AO

Über § 370 Abs. 6 AO findet die Steuerhinterziehung auch auf **Abgaben anderer Staaten** Anwendung. 1114

Nach **§ 370 Abs. 6 Satz 1 AO** gelten die Abs. 1 bis 5 auch dann, wenn sich die Tat auf **Einfuhr- und Ausfuhrabgaben** bezieht, die von einem anderen **Mitgliedstaat der Europäischen Gemeinschaft** verwaltet werden oder die einem **Mitgliedstaat der Europäischen Freihandelsassoziation (EFTA)** oder einem mit dieser **assoziierten Staat** zustehen. Mit Einfuhr- und Ausfuhrabgaben sind die in § 1 Abs. 1 Satz 3 ZollVG genannten Abgaben gemeint.[96] Das heißt, Satz 1 des § 370 Abs. 6 AO gilt für: 1115

- Einfuhr- und Ausfuhrabgaben i. S. d. Art. 4 Nr. 10 und 11 ZK,
- die Einfuhrumsatzsteuer des zuvor genannten ausländischen Staates,
- die als Einfuhrabgabe geschuldete Verbrauchsteuer des zuvor genannten ausländischen Staates.

Ferner werden über **§ 370 Abs. 6 Satz 2 AO** die Taten erfasst, die sich auf die **sonstigen Umsatz- oder harmonisierten Verbrauchsteuern** beziehen, die von **anderen Mitgliedstaaten** verwaltet werden oder diesen zustehen. Diesbezüglich enthielt § 370 Abs. 6 Satz 3 und Satz 4 AO a. F. jedoch eine Beschränkung. Solche Taten konnten in der Bundesrepublik Deutschland nur dann verfolgt werden, wenn die Gegenseitigkeit der Strafverfolgung zur Zeit der Tat verbürgt und dies in einer Rechtsverordnung festgestellt war. Das Problem, dass sich hierbei stellte, war, dass die geforderte Gegenseitigkeit in keinem Fall festgestellt wurde, so dass die Taten in Deutschland letztlich doch nicht verfolgt werden konnten. 1116

Im Rahmen des Jahressteuergesetzes 2010 wurde die Sätze 3 und 4 des § 370 Abs. 6 AO ersatzlos aufgehoben. Mit dem **Wegfall des Erfordernisses der Gegenseitigkeit** können nunmehr auch diese Taten in Deutschland verfolgt werden.

Für die **Verfolgbarkeit einer im Ausland begangenen Steuerhinterziehung** gilt Folgendes: 1117

Sofern die Steuerhinterziehung **inländische Steuern** betrifft, ist es grds. unerheblich, dass die Tathandlung im Ausland begangen wurde. Nach § 9 Abs. 1 StGB ist eine Tat an jedem Ort begangen,

- an dem der Täter gehandelt hat oder
- im Falle des Unterlassens hätte handeln müssen oder
- an dem der zum Tatbestand gehörende Erfolg eingetreten ist oder
- nach der Vorstellung des Täters eintreten sollte.

96 AO-DV (Zoll) Nr. 5 zu § 370.

Bei inländischen Steuern tritt der **Taterfolg** (Steuerverkürzung) stets im Inland ein. Daher liegt bei einer solchen Steuerhinterziehung eine Inlandstat vor (§ 3 StGB), so dass die Tat im Inland strafbar und verfolgbar ist.

1118 Bei Steuerhinterziehungen, die **ausländische Abgaben** betreffen, liegen Tathandlung und Taterfolg grds. im Ausland. Solche Taten sind in Deutschland nur straf- und verfolgbar, wenn die ausländischen Abgaben von § 370 Abs. 6 AO erfasst sind. Durch die Streichung der Gegenseitigkeit in § 370 Abs. 6 Satz 3 und 4 AO a. F. unterliegen nunmehr neben den Einfuhr- und Ausfuhrabgaben i. S. d. § 1 Abs. 1 Satz 3 ZollVG auch die ausländischen Umsatz- und harmonisierten Verbrauchsteuern dem strafrechtlichen Schutz der Abgabenordnung. Dass die Tat im Ausland begangen wurde, ist unerheblich, denn nach § 370 Abs. 7 AO gilt die Strafvorschrift des § 370 AO auch für Taten, die außerhalb des Geltungsbereichs der Abgabenordnung begangen werden.

FALL

Zusammenfassende Übung zur Steuerhinterziehung:

Eine international operierende Zigarettenschmugglerbande organisiert Zigarettentransporte von der Ukraine in das Zollgebiet der Europäischen Gemeinschaft. Hierzu setzen sie immer wieder wechselnde Fahrer ein. Für einen Schmuggeltransport (ca. 500 000 Stück Zigaretten) von der Ukraine über die grüne Grenze nach Ungarn in eine abgelegene Lagerhalle konnten sie A als Fahrer gewinnen, der einmalig für die Bande tätig ist. A wurde über seine Fahrtroute in Kenntnis gesetzt und darüber, dass sich in dem Lkw unverzollte und unversteuerte Zigaretten befinden. Was mit den Zigaretten nach Abladen passieren sollte, wusste er nicht.

Er liefert vereinbarungsgemäß die Zigaretten unter Umgehung der Zollstellen in der Lagerhalle in Ungarn ab. Hierdurch wurden Einfuhrabgaben (Zoll, ungarische Einfuhrumsatzsteuer und die bei der Einfuhr nach Ungarn entstandene ungarische Tabaksteuer) in Höhe von ca. 80 000 € verkürzt.

Nach Ablieferung in der Lagerhalle fanden die Hinterleute mehrere Wochen später einen geeigneten Abnehmer für das Schmuggelgut in Österreich. Sie organisierten daraufhin den Weitertransport der Zigaretten von Ungarn nach Österreich. Hierzu engagierten sie B als Fahrer für eine einmalige Tour. Auch B wusste nur über seine Fahrtroute Bescheid, und dass er sich mit den Zigaretten im Lkw besser nicht erwischen lassen sollte. Woher die Zigaretten kamen und was damit passieren sollte, war ihm nicht bekannt.

B lieferte vereinbarungsgemäß die Zigaretten bei ihrem Bestimmungsort in Österreich unkontrolliert ab. Hierdurch wurden österreichische Tabaksteuern in Höhe von ca. 50 000 € verkürzt. Das österreichische Tabaksteuergesetz sieht in einem solchen Fall, vergleichbar mit dem deutschen Tabaksteuergesetz, vor, dass der Lkw-Fahrer als Gewahrsamsinhaber unverzüglich eine Steueranmeldung abzugeben hat.

Wochen später wird der gesamte Sachverhalt aufgedeckt.

Angenommen sowohl A als auch B werden in Deutschland festgenommen, können sie in Deutschland wegen ihrer jeweils begangenen Tat verfolgt werden?

Zum Verständnis:

Es liegen zwei selbständige Taten vor.

Die **erste Tat** ist die Einfuhr der Zigaretten von der Ukraine nach Ungarn. Die Tat ist beendet, wenn das Schmuggelgut seinen Bestimmungsort erreicht hat. Wird eine Ware auf dem Weg dorthin in einem Zwischenlager umgeladen, ist sie noch nicht „zur Ruhe gekommen“. Anders jedoch sind die Fälle zu beurteilen, in denen die Ware an einem Ort geraume Zeit lagert und ihre Weiterbeförderung von weiteren Entscheidungen abhängt, so dass sich nach den Gesamtumständen des Einzelfalls das Zwischenlagern nicht mehr als ein bloßes Umladen darstellt.[97]

Die Zigaretten lagerten vorliegend nach dem Abladen noch mehrere Wochen bis sie weitertransportiert wurden. Erst nachdem die Zigaretten ins Lager in Ungarn gebracht wurden, fanden die Hinterleute geeignete Abnehmer in Österreich. Bis dahin war der weitere Verbleib der Waren noch unklar. Somit war die Tat mit dem Abladen der Zigaretten in Ungarn beendet.

Bezüglich der ersten Tat liegt eine Verkürzung von Einfuhrabgaben i. S. d. § 1 Abs. 1 Satz 3 ZollVG vor. Die Zigaretten wurden unmittelbar aus dem Drittland (Ukraine) in das Gebiet der Europäischen Gemeinschaft (Ungarn) eingeführt.

Die **zweite Tat** ist das Verbringen der Zigaretten von Ungarn nach Österreich. Das heißt, die Ware wurde unmittelbar von einem Mitgliedstaat (Ungarn) in einen anderen Mitgliedstaat (Österreich) verbracht. Eine Verkürzung von Einfuhrabgaben i. S. d. § 1 Abs. 1 Satz 3 ZollVG liegt bei dieser Tat nicht vor, denn die Einfuhrabgaben entstehen nur bei der erstmaligen Einfuhr in das Zollgebiet der Gemeinschaft. Es verbleibt damit nur eine Verkürzung der österreichischen Tabaksteuer.

LÖSUNG:

A hat sich einer (einfachen) Steuerhinterziehung nach § 370 Abs. 1 Nr. 2, Abs. 4 AO schuldig gemacht, indem er die Zigaretten unter Umgehung der Zollstellen von der Ukraine nach Ungarn einführte. Die Tat ist in Deutschland strafbar und kann in Deutschland abgeurteilt werden, § 370 Abs. 6 Satz 1, Abs. 7 AO. (Eine Strafbarkeit wegen gewerbs- und bandenmäßigen Schmuggels nach § 373 Abs. 1, Abs. 2 Nr. 3 AO scheitert daran, dass A nicht als Mitglied einer Bande gehandelt hat. Er war nur einmalig tätig.)

Durch das vorschriftswidrige Verbringen der Zigaretten nach Ungarn sind die Zölle nach Art. 202 Abs. 1 Buchst. a, Abs. 2, Art. 40, Art. 38 Abs. 1 i. V. m. Art. 215 Abs. 1 erster Spiegelstrich ZK in Ungarn entstanden. Hieran anknüpfend sind auch die ungarische Tabaksteuer und die ungarische Einfuhrumsatzsteuer entstanden. Sämtliche entstan-

97 BGH v. 1. 2. 2007 5 StR 372/06, ZfZ 2007, 187.

dene Abgaben werden von § 370 Abs. 6 Satz 1 AO erfasst. Somit gelten vorliegend die Abs. 1 bis 5 des § 370 AO.

Die Tathandlung des § 370 Abs. 1 Nr. 2 AO setzt voraus, dass A die Finanzbehörden pflichtwidrig über steuerlich erhebliche Tatsachen in Unkenntnis gelassen hat. Das Verbringen der Tabakwaren in das Zollgebiet der Gemeinschaft ist eine steuerlich erhebliche Tatsache, da hieran die Entstehung der Einfuhrabgaben anknüpft (s .o.). Über diese steuerlich erhebliche Tatsache wurden die Finanzbehörden von A nicht informiert. Dass es sich hierbei um ausländische Finanzbehörden handelt, ist unerheblich.[98]

A ließ die Finanzbehörden auch pflichtwidrig in Unkenntnis, denn ihn traf eine Rechtspflicht zur Aufklärung. A hatte als Verbringer die Pflicht die Waren ordnungsgemäß zu befördern und den Zollbehörden zu gestellen, Art. 38 und Art. 40 ZK. Infolge dieser Pflichtverletzung wurden die Einfuhrabgaben i. S. d. § 1 Abs. 1 Satz 3 ZollVG nicht festgesetzt und damit nach § 370 Abs. 1, Abs. 4 AO verkürzt.

A handelte auch vorsätzlich. Er wusste, dass er unverzollte und unversteuerte Zigaretten aus dem Drittland in das Gemeinschaftsgebiet der Europäischen Union einführte. Bewusst transportierte er die Waren unter Umgehung der Zollstellen nach Ungarn. Rechtswidrigkeit und Schuld liegen ebenfalls vor.

Es liegt kein besonders schwerer Fall der Steuerhinterziehung nach § 370 Abs. 3 Satz 2 Nr. 1 AO vor. A hat nicht in großem Ausmaß Steuern verkürzt. Sein pflichtwidriges Unterlassen führte lediglich zu einer Gefährdung des Steueranspruchs i. H. v. 80 000 € und liegt damit unterhalb der vom BGH aufgestellten Wertgrenze von 100 000 €. Eine Addition mit der verkürzten österreichischen Tabaksteuer scheitert bereits daran, dass zwei selbständige Taten vorliegen. Darüber hinaus war A an der zweiten Tat in keiner Form (Täter, Teilnehmer) beteiligt.

Es liegt auch kein besonders schwerer Fall nach § 370 Abs. 3 Satz 2 Nr. 5 AO vor. Dies scheitert bereits daran, dass dieses Regelbeispiel Einfuhrabgaben i. S. d. § 1 Abs. 1 Satz 3 ZollVG nicht erfasst.

Dass A die Tat in Ungarn begangen hat und auch der Taterfolg ausschließlich dort eingetreten ist, steht einer Verurteilung in Deutschland nicht entgegen, § 370 Abs. 7 AO.

B hat sich einer (einfachen) Steuerhinterziehung nach § 370 Abs. 1 Nr. 2, Abs. 4 AO schuldig gemacht, indem er die Zigaretten von Ungarn nach Österreich verbrachte und nicht unverzüglich eine Steueranmeldung in Österreich abgab. Die Tat ist in Deutschland strafbar und kann in Deutschland abgeurteilt werden, § 370 Abs. 6 Satz 2, Abs. 7 AO. (Eine Strafbarkeit wegen gewerbs- und bandenmäßigen Schmuggels nach § 373 Abs. 1, Abs. 2 Nr. 3 AO scheitert bereits daran, dass die verkürzte österreichische Tabaksteuer keine Einfuhrabgabe i. S. d. § 1 Abs. 1 Satz 3 ZollVG darstellt.)

Das Verbringen der Zigaretten zu gewerblichen Zwecken aus dem freien Verkehr Ungarns nach Österreich führt zur Entstehung der österreichischen Tabaksteuer. Die in

98 BGH v. 21. 2. 2001 5 StR 368/00, NStZ 2001, 379; v. 8. 11. 2000 5 StR 440/00, NStZ 2001, 201; ablehnend: *Schmitz/Wulf*, Erneut: Hinterziehung ausländischer Steuern und Steuerhinterziehungen im Ausland, § 370 Abs. 6, 7 AO, wistra 2001, 361, wonach § 6 Abs. 2 AO nur inländische Finanzbehörden meine.

das Steuergebiet Ungarns eingeschmuggelten Zigaretten befinden sich dort im freien Verkehr.[99] Die österreichische Tabaksteuer wird von § 370 Abs. 6 Satz 2 AO erfasst. Somit gelten vorliegend die Abs. 1 bis 5 des § 370 AO.

Die Tathandlung des § 370 Abs. 1 Nr. 2 AO setzt voraus, dass B die Finanzbehörden pflichtwidrig über steuerlich erhebliche Tatsachen in Unkenntnis gelassen hat. Das Verbringen der Tabakwaren von Ungarn nach Österreich ist eine steuerlich erhebliche Tatsache (s. o.). Das österreichische Tabaksteuergesetzt sieht die Pflicht zur unverzüglichen Abgabe einer Steueranmeldung für B als Fahrer vor. Indem B dieser Pflicht nicht nachkam, ließ er die österreichischen Finanzbehörden pflichtwidrig über das Verbringen der Tabakwaren in Unkenntnis. Dadurch wurde die österreichische Tabaksteuer nicht festgesetzt und damit nach § 370 Abs. 1, Abs. 4 AO verkürzt.

B handelte auch vorsätzlich, da er wusste, dass er Tabakwaren ohne gültige österreichische Steuerzeichen transportierte. Das heißt, er hatte Kenntnis über die Tatsachen, die die Pflicht zur Aufklärung der Finanzbehörde begründen. Dies ist ausreichend. Die Aufklärungspflicht selbst braucht er nicht zu kennen. Er handelte auch rechtswidrig und schuldhaft.

Es liegt wiederum kein besonders schwerer Fall der Steuerhinterziehung nach § 370 Abs. 3 Satz 2 Nr. 1 oder Nr. 5 AO vor. Die Wertgrenze des großen Ausmaßes wurde durch sein pflichtwidriges In-Unkenntnis-Lassen nicht erreicht. Ferner handelte er nur einmalig und somit nicht als Mitglied der Bande.

Dass B die Tat in Österreich begangen hat und auch der Taterfolg ausschließlich dort eingetreten ist, steht einer Verurteilung in Deutschland nicht entgegen, § 370 Abs. 7 AO.

8. Strafbefreiende Selbstanzeige

Eine Besonderheit des Steuerstrafrechts im Gegensatz zum allgemeinen Strafrecht be- 1119
steht darin, dass auch noch nach Vollendung einer Straftat die Möglichkeit besteht, Straffreiheit zu erlangen. Diese Möglichkeit der Straffreiheit besteht nach **§ 371 AO** jedoch **nur** für die Steuerstraftat der **Steuerhinterziehung nach § 370 AO**. Und zwar sowohl für die versuchte als auch für die vollendete Steuerhinterziehung. Von der Selbstanzeige werden auch die besonders schweren Fälle der Steuerhinterziehung nach § 370 Abs. 3 AO erfasst.

Steuerlich relevante Sachverhalte können oftmals ohne Mithilfe des Beteiligten nur schwer aufgeklärt werden. Ohne das Institut der Selbstanzeige würde sich daher das Steueraufkommen verringern und Ermittlungsansätze würden erschwert. Die Regelung des § 371 AO schafft einen Anreiz zur Selbstanzeige und dient dem Steuerhinterzieher,

99 Art. 6 Abs. 1 der Richtlinie 92/12/EWG des Rates v. 25. 2. 1992 über das allgemeine System, den Besitz, die Beförderung und die Kontrolle verbrauchsteuerpflichtiger Waren, EU-Dok.-Nr. 3 1992 L 0012.

der seinen Pflichten zukünftig nachkommen möchte, als Brücke in die Steuerehrlichkeit.[100]

1120 Durch Art. 2 Nr. 2 des Gesetzes zur Verbesserung der Bekämpfung der Geldwäsche und der Steuerhinterziehung (**Schwarzarbeitsbekämpfungsgesetz**) vom 28. 4. 2011[101] wurde § 371 AO neu gefasst. Hierbei wurden insbesondere die Voraussetzungen zur Erlangung der Straffreiheit verschärft. Zudem wurde § 398a AO neu eingeführt.

TAB. 2: Übersicht: § 371 AO Synopse / § 398a AO

§ 371 AO a. F.	**§ 371 AO n. F.**
(1) Wer in den Fällen des § 370 unrichtige oder unvollständige Angaben bei der Finanzbehörde berichtigt oder ergänzt oder unterlassene Angaben nachholt, wird insoweit straffrei.	(1) Wer gegenüber der Finanzbehörde zu allen unverjährten Steuerstraftaten einer Steuerart in vollem Umfang die unrichtigen Angaben berichtigt, die unvollständigen Angaben ergänzt oder die unterlassenen Angaben nachholt, wird wegen dieser Steuerstraftaten nicht nach § 370 bestraft.
(2) Straffreiheit tritt nicht ein, wenn	(2) Straffreiheit tritt nicht ein, wenn
1. vor der Berichtigung, Ergänzung oder Nachholung	1. bei einer der zur Selbstanzeige gebrachten unverjährten Steuerstraftaten vor der Berichtigung, Ergänzung oder Nachholung
a) ein Amtsträger der Finanzbehörde zur steuerlichen Prüfung oder zur Ermittlung einer Steuerstraftat oder einer Steuerordnungswidrigkeit erschienen ist oder	a) dem Täter oder seinem Vertreter eine Prüfungsanordnung nach § 196 bekannt gegeben worden ist oder
b) dem Täter oder seinem Vertreter die Einleitung des Straf- oder Bußgeldverfahrens wegen der Tat bekannt gegeben worden ist oder	b) dem Täter oder seinem Vertreter die Einleitung des Straf- oder Bußgeldverfahrens bekannt gegeben worden ist oder
	c) ein Amtsträger der Finanzbehörde zur steuerlichen Prüfung, zur Ermittlung einer Steuerstraftat oder einer Steuerordnungswidrigkeit erschienen ist oder

100 Siehe auch Beschlussempfehlung und Bericht des Finanzausschusses (7. Ausschuss) v. 16. 3. 2011, Drucksache 17/5067 (neu).

101 Gültig ab 3. 5. 2011.

2. die Tat im Zeitpunkt der Berichtigung, Ergänzung oder Nachholung ganz oder zum Teil bereits entdeckt war und der Täter dies wusste oder bei verständiger Würdigung der Sachlage damit rechnen musste.	2. eine der Steuerstraftaten im Zeitpunkt der Berichtigung, Ergänzung oder Nachholung ganz oder zum Teil bereits entdeckt war und der Täter dies wusste oder bei verständiger Würdigung der Sachlage damit rechnen musste oder 3. die nach § 370 Abs. 1 verkürzte Steuer oder der für sich oder einen anderen erlangte nicht gerechtfertigte Steuervorteil einen Betrag von 50 000 Euro je Tat übersteigt.
(3) Sind Steuerverkürzungen bereits eingetreten oder Steuervorteile erlangt, so tritt für einen an der Tat Beteiligten Straffreiheit nur ein, soweit er die zu seinen Gunsten hinterzogenen Steuern innerhalb der ihm bestimmten angemessenen Frist entrichtet.	(3) Sind Steuerverkürzungen bereits eingetreten oder Steuervorteile erlangt, so tritt für den an der Tat Beteiligten Straffreiheit nur ein, wenn er die aus der Tat zu seinen Gunsten hinterzogenen Steuern innerhalb der ihm bestimmten angemessenen Frist entrichtet.
(4) Wird die in § 153 vorgesehene Anzeige rechtzeitig und ordnungsmäßig erstattet, so wird ein Dritter, der die in § 153 bezeichneten Erklärungen abzugeben unterlassen oder unrichtig oder unvollständig abgegeben hat, strafrechtlich nicht verfolgt, es sei denn, dass ihm oder seinem Vertreter vorher die Einleitung eines Straf- oder Bußgeldverfahrens wegen der Tat bekannt gegeben worden ist. Hat der Dritte zum eigenen Vorteil gehandelt, so gilt Absatz 3 entsprechend.	(4) unverändert
	§ 398a **Absehen von Verfolgung in besonderen Fällen** In Fällen, in denen Straffreiheit nur deswegen nicht eintritt, weil der Hinterziehungsbetrag 50 000 Euro übersteigt (§ 371 Abs. 2 Nr. 3), wird von der Verfolgung einer Steuerstraftat abgesehen, wenn der Täter innerhalb einer ihm bestimmten angemessenen Frist

	1.	die aus der Tat zu seinen Gunsten hinterzogenen Steuern entrichtet und
	2.	einen Geldbetrag in Höhe von 5 % der hinterzogenen Steuer zugunsten der Staatskasse zahlt.

a) Voraussetzungen des § 371 Abs. 1 AO

1121 Anzeigenerstatter einer Selbstanzeige kann sowohl der Täter als auch der Teilnehmer einer Steuerhinterziehung sein. Die Selbstanzeige stellt einen **persönlichen Strafaufhebungsgrund** dar.[102] Daher kommen die Vorteile einer Selbstanzeige grds. nur demjenigen zugute, der die Anzeige erstattet.[103] Sie braucht jedoch nicht eigenhändig vollzogen zu werden. Sie kann auch durch Bevollmächtigte abgegeben werden, sofern der Auftrag vor Erstattung der Selbstanzeige erteilt wurde.[104]

1122 **Adressat der Selbstanzeige** ist die Finanzbehörde. Die Finanzbehörden sind in § 6 Abs. 2 AO aufgeführt. Ob eine wirksame Selbstanzeige auch gegenüber der Staatsanwaltschaft, der Polizei oder dem Gericht (§§ 111 ff. AO) abgegeben werden kann, ist bisher höchstrichterlich nicht entschieden.[105]

1123 Der **Inhalt der Selbstanzeige** bestimmt sich nach § 371 Abs. 1 AO. Hierbei gilt zunächst, dass eine wirksame Selbstanzeige voraussetzt, dass es der Finanzbehörde durch die Angaben ermöglicht wird, auf ihrer Grundlage ohne langwierige größere Nachforschungen den Sachverhalt vollends aufzuklären und die Steuer richtig zu errechnen.[106]

1124 Der weitere Inhalt der Selbstanzeige hat sich durch die Neufassung des § 371 Abs. 1 AO wesentlich verändert, da hierdurch die Voraussetzungen zur Erlangung der Straffreiheit eine Verschärfung erfahren haben. Nach **§ 371 Abs. 1 AO a. F.** war früher die sogenannte **Teilselbstanzeige** als zulässig angesehen worden.[107] Danach wurde der Täter in dem Umfang straffrei, in dem der Inhalt seiner Nacherklärung zur Aufklärung des Sachverhalts und folglich zur zutreffenden Steuerfestsetzung beitrug. Begründet wurde dies damit, dass das Wort „insoweit" in § 370 Abs. 1 AO a. F. nur eine teilweise Nachholung der fehlenden zutreffenden Angaben erlaube.

Mit Urteil vom 20. 5. 2010 gab der BGH jedoch seine bisherige Rechtsauffassung zur Teilselbstanzeige auf.[108] Der BGH entschied, dass eine strafbefreiende Selbstanzeige nur dann vorliegt, wenn der Täter nunmehr vollständige und richtige Angaben macht; mithin „reinen Tisch". Eine Teilselbstanzeige ist für eine Rückkehr zur Steuerehrlichkeit nicht ausreichend. Beispielsweise kann der Steuerpflichtige danach keine Straffreiheit

102 *Franzen/Gast/Joecks*, Steuerstrafrecht, § 371 Rdn. 32, m. w. N.

103 BGH v. 24. 10. 1984 3 StR 315/84, NStZ 1985, 126.

104 *Klein/Jäger*, AO-Kommentar, § 371 Rdn. 28.

105 BGH v. 18. 6. 2003 5 StR 489/02, NJW 2003, 2996 ließ diese Frage mangels Entscheidungserheblichkeit in dem dortigen Fall offen.

106 BGH v. 13. 11. 1952 3 StR 398/52, BGHSt 3, 373.

107 BGH v. 13. 10. 1998 5 StR 392/98, NStZ 1999, 38.

108 BGH v. 20. 5. 2010 1 StR 577/09, BGHSt 55, 180.

erlangen, wenn er seine unvollständige Einkommensteuer dahingehend berichtigt, dass er von bislang gänzlich verschwiegenen Zinseinkünften nunmehr diejenigen eines Kontos angibt, aber immer noch weitere Konten verschweigt, da er insoweit keine Entdeckung durch die Finanzbehörden befürchtet.

Die Änderung des § 371 Abs. 1 AO ist maßgeblich auf dieses Urteil zurückzuführen. Für eine wirksame Selbstanzeige genügt es nach § 371 Abs. 1 AO n. F. nicht, wenn die Anzeige alle Angaben in Bezug auf eine Tat im materiellen Sinn angibt, d. h. alle Angaben bezüglich eines Besteuerungszeitraums einer Steuerart. **§ 371 Abs. 1 AO n. F.** verlangt vielmehr, dass sich die Selbstanzeige auf **alle strafrechtlich noch nicht verjährten Zeiträume** in Bezug auf **eine Steuerart** erstrecken muss. Das heißt, für die strafbefreiende Wirkung der Selbstanzeige ist nunmehr die vollständige Offenbarung aller unverjährten Steuerstraftaten einer Steuerart vonnöten.

b) Ausschlussgründe nach § 371 Abs. 2 AO

1125 **§ 371 Abs. 2 Nr. 1 AO** wurde neu gefasst. Sofern wenigstens für eine der in der Selbstanzeige offenbarten Steuerstraftaten ein **Sperrgrund** nach den Buchstaben a bis c vorliegt, ist die strafbefreiende Wirkung der Selbstanzeige für **alle unverjährten Taten der betroffenen Steuerart ausgeschlossen**.

1126 Neu eingeführt wurde der Sperrgrund nach **§ 371 Abs. 2 Nr. 1a AO**. Danach tritt keine Straffreiheit ein, wenn dem Täter oder seinem Vertreter eine **Prüfungsanordnung nach § 196 AO bekannt gegeben** worden ist. Dadurch wird der Zeitpunkt, ab dem eine Selbstanzeige nicht mehr strafbefreiend wirkt, vom Erscheinen des Prüfers (§ 371 Abs. 2 Nr. 1a AO a. F.) auf die Bekanntgabe der Prüfungsanordnung vorverlegt. Das Erscheinen des Prüfers war früher der klassische Fall, der den Täter zur Erstattung der Selbstanzeige veranlasste. Sofern die Prüfungsanordnung wirksam bekanntgegeben worden ist, ist es nunmehr ausgeschlossen, kurz vor Erscheinen des Prüfers lediglich aus Furcht vor Entdeckung der Steuerhinterziehung, Selbstanzeige zu erstatten und Straffreiheit zu erlangen.

Der Sperrgrund des **Erscheinens des Prüfers** bleibt aber weiterhin erhalten und ist jetzt in **§ 371 Abs. 2 Nr. 1c AO** geregelt. Dadurch wird gewährleistet, dass der Selbstanzeige keine strafbefreiende Wirkung zukommt, wenn entweder die Prüfungsanordnung bekanntgegeben oder der Prüfer erschienen ist.

1127 Nach wie vor ist die Selbstanzeige gesperrt, wenn dem Täter oder seinem Vertreter die **Einleitung eines Straf- oder Bußgeldverfahrens bekannt gegeben** worden ist, § 371 Abs. 2 Nr. 1b AO. Inhaltlich hat dieser Sperrgrund keine Änderung erfahren. Die Bekanntgabe der Einleitung eines Straf- oder Bußgeldverfahrens kann schriftlich oder mündlich erfolgen. Auch schlüssiges Verhalten, das objektiv als strafverfahrensrechtliche Maßnahme zur Ermittlung einer Steuerstraftat zu deuten ist, ist ausreichend.[109] Eine solche eindeutige Maßnahme ist beispielsweise die Übergabe eines Durchsuchungsbeschlusses.[110]

109 *Klein/Jäger*, AO-Kommentar, § 371 Rdn. 55.

110 Siehe ausführlich *Franzen/Gast/Joecks*, Steuerstrafrecht, § 371 Rdn. 168 ff.

1128 Straffreiheit kann ferner nach **§ 371 Abs. 2 Nr. 2 AO** nicht erlangt werden, wenn **eine der Steuerstraftaten** im Zeitpunkt der Berichtigung, Ergänzung oder Nachholung ganz oder zum Teil bereits **entdeckt** war **und der Täter dies wusste** oder **bei verständiger Würdigung der Sachlage damit rechnen musste**.

Auch die Voraussetzungen dieses Sperrgrundes wurden durch die Neuregelung nicht verändert. Zu beachten ist jedoch, dass die Sperrwirkung alle verfolgbaren Steuerstraftaten der in Rede stehenden Steuerart erfasst, wenn nur eine der Streuerstraftaten entdeckt ist und der Täter dies wusste.

Objektive Voraussetzung des Sperrgrundes ist die Tatentdeckung. Diese liegt vor, wenn sich der Tatverdacht so weit konkretisiert hat, dass bei vorläufiger Tatbewertung die Wahrscheinlichkeit eines verurteilenden Erkenntnisses gegeben ist.[111] Das **subjektive** Element des Sperrgrundes ist die Kenntnis von der Entdeckung bzw. das Kennenmüssen. Bei der Beurteilung, ob der Täter mit der Entdeckung hätte rechnen müssen, ist die individuelle Erkenntnis- und Urteilsfähigkeit des Täters entscheidend.[112] Sofern der Täter irrtümlich davon ausgeht, dass seine Tat entdeckt ist, hindert dies die Wirksamkeit der Selbstanzeige nicht.[113]

1129 Mit **§ 371 Abs. 2 Nr. 3 AO** wurde ein weiterer Sperrgrund neu eingeführt. Sofern die Hinterziehungssumme einen Betrag von **50 000 € je Tat übersteigt**, tritt **keine Straffreiheit** mehr ein. Aus dem Wortlaut der Vorschrift ergibt sich („je Tat"), dass sich die betragsmäßige Begrenzung auf die Tat im materiellen Sinne und nicht auf alle unverjährten Steuerstraftaten bezieht. Das heißt, bei einer Steuerverkürzung von über 50 000 € verkürzter Steuer je Steuerart und Besteuerungszeitraum tritt nunmehr keine Straffreiheit mehr ein. Die Betragshöhe orientiert sich an der Rechtsprechung des BGH zum Regelbeispiel des § 370 Abs. 3 Satz 2 Nr. 1 AO, nach der das Merkmal des großen Ausmaßes bei 50 000 € als erfüllt angesehen wird (vgl. hierzu Rdn. 1097).

c) Nachentrichtung nach § 371 Abs. 3 AO

1130 Sofern eine wirksame Selbstanzeige erstattet wurde, mithin kein Sperrgrund vorliegt, ist der Anspruch auf Straffreiheit davon abhängig, dass der Erstatter der Selbstanzeige die zu seinen Gunsten hinterzogenen Steuern bzw. erlangten Steuervorteile innerhalb einer, von den Finanzbehörden bestimmten, angemessenen Frist entrichtet, § 371 Abs. 3 AO. Die Steuern sind zu seinen Gunsten hinterzogen, wenn er einen **unmittelbaren wirtschaftlichen Vorteil** erlangt hat. Er muss selbst nicht Steuerschuldner sein.[114] Bis zur Zahlung der hinterzogenen Steuern bzw. der erlangten Steuervorteile liegt nur eine **Anwartschaft** auf Steuerfreiheit vor.[115]

---

111 BGH v. 5. 4. 2000 5 StR 226/99, NStZ 2000, 427.

112 *Franzen/Gast/Joecks*, Steuerstrafrecht, § 371 Rdn. 199.

113 AO-DV (Zoll) Nr. 2 zu § 371.

114 AO-DV (Zoll) Nr. 3 zu § 371.

115 *Franzen/Gast/Joecks*, Steuerstrafrecht, § 371 Rdn. 96.

d) Absehen von der Strafverfolgung nach § 398a AO

Die Vorschrift des § 398a AO wurde neu in das Gesetz eingeführt. In Fällen, in denen Straffreiheit nur deswegen nicht eintritt, weil der **Hinterziehungsbetrag 50 000 € übersteigt** (§ 371 Abs. 2 Nr. 3 AO), wird von der **Verfolgung einer Steuerstraftat abgesehen**, wenn der Täter innerhalb einer ihm bestimmten angemessenen Frist die aus der Tat zu seinen Gunsten hinterzogenen Steuern entrichtet und **zusätzlich einen Geldbetrag in Höhe von 5 % der hinterzogenen Steuer** zugunsten der Staatskasse zahlt. Die Regelung ist § 153a StPO nachempfunden und dient dem Zweck, auch in den Fällen besonders schwerer Steuerstraftaten Anreize zu einer Selbstanzeige zu schaffen. Konkret bedeutet dies, dass bei Zahlung dieses Extrazuschlages davon abgesehen wird, die Tat zu verfolgen. 1131

(Einstweilen frei) 1132–1140

II. Gewerbsmäßiger, gewaltsamer und bandenmäßiger Schmuggel

§ 373 AO regelt den gewerbsmäßigen, gewaltsamen und bandenmäßigen Schmuggel. Bei einem Schmuggel dieser Art zeigt sich die besondere kriminelle Energie des Täters. Das Gesetz sieht daher eine Freiheitsstrafe von sechs Monaten bis zu zehn Jahren vor. Nur in minder schweren Fällen ist die Strafe Freiheitsstrafe bis zu fünf Jahren oder alternativ eine Geldstrafe. 1141

Anders als die Bedeutung des Wortes „Schmuggel" in der Überschrift des Straftatbestandes vermuten lässt, ist hiermit nicht nur der illegale Transport von Waren über die Grenze gemeint, sondern es werden alle Erscheinungsformen der Einfuhrabgabenhinterziehung erfasst.[116] 1142

§ 373 Abs. 1 AO gilt nur für die nationalen Einfuhr- und Ausfuhrabgaben i. S. d. § 1 Abs. 1 Satz 3 ZollVG (Zölle, deutsche Einfuhrumsatzsteuer und die bei der Einfuhr entstehende deutsche Verbrauchsteuer). Da **§ 373 Abs. 4 AO** jedoch einen Verweis auf § 370 Abs. 6 Satz **1** und Abs. 7 AO enthält, wird der Geltungsbereich der AO auf Einfuhr- und Ausfuhrabgaben i. S. d. § 1 Abs. 1 Satz 3 ZollVG erweitert, die von einem anderen Mitgliedstaat verwaltet werden oder die von einem Mitgliedstaat der EFTA oder einem mit dieser assoziierten Staat zustehen. 1143

Das heißt, ein gewerbsmäßiger, gewaltsamer und bandenmäßiger Schmuggel scheidet bei Verbrauchsteuern, die nicht als Einfuhrabgaben geschuldet werden, aus.

§ 373 AO ist nunmehr, in der seit 1. 1. 2008 geltenden Fassung[117], **selbständiger Qualifikationstatbestand** zu den Straftatbeständen der Steuerhinterziehung (§ 370 AO) und des Bannbruchs (§ 372 AO). Dies wurde vom Gesetzgeber mit der neu eingefügten Versuchsstrafbarkeit in Abs. 3 der Vorschrift klargestellt.[118] 1144

---

116 *Bender/Möller/Retemeyer*, Zoll- und Verbrauchsteuerstrafrecht, C III Rdn. 496.

117 Änderung durch Art. 3 Nr. 4 des Gesetzes zur Neuregelung der Telekommunikationsüberwachung und anderer verdeckter Ermittlungsverfahren sowie zur Umsetzung der Richtlinie 2006/24/EG, BGBl I 2007, 3198.

118 *Franzen/Gast/Joecks*, Steuerstrafrecht, § 373 Rdn. 2.

MERKE:

§ 373 AO ist ein selbständiger Qualifikationstatbestand (d. h. ein eigenständiges Delikt).

1. § 373 Abs. 1 AO

1145 § 373 Abs. 1 AO regelt in seiner ersten Alternative die gewerbsmäßige Hinterziehung von Einfuhr- oder Ausfuhrabgaben.

1146 In **objektiver Hinsicht** ist demzufolge die Hinterziehung von Einfuhr- und Ausfuhrabgaben i. S. d. § 1 Abs. 1 Satz 3 AO erforderlich.

1147 Die **Gewerbsmäßigkeit** ist das **subjektive Element** des gewerbsmäßigen Schmuggels. Gewerbsmäßig handelt, wer die Absicht hat, sich durch **wiederholte Steuerhinterziehungen** eine **fortlaufende Einnahmequelle** von einiger Dauer und einigem Umfang zu verschaffen. Schon eine erste Tat, mit dem Plan diese zu wiederholen, reicht aus.[119] Die bloße Vermutung, der Täter habe mit Wiederholungsabsicht gehandelt, ist nicht ausreichend. Der Einbau von Schmuggelverstecken (z. B. Schmuggeltank, doppelte Böden) kann aber wegen des damit verbundenen erheblichen Aufwands die Wiederholungsabsicht zum Ausdruck bringen.[120]

Die **Einnahmequelle** setzt nicht zwingend Bareinnahmen voraus. Auch die Ersparnis von Aufwendungen, die der Täter dadurch hat, dass er die Waren fortlaufend zur Deckung seiner eigenen Bedürfnisse verwendet, stellt einen Vermögensvorteil dar.[121]

BEISPIEL: A ist beruflich viel unterwegs. Von seinen mehrmals im Jahr stattfinden Flugreisen aus den USA bringt er abgabenpflichtige Waren mit, die er an seine Bekannten mit Gewinn weiterverkauft. Hierbei war er sich schon von Anfang an darüber im Klaren, dass es nicht nur bei einem Mal bleiben wird. Er versteckt die Waren in seinem Reisegepäck und verlässt jedes Mal unter Benutzung des grünen Ausgangs den Flughafen. Insgesamt war er auf diese Art und Weise bereits schon 20-mal tätig und hat so Einfuhrabgaben i. H.von 5 000 € „gespart“. B verhält sich ganz genau wie A. Er bringt aber verbrauchsteuerpflichtige Waren von seinen Flugreisen aus Griechenland mit. Auch er war 20-mal tätig und hat hierdurch Abgaben von 5 000 € „gespart“.

Wie haben sich A und B strafbar gemacht?

LÖSUNG: **A** hat sich des gewerbsmäßigen Schmuggels nach § 373 Abs. 1 AO in 20 Fällen schuldig gemacht. Er hinterzieht gewerbsmäßig Einfuhrabgaben i. S. d. § 1 Abs. 1 Satz 3 ZollVG. Die Waren werden unmittelbar aus dem Drittland (USA) in das Gebiet der Europäischen Gemeinschaft (Deutschland) eingeführt. Die Gewerbsmäßigkeit ist schon ab der ersten Tat gegeben. A handelte mit Wiederholungsabsicht. Er hat sich eine fortlaufende Einnahmequelle verschafft.

B ist nur wegen (einfacher) Steuerhinterziehung nach § 370 Abs. 1 AO in 20 Fällen strafbar. Er hinterzieht keine Einfuhrabgaben i. S. d. § 1 Abs. 1 Satz 3 ZollVG. Er hat verbrauchsteuerpflichtige Waren von einem Mitgliedstaat (Griechenland) in einen anderen (Deutschland) verbracht.

119 AO-DV (Zoll) Nr. 2 zu § 373.

120 *Franzen/Gast/Joecks*, Steuerstrafrecht, § 373 Rdn. 11.

121 *Franzen/Gast/Joecks/Joecks*, Steuerstrafrecht, § 373 Rdn. 12.

Ein Fall des § 373 AO liegt somit nicht vor. Es verbleibt bei einer (einfachen) Steuerhinterziehung in 20 Fällen, da er kein Regelbeispiel des § 370 Abs. 3 Satz 2 AO erfüllt.

§ 373 Abs. 1, 2. Alt. AO regelt den gewerbsmäßigen **Bannbruch**[122] durch Zuwiderhandlung gegen Monopolvorschriften. Da § 3 BranntwMonG jedoch aufgehoben wurde, hat § 373 Abs. 1, 2. Alt. AO derzeit keinen Anwendungsbereich mehr. 1148

2. § 373 Abs. 2 AO

Die in § 373 Abs. 2 AO aufgeführten Qualifikationsmerkmale nehmen auf die besondere Gefährlichkeit der Tatausführung oder des Täters Bezug. § 373 Abs. 2 Nr. 1 und Nr. 2 AO beziehen sich auf einen gewaltsamen Schmuggel, § 373 Abs. 2 Nr. 3 AO auf den bandenmäßigen. 1149

a) § 373 Abs. 2 Nr. 1 AO

Ein gewaltsamer Schmuggel liegt in **objektiver Hinsicht** vor, wenn der Täter oder ein anderer Beteiligter eine **Schusswaffe bei sich führt**. Das bloße Beisichführen ist demzufolge ausreichend. Die Schusswaffe muss nur zu **irgendeinem Zeitpunkt während des Tathergangs** dem Tatbeteiligten zur Verfügung gestanden haben.[123] 1150

Schusswaffen sind Instrumente, mit denen aus dem Lauf mittels Explosionsgasen oder Luftdruck Geschosse gegen den Körper abgefeuert werden können.[124] Hierzu zählen beispielsweise Luftdruckwaffen, Gaspistolen, mit Platzpatronen geladene Schreckschusswaffen.[125]

In **subjektiver Hinsicht** ist die Absicht des Tatbeteiligten, die Schusswaffe auch verwenden zu wollen, nicht notwendig.[126] Der Täter oder Teilnehmer muss nur den zumindest bedingten Vorsatz gehabt haben, dass er selbst oder ein anderer Tatbeteiligter eine funktionsfähige Schusswaffe einsatzbereit bei sich hat. 1151

b) § 373 Abs. 2 Nr. 2 AO

Beim **Mitsichführen sonstiger Waffen, Werkzeugen oder Mitteln** liegt ein gewaltsamer Schmuggel nach § 373 Abs. 1 Nr. 2 AO nur dann vor, wenn diese mitgeführten Gegenstände **der Verhinderung oder Überwindung des Widerstandes** eines anderen durch Gewalt oder Drohung mit Gewalt **dienen sollen**. 1152

Sonstige Waffen sind solche, die bereits nach ihrer Zweckbestimmung dazu dienen, andere Menschen zu verletzten. Hierzu zählen beispielsweise Hieb-, Stoß- oder Stichwaffen, Schlagringe oder Tränengas-Sprühdosen.[127]

122 Siehe grundlegend zum Bannbruch Rdn. 1179 ff.
123 BGH v. 19. 4. 2000 5 StR 644/99, wistra 2000, 352.
124 *Klein/Jäger*, AO-Kommentar, § 373 Rdn. 36.
125 *Klein/Jäger*, AO-Kommentar, § 373 Rdn. 36.
126 AO-DV (Zoll) Nr. 3 zu § 373.
127 *Franzen/Gast/Joecks*, Steuerstrafrecht, § 373 Rdn. 25.

Werkzeuge sind Gegenstände, deren ursprüngliche Zweckbestimmung nicht die Verletzung anderer ist, die aber objektiv dazu geeignet sind, körperlichen Widerstand zu überwinden. Dies sind beispielsweise: Schraubenschlüssel, Taschenmesser, Fesselungs- oder Knebelungsmittel.[128]

Die **anderen Mittel** sind Sachen ohne feste Form, wie beispielsweise Säuren, Betäubungsmittel, Vernebelungsmittel.[129]

1153 Der **subjektive Tatbestand** erfordert, dass der Täter oder Teilnehmer den in § 373 Abs. 2 Nr. 2 AO bezeichneten Gegenstand mitgenommen hat, um diesen, zumindest als Drohmittel, gegen Personen einzusetzen.[130] Wenn er nicht selbst, sondern ein anderer Tatbeteiligter den Gegenstand mitgenommen hat, ist erforderlich, dass er von dem Vorhandensein des Gegenstandes bei dem anderen Tatbeteiligten Kenntnis hat.

c) § 373 Abs. 2 Nr. 3 AO

1154 Den Qualifikationstatbestand des § 373 Abs. 2 Nr. 3 AO verwirklicht derjenige, der als **Mitglied einer Bande** handelt, die sich zur **fortgesetzten Begehung** der Hinterziehung von Einfuhr- oder Ausfuhrabgaben oder des Bannbruchs verbunden hat. Dieser Qualifikationstatbestand entspricht inhaltlich dem des Regelbeispiels des § 370 Abs. 3 Satz 2 Nr. 5 AO. Es kann daher auf die dort gemachten Ausführungen verwiesen werden (Rdn. 1111 und 1112).

3. Rechtswidrigkeit und Schuld

1155 Hinsichtlich der Rechtswidrigkeit und der Schuld ergeben sich keine Besonderheiten.

128 *Franzen/Gast/Joecks*, Steuerstrafrecht, § 373 Rdn. 25.
129 *Franzen/Gast/Joecks*, Steuerstrafrecht, § 373 Rdn. 25.
130 AO-DV (Zoll) Nr. 4 zu § 373.

TAB. 3:	Übersicht: §§ 370 und 373 AO im Hinblick auf unterschiedliche Abgaben			
	einfache Steuerhinterziehung	Regelbeispiele § 370 Abs. 3 Satz 2 Nr. 1 bis 4 AO	Regelbeispiel § 370 Abs. 3 Satz 2 Nr. 5 AO	§ 373 AO
Einfuhr- und Ausfuhrabgaben nach § 1 Abs. 1 Satz 3 ZollVG, die von Deutschland verwaltet werden	möglich	möglich	X	möglich
Einfuhr- und Ausfuhrabgaben nach § 1 Abs. 1 Satz 3 ZollVG, die von anderen Mitgliedstaaten etc. verwaltet werden	möglich	möglich	X	möglich
Verbrauchsteuern, die nicht als Einfuhrabgaben geschuldet werden und von Deutschland verwaltet werden	möglich	möglich	möglich	X
Harmonisierte Verbrauchsteuern, die nicht als Einfuhrabgaben geschuldet werden und von anderen Mitgliedstaaten verwaltet werden	möglich	möglich	möglich	X

III. Steuerhehlerei

§ 374 Abs. 1 AO regelt die Steuerhehlerei. Wird diese gewerbs- oder bandenmäßig begangen, sieht § 374 Abs. 2 AO einen erhöhten Strafrahmen vor. 1156

Die Steuerhehlerei ist mit der Hehlerei des allgemeinen Strafrechts (§ 259 StGB) vergleichbar. 1157

1. Tatobjekt der Steuerhehlerei

Tatobjekt einer Steuerhehlerei können nur Waren oder Erzeugnisse sein, hinsichtlich derer Verbrauchsteuern oder Einfuhr- und Ausfuhrabgaben i. S. d. Art. 4 Nr. 10 und 11 ZK hinterzogen oder Bannbruch begangen worden ist. 1158

a) Waren oder Erzeugnisse

1159 Die Begriffe „Waren“ oder „Erzeugnisse“ sind in praktischer Hinsicht identisch und nur dem unterschiedlichen Sprachgebrauch im Zollrecht („Waren“) bzw. im Verbrauchsteuerrecht („Erzeugnisse“) geschuldet. Hehlereiobjekt sind nur die Waren und Erzeugnisse hinsichtlich derer unmittelbar eines der genannten Delikte begangen worden ist. Eine **Ersatzhehlerei**, also an Sachen, die nicht unmittelbar Gegenstand der Vortat gewesen sind, ist nicht nach § 374 AO strafbar.

Auf der anderen Seite ist es für eine Strafbarkeit wegen Steuerhehlerei irrelevant, ob der Hehler die Ware unmittelbar von dem Vortäter oder von einem Zwischenhehler erwirbt, der seinerseits wegen Steuerhehlerei strafbar ist.[131]

b) Vortat der Steuerhehlerei

1160 Die Steuerhehlerei erfordert eine **Vortat** in Form

- einer Steuerhinterziehung,
- eines Bannbruchs,
- oder eines Schmuggels.

aa) Vortäter

1161 Anders als § 259 StGB bei dem ausdrücklich im Tatbestand des Delikts „ein anderer“ die Vortat begangen haben muss, ist dies in § 374 AO nicht bestimmt. Wenn der Täter (auch der mittelbare Täter oder der Mittäter) der Steuerhinterziehung, des Schmuggels oder des Bannbruchs hehlerische Handlungen an denselben Waren vornimmt, ist demzufolge eine Strafbarkeit nach § 374 AO nicht bereits tatbestandsmäßig ausgeschlossen. Jedoch stellt sich eine **hehlerische Handlung des Vortäters** (auch des mittelbaren Täters bzw. des Mittäters) im Verhältnis zur Vortat als **mitbestrafte Nachtat dar.**[132]

Teilnehmer der Vortat (Anstifter nach § 26 StGB oder Gehilfen nach § 27 StGB), die im Anschluss an die Vortat hehlerische Handlungen an denselben Waren vornehmen, sind jedoch neben ihrer Beteiligung an der Vortat zusätzlich **wegen Steuerhehlerei nach § 374 AO strafbar**. Dies gilt selbst dann, wenn sie es bereits bei der Teilnahmehandlung auf die Beute abgezielt hatten.[133]

Darüber hinaus kommt § 374 AO selbstredend zur Anwendung, wenn der Steuerhehler weder Täter noch Teilnehmer an der Vortat war.

1162 Die Vortat muss sich auf Verbrauchsteuern oder Ein- und Ausfuhrabgaben i. S. d. Art. 4 Nr. 10 und 11 ZK beziehen.

---

131 BGH v. 20. 1. 1999 3 StR 571/98, wistra 1999, 180 zu § 259 StGB; *Klein/Jäger*, AO-Kommentar, § 374 Rdn. 16.

132 *Franzen/Gast/Joecks*, Streuerstrafrecht, § 374 Rdn. 39.

133 *Franzen/Gast/Joecks*, Steuerstrafrecht, § 374 Rdn. 15.

bb) Hinterziehung von Einfuhr- und Ausfuhrabgaben i. S. d. Art. 4 Nr. 10 und 11 ZK

Nach dem **Wortlaut des § 374 Abs. 1 AO** bezieht sich die Hinterziehung von Einfuhr- und Ausfuhrabgaben nur auf solche des **Art. 4 Nr. 10 und 11 ZK**. 1163

cc) Hinterziehung von Verbrauchsteuern

Hierunter fallen sowohl die Verbrauchsteuern, deren Steuerentstehung auf die Überführung in den steuerrechtlich freien Verkehr im Inland zurückzuführen sind, als auch solche, die beim Verbringen der Ware aus einem anderen Mitgliedstaat oder bei der Einfuhr aus einem Drittland in Deutschland entstehen. 1164

Da auch die Einfuhrumsatzsteuer gem. § 21 Abs. 1 UStG eine Verbrauchsteuer im Sinne der AO ist, wird auch sie von der Steuerhehlerei erfasst.[134]

Zusammenfassend kann man festhalten, dass sich die Steuerhehlerei nach **§ 374 Abs. 1 AO** auf Waren bzw. Erzeugnisse bezieht, hinsichtlich derer von Deutschland verwaltete Einfuhr- und Ausfuhrabgaben i. S. d. Art. 4 Nr. 10 und 11 ZK, deutsche Einfuhrumsatzsteuer und deutsche Verbrauchsteuern hinterzogen wurden; mithin auf alle nationalen Einfuhr- und Ausfuhrabgaben i. S. von § 1 Abs. 1 Satz 3 ZollVG. 1165

dd) Hinterziehung von ausländischen Abgaben

Als Vortat kommt auch eine Hinterziehung von **Einfuhr- und Ausfuhrabgaben i. S. d. § 1 Abs. 1 Satz 3 ZollVG** in Betracht, die von einem anderen Mitgliedstaat verwaltet werden oder die einem Mitgliedstaat der EFTA oder einem mit dieser assoziierten Staat zustehen. Dies ergibt sich aus dem in § 374 Abs. 4 AO enthaltenen Verweis auf § 370 Abs. 6 Satz **1** und Abs. 7 AO. 1166

In Bezug auf Waren, hinsichtlich derer Umsatz- oder harmonisierte Verbrauchsteuern hinterzogen wurden, die von einem anderen Mitgliedstaat verwaltet werden, jedoch nicht als Einfuhrabgaben geschuldet werden, sind Hehlerhandlungen nicht als Steuerhehlerei strafbar. § 374 Abs. 4 AO enthält keinen entsprechenden Verweis auf § 370 Abs. 6 Satz **2** AO.

ee) Bannbruch[135]

Nach h. M. scheidet der Bannbruch dann als taugliche Vortat einer Steuerhehlerei aus, wenn er wegen der Subsidiaritätsklausel des § 372 Abs. 2 AO nach der Strafnorm eines Verbotsgesetzes zu ahnden ist.[136] Der Bannbruch kann nur dann Vortat einer Steuerhehlerei sein, wenn die Verbringung tatsächlich **nach der AO geahndet wird**. Da fast alle anderen Vorschriften (z. B. BtMG, WaffG) selbst eine Ahndung der Zuwiderhandlung gegen Einfuhr-, Ausfuhr- oder Durchfuhrverbote vorsehen, kann der Bannbruch praktisch nur dann zur Vortat des § 374 AO werden, wenn er gewaltsam oder banden- 1167

134 *Bender/Möller/Retemeyer*, Zoll- und Verbrauchsteuerstrafrecht, C IV Rdn. 671.

135 Siehe hierzu grundsätzliche Ausführungen unter Rdn. 1179.

136 *Klein/Jäger*, AO-Kommentar, § 374 Rdn. 15.

mäßig begangen wird. Denn dieser sogenannte **qualifizierte Bannbruch** wird nach **§ 373 AO** geahndet.

ff) Tatbestandsmäßige (objektiv und subjektiv), rechtswidrige und beendete Vortat

1168 Der Vortäter muss zunächst den **objektiven Tatbestand der Vortat**, d. h. den objektiven Tatbestand der Steuerhinterziehung, des Bannbruchs in der Qualifikationsform (s. Rdn. 1167) oder des Schmuggels verwirklicht haben. Ferner muss der Vortäter auch den **subjektiven Tatbestand der Vortat** verwirklicht haben. Er muss also hinsichtlich der genannten Delikte vorsätzlich gehandelt haben. Handelt der Vortäter ohne Vorsatz, weil er beispielsweise einem Tatbestandsirrtum (§ 369 Abs. 2 AO i. V. m. § 16 Abs. 1 StGB) unterliegt, oder handelt er nur fahrlässig, liegt keine Steuerhehlerei vor, da es dann bereits an der Verwirklichung des objektiven Tatbestands des § 374 AO mangelt.

1169 Der Vortäter muss die **Vortat rechtswidrig** begangen haben. Darüber hinaus kommt es nach h. M. **nicht** darauf an, dass die **Vortat schuldhaft** begangen wurde.[137] Unterliegt der Vortäter beispielsweise einem Verbotsirrtum (§ 369 Abs. 2 AO i. V. m. § 17 StGB) oder ist er schuldunfähig, schließt dies die Annahme einer Steuerhehlerei des Nachtäters nicht aus.

1170 Im allgemeinen Strafrecht geht die h. M. davon aus, dass die Hehlerei nach § 259 StGB eine vollendete Vortat voraussetzt. Im **Steuerstrafrecht** kommt es jedoch nach herrschender Ansicht für die Steuerhehlerei auf den Zeitpunkt der **Beendigung der Vortat** an.[138]

2. Tathandlung der Steuerhehlerei

1171 Der Steuerhehler muss die Ware ankaufen oder sonst sich oder einem Dritten verschaffen, sie absetzen oder absetzen helfen.

a) Ankaufen, „Sich-Verschaffen" oder „Einem-Dritten-Verschaffen"

1172 Ein „Ankaufen" oder „Sich-Verschaffen" oder „Einem-Dritten-Verschaffen" liegt vor, wenn der **Täter im eigenen Interesse** („Sich-Verschaffen) oder **für den Erwerber** („Einem-Dritten-Verschaffen) **handelt**.

Das **„Sich-Verschaffen"** liegt vor, wenn der Hehler im Einvernehmen mit dem Vortäter die Verfügungsgewalt zu eigenen Zwecken erlangt.[139] Die Tathandlung des **„Ankaufens"** ist lediglich ein Unterfall des „Sich-Verschaffens". Hierfür genügt jedoch der Abschluss des schuldrechtlichen Kaufvertrages (§ 433 BGB) nicht. Erforderlich ist, dass die tatsächliche Verfügungsmacht auf den Hehler übergeht. Bis dahin kommt lediglich eine versuchte Steuerhehlerei in Betracht.[140]

---

137 BGH v. 27. 2. 1951 4 StR 123/51, BGHSt 1, 47 zu § 259 StGB; v. 26. 2. 1953, 5 StR 735/52, BGHSt 4, 76; AO-DV (Zoll) Nr. 1 zu § 374; *Franzen/Gast/Joecks*, Steuerstrafrecht, § 374 Rdn. 9 ff. m. w. N.

138 BayObLG v. 18. 3. 2003 4St RR 19/03, ZfZ 2003, 244; AO-DV (Zoll) Nr. 1 zu § 374; *Bender/Möller/Retemeyer*, Zoll- und Verbrauchsteuerstrafrecht, C IV Rdn. 676 f.

139 AO-DV (Zoll) Nr. 3 zu § 374.

140 AO-DV (Zoll) Nr. 2 zu § 374.

„Einem-Dritten-Verschaffen“ liegt vor, wenn ein Dritter die Verfügungsgewalt zu seinen Zwecken erhält. Hiervon werden beispielsweise die Fälle erfasst, in denen der Täter im eigenen wirtschaftlichen Interesse die Waren ohne zwischenzeitlichen Besitz vom Vortäter direkt an den Dritten weiterleiten lässt.

b) Absetzen oder Absatzhilfe

Handelt der Täter **im Interesse des Vortäters,** liegt ein „Absetzen“ oder eine „Absatzhilfe“ vor.[141] Vortäter kann auch ein sogenannter Zwischenhehler sein.[142] 1173

Beim **„Absetzen“** wird die Sache vom Hehler durch **selbständiges** Handeln im Einvernehmen mit dem Vortäter an einen Dritten veräußert.[143] Der Täter muss hierbei **„im Lager“** des **Vortäters** oder des **Zwischenhehlers** stehen.

Bei einer **„Absatzhilfe“** handelt es sich um **unselbständige**, an Weisungen des Vortäters gebundene Unterstützungshandlungen des Hehlers, die geeignet sind, dem Vortäter bei seinen Absatzbemühungen zu helfen.[144] Der Helfer muss dabei **„im Lager“** des **Vortäters** oder des **Zwischenhehlers** stehen und diesen unmittelbar beim Absetzen der Sache unterstützen.[145] Handelt der Helfer hingegen unmittelbar allein für den **Erwerber**, in dessen Interesse er tätig wird und dessen Weisungen er unselbständig befolgt, liegt eine **Beihilfe des Helfers** zur Steuerhehlerei des Erwerbers vor.[146]

Weder das **Absetzen** noch die **Absatzhilfe** erfordern, dass es zu einem **Absatzerfolg** gekommen ist.[147] Für die Tatvollendung des § 374 AO ist eine auf Absatz gerichtete Tat ausreichend, selbst wenn der Absatz nicht gelingt.

3. Subjektiver Tatbestand der Steuerhehlerei

Der Täter muss hinsichtlich der Verwirklichung des objektiven Tatbestandes vorsätzlich gehandelt haben. Zudem ist Bereicherungsabsicht erforderlich. 1174

a) Vorsatz

Der Täter muss es zumindest für möglich halten und billigend in Kauf nehmen (dolus eventualis), dass hinsichtlich der gehehlten Waren bzw. Erzeugnisse Einfuhr- und Ausfuhrabgaben bzw. Verbrauchsteuern hinterzogen worden sind. Zudem muss sich sein (zumindest bedingter) Vorsatz auch auf die Begehung einer der Tathandlungen der Steuerhehlerei erstrecken.[148] Der Vorsatz muss zum Zeitpunkt der Tathandlung der Steuerhehlerei vorliegen. 1175

141 *Franzen/Gast/Joecks*, Steuerstrafrecht, § 374 Rdn. 20a und 21.
142 BGH v. 7. 11. 2007 5 StR 371/07, wistra 2008, 105.
143 BGH v. 21. 6. 1990 1 StR 171/90, NJW 1990, 2897 zur Hehlerei nach § 259 StGB.
144 BGH v. 21. 6. 1990 1 StR 171/90, NJW 1990, 2897 zur Hehlerei nach § 259 StGB.
145 Siehe beispielsweise BGH v. 9. 12. 2009 1 StR 167/09, wistra 2010, 154.
146 BGH v. 11. 6. 2008 5 StR 145/08, wistra 2008, 386
147 St. Rspr, z. B. BGH v. 1. 2. 2007 5 StR 372/06, ZfZ 2007, 187.
148 AO-DV (Zoll) Nr. 4.1 zu § 374.

Erfährt der Täter beispielsweise erst nach dem Zeitpunkt des „Sich-Verschaffens", dass die Ware geschmuggelt ist, kommt eine Steuerhehlerei nur dann in Betracht, wenn er danach eine Handlung vornimmt, die ihrerseits die Merkmale des § 374 AO erfüllt, z. B. die Ware absetzt.

b) Bereicherungsabsicht

1176 Der Täter handelt mit Bereicherungsabsicht (dolus directus ersten Grades), wenn er durch die Tat für sich oder einen anderen einen Vermögensvorteil erstrebt. Nicht entscheidend ist, ob es auch tatsächlich zu einem Vermögensvorteil kommt. Sofern Schmuggelzigaretten zum eigenen Konsum erworben wurden, liegt nur dann Bereicherungsabsicht vor, wenn der Täter ansonsten versteuerte Zigaretten in derselben Menge konsumiert hätte.[149]

4. Rechtswidrigkeit und Schuld

1177 Hinsichtlich der Rechtswidrigkeit und der Schuld ergeben sich keine Besonderheiten.

5. Wahlfeststellung

1178 Wahlfeststellung zwischen Steuerhinterziehung nach § 370 AO und Steuerhehlerei nach § 374 Abs. 1 AO sowie zwischen gewerbsmäßigem bzw. bandenmäßigem Schmuggel nach § 373 Abs. 1 AO bzw. § 373 Abs. 2 Nr. 3 AO und gewerbsmäßiger bzw. bandenmäßiger Steuerhehlerei gem. § 374 Abs. 2 AO ist zulässig, wenn feststeht, dass der Täter einen von beiden Tatbeständen verwirklicht hat, sich jedoch nicht klären lässt, welchen.[150]

FALL

Zusammenfassende Übung zur Steuerhehlerei:

Reisender A erwirbt in Polen aus Russland nach Polen geschmuggelte Zigaretten (600 Stück) zu privaten Zwecken. Er erkennt zwar, dass es sich um geschmuggelte Zigaretten handelt, kann aber bei dem günstigen Preis nicht widerstehen. Zumal er der Ansicht ist, dass er für seinen Zigarettenkonsum in Deutschland zu viel bezahlen muss. Er erreicht seinen Wohnort und wird gegenüber dem HZA nicht tätig.

Ist A nach § 370 AO wegen Steuerhinterziehung oder nach § 374 AO wegen Steuerhehlerei strafbar?

---

149 *Bender/Möller/Retemeyer*, Zoll- und Verbrauchsteuerstrafrecht, C IV Rdn. 701.
150 AO-DV (Zoll) Nr. 7 zu § 374.

LÖSUNG

A ist wegen Steuerhehlerei strafbar.

Eine Steuerhinterziehung durch aktives Tun nach **§ 370 Abs. 1 Nr. 1 AO** scheidet aus, da A gegenüber den Finanzbehörden oder anderen Behörden nicht tätig wird.

Für eine Steuerhinterziehung durch Unterlassen nach **§ 370 Abs. 1 Nr. 2 AO** müsste A die Finanzbehörden pflichtwidrig über steuerlich erhebliche Tatsachen in Unkenntnis gelassen haben. Die Einfuhr der Zigaretten von Russland nach Polen war bereits beendet, als A die Zigaretten kaufte, denn die Zigaretten sind bereits in Polen „zur Ruhe gekommen". A ist dementsprechend in keiner Form an dieser Einfuhr beteiligt gewesen.

Steuerlich erheblich könnte dementsprechend nur das Verbringen der Zigaretten von Polen nach Deutschland sein, wenn hieran die Steuerentstehung anknüpft. Nach § 22 Abs. 1 i. V. m. Abs. 2 Nr. 4 TabStG sind die Zigaretten aber steuerfrei. A hat die Tabakwaren laut Sachverhalt zu privaten Zwecken aus dem steuerrechtlich freien Verkehr Polens nach Deutschland selbst befördert. Folglich liegt schon keine steuerlich erhebliche Tatsache vor.

A hat auch nicht pflichtwidrig die Verwendung von Steuerzeichen nach **§ 370 Abs. 1 Nr. 3 AO** unterlassen.[151]

A hat sich aber einer Steuerhehlerei nach **§ 374 Abs. 1, Abs. 4 i. V. m. § 370 Abs. 6 Satz 1 und Abs. 7 AO** schuldig gemacht. **Tatobjekt der Steuerhehlerei** sind gem. § 374 Abs. 1 AO Erzeugnisse oder Waren, hinsichtlich derer Verbrauchsteuern oder Einfuhr- und Ausfuhrabgaben i. S. d. Art. 4 Nr. 10 und 11 ZK hinterzogen worden sind.

§ 374 Abs. 1 AO gilt jedoch nur für solche Verbrauchsteuern bzw. Zölle, die von Deutschland verwaltet werden. Durch die Wareneinfuhr von Russland nach Polen sind gem. Art. 202 Abs. 1 Buchst. a ZK von Polen verwaltete Zölle und daran anschließend polnische Einfuhrumsatzsteuer und polnische Tabaksteuern entstanden. Das heißt, die Vortat der unbekannten Täter bezieht sich nicht auf von Deutschland verwaltete Abgaben.

Durch den Verweis in § 374 Abs. 4 AO auf § 370 Abs. 6 Satz 1 und Abs. 7 AO wird der Geltungsbereich der AO jedoch erweitert. Danach ist es ausreichend, wenn sich die im Ausland begangene Vortat auf Einfuhrabgaben bezieht, die von einem anderen Mitgliedstaat der Europäischen Gemeinschaft für diese oder für sich selbst verwaltet werden.

Es ist davon auszugehen, dass die Vortäter vorsätzlich die Tabakwaren in das Gebiet der Europäischen Gemeinschaft vorschriftswidrig eingeführt haben. Es liegt damit insgesamt eine tatbestandsmäßige, rechtswidrige und beendete Vortat vor. Die Zigaretten stellen demzufolge ein taugliches Tatobjekt der Steuerhehlerei dar.

A hat auch eine der **Tathandlungen der Steuerhehlerei** verwirklicht. A hat die Zigaretten in Polen angekauft und sich hierbei die Verfügungsgewalt über selbige im Einver-

151 Siehe hierzu Rdn. 1051.

nehmen mit dem Vortäter bzw. Zwischenhehler verschafft. Er handelte auch **vorsätzlich**. Er wusste beim „Sich-verschaffen" der Zigaretten, dass es sich um Schmuggelware handelt. Trotzdem hatte er den Willen, sich die Sache durch Ankauf zu verschaffen.

A hatte auch die **Absicht**, sich durch den Ankauf der Zigaretten zu bereichern. Er wollte seine Vermögenslage verbessern, indem er nicht teurere, versteuerte Zigaretten in Deutschland für seinen Konsum kaufen muss.

Rechtswidrigkeit und **Schuld** liegen ebenfalls vor. Dass A bereits mit dem „Sich-Verschaffen" bzw. Ankaufen der Zigaretten **in Polen den Tatbestand der Steuerhehlerei verwirklichte** und sich die Tat gegen ausländische Abgaben (von Polen verwaltete Zölle, polnische Einfuhrumsatzsteuer und polnische Tabaksteuer) richtet, spielt gem. § 374 Abs. 4 AO i.V.m. § 370 Abs. 6 Satz 1 und Abs. 7 AO keine Rolle.[152] Die Tat ist **in Deutschland strafbar** und kann von deutschen Gerichten abgeurteilt werden.

Anmerkung: § 37 TabStG ist nicht anzuwenden, da die Vorschrift nur für den Erwerb der Zigaretten im Inland gilt. Hier erfolgte jedoch der Erwerb in Polen.[153]

FALL

Abwandlung: A hat 1 200 Stück Zigaretten aus Polen mitgebracht. Ihm gelingt es nicht, die Vermutung der Gewerblichkeit nach § 39 TabStV zu widerlegen.

LÖSUNG

Indem A nicht unverzüglich gem. § 23 Abs. 1 TabStG eine Steuererklärung in Deutschland abgab, hat er eine Steuerhinterziehung durch Unterlassen gem. § 370 Abs. 1 Nr. 2 AO begangen (Verkürzung deutscher Tabaksteuer). Die in Deutschland begangene Steuerhinterziehung folgt der in Polen begangenen Steuerhehlerei. Beide Straftaten stehen zueinander in Tatmehrheit. Sie beziehen sich auch auf unterschiedliche Abgaben.[154]

IV. Weitere Steuerstraftaten

1. Bannbruch

1179 Nach § 372 Abs. 1 AO begeht Bannbruch, wer Gegenstände entgegen einem Verbot, einführt, ausführt oder durchführt.

a) Objektiver Tatbestand

1180 **Tathandlung** ist das verbotswidrige Ein-, Aus-, oder Durchführen eines Gegenstandes.

152 Siehe hierzu auch BGH v. 28. 8. 2008 1 StR 443/08, wistra 2008, 470.

153 Siehe hierzu auch Schwarzhandel mit Zigaretten unter Rdn. 1282.

154 BGH v. 28. 8. 2008 1 StR 443/08, wistra 2008, 470.

Gegenstände i. S. d. § 372 Abs. 1 AO sind körperliche, bewegliche Sachen. Auch Betäubungsmittel (BtM) und Falschgeld fallen hierunter. Die EuGH-Rechtsprechung, wonach für BtM und Falschgeld keine Einfuhrabgaben erhoben werden dürfen, ist im Rahmen der Verbringungsverbote ohne Bedeutung.[155] 1181

Der Gegenstand muss entgegen einem **Verbot** verbracht werden. § 372 AO regelt nicht selbst, in welchen Fällen ein verbotswidriges Verbringen vorliegt. Hierzu bedarf es der Ausfüllung durch ein Verbotsgesetz. § 372 AO ist folglich eine **Blankettnorm**. Die durch gesetzliche Ein-, Aus- oder Durchführverbote geschützten Rechtsgüter lassen sich in fünf maßgebliche Schutzbereiche einteilen:[156] 1182

- Schutz der öffentlichen Sittlichkeit, Ordnung und Sicherheit (z. B. verbotene Pornografie, verfassungswidrige Schriften, Waffen),
- Schutz der Gesundheit und des Lebens von Menschen (z. B. Sicherheit der Nahrungskette, Arzneimittel, Produktsicherheit),
- Schutz der Umwelt sowie der Tier- und Pflanzenwelt (z. B. Abfallverbringung, Artenschutz, Tierseuchen),
- Schutz von Kulturgütern mit künstlerischem, geschichtlichem oder archäologischem Wert (z. B. Maßnahmen gegen die Abwanderung national wertvollen Kunstgutes),
- gewerblicher Rechtsschutz (z. B. falsche Herkunftsangaben oder Marken-, Urheberrechts- oder Patentrechtsverletzungen).

Bei der **Einfuhr** handelt es sich um das Verbringen eines Gegenstandes aus einem fremden Gebiet in das durch § 372 AO bzw. durch andere Normen geschützte Gebiet (**Banngebiet**). 1183

Unter der **Ausfuhr** ist das Verbringen eines Gegenstandes aus dem Banngebiet in ein fremdes Gebiet zu verstehen. 1184

Die **Durchfuhr** ist das Verbringen eines Gegenstandes aus dem fremden Gebiet durch das Banngebiet in ein fremdes Gebiet, ohne dass der Gegenstand in den freien Verkehr des Banngebiets gelangt.[157] 1185

Die Bestimmung des **Banngebietes** ergibt sich aus den die Blankettnorm des § 372 AO ausfüllenden Verbotsgesetzen. Beispielsweise stellt § 29 Abs. 1 Nr. 1 BtMG die unerlaubte Einfuhr von Betäubungsmittel unter Strafe, ohne näher zu bestimmen, wann eine Einfuhr vorliegt. Da Sinn und Zweck der Vorschrift der Schutz der inländischen Bevölkerung vor den Gefahren der Drogensucht ist, bedeutet Einfuhr im Sinne der Vorschrift das Verbringen eines Betäubungsmittels aus dem Ausland über die Grenze in das Hoheitsgebiet der Bundesrepublik Deutschland.[158] Folglich umfasst § 29 Abs. 1 Nr. 1 BtMG auch Helgoland und Büsingen. Demgemäß ist das Banngebiet nicht zwingend identisch mit dem Zollgebiet, denn nach Art. 3 Abs. 1, 3. Spiegelstrich ZK sind diese Gebiete vom Zollgebiet ausgeschlossen. 1186

155 *Franzen/Gast/Joecks*, Steuerstrafrecht, § 372 Rdn. 8.

156 http://www.zoll.de/b0_zoll_und_steuern/d0_verbote_und_beschraenkungen/index.html

157 Siehe zu den Begriffen der Ein-, Aus- und Durchfuhr ausführlich: *Franzen/Gast/Joecks*, Steuerstrafrecht, § 372 Rdn. 9 ff.

158 BGH v. 22. 2. 1983, 5 StR 877/82, BGHSt 31, 252; 15. 2. 2011 1 StR 676/10, NJW 2011, 2065.

b) Subjektiver Tatbestand

1187 § 372 AO erfordert vorsätzliches Handeln des Täters. Das heißt, der Täter muss Kenntnis vom Verbringungsverbot haben und dennoch dem Verbot zuwiderhandeln. Bedingter Vorsatz ist ausreichend.

c) Rechtswidrigkeit und Schuld

1188 Hinsichtlich der Rechtswidrigkeit und der Schuld ergeben sich keine Besonderheiten.

d) Subsidiaritätsklausel

1189 Eine Bestrafung des einfachen Bannbruchs kommt nach § 372 Abs. 2 i.V.m. § 370 Abs. 1 und 2 AO nur dann in Betracht, wenn die Zuwiderhandlung nicht in anderen gesetzlichen Vorschriften „straf-“ oder „bußgeldbewehrt“ ist. Ansonsten sind die Straf- oder Bußgeldvorschriften der Einzelgesetze anzuwenden.[159]

Die Subsidiaritätsklausel des § 372 Abs. 2 AO hat somit auch zur Folge, dass der Bannbruch sogar hinter Bußgeldtatbeständen anderer Einzelgesetze zurücktritt. Der Grundsatz des § 21 Abs. 1 OWiG, wonach beim Zusammentreffen von Straftat und Ordnungswidrigkeit nur das Strafgesetz angewendet wird, wird somit umgekehrt.

1190 Aus dem in § 372 Abs. 2 AO enthaltenen Verweis auf § 370 Abs. 2 AO ergibt sich, dass auch ein **versuchter Bannbruch** strafbar ist. Diesbezüglich gilt jedoch ebenfalls die Subsidiaritätsklausel. Selbst wenn das Einzelgesetz keine Ahndung der versuchten Zuwiderhandlung gegen ein Verbot vorsieht, ist gleichwohl eine Bestrafung wegen versuchten Bannbruchs ausgeschlossen.[160]

1191 Da die Verbotsgesetze i. d. R. selbst Straf- bzw. Bußgeldbestimmungen enthalten, ist eine Bestrafung des Bannbruchs nach §§ 372 Abs. 2, 370 Abs. 1 und 2 AO die Ausnahme. Sofern der Täter beispielsweise unerlaubt Betäubungsmittel einführt, wird er nach § 29 Abs. 1 Nr. 1 BtMG bestraft. Er ist nicht des Bannbruchs nach §§ 372 Abs. 2, 370 Abs. 1 AO schuldig.

1192 Die Subsidiaritätsklausel gilt nur für den Grundtatbestand des **einfachen Bannbruchs** nach §§ 372 Abs. 2, 370 Abs. 1 und 2 AO. Sie ist nicht auf Qualifikationen anzuwenden. Das heißt, sie gilt nicht, wenn **§ 373 AO** einschlägig ist. Nach der von Jäger vertretenen Ansicht ist § 373 AO jedoch dann nicht anzuwenden, wenn das Verbotsgesetz für erschwerende Umstände als abschließende Sonderregelung bereits selbst eine erhöhte Strafe androht.[161]

BEISPIEL: A fährt von Groningen (NL) nach Oldenburg. Hierbei führt er zum gewinnbringenden Weiterverkauf in Deutschland 1 kg Haschisch in die Bundesrepublik ein. Zudem führt er eine Schusswaffe mit sich.

A ist wegen unerlaubten Handeltreibens mit Betäubungsmitteln in nicht geringer Menge unter Mitsichführen einer Schusswaffe nach § 30a Abs. 2 Nr. 2 BtMG strafbar. § 30a Abs. 2 Nr. 2 BtMG sieht für die Begehung der Tat mit einer Schusswaffe selbst eine erhöhte Strafe vor. Der

159 AO-DV (Zoll) Nr. 2 zu § 372.

160 *Klein/Jäger*, AO-Kommentar, § 372 Rdn. 20.

161 *Franzen/Gast/Joecks*, Steuerstrafrecht, § 373 Rdn. 9.

Bannbruch unter Beisichführen einer Schusswaffe nach § 373 Abs. 2 Nr. 1 AO ist nach Ansicht Jägers wegen der abschließenden Sonderregelung des BtMG nicht anwendbar.

e) Sonstige Konkurrenzfragen

Tateinheit mit § 370 AO ist gegeben, wenn bei der verbotswidrigen Einfuhr aus einem Drittland zugleich Einfuhrabgaben i. S. d. § 1 Abs. 1 Satz 3 ZollVG hinterzogen werden. Dies ergibt sich aus § 370 Abs. 5 AO, wonach die Steuerhinterziehung auch hinsichtlich solcher Waren begangen werden kann, deren Ein-, Aus-, oder Durchfuhr verboten ist. Tateinheit mit Steuerhinterziehung ist bei Falschgeld, Suchtstoffen und psychotropen Stoffen nicht möglich, da für diese gem. Art. 212 ZK keine Einfuhrabgaben entstehen.[162] 1193

f) Ermittlungszuständigkeit der Zollverwaltung

Die Ermittlungszuständigkeit der Zollverwaltung ist gem. § 386 AO in den Fällen gegeben, in denen sich eine Bestrafung des Bannbruchs aus §§ 370, 373 AO, d. h. aus den **Steuergesetzen**, ergibt. Zudem sind die Zollbehörden zuständig, wenn der Bannbruch **in anderen Vorschriften mit Strafe bedroht ist** (z. B. BtMG, WaffG). 1194

Sofern die anderen Vorschriften die Verbringungszuwiderhandlung **nur mit Geldbuße bedrohen**, fehlt den Zollbehörden jegliche Ermittlungs- und Ahndungskompetenz. Für dieses Ergebnis spricht die Regelung des § 12 ZollVG, wonach die Zollbehörden die Waren und dazugehörigen Verwaltungsvorgänge den zuständigen Verwaltungsbehörden vorzulegen haben, wenn Waren unter Verstoß gegen Einfuhr-, Durchfuhr-, oder Ausfuhrverbote in den oder aus dem Geltungsbereich des ZollVG verbracht werden und der Verstoß nur als Ordnungswidrigkeit geahndet werden kann.[163] 1195

2. Steuerzeichenfälschung

Auch die Wertzeichenfälschung und deren Vorbereitung gehören zu den Steuerstraftaten, soweit die Tat **Steuerzeichen** betrifft, § 369 Abs. 1 Nr. 3 AO. Diese Klassifizierung als Steuerstraftat war deshalb von Nöten, weil die Steuerzeichenfälschung und deren Vorbereitung nicht in der Abgabenordnung geregelt sind, sondern den Regelungen des allgemeinen Strafrechts zur Wertzeichenfälschung nach den §§ 148 ff. StGB unterfällt und ansonsten keine **Ermittlungszuständigkeit der Finanzbehörden** nach § 386 Abs. 1 AO bestanden hätte. 1196

Bedeutung hat die Steuerzeichenfälschung auf dem Gebiet der **Tabaksteuer**. Insbesondere gut organisierte Schmugglerbanden konzentrieren sich mittlerweile darauf, deutsche Steuerzeichen in fast perfekter Form zu imitieren. Hierbei passen sie sich auch schnell neuen Gegebenheiten an. So wurden beispielsweise wenige Monate, nachdem die neue Tabaksteuerbanderole im Februar 2009 eingeführte wurde, in Deutschland Zi- 1197

162 AO-DV (Zoll) Nr. 3 zu § 372.

163 Erlass des BMF v. 16. 2. 2000 III A 6 - S 0701 - 1/00; *Franzen/Gast/Joecks*, Steuerstrafrecht, § 372 Rdn. 55.

garetten sichergestellt, die bereits das neue Steuerzeichen in gefälschter Form trugen.[164]

1198 **§ 148 Abs. 1 StGB** beschreibt mehrere **Tathandlungen**, die eine Strafbarkeit wegen Steuerzeichenfälschung begründen können.

- **Nachmachen (§ 148 Abs. 1 Nr. 1 StGB)**

Nachmachen bedeutet die unbefugte Herstellung von Steuerzeichen.

- **Verfälschen (§ 148 Abs. 1 Nr. 1 StGB)**

Ein Verfälschen von Steuerzeichen liegt vor, wenn durch die unbefugte Umgestaltung des echten Steuerzeichens der Anschein eines höheren Wertes hervorgerufen wird.

- **Sichverschaffen (§ 148 Abs. 1 Nr. 2 StGB)**

Ein Sichverschaffen liegt vor, wenn der Täter falsche Steuerzeichen mit dem Willen zu eigenständiger Verfügung in Besitz nimmt.[165] Ein bloßer Verteilungsgehilfe, der den Besitz lediglich für einen anderen ausübt, macht sich nur wegen Beihilfe zu § 148 Abs. 1 Nr. 2 StGB strafbar.[166]

1199 In **subjektiver Hinsicht** ist **Vorsatz** in Bezug auf die Tathandlung erforderlich. Zudem ist die **Absicht** erforderlich, die nachgemachten, verfälschten bzw. sich verschafften Steuerzeichen als echt zu verwenden oder in Verkehr zu bringen oder ein solches Verwenden oder Inverkehrbringen zu ermöglichen.

1200 Nach **§ 148 Abs. 1 Nr. 3 StGB** kann eine Steuerzeichenfälschung auch in der Form begangen werden, dass falsche Steuerzeichen **als echt verwendet**, **feilgehalten** oder **in Verkehr gebracht** werden.

1201 Schließlich sieht **§ 148 Abs. 2 StGB** eine Strafbarkeit für die **Wiederverwendung von bereits verwendeten Steuerzeichen** vor.

1202 Sowohl für die Taten nach § 148 Abs. 1 StGB als für solche nach § 148 Abs. 2 StGB ist die **Strafbarkeit des Versuchs** in Abs. 3 der Vorschrift vorgesehen.

1203 Hat der Täter noch nicht unmittelbar zur Fälschung der Steuerzeichen angesetzt, kommt eine Strafbarkeit wegen **Vorbereitung** nach § 149 StGB in Betracht.

1204 Regelmäßig werden die Fälschung und die Wiederverwendung von Steuerzeichen **in Tateinheit mit Steuerhinterziehung** begangen.[167]

3. Begünstigung

1205 § 257 Abs. 1 StGB regelt die Strafbarkeit desjenigen, der einem anderen, der eine rechtswidrige Tat begangen hat, **in der Absicht Hilfe leistet, ihm die Vorteile der Tat zu sichern**. Nach § 369 Abs. 1 Nr. 4 AO stellt die Begünstigung (§ 257 StGB) dann eine **Steuerstraftat** dar, wenn die Begünstigung einer Person dient, die ihrerseits eine Tat nach

164 Pressemitteilung Zollfahndungsdienst v. 5. 10. 2009.

165 BGH v. 24. 3. 1998 1 StR 558/97, BGHSt 44, 62 zur Geldfälschung.

166 *Franzen/Gast/Joecks*, Steuerstrafrecht, § 369 Rdn. 156.

167 Siehe wegen weiterer Konkurrenzfragen *Franzen/Gast/Joecks*, Steuerstrafrecht, § 369 Rdn. 169 ff.

§ 369 Abs. 1 Nr. 1 bis 3 AO begangen hat. Die Begünstigung ist folglich eine **Anschlusstat.**

a) Objektiver Tatbestand

Die Begünstigung erfordert in objektiver Hinsicht zunächst die **Vortat** (§ 369 Abs. 1 1206
Nr. 1 bis 3 AO) **eines anderen**. Die Begünstigung als **Steuerstraftat** erfordert nach § 369 Abs. 1 Nr. 4 AO eine Vortat in Form:

- einer Steuerhinterziehung, eines Schmuggels, einer Steuerhehlerei oder
- eines Bannbruchs oder
- einer Wertzeichenfälschung.

Die Vortat muss den **objektiven und subjektiven Tatbestand** erfüllen und **rechtswidrig** sein. Voraussetzung ist jedoch nicht, dass sie schuldhaft begangen wurde.

Ferner muss eine begünstigende Tathandlung in Form eines **Hilfeleistens** gegeben sein. 1207
Nach wohl herrschender Ansicht erfordert das Hilfeleisten, dass die Handlung objektiv geeignet ist, den Vortäter im Hinblick auf die Sicherung der Vorteile besserzustellen und dies subjektiv von dieser Tendenz getragen wird.[168] Demzufolge ist es nicht nötig, dass die Begünstigungshandlung dem Vortäter tatsächlich die Vorteile der Tat sichert.[169]

Eine Begünstigungshandlung durch aktives Tun kann beispielsweise das Weiterreichen[170], Verheimlichen, Verbergen oder Aufbewahren eingeschmuggelter Ware sein oder der anonyme Kapitaltransfer ins Ausland mit dem Zweck den Zugriff der Finanzbehörde zu erschweren.[171] Die Begünstigungshandlung kann auch in einem Unterlassen bestehen, wenn dieses pflichtwidrig erfolgt. Eine Rechtspflicht zum Handeln kann sich z. B. aus amtlicher Stellung ergeben.[172]

b) Subjektiver Tatbestand

Der Begünstiger muss hinsichtlich des objektiven Tatbestandes vorsätzlich gehandelt 1208
haben, d. h. hinsichtlich der Vortat und der Hilfeleistung. Es genügt dolus eventualis. Es ist bereits ausreichend, wenn der Begünstige um das Vorliegen einer rechtswidrigen Vortat weiß; die Art der Vortat, z. B. ob Diebstahl oder Schmuggel, braucht er nicht zu kennen.[173]

Darüber hinaus muss der Täter mit **Vorteilssicherungsabsicht** handeln. Dies bedeutet, dass die Absicht des Begünstigers darauf gerichtet sein muss, dem Vortäter die Vorteile

168 OLG Düsseldorf v. 22. 3. 1979 5 Ss 621/78 I, NJW 1979, 2320; *Bender/Möller/Retemeyer*, Zoll- und Verbrauchsteuerstrafrecht, C IV Rdn. 751.

169 BGH v. 1. 8. 2000 5 StR 624/99, BGHSt 46, 107.

170 BGH v. 27. 4. 1957 5 StR 36/54, JR 1954, 349.

171 BGH v. 1. 8. 2000 5 StR 624/99, BGHSt 46, 107.

172 *Franzen/Gast/Joecks*, Steuerstrafrecht, § 369 Rdn. 183.

173 *Bender/Möller/Retemeyer*, Zoll- und Verbrauchsteuerstrafrecht, C IV 753.

gegen ein Entziehen zugunsten des Verletzten zu sichern. Dies braucht aber nicht der einzige Zweck der Begünstigung zu sein.[174]

c) Rechtswidrigkeit und Schuld

1209 Hinsichtlich der Rechtswidrigkeit und der Schuld ergeben sich keine Besonderheiten.

V. Geldwäsche

1. Allgemeines

1210 Im Allgemeinen versteht man unter Geldwäsche das Einschleusen von Vermögensgegenständen aus **organisierter Kriminalität** in den legalen Finanz- und Wirtschaftskreislauf zum Zwecke der Tarnung. Die Geldwäsche bildet den Schnittpunkt von illegalen Erlösen aus Straftaten und legalem Finanzkreislauf. In diesem Übergangszeitpunkt wird illegales Geld „sichtbar", so dass Geldwäsche für die Strafverfolgungsbehörden einen tauglichen Ansatz bietet, in die Strukturen organisierter Kriminalität einzudringen.

Transaktionen können von der Schnittstelle aus zurückverfolgt werden. Ferner trifft die Abschöpfung illegal erworbener Gelder den Nerv der organisierten Kriminalität.[175] Darüber hinaus wird in den Zeiten der Bedrohung durch den **internationalen Terrorismus** nunmehr auch mit der Bekämpfung der Geldwäsche das Ziel verfolgt, weltweit durch das Austrocknen illegaler Finanzströme dem Terrorismus die logistische und strukturelle Grundlage zu entziehen.[176] Die Financial Action Task Force on Money Laundering (FATF) bei der OECD hat in ihrem Deutschlandbericht vom 19.12.2010[177] ausgeführt, dass in Deutschland jährlich rund 43 bis 57 Milliarden € kriminell erwirtschaftet werden. Potenziell muss damit dieses Volumen der Geldwäsche zugeführt werden.

Illegal erworbenes Geld (unter anderem aus Drogenhandel oder Zigarettenschmuggel) wird beispielsweise dadurch in den legalen Finanz- und Wirtschaftskreislauf eingespeist und damit dem Zugriff der Strafverfolgungsbehörden entzogen, indem durch grenzüberschreitende Bargeldtransporte die Gewinne aus Straftaten zwecks Verschleierung der Herkunft mit legalen Geldern vermengt werden oder Umsätze aus besonders bargeldintensiver Geschäftstätigkeit vorgetäuscht werden (z. B. durch Betreiben von Restaurants).

2. Gesetzliche Grundlagen

1211 Mit dem Gesetz zur Bekämpfung des illegalen Rauschgifthandels und anderer Erscheinungsformen der Organisierten Kriminalität (OrgKG) vom 15.7.1992 führte der deutsche Gesetzgeber als repressives Mittel den Straftatbestand der Geldwäsche ins StGB **(§ 261 StGB)** ein. Präventives Mittel zur Bekämpfung der Geldwäsche ist das Geld-

---

174 BGH v. 22.5.1958 4 StR 96/58, NJW 1958, 1244.

175 BT-Drucks. 12/989, S. 26.

176 BT-Drucks. 14/8739, S. 1.

177 http://www.fatf-gafi.org/dataoecd/44/19/44886008.pdf.

wäschegesetz (**GwG**) vom 22. 9. 1992, welches insbesondere Kredit-, Finanz- und Zahlungsinstituten umfangreiche Aufzeichnungs- sowie Unterrichtungs- und Meldepflichten auferlegt.

3. Objektiver Tatbestand des § 261 StGB

a) Tatobjekt

Tatobjekt einer Geldwäsche nach § 261 StGB können sämtliche Gegenstände sein, die aus einer rechtswidrigen Vortat i. S. von Abs. 1 Satz 2 herrühren. 1212

Unter dem Begriff des **Gegenstandes** sind alle Arten von Vermögenswerten zu verstehen. Hierunter fallen Sachen und Rechte, also beispielsweise bewegliche und unbewegliche Sachen, Edelmetalle, Grundstücke und Rechte an solchen, Geld (Bargeld, Buchgeld in inländischen und ausländischen Währungen), Wertpapiere und Forderungen.[178] 1213

Die Geldwäsche ist Anschlusstat. Das heißt, der Gegenstand muss aus einer **Vortat nach § 261 Abs. 1 Satz 2 StGB** stammen. Bei den dort genannten Straftaten handelt es sich um einen abschließenden Katalog von tauglichen Vortaten. Hierbei sind zunächst in Abs. 1 Satz 2 Nr. 1 **Verbrechen** aufgeführt, wobei keine Unterscheidung nach der Art des Verbrechens vorgenommen wird. Taugliche Vortat sind demzufolge alle Straftaten, die nach § 12 Abs. 1 StGB eine Mindeststrafe von einem Jahr vorsehen. 1214

Neben den Verbrechen sieht Abs. 1 Satz 2 in den Nummern 2 bis 5 einen bestimmten **Katalog an Vergehen** vor, die Vortaten einer Geldwäsche sein können. Hierzu zählen beispielsweise Betäubungsmittelvergehen, der gewerbsmäßige, gewaltsame und bandenmäßige Schmuggel, die gewerbsmäßige Steuerhehlerei und die gewerbsmäßige oder bandenmäßige Steuerhinterziehung nach § 370 AO.

Der Begriff des **Herrührens** ist bewusst weit gefasst. Es genügt, wenn zwischen dem Gegenstand und der Vortat ein Kausalzusammenhang besteht, wenn also der Gegenstand seine Ursache in der rechtswidrigen Vortat hat.[179] Unter den Begriff des Herrührens fällt auch eine Kette von Verwertungshandlungen, bei welcher der ursprüngliche Gegenstand unter Beibehaltung seines Wertes durch einen anderen ersetzt wird. Der Gegenstand rührt nur dann nicht mehr aus der Vortat her, wenn sein Wert durch Weiterverarbeitung im Wesentlichen auf eine selbständige spätere Leistung Dritter zurückzuführen ist.[180] 1215

b) Tathandlung

§ 261 Abs. 1 StGB stellt Handlungen unter Strafe, die den Zugriff der Strafverfolgungsorgane auf Gegenstände aus bestimmten Straftaten verhindern oder erschweren. Hierzu zählen das **Verbergen** (z. B. Beiseiteschaffen durch Verstecken), das **Verschleiern der Herkunft** (z. B. Kontoerrichtung unter fremden Namen, unrichtige Buchungen) und die 1216

178 BT-Drucks. 12/989, S. 27.
179 BGH v. 18. 2. 2009 1 StR 4/09, BGHSt 53, 205.
180 BT-Drucks. 12/989, S. 27.

Vereitelung oder Gefährdung der Ermittlung der Herkunft, das Auffinden, den Verfall, die Einziehung oder die Sicherstellung eines solchen Gegenstandes.

§ 261 Abs. 2 StGB dient als Auffangtatbestand, sofern ein Vereitelungs- oder Gefährdungsvorsatz nicht nachweisbar ist oder ein Verbergen oder Verschleiern nicht vorliegt. Danach wird bestraft, wer einen in Absatz 1 bezeichneten Gegenstand sich oder einem Dritten **verschafft** oder **verwahrt** oder für sich oder einen Dritten **verwendet**, sofern er die Herkunft des Gegenstandes zu dem Zeitpunkt gekannt hat, zu dem er ihn erlangt hat.

c) Auslandstaten

1217 Nach Absatz 8 des § 261 StGB ist die Geldwäsche auch strafbar, wenn die im Ausland begangen worden ist. Dies gilt jedoch nur, wenn die Vortat eine Katalogtat entsprechend § 261 Abs. 1 StGB ist und die Tat auch am Tatort mit Strafe bedroht ist.

4. Subjektiver Tatbestand des § 261 StGB

1218 Bei sämtlichen Tathandlungen des Absatzes 1 und 2 ist Vorsatz erforderlich, wobei bedingter Vorsatz ausreichend ist. Nach § 261 Abs. 5 StGB wird jedoch hinsichtlich der Herkunft des Tatobjekts aus einer tauglichen Vortat auch **leichtfertige Geldwäsche** unter Strafe gestellt. Leichtfertigkeit liegt vor, wenn sich die deliktische Herkunft i. S. d. § 261 Abs. 1 Satz 2 StGB nach Sachlage geradezu aufdrängt und der Täter gleichwohl handelt, weil er dies aus besonderer Gleichgültigkeit oder grober Unachtsamkeit außer Acht lässt.[181]

5. Rechtswidrigkeit und Schuld

1219 Hinsichtlich der Rechtswidrigkeit und der Schuld ergeben sich keine Besonderheiten.

6. Aufgaben der Zollverwaltung

1220 Obwohl es sich bei dem Straftatbestand der Geldwäsche nach § 261 StGB nicht um eine Steuerstraftat handelt, wird der Zollverwaltung bei der Bekämpfung der Geldwäsche eine tragende Rolle zuteil. Nach **§ 1 Abs. 3a Satz 1 ZollVG** wird die Einfuhr, Ausfuhr und Durchfuhr in das, aus dem und durch das Zollgebiet der Gemeinschaft sowie das sonstige Verbringen von Bargeld oder gleichgestellten Zahlungsmitteln in den, aus dem und durch den Geltungsbereich des ZollVG zollamtlich überwacht.

Nach **§ 12a Abs. 2 ZollVG** haben Personen, die sich im **grenzüberschreitenden Verkehr mit einem Mitgliedstaat der Europäischen Union** befinden, **auf Verlangen** der Zollbediensteten Bargeld und gleichgestellte Zahlungsmittel im Wert von über **10 000 €** oder mehr nach Art, Zahl und Wert anzuzeigen sowie die Herkunft, den wirtschaftlich Berechtigten und den Verwendungszweck darzulegen. Ferner normiert **§ 12a Abs. 1**

181 BGH v. 17. 7. 1997 1 StR 791/96, BGHSt 43, 158.

ZollVG i.V.m. Art. 3 der Verordnung (EG) Nr. 1889/2005 seit dem 15.7.2007 die Pflicht, bei **Ein- und Ausreise in die Europäische Union** mitgeführte Barmittel im Wert von **10 000 €** und mehr **unaufgefordert schriftlich anzumelden**.

Zur Ermittlung des Sachverhalts nach den Absätzen 1 und 2 haben die Zollbediensteten die Befugnisse nach § 10 ZollVG. Bei einer Zuwiderhandlung gegen § 12a Abs. 1 und 2 ZollVG handelt es sich gem. §§ 31a und 31b ZollVG um eine Ordnungswidrigkeit, die mit einer Geldbuße bis zu 1 Mio. € geahndet werden kann. Verwaltungsbehörde i. S. d. § 36 Abs. 1 Nr. 1 OWiG ist das örtlich zuständige Hauptzollamt (§ 31a Abs. 4 ZollVG, § 31b Abs. 3 ZollVG).

Zudem haben die Zollfahndungsämter nach **§ 1 Abs. 3c ZollVG** die Aufgabe, die international organisierte Geldwäsche sowie die damit in Zusammenhang stehenden Straftaten, soweit diese in Verbindung mit dem Wirtschaftsverkehr mit fremden Wirtschaftsgebieten stehen, zu erforschen und zu verfolgen.

B. Steuerordnungswidrigkeiten

I. Allgemeines

Nach **§ 377 Abs. 1 AO** sind Steuerordnungswidrigkeiten (Zollordnungswidrigkeiten) Zuwiderhandlungen, die **nach den Steuergesetzen** mit Geldbußen geahndet werden können. Für den Aufgabenbereich der Zollverwaltung sind die Steuerordnungswidrigkeiten nach §§ 378, 379, 381, 382 AO und ferner § 37 TabStG relevant. Von den Ordnungswidrigkeiten, die keine Steuerordnungswidrigkeiten sind, wird hier zudem § 130 OWiG behandelt. 1221

Über **§ 377 Abs. 2 AO** finden die **Vorschriften des Ersten Teils des Gesetzes über die Ordnungswidrigkeiten** (§§ 1 bis 34 OWiG) Anwendung. Dies gilt jedoch nur, soweit die steuerstrafrechtlichen Bußgeldvorschriften nichts anderes bestimmen. 1222

Eine abweichende Bestimmung stellt beispielsweise die **Verfolgungsverjährung** nach § 384 AO dar. Danach verjährt die Verfolgung von Steuerordnungswidrigkeiten nach den §§ 378 bis 380 AO nach fünf Jahren. Für die Steuerordnungswidrigkeiten nach den §§ 381 bis 382 AO besteht hingegen in der AO keine Sonderregelung, so dass die Verfolgung dieser Ordnungswidrigkeiten gem. § 31 Abs. 2 Nr. 2 OWiG nach zwei Jahren verjährt. 1223

Ein weiteres Beispiel für eine abweichende Regelung ist der **Verschuldensmaßstab**. Nach § 10 OWiG können Ordnungswidrigkeiten auch durch fahrlässiges Handeln begangen werden. Hingegen erfordern die §§ 378 bis 381 AO einen höheren Verschuldensmaßstab, nämlich Leichtfertigkeit (s. Rdn. 1238 und 1258 ff.). 1224

Auch hinsichtlich des **Territorialitätsprinzips** bestehen Sonderregelungen bei den Steuerordnungswidrigkeiten. Nach § 5 OWiG können Ordnungswidrigkeiten nur geahndet werden, wenn sie in der Bundesrepublik oder auf deutschen Schiffen oder Luftfahrzeugen begangen werden. Ausnahmen für Auslandstaten bestehen nur, wenn dies gesetz- 1225 lich bestimmt ist. Solche **Ausdehnungen des örtlichen Geltungsbereiches** sehen beispielsweise die **§§ 378 und 379 AO vor**.

Über **§ 378 Abs. 1 Satz 2 AO** gelten für die leichtfertige Steuerverkürzung die Abs. 6 und 7 des § 370 AO entsprechend. Demzufolge kann die leichtfertige Steuerverkürzung auch dann geahndet werden, wenn sie ausländische Abgaben mit einem ausländischen Tatort betrifft (s. hierzu im Einzelnen Rdn. 1114 ff.). Das Gleiche gilt für sämtliche deutsche Abgaben, deren Tatort im Ausland liegt, wobei i. d. R. ohnehin die leichtfertige Steuerverkürzung deutscher Abgaben im Inland begangen wird, da hier der Verkürzungserfolg eintritt.

Die Steuergefährdung nach **§ 379 AO** kann bei ausländischem Tatort geahndet werden, wenn sie Einfuhr- und Ausfuhrabgaben i. S. d. § 1 Abs. 1 Satz 3 ZollVG betrifft, die von den Mitgliederländern der Europäischen Gemeinschaft verwaltet werden oder bestimmten Präferenzpartnerländern zustehen (§ 379 Abs. 1 Satz 2 AO). Das Gleiche gilt für Umsatzsteuern, die von einem anderen Mitgliedstaat der Europäischen Gemeinschaft verwaltet werden (§ 379 Abs. 1 Satz 3 AO). Hingegen können Steuergefährdungen mit ausländischem Tatort, die sich gegen deutsche Abgaben richten, nicht in Deutschland geahndet werden. Eine diesbezügliche Ausdehnung des Geltungsbereiches fehlt in § 379 AO.

Obwohl **§ 382 AO** die Gefährdung von Einfuhr- und Ausfuhrabgaben ahndet, ist hierbei zu beachten, dass die Vorschrift den örtlichen Geltungsbereich nicht ausdehnt. Dementsprechend gilt diesbezüglich das Territorialprinzip des § 5 OWiG.

1226 Ferner bestehen für die Steuerordnungswidrigkeiten abweichende Regelungen hinsichtlich des **Bußgeldrahmens** des § 17 Abs. 1 OWiG.

1. Verhältnis zum Strafrecht

1227 Das Ordnungswidrigkeitenrecht gehört rechtssystematisch zum Strafrecht. Ordnungswidrigkeiten und Straftaten ist gemein, dass sie beide **Zuwiderhandlungen gegen Gesetze** darstellen. Straftaten und Ordnungswidrigkeiten unterscheiden sind aber grds. durch die schwere der Tat und die Vorwerfbarkeit des Handelns. Ordnungswidrigkeiten erfassen regelmäßig Fälle mit geringerem Unrechtsgehalt. Ihnen fehlt im Gegensatz zur Straftat das Element sozialethischer Missbilligung der Verhaltensweise des Täters.

Die Sanktion einer Ordnungswidrigkeit bezweckt lediglich eine **nachdrückliche Pflichtenermahnung.**[182] Dies verdeutlicht auch die Rechtsfolge bei Ordnungswidrigkeiten, denn diese werden im Gegensatz zu Straftaten, die mit Freiheits- oder Geldstrafen belegt sind, lediglich mit einer **Geldbuße** geahndet. Geldbußen werden zudem nicht ins Bundeszentralregister eingetragen, §§ 3 ff. BZRG.

182 BVerfG v. 21. 6. 1977, 2 BvR 70/75, 2 BvR 361/75, BVerfGE 45, 272.

2. Aufbau einer Ordnungswidrigkeit

Eine Ordnungswidrigkeit ist nach § 1 OWiG eine rechtswidrige und vorwerfbare Handlung, die den Tatbestand eines Gesetzes verwirklicht, das die Ahndung mit einer Geldbuße zulässt. Eine Ordnungswidrigkeit besteht demzufolge wie eine Straftat aus den Elementen 1228

- Tatbestand (objektiver und subjektiver),
- Rechtswidrigkeit,
- Vorwerfbarkeit (vergleichbar mit dem Begriff der Schuld bei Straftaten).

a) Tatbestand

Der Täter einer Ordnungswidrigkeit muss sowohl den objektiven als auch den subjektiven Tatbestand eines Bußgeldtatbestandes erfüllen. 1229

aa) Objektiver Tatbestand

Beim objektiven Tatbestand sind die **äußeren Merkmale** des ordnungswidrigen Verhaltens zu prüfen. Das heißt, der Täter muss mit seinem Verhalten den Tatbestand einer Bußgeldnorm erfüllen. 1230

Zum objektiven Tatbestand gehört die **Täterqualifikation**. Zum einen können Ordnungswidrigkeiten von „jedermann" begangen werden **(Allgemeindelikt)**, zum anderen ist es aber auch denkbar, dass die Ordnungswidrigkeit nur von bestimmten Personen verwirklicht werden kann **(Sonderdelikt)**. Das heißt, bei den Sonderdelikten richtet sich das Ge- oder Verbot nur an Personen (Normadressaten) mit **besonderen persönlichen Merkmalen**, wie beispielsweise den Betriebsinhaber, den Arbeitgeber, den Unternehmer etc. 1231

Hierbei kann das Problem auftauchen, dass der Normadressat nicht selbst gehandelt hat und somit nicht zur Verantwortung gezogen werden kann. Auf der anderen Seite kann das Verhalten der für den Normadressaten Handelnden nicht geahndet werden, da ihnen das besondere persönliche Merkmal wie beispielsweise „Betriebsinhaber" fehlt.

Diese Lücke schließt **§ 9 OWiG**, wodurch der Anwendungsbereich der Sonderdelikte auch auf gesetzliche und bestimmte gewillkürte Vertreter ausgedehnt wird. Hierbei bezieht sich § 9 Abs. 1 OWiG auf die gesetzlichen Vertreter. § 9 Abs. 2 Nr. 1 OWiG ermöglicht eine Ahndung der Handlung eines Betriebsleiters und § 9 Abs. 2 Nr. 2 OWiG erweitert die Ahndung auf Personen, die ausdrücklich damit beauftragt sind, in eigener Verantwortung Aufgaben wahrzunehmen, die sonst dem Betriebsinhaber obliegen. Das heißt, die von § 9 OWiG erfassten Personen werden selbst zum Normadressaten, da die besonderen persönlichen Merkmale des „eigentlichen" Normadressaten auf sie „übergewälzt" werden.

Im **Steuerordnungswidrigkeitenrecht** ist die Bedeutung des § 9 OWiG jedoch gering, da hier die gesetzlichen Vertreter, Vermögensverwalter und Verfügungsberechtigte die steuerlichen Pflichten des Vertretenen ohnehin über **§§ 34, 35 AO** zu erfüllen haben.[183]

1232 Ferner muss eine tatbestandsmäßige **Handlung** vorliegen. Diese kann in einem **Tun** oder in einem **Unterlassen** bestehen. Hierbei werden verschiedene **Typen von Ordnungswidrigkeitstatbeständen** unterschieden.

Bei den Begehungsdelikten („Tun") wird zwischen Handlungs- und Erfolgsdelikten unterschieden. So wird bei einem **Handlungsdelikt** eine bestimmte Verhaltensweise geahndet, wobei es auf den Erfolgseintritt nicht ankommt. Das heißt, die tatbestandsmäßige Handlung besteht in der Vornahme der verbotenen Handlung.

Bei einem **Erfolgsdelikt** muss zu der verbotenen Handlung noch der Eintritt eines Erfolges hinzutreten. Dieser Erfolg kann entweder in einer **Verletzung** oder in einer bloßen **Gefährdung** des Rechtsgutes bestehen. Ein Erfolgsdelikt, das eine Verletzung verlangt, ist beispielsweise die leichtfertige Steuerverkürzung nach § 378 AO. Der tatbestandliche Erfolg besteht hier in einer Steuerverkürzung. Gefährdungsdelikte sind hingegen die §§ 379, 381, 382 AO, da bei ihnen die Herbeiführung einer Gefährdungslage genügt.

Bei den **Unterlassungsdelikten** wird zwischen echten und unechten Unterlassungsdelikten unterschieden. Ein **echtes Unterlassungsdelikt** liegt vor, wenn der Tatbestand nur durch ein Unterlassen verwirklicht werden kann. **Unechte Unterlassungsdelikte** können hingegen sowohl durch aktives Tun als auch durch Unterlassen begangen werden.

Bei einem unechten Unterlassungsdelikt handelt nach § 8 OWiG aber nur derjenige ordnungswidrig, der es unterlässt, einen **Erfolg abzuwenden**, der zum Tatbestand einer Bußgeldvorschrift gehört, wenn er **rechtlich dafür einzustehen hat**, dass der Erfolg nicht eintritt, und wenn das Unterlassen der Verwirklichung des gesetzlichen Tatbestandes durch ein Tun entspricht. Bei einem unechten Unterlassungsdelikt erfordert das Unterlassen demzufolge eine **Garantenstellung**.

1233 Zum objektiven Tatbestand einer Bußgeldvorschrift kann auch die **Kausalität** gehören.

Da das Handlungsdelikt und das echte Unterlassungsdelikt keinen tatbestandlichen Erfolg voraussetzen, ist bei diesen jedoch keine Kausalität zwischen Tathandlung und Erfolgseintritt zu prüfen.

Die Erfolgsdelikte setzen gerade den Eintritt des tatbestandlichen Erfolges voraus. Demzufolge muss bei ihnen zwischen dem Verhalten und dem eingetretenen Erfolg Kausalität bestehen. Bei den unechten Unterlassungsdelikten führt der Täter den Erfolg durch Unterlassen herbei, obwohl seine Garantenstellung es erfordert, dass er ihn verhindern müsste. Da somit die unechten Unterlassungsdelikte ebenfalls den Eintritt des tatbestandlichen Erfolges voraussetzen, muss auch bei ihnen die Kausalität geprüft werden.

183 Siehe auch *Bender/Möller/Retemeyer*, Zoll- und Verbrauchsteuerstrafrecht, E II Rdn. 53.

Beim **aktiven Tun** ist jede Handlung für den Erfolgseintritt kausal, die nicht hinweggedacht werden kann, ohne dass der konkret eingetretene Erfolg entfiele. 1234

Ein **Unterlassen** ist für den Eintritt des Erfolges kausal, wenn die rechtlich erwartete Handlung nicht hinzugedacht werden kann, ohne dass der Erfolg entfiele.

bb) Subjektiver Tatbestand

Nach § 10 OWiG können Ordnungswidrigkeiten nur bei **vorsätzlichem Handeln** geahndet werden, außer wenn das Gesetz **fahrlässiges Handeln** ausdrücklich mit Geldbuße bedroht. 1235

Vorsatz bedeutet das Wissen und Wollen der Tatbestandsverwirklichung des Bußgeldtatbestandes. **Fahrlässiges Handeln** liegt vor, wenn jemand die Sorgfalt außer Acht lässt, zu der er nach den Umständen und seinen persönlichen Verhältnissen verpflichtet und fähig ist, und deshalb nicht erkennt, dass er den gesetzlichen Tatbestand verwirklicht.[184] 1236

Auch bei den Ordnungswidrigkeiten gilt, genau wie bei den Straftaten, dass ein **Tatbestandsirrtum** den Vorsatz ausschließt, § 11 Abs. 1 Satz 1 OWiG. Jedoch ist im Falle eines Tatbestandsirrtums gem. § 11 Abs. 1 Satz 2 OWiG eine Ahndung wegen fahrlässigen Handels möglich. Nämlich dann, wenn die Unkenntnis der Tatumstände auf Fahrlässigkeit zurückzuführen ist und die in Rede stehende Vorschrift fahrlässiges Handeln ausreichen lässt. Dies ist beispielsweise bei der Gefährdung der Einfuhrabgaben nach § 382 AO oder bei der Verletzung der Aufsichtspflicht gem. § 130 OWiG der Fall. 1237

Oftmals verlangt das Gesetz jedoch **leichtfertiges Handeln**. Dies ist beispielsweise bei den §§ 378 bis 381 AO der Fall. Leichtfertigkeit bedeutet einen **erhöhten Grad der Fahrlässigkeit**.[185] Die Leichtfertigkeit entspricht etwa der groben Fahrlässigkeit des bürgerlichen Rechts, aber im Gegensatz dazu, wird auf die persönlichen Fähigkeiten des Täters abgestellt.[186] Leichtfertiges Handeln liegt vor, wenn jemand in besonders großem Maße gegen Sorgfaltspflichten verstößt und ihm dieser Vorwurf besonders vorzuwerfen ist, weil er den Erfolg leicht hätte vorhersehen und vermeiden können.[187] 1238

b) Rechtswidrigkeit

Genau wie bei den Straftaten indiziert die Tatbestandsmäßigkeit die Rechtswidrigkeit. Nur ausnahmsweise ist die Handlung gerechtfertigt, wenn dem Täter ein Rechtfertigungsgrund zur Seite steht. Das Ordnungswidrigkeitenrecht kennt als Rechtfertigungsgründe die Notwehr nach § 15 OWiG und den rechtfertigenden Notstand gem. § 16 OWiG, welche im Steuerordnungswidrigkeitenrecht jedoch regelmäßig nicht zur Anwendung kommen. 1239

---

184 AO-DV (Zoll) Nr. 5 vor §§ 377 bis 384.

185 *Franzen/Gast/Joecks*, Steuerstrafrecht, § 378 Rdn. 27.

186 Vgl. z. B. BFH v. 14. 12. 2000 II B 123/99, BFH/NV 2001, 738.

187 AO-DV (Zoll) Nr. 5 vor §§ 377 bis 384.

c) Vorwerfbarkeit (Schuld)

1240 Die ordnungswidrige Handlung muss schließlich auch vorwerfbar sein. Dies setzt die Verantwortlichkeit des Täters und dessen Unrechtsbewusstsein voraus.

aa) Verantwortlichkeit

1241 Kinder unter 14 Jahren können nicht ordnungswidrig handeln, da sie nicht verantwortlich sind, § 12 Abs. 1 Satz 1 OWiG. Das Gleiche gilt für Personen, die aufgrund einer seelischen oder geistigen Störung nicht in der Lage sind, das Unrecht der Tat einzusehen bzw. danach zu handeln, § 12 Abs. 2 OWiG.

Jugendliche zwischen 14 und 18 Jahren sind nur dann verantwortlich, wenn sie zur Zeit der Tat reif genug sind, das Unrecht der Tat einzusehen und danach zu handeln, § 12 Abs. 1 Satz 2 OWiG i. V. m. §§ 1 Abs. 2, 3 Satz 1 JGG.

bb) Unrechtsbewusstsein

1242 Der Täter handelt nicht vorwerfbar, wenn ihm bei Begehung der Handlung die Einsicht fehlte, etwas Unerlaubtes zu tun; er also einem **Verbotsirrtum** unterlag. Dies gilt nach § 11 Abs. 2 OWiG jedoch nur, wenn der Verbotsirrtum nicht vermeidbar war. Die Vermeidbarkeit beurteilt sich nach den Umständen des Einzelfalls. Unvermeidbar ist ein Verbotsirrtum nur dann, wenn der Täter die Einsicht etwas Unerlaubtes zu tun nicht gewinnen konnte, obwohl er die ihm aufgrund seiner Persönlichkeit sowie seines Lebens- und Berufskreises zuzumutenden Anspannung seines Gewissens tätigte. Dies setzt voraus, dass der Täter seine geistigen Erkenntniskräfte in Gänze eingesetzt hat und aufkommende Zweifel durch Nachdenken oder gegebenenfalls durch Einholung von Rat beseitigt hat.[188]

d) Versuch

1243 Der Versuch einer Ordnungswidrigkeit kann nach § 13 Abs. 2 OWiG nur dann geahndet werden, wenn das Gesetz dies ausdrücklich bestimmt. Die in der AO geregelten **Steuerordnungswidrigkeiten** (§§ 378 ff. AO) sehen allesamt keine **Ahndung eines Versuchs** vor. Gleiches gilt für § 37 TabStG.

e) Beteiligung

1244 Während im Strafrecht zwischen Täter und Teilnehmer unterschieden wird, was erhebliche Auswirkungen auf die Strafzumessung haben kann, gibt es im Recht der Ordnungswidrigkeiten nur den sogenannten **„Einheitstäter“**. Danach ist **jeder Täter** einer Ordnungswidrigkeit, der durch sein Verhalten **dazu beiträgt**, dass die Ordnungswidrigkeit begangen wird, § 14 Abs. 1 Satz 1 OWiG. Es erfolgt somit keine Differenzierung nach Art und Schwere des Tatbeitrages. Erst im Rahmen der Bußgeldbemessung finden diese Faktoren ihren Niederschlag.

---

188 BayObLG v. 22. 5. 2002 3 ObOWi 22/2002, 3 ObOWi 22/02, wistra 2002, 396.

Die beteiligungsfähige Tat setzt lediglich voraus, dass sie tatbestandsmäßig und rechtswidrig verwirklicht worden ist, § 14 Abs. 2 OWiG. Liegt bei einem der Beteiligten keine Vorwerfbarkeit vor, weil er entweder nicht verantwortlich ist oder einem unvermeidbaren Verbotsirrtum unterlag, so wird dadurch die Möglichkeit der Ahndung bei den anderen nicht ausgeschlossen, § 14 Abs. 3 OWiG. 1245

Sonderdelikte können grds. nur von den Personen verwirklicht werden, die die dort genannten besonderen persönlichen Merkmale, wie beispielsweise Arbeitgeber, Betriebsinhaber, Unternehmer, Fahrzeughalter etc. erfüllen (Ausnahme § 9 OWiG). Bei der Beteiligung ist es jedoch gem. § 14 Abs. 1 Satz 2 OWiG ausreichend, wenn die besonderen persönlichen Merkmale bei einem der Beteiligten vorliegen. 1246

II. Leichtfertige Steuerverkürzung

Die leichtfertige Steuerverkürzung nach § 378 AO ist das Pendant im Steuerordnungswidrigkeitenrecht zur Steuerhinterziehung gem. § 370 AO. Signifikantester Unterschied zwischen beiden Vorschriften ist der Verschuldensmaßstab. Während die Steuerhinterziehung vorsätzliches Handeln erfordert, greift § 378 AO bei leichtfertiger Begehungsweise ein. Sofern die Steuerhinterziehung am Vorsatz scheitert, insbesondere, weil dieser dem Handelnden nicht nachgewiesen werden kann, ist sodann an eine leichtfertige Steuerverkürzung nach § 378 AO zu denken, der in solchen Fällen eine **Auffangfunktion** zukommt.[189] Hierbei ist aber zu beachten, dass die Leichtfertigkeit immer positiv festgestellt werden muss. 1247

MERKE:

Sofern die Steuerhinterziehung am Vorsatz scheitert, bedeutet dies nicht automatisch, dass eine leichtfertige Steuerverkürzung gegeben ist.

Bedeutung hat die leichtfertige Steuerverkürzung insbesondere auch im Hinblick auf die **Festsetzungsfrist nach § 169 AO**. Nach § 169 Abs. 2 Satz 2 AO beträgt die Festsetzungsfrist **fünf Jahre**, soweit sie leichtfertig verkürzt worden ist (s. hierzu auch Rdn. 257 ff.). 1248

1. Objektiver Tatbestand

a) Täter

Täter einer leichtfertigen Steuerverkürzung können nur **natürliche Personen** sein. § 378 AO verengt im Vergleich zu § 370 AO den Kreis der tauglichen Täter. Nach § 378 Abs. 1 Satz 1 AO können nur **Steuerpflichtige** nach § 33 AO oder **Personen, die Angelegenheiten eines Steuerpflichtigen wahrnehmen**, eine leichtfertige Steuerverkürzung begehen. 1249

189 BGH v. 13. 1. 1988 3 StR 450/87, wistra 1988, 196; *Franzen/Gast/Joecks*, Steuerstrafrecht, § 378 Rdn. 5.

Hierbei handelt es sich um besondere persönliche Eigenschaften des Täters. Die leichtfertige Steuerverkürzung ist demzufolge ein **Sonderdelikt.**[190]

1250 **Steuerpflichtige** sind nach § 33 Abs. 1 AO neben dem Steuerschuldner in erster Linie die gesetzlichen Vertreter und Vermögensverwalter (§ 34 AO). Zum Täterkreis gehören aber nicht die in § 33 Abs. 2 AO genannten Personen, da es sich bei ihnen gerade nicht um Steuerpflichtige handelt. Ferner ist auch eine Ahndung von **Amtsträgern** ausgeschlossen, denen im **Rahmen ihrer dienstlichen Tätigkeit** leichtfertig ein Fehler unterläuft, der eine Steuerverkürzung herbeiführt. Sie sind weder Steuerpflichtige, noch nehmen sie im Rahmen ihrer Dienstverrichtung Angelegenheiten des Steuerpflichtigen wahr.

1251 **Personen, die Angelegenheiten eines Steuerpflichtigen wahrnehmen** sind solche, die dem Steuerpflichtigen bei der Erledigung seiner steuerlichen Angelegenheiten Hilfe leisten.[191] Der Kreis deren, die hierunter fallen, ist weit auszulegen.[192] Zum tauglichen Täterkreis zählen Bevollmächtigte nach § 80 AO (z. B. Steuerberater, Rechtsanwälte, Wirtschaftsprüfer, Notare), aber auch Personen, die befugt oder unbefugt geschäftsmäßig Hilfe in Steuersachen leisten; ferner Angestellte des Steuerpflichtigen, wie Prokuristen, Buchhalter, Sachbearbeiter.

Insgesamt ist festzuhalten, dass Voraussetzung für eine Täterschaft des Hilfeleistenden nur ist, dass dieser **mit einer gewissen Selbständigkeit handelt.**[193] Danach könnte beispielsweise eine bloße Schreibkraft, der leichtfertig ein Fehler unterläuft, nicht wegen leichtfertiger Steuerverkürzung verfolgt werden.

1252 Ob Täter einer leichtfertigen Steuerverkürzung auch sein kann, wer als **Beteiligter** nicht selbst zum Täterkreis des § 378 AO gehört, wird nicht einheitlich beantwortet. *Möller/Retemeyer* vertreten mit Verweis auf § 14 Abs. 1 Satz 2 OWiG die Ansicht, dass alle Beteiligten an dem Sonderdelikt verfolgt werden können, sofern zumindest ein Beteiligter die besondere persönliche Eigenschaft erfülle.[194] *Joecks* und *Rolletschke* lehnen dies hingegen mit der Begründung ab, dass sich der Umfang des Täterkreises allein nach § 378 AO als Sonderdelikt beurteile. Darüber hinaus sei auch § 9 OWiG nicht anzuwenden, da § 378 AO insofern eine verdrängende Sondervorschrift i. S. von § 377 Abs. 2 AO sei.[195] Rechtsprechung ist bisher zu dieser Thematik nicht ergangen.

b) Tathandlung

1253 Nach § 378 Abs. 1 AO muss der taugliche Täter **eine der in § 370 Abs. 1 AO bezeichneten Taten** leichtfertig begehen. Eine leichtfertige Steuerverkürzung kann aufgrund dieser Verweisung folglich nur dann geahndet werden, wenn eine **Tathandlung nach § 370 Abs. 1 Nr. 1 bis 3 AO** vorliegt.

190 KG Berlin v. 30. 7. 1999 2 AR 92/95 - 4 Ws 132/97, 2 AR 92/95, 4 Ws 132/97; *Rolletschke*, Steuerstrafrecht, Rdn. 292.

191 AO-DV (Zoll) Nr. 1 zu § 378.

192 *Franzen/Gast/Joecks*, Steuerstrafrecht, § 378 Rdn. 12.

193 AO-DV (Zoll) Nr. 1 zu § 378.

194 *Bender/Möller/Retemeyer*, Zoll- und Verbrauchsteuerstrafrecht, E II Rdn. 50.

195 *Franzen/Gast/Joecks*, Steuerstrafrecht, § 378 Rdn. 7 u. 9; *Rolletschke*, Steuerstrafrecht, Rdn. 292.

In der Variante des **§ 370 Abs. 1 Nr. 1 AO** besteht die Tathandlung darin, dass der Täter gegenüber den Finanzbehörden oder anderen Behörden über steuerlich erhebliche Tatsachen unrichtige oder unvollständige **Angaben macht**. Sofern der Steuerpflichtige oder der Hilfeleistende i. S. d. § 378 AO leichtfertig unrichtige oder unvollständige Angaben gegenüber den (Finanz-)Behörden macht, kommt zweifelsohne eine Ahndung des Steuerpflichtigen oder des Hilfeleistenden in Betracht. 1254

Die Frage, ob ein Hilfeleistender auch dann nach § 378 AO verfolgt werden kann, wenn er selbst gar keine Angaben gegenüber den (Finanz-)Behörden gemacht hat, der leichtfertige Fehler vielmehr im Rahmen seiner Vorbereitungstätigkeit unterlief, hat der BFH bejaht.[196] Danach ist es nicht erforderlich, dass der Hilfeleistende nach außen hin in Erscheinung tritt.

BEISPIEL: Schaumweinsteuerlagerinhaber A beauftragt Steuerberater B mit der Erstellung der Schaumweinsteueranmeldungen. Da das Schaumweinsteuergesetz nicht anordnet, dass die Anmeldung vom Steuerpflichtigen eigenhändig zu unterzeichnen ist (§ 150 Abs. 3 Satz 1 AO i. V. m. § 15 Abs. 1 SchaumwZwStG, § 30 SchaumwZwStV), erledigt B dies für A ebenfalls gleich mit und gibt die Steueranmeldungen ab. Bei der Bearbeitung der Steueranmeldung Januar 2011 unterläuft B unbemerkt ein auf Leichtfertigkeit beruhender Fehler, der dazu führt, dass die selbstberechnete Steuer zu niedrig ausgewiesen wird. Die unrichtige Steueranmeldung geht beim HZA ein.

Ist B tauglicher Täter einer leichtfertigen Steuerverkürzung? Liegt eine taugliche Tathandlung vor?

LÖSUNG: B ist tauglicher Täter. Er ist zwar nicht selbst Steuerpflichtiger (§ 33 AO), aber er handelt bei Wahrnehmung der Angelegenheiten des A. Es liegt auch eine taugliche Tathandlung nach § 378 Abs. 1 i. V. m. § 370 Abs. 1 Nr. 1 AO vor. B hat gegenüber den Finanzbehörden unrichtige Angaben über steuerlich erhebliche Tatsachen gemacht. Er hat die Steueranmeldung selbst unterzeichnet und damit in eigener Person unrichtige Angaben gegenüber den Finanzbehörden gemacht.

ABWANDLUNG: B bereitet die Steueranmeldungen nur vor. A unterzeichnet die Steueranmeldungen selbst und gibt sie beim HZA ab.

B ist weiterhin tauglicher Täter einer leichtfertigen Steuerverkürzung. B hat auch eine taugliche Tathandlung nach § 378 Abs. 1 i. V. m. § 370 Abs. 1 Nr. 1 AO vorgenommen. Möglicher Täter ist nicht nur der Steuerpflichtige, der seine Steuererklärung unterzeichnet, sondern auch die Person, die der Steuerpflichtige zur Erfüllung dieser Verpflichtung einschaltet.[197] Das heißt, es ist nicht erforderlich, dass der Hilfeleistende nach außen hin in Erscheinung tritt.

In der Tatvariante des § 378 Abs. 1 AO i. V. m. **§ 370 Abs. 1 Nr. 1 AO** gelten damit uneingeschränkt die unter Rdn. 1021 ff. gemachten Angaben.

Bei den Tathandlungen des § 378 Abs. 1 AO i. V. m. **§ 370 Abs. 1 Nr. 2 und 3 AO** ergeben sich ebenfalls keine Änderungen zu den Äußerungen unter Rdn. 1036 ff., sofern der Täter selbst eine Rechtspflicht zum Tätigwerden gegenüber den Finanzbehörden innehat und das Tätigwerden unterlässt. Die Frage, ob auch ein steuerlicher Berater eine leichtfertige Steuerverkürzung durch Unterlassen begehen kann, wird in der Literatur mehr- 1255

196 BFH v. 19. 12. 2002 IV R 37/01, BStBl II 2003, 385, AO-DV (Zoll) Nr. 1 zu § 378.
197 BFH v. 19. 12. 2002 IV R 37/01, BStBl II 2003, 385.

heitlich angezweifelt bzw. abgelehnt.[198] Rechtsprechung ist zu dieser Problematik noch nicht ergangen.

c) Taterfolg

1256 Der Taterfolg entspricht dem der Steuerhinterziehung, so dass auf die dort gemachten Ausführungen verwiesen werden kann (Rdn. 1053 ff.). Es muss dementsprechend zu einer Steuerverkürzung oder zu der Erlangung nicht gerechtfertigter Steuervorteile gekommen sein, § 378 Abs. 1 Satz 1 AO i.V.m. § 370 Abs. 1 Nr. 1 bis 3 AO.

d) Kausalität

1257 Wie bei der Steuerhinterziehung muss zwischen der Tathandlung und dem Taterfolg ein **Ursachenzusammenhang** bestehen. Das heißt, die Tathandlung nach § 378 Abs. 1 Satz 1 AO i.V.m. § 370 Abs. 1 Nr. 1 bis 3 AO muss ursächlich dafür sein, dass es zu der Steuerverkürzung oder zu der Erlangung nicht gerechtfertigter Steuervorteile gekommen ist.

2. Subjektiver Tatbestand

1258 § 378 AO verlangt **leichtfertiges** Handeln des Täters. Leichtfertigkeit ist ein erhöhter Grad der Fahrlässigkeit. Der Täter muss in besonders großem Maße gegen Sorgfaltspflichten verstoßen haben, und dies ist ihm besonders vorzuwerfen, weil er den Erfolg leicht hätte vorhersehen und vermeiden können. Das Maß der Vorwerfbarkeit orientiert sich an den individuellen Fähigkeiten des Täters. Liegt nur eine leichte oder mittlere Fahrlässigkeit vor, ist eine Steuerordnungswidrigkeit nach § 378 AO nicht gegeben.

a) Leichtfertigkeit des Steuerpflichtigen

1259 Zwar ist bei der Beurteilung der Leichtfertigkeit auf die individuellen Fähigkeiten des Täters abzustellen, gleichwohl kann der Täter seine steuerliche Unerfahrenheit nur selten erfolgreich ins Feld führen. Es obliegt nämlich dem Steuerpflichtigen, sich um seine steuerlichen Belange zu kümmern. Hierzu gehört es, sich bei rechtlichen Zweifeln über die steuerlichen Pflichten bei qualifizierten Auskunftspersonen **zu erkundigen**.[199]

So liegt beispielsweise regelmäßig eine leichtfertige Steuerverkürzung vor, wenn ein Reisender, der aus einem Drittland nach Deutschland mit Waren einreist, von denen er weiß oder bei denen er es zumindest für möglich halten muss, dass sie anzumelden sind, sich über die Bedeutung des roten und des grünen Ausgangs an Flughäfen keine Kenntnis verschafft und den grünen Ausgang in der Annahme passiert, er könne die erforderliche zollrechtliche Erklärung noch nach Durchschreiten des Ausgangs abgeben.[200]

198 *Franzen/Gast/Joecks*, Steuerstrafrecht § 378 Rdn. 20a; *Rolletschke*, Steuerstrafrecht, Rdn. 309 ff.; *Klein/Jäger*, AO-Kommentar, § 378 Rdn. 9.

199 BFH v. 24. 4. 1996 II R 73/93, BFH/NV 1996, 731.

200 BFH v. 16. 3. 2007 VII B 21/06, BFH/NV 2007, 1263.

Insbesondere Freiberufler und Gewerbetreibende haben sich in besonderem Maße über bestehende steuerliche Pflichten, die mit ihrer Tätigkeit zusammenhängen, zu informieren und sich auf dem Laufenden zu halten.[201]

Ein Indiz für das Vorliegen von Leichtfertigkeit kann unter Umständen die Höhe der Steuerverkürzung sein. Je größer die Diskrepanz zwischen den erklärten und den tatsächlichen Besteuerungsgrundlagen ist, desto eher hätte dem Steuerpflichtigen das Versehen auffallen und berichtigt werden müssen.[202] 1260

b) Leichtfertigkeit des Steuerpflichtigen bei Übertragung der steuerlichen Angelegenheiten auf Hilfspersonen

Sofern der Steuerpflichtige Hilfspersonen mit der Wahrnehmung seiner steuerlichen Angelegenheiten betraut, seien dies andere gesetzliche Vertreter nach § 34 AO, Angestellte oder Steuerberater, so trifft den Steuerpflichtigen eine **Auswahl- und Überwachungspflicht**. Diesbezüglich kann eine Parallele zu den Punkten der Pflichtverletzung und des Verschuldens bei der Haftung nach § 69 AO geschlagen werden (s. dort unter Rdn. 380 und 386). Verletzt der Steuerpflichtige die Auswahl- und Überwachungspflicht kann dies den Vorwurf der Leichtfertigkeit begründen. 1261

c) Leichtfertigkeit des Bevollmächtigten

Bei der Beurteilung, ob ein Fehlverhalten eines Bevollmächtigten nach § 80 AO als leichtfertig einzustufen ist, gilt, dass sich diese Personen strengere Anforderungen an die anzuwendende Sorgfalt gefallen lassen müssen als der Steuerpflichtige selbst. Dies ist der entsprechenden Vor- und Ausbildung, Erfahrung und Fähigkeit des Beraters geschuldet. 1262

So kann von einem Berater erwartet werden, dass er die BFH-Rechtsprechung verfolgt. Sofern diffizile Aufgaben ihm zum ersten Mal begegnen, muss er die entsprechende Fachliteratur zurate ziehen, seine Berufsorganisation kontaktieren oder den Rat eines Spezialisten einholen. Schließlich bleibt ihm auch noch die Möglichkeit, die Angelegenheit mit der zuständigen Stelle der Finanzverwaltung zu erörtern.[203]

3. Rechtswidrigkeitszusammenhang

Nach allgemeiner Auffassung muss bei den Fahrlässigkeitstaten zwischen dem Taterfolg und dem leichtfertigen Handeln über die Kausalität hinaus zusätzlich ein sogenannter Rechtswidrigkeitszusammenhang bestehen.[204] Während bei der Kausalität der Ursachenzusammenhang zwischen Tathandlung und Taterfolg geprüft wird, muss bei dem Rechtswidrigkeitszusammenhang der **Taterfolg** (Steuerverkürzung oder die Erlan- 1263

201 BFH v. 19. 2. 2009 II R 49/07, BStBl II 2009, 932.
202 *Franzen/Gast/Joecks*, Steuerstrafrecht, § 378 Rdn. 34.
203 *Franzen/Gast/Joecks*, Steuerstrafrecht, § 378 Rdn. 46.
204 *Franzen/Gast/Joecks*, Steuerstrafrecht, § 378 Rdn. 43; *Rolletschke*, Steuerstrafrecht, Rdn. 316.

gung des nicht gerechtfertigten Steuervorteils) **gerade das Resultat der Sorgfaltspflichtverletzung** sein.

Es ist hierbei die hypothetische Frage zu stellen, was geschehen wäre, wenn sich der Täter in der konkreten Situation pflichtgemäß verhalten hätte. Wenn die Antwort dazu führt, dass dann der Eintritt des Taterfolgs vermieden worden wäre, ist der Rechtswidrigkeitszusammenhang gegeben.[205] Wäre aber auch bei pflichtgemäßen Verhalten der Taterfolg ohnehin ebenfalls eingetreten, besteht kein Rechtswidrigkeitszusammenhang und eine Ahndung wegen leichtfertiger Steuerverkürzung scheidet aus.

1264 Der Rechtswidrigkeitszusammenhang hat insbesondere Bedeutung im Rahmen der **Überwachungspflicht**. Sofern der Steuerpflichtige sich Hilfspersonen bedient oder ein Berater weitere Hilfspersonen (z. B. Steuerfachangestellte) einsetzt und hierbei der Überwachungspflicht nicht in ausreichendem Maße Genüge getan wird, ist danach zu fragen, ob durch eine stichprobenartige Überwachung gerade der Fehler hätte verhindert werden können, der zum Taterfolg geführt hat.[206]

4. Konkurrenzen

1265 Treffen die **leichtfertige Steuerverkürzung** und die **vorsätzliche Steuerhinterziehung** in einer Handlung zusammen **(Tateinheit)**, erfolgt nur eine Bestrafung wegen Steuerhinterziehung. Nach § 21 Abs. 1 Satz 1 OWiG ist die Ordnungswidrigkeit gegenüber der Straftat subsidiär. Diese Konstellation ist beispielweise gegeben, wenn der Täter eine Steuererklärung abgibt, die teilweise leichtfertige und teilweise vorsätzlich falsche Angaben enthält. Sofern es jedoch nicht zu einer Bestrafung kommt, kann die Handlung gem. § 21 Abs. 2 OWiG als Ordnungswidrigkeit geahndet werden. Eine Ahndung wegen leichtfertiger Steuerverkürzung kommt insbesondere dann zum Zuge, wenn von der Strafverfolgung nach §§ 153 ff. StPO, 398 AO abgesehen wird.[207]

1266 Besteht zwischen der leichtfertigen Steuerverkürzung und der vorsätzlichen Steuerhinterziehung **Tatmehrheit**, sind nebeneinander Strafe und Geldbuße festzusetzen.

1267 Eine **Dauerordnungswidrigkeit** der leichtfertigen Steuerverkürzung liegt vor, wenn sich der Täter eines in dauernder Unachtsamkeit bestehenden Gesamtverhaltens schuldig macht, aus dem mehrere bei gehöriger Achtsamkeit voraussehbare Gesetzesverletzungen von selbst ohne weiteres Zutun des Täters entspringen.[208] Dies ist z. B. dann der Fall, wenn der Steuerpflichtigen eine Hilfsperson mit der Wahrnehmung seiner steuerlichen Angelegenheiten betraut und dessen Tätigkeit jahrelang nicht in der möglichen und zumutbaren Weise überwacht, so dass es ihm unbekannt bleibt, dass die Hilfsperson fortlaufend Steuerhinterziehungen oder leichtfertige Steuerverkürzungen begeht.

205 FG Baden-Württemberg v. 17. 3. 2004 5 K 59/01, EFG 2004, 867.

206 *Franzen/Gast/Joecks*, Steuerstrafrecht, § 378 Rdn. 45.

207 *Franzen/Gast/Joecks*, Steuerstrafrecht, § 378 Rdn. 60.

208 BayObLG v. 11. 5. 1993 3 ObOWi 16/93, wistra 1993, 236.

5. Bußgeldbefreiende Selbstanzeige

§ 378 Abs. 3 AO sieht im Falle einer **leichtfertigen Steuerverkürzung** eine bußgeldbefreiende Selbstanzeige vor. Sofern andere Steuerordnungswidrigkeiten vorliegen (z. B. nach §§ 381 und 382 AO) entfaltet die Selbstanzeige keine sanktionsbefreiende Wirkung, da diese Vorschriften keine Verweisung auf § 371 AO bzw. § 378 AO enthalten. 1268

Durch das **Schwarzarbeitsbekämpfungsgesetz** vom 28. 4. 2011 wurde nicht nur die strafbefreiende Selbstanzeige nach § 371 AO, sondern auch die bußgeldbefreiende Selbstanzeige nach § 378 Abs. 3 AO neu gefasst.

TAB. 4: Übersicht: § 378 Abs. 3 AO Synopse

§ 378 Abs. 3 AO a. F.	**§ 378 Abs. 3 AO n. F.**
Eine Geldbuße wird nicht festgesetzt, soweit der Täter unrichtige oder unvollständige Angaben bei der Finanzbehörde berichtigt oder ergänzt oder unterlassene Angaben nachholt, bevor ihm oder seinem Vertreter die Einleitung eines Straf- oder Bußgeldverfahrens wegen der Tat bekannt gegeben worden ist. § 371 Absatz 3 und 4 gilt entsprechend.	Eine Geldbuße wird nicht festgesetzt, soweit der Täter gegenüber der Finanzbehörde die unrichtigen Angaben berichtigt, die unvollständigen Angaben ergänzt oder die unterlassenen Angaben nachholt, bevor ihm oder seinem Vertreter die Einleitung eines Straf- oder Bußgeldverfahrens wegen der Tat bekannt gegeben wird. § 371 Absatz 3 und 4 gilt entsprechend.

Anders als zunächst im Gesetzentwurf vorgesehen, enthält § 378 Abs. 3 AO n. F. keinen Komplettverweis auf § 371 AO n. F. § 378 Abs. 3 Satz 1 AO wurde lediglich sprachlich, aber nicht inhaltlich verändert. Dies bedeutet zunächst, dass die unbewusst unvollständige Selbstanzeige weiterhin zur Straffreiheit führt. Des Weiteren sperrt, wie bisher, **allein die Bekanntgabe der Einleitung eines Straf- oder Bußgeldverfahrens** die bußgeldbefreiende Wirkung der Selbstanzeige. 1269

Das heißt, die Selbstanzeige kann noch wirksam erstattet werden, obwohl die Prüfungsanordnung nach § 196 AO bekanntgegeben wurde, ein Prüfer der Finanzbehörde die Tat bereits entdeckt hat[209] oder die leichtfertige Steuerverkürzung zu einer Steuerverkürzung von mehr als 50 000 € geführt hat.

BEISPIEL: A erhält eine Prüfungsanordnung nach § 196 AO. Daraufhin erstattet er sofort Selbstanzeige.

Sofern die Steuerverkürzung bzw. die Erlangung nicht gerechtfertigter Steuervorteile auf **leichtfertiges Handeln** des A zurückzuführen ist, ist die Selbstanzeige nach § 378 Abs. 3 AO grds. nicht gesperrt. Die Bekanntgabe einer Prüfungsanordnung ist kein Sperrgrund für die bußgeldbefreiende Selbstanzeige.

Wenn A jedoch **vorsätzliches Handeln** vorzuwerfen ist und demgemäß eine Steuerhinterziehung nach § 370 AO vorliegt, entfaltet die Selbstanzeige gem. § 371 Abs. 2 Nr. 1a AO n. F. keine strafbefreiende Wirkung.

Die Frage, ob Vorsatz (Steuerhinterziehung) oder Leichtfertigkeit (leichtfertige Steuerverkürzung) gegeben ist, wird somit zukünftig noch mehr an Brisanz gewinnen.

209 *Klein/Jäger*, AO-Kommentar § 378 Rdn. 41.

Durch den in § 378 Abs. 3 Satz 2 AO weiterhin bestehenden Verweis auf § 371 Abs. 3 AO knüpft die bußgeldbefreiende Wirkung der Selbstanzeige an die **Zahlung der leichtfertig verkürzten Steuer** an.

III. Weitere Ordnungswidrigkeiten

1. Verbrauchsteuergefährdung

1270 **§ 381 AO** beinhaltet die Steuerordnungswidrigkeit der Verbrauchsteuergefährdung. Wie die Überschrift der gesetzlichen Grundlage schon besagt, ist sie ein **Gefährdungsdelikt**. Das heißt, geahndet wird bereits die Gefährdung des Verbrauchsteueraufkommens des Staates. Erfasst werden daher **Zuwiderhandlungen im Vorfeld der Verkürzungsdelikte**. Die Ahndung nach § 381 AO tritt dementsprechend zurück, wenn der Taterfolg einer Steuerhinterziehung bzw. einer leichtfertigen Steuerverkürzung eingetreten ist und eine Bestrafung nach § 370 AO bzw. eine Ahndung gem. § 378 AO erfolgen kann, vgl. § 21 OWiG bzw. § 381 Abs. 2 AO. Auch wenn es noch nicht zum Taterfolg gekommen ist, dem Täter aber Vorsatz nachgewiesen werden kann, liegt ausschließlich eine Strafbarkeit wegen versuchter Steuerhinterziehung vor, § 21 OWiG.

Sofern allerdings nur der objektive Tatbestand einer (versuchten) Steuerhinterziehung oder einer leichtfertigen Steuerverkürzung erfüllt ist, ist die Anwendbarkeit von § 381 AO nicht ausgeschlossen. Wenn dem Täter weder Vorsatz noch Leichtfertigkeit im Hinblick auf §§ 370, 378 AO nachgewiesen werden kann, kommt wenigstens eine Ahndung nach § 381 AO in Betracht, wenn der Täter hinsichtlich der **„Vorbereitungshandlung"** nachweisbar vorsätzlich oder leichtfertig gehandelt hat.[210] Insofern fungiert § 381 AO als **Auffangtatbestand**.

210 *Bender/Möller/Retemeyer*, Zoll- und Verbrauchsteuerstrafrecht, E III Rdn. 220.

ABB.15: Übersicht: Konkurrenzen: §§ 370, 378 und 381 AO

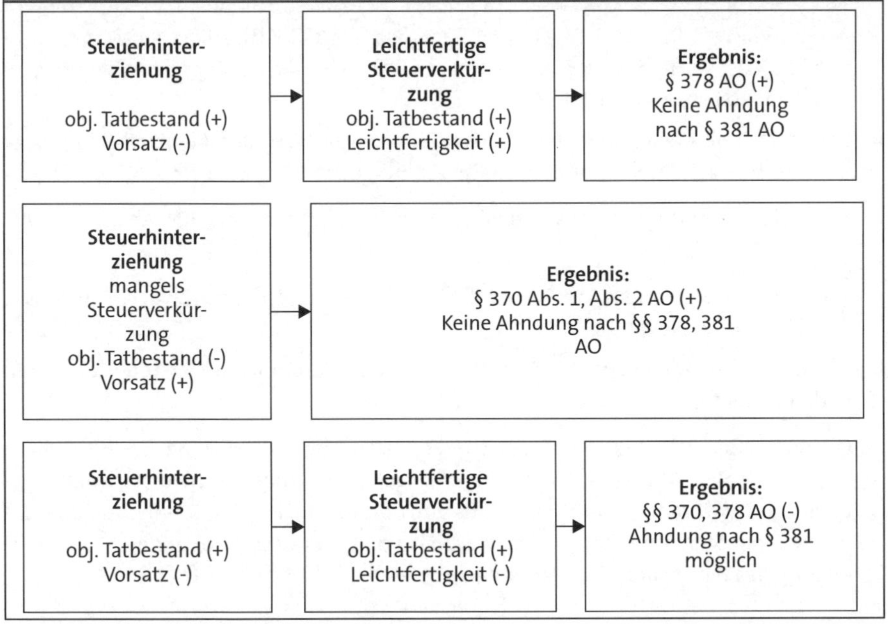

§ 381 AO findet nur auf Verbrauchsteuern Anwendung, die nicht als Einfuhrabgaben i. S. d. § 1 Abs. 1 Satz 3 ZollVG geschuldet werden. Werden Verstöße im Zusammenhang mit der Einfuhr von verbrauchsteuerpflichtigen Waren begangen, ist für diese allein § 382 AO anzuwenden, § 382 Abs. 2 AO.[211] 1271

§ 381 AO ist eine **Blankettvorschrift**, die durch die Verbrauchsteuergesetze oder die dazu ergangenen Rechtsverordnungen ausgefüllt wird. Eine Ahndung wegen Verbrauchsteuergefährdung kommt gem. § 381 Abs. 1 AO nur in Betracht, soweit die Verbrauchsteuergesetze oder die dazu erlassenen Rechtsverordnungen für einen bestimmten Tatbestand selbst wieder auf § 381 AO verweisen **(Rückverweisungsvorbehalt)**.[212] 1272

a) Objektiver Tatbestand

In objektiver Hinsicht muss eine Zuwiderhandlung nach § 381 Abs. 1 Nr. 1 bis 3 AO vorliegen. 1273

- **Zuwiderhandlung gegen Vorschriften zur Vorbereitung, Sicherung oder Nachprüfung der Besteuerung, § 381 Abs. 1 Nr. 1 AO**

  Hierunter fallen Zuwiderhandlungen gegen Buchführungs-, Erklärungs- und Anzeigepflichten. Die Ahndung einer diesbezüglichen Steuerordnungswidrigkeit ergibt sich aus § 381 Abs. 1 Nr. 1 AO i. V. mit:

211 s. auch AO-DV (Zoll) Nr. 4 vor §§ 381, 382.
212 s. auch AO-DV (Zoll) Nr. 1 vor §§ 381, 382.

§ 30 BierStG, § 158 BranntwMonG, §§ 17 Abs. 2, 139 Abs. 4, 161 Abs. 5, 162 Abs. 3, 163 Abs. 2, 166 Abs. 2, 168 Abs. 3, 169 Abs. 5, 171 Abs. 4, 174 Abs. 4, 229 Abs. 6 Brennereiordnung, § 61 Abs. 1 BrStV, § 64 EnergieStG, § 111 Abs. 1 EnergieStV, § 24 KaffeeStG, § 38 KaffeeStV, § 35 SchaumwZwStG, § 53 Abs. 1 SchaumwZwStV, § 36 Abs. 1 TabStG, § 54 Abs. 1 TabStV.

- **Zuwiderhandlungen gegen Vorschriften über Verpackung und Kennzeichnung oder über Verkehrs- oder Verwendungsbeschränkungen, § 381 Abs. 1 Nr. 2 AO**

  Hier erfolgt die Ahndung als Steuerordnungswidrigkeit nach § 381 Abs. 1 Nr. 2 AO i.V. mit:

  § 61 Abs. 2 BrStV, § 111 Abs. 2 EnergieStV, § 53 Abs. 2 SchaumwZwStV, § 36 Abs. 2 TabStG, § 54 Abs. 2 TabStV

- **Zuwiderhandlungen gegen Vorschriften über den Verbrauch unversteuerter Waren in den Freihäfen**

  Die Vorschrift ist überholt. Es existieren diesbezüglich keine Rückverweisungen mehr auf § 381 Abs. 1 Nr. 3 AO. Freihäfen gehörten früher nicht dem Erhebungsgebiet der Verbrauchsteuern an, so dass es diesbezüglich der Sonderregelung bedurfte. Freihäfen sind rechtlich inzwischen Freizonen und diese gehören seit Vollendung des Binnenmarktes zum Steuergebiet.[213]

b) Subjektiver Tatbestand

1274 Der subjektive Tatbestand erfordert gem. § 381 Abs. 1 AO ein vorsätzliches oder leichtfertiges Zuwiderhandeln.

2. Gefährdung der Einfuhr- und Ausfuhrabgaben

1275 Die Gefährdung von Einfuhr- und Ausfuhrabgaben ist in **§ 382 AO** geregelt. Nach Absatz 2 der Vorschrift gilt die Ordnungswidrigkeit auch für Verbrauchsteuern, soweit die Zollvorschriften und die dazu erlassenen Rechtsvorschriften für sie sinngemäß gelten.

1276 Sowohl Sinn und Zweck als auch die Struktur der Regelung sind der Verbrauchsteuergefährdung ähnlich. Genau wie § 381 AO ist auch § 382 AO ein **Gefährdungsdelikt**. Allein die Gefährdung der Einfuhrabgaben soll mit Hilfe dieser Ordnungswidrigkeitsnorm sanktioniert werden. Erfasst werden Zuwiderhandlungen, die sich typischerweise als **Vorbereitungshandlungen** für eine spätere Einfuhrabgabenhinterziehung darstellen.

§ 382 AO tritt zurück, wenn eine (auch nur versuchte) Steuerhinterziehung oder eine leichtfertige Steuerverkürzung vorliegt und dem Täter diesbezüglich auch das Vorliegen des subjektiven Tatbestandes des § 382 AO nachgewiesen werden kann. Entsprechend § 381 AO kann § 382 AO eine **Auffangfunktion** zukommen (vgl. hierzu Rdn. 1270).

213 *Bender/Möller/Retemeyer*, Zoll- und Verbrauchsteuerstrafrecht, E III Rdn. 221; *Franzen/Gast/Joecks*, Steuerstrafrecht, § 381 Rdn. 14.

§ 382 AO ist eine **Blankettvorschrift**; regelt also erst im Zusammenspiel mit den blankettausfüllenden Normen, welche Zuwiderhandlungen eine Ahndung als Steuerordnungswidrigkeit begründen. Danach müssen bestimmte Zuwiderhandlungen gegen Vorschriften der **Zollgesetze**, der dazu erlassenen **Rechtsverordnungen** oder der **Verordnungen des Rates oder der Kommission der Europäischen Gemeinschaft** vorliegen. 1277

§ 382 Abs. 1 AO enthält einen **Rückverweisungsvorbehalt**, so dass eine Ahndung der Steuerordnungswidrigkeit nur dann in Betracht kommt, soweit die Zollvorschriften, die dazu oder die aufgrund von Absatz 4 erlassenen Rechtsverordnungen selbst wieder auf § 382 AO verweisen. Nach Absatz 4 der Vorschrift ist das BMF ermächtigt, Vorschriften aus den europäischen Verordnungen zu bezeichnen, deren Verletzung als Ordnungswidrigkeit mit Geldbuße geahndet werden kann, soweit dies zur Durchführung dieser Rechtsvorschriften erforderlich ist. Hiervon hat das BMF in § 30 Abs. 4 bis Abs. 7 ZollV Gebrauch gemacht. Die Ermächtigung des BMF in Absatz 4 war deshalb vonnöten, da Rat oder Kommission der Europäischen Union keine Kompetenz haben, Straf- oder Bußgeldandrohungen zu regeln.

Insgesamt finden sich ausschließlich in § 30 ZollV und § 31 ZollVG Rückverweisungen auf § 382 AO.

a) Objektiver Tatbestand

Täter einer Ordnungswidrigkeit nach § 382 AO kann der **Pflichtige** oder **derjenige** sein, der die **Angelegenheiten des Pflichtigen wahrnimmt**. 1278

Pflichtiger ist derjenige, an den sich die entsprechenden Zollvorschriften i. S. von § 382 Abs. 1 Nr. 1 bis 3 AO richten. Dies können insbesondere der Gestellungspflichtige und der Zollanmelder sein.[214] Bezüglich der Personen, die Angelegenheiten des Pflichtigen wahrnehmen, kann auf die Ausführungen unter Rdn. 1251 verwiesen werden.

Es muss eine **Tathandlung** nach § 382 Abs. 1 Nr. 1 bis 3 AO vorliegen. 1279

- **Zuwiderhandlung gegen Vorschriften für die Erfassung des Warenverkehrs über die Grenze des Zollgebiets sowie über die Freihandelszonen, § 382 Abs. 1 Nr. 1 AO**

  Diesbezüglich enthalten § 31 Abs. 1 ZollVG und § 30 Abs. 1 und Abs. 4 ZollV eine Rückverweisung auf § 382 Abs. 1 Nr. 1 AO. Hierbei handelt es sich beispielsweise um Zuwiderhandlungen gegen die Vorschriften über:[215]

  - die ordnungsgemäße Beförderung (Zollstraßen) und die Einhaltung der Öffnungszeiten (§ 31 Abs. 1 Nr. 1 und 2 ZollVG),
  - die Halte- und Ausweispflicht (§ 31 Abs. 1 Nr. 1 bis 5 ZollVG),
  - die Gestellungs-, Anmelde- und Unterrichtungspflicht (§ 30 Abs. 4 Nr. 1 bis 8 ZollV).

---

214 AO-DV (Zoll) Nr. 2 zu § 382.

215 *Bender/Möller/Retemeyer*, Zoll- und Verbrauchsteuerstrafrecht, E III, Rdn. 231.

- **Zuwiderhandlungen gegen die Vorschriften für die Überführung von Waren in ein Zollverfahren und dessen Durchführung oder für die Erlangung einer sonstigen zollrechtlichen Bestimmung von Waren, § 382 Abs. 1 Nr. 2 AO**

  Rückverweisungen auf § 382 Abs. 1 Nr. 2 AO enthalten § 31 Abs. 1a ZollVG und § 30 Abs. 2, Abs. 5 und Abs. 7 ZollV. Zuwiderhandlungen sind beispielsweise:[216]

  - die unbefugte Benutzung des Amtsplatzes oder eines besonders gekennzeichneten Platzes (§ 31 Abs. 1a ZollVG),
  - Verstöße gegen Gestellungs-, Mitteilungs-, Vorlage- und Aufzeichnungspflichten[217] (§ 30 Abs. 5 und Abs. 7 ZollV) wie beispielsweise eine unterlassene Vorlage einer ergänzenden Anmeldung nach Art. 76 Abs. 2 ZK.

- **Zuwiderhandlungen gegen die Vorschriften für die Freizonen, den grenznahen Raum sowie die darüber hinaus der Grenzaufsicht unterworfenen Gebiete, § 382 Abs. 1 Nr. 3 AO**

  Hierzu verweisen § 31 Abs. 3 ZollVG und § 30 Abs. 3, Abs. 5a und Abs. 6 ZollV auf § 382 Abs. 1 Nr. 3 AO. Erfasst werden danach beispielsweise Zuwiderhandlungen gegen:[218]

  - die Halte- und Ausweispflicht, die Pflicht zur Errichtung von Bauten nur mit Zustimmung des HZA (§ 31 Abs. 2 Nr. 1 bis 3 ZollVG),
  - die besonderen Wohn-, Bau- und Handelsbeschränkungen in Freizonen (§ 31 Abs. 2 Nr. 4 bis 6 ZollVG),
  - §§ 26 Abs. 6 und 7 und § 28 ZollV (§ 30 Abs. 3 ZollV),
  - die Mitteilungspflicht über die Ausübung einer gewerblichen Tätigkeit in einer Freizone, die Aufzeichnungspflicht in Freizonen des Typs I, die Pflicht Warenpapiere bei Umladung in einer Freizone des Typs I zur Verfügung der Zollbehörden bereitzuhalten (§ 30 Abs. 5a ZollV).

b) Subjektiver Tatbestand

1280 Im Gegensatz zu § 381 AO, wonach der Täter vorsätzlich oder leichtfertig gehandelt haben muss, verlangt § 382 AO ein **vorsätzliches** oder nur ein **fahrlässiges** Handeln. Das heißt, es genügt bereits einfache Fahrlässigkeit, um diese Steuerordnungswidrigkeit zu verwirklichen.

3. Schwarzhandel mit Zigaretten zum eigenen Bedarf

1281 Nach § 30a Abs. 1 TabStG a. F. handelt ordnungswidrig, wer **zum eigenen Bedarf** vorsätzlich oder fahrlässig Zigaretten in Verpackungen erwirbt, an denen ein gültiges Steuerzeichen nicht angebracht ist, soweit der **einzelnen Tat nicht mehr als 1 000 Zigaretten** zugrunde liegen. Die **§§ 369 bis 374 AO** finden keine Anwendung. Die Herabstu-

---

216 *Bender/Möller/Retemeyer*, Zoll- und Verbrauchsteuerstrafrecht, E III, Rdn. 232.

217 Franzen/Gast/Joecks, Steuerstrafrecht, § 382 Rdn. 21.

218 *Bender/Möller/Retemeyer*, Zoll- und Verbrauchsteuerstrafrecht, E III, Rdn. 233.

fung dieser **„Kleinhehlerei“** zur Ordnungswidrigkeit ist nunmehr **in § 37 TabStG** geregelt und gilt seit dem 1. 4. 2010, wobei sie dem bisherigen Recht entspricht.[219]

In subjektiver Hinsicht bezieht sich der **Vorsatz bzw. die Fahrlässigkeit** nur auf das **nicht angebrachte gültige Steuerzeichen.**[220] Das heißt, im Gegensatz zur Steuerhehlerei nach § 374 AO ist zum einen bereits (einfache) Fahrlässigkeit ausreichend und zum anderen braucht der Täter keine Kenntnis darüber zu haben, dass die Zigaretten nicht verzollt und nicht versteuert wurden.[221] Insofern ist der Nachweis der Erfüllung des subjektiven Tatbestandes des § 37 TabStG erheblich leichter zu führen als bei § 374 AO.

§ 37 TabStG ist nur dann einschlägig, wenn der **Erwerb der Zigaretten im Inland** statt- 1282
findet, da die Vorschrift keine Ausdehnung des örtlichen Geltungsbereichs vorsieht und folglich § 5 OWiG gilt.

Indem § 37 Abs. 1 TabStG bestimmt, dass die §§ 369 bis 374 AO keine Anwendung fin- 1283
den, verdrängt ausnahmsweise die Ordnungswidrigkeit die Straftat. Der Grundsatz des § 21 Abs. 1 Satz 1 OWiG, wonach bei einem Zusammentreffen von Straftat und Ordnungswidrigkeit nur das Strafgesetz angewandt wird, gilt hier nicht, was nach § 377 Abs. 2 AO auch zulässig ist.

4. Verletzung der Aufsichtspflicht

§ 130 OWiG beinhaltet die Ordnungswidrigkeit bei Verletzung der Aufsichtspflicht in 1284
Betrieben und Unternehmen. Die Vorschrift gilt auch für steuerliche Pflichtverletzungen.[222]

Nach § 130 Abs. 1 OWiG handeln Inhaber von Betrieben oder Unternehmen ordnungswidrig, wenn sie vorsätzlich oder fahrlässig die Aufsichtsmaßnahmen unterlassen, die erforderlich sind, um in dem Betrieb oder Unternehmen Zuwiderhandlungen gegen Pflichten zu verhindern, die den Inhaber treffen und deren Verletzung mit Strafe oder Geldbuße bedroht ist, wenn eine solche Zuwiderhandlung begangen wird, die durch gehörige Aufsicht verhindert oder wesentlich erschwert worden wäre.

Sinn und Zweck der Vorschrift ist, den Betriebsinhaber zur Verantwortung ziehen zu können, wenn er seine Angelegenheiten auf Angestellte delegiert und hierbei nicht seinen Aufsichtspflichten nachkommt. Die Vorschrift fungiert als **Auffangtatbestand**, da sie nur dann greift, wenn der Betriebsinhaber nicht ohnehin schon wegen der zugrunde liegenden Zuwiderhandlung straf- oder ordnungswidrigkeitenrechtlich belangt werden kann.[223]

219 s. Begründung zum Vierten Gesetz zur Änderung von Verbrauchsteuergesetzen, E-VSF-N 34 2009 Nr. 134 v. 4. 8. 2009.

220 *Bender/Möller/Retemeyer*, Zoll- und Verbrauchsteuerstrafrecht, C IV Rdn. 712.

221 *Bender/Möller/Retemeyer*, Zoll- und Verbrauchsteuerstrafrecht, E III Rdn. 255.

222 *Klein/Jäger*, AO-Kommentar, § 377 Rdn. 16.

223 *Klein/Jäger*, AO-Kommentar, § 377 Rdn. 15.

a) Objektiver Tatbestand

aa) Täter

1285 § 130 Abs. 1 OWiG bestimmt, dass Täter einer Ordnungswidrigkeit nur der **Inhaber eines Betriebes oder Unternehmens** sein kann. Das heißt, bei der Vorschrift handelt es sich um ein **Sonderdelikt**, da Voraussetzung der Ahndung das persönliche Merkmal „Inhaber eines Betriebes" ist.

§ 9 OWiG[224] erweitert jedoch den Anwendungsbereich auf die **gesetzlichen und gewillkürten Vertreter**, sofern diese für den Betriebsinhaber tätig werden. Das heißt, sofern beispielsweise eine GmbH Betriebsinhaber ist, kann diese nicht selbst handeln und dementsprechend auch nicht ihrer Aufsichtspflicht nachkommen. Daher bestimmt **§ 9 Abs. 1 OWiG**, dass dem Geschäftsführer der GmbH als gesetzlichem Vertreter (§ 35 GmbHG) die besondere persönliche Eigenschaft „Betriebsinhaber" zugerechnet wird. Dementsprechend ist der Geschäftsführer Aufsichtspflichtiger nach § 130 OWiG.

Täter einer Ordnungswidrigkeit nach § 130 OWiG kann nach § 9 Abs. 1 OWiG auch der Komplementär einer KG oder der Vorstand einer AG etc. sein.

Über **§ 9 Abs. 2 OWiG** ist der Betriebsleiter sowie jeder Mitarbeiter Aufsichtspflichtiger, der **kraft ausdrücklichen Auftrags** eigenverantwortlich Aufgaben wahrzunehmen hat, die dem Betriebsinhaber obliegen. Täter einer Ordnungswidrigkeit nach § 130 OWiG können somit auch Generalbevollmächtigte oder Prokuristen und Handlungsbevollmächtigte bzw. sonstige Personen mit Leitungsfunktion sein.

bb) Tathandlung

1286 Tathandlung ist das **Unterlassen der Aufsichtsmaßnahmen**, die **erforderlich** und **zumutbar** sind, um Zuwiderhandlungen gegen betriebliche Pflichten zu verhindern. Welche Aufsichtmaßnahmen in welchem Umfang vom Aufsichtspflichtigen durchzuführen sind, ist gesetzlich nicht bestimmt. Es hängt von den Umständen des Einzelfalls ab, in welchem Ausmaß die Aufsichtspflicht konkret ausgeübt werden muss. § 130 Abs. 1 Satz 2 OWiG stellt zumindest klar, dass zu den erforderlichen Aufsichtsmaßnahmen auch die Bestellung, sorgfältige Auswahl und Überwachung von Aufsichtspersonen gehören. Dies beinhaltet auch eine sachgerechte Instruktion und Aufgabenverteilung sowie eine ordnungsgemäße Aufklärung und Belehrung der Mitarbeiter, unter Umständen auch die Androhung und den Vollzug zulässiger Sanktionen.[225]

Art und Umfang der Aufsichtsmaßnahmen hängen insbesondere von der Größe und Organisation des Betriebs sowie der Vielfalt und Bedeutung der einzuhaltenden Vorschrift ab.[226]

Ein gelegentliches Aufsuchen der Betriebsangehörigen zwecks Beobachtung von Betriebsvorgängen ist für eine hinreichende Überwachung nicht genügend.[227] Erforderlich

224 Vgl. hierzu Rdn. 1230.

225 OLG Düsseldorf v. 5. 4. 2006 VI-2 Kart 5/05 OWi, VI-2 Kart 6/05 OWi, 2 Kart 5/05 OWi, 2 Kart 6/05 OWi, WuW/E DE-R 1893.

226 OLG Düsseldorf v. 22. 5. 1990 2 Ss (OWi) 144/90 - (OWi) 28/90 III, wistra 1991, 38.

227 BGH v. 11. 7. 1956 1 StR 306/55, BGHSt 9, 319.

ist eine **regelmäßige Kontrolle**, die vom Personal auch als Kontrolle wahrgenommen wird und die geeignet ist, mit erheblicher Wahrscheinlichkeit etwaige Verstöße aufzudecken.[228] Insbesondere wenn es im Betrieb bereits zu Unregelmäßigkeiten gekommen ist oder damit wegen besonderer Umstände damit zu rechnen ist oder wichtige Vorschriften bzw. schwierige Rechtsfragen betroffen sind, besteht die Notwendigkeit gesteigerter Aufsichtsmaßnahmen.[229]

Eine Aufsichtspflichtverletzung liegt insbesondere bei Organisationsmängeln vor, 1287
wenn beispielsweise[230]

- keine organisatorischen Maßnahmen zur Vermeidung zukünftiger Zuwiderhandlungen ergriffen worden sind, obwohl zuvor Beanstandungen erfolgten,
- eine permanente Arbeitsbelastung dazu führt, dass Mitarbeiter nicht die Möglichkeit haben, sich mit den zu beachtenden Vorschriften vertraut zu machen,
- die Beachtung der Vorschriften keiner Person zugewiesen wurde.

b) Subjektiver Tatbestand

Der Aufsichtspflichtige muss die erforderlichen Aufsichtsmaßnahmen **vorsätzlich** oder 1288
fahrlässig unterlassen haben. Der subjektive Tatbestand erstreckt sich jedoch nicht auf die begangene Zuwiderhandlung des Beaufsichtigten. Hierbei handelt es sich um eine objektive Bedingung für die Ahndbarkeit der Aufsichtspflichtverletzung (Rdn. 1289).

c) Objektive Ahndbarkeitsbedingung

Objektive Bedingung der Ahndbarkeit nach § 130 OWiG ist, dass eine **betriebsbezogene** 1289
Pflicht verletzt wurde, die mit Strafe oder Geldbuße bedroht ist und die Zuwiderhandlung bei gehöriger Aufsicht verhindert oder erschwert worden wäre.

aa) Verletzung einer betriebsbezogenen Pflicht

Betriebsbezogene Pflichten sind solche, die den Betrieb bzw. das Unternehmen treffen. 1290
Wenn der Betrieb oder das Unternehmen Adressat von steuerlichen Pflichten ist, sind diese immer betriebsbezogen. Die betriebsbezogene Pflicht muss verletzt worden sein. Dies ist beispielsweise der Fall, wenn der Mitarbeiter keine oder eine unrichtige Steueranmeldungen abgibt. Es ist im Übrigen nicht erforderlich, dass der Zuwiderhandelnde Betriebsangehöriger ist. Für eine Ahndung nach § 130 OWiG kann auch eine Übernahme der Gestellungspflicht durch den Spediteur genügen.[231]

---

228 BayObLG v. 10. 8. 2001 3 ObOWi 51/2001, 3 ObOWi 51/01, wistra 2001, 478.

229 OLG Düsseldorf v. 5. 4. 2006 VI-2 Kart 5/05 OWi, VI-2 Kart 6/05 OWi, 2 Kart 5/05 OWi, 2 Kart 6/05 OWi, WuW/E DE-R 1893; OLG Koblenz v. 31. 5. 1983 1 Ss 157/83, VRS 65, 457; OLG Stuttgart v. 12. 4. 1986 1 Ws 418/84, wistra 1987, 35.

230 StraBuDV Nr. 197 i. V. m. Anlage 3 Rdn. 1. 3. 3. 1.

231 *Franzen/Gast/Joecks*, Steuerstrafrecht, § 377 Rdn. 58.

bb) Tatbestandsmäßige, rechtswidrige Zuwiderhandlung

1291 Es muss tatsächlich zu einer Zuwiderhandlung gegen betriebsbezogene Pflichten gekommen sein. Das heißt, es muss eine **tatbestandsmäßige** und darüber hinaus auch **rechtswidrige Zuwiderhandlung** vorliegen. Eine schuldhafte Verletzung betrieblicher Pflichten ist hingegen nicht erforderlich.

Nach § 130 Abs. 1 OWiG muss die tatbestandsmäßige und rechtswidrige Zuwiderhandlung gegen betriebliche Pflichten mit Strafe oder Geldbuße bedroht sein. Es muss sich folglich um eine Zuwiderhandlung in Form einer **Ordnungswidrigkeit i. S. d. § 1 Abs. 2 OWiG** oder um eine **Tat i. S. d. § 11 Abs. 1 Nr. 5 StGB handeln.**

cc) Kausalität zwischen der Aufsichtspflichtverletzung und der Zuwiderhandlung

1292 Nach § 130 Abs. 1 OWiG kommt eine Ahndung nur in Betracht, wenn die Zuwiderhandlung gegen betriebliche Pflichten durch gehörige Aufsicht **verhindert** oder **wesentlich erschwert** worden wäre.

d) Verjährung

1293 Für die Verjährung der Verletzung der Aufsichtspflicht gilt die **Verjährungsfrist**, die für die Zuwiderhandlung gilt, die der Aufsichtspflichtige nicht verhindert bzw. wesentlich erschwert hat, § 131 Abs. 3 OWiG.[232]

Da die Aufsichtspflichtverletzung ein typischer Fall einer **Dauerzuwiderhandlung** ist, **beginnt die Frist** für die Verjährung der Aufsichtspflichtverletzung erst zu laufen, wenn der ordnungswidrige Zustand abgestellt wird. Dies ist der Fall, wenn wieder eine ordnungsgemäße Aufsicht stattfindet.[233]

FALL

Zusammenfassende Übung zur Aufsichtspflichtverletzung:

Sachbearbeiter A gibt über einen Zeitraum von einem Jahr mehrfach leichtfertig unrichtige Schaumweinsteueranmeldungen für die C-GmbH (Steuerlagerinhaberin) ab, was dazu führt, dass die Schaumweinsteuern zu niedrig festgesetzt werden. Geschäftsführer B der C-GmbH bleiben die Vorgänge unbekannt, da er A das Jahr über nicht gehörig beaufsichtigte. Wäre A von B in ordnungsgemäßer Weise überwacht worden, wäre die Abgabe unrichtiger Steueranmeldungen wesentlich erschwert worden. B kann aber diesbezüglich keine Leichtfertigkeit nachgewiesen werden. Den Vorwurf leichter Fahrlässigkeit kann B aber nicht entkräften.

Hat B eine Ordnungswidrigkeit begangen?

---

232 OLG Köln v. 12. 1. 1990 Ss 666/89, NStZ 1990, 192.

233 StraBuDV Nr. 197 i. V. m. Anlage 3 Rdn. 1. 2.

LÖSUNG

Indem B über ein Jahr lang Sachbearbeiter A nicht gehörig beaufsichtigte, könnte er eine leichtfertige Steuerverkürzung nach § 378 AO als Dauerordnungswidrigkeit begangen haben. Laut Sachverhalt kann B aber keine Leichtfertigkeit nachgewiesen werden. Somit scheidet § 378 AO aus.

Das Unterlassen der Aufsichtspflicht kann aber möglicherweise nach § 130 OWiG geahndet werden. B ist zwar nicht gem. § 130 Abs. 1 OWiG Inhaber des Unternehmens, jedoch wird er als Geschäftsführer der GmbH über § 9 Abs. 1 OWiG i. V. m. § 35 GmbHG zum **Aufsichtspflichtigen** i. S. d. § 130 Abs. 1 OWiG. B ist somit **tauglicher Täter** einer Aufsichtspflichtverletzung.

B hat laut Sachverhalt die Aufsichtsmaßnahmen unterlassen, die erforderlich und zumutbar waren. Er hat A nicht gehörig überwacht. Dies tat B laut Sachverhalt zumindest fahrlässig. Die tatsächlich von A begangenen leichtfertigen Steuerverkürzungen gehören nicht zum objektiven Tatbestand des § 130 OWiG, so dass die diesbezügliche Unkenntnis des B für den subjektiven Tatbestand des § 130 OWiG irrelevant ist. Rechtswidrigkeit und Schuld des B sind gegeben.

Als objektive Ahndbarkeitsbedingung nach § 130 OWiG ist auch eine **betriebsbezogene Pflicht** verletzt worden, die mit Geldbuße bedroht ist. Bei der Abgabe ordnungsgemäßer Steueranmeldungen handelt es sich um betriebsbezogene Pflichten der C-GmbH. A hat sich mehrerer leichtfertiger Steuerverkürzungen nach § 378 AO schuldig gemacht. Hierfür sieht § 378 Abs. 2 AO die Ahndung mit einer Geldbuße vor.

Zwischen der Aufsichtspflichtverletzung des B und der Zuwiderhandlung des A besteht auch **Kausalität**. Laut Sachverhalt wären die Zuwiderhandlungen gegen betriebliche Pflichten durch gehörige Aufsichtsmaßnahmen zumindest wesentlich erschwert worden. Da es sich jeweils um dieselbe Aufsichtsmaßnahme handelt, liegt eine einheitliche Aufsichtspflichtverletzung von einem Jahr vor. B hat sich somit einer Verletzung der Aufsichtsmaßnahme nach § 130 OWiG schuldig gemacht.

5. Geldbußen gegen juristische Personen und Personenvereinigungen

Dem deutschen Strafrecht ist das Unternehmensstrafrecht fremd. Allerdings ermöglicht **§ 30 OWiG** zumindest die Festsetzung einer **Geldbuße gegen juristische Personen und Personenvereinigungen**, wenn deren Handlungsverantwortliche eine Straftat oder Ordnungswidrigkeit begangen haben, durch die entweder Pflichten der Gesellschaft verletzt worden sind oder die Gesellschaft bereichert worden ist oder werden sollte. 1294

Hintergrund der Regelung ist der, dass die Gesellschaft oftmals Nutznießer von Vermögensvorteilen ist, die ihr Handlungsverantwortlicher durch Verletzung betriebsbezogener Pflichten bewirkt, sie aber auf der anderen Seite ohne § 30 OWiG keiner Sanktion ausgesetzt wäre. Zudem soll die Geldbuße gegen die juristische Person/Personenvereinigung die präventive Wirkung haben, dass die gesetzlichen Pflichten der Gesellschaft gebührend beachtet werden.[234]

a) Normadressat

1295 Die sogenannte **Verbandsgeldbuße** nach § 30 OWiG kann festgesetzt werden gegen:

- **juristische Personen** (z. B. GmbH, AG, eingetragene Vereine, KGaA etc.) oder
- **nichtrechtsfähige Vereine** (§ 54 BGB) oder
- **rechtsfähige Personengesellschaften** (z. B. OHG, KG, GmbH & Co. KG).

b) Täter

1296 Weitere Voraussetzung für die Festsetzung einer Verbandsgeldbuße ist, dass eine Anknüpfungstat eines Handlungsverantwortlichen i. S. d. § 30 Abs. 1 OWiG vorliegt. Solche Personen sind:

- nach § 30 Abs. 1 Nr. 1 OWiG

  bei einer juristischen Person das vertretungsberechtigte Organ oder dessen Mitglieder (z. B. Geschäftsführer einer GmbH, Vorstandsmitglieder einer AG, Vorstandsmitglieder eines Vereins),
- nach § 30 Abs. 1 Nr. 2 OWiG

  bei einem nichtrechtsfähigen Verein der Vorstand oder dessen Mitglieder,
- nach § 30 Abs. 1 Nr. 3 OWiG

  bei einer rechtsfähigen Personengesellschaft deren vertretungsberechtigte Gesellschafter (z. B. bei einer OHG jeder zur Vertretung berechtigte Gesellschafter, der Komplementär einer KG, der Geschäftsführer der Komplementär-GmbH bei einer GmbH & Co. KG),
- nach § 30 Abs. 1 Nr. 4 OWiG

  Generalbevollmächtigte oder in leitender Stellung Prokuristen oder Handlungsbevollmächtigte einer juristischen Person oder einer in Nr. 1 und Nr. 2 genannten Personenvereinigung,
- nach § 30 Abs. 1 Nr. 5 OWiG

  sonstige Personen, die für die Leitung des Betriebs oder Unternehmens einer juristischen Person oder einer in Nr. 2 oder 3 genannten Personenvereinigung verantwortlich handelt, wozu auch die Überwachung der Geschäftsführung oder die sonstige Ausübung von Kontrollbefugnissen in leitender Stellung gehören (z. B. Mitglieder des Aufsichtsrates einer AG oder Mitglieder anderer derartiger Kontrollgremien).

234 *Bender/Möller/Retemeyer*, Zoll- und Verbrauchsteuerstrafrecht, E II Rdn. 91.

c) Anknüpfungstat

Der nach § 30 Abs. 1 Nr. 1 bis Nr. 5 OWiG taugliche Täter muss eine **Straftat oder Ordnungswidrigkeit** begangen haben. Diese sogenannte Anknüpfungs- oder Bezugstat muss **rechtswidrig** und **schuldhaft (vorwerfbar)** begangen worden sein. 1297

Durch die Zuwiderhandlung wurden

- **betriebsbezogene Pflichten** der juristischen Person/Personenvereinigung **verletzt oder**
- die juristische Person/Personenvereinigung ist **bereichert worden bzw. sollte bereichert werden.**

Betriebsbezogene Pflichten sind solche, die die juristische Person oder Personenvereinigung treffen (s. hierzu Rdn. 1290). Eine betriebsbezogene Pflicht ist im Rahmen des § 30 OWiG insbesondere auch die **Aufsichtspflicht aus § 130 OWiG**.

Eine **Bereicherung** i. S. d. § 30 OWiG liegt auch dann vor, wenn die Zuwiderhandlung, die zu einer Bereicherung führte (führen sollte), keine betriebsbezogene Pflichtverletzung ist. Jedoch muss ein innerer Zusammenhang zwischen der Tat und dem Wirkungsbereich des Vertretenen bestehen.[235]

Der Täter der Anknüpfungstat muss bei Wahrnehmung der Angelegenheiten der Gesellschaft gehandelt haben, d. h. in seiner Funktion als Organ, Vertreter oder als sonstige verantwortliche Leitungsperson **(Funktionsbezug der Anknüpfungstat)**.

FALL

Fortführung der zusammenfassenden Übung zur Aufsichtspflichtverletzung:

Kann gegen die C-GmbH eine Geldbuße festgesetzt werden?

LÖSUNG

Bei der GmbH handelt es sich um eine juristische Person, gegen die grds. eine Verbandsgeldbuße nach § 30 OWiG festgesetzt werden kann. Die Verbandsgeldbuße setzt eine Anknüpfungstat eines Handlungsverantwortlichen i. S. d. § 30 Abs. 1 OWiG voraus. B gehört als Geschäftsführer zum tauglichen Kreis der Handlungspersonen nach § 30 Abs. 1 Nr. 1 OWiG. B hat als **Anknüpfungstat** eine Ordnungswidrigkeit nach § 130 OWiG begangen (s. Beispiel zuvor). Er hat bei Wahrnehmung der Angelegenheiten der Gesellschaft gehandelt. Gegen die C-GmbH kann somit eine Geldbuße festgesetzt werden.

235 *Franzen/Gast/Joecks*, Steuerstrafrecht, § 377 Rdn. 47.

d) Verfahren

1298 Die Verbandsgeldbuße ist eine **eigenständige Sanktion** gegen die juristische Person/Personenvereinigung. Im Anwendungsbereich der Verbandsgeldbuße ist eine „Doppelsanktion" zulässig. Dies bedeutet, dass zum einen die Zuwiderhandlung der handelnden Person sanktioniert und zum anderen gegen die juristische Person/Personenvereinigung eine Geldbuße festgesetzt werden kann.[236] Jedoch sind die Beteiligungsverhältnisse zwischen Organ und juristischer Person zu berücksichtigen.

1299 Handelt es sich bei der **Anknüpfungstat um eine Straftat**, so ist das **Gericht** für die Festsetzung des Bußgeldes gegen das Unternehmen zuständig. Ist hingegen die **Anknüpfungstat eine Ordnungswidrigkeit**, so ist zur Festsetzung der Geldbuße gegen das Unternehmen die zur **Verfolgung und Ahndung** der Anknüpfungstat **berufene Verwaltungsbehörde** sachlich und örtlich zuständig.[237]

aa) Verbundenes Verfahren

1300 Im Regelfall wird die Verbandsgeldbuße nach § 30 Abs. 1 OWiG als sogenannte kumulative Verbandsgeldbuße im **verbundenen Verfahren** gegen den Täter der Anknüpfungstat festgesetzt. Das heißt, es werden nicht zwei separate Verfahren geführt (einerseits gegen den Verantwortlichen, andererseits gegen die Gesellschaft), sondern es findet ein einheitliches Verfahren statt.

bb) Selbständiges Verfahren

1301 Nach § 30 Abs. 4 Satz 1 OWiG ist jedoch die **selbständige Festsetzung der Geldbuße** gegen die Gesellschaft möglich, wenn wegen der Straftat oder Ordnungswidrigkeit des Verantwortlichen ein Straf- oder Bußgeldverfahren **nicht eingeleitet** oder **eingestellt** oder **von der Strafe abgesehen wird.** Voraussetzung für dieses sogenannte selbständige Verfahren ist jedoch, dass ein nach § 30 Abs. 1 OWiG tauglicher Täter in objektiver und subjektiver Hinsicht vorwerfbar gehandelt hat.[238]

Kann nicht aufgeklärt werden, welcher von mehreren in Betracht kommenden Verantwortlichen die Straftat oder Ordnungswidrigkeit begangen hat, ist es für die Festsetzung einer Geldbuße gegen die juristische Person/Personenvereinigung ausreichend, wenn ausgeschlossen werden kann, dass mit an Sicherheit grenzender Wahrscheinlichkeit keine andere Person als die nach § 30 Abs. 1 OWiG Verantwortlichen die Zuwiderhandlung vorwerfbar begangen hat.[239]

Die selbständige Festsetzung einer Geldbuße gegen die juristische Person/Personenvereinigung ist nach § 30 Abs. 4 Satz 2 OWiG jedoch ausgeschlossen, wenn die Straftat oder Ordnungswidrigkeit aus rechtlichen Gründen (z. B. Verjährung) nicht verfolgt werden kann.

---

236 Vgl. StraBuDV Nr. 197 i. V. m. Anlage 3 Rdn. 2. 1.

237 Vgl. StraBuDV Nr. 197 i. V. m. Anlage 3 Rdn. 2. 3. 1.

238 *Bender*/Möller/Retemeyer, Zoll- und Verbrauchsteuerstrafrecht, E II Rdn. 103.

239 BGH v. 8. 2. 1994 KRG 25/93, NStZ 1994, 346; StraBuDV Nr. 197 i. V. m. Anlage 3 Rdn. 2. 2.

STICHWORTVERZEICHNIS

Die Zahlen verweisen auf die Randnummern (Rdn.)

A

B

D

E

F

G

O

P

Q

R

S

U

V

3. Auflage
Witte · Henke (Hrsg.)
Fallsammlung Europäischen Zollrechts
nwb AUSBILDUNG
www.nwb.de
TRAINING
Witte · Henke (Hrsg.)
Fallsammlung
Europäisches Zollrecht
Mit Hinweisen zur Klausurentechnik
und über 500 Wiederholungsfragen
3. Auflage
nwb AUSBILDUNG